普通高等教育"十一五"国家级规划教材

21世纪高等院校教材·南开大学金融学系列

货币银行学

（第二版）

主　编　张尚学

科学出版社

北　京

内 容 简 介

　　本教材系统全面地介绍了货币、银行、证券、利率、汇率、投资、融资、风险等诸多金融学范畴和货币制度、货币供求、货币政策、通货膨胀、内外均衡、利率体制、银行信贷、金融发展等重要的金融理论和知识，注重对基本概念、基本原理和基础知识的理解和把握，注重对金融理论和实践在当代最新发展的介绍和分析，可使学生了解和掌握从事金融及其相关专业工作所必备的金融基础知识、基本理论和基本方法，使学生认识和理解市场经济条件下货币金融运行的规律和货币金融政策发展变化的要求，掌握金融业务领域的活动特征和变化趋势，帮助学生运用有关理论知识分析金融领域的现实问题，全面培养学生的金融专业素质。

　　本书可作为金融学专业本科生教材，也适合经济学、管理学等专业的本科生、研究生和对金融理论感兴趣的实际工作者。

图书在版编目 (CIP) 数据

货币银行学/张尚学主编 . —2 版 . —北京：科学出版社，2010.8
普通高等教育"十一五"国家级规划教材
21 世纪高等院校教材·南开大学金融学系列
ISBN 978-7-03-028408-2

　Ⅰ.①货…　Ⅱ.①张…　Ⅲ.①货币和银行经济学–高等学校–教材
Ⅳ.①F820

中国版本图书馆 CIP 数据核字（2010）第 143264 号

责任编辑：赵静荣　马　跃／责任校对：陈玉凤
责任印制：徐晓晨／封面设计：耕者设计工作室

科 学 出 版 社 出版
北京东黄城根北街 16 号
邮政编码：100717
http://www.sciencep.com

北京虎彩文化传播有限公司 印刷
科学出版社发行　各地新华书店经销

＊

2005 年 10 月第　一　版　开本：787×1092　1/16
2010 年 8 月第　二　版　印张：24 1/2
2019 年 6 月第十一次印刷　字数：580 000

定价：**68.00** 元
（如有印装质量问题，我社负责调换）

总 序

　　中国经济目前正经历着重要的转型时期，而金融领域无疑是最活跃、最激动人心的领域，众多的社会精英在金融学的理论和实践中进行着积极的探索、追求和创造。要适应新世纪金融学专业人才需求巨大、教学对象复杂、教学层次多等新情况，中国高等院校的金融学教育也需要一系列的突破与创新。为此，我们决定出版这一套质量精、适应面广的"金融学系列教材"。它既浓缩了教师们多年积累的教学经验，以及近年来金融学教材内容改革与创新的成果，又反映了金融理论研究与实践发展的前沿。

　　本系列教材编写的主导思想是：兼顾科学性和前瞻性，既要遵循学科自身的发展规律，也要反映金融学研究和教学的相对成熟的新思想；兼顾体系完整和重点突出，既要保证内容详尽丰富和逻辑的内在一致性，也要突出学科的核心和重点内容；兼顾专业性与通用性，既要表现出较高的专业水准和学术水平，又要注意其广泛的适用性。在编写尽量使用简洁易懂的文笔，即便是一些较为深奥的问题，也尽量做到深入浅出，使读者易于理解，便于掌握。

　　本套系列教材拟推出 10 种，包括《国际金融》、《货币银行学》、《商业银行管理》、《公司财务学》、《投资学》和《金融工程》6 门核心课程以及《经济数学》、《财政学》、《金融市场学》和《货币经济学》。本系列教材均由具有丰富教学经验的专家教授编写，可供金融学专业的本科学生和低年级硕士研究生使用，也可作为金融系统干部培训以及MBA 等学位教育的专业教材。随着当代金融学教学与科研的不断创新，本套教科书将定期修订，我们会不断充实其内容和完善其结构体系。

　　所有参与编写本系列教材的专家们付出了巨大的心血，在此向他们表示感谢。希望借此推动我国高等金融学教育事业的发展，也衷心希望读者能够提出宝贵意见，以使我们进一步改进。

马君潞

2005 年 8 月

第二版前言

在金融学课程体系中，货币银行学是一门最基本的专业理论课程，它概括反映金融学科的基本理论和知识体系，反映现代金融在宏观运行和微观操作中所表现出的状态、特征和一般规律，反映人们在金融理论研究、金融政策和金融业务实践等各主要方面的成就。

货币银行学的教学内容涉及货币、银行、证券、利率、汇率、价格、收入等诸多范畴的相关理论及知识。很明显，这些内容已经远远超出"货币银行学"课程名称的文字含义，但是，我们依然决定继续使用这个名称，其理由是：第一，货币银行学课程及绝大部分主流教材的教学内容从来就不限于"货币"和"银行"的文字含义。早在改革开放初期的 1980 年，由中国财政经济出版社出版的莱·威·钱得勒（L. V. Chandler）的《货币银行学》（*The Economics of Money and Banking*），就涵盖了货币、信用、证券、商业银行体系、中央银行业务、国民收入核算、社会总供求均衡、国际货币关系等丰富的内容。后来引进的许多同类教材和国内较权威人士的自编教材也普遍包含信用体系、证券交易、金融工具、总供求均衡、金融发展等超出货币和银行内涵和外延的教学内容。第二，已经更名为"金融学"等名称的课程及教材，绝大部分在教学内容上与货币银行学无实质性区别。第三，货币银行学的课程名称已经为历代人所知，是一个"老字号"名牌课程，教学内容的不断丰富和教材结构的不断调整，反映了货币银行学的内涵和质量在不断地充实和完善，我们有理由伴随着现代金融的快速成长赋予这块著名品牌以更加丰富的内涵。第四，无论从金融业的源头，还是从现代金融结构的总体特征来看，货币的运行和银行等金融机构的活动始终是金融的核心，依照主干词命名法，用"货币"和"银行"来代表金融，用"货币银行学"来概括金融学科的理论和知识体系是十分恰当的。

本教材自 2005 年出版以来，始终坚持将货币银行学课程作为金融学科最为基础和最具综合性特点的"窗口课程"，在教学实践中也始终坚持把为学生打造扎实厚重的专业理论功底放在首位，注重对基本概念、基本原理和基础知识的准确把握和讲解。本次修订后的第二版教材，在指导思想和内容安排上依然突出原版的两个特点：

（1）微观和宏观并重，适应培养金融专业人才和经济管理人才在金融宏观分析能力和微观操作技术两方面兼备的现实要求。现代金融的理论和实践不仅表现为金融宏观分析水平和决策管理水平的日益提高，而且表现在金融微观主体的经营理念、操作技术、管理水平、创新能力等不断进步和增强，本教材力求克服以往同类教材大多偏重于宏观政策方面的缺陷，在内容安排上不仅对货币制度、货币供求、货币政策、通货膨胀、内外均衡、金融发展等经典的宏观金融理论和知识做全面细致的介绍，而且用大量的篇幅介绍和阐述金融中介服务体系、金融市场结构和金融工具、利率和有价证券价格、银行业务及其经营管理、融资理论和融资模式等重要的微观金融理论和知识。这样的总体安排符合现代金融理论和实践，同时，本教材在宏观和微观两个方面向深度和广度发展的现实，也符合具有不同学习背景、不同职业倾向的学生多样化的学习需求。

（2）对基本范畴和一般知识的介绍与系统理论阐述兼顾，使教学内容的结构更清晰，更具包容性和接受性。学生通过本教材的学习，既可以较宽泛地接受到金融专业所必备的基本概念和知识，又可以较深入和系统地掌握一些最重要的金融理论。本着宽度和深度兼顾的原则，也迫于金融行业和金融学专业持续火爆的市场需求而引致的金融理论和知识日新月异成长的态势，本教材尝试收录了一些在以往看来并不属于专业基础课程的内容，如银行挤兑理论、现代融资理论、内外均衡理论、金融创新理论等。这种尝试反映了货币银行学课程内涵的增强和外延的扩展，是新形势下对基础理论课教学的客观要求。

本次教材修订在原版基础上对许多知识点做了内容上的补充和更新，如货币的定义、功能、货币制度、商业银行内部控制制度、中国国有商业银行股份制改革、货币供给的理论模型、通货膨胀指标等，在结构安排上也做了较大调整：一是将原来的五篇减为四篇，去掉了证券组合投资理论、资本资产定价模型、有效市场假说等原版教材中金融市场理论篇的内容，主要考虑与相关专业课程的教学衔接，也相对突出了货币银行理论在本门课程教学内容中的核心地位；二是将一些相关内容精简或合并，如将现代融资理论和融资模式与金融市场合并，将金融发展理论篇由原来的四章精简为两章，这主要是考虑到相关内容在教学中的衔接和缩小教材篇幅。

第二版教材的内容仍然按照先介绍基本范畴和一般知识，后阐述系统理论的逻辑顺序安排，结构设计为四篇，共十三章。第一篇为基本范畴，共有四章内容，分别阐述了货币和货币制度、利息和利息率、金融中介和金融服务体系、金融市场和现代融资等金融领域最主要方面的基本概念、基本知识和基本原理。这部分作为全书的基础，以知识板块布局，强调的是扎实的理论基础和宽泛的知识面。第二、三、四篇专门阐述金融学科中最主要的理论体系——货币理论、银行理论、金融发展理论。这三篇均以理论分析为主线，强调清晰的理论研究思路和系统的理论知识结构。货币理论部分（第五、六、七、八章）系统阐述了货币供求和货币均衡、通货膨胀和通货紧缩、中央银行和货币政策、国际收支和内外均衡等重要的宏观金融理论，作为宏观理论的核心内容，这部分的主要教学目的在于培养学生对宏观金融运行状况的分析能力和决策能力。银行理论部分（第九、十、十一章）专门阐述了银行的组织、管理及发展、银行信贷与货币创造、银行挤兑理论与存款保险制度，通过这部分的教学，学生可以从一定的理论深度上全方位地审视银行这一最主要的微观金融主体。金融发展理论部分（第十二、十三章）系统地阐述和分析了金融发展与金融改革的理论和实践、阐述了金融创新与金融监管等一系列有关金融发展问题的理论，目的使学生清楚地了解这一研究领域的主要观点和研究成就，树立起客观、科学的金融发展观。

本教材由张尚学（南开大学金融学系）担任主编，负责撰写大纲和前言，对全书进行总纂和定稿，由李宪铎（中央财经大学金融学院）、张庆元（南开大学金融学系）担任副主编。参加编写的成员及写作分工如下：李宪铎（第二章）、于长秋（南开大学金融学系）（第七、十二章，第十三章第一至四节）、张庆元（第九、十、十一章，第四章第五、六节）、张尚学（第一、三、五、六、八章，第四章第一至四节，第十三章第五、六节）。教材的修订工作是在南开大学金融学系和科学出版社的统一筹划和组织下完成的，衷心感谢科学出版社和金融学系各位老师和领导对本书的全力支持。教材修订工作还得到南开大学金融学系李雯雯、张倩、高倩倩、牛艳丽、乔海英、郭凡、郭迎宾等多位研究生的帮助，他们帮助查阅了许多文献资料，帮助校对文稿，其中，乔海英、郭凡、郭迎宾三人还分别直接参与了第一、三、六章的编写，在此向这些同学表示诚挚的感谢。

教材的编写和不断完善是货币银行学课程建设的一项必须的责任，我们殷切希望经过本次修订后的教材能够更加适应金融学科发展和金融专业的教学要求，我代表编写组全体成员诚恳希望同行专家和广大读者对本书的修订和完善多提宝贵意见。

张尚学

2010 年 7 月

目 录

第一篇　基　本　范　畴

第一章 货币和货币制度

内容提示：在市场经济中，几乎所有的经济活动都离不开货币，货币不仅在微观经济领域满足人们在交易、支付、价值衡量和储藏等各方面的需求，而且在宏观经济领域作为社会总产品的存在和分配形式，作为政策当局调节社会总需求的重要工具，在合理开发和组合经济资源、推动经济增长和稳定社会经济生活等方面发挥着极其重要的作用。本章从多个角度阐述货币的内在本质，介绍货币形态演进的一般过程，阐述货币在微观经济活动中的基本功能及其在宏观经济运行和管理中的主要功能。货币各种功能的正常发挥需要相应的组织管理和制度条件，因此，本章还将介绍货币制度的一般结构、制度类型。

第一节 货币的定义和形态

一、货币的定义

由于人们在研究货币问题时的着眼点和目的不同，或依据的理论基础和分析方法存在差异，因此，学术界对如何概括货币的本质、如何给货币下一个确切的定义并没有统一的结论。从众多的经济学家著述中看，主要的货币本质观或定义方法有以下七种。

(一) 货币是贵金属、是财富

货币是贵金属、是财富，指货币必须有实质价值，其价值由其金属价值决定，货币的实体必须以贵金属构成。这种理论源于古希腊哲学家亚里士多德（Aristotle）朴素的金属学说。16、17 世纪形成的重商主义思想理论体系的早期特征就是"重金主义"或"金属主义"，即认为只有金银才是一个国家的真正财富。

(二) 货币是作为一般等价物的特殊商品

这种定义是从马克思对货币起源问题的分析中得出的，其含义有如下两点。

1. 货币具有商品的属性

在马克思对货币起源的分析中，货币的前身就是普普通通的商品，它是在交换过程中逐渐演变成一般等价物的。马克思创立货币理论的时代，正是各国普遍实行金铸币流通的时代，因此，马克思将黄金视为货币的最高阶段，而黄金本身就是价值十足的商品。进一步的推论就是，任何在商品交换中充当货币的东西，它们首先就是商品，而且与普通商品一样，都具有价值和使用价值。没有这种与普通商品的共性，货币就不具备与商品进行交换的基础。

2. 货币与普通商品有本质的区别

货币是商品，但又不是普通商品，而是特殊商品。其特殊性并不在价值方面，而在使用价值方面。黄金被固定地充当一般等价物、货币后，其使用价值便"二重化"了，它既具有以其自然属性所决定的特定的使用价值（如用于装饰、制作器皿等），又具有以其社会属性所决定的一般的使用价值，即充当一般等价物和交换手段。很明显，当它以第一重使用价值出现时，就是普通商品，而以第二重使用价值出现时，才是货币。货币在充当一般等价物时，有两个基本特征：第一，货币能够表现一切商品的价值。货币出现后，整个商品世界就分裂成两极，一极是特殊商品——货币，另一极是所有的普通商品。普通商品是以各种各样的使用价值的形式出现的，而货币则是以价值的体化物或尺度出现的，普通商品只有通过与货币的比较，其价值才能得到体现，所有商品的价值只有通过与货币比较之后，相互之间才可以比较。第二，货币对一切商品具有直接交换的能力。由于货币是价值和社会财富的一般代表，谁占有了货币，就等于占有了价值和财富，因此，每个商品生产者都需要货币，它是人们共同追求的目标。又因为货币在实际交换中是一种一般的交换手段，具有普通商品所不具有的一般的使用价值，即满足人们共同的或一般的需求——交换需求，因此，以货币去交换普通商品，是不存在对方对其使用价值特殊需求方面的障碍的，货币的交换能力是超越使用价值特殊性限制的，是具有直接交换性质的。

需要注意的是，对马克思的货币本质观，必须以发展的观点去认识和理解。货币发展到今天，已经完全脱离了它的物质价值体，如果说纸币尚还流露着普通商品的使用价值和价值（印有一定图案的高级纸的使用价值和价值）的话，那么，超物货币（如无形的、观念化的记账货币）已经充分说明了这样一个事实：货币能够以商品的形式存在，也能够以非商品的形式存在。一般等价物是商品交换赋予货币的属性，与货币材料是否有价值和使用价值没有关系，普通商品的意义在于通过交换满足人们生产或生活方面的特殊需要，而货币的意义则在于充当表现一切商品价值的材料，充当一般的交换手段，为商品交换服务。这就是货币与普通商品的本质区别。可见，考察货币的本质，应把其质的规定和存在形式区别开来。无论货币由什么来充当，它作为一般等价物的本性决不会改变，否则就不能称为货币。

（三）货币是名目或符号

货币是符号的观点认为，货币不具有商品性和实质价值，只是由法律规定的符号，是一种票券，只在名目上存在。代表这种观点的典型理论是"货币国定说"，根据这种理论，货币是由国家法律和行政力量强制形成的，真正的货币是国家纸币。代表货币名目主义观点的另一种影响较大的定义方法，就是将货币定义为计算单位。凯恩斯在1930年发表的《货币论》（*Treaties on Money*）一书中指出，计算单位是货币理论的基本概念，计算单位用符号表示，这就是计算货币，货币的本质就是一种通过其支付，使债务契约和价格契约得以履行，并能储藏的具有一般购买力的工具。

（四）货币是核算社会劳动的工具

货币是核算社会劳动的工具的观点来自对马克思社会必要劳动时间决定商品价值量理论的理解，基本含义是，由于社会分工，商品生产者的个别劳动都应该是社会总劳动的一部分，但事实上，个别生产者的劳动总是带有盲目性的，不一定能够正好符合社会需要而转化为社会劳动。货币出现后，这种转化中的矛盾就通过生产者手中的商品与货币的交换表现出来了。如果某个生产者的商品为社会所需要，那么他就能够将商品换成货币，并买到其他生产者的劳动物，这也证明了其劳动的社会性的存在。如果他生产的商品备受人们的欢迎，在市场上就会出现供不应求的局面，他就可能以高于生产过程中所实际付出的劳动耗费（即商品价值）的价格出售，换回更多的货币，证明了其劳动的社会性程度较高。在西方经济学中，把这种情况说成是货币在充当"选票"。在市场上，购买者手中的货币就好比选民手中的选票，出卖者手中的商品就好比被选举的对象，买还是不买，就是投不投选票，是出高价买还是出低价买，就是愿意投多少票。这种"选票"的定义和"核算社会劳动的工具"的定义，虽然在理论基础上截然不同，前者的依据是产品效用决定价格的理论，后者的依据则是商品价值决定价格的理论，但却同样反映了货币作为市场评判标准的本质，可谓异曲同工。

（五）货币是普遍被接受的交易媒介和支付工具

货币是交易媒介和支付工具，是现代经济中人们从货币职能和对货币进行有效控制的角度出发，给货币下的定义，也是一种最为实用的货币本质观。这种观点一般认为，能否充当交易媒介和支付工具是划分货币与其他资产的本质界线。但是，在划定的货币范围中，总有一部分是能够立刻用以购买和支付的（如现金和支票存款），而总有另外一些是不那么方便的（如定期存款等）。因此，在这种货币本质观的指导下，各国开始对货币划分层次，出现了 M_0、M_1、M_2、M_3、准货币和货币供应量等新的货币范畴。

（六）货币是"流动性"

在凯恩斯的货币理论中，货币是一种为人们提供流动性效用或灵活性效用的资产，对货币的需求就是一种对流动性或灵活性的偏好。

1959 年，英国财政部领导的一个以拉德克利夫（Radcliffe）勋爵为首的"货币体系运行研究委员会"提出了一份调查第二次世界大战后英国货币和信用体系运行情况的报告（被称为拉德克利夫报告），[①] 该报告及其相关证明材料对货币理论研究和政策的制定产生了较大影响，其中涉及对货币定义的理解和货币范围的界定问题。

拉德克利夫报告对传统货币理论所认同的通过中央银行规定商业银行的现金准备率（即商业银行的库存现金及其在中央银行的存款与商业银行所吸收的全部存款的比率），便可决定商业银行的信贷规模，进而决定其货币创造能力的结论提出质疑，该报告认为无论是中央银行规定的银行现金比率（bank's cash ratio），还是它们的流动性比率（liquidity ratio），都没有对货币的增长发挥有效的限制作用，货币供给在很大程度上并未受到控制。因为当商业银行的现金准备率低于法定的要求时，商业银行可以通过收回短期拆放、减少国库券持有额、向中央银行借款等方式重新获得现金，而不影响其信贷规模。商业银行的流动性比率则是指商业银行的现金、国库券、通知放款和商业票据等比较富有流动性和具有兑现能力的资产与其存款总额之比。虽然商业银行的流动性比率是决定其信用扩张规模的主要因素，但银行能通过出卖债券以购买国库券或商业票据等方式比较容易地获得流动性资产，也就是从其他经济部门来获得流动性，因此，中央银行也难以通过控制商业银行的流动性比率来控制货币供给。报告在质疑传统货币理论和政策意义上的中央银行的货币控制力的同时，也质疑了传统的货币概念对经济的意义，认为在大量非银行金融中介机构存在的情况下，真正影响经济的不是狭义的货币供给，而是包括这一货币供给在内的整个社会的流动性，因此，货币当局应该控制的不仅仅是这一货币供给，而应当是整个流动性。应该用流动性来定义货币，货币的范围不仅包括

---

① 胡海鸥：货币理论与货币政策，2004 年，上海人民出版社。

传统意义上的只具有货币交易媒介功能的货币供给，还应包括银行和非银行金融机构所创造的所有的短期流动资产，这些流动资产不直接作为交易媒介，它们是作为价值储藏手段的货币，是能够对经济产生重要影响的货币。

（七）货币是信用关系的载体

大多数的货币定义都是从货币的起源、功能和作用的角度出发的，但更进一步的问题是，货币为什么具有充当一般等价物或充当交易媒介和支付手段等的功能和作用，即支持货币发挥功能和作用的基础是什么？将货币定义为信用关系的载体或价值契约，就是从这一角度出发的，它要说明的是，作为货币的东西所要具备的价值基础是发行者的信用或公信力。

货币是信用载体的命题既是一种理论逻辑，又是货币形态演进的实际结果。从理论上讲，作为流通手段的货币，其功能在于媒介商品的实际交换，不管货币由什么材料来充当，只要能够借助于它换回所需的商品，人们就能接受。因此，人们需要的是一种可以实现商品交换的保证或信用，而不是货币材料本身。从货币形态演进的实际情况来看，当某种商品（如黄金）从商品交换中分离出来充当货币材料时，人们对其的信任是建立在这种商品具有十足价值的基础上的，也就是说这种以特殊商品来充当的货币，是以其内在的价值作为交换的基础的，没有这种内在价值或价值不足，这种商品就会失去或降低作为货币的公信力。因此，在典型的金本位制时代，哪怕是政府发行的货币也需要以十足的黄金作保证，银行券是普遍被要求兑换黄金的。而到了完全纸币的时代，货币发行无需十足的黄金担保，甚至完全不需要黄金担保，货币的交换基础不再是它的内在价值，人们不再在乎货币材料的自然属性，而只在乎货币发行者的信用状况。完全没有内在价值的纸币能够取代黄金作为货币，不仅因为政府的强制推行，更因为它确实代表着政府的信用。政府的信用，就是货币的公信力，就是货币发挥功能的前提。人们普遍相信持有政府发行的纸币是一定可以如愿换到所需要的商品的，因此，纸币实际上就是政府信用的一种载体。从世界各国的纸币发行程序上看，纸币发行主要是通过中央银行在公开市场买入国债和商业票据的再贴现来完成的（美国再贴现的对象也主要是国债），国债和商业票据分别是政府和企业债务的票据化，实际上也就是说政府和企业的信用是货币发行的依据，信用是货币发挥功能的基础，货币是信用关系的一种载体。从中央银行的角度看，任何增加的货币发行最终都显示为其负债的增加和货币持有人资产占有或债权的增加，货币发行是中央银行与货币持有人之间的信用关系的反映。

二、货币的形态

由什么东西来充当货币，这在不同的民族和国家，在同一国家的不同历史时期，由于经济和文化条件等诸多因素的差异，会有所不同。但就各国货币发展和演变的历史全过程来看，又是有规律可循的，基本规律是，由自然物商品发展为金属商品，又由金属商品发展为非商品的信用货币。这一发展变化过程，是货币顺应社会生产发展、商品流通扩大、经济生活内容多样化和社会全面进步过程的真实写照，也是货币自身由低级形态向高级形态不断演化的记录。

（一）实物货币

在生产力尚不发达、商品交换仅仅满足必要的生活和生产要求的简单商品交换时代，货币既作为交换的媒介，又作为可用于大多数人生活和生产的使用价值，因而主要由自然物商品来充当。能够作为货币的自然物商品一般具有如下特征：①都是劳动生产物，具有价值；②是社会共同的需求对象，能满足人们对其特殊使用价值的需要；③一般是容易让渡的主要财产或本地稀有的外来商品，前者如牲畜、兽皮、农具等，后者如贝壳、珍珠、玉石等。我国古代充当货币的实物商品最早是海贝、布帛和农具，这已在大量的考古发现中得到证实。例如，从文字上考证，在中国文字中，凡是与财富及物品的转让和交易等有关的字，大多数是"贝"字偏旁，比如贵、贫、贱、财、货、买、卖、贸、贩、贷、赠、贼、贪、赏赐、贿赂等；还有一些以"巾"字为偏旁的字，如帐（同账）簿、市场、帑等，其均与贸易有关，说明在我国开始创造和使用这些文字以前，贝和布帛就已经是财富的代表和交易的工具了。

（二）金属货币

金属商品取代自然物商品充当货币，几乎是世界各国货币发展的共同历史。这是因为金属的自然属性与普通物品相比更适合于充当货币，如坚固、耐磨、不易腐烂，既便于流通，也适于保存；质地均匀，分割后只要重量相等就可认为价值相等；生产和加工金属耗费劳动多，价值含量高等。同时，金属商品充当货币也是社会生产力发展水平提高、商品交易规模扩大、要求由价值更高且便于流通的币材充当价值尺度和交换手段的必然结果。关于金属货币自身的演化，各国有所不同。例如，中国金属货币历史的基本特点是金、银、铜并行，金币的使用极少，但历史很早，在春秋时期就曾以黄金作为货币。据文物考证，中国最早出现的黄金货币是战国时期楚国的"郢爰"金版。铜币的历史最长，至于大量使用白银充当货币，还是近代的事情。尽管各国的金属货币发展史各不相同，但就大部分国家来说，基本遵循一条由贱金属过渡到贵金属的发展规律，因为贵金属（金银）比贱金属（铜铁）更具有充当货币的优越性能，也更能满足社会生产力水平提高、交易规模扩大对货币价值量扩充的要求。

（三）信用货币

信用货币是指币材的价值低于其作为货币所代表的价值甚至没有价值，只凭借发行者的信用而得以流通的货币。信用货币之所以能够取代金属货币，一是由于生产和流通的进一步扩大，贵金属币材的数量不能满足扩大货币供应对其的需求，而且越来越多的大宗商品交易使用金属货币极为不便；二是由于货币在充当交换媒介时本身就包含着信用货币出现的可能性，作为交换媒介，人们关心的是借助于它能否换到价值相当的商品，而不是货币本身，因此，人们便不在意货币本身是否价值十足，甚至不在意货币本身是什么。这就说明，只要人们乐于接受，货币就完全可以用价值较低的商品甚至没有价值的符号去代替。

信用货币的典型形式是银行券和政府纸币。前者可称为可以兑现的信用货币，因为它是由银行签发，交给持有人以保证向其兑付金银货币的债务凭证。后者可称为不可兑现的信用货币，因为它是由政府发行并依靠国家权力强制流通的价值符号。当代，以中央银行名义并通过信贷渠道投入流通的银行券已经普遍代替了政府纸币行使国家统一货币的职能。进入20世纪50年代以后，信用货币主要采取了非实体化的存款货币的形式，人们的货币只有一小部分以现金（钞票和铸币）的形式持有，大部分以记账符号的形式存在于银行的账面上。当收到货币时，由银行将付款人账户上的存款划转到收款人的账户上；当需要支付货币时，付款人可以签发由银行签发的支票，通知银行将其存款账户中的一定金额转于收款人的账户。随着社会的进步和科学技术的飞速发展，目前这种存款货币的支票划转方式越来越多地被"电子货币转移系统"所代替。

（四）电子货币

电子货币是在当代科学技术迅猛发展的过程中出现的电子化、信息化的支付工具，由于它正处在不断创新和完善的过程中，在全社会范围内尚不存在像国家纸币那样的统一规范的具体形式，而且这方面的立法也还处在初始阶段，因此，给电子货币下一个与其具体形态完全相符的精确定义，还是很困难的。由王益、白钦先主编的《当代金融辞典》中对电子货币给出的定义是，用电脑储存和处理，无需借助纸质工具即可用于广泛支付的预付来人票据。目前主要有两种形式：一种是卡式电子货币，即以特种塑料板形式存在，具有真实购买力的多种用途预付卡；另一种是软件式电子货币，它使用特定软件，允许货币价值通过诸如 Internet 等电子通信网络发生转移。这种定义基本上涵盖了目前流行的各种普通信用卡（credit card）、芯片卡或 IC（integrated circuit，集成电路）卡以及网络电子支付系统中的数字化货币（e-money）。电子货币的具体形式虽然不尽相同，也还处在不断创新与发展的过程中，但是它已经反映出这种货币形态的一个总特征，那就是货币载体已经由纸质转变为电子质，由实体转变为虚拟。

第二节　货币的微观功能

货币的微观功能是指货币在满足微观经济主体或经济单位从事交易、支付、价值衡量和价值储藏等经济活动需求方面所具备的功能。这里不涉及货币在全社会范围内分配社会总产品，开发、组合社会经济资源，推动经济增长等宏观方面的功能。货币在微观经济活动中的功能主要有以下几个方面。

一、流通手段或交易媒介

经济主体之间的商品和劳务的交易活动是最经常的经济活动，货币是完成这种经济活动的重要工具。由于货币在商品交易中充当媒介，才使得商品在不同的主人之间顺利地实现了转换或流通，因此，从功能的角度出发，货币首先表现为一种流通手段或交易媒介（medium of exchange）。

商品交易的实质是物质交换，是商品生产者以自己生产的对社会的使用价值换回他人生产的对自己的使用价值。在一般等价物未出现以前，这种交换一般采取直接的物物交易的形式，后来发展为以货币充当一般等价物，先出卖商品换回货币，再拿货币购买商品的间接交易的形式。从交易的目的和物质内容来看，这个过程的起点和终点都是商品，是以商品换商品，货币只不过是商品借以实现交易的手段。以货币作媒介的交易方式是一种进步的交易方式，因为它与直接的物物交易的方式相比，大大降低了交易成本，提高了交易的效率，交易者各方不需要花费大量的时间及人力和物力去寻求交易对象所要求的商品或相应品种、数量、质量、供货时间的劳务，而只需将自身的商品或劳务换成能够与其他任何商品或劳务在任意时间交换的工具——货币，交易的最终完成就不成问题了。

商品交易采取以货币为媒介的形式以后，由交易而产生的商品生产者之间的社会经济联系就不再像直接的物物交易时那样简单了，即在同一时间和地点，卖者出卖商品，买者购买商品，关系便告结束，与他人无关，而是变得广泛而又复杂。由于交易过程被分解为卖和买两个独立的环节，因而使买卖关系向外延伸。商品所有者在出售自己商品时是卖者，出售商品得到货币后又成为买者，而另一种商品的所有者又成了卖者，他出售商品拿到货币后还不知再去购买哪一个商品所有者的商品。交换过程连续不断，使商品所有者的社会经济联系不断加深，他们之间形成了一条买卖关系的锁链。一旦其中有一个商品所有者卖而不买，货币停留在他手中，就会导致一系列商品不能出卖，从而使商品流通过程中断。这就说明，在商品流通条件下，已经形成了货币对商品流通的制约机制，货币的媒介作用成为保证商品流通正常进行的条件。

铸币和纸币是两种现实的流通手段，是流通手段最一般的存在形式。

作为流通手段的金属货币，起初是以不同形状（如条、块等）、不同成色和不同重量的金属直接充当的。随着交换的发展，这种形状、成色、重量等的不统一越来越暴露出它的缺陷，每次交换都需秤算货币的重量，鉴定其成色，很不方便。为了克服这种缺陷，一些有名望的大商人开始在自己的金属条块上烙上印记，以自身的信誉来保证货币的重量和成色，这就是铸币的雏形。后来，国家信誉取代了私人信誉，一种由国家铸造的具有一定形状、重量、成色和面额的金属货币便产生了，这就是铸币。

纸币根源于铸币。一开始的铸币与金属条块并无本质区别，只不过统一了形状、成色、重量，打上了一定的面额而已。但是，随着铸币在流通中渐渐磨损，其重量和成色与面额便发生背离，变为名义价值高于实际价值的不足值的铸币。然而，由流通手段的特点所决定，这种不足值的铸币会照常为人们所接受。人们习惯于按货币的面额来购买商品，并非关心货币是否足值。因为，货币作为流通手段，在交换者看来，只是手段，而不是目的，人们真正关心的是手中的货币能够换得多少商品。这就说明，作为流通手段的货币不一定需要十足价值的货币商品。这一规律被国家掌握后，国家就开始有意铸造不足值的货币，用来集中更多的社会财富。货币的名义价值和实际价值相背离的程度也越来越大，最终导致国家强制发行完全没有价值的货币——纸币来充当流通手段。可见，纸币是由国家发行并强制流通的货币，它与货币商品具有同等的购买能力。

货币能否发挥流通手段职能，主要取决于货币的币值。币值不稳定，会引起商品流通混乱，严重时甚至会导致人们普遍拒绝接受货币，恢复物物交换，使货币完全丧失流通手段职能。

二、价值标准或计算单位

交易、借贷、工程建设等各种经济活动都离不开对标的物价值的计量和测算，货币代表一定的价值单位，可用以衡量其他一切商品、劳务、资产、负债、工程等的价值量大小，使各种价值物相互之间可以方便地进行比较，货币的这种功能被称之为价值标准（尺度）或计算单位（standard of value or unit of account）。

在一个没有货币介入的经济社会中，商品之间的价值比较或交换比率的确定是极其困难的。假定有 A、B、C、D 4 种商品的价值需要比较，如果你已经知道了 A 与 B 的交换比率和 B 与 C 的交换比率，那么，你可以推算出 A 与 C 的交换比率；但如果你已

知的是 A 与 B 的交换比率和 C 与 D 的交换比率,那么,要想知道 A 与 C、A 与 D 或 B 与 C、B 与 D 的交换比率可就难了。若要使这 4 种商品相互之间都能方便地实现等值交换,你必须知道 6 种比率;如果是 40 种商品,你就得知道 780 种比率;如果是 400 种商品,你就得知道 79 800 种比率;如果是 n 种商品,你就得知道 $n(n-1)$ 种比率。有了货币后,由货币作为价值的统一标准,一切商品的价值都表现为同一货币单位的一定数量,即表现为价格。每种商品都有了价格,相互之间的价值比较或交换比率的确定就很简单了。比较 400 种商品的价值孰大孰小,只要看看有 400 个价格的价码表就可以了,而根本不需要知道 79 800 种比率。

价格是货币充当价值标准的具体形式,是商品价值与货币价值(币值)的对比,它与商品的价值成正比例,与币值成反比例。金属货币的币值一般表现为币材的价值,纸币的币值表现为纸币的购买力,即它和一切商品直接交换的能力。因此,商品价格在金属货币和纸币条件下,具有不同的决定规律。马克思的货币理论认为,商品价值的大小是由凝结在商品中的劳动时间决定的,价值的真正尺度是劳动时间,货币只是一种相对尺度。因为,生产商品所实际耗费的劳动并不一定就是社会承认的劳动。一定量的商品换回一定数量的货币,只证明了生产这些商品所耗费的劳动为社会所承认的部分。实际劳动耗费较多的商品不一定表现为较多的货币。同样,实际劳动耗费较少的商品也不一定表现为较少的货币。货币价值尺度能否正确反映商品价值,取决于商品市场的供求状况,也取决于人们对货币价值尺度职能的正确运用。

三、价值储藏手段

货币作为一般购买力的代表,通过推迟它用来交换实际物品和劳务的时间,能够为将来保存价值或财富。生产者和经营者通过货币储藏以备不时之需或调节生产经营规模;消费者通过货币储藏来安排有限的消费需求。从理论上讲,当货币被当做价值或财富而为人们保存起来、退出流通并处于静止状态时,就是其发挥价值储藏功能的时候,货币因此被看做是一种价值储藏手段(store of value)。

以货币为媒介的商品交换,使商品在不同的所有者之间转手运动,形成商品流通,但有一个前提就是货币必须不间断地作为流通手段,就是说,商品所有者在出卖了商品得到货币后就马上购买,使货币始终处于流动状态。但在实际生活中却往往存在卖和买相互脱节的情况,因为既然卖和买已经分裂为两个相对独立的过程,就有独立发展的可能,就有卖而不买的可能。而且,客观上也有卖而不买的必要。例如,农民通常在夏秋季节出卖农副产品,在春季到来之前才购买生产资料;一些生产者在出售商品后,一时买不到所需生产资料或为某专项工程积累必要的货币资金而暂时不进行购买;一些劳动者在出卖劳动力获得货币收入后准备未来所必需的集中性消费而暂时不进行购买等。一旦出现这种商品流通过程的中断现象,出卖之后不马上购买,货币就停留在出卖者手中,从而退出了流通,处于静止状态,这时货币就由流通手段转化为储藏手段。当然,这只是理论上的抽象说明,货币退出流通多长时间才算是储藏手段,并没有一个客观的界限,只能根据考察货币流通状况的实际需要来确定。

货币作为储藏手段,是价值储藏的必然要求。因为,以实物形式储藏价值往往受实物性质、存放空间等客观条件的限制,以债券、股票等形式储藏,要受证券信誉、流动性等的限制。而货币是一般的价值形式和购买手段，因而是社会财富的一般存在形式，以货币形式储藏价值优越于其他任何一种储藏形式。

需要指出的是，货币能否作为储藏手段，与货币的具体形式没有必然联系。无论是价值十足的金币还是没有价值的纸币，只要币值长期稳定，不会随着时间的推移而给储藏者带来损失，就可以充当储藏手段。因为，货币作为储藏手段，只是财富保存的形式，而不是财富本身。人们真正关心的是所保存的货币能否最终兑现为财富的实体——商品。果能如此，以什么货币材料来保存便是无关紧要的事。那种认为作为储藏手段的货币必须是具有十足价值的金属货币或贵金属的说法，实际上是把价值储藏的手段与目的颠倒了。当然，并不排除金属货币充当储藏手段要大大优越于纸币，因为，金属货币的币值由币材本身的价值作保证，而纸币的币值却完全取决于流通过程，稳定性相对较低。

四、支付手段或延期偿付标准

货币不仅在现时的商品交易中充当媒介，而且还被用来签订一切长期性的交易契约，使契约的履行具有统一的标准。现代经济生活中的种种支付，如清偿债务、交纳赋税、借贷、支付租金、利息、工资等，都是用货币完成的，因此，货币是一种支付手段或延期偿付的标准（standard of deferred payment）。

从理论上讲，作为支付手段的货币与作为流通手段的货币不同，它并不伴随着商品的运动，而是货币的单方面转移。支付手段功能最初是由商品赊销引起的。商品流通一开始只有一种单一的形式，即现金交易，货币作为媒介物与商品同时相向运动。后来，这种一手钱一手货的现金交易不能适应日益扩大的商品流通的需要，便出现了商品赊销行为，即卖者先出让商品，买者给卖者一种观念上的购买手段——到期支付的允诺，于是买卖关系变成了债务关系。买者作为债务人，必须在约定期限到达后支付货款。可见，债务清偿代替了交换媒介，货币的支付手段职能代替了流通手段职能，使商品交易在买者一时缺乏现金的情况下得以实现，克服了现金交易的缺陷。实际上，在商品交易中还有另一种情况，有些销路明确，但生产周期长、耗资大、生产费用不足的产品，往往需要购买者预付货款，使货币在商品让渡以前单方面由买者向卖者转移，发挥支付手段职能。

以支付手段实现商品交易，可节约流通中的现金量。因为，在交易者之间，总有相当部分债务可以相互抵消，不用付款即可清偿。

商品经济发展到一定程度，经济的货币化程度也随之加深。货币的支付手段职能不仅作用于商品流通，而且扩展到商品流通之外。工资、赋税、地租等都由实物形态变为货币形态，单纯的货币借贷也发展起来。在当代，财政和信贷收支都是以货币作为支付手段来完成的，两者都具有集中、巨额的特点。由此可见，货币的支付手段功能在经济生活中变得越来越重要了。

五、国际经济交往中货币功能的特点

经济主体在国际间相互往来，尤其是国际贸易活动，都是离不开货币的。但是，货币在国际间发挥职能具有不同于国内的许多特点，主要表现在以下几个方面：

第一，价值尺度复杂化。国际贸易中商品与劳务的价格，要通过两国货币的兑换比率（即汇价）迂回地反映。

第二，以支付手段职能平衡国际收支差额。当国与国之间发生政治、经济、文化等交往后，会引起相互之间的货币收付，经过相互抵账以后，最后的差额需要付方国家来支付。它不同于国内日常交易中的支付手段。

第三，流通手段职能一般只在国际间惯常的关系被破坏时才起作用。例如，战争期间购买别国商品一般必须以国际公认的货币商品进行现金交易。与国内流通手段职能不同，国际交易中的流通手段不仅是交换的媒介，而且往往是与其他商品对等交换的货币商品。

第四，履行国际化的储藏手段职能的必须是贵金属或币值长期稳定、国际信誉较高的货币。在特定条件下，它们可以作为社会财富的一般形式，由一国转移到另一国。

货币以什么形式在世界范围内发挥职能，并不是一成不变的。起先，它必须是"脱掉国家制服"的贵金属。后来，随着纸币制度在世界范围内普遍推行以及世界货币体系的形成，使一些国际化的货币单位，如特别提款权、个别国家的货币（如美元、英镑等）成为"世界货币"，为各国普遍接受。在现在的欧洲，还出现了"欧元"这样的具有独立性和法定货币地位的超国家性质的货币，它具备货币的全部职能，它的出现，标志着在世界的局部范围内，已经开始存在没有国别的统一货币。可见，货币职能能否对外扩张，并不在于货币是不是黄金，而在于货币能否成为国际公认的一般等价物。当然，黄金作为"世界货币"有着强大的历史惯性。直到今天，黄金仍然不失为一种良好的国际支付手段、购买手段、财富储藏与转移手段。我们必须面对这一事实，重视黄金的生产和储备。

第三节　货币的宏观功能

一、对货币宏观功能的一般认识

对货币宏观功能的认识由来已久，早在重商主义时期，人们就已将货币与经济发展联系在一起，重商主义者认为货币就是财富，货币的增加就是经济的发展。苏格兰经济学者约翰·罗（John Law）很早就指出，经济发展有赖于贸易发展，而贸易发展有赖于货币的增加，当货币增加受到金属材料供应的限制时，应由国家创办银行、发行纸币，为经济发展提供货币支持。马克思在其再生产理论中特别强调货币资本积聚和循环、周转的作用，他认为，货币的积聚是"资本生产力"形成的前提条件，在资本的循环和周转过程中，货币资本始终处在起点和终点，生产过程和流通过程总是由货币资本开始，变为生产资本，再变为商品资本，最后又回到货币资本，货币是再生产过程顺利进行的"第一推动力和持续的动力"。熊彼特的创新理论认为，经济发展的实质在于创新的实现，创新的实质则在于生产要素的新组合，其中，银行的信用创造为生产要素的新组合提供了必需的购买力，信用创造已经不是简单的信用媒介，而是一种为推动经济发展提供货币支持的机制。凯恩斯及其以后的经济学家普遍认为，产量、价格、就业等宏观经济变量由社会总供给和社会总需求均衡状况决定，而社会总需求则由一定的货币量及其流通状况所形成的货币购买力所构成，因此，货币是影响宏观经济运行和发展的重要因素。

从一般意义上理解，货币发挥宏观功能的基本条件就是发达的商品经济。商品经济是以商品生产和交换为基本内容的经济形式。商品经济的重要特征在于经济实体之间的经济关系是以价值形式而不是以使用价值形式连接的。自从货币产生以后，商品的内在矛盾（使用价值和价值的矛盾）转化为商品和货币的外部对立，商品的价值不再由其他普通商品来检验和证明，而是通过货币来表现。货币排除了其他一切商品而成为唯一的价值表现形式。生产者之间、生产者与消费者之间的经济联系都通过货币来实现。

在简单商品经济条件下，商品生产者以交换使用价值为目的，为买而卖，商品经济在当时整个社会经济生活中处于从属地位。这就决定了货币只是商品交换中的简单媒介，是商品交换的附属物。

在发达的商品经济条件下，不仅随着一切劳动产品都转化为商品，成为货币交换的对象，使货币的使用范围无限扩大，而且随着货币各种功能的充分发展，尤其是随着货币资本化程度的加深，货币一方面发挥一般等价物的作用，用以衡量、实现、储藏、转移价值等，更重要的是，货币现象已经作为一种独特的经济形式——货币经济而存在。货币经济的基本特征是，一国货币化的商品与劳务（以货币购买和支付的商品与劳务）已经占商品总量的绝对比重。这时，商品经济已经不能脱离货币而存在。

二、货币宏观功能的主要体现

在现代经济中，货币的宏观功能可概括为以下几个主要方面。

（一）作为社会总产品的存在和分配形式

在商品经济条件下，社会总产品是以实物形式和货币形式同时存在的。社会总产品一方面表现为各种使用价值的总和，另一方面则表现为生产资料补偿基金（C）、工资基金（V）和社会积累基金（M）的总和，即价值的总和。社会产品的分配是通过价值分配实现的，一般要经过两个层次的分配过程，一是由企业部门进行初次分配，支付工人的工资和补偿生产资料耗费；二是由财政和银行部门进行再分配，表现为财政收支和信贷收支，财政收支主要是对社会积累基金的分配，信贷收支主要进行各类基金在社会成员之间的余缺调剂。这种以价值形式进行产品分配的特点在于，社会成员首先得到的是货币——产品索取权，其次才通过市场来实现对产品的占有。货币形式的变更，往往会引起社会产品分配的重大变化。例如，在货币尚未成为单纯的价值存在形式之前（如金本位制时期），以货币来分配社会产品要受到货币商品自身劳动生产率的制约；但是，当货币作为单纯价值形式，即完全脱离货币商品体而存在时，就可能出现超前分配或超额分配，也就是说社会产品尚未创造出来，货币分配已经完成或货币分配超过实物总量，使分配的货币不能兑现商品。因为，非商品的价值体（如纸币现金、存款）完全可以由发行者凭借一定的制度和技术条件而创造出来。可见，货币不仅是社会总产品的价值形式，而且是产品分配的重要工具。

进一步讲，在以货币作为社会总产品的存在和分配形式的条件下，一个社会的积累方式和规模就可以摆脱实物形式的限制，因为，社会总产品价值的各个部分（C、V、M）既以实物形式存在，也以货币形式存在，已实现的价值在尚未消费之前形成的节约一般表现为货币形式的储蓄，动员这些储蓄并将其转化为投资，已经成为社会积累的普遍形式。同样，在对社会产品进行分配的过程中，货币形式的分配也成为一般的形式，货币是社会各阶层人们名义收入的比较标准，一般情况下，实际收入的获得总是以持有相应数量的货币为前提的，持有的货币数量多，就意味着收入水平高。正因为这样，货币也才成为国家制定收入分配政策的计量工具。

（二）作为开发和配置资源的工具

社会经济活动说到底就是各种资源（包括天然资源、劳动力资源、技术资源、信息资源等）不断开发和配置的过程。在市场经济条件下，自由竞争的机制使资源按照市场原则进行开发和配置，商品生产者之间的市场竞争最终取决于对资源的竞争。由于经济的货币化程度越来越高，包括各种生产要素的投入、产出以及产品的分配和消费等在内的整个再生产过程通过货币来实现的比重越来越大，因此，资源作为潜伏的价值，也主要通过货币的推动和引诱来开发和利用。货币是被普遍接受的购买手段和支付手段，有了货币就意味着取得了与所持货币数量相对应资源的索取权。谁拥有货币多，谁就能够多占有资源。在完全竞争的条件下，不同稀缺程度和不同质量的资源表现出不同的价格，只有那些货币实力强和经营管理水平高的竞争者才能以较高的价值或较强的货币支付能力获得较多和较好的资源，"看不见的手"（invisible hand）发挥着优化配置资源的作用。在出现由于信息不完备、法制不健全、价格机制不灵敏等因素而导致"市场失灵"、资源误配的情况时，国家宏观决策部门可以通过制定经济发展规划、产业政策、需求调节政策等有计划、有目的地安排货币供应，通过货币在不同经济部门和地区的战略性安排来实现资源的优化配置。

（三）作为推动实际产出和稳定经济的工具

实际产出过程是生产资料、技术和劳动力有效组合的过程。实际产出部门在生产过程开始之前，必须拥有一定数量的货币，用以购买生产资料、技术和组织劳动力，生产启动后，还要不断地投入货币用以补充原材料、更新设备、支付工资和报酬、组织产品销售等，因此，货币注入是实际产出过程的前提和产出过程持续进行的推动力。由于货币具有这种对实际产出的能动作用，因此，从全社会宏观角度看，实际产出的状况既要受到构成实际产出物质要素的生产资料、技术、劳动力等资源供给的决定，又要受到与这些资源相对应的货币量的决定。因为，在经济货币化的条件下，资源的开发和组织已经高度依赖于货币。有资源而没有相应的货币供给，资源只能是一种潜伏的价值，而不能被开发、组织和利用起来，不能够形成实际的产出。相反，在资源紧缺的情况下，过多的货币供给又会形成对已有资源的超量索取权，加剧资源的供求矛盾，超量的货币供给只能是名义上的价值增量，实际产出不会因此而增加。

在一定时期内全社会各部门实际产出的总和就是社会总供给，而对总供给的有效支付能力或购买力的总和就是社会总需求，社会经济的稳定状态是通过总供给与总需求的对比表现出来的：当总需求与总供给保持均衡状态时，经济体系中既不存在生产萎缩和失业，也不存在价格总水平的上升；当总需求大于总供给时，经济处于供给不足、需求过旺、价格总水平上升的不稳定状态；当总需求小于总供给时，经济处于需求不足、生产萎缩、失业增加的不稳定状态。社会总供给是由实际产出水平决定的，社会总需求则是由货币供给形成的。经济的稳定发展，要求社会总需求和总供给在长期内保持基本均衡的状态，因此，根据由资源存在状况决定的实际产出水平来把握货币供给，或者说，根据社会总供给的要求来制定总需求政策，就成为各国政府管理和调控宏观经济的主要方式。一般来说，当经济体系中存在着充裕的可用于增加实际产出的资源时，实际国民生产总值与潜在国民生产总值之间存在着较大缺口，通过增加货币供给，拉动总需求，就能够较快提高实际产出水平而又不会导致价格总水平的上升；当可用于增加实际产出的资源的开发和利用程度已经较高，资源已不充裕，实际国民生产总值与潜在国民生产总值之间的缺口不大，继续增加货币供给，继续拉动总需求，就可能出现实际产出水平与价格总水平同增的情况；而当可用于增加实际产出的资源已被充分开发和利用，已不存在潜在的国民生产总值时，增加货币供给，拉动总需求的结果只能是价格总水平的上升，而不会增加任何实际产出。可见，根据资源和社会总供求状况供应货币，是货币发挥推动实际产出和稳定经济功能的基本要求。

（四）作为核算和反映宏观经济运行规模和质量的工具

在经济货币化条件下，经济活动的内容既可通过实物指标反映，也可通过货币指标反映。实物指标根据经济内容的自然物质特征，采用自然或物理计量单位进行核算和统计，直接反映经济内容使用价值的规模水平和质量，但其缺陷是指标的综合性能较差，不同实物的经济内容性质不同、计量单位不同，不能或不便于进行汇总和比较。而货币指标则将具有不同实物性质的经济内容统一地用货币单位表现为一定的价值量，如国民生产总值、工农业总产值、各部门产值、各地区产值、财政收支、信贷收支、国际贸易收支、国家债务总额、综合物价指数、金融资产总价值、股票市值等，这些指标综合反映了经济发展的总规模、部门结构、地区结构、外部均衡状况、国内市场稳定状况、金融发展水平、经济景气程度等，使经济运行的规模和质量得以在不同时期、不同地区、不同部门之间进行宏观比较，为决策部门提供管理和调控经济的依据。货币正常发挥核算和反映经济的功能，要求货币制度和币值必须保持正常和稳定。

三、关于货币对实体经济影响的不同理论

所谓实体经济是指主要以产业资本和商业资本运动为特征，以实物形态流量为媒介的经济，也就是一切从事物质产品生产、分配、交换和消费的活动。在货币产生以前，人们的生产、分配、交换和消费等活动是以使用价值而不是以价值形式连接的，而自从货币产生以后，商品的内在矛盾（使用价值和价值的矛盾）转化为商品和货币的外部对立，商品的价值不再由其他普通商品来检验和证明，而是通过货币来表现。货币排除了其他一切商品而成为唯一的价值表现形式。生产者之间、生产者与消费者之间的经济联系都通过货币来实现。

货币能否对产量、就业、储蓄、投资、积累等经济的实际变量发生影响，在西方经济学领域存在着严重分歧，由此产生了许多不同的理论和政策主张。我们可以将这些理论和主张分为截然不同的两种：一种是否认货币对实际经济发生影响的"货币面纱论"，另一种是强调货币对实际经济影响的"货币经济论"。

"货币面纱论"最早由萨伊（Say Jean Baptisty）、约翰·穆勒（John Stnart Mill）、卡塞尔（Gustav Cassel）等人倡导，这种理论认为，货币与商品的交换实质上是商品与商品的交换，货币本身没有价值，它只不过是一种便利交换的手段，对经济不发生任何实质性的影响，货币就像罩在实物经济上的一层面纱。当人们看不透这层面纱，认为货

币本身也有价值时，就会产生货币幻觉。货币只是随着实物经济的变化而变化，本身不是经济变化的动力，考察经济力量的活动必须揭掉遮盖在实物经济上的面纱——货币。

"货币经济论"是所有否定"货币面纱论"，强调货币对实际经济变量产生决定性影响的各种理论的统称。这种理论认为，现代社会的一切经济活动都需要通过货币来实现，货币不仅是交易的媒介，而且是价值储藏的手段，货币对经济发展起着决定性作用。例如，瑞典经济学家魏克赛尔创立的"积累过程理论"认为，货币并不是罩在实物经济上的一层面纱，它在媒介商品交换的同时，也促进储蓄向投资的转化，货币并非在任何时候都是中性的，它对实际经济起着非常重要的作用。货币在执行交换媒介的过程中，也包含着短期的价值储藏职能，由此引起的储蓄无论以什么形式存在，都将使现在的消费转变为未来的消费，甚至转变为将来生产的准备。同时，货币在媒介交换的过程中，还媒介资本积累和货币转移，对货币流通和资本交易起着十分强烈的作用。又如，美国芝加哥大学教授、货币主义学派的代表费里德曼创立的"现代货币数量论"认为，货币数量的变动不仅影响价格，而且影响总产量和国民收入。从长期来看，货币供给量与名义收入间存在着直接而密切的因果关系；从短期波动来看，货币数量变化不仅影响名义收入，而且影响实际收入，因此，货币最重要，它是经济稳定的决定性因素。

第四节　货　币　制　度

一、货币制度的一般结构

货币制度（简称币制），是国家对货币制造、发行、流通、使用等基本方面所做的法律规定，或者说，是国家以法律形式规定的货币的组织形式和流通结构。当代社会，货币制度已成为国家经济制度建设中的一项重要内容。

各国的社会经济条件和历史条件不同，决定了各国都有适合本国特点的货币制度。但就货币制度的基本内容和形式来说，又是共同的。因为，无论哪个国家的货币制度都是围绕着组织和管理货币的流通和使用这一核心来建立的，而有关货币流通和使用的基本方面又是大致相同的。从世界各国的货币制度来看，其对货币流通和使用的如下几个基本方面都要做出规定：①币材和货币单位；②本位币和辅币；③货币符号；④准备制度。这些规定，反映了货币制度的一般内容和结构。

1. 规定币材和货币单位

选择何种材料作为本位币的币材，是货币制度首先需要规定的内容。它是整个货币制度赖以存在的基础。

币材并不是由国家意志任意决定的，它是由各国生产力水平和经济条件决定的。例如，在资本主义发展初期，由于生产力水平不高，市场商品交易额不大，加之黄金开采量很小，成本太高，所以各国大都是以白银作为主要的货币材料。后来，随着市场交易额不断扩大，黄金开采量也有所增加，黄金和白银一起被确立为本位币材料。当商品流通规模进一步扩大，黄金生产进一步发展，在大多数国家黄金逐渐占据流通中的统治地位，取代了白银，被规定为唯一的本位币材料。到了 20 世纪 30 年代，世界各国开始普遍实行纸币制度，低贱的纸将高贵的金赶下了货币舞台，成为新一代"革命"币材。这是因为商品生产增长的幅度远远超过了黄金生产的增长幅度，使黄金根本不能满足日益扩大的商品流通的需要，加之黄金在各国分布不均衡等多种原因，使黄金失去了充当本位币的基础。

规定货币单位，是一国货币制度必不可少的内容，包括规定货币单位的名称和等分。在金属货币充当本位币时，还曾规定货币单位所含的货币金属量。例如，美国的货币单位定名为"美元（US＄）"，根据 1934 年 1 月的法令，1 美元含金量规定为 13.714 格令（合 0.888 671 克）。中国 1914 年的《国币条例》中规定货币单位名称为"圆"，每圆含纯银库平 6 钱 4 分 8 厘（合 23.977 克）。一国的货币单位就是该国法定的价格标准。

2．规定本位币和辅币

本位币（又称主币），是按照法定的货币单位制造的货币。它是一国的基本货币。在金属货币流通条件下，本位币是按国家规定的货币单位所铸成的铸币。正常情况下，其名目价值（面额）与实际价值（金属含量）相一致。

辅币是本位币以下的小额货币，供日常零星交易与找零之用。一般与本位币保持固定比例，其实质是本位币的一个可分部分。在金属货币流通条件下，辅币一般用较贱的金属材料制造，是不足值的货币。

本位币和辅币的制造和使用由国家明确规定。例如，在金属货币制度下，各国曾规定，本位币可以自由铸造，即允许公民自由地把货币金属送到国家造币厂请求铸成本位币，同时允许公民将本位币熔化为金属条块，具有无限制的法定支付能力，而辅币由国家垄断铸造，其偿付能力有最高限额的规定，超过支付限额，对方可以拒绝接受。在纸币制度下，无论本位币还是辅币，都由国家统一制造和强制推行使用。

3．规定货币符号

货币符号是代替本位币发挥货币职能的纸制符号。典型形式为金本位制时期的银行券。

银行券本来是用以代替商业票据的银行票据，它通过贴现商业票据进入流通。但是，由于持有银行券可以随时向发券银行兑现黄金，它便成为黄金的符号，代替金币在流通中发挥作用。

银行券最早出现于 17 世纪，开始由私人银行分散发行，后来逐渐集中于为数不多的信誉较高的大银行。到了 19 世纪中叶，各国先后都由中央银行垄断了银行券的发行权。中央银行发行的银行券被国家法律认可为法定的支付手段。对银行券发行与流通的规定成为货币制度的一项重要内容。随着金本位制的崩溃，各国中央银行的银行券都不能兑换黄金，其流通不再依据银行信用，而是靠国家政权推行。这样，银行券也就失去了它的本质特征，不再是货币符号，而成为事实上的纸币了。

除了银行券这种典型的货币符号外，还有许多货币代用品也起着货币符号的作用。例如，在纸币制度下某些商品凭证、有价证券、票据、购物证等，都可以在一定范围和时间内或多或少地在流通中代替本位币发挥购买或支付功能。对货币代用品，有些国家采取放任政策，有些国家则以法严格禁止。

4．规定准备制度

准备制度是国家规定必须储备一定比例的金银、外汇作为货币发行和国际支付与清算保证的制度。在金本位制条件下，就是对黄金（包括金块、金币）储备的规定，又称为金准备制度。其作用表现在：①保证国际支付与清算；②调节流通中的金属货币流通量；③保证存款和银行券的兑现。在纸币流通条件下，金属货币退出流通，银行券停止兑换黄金，准备金不再作为保证兑现之用，它对货币发行的制约和调节流通中货币量的作用也受到极大的限制，而主要用于保证国际支付和清算。而且，作为国际支付和清算保证的准备资产不只是黄金，还包括自由外汇，即可以对任何国家自由支付或在国际外汇市场上自由兑换他国货币的外汇，单一的金准备变为黄金、外汇准备。

世界各国的储备资产大都由中央银行或国库掌握管理。储备资产的数量多少是一国经济实力的标志之一。对储备资产的收支、统计、核算、保管等的规定，是货币制度中不可缺少的重要内容。

二、货币制度的类型

货币制度的基础是对币材的规定，以什么材料作为本位币决定了货币制度的性质。一般来说，货币制度的更替，是以本位币的变化为标志的。因此，不同类型的货币制度主要是指不同的货币本位制。

从历史发展过程来看，以本位币的变化为标志，各国曾先后采用过银本位制、金银复本位制、金本位制和不兑现信用货币制度等四种类型的货币制度。

1. 银本位制

银本位制是以白银为本位币的金属货币制度。在这种货币制度下，流通中的法定货币为白银或银币。实行银块流通的国家，以白银的一定重量单位（如中华人民共和国成立之前的"两"）为价格标准或货币单位。实行银铸币流通的国家，本位币的名义价值与其包含的实际价值相等。银币可以自由铸造和熔化、自由出入国境，银行券可以自由兑换银币或等量白银。

白银曾是许多国家的主要币材。从 18 世纪开始到 19 世纪末，许多国家，如英国、法国、意大利、墨西哥、日本、俄国、印度等，都一度实行过银本位制。中国自汉代起白银已被作为货币金属，到了明清，白银已广泛流通，清末宣统二年（1910 年），清政府颁布《币制则例》，正式实行银本位制。银本位制在各国的盛行与各国当时的社会经济发展状况是相适应的。商品经济不发达、城乡之间的商品流通大都是小额零售交易、对贵金属的需求量不大，白银的价值比黄金低，且容易采掘，因此，很多国家自然地选择以白银为币材，实行银本位制。随着各国商品经济的不断发达、流通领域大宗交易的不断增加，需要具有更大价值的贵金属作为价值尺度和流通手段，这就增加了对黄金的需求量。黄金进入流通，使银本位制的基础发生动摇。加之白银开采量的迅速增长，使其不断贬值，结果是金贵银贱，金银比价大幅度波动，使实行银本位制的国家货币对外贬值，更加速了银本位制的崩溃。

2. 金银复本位制

金银复本位制是金银两种金属货币同时作为本位币的货币制度。其基本特征是金银两种本位币都可以自由铸造、自由熔化，都具有无限法偿能力。两种金属及其铸币可以自由兑换，可以自由出入国境。

金银复本位制有三种具体形式：平行本位制、双本位制和跛行本位制。其中前两种形式都具备复本位制的基本特征，是典型的复本位制，两者的区别只在于，在平行本位制下，金币和银币之间不规定比价，按照各自所包含的金和银的实际价值流通，金币和银币的比价就是市场上生金和生银的比价；在双本位制下，国家规定金币和银币的比价，两种货币按法定的比价流通。而最后一种形式则不完全具备复本位制的特征，虽然规定金币和银币都为本位币，但同时规定，金币可自由铸造，而银币不能自由铸造。严格地讲，跛行本位制已经不是复本位制，而是由复本位制向金本位制过渡的一种形式。

实行金银复本位制，有其客观必然性。因为金银复本位制可以使币材充足，既能满足大宗商品交易，又能满足小额零售交易，便利了商品流通，因而被许多国家采用。但是，复本位制实行的结果却证明，这种货币制度是不稳定的，它与货币的本性是相矛盾的。货币本来是商品世界的一般等价物，具有排他性、独占性。同时规定两种本位币，必然使商品的价值尺度二重化，出现双重价格。而且，在平行本位制下，金银两种货币都按其自身包含的实际价值流通，随着金银市场比价的波动，使商品价格和交易经常处于混乱状态。即使在双本位制下，国家用法律规定金银两种货币的比价，也不能消除这种矛盾。因为，这种人为的规定与价值规律相悖。当市场上生金、生银的实际比价发生了变化，而国家没有及时调整金币和银币的比价时，就会出现法定比价与市场比价的背离。在这种情况下，实际价值高，而名义价值低的货币（良币）必然会被人们熔化、输出而退出流通界，而实际价值低、名义价值高的货币（劣币）则会充斥市场，出现"劣币驱逐良币"的现象。这恰恰证实了复本位制与货币本性的矛盾。

金银复本位制不能适应商品经济不断发展的要求，从 19 世纪起，英国及各主要资本主义国家先后放弃了这种货币制度。

3. 金本位制

金本位制就是以黄金为本位币的货币制度。在历史上，曾有过三种形式的金本位制：金币本位制、金块本位制、金汇兑本位制。其中金币本位制是最典型的形式。

金币本位制的基本特征是以一定量的黄金为货币单位铸造金币，作为本位币；金币可以自由铸造、自由熔化，具有无限法偿能力，同时限制其他铸币的铸造和偿付能力；辅币和银行券可以自由兑换金币或等量黄金；黄金可以自由出入国境；以黄金为唯一准备金。

金币本位制消除了复本位制下存在的价格混乱和货币流通不稳的弊病，保证了流通中货币对本位币金属黄金不发生贬值，保证了世界市场的统一和外汇行市的相对稳定，是一种相对稳定的货币制度。

金块本位制和金汇兑本位制是在金本位制的稳定性因素受到破坏后出现的两种不健全的金本位制。在这两种制度下，虽然都规定以黄金为货币本位，但只规定货币单位的含金量，而不铸造金币，实行银行券流通。所不同的是，在金块本位制下，银行券可按规定的含金量在国内兑换金块，但有数额和用途等方面的限制，如英国 1925 年规定数额在 1700 英镑以上、法国 1928 年规定数额在 215 000 法郎以上方可兑换，黄金集中存储于本国政府。而在金汇兑本位制下，银行券在国内不兑换金块，只规定其与实行金本位制国家货币的兑换比率，先兑换外汇，再以外汇兑换黄金，并将准备金存于该国。

在历史上，自从英国于 1816 年率先实行金本位制以后，到 1914 年第一次世界大战以前，主要资本主义国家都实行了金本位制，而且是典型的金本位制——金币本位制。金本位制通行了约 100 年后崩溃，其崩溃的主要原因有

第一，黄金生产量的增长幅度远远低于商品生产量的增长幅度，黄金不能满足日益扩大的商品流通需要，这就极大地削弱了金铸币流通的基础。

第二，黄金存量在各国的分配不平衡。1913 年末，美、英、德、法、俄五国占有世界黄金存量的三分之二。黄金存量大部分为少数强国所掌握，这必然导致金币的自由铸造和自由流通受到破坏，削弱其他国家金币流通的基础。

第三，第一次世界大战爆发后，黄金被参战国集中用于购买军火，并停止自由输出和银行券兑现，从而最终导致金本位制的崩溃。

1924～1928 年，第一次世界大战以后，资本主义世界曾出现了一个相对稳定的时期，主要资本主义国家的生产都先后恢复到大战前的水平，并有所发展，各国企图恢复金本位制。但是，由于金铸币流通的基础已经被削弱，因此，不可能恢复典型的金本位制。当时除美国以外，其他大多数国家只能实行没有金币流通的金本位制，这就是金块本位制和金汇兑本位制。然而，金块本位制和金汇兑本位制实行不到几年，就暴露出其不稳定性。1929～1933 年的世界性经济危机的爆发，很快便摧毁了这种残缺不全的金本位制，各国都纷纷实行了不兑现信用货币制度。

4. 不兑现信用货币制度

不兑现信用货币制度是以不兑现的信用货币作为流通中货币主体的货币制度。在这种货币制度下，贵金属（金或银）不再作为本位币进入流通，货币单位也不规定含金量，流通中的货币都是信用货币。如前所述，信用货币就是指币材的价值低于货币代表的价值，甚至完全没有价值，因而需要凭借发行者的信用才得以流通的货币，在不兑现的信用货币制度下，信用货币主要包括政府（通过中央银行）发行的纸币和各种发挥货币功能的信用凭证，如不兑现的银行券、银行存款（主要指活期存款）、商业票据等。在不兑现信用货币制度下，币值的确定和外汇汇率的制定与贵金属的价值无关，而主要取决于货币当局对纸币数量的管理。黄金只作为国际储备资产的一部分，用于国际清算。需要说明的是，各国的纸币都曾直接或间接地与黄金保持联系。例如，美元在 1971 年 8 月美国 "新经济政策" 实施以前的法定含金量为 1/35 盎司，持有美元可向美国财政部兑换黄金，与美元保持固定比价关系的货币也可以间接地与黄金发生联系，但这只是信用货币制度初期的特点。由于信用货币制度的推行一方面靠国家政权的力量，另一方面又要靠社会惯性的推动，规定纸币的含金量，有利于不兑现信用货币制度的推行，而一旦纸币为人们普遍接受，信用货币制度完全确立，这种规定含金量的做法就没有必要了。

不兑现信用货币制度的实行是货币制度发展史上的一次革命，它对商品经济的发展产生了巨大的影响。

（1）信用货币突破了金属货币物质价值总量的限制，及时满足了在第二次产业革命推动下商品总规模迅速扩大而产生的对货币需求的增长，为新技术革命焕发出来的巨大生产力扫清了流通领域的障碍。

（2）信用货币为国家管理社会经济生活提供了强有力的工具。在允许自由铸造的金属货币制度下，货币的供给是分散进行的，而不兑现信用货币制度使货币供给量集中于国家手中，国家可以利用货币政策，通过调节货币供给量、供给方式、供给结构和供给速度等来调整国民经济结构，控制经济增长速度和规模，以达到宏观控制的目的。

（3）在不兑现信用货币制度下产生了许许多多至今不能根本解决的新问题。例如：①通货膨胀问题，由于货币供应不受币材价值总量的限制，使流通中的货币量失去了自发调节的机制，这就为通货膨胀奠定了基础。②现金和存款对货币流通总量的影响问题，不兑现信用货币制度下的货币投放是通过信贷渠道进行的，由贷款引起存款增加，一方面会形成现金的支取，一方面又形成存款的转移，而且现金和存款又可以随时转化，这就给货币流通总量的确定增加了难度。③国家如何利用货币供给来控制宏观经济的问题，既然币值的稳定和货币流通量的适度不能自发实现，需要国家调节，那么，国家实行什么样的货币政策，采用哪些调节手段或政策工具，就成了各国政府经济政策和策略中的重大课题。

三、中国现行人民币制度的基本内容

中国内地现行的货币制度，是从 1948 年 12 月成立中国人民银行并发行人民币开始逐步建立和完善的，称为人民币制度，主要包括以下内容。

1. 本位币和辅币

人民币为中国内地唯一合法通货。人民币排斥其他任何货币在国内流通。以人民币支付中华人民共和国境内的一切公共的和私人的债务，任何单位和个人不得拒收。金银不准计价流通。

现行本位币货币单位为"人民币元（圆）"，缩写符号为 RMB，国际标准化组织代码为 CNY，其面额有 100 元、50 元、20 元、10 元、5 元、2 元、1 元 7 种。除 1 元有少量金属铸币外，其他均为纸券。辅币单位为"角"和"分"，其面额有 5 角、2 角、1 角、5 分、2 分、1 分。本位币元和辅币角、分的换算标准为 1 元＝10 角＝100 分。

2. 人民币的价值形式

人民币货币单位不规定含金量。人民币的价值含量与任何实物体（包括黄金和纸）的价值没有关系。人民币也不与任何外国货币保持固定比价。

3. 人民币的发行原则和程序

人民币的印制权和发行权集中于中国人民银行。中国人民银行是国务院授权的唯一发行货币的机关。新版人民的发行时间、面额、图案、式样、规格，由中国人民银行予以公告。

中国人民银行发行货币必须根据国民经济需要，不允许财政部门透支，不允许直接购买政府债券，不允许直接向社会公众和企事业单位投放现金。

人民币的发行程序是，中国人民银行总行制定发行计划（总限额），报经国务院批准后组织实施。根据批准的发行计划，经与各商业银行总行协商后，核定出各省、自治区和直辖市的货币投放与回笼计划，再经中国人民银行分行与各商业银行分行商定，逐级分配指标。中国人民银行设立发行基金保管库（发行库），具体办理现金出入库。发行基金由总库统一管理，下级库只能根据上级库核定的限额和调拨命令办理出库。任何单位和个人不得违反规定，动用发行基金。各商业银行基层业务行根据下达的现金收支计划，结合日常现金周转情况，向中国人民银行发行库办理现金出入库，从而向市场进行货币投放或回笼。通常所说的现金发行量，就是指银行投放出去的现金和收回来的现金轧差后，净投放到社会公众和企事业单位手中的那部分现金。这部分现金又可称为市场货币流通量或流通中现金。商业银行业务库中的现金不属于流通中现金，不计入市场货币流通量。引起现金发行量增加的直接原因一般有储蓄存款提现、工资及报酬类现金支付、企事业单位各种费用的现金支付、收购农副产品现金支付和用现金向农民发放贷款等。现金流回银行的渠道主要是储蓄存款增加、现金交易的商品销售收入增加、服务性行业现金收入增加、税收收入增加等。

4. 人民币的流通和使用管理

人民币流通实行计划管理和现金支付监控管理。中国人民银行要求各商业银行完成其下达的货币投放和回笼计划。对现金支付实施大额现金支付登记备案制度，根据这一制度，开户单位在提取大额现金时，必须如实填写登记表格，开户银行要逐笔登记，并定期向中国人民银行备案。严禁将公款转入信用卡，再从信用卡提取现金等逃避现金支付管理的做法。

人民币的出入境管理，从 1993 年 3 月 1 日起实行限额制度。中国公民出入境、外国人入出境，每人每次携带人民币的限额最开始规定为 6000 元，2005 年 1 月 1 日起改为 20 000 元。在开放边民互市和小额贸易的地点，中国公民出入境和外国人入出境，携带人民币的限额由中国人民银行有关分行根据实际情况会同海关确定，报中国人民银行总行和海关总署批准后实施。

关于人民币使用的其他规定主要有禁止伪造、变造人民币；禁止出售、购买、运输、持有、使用伪造和变造的人民币；禁止故意毁损人民币；禁止在宣传品、出版物或者其他商品上非法使用人民币图样；任何单位和个人不得印制、发售代币票券，以代替人民币在市场上流通；残缺、污损的人民币，按照中国人民银行的规定兑换，并由中国人民银行负责收回、销毁。

5. 黄金、外汇储备管理

黄金储备是指一国货币当局持有的，用以平衡国际收支、维持或影响汇率水平，作为金融资产的黄金。黄金储备与外汇储备一起构成一国的国际储备资产。由于黄金的稀缺性，使其成为最可靠的保值手段，货币当局持有一定数量的黄金储备，对稳定本国币值、增强对外支付能力等具有重要的战略意义。但是，由于黄金与外汇在流动性和盈利性方面存在差异，因此，在储备资产中保持多大规模的黄金储备，才能既保证稳定币值和对外清偿的需要，又能使保持储备资产的成本费用降到最低，就成为货币当局管理和运用黄金储备所经常面临的实际问题。货币当局需要根据国际收支状况、外债水平和外汇储备水平等情况，适时调整黄金储备规模。中国的黄金储备由中国人民银行统一管理。在管理方式上，20 世纪 80 年代中期以前，基本上是一种单一的保管性的管理，20世纪 80 年代后，汲取国外先进管理经验，在黄金储备管理中引入经营机制，使黄金储备资产由单纯的后备性资产变为收益性、增值性资产。目前，中国人民银行主要通过两种方式运用黄金储备，一是在国际金融市场上以现货、期货等交易方式进行黄金交易，从中获取营运收益；二是发行、经销各种金币，使库存黄金产生增值。

外汇储备通常是指由各国官方持有的，可以自由支配和自由兑换的储备货币，是一国国际储备资产的最主要部分。中国的国家外汇储备由中国人民银行持有、管理和经营。中国人民银行持有管理和经营国家外汇储备的主要目的和要求在于：①灵活调节国际收支，保证对外支付；②及时干预外汇市场、稳定本币汇率；③保证外汇储备的安全性、流动性和增值性。安全性是指在选择储备货币的币种结构和用外汇储备进行投资时，要避免国家风险、汇率风险、利率风险等各种可能导致外汇储备遭受损失的风险。流动性是指根据预测的对外偿付需求结构，安排好外汇储备用于投资的数量和期限结构，以保证外汇储备能随时用于兑付。增值性是指在保证外汇储备安全和流动的前提下，使外汇储备资产处于高效运营状态，通过将储备资产投资于高收益资产组合项目，使其产生增值。

四、香港现行的货币制度

香港作为中华人民共和国特别行政区，其货币制度在"一国两制"总体框架下，与内地保持独立性，实行港币制度。主币为港币元（HK＄），辅币为分，主辅币制为1港元＝100分。香港法定货币有纸币和硬币两种形式，目前有10元、20元、50元、100元、500元、1000元等6种面值的纸币和1元、2元、5元、10元及5分、10分、20分、50分等8种面值的硬币。根据香港特别行政区基本法的规定，港币的发行权属于香港特别行政区政府（简称港府），由特区政府授权指定银行根据法定权限发行或继续发行港币。1997年7月1日以前凡所带标志与香港特别行政区地位不符的香港货币经更换退出流通。目前香港境内被授权发行港币的银行有香港上海汇丰银行、渣打银行和中国银行（中银集团）。港币是香港境内法定流通的货币，港元已成为世界上一种具有主要影响力的可自由兑换货币。

香港的发钞制度比较特殊，不同于大多数国家由中央银行统一发行货币的情况。1993年4月1日，香港在港府外汇基金管理局和银行监管处合并的基础上建立了香港金融管理局（以下简称香港金管局），行使港府对金融体系和货币流通的管理职能，相当于香港的"中央银行"。但是，香港金管局并不具有中央银行的全部特征，尤其是它不行使货币发行职能，因而只能被视为是准中央银行。由多家商业银行共同发行港币钞票，成为港币发行制度的一大特点。除发行主体特殊之外，港币发行制度的特点主要体现在发钞的运作机制方面。根据1983年10月17日港英当局宣布的港币再次与美元挂钩，实行1美元兑7.8港元的官定汇价，并在此基础上形成的"联系汇率制"的安排，港钞发行及港币汇率的决定机制包括以下主要内容：①发钞银行增发港币，必须以1美元合7.8元港币的比价，事先用美元现钞向外汇基金换取等值的港元负债证明书，也就是说，每发行7.8港元的货币，须以1美元作为发行准备金。②发钞银行可以以相同比价用港元现钞向外汇基金换回美元及赎回负债证明书。③1美元合7.8元港币的固定汇率同样适用于发钞银行与其他银行之间的港元现钞交易，这也是发钞行向其他银行提供和收回港元现钞的操作机制。④除发钞行与外汇基金之间、发钞行与其他银行之间执行固定汇率外，其余交易均按市场汇率进行。联系汇率制下的这种发钞机制和汇率决定机制有两个优点：第一，由于实行100％的发钞准备制度，因而能产生抑制通货膨胀的效应；第二，市场汇率自动向发钞汇率靠拢，产生稳定市场汇率的效应。例如，当市场上美元汇率升至7.8元以上时，发钞行按7.8元价格用港币向外汇基金购得美元，然后再以高于7.8元的价格向市场出售美元，即可赚得其中差价。将港币换给外汇基金、向市场出售美元的结果，使市场上港币供给减少，美元供给增加，美元汇率回降而港币汇率回升。相反，当美元汇率低于7.8时，发钞行则按1/7.8元价格用美元向外汇基金购得港币，然后再以高于1/7.8元的价格向市场出售港币，从中取利。将美元换给外汇基金、向市场出售港币的结果，使市场上美元供给减少，港币供给增加，美元汇率回升而港币汇率回降。联系汇率制下的这种稳定币值和稳定汇率的机制，为香港经济的繁荣和稳定作出了积极贡献，也经受住了包括东南亚金融危机在内的大大小小的冲击，尽管这种机制也在实践中暴露出自身的制度缺陷，但迄今为止，它依然是支撑香港作为国际金融中心的货币制度基石。

➤ 本章重要概念

货币（currency） 价值尺度（unit of account）
流通手段（medium of value） 储藏手段（store of value）
支付手段（standard of payment）
铸币（coined money） 纸币（paper currency）
信用货币（credit money） 银行券（bank note）
存款货币（saving account） 电子货币（electronic currency）
货币制度（money system） 本位币（standard currency）
辅币（fractional currency） 银本位制（the silver standard）
金银复本位制（the gold-silver bimetallic standard）
格雷欣法则（Gresham's law） 金本位制（the gold standard）
金币本位制（the gold coin standard）
金块本位制（the gold bullion standard）
金汇兑本位制（the gold exchange standard）
不可兑现的信用货币制度（inconvertible credit currency standard）

➤ 复习思考题

1. 怎样理解货币的不同定义？
2. 怎样理解货币是作为一般等价物的特殊商品？
3. 为什么说货币是核算社会劳动的工具？
4. 怎样从流动性角度理解货币的定义和范围？
5. 怎样理解货币是信用关系的载体？
6. 谈谈货币形态演变的基本过程。
7. 谈谈货币在微观经济活动中的主要功能。
8. 如何认识货币的宏观功能？货币的宏观功能主要表现在哪些方面？
9. 货币制度的一般结构是什么？
10. 货币制度经历了怎样的演变过程？
11. 什么是金银复本位制？有哪些具体形式？
12. 金本位制的主要特点是什么？
13. 不兑现信用货币制度有哪些基本特征？
14. 中国现行人民币制度的基本内容有哪些？
15. 现行港币制度有何特点？

第二章 利息和利息率

内容提示：*利息是与信用紧密联系的经济范畴，在现代经济中，利息作为资金的"价格"，是调节信用活动中的利益关系、合理配置资源、提高资源利用效率的重要经济杠杆，利息率的高低已成为影响借贷成本、利润、投资、储蓄、物价等一系列经济变量的主要指标，成为整个经济社会高度关注的信号。本章主要阐述利息的来源和本质，介绍利率的主要种类，阐述利率决定机制的理论和利率结构理论，分析影响利率的主要因素以及利率的功能和作用，最后联系实际分析中国利率管理体制的状况和利率市场化改革的进程。*

第一节 利息的来源与本质

一、利息的概念

利息（interest）是借贷关系中由借入方支付给贷出方的报酬。在远古时代就有了借贷行为，利息作为一种占有使用权的报酬就已经出现了，当时，以实物形式（如谷物、布匹等）进行利息的支付。随着商品货币经济的发展，利息最终主要以货币形式存在。在现代市场经济中，各经济主体之间普遍存在着各种各样的信用联系，而所有的信用活动都是以偿还本金和支付利息为条件的特殊的价值运动形式，因此，只要信用存在，利息的普遍存在也就成为必然。

关于利息的来源和本质，不同的经济学派有不同的立场、角度和观点。

（一）马克思关于利息来源与本质的理论

马克思从借贷资本的特殊运动形式的分析中揭示了利息的来源，分析了利息的本质。他认为，借贷资本的运动只有与现实资本运动结合，进入生产过程后，才能发生增值。由于货币资本家在将货币资本贷出期间内，把资本商品的使用价值即生产利润的能力让渡给了职能资本家，职能资本家运用借入的资本，购买生产要素并进行生产，所获得剩余价值转化为利润后，必须分割一部分给货币资本家，作为使用资本商品的报酬，这便是利息。因此，利息就其本质而言，是剩余价值的一种特殊表现形式，是利润的一部分，体现了借贷资本家和职能资本家共同剥削雇佣工人的关系，也体现了借贷资本家和职能资本家之间瓜分剩余价值的关系。

（二）西方经济学关于利息来源与本质的理论

对于利息的来源与本质，古典政治经济学派从借贷关系与分配关系出发，分两个角度进行研究。其中，配第、洛克、诺思等人认为利息是与借贷资本相联系的一个经济范畴，并且从借贷货币资本的表面运动来分析利息的来源和本质。而自马歇尔开始，对利息的研究则倾向于对利息来源的分析，认为利息是与分配理论相联系的一个范畴，利息是社会总收入的一部分，是资本所有者的报酬。

与古典政治经济学派不同，近现代西方经济学家主要从资本的范畴、人的主观意愿和心理活动等角度研究利息的来源与本质，提出了众多的学说，其中较有影响的有"资本生产率说"、"节欲论"、"时差利息论"以及"流动性偏好论"等。法国经济学家萨伊首先提出并由其门徒发展的"资本生产率说"认为，资本、劳动、土地是生产的三要素，在生产中它们各自提供了服务，因此，利息、工资和地租便是它们各自服务的报酬。英国经济学家西尼尔提出"节欲论"，认为资本来自储蓄，要进行储蓄就必须节制当前的消费和享受，利息就来源于对未来享受的等待，是对为积累资本而牺牲现在消费的一种报酬。奥地利经济学家庞巴维克的"时差利息论"则认为，现在物品要比同类等量的未来物品具有更大的价值，二者之间存在着价值时差，利息是对价值时差的一种补偿。英国现代经济学家凯恩斯在批判古典学派利息理论的基础上建立了"流动性偏好论"，认为利息是一种"纯货币的现象"，是对人们放弃流动性偏好的报酬。

二、利息与收益的一般形态

利息是资金所有者由于贷出资金而取得的报酬，它来自于生产者使用该笔资金发挥生产职能而形成的利润的一部分。显然，没有借贷，就没有利息。但在现实生活中，利息被人们看做是收益的一般形态：无论贷出资金与否，利息都被看做是资金所有者理所当然的收入——可能取得的或将会取得的收入。与此相对应，无论借入资金与否，生产经营者也总是把自己的利润分成利息与企业收入两部分，似乎只有扣除利息所余下的利润才是经营所得。于是，利息率（interest rate）就成为一个尺度：如果投资额与所获利润之比低于利息率，则根本不应该投资；如果扣除利息，所余利润与投资之比甚低，则说明经营的效益不高。在会计制度中，利息支出都列入成本，而利润则只是指扣除利息支出后所余的那份利润。

马克思认为，利息之所以能够转化为收益的一般形态，主要是因为，首先借贷关系中，利息是资本所有权的果实这种观念已得到广泛认同，取得了普遍存在的意义。一旦人们忽略借贷过程中创造价值这个实质内容，而仅仅注意货币资本的所有权可以带来利息这一联系，便会形成货币资本自身天然具有收益性的概念。其次，利息虽然就其实质来说，是利润的一部分，但利息率同利润率的区别在于，利息率是一个事先确定的量，无论企业家的生产经营情形如何，都不会改变这个量。利息率的大小，在其他因素不变的条件下，直接制约企业收入的多少。因此，从这意义出发，人们通常用利率衡量收益，用利息表示收益。最后，利息的历史悠久。货币可以提供利息，早已为人们所熟知。因此，无论货币是否作为资本使用，人们通常认为，它可以带来收益。

于是，任何有收益的事物，不论它是否是一笔贷放出去的货币金额，甚至也不论它是否是一笔资本，都可以通过收益与利率的对比而倒算出来它相当于多大的资本金额。习惯称之为"资本化"。

在一般的贷放中，本金、利息收益和利息率的关系可用公式表示为

$$R = Pr$$

式中，R 为收益，P 为本金，r 为利息率。同样，在已知 R 与 r 时，可求出 P，即

$$P = R/r$$

例如，已知一笔贷款 1 年的利息收益是 50 元，而市场年平均利率是 5％时，可知

本金为 50 元/0.05＝1000 元。

正是按照这样带有规律性的关系，有些本身并不存在一种内在规律可以决定其相当于多大资本的事物，也可以取得一定的资本价格，如土地；有些本来不是资本的东西也因之可以视为资本，如工资。具体讲，土地本身不是劳动产品，无价值，从而不具备决定其价格的内在根据，但土地可以有收益。例如，一块土地每亩的年平均收益为 100 元，假定年利率为 5％，则这块土地就会以每亩 100 元/0.05＝2000 元的价格买卖成交。在利率不变的情况下，当土地的预期收益（R）越大时，其价格（P）会越高；在预期收益不变的情况下，市场平均利率（r）越高，土地的价格（P）将越低。这就是市场竞争过程中土地价格形成的规律。而按照资本化的思路，工资是人力资本的报酬，一个人的年工资为 5000 元，按年平均利率为 5％计算，这个人的人力资本就是 10 万元。

资本化是商品经济中的规律，只要利息成为收益的一般形态，这个规律就会起作用。在我国市场经济发展过程中，这一规律日益显示出它的作用。例如，土地的买卖和长期租用、相对工资体系的调整以及有价证券的买卖活动中其价格形成都是这一规律作用的结果。随着市场经济的进一步发展，"资本化"规律的作用会不断扩大与深化。

第二节　利率的种类

一、利率及其计算方法

利息率是一定时间内利息额同贷出资本额的比率。利息率体现着借贷资本或生息资本增值的程度，是衡量利息量的尺度。

利息的计算有两种基本方法：单利法和复利法。

1. 单利法

单利法是指在计算利息额时，只按本金计算利息，而不将利息额加入本金进行重复计算的方法。用公式可以表示为

$$I = Prn$$
$$S = P(1 + rn)$$

式中，I 为利息额，P 为本金，r 为利息率，n 为借贷期限，S 为本金与利息之和，简称本利和。

例如，A 银行向 B 企业贷放一笔为期 5 年、年利率为 10％的 100 万元贷款，则到期日 B 企业应付利息额与本利和分别为

$$
\begin{aligned}
I &= Prn \\
&= 100 \times 10\% \times 5 \\
&= 50（万元）\\
S &= P(1 + rn) \\
&= 100 \times (1 + 10\% \times 5) \\
&= 150（万元）
\end{aligned}
$$

2. 复利法

复利法是单利法的对称，是指将按本金计算出的利息额再计入本金，重新计算利息

的方法。其计算公式为

$$I = P[(1+r)^n - 1]$$
$$S = P(1+r)^n$$

在上例中，如果其他条件不变，按复利计算 B 企业到期日应付利息额与本利和分别为

$$I = 100[(1+10\%)^5 - 1]$$
$$= 61.051(万元)$$
$$S = 100(1+10\%)^5$$
$$= 161.051(万元)$$

以单利（single interest rate）计息，手续简单，计算方便，借入者的利息负担也比较轻。以复利（compound interest rate）计息，考虑了资金的时间价值因素，是对贷出者（储户）利益的保护，有利于提高资金的使用效益，并强化利率杠杆的作用。一般来说，单利计息适用于短期借贷，而长期借贷则多采用复利计息。

二、利率的种类

利率按照不同的标准，可以划分为不同的种类。以下对几种主要利率类别进行介绍。

（一）按照利率的表示方法可划分为年利率、月利率与日利率

根据计算利息的不同期限单位，利息率有不同的表示方法。年利率是以年为单位计算利息；月利率是以月为单位计算利息；日利率，习惯称为"拆息"，是以日为单位计算利息。通常，年利率以本金的百分之几表示，月利率按本金的千分之几表示，日利率按本金的万分之几表示。例如，对于同样一笔贷款，年利率为 7.2%，则也可以用月利率 6‰或日利率 2‱（每月按 30 日在计）表示。

（二）按照利率的决定方式可划分为官定利率、公定利率与市场利率

官定利率（official interest rate）又称为"法定利率"，是一国货币管理部门或中央银行所规定的利率。由非政府金融行业自律性组织确定的利率称作公定利率（public interest rate），通常是由银行公会确定的各会员银行必须执行的存贷款利率。官定利率和公定利率在一定程度上反映了非市场的强制力量对利率形成的干预，代表着政府的货币政策意志。

市场利率（marketable interest rate）是按照市场规律而自由变动的利率，即由借贷资本的供求关系直接决定并由借贷双方自由议定的利率，包括借贷双方直接融资时商定的利率、金融市场上买卖有价证券的利率，它是资金供求状况的标志，资金供大于求时，利率下降，反之上升，其变动频繁灵敏。

在现代经济生活中，利率是对经济进行间接控制的重要杠杆，为了使利率水平的波动体现政府的政策意图，各国几乎都形成了官定利率、公定利率与市场利率并存的局面。一方面，市场利率的变化能灵敏地反映出借贷资本的供求状况，是制定官定利率、公定利率的重要依据；另一方面，市场利率又会随公定利率、官定利率的变化而变化。当然官定利率、公定利率的制定也要考虑其他各种因素，特别是要反映出政策意图，对

市场利率有很强的导向作用，其升降直接影响借贷双方对市场上利率变化的预期，进而影响信贷供给的松紧程度，并使市场利率随之升降。但二者在量上和运动方向上并不完全一致，有时甚至会朝着相反方向发展。

（三）按照借贷期内利率是否变动可划分为固定利率与浮动利率

固定利率（fixed interest rate）是指在整个借贷期限内，利息按借贷双方事先约定的利率计算，而不随市场上货币资金供求状况而变化。实行固定利率，对于借贷双方准确计算成本与收益十分方便，是传统采用的方式。它适用于借贷期限较短或市场利率变化不大的情况，但当借贷期限较长、市场利率波动较大的时候，则不宜采用固定利率。因为固定利率只要由双方协定，就不能单方面变更。在此期间，通货膨胀的作用和市场上借贷本供求状况的变化，会使借贷双方都可能承担利率波动的风险。因此，在借贷期限较长、市场利率波动频繁的时期，借贷双方往往倾向于采用浮动利率。

浮动利率（floating interest rate）是指在借贷期限内，随市场利率的变化情况而定期进行调整的利率，多用于较长期的借贷及国际金融市场。浮动利率能够灵活反映市场上资金供求的状况，更好地发挥利率的调节作用；同时，由于浮动利率可以随时予以调整，有利于减少利率波动所造成的风险，从而克服了固定利率的缺陷。但由于浮动利率变化不定，使借贷成本的计算和考核相对复杂，从而可能加重借款人的负担。

（四）按照利率的作用不同可划分为基准利率和差别利率

基准利率（prime interest rate）是指在利率体系中处于核心或基础地位的利率，它的变动会引起其他利率的相应变动，并且会引导利率体系的变化趋势。在西方国家，基准利率通常是中央银行的再贴现率，在我国是中央银行对各金融机构的贷款利率。

差别利率（differential interest rate），是指银行等金融机构对不同部门、不同期限、不同种类、不同用途和不同信用能力的客户的存贷款制定不同的利率。差别利率对于提高信贷资金配置效率、调节信贷市场供求起着积极作用。

（五）按照信用行为的期限长短可划分为长期利率与短期利率

一般来说，一年期以下的信用行为被称为短期信用，相应的利率即为短期利率；一年期以上的信用行为通常称之为长期信用，相应的利率则是长期利率。短期利率与长期利率之中又各有长短不同期限之分。总的来说，较长期的利率一般高于较短期的利率。但在不同种类的信用行为之间，由于有种种不同的信用条件，对利率水平的高低则不能简单地进行对比。

（六）按照利率的真实水平可划分为名义利率与实际利率

在借贷过程中，债权人不仅要承担债务人到期无法归还本金的信用风险，而且还要承担货币贬值的通货膨胀风险。实际利率（real interest rate）与名义利率（nominal interest rate）的划分，正是从这个角度出发的。实际利率是指物价不变从而货币购买力不变条件下的利率；名义利率则是包含了通货膨胀因素的利率。通常情况下，名义利率扣除通货膨胀率即可视为实际利率。

实际利率对经济起实质性影响，但通常在经济管理中，能够操作的只是名义利率。划分名义利率与实际利率的意义在于，它为分析通货膨胀下的利率变动及其影响提供了依据与工具，便利了利率杠杆操作。根据名义利率与实际利率的比较，实际利率呈现三种情况：当名义利率高于通货膨胀率时，实际利率为正利率；当名义利率等于通货膨胀率时，实际利率为零；当名义利率低于通货膨胀率时，实际利率为负利率。在不同的实际利率状况下，借贷双方和企业会有不同的经济行为。一般而言，只有正利率才符合价值规律的要求，对经济起到好的调节作用。

三、利率体系

利率体系是指一个国家在一定时期内各种利率按一定规则构成的复杂系统，它不是各种利率的简单总合，而是各种利率之间相互联系、相互制约，共同构成的一个有机整体。一般来说，利率体系主要包括以下几个方面的内容。

（一）中央银行再贴现率与商业银行存贷利率

中央银行再贴现率是中央银行对商业银行和其他金融机构短期融通资金的基准利率，中央银行对商业银行的贴现票据进行再贴现时使用该利率，其水平由中央银行决定。它在利率体系中起着核心和主导的作用，占有中心的地位，能够反映全社会的一般利率水平，体现一个国家在一定时期内的经济政策目标和货币政策方向。

商业银行利率是指商业银行的存贷款利率，是商业银行及其他存款类机构吸收存款和发放贷款时所使用的利率。它在利率体系中发挥基础性作用，它的水平高低一方面能够反映货币市场上的资金供求状况，另一方面对资金的融通和流向起导向作用。一般来说，存款利率的高低可以反映社会资金供给的供应状况，而贷款利率的高低则能够调节资金使用的范围和提高资金的使用效率。由于存款的多少直接影响银行的资金状况，进一步影响其可用资金的多少，而贷款往往会带来经营的风险，因此各银行一般都积极吸收存款，而对发放贷款则采取较为谨慎的态度。为了避免银行和其他存款机构在吸收存款中出现恶性竞争，几乎所有市场经济国家都对银行存款利率做出了明确的规定和限制，而对贷款利率一般限制较少。

（二）拆借利率与国债利率

拆借利率（inter-bank interest rate）在利率体系中较为灵活多变，根据世界各国金融市场的发展现状来看，一般将它作为货币市场的基准利率，其他短期借贷利率通常是参照同业拆借利率加一定的幅度来确定的。拆借利率是银行及金融机构之间的短期资金借贷利率。它的产生最初是为了防止银行将资金完全用于高风险性经营，从而规定银行的资金每天都要有最低的准备金额度，如果不能达到该准备金额度，则会受到惩罚，需要交纳一定的罚金，因此为了弥补临时头寸不足，银行和金融机构间通常会进行拆借。后来由于拆借目的的不同，拆借交易也开始多样化，不同拆借交易在期限上也有了明显差别。头寸拆借的期限很短，大多为一天。而同业借贷的期限相对长一些，最长可达一年。拆借利率能够灵敏地反映同业拆借市场上的资金供求关系，是短期金融市场中具有代表性的利率。它是拆借市场上的资金价格，其确定和变化要受制于银根松紧、中央银行的货币政策意图、货币市场其他金融工具的收益率水平、拆借期限、拆入方的资信程度等多方面的因素。

国债利率通常是指一年期以上的政府债券利率，由于国债的政府信用特征，它具有高安全性、高流动性和收益性好的特征，国债利率因此也相应较低，从而成为长期金融市场中具有代表性的利率，也即长期金融市场中的基础利率，其他中长期利率则参考它来确定。

(三) 一级市场利率与二级市场利率

一级市场利率（primary market interest rate）和二级市场利率（secondary market interest rate）通常指一级债券市场和二级债券市场的收益率。由于利率能够反映资金的使用成本，可视为金融投资所获得的回报，所以经济学中利率与收益率一般可以通用，而一级市场和二级市场的债券收益率也就相应被当做是一级市场和二级市场的利率。

一级市场利率是指债券发行时的收益率或利率，一般将其作为计算债券发行价格的依据，它能够反映债券发行成本的高低，是衡量债券收益的基础；而二级市场利率是指债券流通转让时的收益率，它真实反映了市场中金融资产的损益状况。一般来说，二级市场收益率高，会使债券需求增加，从而使发行利率降低；反之，会使发行利率提高。

第三节　利率决定理论

利率决定理论是研究有哪些因素决定和影响了利率变动的理论，其主要理论有以下几种。

一、平均利润率决定论

平均利润率决定论是马克思的利率决定理论，是以剩余价值在不同资本家之间的分割作为起点的。马克思认为，利息是贷出资本的资本家从借入资本的资本家那里分割来的一部分剩余价值，而利润是剩余价值的转化形式。利息的这种质的规定性决定它量的规定性，利息量的多少只能在利润总额的限度内，利息率取决于平均利润率。在马克思看来，因为利息只是利润的一部分，所以，利润本身就成为利息的最高界限，达到这个最高界限，利润归职能资本家的部分就会等于零。可见，平均利润率构成了利息率的最高界限。至于利息率的最低界限，从理论上说，是难以确定的，它取决于职能资本家与借贷资本家之间的竞争。但不管怎样总是大于零的正数，否则借贷资本家就不会把资本贷出。因此，利息率的变化范围在零与平均利润之间。当然，也不排除偶尔出现利息率超过平均利润率的特殊情况。

马克思进一步指出，在平均利润率与零之间，利息率的高低取决于两个因素：一是利润率；二是总利润在贷款人和借款人之间进行分配的比例。如果总利润在贷款人和借款人之间分割的比例是固定的，则利息率随着利润率的提高而提高；相反，会随着利润率的下降而下降。在利息等于平均利润的一个不变部分的情况下，利润率越高，归职能资本家支配的那一部分利润就越大。所以，一般地讲，职能资本家能够并且愿意与利润率的高低成正比例地支付利息。但是，在总利润率一定的情况下，利息的变动便与职能资本家手中留下的那一部分利润的变动成反比，即利息多，那一部分利润便少，相反，利息少，那一部分利润便多。

在马克思的利率决定论中，还指出利息率决定过程中具有的几个特点。

（1）随着技术发展和资本有机构成的提高，平均利润率有下降趋势，从而影响平均利息率出现同方向变化的趋势。但由于存在其他影响利息率的因素，如社会财富及收入相对于社会资金需求的增长速度、信用制度的发达程度等，可能会加速或抵消这种变化趋势。

（2）平均利润率虽有下降趋势，但这是一个非常缓慢的过程，而就一个阶段考察，每个国家平均利润率则是一个相对稳定的量。相应地，平均利息率也具有相对的稳定性。

（3）由于利息率的高低取决于两类资本家对利润分割的结果，因而使利息率的决定具有很大的偶然性，无法由任何规律决定。相反，传统习惯、法律规定、竞争等因素在利息率的确定上可以直接或间接起作用。

二、实际因素决定论

实际因素决定论是古典学派的利率决定理论，把利率看成是实物经济中的一个变量，认为利率由实物资本的供给和需求所决定，即由储蓄和投资的均衡点所决定。古典学派利率决定理论的代表人物有亚当·斯密、威廉·配第、休谟等。他们认为，利率和其他商品一样，都受到供给和需求的影响，因此，资本的供给和需求决定利率水平。而资本的供给来源于储蓄，储蓄又取决于"时间偏好"、"节欲"、"等待"等因素。在这些因素既定的情况下，利息率越高，储蓄的报酬就越多，结果储蓄就会增加；反之则减少。因此，储蓄是利率的增函数。同时资本的需求还取决于资本边际生产率和利率的比较，只有当前者大于后者时，才能导致净投资。在边际生产率一定的条件下，利率越高，投资越少；利率越低，投资越多。因此，投资是利率的减函数。该理论又被称为实际利率理论，它强调非货币的实际因素在利率决定中的作用。他们所注意的实际因素是生产率和节约。生产率用边际投资倾向表示，节约用边际储蓄倾向表示，而利率的变化则取决于投资流量与储蓄流量的均衡。图 2-1 可说明这种关系。

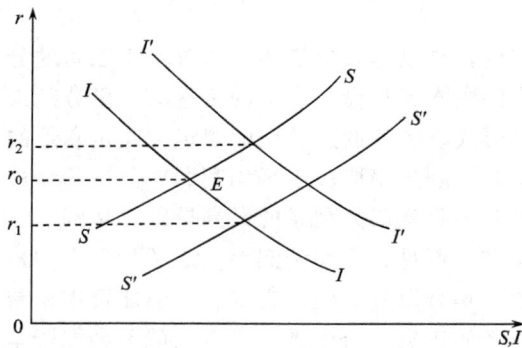

图 2-1　储蓄、投资与利率

图 2-1 中，II 曲线为投资曲线。投资曲线向下倾斜，表示投资与利率之间的负相关关系；SS 曲线为储蓄曲线，该曲线向上倾斜，表示储蓄与利率之间的正相关关系。两线的交点所确定的利率 r_0 为均衡利率。如果有些因素引起边际储蓄倾向提高，则 SS 曲线向右平移，形成 $S'S'$ 曲线，后者与 II 曲线的交点所确定的利率 r_1 形成新的均衡利率，它表明在投资不变的情况下，储蓄的增加会使利率水平下降。如果有些因素引起边际投资倾向提高，II 曲线向右平移，则 $I'I'$ 曲线与 SS 曲线的交点确定的利率均衡点 r_2。显然，若储蓄不变，投资增加，则使均衡利率提高。

该理论的主要缺陷在于它是一种局部均衡理论。储蓄数量和投资数量都是利率的函数，利率的功能仅仅是促使储蓄与投资达到均衡，而不是影响其他变量。并且古典利率理论没有考虑货币的因素，以及货币政策对利率的影响。

三、货币供求决定论

凯恩斯认为，利率仅仅决定于两个因素：货币供给与保有货币的意愿（货币需求）。

货币供给量是一个外生变量，由中央银行控制。货币需求是由人们对货币的流动性偏好决定的。利率决定于货币需求和货币供给，两者的函数交点即为均衡利率。在凯恩斯的理论框架中，货币需求的交易部分取决于收入，而收入水平取决于储蓄和投资。因此，凯恩斯的利率决定理论中，利率、收入、储蓄、投资与货币需求和货币供给之间的关系密切，相互依赖。可见，凯恩斯主要从货币供求的变动分析利率的变动，因此，他的利率理论实际上是货币的利率决定理论。

无论是古典利率理论还是凯恩斯的流动性偏好理论都是单纯从某一个方面来分析利率决定的，古典理论过分地强调了实物因素的作用，认为利率就是完全由实物因素决定的；而与之相反，凯恩斯的流动性偏好理论则过分地强调了货币因素在利率决定中的作用，认为利率完全是由货币供求决定的，是货币市场均衡的一个结果。显然这两种理论都过于偏激，利率既不是单纯由实物因素决定的，也不是单纯由货币因素决定的，而是由实物和货币两种因素所共同决定的。因此分析利率的决定机制就必须同时考虑实物和货币两种因素。正是基于这样一种考虑，英国的罗宾逊（1937 年）与瑞典的俄林提出了所谓的可贷资金理论。

四、可贷资金理论

可贷资金理论（loanable funds theory of interest）认为，利率是由资金的供求所决定的，而资金的供给来源主要有两个方面：一是储蓄 $S(r)$；二是货币供给量的净增加 $\Delta M(r)$。而资金的需求也主要有两方面：一是投资需求 $I(r)$；二是人们储藏货币量的净增加 $\Delta H(r)$。其中储蓄 S 和货币供给量的净增加 ΔM 都是利率 r 的增函数；而投资 I 和人们的货币储藏净增加 ΔH 都是利率的反函数。可贷资金理论认为，利率取决于可贷资金的供给和需求的均衡，即当如下等式成立时，将产生均衡利率。

$$S(r) + \Delta M(r) = I(r) + \Delta H(r)$$

可贷资金利率理论如图 2-2 所示。

可贷资金理论从流量的角度研究借贷资金的供求和利率的决定，可以直接用于金融市场的利率分析。特别是资金流量分析方法及资金流量统计建立之后，用可贷资金理论对利率决定作实证研究和预测分析，有其实用价值。

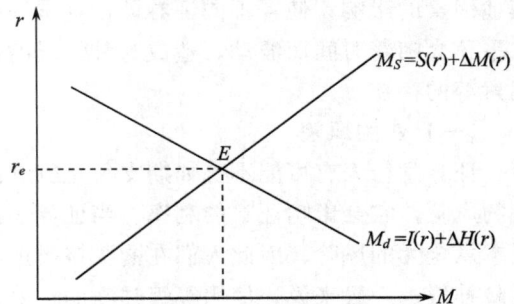

图 2-2　储蓄、投资与利率

五、IS-LM 理论

IS-LM 理论的主要代表人物是希克斯和汉森。他们的主要观点是，影响利率决定的因素有生产率、节约、灵活偏好、收入水平和货币供给量。希克斯认为，利率是一种特殊的价格，必须从整个经济体系来研究它的决定因素。因此，应将生产率、节约、灵活偏好、收入水平和货币供给量结合起来，运用一般均衡的方法来探索利率的决定。如图 2-3 所示。

一般均衡分析法中有两个市场：实物市场和货币市场。如图 2-3 所示，在实物市场上，投资与利率负相关，而储蓄与收入正相关。根据投资与储蓄的恒等关系，可以得出

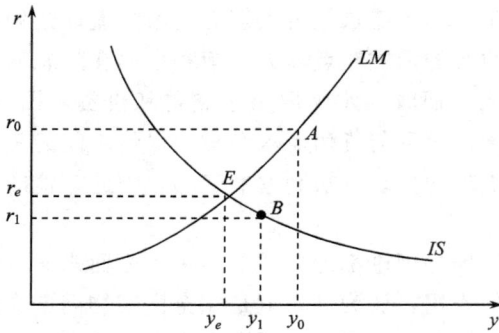

图 2-3　IS-LM 利率决定论

一条向下倾斜的 IS 曲线。曲线上任一点代表实物市场上投资与储蓄相等条件下的局部均衡点。在货币市场上,货币需求与利率负相关,而与收入水平正相关,在货币供给量由中央银行决定时,可以导出一条向上倾斜的 LM 曲线。LM 曲线上任一点意味着货币市场上货币供需相等情况下的局部均衡。

无论 IS 曲线还是 LM 曲线,任何一条都不能单独决定全面均衡状态下的利率和收入水平,如落在 LM 曲线上的 A 点和 IS 曲线上的 B 点都只是分别代表了货币市场和实物市场各自的均衡,只有在 IS 曲线和 LM 曲线的交点(E 点)处,才能决定使两个市场同时达到均衡的利率和收入水平。

第四节　利率结构理论

上述利率决定理论主要研究的是利率水平的总体走势及决定或影响这种走势的主要因素,但市场中的利率多种多样,各种不同种类和期限的金融工具,其利率往往不同,所以我们还必须了解各种利率之间的关系,即利率结构(structure of interest rate)。

一、利率的风险结构理论

利率的风险结构是指相同期限的证券的不同利率水平之间的关系,反映了证券所承担的信用风险的大小对其收益率的影响。利率的高低往往不仅与期限相关,而且会受到其他因素的影响,使得不同证券即使期限一样,它们的利率也会有所不同,而且其利率水平还会随着时间而波动,造成这种情况的原因主要是证券的违约风险、流动性及税收因素等的存在。

(一)违约风险

证券发行人有可能不能如期支付足额利息或在到期时不能清偿面值,这种风险就是违约风险,它会影响证券的利率。当证券违约时,证券持有人可能遭受延迟支付利息甚至本息全无的风险,因此人们在购买该类证券时,会在原有的利率水平之上要求一定的风险补偿。一般来说,信用等级越高的证券,其所需支付的风险补偿率就越低,反之,风险补偿率就越高,这类证券以公司债券为主。而国债几乎没有什么违约风险,通常被称为无风险债券,国债利率也相应被作为无风险利率。公司债券的利率与国债利率之间的差额就是风险升水,它与违约风险的大小成正比,会直接影响债券的定价高低。

(二)流动性

影响证券利率的另一因素是它的流动性,也就是证券可以迅速变现而不发生损失的能力。由于人们总是偏好流动性强的资产,因此资产的流动性越大,利率就越低。一种资产的流动性可以根据它的变现成本来加以衡量,一般从两个方面来考虑:一是交易佣金,也就是投资者买卖证券时必须向经纪商支付的手续费;二是证券的买卖差价,即证券的买入价和卖出价之间的差额，也就是一项变现成本。如果证券交易频繁，市场上随时有很多买者和卖者，则买卖价差将会很小；如果证券交易不频繁，则对于想出售该证券的持有人来说就会花费相对较多的时间，为了能够迅速变现，就会接受一个相对较低的价格。因此交易越是活跃的证券，其变现成本就越低，流动性也就越高，利率也就相应越低。由于政府债券在二级市场上的交易通常要比公司债券频繁得多，所以利率也相应要低得多。由此可见，政府债券的低利率不仅包含了违约风险的原因，还有流动性因素在里面。

（三）税收因素

相同期限的证券之间的利率差异不仅受到违约风险、流动性的影响，还要受到税收因素的影响。税率的高低直接影响证券的实际收益率水平，一般来说，税率越高的证券，其税前利率要越高，投资者所获得收益才能相对高。

假定有证券 A 和证券 B，它们的违约风险和流动性相同，但是证券 A 利息收入的所得税率为 t_A，而证券 B 利息收入的所得税率为 t_B，那么证券 A 的税后利率就等于 r_A（$1-t_A$），证券 B 的税后利率就等于 r_B（$1-t_B$），其中 r_A 与 r_B 分别为证券 A 和证券 B 的税前利率，因此要使这两种证券的税后利率相等，就必须有

$$r_A = r_B(1-t_B)/(1-t_A)$$

从上式中可以清楚地看出，税率越高的证券，其税前利率也应该越高[1]。

二、利率的期限结构理论

利率期限结构指具有相同风险及流动性的证券，其利率随到期日的时间长短会有所不同。相对于利率的风险结构，利率期限结构更为复杂、更为重要。一般来说，在违约风险、流动性和税收因素等方面相同的证券，由于期限结构不同，利率也会有所不同。在这里，由于收益率曲线是描述利率期限结构的重要工具，其在期限结构理论中占有重要的地位，所以我们有必要首先对收益率曲线进行介绍。

利率是所有投资收益的一般水平，而收益率是指实际收益与实际投资的比率，在大多数情况下，收益率都等于利率，但也往往会发生收益率与利率的背离，因为收益率可能受市场因素的影响，在某个时期增长得快些，而某个时期增长得慢些。如果在增长较快的时期持有证券，那么持有证券的收益率将高于到期日利率；而在增长较慢的时期持有证券的话，持有证券的收益率将低于到期日利率。因此证券的持有期不同会导致证券的收益率不同。把期限不同，但违约风险、流动性相同的证券的收益率连成一条曲线，就成为收益率曲线。由于证券收益率在持有期的走势未必匀速，这就有可能形成向上倾斜、水平以及向下倾斜三种曲线。为了解释这种现象，人们提出了以下几种理论假说。

（一）预期假说

预期假说（expectations hypothesis）首先是由费雪（1896）提出的，后由弗莱德里奇·A. 卢兹（1949）等人进一步发展，是一种古老的利率期限结构理论，目前被广泛的用作利率相关证券的定价依据。它是基于以下假设成立的：①投资者是典型的经济人，即追求利润最大化；②投资者对证券的期限没有偏好，各种期限的证券可以互相替

---

[1]　施兵超等：利率理论与利率政策，2003 年，中国金融出版社。

代；③交易成本为零；④金融市场是完全竞争的；⑤完全替代的证券具有相同的预期收益率；⑥投资者对证券的预期准确，并依据该预期收益做出相应行为。该理论的基本命题是，长期利率相当于在该期限内人们预期出现的所有短期利率的平均数，因而收益率曲线反映所有金融市场参与者的综合预期。例如，在当前市场上1年期证券的收益率是6%，预期明年的1年期证券的收益率是6.5%，后年的1年期证券的收益率是8.5%，那么当前市场上3年期证券的收益率应为 (6%＋6.5%＋8.5%)/3＝7%。

该理论可以大致解释收益率曲线向上、向下和水平倾斜的三种现象。如果人们预期未来的短期利率将会上升，高于当前的市场短期利率时，收益率曲线将会向上倾斜，意味着将来投资的回报要大于现在所做的投资；如果市场预期未来的短期利率低于当前的短期利率时，长期利率就将是这一系列下降的短期利率的平均数，它必然比当前的短期利率要低，从而收益率曲线表现为向下倾斜；当预期短期利率不变时，收益率曲线则相应持平。

预期假说可以说明短期利率和长期利率的同方向变动，也可以说明收益率曲线向上或者向下倾斜，因为即使现在的短期收益率低或者高，但人们会预期它将来上升或下降，从而带动收益率上升或下降。然而，这种简单的平均值的概念是无法完全解释实际现象的，人们对短期利率的预测既有上升的情况，也有下降的情况，并且从理论上来看这两种情况的发生概率大致持平，如果将预期假说运用于此，就无法解释收益率曲线通常情况下总是向上倾斜的原因，这是该学说的局限所在。

（二）市场分割假说

期限结构的市场分割假说 (segmented markets hypothesis) 认为，投资者的投资需求往往不同，因此每个投资者一般都有自己偏好的某个特定品种的证券，由此导致各种期限证券的利率由该种证券的供求关系决定，而不受其他期限的证券预期回报率的影响。

造成市场分割的主要原因是法律上的限制，例如，政府限制某种资金进入特定的市场；缺乏能够进行未来证券交易的市场，以至其未来价格未能与现期价格连接起来，如有的国家只有即期资金市场而无远期资金市场；缺乏在国内市场上销售的统一的债务工具；证券风险的不确定性；不同期限的证券完全不能替代，导致不同证券的预期回报率对其他证券的需求没有影响等因素。

按照市场分割假说的解释，正是由于不同期限证券的供求关系造成了收益率曲线形式的不同。①如果市场对短期证券的需求要高于对长期证券的需求，就会使短期证券相对具有较高的价格和较低的利率水平，长期利率将高于短期利率，收益率曲线因此向上倾斜；②与收益率曲线向上倾斜的情况相反，如果市场对短期证券的需求低于对长期证券的需求，则长期证券将相对具有较高的价格和较低的利率水平，短期利率将高于长期利率，收益率曲线因此向下倾斜。

市场分割假说可以解释典型的收益率曲线往往向上倾斜的原因。因为人们一般都存在喜短厌长的心理，所以对长期证券的需求比对短期证券少，造成长期证券价格较低、利率较高，将来买进长期证券的收益高于短期利率，收益率曲线因此向上倾斜。但是该理论却无法解释不同期限证券利率的一起波动，它也不能解释为何短期利率较低时收益率曲线向下倾斜、短期利率较高时收益率曲线向上倾斜的情况。

（三）选择停留假说

预期理论和市场分割理论都有各自不能解释的收益率曲线变化现象，选择停留假说（preferred habitat hypothesis）是对前两种理论的进一步发展。它的基本命题是，长期证券的利率水平是等于在整个期限内预计出现的所有短期利率的平均数再加上一定的风险补偿，也就是流动性升水。这是由于证券的期限越长，本金价值波动的可能性就越大，因此投资者一般倾向于选择短期证券，但是借款人却偏向于发行稳定的长期证券，结果就是借款人要使投资者购买长期证券，就需要给投资者一定的风险补偿，这就造成了长期利率高于当期短期利率和未来短期利率的平均值的情况。

该假说隐含有这样的表述：①期限不同的证券之间是可以互相替代的，短期证券的收益率水平会影响到长期证券的利率水平；②投资者对不同期限的证券的偏好不同，一般更倾向于短期证券；③证券收益率大小对投资者的影响程度要大于期限长短对投资者的影响。选择停留假说用公式可以表述成

$$i_{nt} = K_{nt} + (i_t + i_{t+1}^e + i_{t+2}^e + \cdots + i_{t+n-1}^e)/n$$

式中，K_{nt} 表示一个正的时间溢价，也即风险补偿，只有一个正的风险补偿率才能吸引投资者考虑放弃短期证券转而选择长期证券。$(i_t + i_{t+1}^e + i_{t+2}^e + \cdots + i_{t+n-1}^e)/n$ 表示在一定期限内所有短期利率的平均数，长期利率就是该期限内这种平均数与正的风险补偿的总和。

选择停留假说至少能够解释以下几种收益率曲线的变化情况：①即使短期利率在未来的平均水平保持不变，长期利率也会高于短期利率，这就解释了大多数情况下收益率曲线向上倾斜的现象；②若预期利率水平将有所下降，那么只要同期限内风险补偿的水平能够超过预期利率平均数下降的水平，长期利率仍然能够向上倾斜，这解释了为何在预期短期利率小幅下降的情况下，收益率水平还可以保持向上倾斜的情况；③若预期短期利率大幅下降，则在较低的短期利率水平上加上一个正的时间溢价，也不能抵补这种下降带来的影响，因此收益率曲线有时会出现向下倾斜的现象；④当短期利率水平较低时，投资者往往会预期短期利率水平会有所上升，那么未来预期短期利率的平均数就会相对高于现行的短期利率水平，再加上一个正的风险溢价后，就会使长期利率大大高于现行短期利率，从而出现了收益率曲线往往比较陡峭地向上倾斜，反之，收益率曲线则会大幅向下倾斜；⑤在时间溢价水平一定的前提下，短期利率的上升意味着平均看来短期利率水平将来会更高，因而长期利率也会随之上升，这解释了不同期限证券的利率总是共同变动的原因。

此外，人们还可以根据选择停留假说的解释，依据实际收益率曲线的斜率来判断出未来短期利率的市场预期。

第五节　利率的作用及管理体制

一、利率在微观经济中的作用

对企业而言，利率能够促进企业加强经济核算，提高经济效益。因为企业利润＝销售收入－（产品成本＋利息＋税金）。在通常情况下，产品成本和税金是相对稳定的。

如果企业的销售收入不变，企业的利润就取决于应付利息的多少，而利息的多少，又与企业占有信贷资金的多少、占用的时间长短以及利息率高低有关。企业占有信贷资金多，占用时间长，利息率高，则需要支付的利息就多，所得利润就少，反之亦然。如果利率变动，利润大小也随之变动。企业作为最大可能利润的追求者，就会加强经营管理，加速资金周转，努力节约资金，提高资金使用效益。

对个人而言，利率影响其经济行为。一方面，利率能够诱发和引导人们的储蓄行为，合理的利率能够增强人们的储蓄愿望和热情，不合理的利率会削弱人们的储蓄愿望和热情。因此，利率的变动，在某种程度上可以调节个人的消费倾向和储蓄倾向。另一方面，利率可以引导人们选择金融资产。人们在将收入转化为金融资产保存时，通常会考虑资产的安全性、流动性与收益性。在金融商品多样化的今天，在保证一定安全性与流动性的前提下，主要由利率决定的收益率的高低往往是人们选择时着重考虑的因素。在这种情况下，金融商品的利率差别成为引导人们选择金融资产的有效依据，人们会通过金融商品的利率比较来确定自己的选择。

二、利率在宏观经济中的作用

第一，利率能够调节社会资本供给。一般而言，生产的发展会带动资本需求的扩大，足够的资本供给是生产发展的必要条件。马克思曾经指出："随着银行制度的发展，特别是自从银行对存款支付利息以来，一切阶级的货币积蓄和暂时不用的货币都会存入银行。小的金额是不能单独作为货币资本发挥作用的，但它们结合成巨额，就形成一个货币力量。"这说明，通过调节利息率，能够调节国民储蓄水平，调节借贷资本的供给，调节银行集中借贷资本的能力，调节储蓄向投资转化的程度。在其他条件不变的情况下，利息率的高低对社会资本的供给具有调节作用。利息率提高，国民储蓄率上升，借贷资本增多，社会资本供给就增加；反之，社会资本供给就会减少。在现实经济生活中，利息率对社会资本供给的调节作用较为明显，但利息率升降对借贷资本数量增减的影响是有限的。这是因为，一国的资本供给最终决定于生产的发展和积累的扩大，以及国民收入水平。在正常情况下，资本供给的利率弹性较低或很低。

第二，利息率可以调节投资。在资本主义国家，投资的利率弹性很高，说明投资和利率状况密切相关。利率对投资在规模和结构两方面都具有调节作用。职能资本家进行投资，单纯依靠自身积聚资金往往不够，还要大量使用借贷资本。因此，利息率降低，职能资本家贷款成本降低，投资成本相对减少，就会增加投资，从而使整个社会投资规模扩大，利息率提高，就会增加职能资本家的贷款成本，投资成本也相应增加，投资就会减少，整个社会的投资规模相应缩小。所以，利率的升降与社会投资规模的大小成反向变化。由于利率是资本的"价格"，它的变动影响资本流动所起的导向作用，通过实行差别利率政策影响资本的流向。为了支持某些有发展前途的新兴产业和重点部门，对其实行较低的优惠的利率政策，促使其发展。反之，对那些需要限制发展的部门，实行较高的利率，则可以缩小其生产规模，限制其发展。总之，通过调整利率水平和利率结构，就可以在一定程度上调节投资总量和投资结构，协调各部门比例关系，合理调整产业结构，使社会经济结构更趋合理。

第三，利息率可以调节社会总供求。要达到经济持续增长的目标，必须保证社会总需求与社会总供给不断变动，处于一种动态平衡，即从不平衡走向平衡，呈螺旋式上升趋势。而利息率对供求总量的平衡具有一定的调节作用。这是因为，总需求与市场价格水平和利率之间有着相互联系、相互作用的机制。由于生产者和消费者都进入市场从事经济活动，市场机制通过价格水平和利率水平的变动在一定程度上能够调节各个企业和消费者的投资与储蓄活动，有利于实现总供给和总需求的平衡。

三、利率发挥作用的环境与条件

在现代市场经济中，利率发挥作用的领域是十分广泛的。从微观角度说，对个人收入在消费与储蓄之间的分配、对企业的经营管理和投资的积极性等方面，利率的影响非常直接；从宏观角度说，对货币的需求与供给、对市场的总供给与总需求、对物价水平的升降、对国民收入分配的格局、对汇率和资本的国际流动进而对经济成长和就业等，利率都是重要的经济杠杆。在经济学中，无论是微观经济学部分还是宏观经济学部分，基本模型中利率几乎都是最重要的、不可缺少的变量之一。其基本原因在于，对于各个可以独立决策的经济人——企业、个人以及其他来说，利润最大化、效益最大化是最基本的准则，而利率的高低直接关系到他们的利益。在利益约束机制下，利率也就有了广泛而重要的作用。

然而，在现实生活中，利率作用往往不能充分发挥，因为有些人为的因素或非经济因素使其作用的发挥受到种种限制。这种限制主要有利率管制、授信限量、经济开放程度、利率弹性等。

第一，利率管制。利率管制即国家对直接融资和间接融资活动中的利率施行统一的管理，由管理机构根据宏观经济发展的要求和对金融形势的判断，制定各种利率，各金融机构都必须遵守和执行。利率管制作为国家宏观经济管理的一种手段，具有可控性强、作用力大的特点，但也可能因制定的利率水平不恰当或调整不及时，而限制利率作用的发挥。

第二，授信限量。在一些国家中，如果信贷出现供不应求的现象，而银行又不愿或难以用提高利率的方式阻止过度需求时，通常可以采用"授信条件和限量"的措施，其中包括授信配给制，即对信誉最高、关系最深的客户尽量维持授信量，但对其他求贷者则摒诸门外。除此之外，还包括实施其他授信条件，如首期付款量、质押品、分期还款量等，使许多消费需求和投资需求得不到满足。这种授信限量的结果是，信贷资金的供求矛盾进一步激化，黑市猖獗，使银行利率与市场利率之间的距离不合理地扩大，阻碍了利率机制正常发挥作用，还会引起整个利率体系的结构和层次的扭曲。

第三，经济开放程度。经济开放程度取决于两个方面：资金流动自由度与市场分割。在一国经济中，如果政府实行严格的外汇管制，限制资本的流出流入，就会使一国的利率体系孤立起来，失去了与世界利率体系的有机联系。在这种情况下，利率体系就失去了汇率效应，即利率的变动对本国货币与外国货币的比价发生影响，从而对国际收支产生影响。同样，在一国经济中，如果资金流动受到各种限制，进行条块分割，金融市场处于一种分割状态，不能成为有机的统一市场，在这种情况下，利率体系各组成部分之间就失去了有机联系，整个利率体系就会失去弹性，作用的发挥就有了很大的局限性。

第四，利率弹性。利率弹性是现代经济学中的一个重要概念。利率弹性表示利率变化后其他经济变量对利率变化的反应程度。某一变量的利率弹性高，表示该变量受利率的影响大，对利率变动的反应十分灵敏，利率的作用就能充分发挥出来。例如，投资的利率弹性和货币需求的利率弹性都非常高的时候，只要轻微的利率波动，便足以引起投资量的变动和货币需求的变化，并通过对供求关系的影响使真实经济受到很大影响。反之，若利率弹性很小，利率对经济变量乃至真实经济的影响自然就很微弱了。

可见，利率在现代市场经济中发挥作用会受到一些因素的限制，要使其充分发挥作用，必须具备一定的条件。

第一，市场化的利率决定机制。市场化的利率决定机制指利率不是由少数银行寡头协定或政府人为决定的，而是通过市场和价值规律机制，由市场供求关系决定的。市场上资金供不应求，利率就会上扬；资金环境相对宽松，利率就会下跌。在这种机制下，利率能够真实灵敏地反映社会资金供求状况，通过利率机制促使资金合理流动，缓和资金供求矛盾，发挥筹集资金、调剂余缺的作用。

第二，灵活的利率联动机制。利率体系中，各种利率之间相互联系、相互影响，当其中的一种利率发生变动时，另一些利率也会随之上升或下降，从而引起整个利率体系的变动，这就是利率之间的联动机制。各种利率当中，尤以基准利率变动引起的变化最为明显。例如，近年来美国联邦储备委员会曾多次针对经济形势，调高或降低基准利率——再贴现利率，由于美国具有灵活的利率联动机制，因而再贴现率的升降引起了商业银行利率、市场利率的迅速变动，从而起到了紧缩信用或扩张信用的作用。可见，利率对经济调节作用的发挥离不开灵活的利率联动机制。

第三，适当的利率水平。过高或过低的利率水平都不利于利率作用的发挥。利率水平过高，会抑制投资，阻碍经济的发展与增长；利率水平过低又不利于发挥利率对经济的杠杆调节作用。因此，各国金融管理部门或中央银行都十分重视利率水平的确定，尤其对发展中国家来说，在市场化利率决定机制形成的过程中，应逐步确定适当的利率水平，一方面能真实反映社会资金供求状况；另一方面使资金借贷双方都有利可图，从而促进利率对社会总需求、物价、收入等因素作用的发挥，推动经济的持续、稳定发展。

第四，合理的利率结构。利率水平的变动只能影响社会总供求的总体水平，而不能调整总供求的结构和趋向，也不能调整经济结构、产品结构以及发展比例等。合理的利率结构包括利率的期限结构、利率的待业及风险差别，弥补利率水平变动作用的局限性，通过利率结构的变动引起一连串的资产调整，从而引起投资结构、投资趋向的改变，使经济环境产生相应的结构性变化，更加充分地发挥出利率对经济的调节作用。

四、中国的利率管理体制

利率管理体制作为一个国家经济和金融体制的重要组成部分，其性质取决于该国的经济体制以及这种体制下的经济和金融业服务。我国的利率管理体制变化与我国的经济体制改革息息相关，经历了一个由严格管制到逐渐放开和探求市场化机制的过程。所谓利率市场化，是指通过市场和价值规律机制，在某一时点上由供求关系决定的利率运行机制，它是价值规律作用的结果，是社会资金和其他资源配置的指示器。与利率管制相比较，利率市场化强调在利率决定中市场因素的主导作用，强调遵循价值规律，真实地反映资金成本与供求关系，灵活有效地发挥其经济杠杆作用，因此是一种比较理想的、符合社会主义市场经济要求的利率决定机制。

利率市场化改革的最终目标应当是实现利率由市场决定。具体来说，就是逐渐过渡到中央银行不再统一规定金融机构的存贷款利率水平，而是运用货币政策工具直接调控货币市场利率，进而间接影响金融机构存贷款利率水平。

但是，实现上述目标需要相对较长的过渡时期，是一个渐进的过程。因此我国中央银行于2003年确定了利率市场化改革的"路线图"，即从货币市场起步，二级市场先于一级市场；先外币、后本币；先贷款、后存款；先长期、后短期；其中贷款利率先扩大浮动幅度，后全面放开，存款利率先放开大额长期存款利率，后放开小额和活期存款利率。

利率市场化改革的具体目标包含以下几个方面的内容：①使利率成为指导资金流向，调节资金供求，促进资源合理配置的重要经济杠杆，这是利率市场化的核心，也是市场机制有效运作的必然要求。②建立动态利率机制，打破利率僵化状态，首先，要确立动态的基准利率调控体系；其次，要增强浮动利率的动态功能；最后，要完善利率体系的动态传导机制，从而逐渐形成以基准利率为核心、市场利率为主体，多种差别利率并存的完整的动态利率良性循环体系。③在放开同业拆借利率的基础上，使利率水平逐步微调到位，搞活同业拆借利率，一方面对培育发展金融市场，扩大利率的市场机制，逐步消除利率"双轨制"具有导向作用；另一方面，这对利率水平的逐步调节有了一个缓冲的运作基础。④校正存贷款利差倒挂，为国有专业银行商业化创造基本条件。⑤实行国家管理和市场决定相结合的利率管理模式，建立适合社会主义市场经济体制的利率制度。

我国利率市场化的进程正在不断推进，而根据多数发展中国家利率市场的经验和教训可以知道，选择渐进方式和从本国宏观经济环境和金融改革现状出发是发展中国家利率市场化的必然选择。在当前我国经济还在不断向市场化靠拢、还没有完全摆脱"二元式"经济特征的情况下，特别是金融市场还不发达、信用机制没有建立、金融机构存在隐患、金融法制还不健全的现状，决定了目前我国完全实现利率市场化还需要进行更多的探索。

➢ 本章重要概念

利息（interest）　　利率（interest rate）　　单利（simple interest rate）

复利（compound interest rate）　　官定利率（official interest rate）

公定利率（public interest rate）　　市场利率（marketable interest rate）

固定利率（fixed interest rate）　　浮动利率（floating interest rate）

基准利率（prime interest rate）　　差别利率（differential interest rate）

名义利率（nominal interest rate）　　实际利率（real interest rate）

拆借利率（inter-bank interest rate）

一级市场利率（primary market interest rate）

二级市场利率（secondary market interest rate）

利率结构（structure of interest rate）　　预期假说（expectations hypothesis）

市场分割假说 （segmented markets hypothesis）

选择停留假说 （preferred habitat hypothesis）

利率管理体制 （manageable system of interest rate）

➢ 复习思考题

1. 如何认识利息的来源与本质？

2. 利率的主要种类有哪些？

3. 简述利率决定的主要理论。

4. 简述利率的期限结构理论。

5. 利率的经济功能是什么？

6. 简述利率的作用以及发挥作用的环境与条件。

7. 简述我国利率市场化改革的目标及其进程。

第三章　金融中介和金融服务体系

内容提示：在一个发达的金融体系中，经济主体所从事的主要金融活动无一能离开金融中介机构的服务，所不同的是，每一种金融中介机构分别以其特殊的角色、特殊的服务方式和工具等服务于经济主体的金融活动。在直接金融活动中，资金供求双方通过相互买卖有价证券等直接实现资金的融通，投资银行与经纪公司及证券交易所等机构为他们之间的直接交易提供信息、场地、设施、结算等各种服务。在间接金融活动中，资金供求双方不直接进行交易，而由商业银行、储蓄机构、保险公司等中介机构作为债务人和债权人介入其中，为交易的实现提供信用媒介、安全保障和支持系统等。本章在阐述金融中介基本理论的基础上，着重介绍商业银行、投资银行、非银行金融机构和政策性金融机构的基本特征与主要业务及管理活动。

第一节　金融中介

一、金融中介的含义

金融中介（financial intermediary）有动态和静态两种解释。动态意义上的金融中介是指在货币资金运动和信用活动中为资金供给者和需求者提供信息、设施、信贷服务、结算服务、投资服务、保险服务、信托服务等金融性服务的活动。而静态意义上的金融中介则是指专门从事金融性服务活动的机构，包括商业银行、投资银行、保险公司、证券公司、证券交易所、信托公司、养老基金等。经济生活中经常存在众多的货币资金盈余单位，它们希望为其闲置的资金找到生利的途径；同样，也常常存在众多的货币资金赤字单位，它们非常需要外部资金的支持。金融中介作为一种沟通货币资金供给者和需求者的媒介服务活动，以其有偿融资所具有的利益激励满足了盈余单位的收益要求，又以其方便灵活的形式和工具满足了赤字单位的融资要求。就如同以货币为媒介的间接商品交易克服了商品市场物物直接交换在时间和空间上的局限性一样，金融中介克服了货币资金供求各方在资金供求的数量、期限、利息条件、信用状况等诸多方面互不了解和信任的矛盾，因而极大地促进了货币资金由盈余者向短缺者的转移，因此，金融中介在现代经济生活中是必不可少的。在现实生活中，各种金融中介活动通常都是有组织地进行的，这些专门组织金融中介活动的机构（金融中介机构）共同构成了庞大而复杂的金融服务体系。

在理论上，金融中介通常是就整体经济中由于储蓄和投资的非对称性而导致的融资要求而言的，是储蓄转化为投资的中介。从这个意义上讲，凡是能导致货币资金在不同经济主体之间转移或融通的金融服务活动和相应的金融机构，都属金融中介范畴，金融中介是一个涵盖范围很广泛的概念。但有时候这一概念也被限定于间接金融范围，而与直接金融相比较来运用[1]，在这种情况下，银行的存款、贷款等活动被看成是金融中介活动，而证券市场的证券发行、交易等活动则被看成是非中介活动，将市场上出现的资金大量从商业银行、储蓄银行等金融机构转移到国债和其他证券上的现象被描述为"脱媒"或"非中介化"（disinter mediation）[2]。本书所指的金融中介及金融中介服务体系是广义概念上的。

二、金融中介的产生

在一个广泛存在商品货币关系的发达的市场经济中，经济单位的各种经济活动一般都是通过对货币资金的获取和支配使用来完成的。经济活动连续不断地进行，表现为货币收入和支出的周而复始的运动。在现代经济理论中，通常把一个家庭、一个企业或一个行使国家职能的政府单位所获得的货币收入在消费之后形成的节约部分称为储蓄，而把货币收入在消费之后用于扩张生产或经营的部分称为投资。凯恩斯在《就业、利息和货币通论》一书中对储蓄和投资的关系作了这样的分析："虽然储蓄量是消费者消费行为之总结果，投资量是雇主投资行为之总结果，但二者必然相等。"凯恩斯还进一步给出如下公式

$$所得 = 产品价值 = 消费 + 投资$$

$$储蓄 = 所得 - 消费$$

故 $$储蓄 = 投资$$

显然，凯恩斯是从宏观意义上得出储蓄与投资的等量关系的。但是，从微观角度看，单个经济主体的储蓄与投资不一定甚至可能经常是不相等的。经济生活的内容十分繁杂，这就决定了各经济主体的货币收支状况也在经常变化。一个时期后收入与支出相比，结果可能是收大于支，也可能是支大于收。我们假定，所有的经济主体（家庭、企业、政府单位）既能作为消费的主体，也能作为投资的主体，也就是说，经济主体的货币收入既可用于消费支出，也可用于投资支出，用于消费支出后节约下来的货币收入即为储蓄，那么，他们的货币收支结果就可以通过储蓄和投资的对比反映出来。当一个家庭、企业或政府单位的储蓄超过投资，或者说有储蓄而无投资机会时，称之为盈余；而当其投资超过储蓄或者说有投资机会而无储蓄时，称之为赤字。如果我们把家庭、企业、政府等所有的经济主体统统都称作"单位"，那么，经济生活中就存在三种具有不同储蓄和投资状况的单位，一种是盈余单位，一种是赤字单位，还有一种是储蓄和投资正好相等的单位。现实生活中，最后一种状况的单位是很少的，经常存在的是众多的盈

---

① 美国金融经济学家费里德里克·S. 米什金（Frederic S. Mishkin）在其所著的 *The Economics of Money, Banking and Financial Markets*（本书第四版由中国社会科学院研究生院李杨教授等人译为中文本，书名译为《货币金融学》，由中国人民大学出版社于 1998 年 7 月出版）一书中这样表述：利用金融中介机构来进行的间接金融过程叫做"金融中介"，这是将资金从贷款者手中转移到借款者手中的主要渠道。

② 美国、日本、英国等发达国家在 20 世纪 70 年代后期曾普遍出现"脱媒"或"非中介化"现象，货币资金纷纷从商业银行、储蓄银行等金融中介机构转移到国债和其他证券上。"脱媒"现象产生后，迫使银行界采取改进服务、减少手续费、提高存款利率、降低贷款利率等诸多应对措施。20 世纪 80 年代以后，尤其是进入 20 世纪 90 年代，伴随着日益加深的金融自由化和国际化，证券市场的高回报率和流动性机制越发受到资金供求者的青睐，"脱媒"成为普遍发展的趋势。

余单位和众多的赤字单位。对于盈余单位来说，因为他们没有投资机会，储蓄只能作为一种财富的储藏形式，因此，他们希望为这些闲置的储蓄找到能够获取收益的途径；而对于赤字单位来说，他们有投资机会却没有可用于投资的储蓄，他们则希望找到外源融资的途径[①]。金融中介以其有偿融资所具有的利益激励满足了盈余单位的收益要求，又以其方便灵活的形式和工具满足了赤字单位的融资要求。就如同以货币为媒介的间接商品交易克服了商品市场物物直接交换在时间和空间上的局限性一样，金融中介克服了货币资金运动中储蓄与投资不均衡的矛盾，那些愿意从事更多的投资活动且有许多投资机会而自身储蓄有限的单位，可以借助金融中介引入外部储蓄进行超过本期收入的支出；而那些拥有很多储蓄但不愿意投资或无投资机会却又担心放弃货币的投资收益会使机会成本增加的单位，可以借助金融中介使其拥有的储蓄流出本单位而产生增值。可见，金融中介正是在储蓄和投资在各单位之间均衡分布的过程中产生的，在这一过程中，盈余单位成为货币资金的供给者，赤字单位成为货币资金的需求者，而金融中介则成为连接资金供给者和需求者的媒体或桥梁，是促成储蓄转化为投资的特殊机制。

三、金融中介的功能

从上述对金融中介产生机理的分析中不难看出，金融中介是在解决资金供求矛盾的要求下产生的，因此，其最基本和最核心的功能就是促成资金由供给者向需求者的转移，简单说就是促进资金融通。金融中介理论中有关金融中介功能的研究有许多角度，但大都是围绕着如何促进了资金融通或提高了资金融通效率这一中心问题展开的，具体内容主要包括以下几个方面。

（一）克服金融交易中的信息不对称，降低信息成本

金融交易中要求资金供求各方在相同的时间内对资金供求的数量、期限、利息条件、信用保障等诸多方面达成一致，但事实上会经常存在交易的一方比另一方拥有更多信息的情况，这就是信息不对称（asymmetric information）。克服信息不对称需要大量的专业知识和成本，如果没有掌握搜集和分析金融市场信息专业技术的中介机构，仅靠单个的交易者自己去获取信息，将付出高昂的成本。金融中介机构是专业化的信息搜集者和信息处理者，它能够凭借自身的专业优势，及时准确地搜集和获取真实完整的交易信息，并通过对信息的分析、筛选和处理，对客户的资信状况做出准确的判断，还可以通过建立客户资信档案等方式实施信用监控，及时发现和排除高风险客户，与优良客户建立长期固定的信用关系，这些都大大提高了信息搜集和处理的效率，降低了信息成本。

（二）实施规模经营和专业化操作，降低交易成本

任何金融交易都要付出一定的代价，包括为货币资金所支付的价格即利息、为交易而花费的时间、精力和代理人佣金等，这就是交易成本（transaction cost）。交易成本

---

① 外源融资（external finance）是指筹资单位面向社会筹集资金的活动。其对称是"内源融资"，即筹资单位依靠自己内部力量筹资的活动。美国经济学家罗纳德·I. 麦金农将内源融资定义为某一特定企业（或经济单位）的投资，是由该企业内部积累的储蓄提供资金的。他认为，内源融资是金融抑制的表现，指出"'内源融资'合理地、准确地描述了欠发达经济的状况，这些国家缺乏有效的货币市场。"（麦金农：经济发展中的货币与资本（卢骢译），1988年，上海三联书店，第34、76页）。

的高低与交易规模和交易过程的专业化水平直接相关，分散进行的小规模的资金交易分摊在单位资金上的融资成本较高，而由金融中介机构组织的资金交易则可享受到规模经济的好处，众多的资金交易在同样多的交易环节、时间和固定费用下完成，分摊在每一单位资金上的成本必然降低，集中的资金交易还形成了价格的竞争机制，避免了分散交易条件下极易出现的高利贷现象，从而使资金的价格成本降低。由金融中介机构组织的交易活动采用了能够降低交易成本的一系列专业技术。例如，交易中使用了标准化的合约，交易过程得到权威评级机构的自动服务，交易得到担保机构的支持，交易中创造出多样化的可供投资者和融资者自由选择的金融工具等，这些都是小规模的分散交易不具有的优势。

（三）克服逆向选择和道德风险障碍，防范和降低各种金融风险

金融交易中的逆向选择是指"那些最可能造成不利（逆向）结果即造成信贷风险的借款者，常常就是那些寻找贷款最积极、而且是最可能得到贷款的人。由于逆向选择使得贷款可能招致信贷风险，贷款者可能决定不发放任何贷款，即便市场上有信贷风险很小的选择。"[1] 金融交易中的道德风险是指"借款者可能从事贷款者不希望看到的那些高风险的活动，因为这些活动使得这些贷款很可能不能归还。由于道德风险降低了贷款归还的可能性，贷款者可能决定宁愿不做贷款。"[2] 由此可见，逆向选择和道德风险的存在是金融交易的重要障碍，这种障碍是分散的单个交易者所无法克服的。实际上，金融交易中除此障碍以外，还有利率风险、汇率风险、流动性风险、通货膨胀风险、政策风险和国家风险等各种各样的风险所造成的障碍，金融中介的一个很重要的职能就在于通过自身的业务、技术和管理为投资者甄别和计量风险，并为分散、转移、控制和化解风险提供组合投资工具，提供投资咨询、投资分析、投资决策等一系列风险管理的专业化服务。

（四）为交易者提供最多的收益机会和最灵活的支付机制

金融交易者获取最大投资回报的追求与保持足够的对外清偿能力或流动性之间会经常产生矛盾，金融中介机构在设计创造各种金融商品时，既考虑了投、融资者的收益要求，又考虑了其流动性要求，他们可以为资金的拥有者提供收益水平各异、期限各异的多样化的资产组合，并提供能够使各种资产灵活转换的市场机制，这样，交易者就可以不断地在各种资产的选择和转换中寻求各种收益机会并同时保证有足够的支付清偿能力。

第二节　商业银行

商业银行是间接金融领域中最主要的中介机构，也是存款性金融机构的最典型形式，除此之外，存款性金融机构还有储蓄贷款协会、互助银行、信用合作社等机构。之所以专门介绍商业银行，是因为商业银行以其数量众多、业务渗透面广、资产雄厚、创造存款货币等特殊优势，在整个银行业中始终占据基础和主体地位。这里主要阐述商业

---

①② 费里德里克·S. 米什金（Frederic S. Mishkin）：货币金融学（李扬等译），1998年，中国人民大学出版社，第32页。

银行的性质、职能和主要业务。

一、商业银行的性质

　　商业银行是伴随着商品货币经济和信用制度的发育成长而产生和发展起来的。银行天然的存在形式就是商业银行。一般认为，早期银行业起源于中世纪意大利威尼斯商贸活动中游离出来的钱商，而近代银行业则以英国的高利贷、金匠、金商最为典型。随着资本主义生产方式的形成和发展，具有现代意义的、以工商业贷款为主要业务、且利息水平低于产业和商业平均利润率的商业银行才得以真正出现。现代商业银行是通过两条主要途径在资本主义发展初期普遍建立的：一条是旧的高利贷性质的银行，其在新兴的产业资本、商业资本的迫使下，为适应新的生产关系而转变为新式商业银行；另一条是由产业资本和商业资本以股份制形式组建和创立的新式银行。1694 年出现于伦敦的英格兰银行（Bank of England），就是通过第二条途径建立的商业银行，它被认为是现代商业银行产生的标志，是现代银行制度开始的象征。

　　商业银行这个名称，在英美等国最为通用，在西欧各国习惯上称其为信贷银行（credit bank），有的国家如日本，将其称为存款银行，国际货币基金组织将其称为存款货币银行。但是，人们在分析问题，尤其是将其与中央银行、政策性金融机构、证券类机构、信托类机构、保险类机构等相对应而分析问题时，大多数都使用商业银行这个名称。原因是这些银行在发展的初期，其业务主要集中于自偿性贷款。所谓自偿性贷款，就是银行通过贴现票据和对企业的储备资产发放短期周转性贷款的方式放贷，一旦票据到期或产销完成，贷款就可以自动收回，这种贷款以商业活动为基础，与商业行为和企业的产销行动相结合，所以，发放这种贷款的银行就被称为商业银行。

　　银行发放期限较短、流动性较高的贷款，如通过贴现票据而发放商业周转性贷款，可以保证贷款的安全，又能稳妥地获取一定的利润，这是早期商业银行经营的基本特点，也是商业银行名副其实的特征。拥有这种典型的商业银行的最具代表性的国家是英国，人们据此将坚持短期信贷业务的银行称为传统的商业银行或英国式商业银行。商业银行在伴随着工商业和商品经济不断发展的过程中，由于资金的市场需求越来越多样化、市场对金融服务的要求不断发生变化、银行间的竞争加剧和银行以盈利为目标的经营动机的驱动，使得商业银行的业务种类和经营范围日益扩大，最终演变成为一种综合性、多功能的银行，它能够提供多种类型和期限的贷款，为客户提供多种金融服务，并参与金融市场的投资，其业务经营的内容已经与其名称不相符，但由于历史的延续和人们的习惯，商业银行这个名称一直沿用至今。早期就拥有综合性、多功能式商业银行的最具代表性的国家是德国。由于德国是工业化较晚的国家，该国的商业银行是伴随着 19 世纪中叶工业革命的迅猛发展而兴起的，一开始就具有综合经营的特点，不仅发放短期商业贷款，提供周转资金，而且也融通长期资金，还直接投资于新兴企业，替公司包销证券，积极参与新企业的决策和扩展过程，并在企业兼并、重组等资本经营和资产组合过程中充当重要角色。人们据此将全面经营各种金融业务的综合性银行称为德国式商业银行。中国将发展商业银行作为金融改革的一项重要目标，强调的并非是塑造那种只经营短期周转贷款的典型的或传统的商业银行，恰恰相反，在银行改革过程中，中国现有的银行尤其是几家国有大银行，其业务经营范围将进一步冲破专业分工的限制，发展更多更广的业务种类。改革中强调的是银行经营性质和经营方式的转变，强调的是将银行从计划经济体制下的政府附属机构转变为市场经济体制下的金融企业，强调的是商业银行"商业化"或"企业化"的本质含义。

如果将商业银行的经营目标、经营的主要内容和机构的性质等特点结合起来，就可以简单给出一个商业银行的定义：商业银行是以获取利润为经营目的、以吸收存款为主要资金来源，主要经营工商业放款的综合性、多功能的金融企业。这个定义中，反映商业银行本质特征的有如下三点：第一，商业银行是企业，具有企业的一般特征。商业银行必须具备业务经营所需的自有资本，并达到管理部门所规定的最低资本要求；商业银行必须依法经营、照章纳税；商业银行实行自主经营、自担风险、自负盈亏、自我约束；商业银行以获取利润为经营目的和发展动力。这些都是商业银行与普通工商企业完全一致的地方，是企业的共同特征。第二，商业银行是特殊的企业——金融企业。商业银行的经营对象不是普通商品，而是货币、资金；商业银行业务活动的范围不是生产流通领域，而是货币信用领域；商业银行不是直接从事商品生产和流通的企业，而是为从事商品生产和流通的企业提供金融服务的企业。第三，商业银行是特殊的银行。在经营性质和经营目标上，商业银行区别于中央银行和政策性金融机构。中央银行是代表国家管理金融、制定和执行金融政策、垄断货币发行、在全社会范围内调节并控制货币和信用的核心机构，它不对非金融单位办理信用业务，不以盈利为目的；政策性金融机构是由政府创立、参股或保证的，不以盈利为目的，专门为贯彻并配合政府的社会经济政策或意图，在特定的业务领域内，从事政策性融资活动的机构。而商业银行则与中央银行和政策性金融机构截然不同，它以盈利为目的，在经营过程中遵守盈利性、安全性和流动性原则，不受政府行政行为的干预。商业银行的特殊性还表现在其与各类专业银行和非银行金融机构的不同上。专业银行和非银行金融机构通常只限于办理某一方面和某些特定的金融业务，其业务经营具有明显的局限性，而商业银行则不同，其业务范围广泛、功能齐全、综合性强，尤其是商业银行能够经营活期存款业务，它可以借助支票及转账结算制度创造存款货币，使其具有信用创造的功能。

二、商业银行的职能

商业银行作为一种金融企业，具有如下主要职能。

(一) 信用中介

信用中介是商业银行最基本、最能反映其经营活动特征的职能。这一职能表现为银行通过其负债业务，把社会上的各种闲散货币资金集中起来，再通过资产业务，把它投向社会经济各个部门。银行是作为货币资金的贷出者和借入者的中介人或代表来发挥作用的，既达到了融通社会资金的目的，又从贷款利息收入、投资收益与吸收资金成本的差额中，获取基本收入，形成银行利润。之所以称这样的职能为信用中介是因为，通过银行的负债和资产业务，首先沟通了货币资金借入者和贷出者的信用联系，其次克服了直接借贷的局限性，使借贷行为在当事人各方借贷数量、借贷期限、利息要求、信誉状况等互不了解的情况下得以完成。

信用中介职能挖掘了社会闲散资金的潜力，提高了社会总资本的运用效率。同时，也通过积小成大、化短为长，将小额闲散货币转化为巨额长期资金，增加了可用于生产投资的社会资本总量。也就是说，信用中介职能的一个非常重要的结果是，它会将人们本来用于消费的货币收入和储蓄变为用于生产和流通并实现增殖的资本。

（二）支付中介

商业银行既是信用机构，又是经营货币的机构。在经营货币的过程中，商业银行为客户保管货币，代客户支付货款和各种费用，为客户兑付现金等，这种职能就是支付中介职能。之所以称之为支付中介是因为，商业银行在经营活动中事实上充当着工商企业、社会团体、个人等的货币保管者及出纳者和支付代理人，从全社会的角度看，商业银行实际上成了国民经济的总出纳和"公共簿记"，是一个办理支付、结算和现金出纳的社会中介机构。实际上，在没有信贷业务的早期的货币经营业中，支付中介就是银行最重要的职能，商业银行只是继承或保留了这种职能而已。但是，商业银行的货币业务是与信用业务密不可分的，商业银行的支付中介，一般是建立在与客户广泛的信用联系基础上的，是在信用中介职能推动下产生的。随着银行信用关系和信用业务的不断扩展，支付中介的内容和形式已经发生了巨大的变化。在现代经济中，越来越多的商品交易、对外投资、国际贸易、家庭理财等经济活动都以银行为中心进行货币结算。结算方式和手段也越来越多样化，可以是现金，也可是非现金，可以是有形的票证，也可以是无形的电子信息，各种方便快捷的支付方式可供人们自由选择。

银行支付手段职能的主要作用在于，它不仅由于广泛使用支票和先进的结算支付工具，大大减少了现金的使用，节约了流通费用，而且加快了结算速度和货币资金周转，为经济活动的顺利进行创造了有利条件。

（三）调控媒介

商业银行并不是专门的经济和金融调控机构，但是，通过其自身的业务活动，客观上对经济和金融活动从多个方面发挥了调控功能。例如，通过放款和投资，从总量上和结构上调节企业的生产经营活动；通过办理消费信贷业务调节和引导消费；通过利用国际金融市场筹措外资，可增加国际收支平衡表中的资本输入项目，调节和平衡国际收支等。其中，最能体现调节功能的是商业银行充当中央银行货币政策的传导媒介。中央银行实施调节货币和信用的各种措施，大多数都是最先作用于商业银行，如提高或降低商业银行向其上交的法定存款准备金的比率、调高或调低向商业银行办理贴现或贷款时的利率、向商业银行买进或卖出有价证券等，商业银行一旦接受了这些调节变量后，就会对自身的信用活动作出相应的调整，其结果是将中央银行调节货币、信用、经济的作用传递到企业和个人等经济活动主体中。

（四）金融服务

商业银行凭借自身的优势，如社会联系面广、信用可靠、信息灵通、装备先进等，可以为客户提供各种金融服务，如信息咨询、决策支援、自动转账、保管箱、代发工资、代理各种费用支付、代理买卖有价证券等。商业银行发挥这种服务职能，既是现代经济生活多样化、企业经营环境复杂化的客观要求，也是银行间以及银行与各种金融机构间市场竞争日益剧烈的结果。在银行的最初发展中，大多数情况下都以规模竞争、价格（利率）竞争作为主要的竞争方式，这种竞争的结果使银行的整体效益不断下降，也受到利率高限、资本与资产比率等的限制，因此，为客户提供多种优质服务，就自然成为商业银行争取与客户联系、稳定和扩大资产、负债业务的最主要的方式。在利率和费用水平相同的情况下，谁能提供更多更优质的服务，谁就能争取到更多的客户和资金。反过来也说明，谁的资金和人才力量雄厚、设备先进，谁就能为客户提供更多更优惠的服务。服务水平的高低及服务能力的强弱，成为衡量商业银行竞争力的重要尺度。

（五）信用创造

信用创造职能表现在两个方面：一方面，随着信用制度的发展，商业银行在银行信用的基础上创造了可以代替货币的信用流通工具，如银行券和支票，这些信用流通工具代替现实货币流通，因而相对扩大了流通手段和支付手段，扩大了社会信用量。另一方面，商业银行能够经营各种存款业务，尤其是能够经营可以签发支票的活期存款业务，在支票广泛流通和实施转账结算的条件下，银行将吸收的存款发放贷款后，接受贷款的客户并不完全支取现金甚至完全不支取现金，而是转入其银行存款账户，以转移存款的方式进行支付使用，这样，由原来那笔存款经贷款后又形成一笔新的存款，增加了商业银行的资金来源，最后在整个银行体系中，形成了加倍的存款（关于商业银行创造存款货币的原理，参见本书第十章第三节相关内容）。

三、商业银行的主要业务

商业银行的业务由负债业务、资产业务和中间业务三部分构成。

（一）负债业务

负债业务是商业银行形成资金来源的业务。根据资金来源的渠道不同，通常将其分为自有资本、存款业务和其他负债业务三大类。

1. 自有资本

自有资本是指银行拥有的永久归其支配使用的资本金，包括普通股股本、无偿还期的优先股股本、资本盈余、未分配利润、资本储备金、其他准备金等。许多西方国家还常常把银行发行的长期债券也视作资本，称为债务资本。因为这部分资本既具有债务的性质，又具有资本金的性质，它与一般的存款债务和借款债务相比，偿还顺序靠后，可以有条件地拖延，有些还可转为股本。中国商业银行的资本金，在计划经济时代主要靠财政拨付信贷基金。随着改革开放以来财政银行体制的变化和国家银行商业化改革的进行，财政已基本停止向银行拨付信贷基金。从银行改革和发展的趋势看，国有商业银行资本金的解决渠道主要是自身的利润积累，对于实行股份制的银行来说，实收股本无疑是其扩充资本的重要途径。①

银行组织和管理好自有资本的意义有以下几方面。

（1）自有资本作为银行信誉的基础，对存款人的安全和银行自身的安全起保护作用。存款人对某家银行的信心、银行管理当局和信用评级机构对某家银行信用能力的判断和认可，首先考察的就是这家银行的资本拥有量。

---

① 2003 年年底，中国政府选择中国银行、中国建设银行作为国有商业银行股份制改革试点，并通过中央汇金投资有限责任公司注资 450 亿美元，进行银行资本金的充实改造。2004 年 8 月 26 日与 9 月 17 日，中国银行股份有限公司与中国建设银行股份有限公司相继挂牌成立，标志着我国国有银行股份制改革取得了阶段性成果。2006 年 10 月 27 日，中国工商银行股份有限公司在上海证券交易所和香港联合交易所同时公开上市，成为中国 A 股市场最大的上市公司，也成为全球最大的上市银行之一。2010 年 7 月 15 日，中国农业银行股份有限公司在上海证券交易所正式挂牌上市，被称为中国国有银行股改的"收官之战"。

（2）自有资本是银行维持业务经营的基本前提。银行开业经营必须满足最低注册资本的要求，而且由于银行是一种特殊的经营机构，它的破产会对社会造成巨大的震动，不但货币供给过程遭到破坏，而且支付系统和金融媒介体系都会受到伤害，因此，银行的最低注册资本一般都保持较高的水平。另外，经营银行业务必须具备一定的物质条件，如营业场所、仓库、柜台、出纳机、计算机及其他设备和办公用品，银行在开业之前必须拥有一定量的自有资本，才能具备这些条件。如果银行的资本不能满足其购置房产与设备的需要，那么，它就缺乏从事活动的起码条件，因为，银行房产和设备的购置通常只能以资本金支付，而不能以负债形式支付。从保证银行从事正常的经营活动的角度看，充足的资本金还能随时满足银行可能遇到的流动性需求。例如，遇到经济不景气或国家银根紧缩时，客户对银行借款的需求比较集中，其中包括与银行关系密切的基本客户，银行面临资金短缺的压力。如果银行的资本金很充足，就可以缓解这种压力。

（3）要求银行经常保持充足的资本比率，可以限制其不合理的资产扩张，便于银行管理当局实施对银行的监督和管制。商业银行是一种以追求利润最大化为经营目标的金融机构，银行获得收入的主要途径就是资产的运用和提供各种服务所收取的手续费，其中，就大多数银行而言，资产的运用是增加收入的主要渠道，所以银行有不断扩大其资产规模的倾向。而银行在经营过程中资产的损失是不可避免的，它的资产规模越大，发生损失的概率就越高。为了保障存款人利益、保护银行体系的稳定和支付系统的正常运行，金融当局通常规定资本和资产的比率以限制银行资产过度扩张，这样，资本比率就成了银行管理部门对商业银行经营活动实施控制的有效工具。

需要引起注意的是，强调银行组织和管理好自有资本的意义，并不能简单理解为银行资本越充裕越好。事实上，对待银行资本充足度的态度，银行管理当局、银行的存款人和银行自身是有很大差异的。管理当局和存款人分别是从监管的职责和自身利益出发来要求银行资本充足度的，他们更多关心的是银行体系的稳定性，因而要求银行有尽可能高的资本充足度，而商业银行本身则是以利润最大化的要求来把握最佳的资本持有量的，资本持有量既不能过少，也不能过多。衡量银行资本持有量是否适度的标准是资本的成本，即银行为筹集一定量的资本所花费的各种开支、费用，包括为股票、债券支付的发行费用、股息和利息，银行管理这些资本所花的费用，还包括由资本量变化而带来的其他成本。例如，当资本量过小时会增加对借入资金的需求，使资金来源的边际成本增加。从成本管理的角度看，银行资本持有量过高和过低都会导致成本上升，效益下降。过高时，筹集和管理资本的成本上升、财务杠杆比率降低；过低时，流动性比率的要求提高，资金来源的边际成本上升。因此，最佳的资本持有量就是资本边际成本最低时银行所实际拥有的资本量。

2. 存款业务

存款业务是商业银行的传统业务，在负债业务中占有最主要的地位。划分存款类型的方法很多，但最常见的是将其划分为活期存款、定期存款和储蓄存款。商业银行最突出的特点是经营活期存款。有关这三类存款的内容已在前章作了阐述，这里进一步就银行存款的经营管理要求作以下提示。

（1）吸收存款重在提高稳定率。稳定率是指稳定性存款占全部存款的比率，可以用存款最低余额与存款平均余额的比率反映，这个比率越高，说明吸取的全部存款中停留在银行可供长期使用的存款数量越大。提高稳定率的关键是组织安排好存款的结构，一般来说，定期存款和长期储蓄存款的比重越高，存款稳定率就越高。活期存款多用于转账结算，但在大量的周转中也会形成长期沉淀，作为银行最廉价的稳定性存款。最不稳定的是小额储蓄存款，它们随时会被以提取现金的方式取走。美国经济学家彼得·S.罗斯将活期存款和以较低成本吸来的定期存款与储蓄存款称为核心存款（core deposits）。核心存款越多，银行负债的平均持续期就越长，抵御利率波动产生负面影响的能力也越强。

（2）吸收存款要注重降低存款成本率。存款成本率是指吸收一定量存款所发生的成本费用与存款额的比率，可用利息支出加各项费用与存款平均余额的比率反映。存款利息支出的多少与存款结构的安排关系密切，利率水平高的存款占存款总量的比例越高，由此引起的存款成本率必然上升。在市场利率和浮动利率条件下，存款的利率结构要通过银行管理者对市场利率的精心研究和准确判断之后才能做出最合理的安排。

（3）吸收存款要与资产安排相匹配，以提高存款的经营效果。存款经营效果是指以一定成本吸收来的存款在进行资产安排后给银行带来的收益。存款使用效果的好坏，主要取决于存款的运用率（可以用贷款平均余额和存款平均余额的比率粗略表示）和存款与贷款的期限结构及利率结构的匹配情况。当长期贷款的市场需求旺盛，而银行却不能组织稳定性存款或只能组织高成本存款时，存款经营效果自然不会好。

（4）吸收存款要达到规模要求，取得最佳规模效益。银行是一种经营货币资金的特殊经营机构，与实物生产和经营的企业相比，对物质设施等的依赖性较低，信用业务量的扩充是其"产量"增长的主要形式，因此，规模效益在银行经营中的体现尤为突出。假定银行的存款运用率不变，用存款量代表业务规模，那么，在一定的收益水平即贷款利率与存款利率的差率和一定的固定成本条件下，就存在一个存款业务量的最低界限，即保本业务量。在保本业务量以上，才有效益可言，而且，只要不出现成本的快速上升，如大规模新增固定成本、业务规模越大，收益的增长程度越高。用 y 表示收益，用 x 表示业务量，用 a 表示收益水平（利率差），用 b 表示固定成本，则 $y = ax - b$，$y = 0$ 时的 x 值即为保本业务量，因此，保本业务量或最低业务规模为 $x = \dfrac{b}{a}$。例如，某银行存贷款年利率差为 3%，固定成本为 900 万元，则年保本业务量为 $x = \dfrac{900}{0.03} = 30\ 000$（万元）。就是说，这家银行取得盈利的最低业务规模必须在 3 亿元以上。假定这家银行在给定的收益水平 3% 和固定成本 900 万元的条件下，将目标利润 y 确定为 1200 万元，那么，实现这一目标的业务规模要求就为 $x = \dfrac{y + b}{a} = \dfrac{1200 + 900}{0.03} = 70\ 000$（万元）。就是说，这家银行只有将业务规模扩展到 7 亿元时，才能实现 1200 万元的盈利目标。

3. 其他负债业务

其他负债业务是商业银行除去向客户吸收存款以外的各种短期借入款，主要有同业拆借、向中央银行借款、发行金融债券、占用资金等。

1）同业拆借

同业拆借是指商业银行及其他金融机构之间的临时借款，属于货币市场借款的一部分。拆入资金的银行主要是用以解决临时资金周转的需要，以维持正常的业务运营。当银行之间进行资金结算轧差时，有些银行出现头寸不足，而有些银行则资金有余。因此，客观上要求银行之间能够进行资金拆借。同业拆借的期限一般很短，通常只有一天或一夜，有时人们称之为隔日放款或隔夜放款。同业拆借利息一般按日计算，利率与当时的市场利率挂钩。从目前各国银行法的规定来看，及时拆借资金已经成为商业银行经营管理的一项基本要求。例如，美国的会员商业银行必须按规定向中央银行交纳存款准备金和保持一定比例的库存现金准备。多于规定标准的准备金不能带来收益，少于规定的标准还要受到中央银行制裁，因此，经营完善的商业银行都设法使存款准备金保持在必要的限度内，既不能过多，也不能过少，这样，及时拆出或拆入资金就成为商业银行的一种日常经营活动了。

2）向中央银行借款

向中央银行借款是商业银行融通资金的一条经常性的渠道，主要有两种形式：一是再贴现；二是直接借款。其中，再贴现是最主要的形式。商业银行把自己为客户办理贴现业务时所买进的未到期票据，再卖给中央银行以获得资金，中央银行则通过调整再贴现率和控制再贴现额的办法实施信用调控，二者各得其所。直接借款，则是商业银行用自己持有的合格票据、银行承兑汇票、政府公债等作为抵押品向中央银行取得抵押贷款。这种直接贷款方式较再贴现更简便和灵活，但限制比较严格，资金用途一般只限于补充储备不足或资产临时调整急需，不能用于扩大放款和投资。

3）发行金融债券

金融债券是银行为出资者开出的债权证书，债券的持有者享有到期收回本金和利息的权利。商业银行发行金融债券，旨在筹集中长期资金。利用债券方式筹集资金不需要向中央银行交纳准备金，筹来的资金一般都有特定的用途，债券不到期不能向发行银行兑现，资金的稳定程度较高，这些都不同于吸收存款的筹资方式。

4）回购协议

回购协议是银行将证券、贷款等金融资产暂时售给买方，并议定于规定期限按确定的价格从买方重新赎回这些资产的一种交易方式。其实质是以证券、贷款等资产作担保品的一种短期融资行为。这种交易的付息方式一般通过买卖价差实现。利率水平略低于同业拆借。回购协议的期限通常为一个营业日，俗称隔夜回购，也可长达3～6个月。

5）占用资金

占用资金是指商业银行在办理中间业务及同业往来过程中临时占用他人的资金。中间业务中占用的是客户的资金。例如，在汇兑业务、代收代付业务、代客买卖业务、代理投资业务中，在收进款项和完成业务期间可以占用客户资金。同业往来业务中占用的是其他银行的资金，当出现应付账款大于应收账款时，就占用了他行资金。随着管理水平、服务效率的提高，尤其是电子化、自动化清算系统的建立，占用资金是不断减少的。

（二）资产业务

资产业务是商业银行运用资金的业务，也是银行收入的主要渠道。资产业务分为贷款业务和投资业务两大类。

1. 贷款业务

贷款业务是商业银行最基本的资产业务。关于贷款业务的种类及主要内容已在前章作了阐述，这里进一步就贷款经营管理主要环节的基本要求作以提示。

(1) 制定好贷款经营的基本政策。银行董事会或高级信贷管理机构要依据各种与贷款供求相关的经济参数和法律要求，确定正确的贷款经营目标、业务范围、资产负债结构要求、贷款存款比率要求等，作为贷款业务的基本政策依据。

(2) 安排好贷款资产组合。信贷管理部门要对贷款资产的各主要结构做出合理安排，如贷款的种类结构、期限结构、保证方式结构、利率结构等；还要经常根据经济环境、市场需求、信贷资金来源等状况的变化适时调整和优化结构。

(3) 确定贷款限额。要根据贷款经营的基本政策和风险管理要求，对贷款的数量或规模进行限定，如规定贷款总规模、规定对单个客户的贷款最高额度、规定对某些行业尤其是高风险行业的贷款最高限额等。

(4) 科学合理地划分贷款权限。贷款权限划分的科学性和合理性表现在既能够对客户的贷款需求做出迅速答复，又能确保贷款发放的质量。一般来说，权限分散有助于迅速把握贷款机会，权限集中则有助于严把贷款质量。通常的做法是二者兼顾，将小额贷款的发放和管理权适度分散，将大额贷款的发放和管理权适度集中。为了防止权力失控，在职责分工上要实行审贷分离，要有完善的稽核审计制度。

(5) 加强贷款信用分析。这是确保贷款发放质量的关键，也是贷款业务的中心环节。所谓信用分析，就是对借款人的信用状况和还款能力进行系统的估价和分析。反映借款人信用状况和还款能力的资料主要来自借款人的财务报表，包括资产负债表和损益表。因此，信用分析主要是通过对企业财务报表的分析进行的。通过对财务报表各项目的数字变化以及这些数字所反映出的各种财务比率的分析，就可基本掌握借款人的信用情况。国外许多银行对借款人应具备的信用条件制定了调查和分析的具体指标，如"5C"指标和"5P"指标等。①

(6) 确定合理的贷款价格。贷款定价对银行经营目标的实现具有举足轻重的作用。一般来说，在贷款数量一定时，定价越高，贷款所创利润越多。但是，由于贷款需求与贷款定价成反向变化关系，过高的定价会导致贷款需求下降，使总利润减少。从贷款价格的构成来看，其内容一般包括利息、承诺费、抵押资产服务费以及补偿余额等隐含性价格内容。其中，贷款利息至少应能补偿贷出资金的成本、承做贷款的费用、估计的风险损失，还要确定一个合理的利润幅度。

(7) 监控贷款质量。对已发放的贷款进行质量监控、防范和化解不良贷款，是确保贷款能否最终取得良好效益的关键。国外商业银行通行的做法是，根据对贷款风险和实际价值的动态评价，将贷款质量划分为正常、关注、次级、可疑、损失五级，促使信贷管理人员主动识别、防范和化解贷款风险，维护银行债权。中国的信贷管理实践中长期将贷款质量分为正常、逾期、呆滞、呆账四种，后三种视为不良贷款，俗称"一逾两呆"。这种分类法以既成的贷款回收期为标准，是一种事后评价，不利于及时识别、防

---

① "5C"指标，是指对借款人的品德（character）、能力（capacity）、资本（capital）、担保品（collateral）和经营状况（condition of business）进行调查和分析。"5P"指标是美国汉华实业银行提出的信贷分析指标，是指对借款公司的管理人和股权人（people）、借款目的（purpose）、还款能力（payment）、还款保障（protection）和贷款项目前景（perspective）进行调查和分析。

范和化解贷款风险。

2. 投资业务

商业银行的投资业务与通常所说的投资有所不同。普通投资是指以资本从事固定资产购置、进行基本建设和工商业经营活动，而商业银行的投资业务则特指银行购买有价证券以运用资金的活动。商业银行从事证券投资的意义主要有以下几点。

(1) 获取收益。在吸收来的资金没有理想的贷款对象，出现部分闲置时，或者贷款项目与证券投资比较，效益较低、风险较高时，将资金投资于证券就是增加盈利的最佳选择。

(2) 降低风险。从资产分散化的角度看，证券投资的组合比贷款更为灵活，选择性比贷款强，自由度较高；从资金的回收方式看，贷款的回收一般须等到期之后，一旦最终收不回来，银行就蒙受损失，而证券投资的资金则可随时在市场上收回或转换，这也是贷款证券化得以出现的主要原因。

(3) 补充资产流动性。银行证券投资的相当一部分是投资于政府短期债券和信用优良的企业债券，这部分短期资产是银行理想的二级储备，当遇到一级储备即现金资产不能满足流动性需要时，即可运用二级储备，将短期证券转手出售就可立即得到所需现金。

商业银行的投资业务，按照投资对象的不同，可以分为四种类型：政府证券投资、政府机构证券投资、地方政府证券投资和公司证券投资。

(1) 政府证券投资。商业银行购买的政府证券包括国库券、中期债券和长期债券。购买政府证券进行投资有如下几点好处：第一，政府证券信誉度高，安全系数大，除非发生剧烈的政治动荡，政府一般都不会拒付自己的债务，因此，银行投资于政府债券的风险最低。第二，政府证券的流通性强，价格比较稳定，容易转让出售，银行投资于政府证券不用担心会给自身的流动性带来不利的影响。第三，政府证券可以作为抵押品使用。商业银行在需要得到中央银行贷款或政府存款时，可以用政府证券作抵押品。

(2) 政府机构证券投资。政府机构证券是指除中央银行以外其他政府部门和有关机构发行的借款凭证。例如，美国的联邦存款保险公司、联邦国民抵押协会、联邦住宅放款银行、联邦中期信贷银行等机构发行的债券。商业银行投资于政府机构的好处是这些证券都在一定程度上由政府作担保，证券的信誉高、风险小。政府机构证券的收益率比政府债券高，也可以作抵押品使用，这也是商业银行乐意对其投资的原因。

(3) 地方政府证券投资。地方政府证券是指中央政府以下各级地方政府发行的借款凭证，有两种类型：第一种是由地方政府的税收机构作保证，债券的本金和利息都由税收收入支付的债券，这种债券叫普通债券。投资于这种债券比较安全，因为地方政府的税收一般都有可靠的保障。第二种是由政府所有的某个企业或公益事业单位发行的债券，这些债券由所筹资金支持的专项工程所得的收益作担保，债券的本息也用收益偿付。这种债券相对于第一种来讲，安全性稍差一些，因为工程收益并不像政府税收那样可靠。地方政府债券的收益率一般高于中央政府债券，商业银行投资于地方政府债券，所得收益可免交地方所得税，因此，地方政府债券投资的收益水平是相对较高的。

(4) 公司证券投资。公司证券是企业或公司为筹集资金而发行的有价证券，包括股票和债。相比其他类型的投资来说，银行投资于公司证券风险较大，占用资金期限较长，但有利于银行向企业的渗透。

（三）中间业务

中间业务是商业银行通过为客户办理支付、进行担保和其他委托事项，从中收取手续费的业务。由于办理这些业务既不形成银行的负债，也不形成银行的资产，从债权债务关系的角度讲是中性的，故称中间业务。主要的中间业务有汇兑业务、结算业务、信托业务、租赁业务、咨询业务等。

1. 汇兑业务

汇兑业务是银行代客户把现款汇给异地收款人的业务。这种业务要使用特殊的汇款凭证：银行汇票或支付委托书。这些凭证是承汇银行向另一家银行或分支行发出的命令，命令后者向指定的收款人支付一定款项。银行汇票由银行交给客户，客户再将它寄给收款人，由收款人向汇票指定的银行取款。支付委托书由承兑银行用邮信或电报直接通知另一家银行，再由后者通知第三者取款。

2. 结算业务

结算业务是银行将客户的款项从付款人账户划转到收款人账户而完成客户间的货币收付活动的业务。商业银行为了更牢固地建立与客户的信用联系，更多地吸收存款和提高资金的运用能力，愿意积极主动地为客户办理好结算业务。

结算业务有多种方式，在同一城市内的结算方式主要有支票结算、直接贷记转账和直接借记转账、票据交换所自动转账等。

支票结算，是顾客根据其在银行的存款和透支限额开出支票，命令银行从其账户中支付一定款项给收款人，从而实现资金调拨，消灭债权债务关系。

直接贷记转账，是通过自动交换所将资金直接贷记到收款人账上，完成资金清算。直接借记转账，是通过自动交换所将资金直接借记到付款人账上而完成资金清算。直接贷记转账和直接借记转账都不使用支票，而是通过电子计算机对各行送交的录入转账指令信息的磁带进行处理来完成结算过程。

票据交换所自动转账，是通过票据交换所自动转账系统而实现的同城内银行同业间资金划拨的结算活动，参加转账系统的银行在进行同业拆借、外汇买卖、汇划款项等活动时，只要将有关数据输入到自动转账系统的终端机，交换所就会同时借记付款银行账户、贷记收款银行账户。

异地间的结算方式主要有汇款、托收、信用证和电子资金划拨系统等。

汇款结算，是由付款人委托银行将款项汇给外地某收款人的一种结算方式。银行接到付款人的汇款请求后即收下款项，然后通知收款人所在地的分行或代理行，由其向收款人支付一定数额款项。

托收结算，是指债权人或售货人为向外地债务人或购货人收取款项而向其开发汇票，并委托银行代为收款的一种结算。

信用证结算，是付款人把款项预先交存开户银行作为结算保证金，委托银行开出信用证，通过异地收款人的开户银行转告收款人，收款人若按合同和信用证所载条款发货，银行即按信用证规定代付款人支付货款。

电子资金划拨系统，是运用现代通信技术、计算机技术自动处理异地间资金划拨清算的系统。

3. 代理业务

代理业务是商业银行接受客户委托办理有关事宜的业务，主要有代理融通、保管箱出租、代客买卖等。代理融通即代收账款，是由商业银行代顾客收取应收账款，并向顾客提供资金融通的一种业务方式。具体做法是，企业向买主赊销货物或劳务，然后把应收的赊销账款转让给银行，银行收买应收账款为其提供资金，最后再向买主收账。保管箱出租业务，是商业银行利用其坚固安全的设施代顾客保管贵重物品的业务。代客买卖业务，是银行接受客户委托，代为买卖有价证券、贵金属和外汇的业务。

4. 信托业务

信托业务是商业银行受客户委托，代为管理、营运、处理有关财产的业务。根据业务对象的不同，有个人信托、公司信托和团体信托之分。对个人的信托业务主要包括代管财产、办理遗产转让、保管有价证券和贵重物品、代办人寿保险、代拟家庭预算、代办个人纳税等。对社团、企业、公司的信托业务主要包括代办投资、代办公司或企业的筹资事宜、代办企业合并或接管事宜、代管雇员福利账户和养老金发放、代办政府国库券、公债券的发行、推销和还本付息事宜等。银行办理信托业务，一方面可以收取手续费，另一方面可以占用一部分信托资金用于投资。

5. 租赁业务

租赁业务是商业银行通过所属的专业机构将大型设备出租给用户使用的业务。这种业务通常由银行所控制的分公司经营。银行承做的租赁业务主要为融资租赁，一般程序是，先由承租人直接与设备生产厂商谈判购买设备事宜，谈妥后由租赁公司向厂商付款购买设备，然后承租人与租赁公司签订租赁合同，根据合同，承租人分期向银行缴纳租金。

自20世纪80年代开始至今，金融业不断超越传统的经营方式和管理模式，在业务范围、种类、工具、服务技术、机构和市场组织等各方面进行了大量的革新与创造，人们称之为金融创新。在金融创新中，银行的业务创新尤为突出。创新使银行的业务品种、工具、服务手段等得到迅速扩展，如浮动利率存款和贷款、大额可转让存单、回购协议、可转让支付命令账户、自动转账服务账户、利率互换、远期利率协议、资产证券化、自动取款机、自助银行、网络银行等均为金融创新的成果。

第三节 投 资 银 行

投资银行是投资性金融机构中最具代表性的机构。所谓投资性金融机构，是指在直接金融领域内为投资活动提供中介服务或直接参与投资活动的金融机构，主要包括投资银行、证券经纪和交易公司、金融公司和投资基金等。实际上，这些机构虽然名称各异，但服务或经营内容的都是以证券投资活动为核心的。如果按服务或经营内容的不同来划分，投资性金融机构可分为证券经营机构、证券投资咨询机构、证券结算登记机构、证券金融公司、投资基金以及与证券业务相关的各类事务所等。但是，现实中的投资性金融机构并不都是按服务或经营内容的严格分工而存在的，尤其是被冠以"投资银行"或"证券公司"、"实业银行"、"商人银行"、"投资公司"等名称的机构，多以综合经营证券投资业务为特征，人们习惯上把这些机构从事的以证券投资为主要内容的业务称为投资银行业务，以区别于以存贷款业务为主的商业银行业务。基于这样的客观界定，本节所介绍的投资银行，实际上就是一种综合性的投资性金融机构。

一、投资银行的不同定义

投资银行是最典型的投资性金融机构。如果把证券经纪公司、证券交易公司、证券咨询公司、投资基金等机构看成是具有特定分工意义的投资中介服务机构，那么，投资银行就可看成是综合经营投资业务的投资性金融机构。也就是说，投资银行是指那些从事证券承销、证券交易、公司并购或资产重组、项目融资、风险投资、基金管理、投资顾问等多种业务的投资性金融机构。其基本特征就是综合经营资本市场业务。这种机构在各国的称谓不尽相同，在美国称投资银行，在英国称商人银行，在日本称证券公司，在法国称实业银行，在新加坡称商人银行或证券银行，在泰国称金融证券公司。中国内地具备真正投资银行特征的机构为 1995 年 8 月成立的中国国际金融有限公司（简称"中金公司"）[①]，它是以中国建设银行和美国摩根·斯坦利公司为大股东而筹建的具有现代投资银行意义的投资性金融机构。至于其他众多的证券公司，如国信证券、银河证券、光大证券、广发证券、国泰君安、海通证券等，均为从事部分投资银行业务的投资性金融机构，这些机构主要从事证券承销和交易业务，属于专业化的证券经营机构。

美国著名金融专家罗伯特·库恩（Robert Kuhun）依照业务经营范围的大小，对投资银行给出了四个层次的不同定义：①最广义的投资银行，从事任何华尔街金融业务的机构，业务范围不仅包括证券投资领域从国际承销到分支零售的全部，还包括房地产、保险等其他金融服务业务。②较广义的投资银行，从事部分或全部资本市场业务的金融机构，业务范围包括证券承销、公司理财、企业并购、基金管理、风险投资等，但不包括向客户零售证券、消费者房地产经纪业务、抵押银行业务、保险产品经销业务等。③较狭义的投资银行，只从事部分资本市场业务的金融机构，业务范围主要包括证券承销和企业并购，不包括基金管理和风险投资等内容。④最狭义的投资银行，只从事证券承销和交易活动的金融机构，业务范围限于在一级市场上承销证券和二级市场上交易证券。罗伯特·库恩根据美国投资银行业的发展状况，认为上述第二种定义为投资银行的最佳定义。本书依照投资性金融机构的分类方法和对投资银行总体特征的理解，基本上遵循了第二种定义标准。以下就按这种定义标准所涉及的业务范围介绍投资银行的主要业务。

二、投资银行的主要业务

投资银行是与商业银行呈现鲜明对照的金融机构，尽管在金融自由化大潮中，金融

---

① 中国曾有一家名称为"中国投资银行"的金融机构，是于 1981 年 12 月 23 日成立的，注册资本 40 亿元人民币，这家银行是中国政府指定的主要经办世界银行对中小企业转贷款的专业性银行，后来发展为筹集国外建设资金、吸收借款企业存款、办理国内企业外币和人民币贷款以及其他业务的一般商业银行。1998 年 12 月，中国投资银行整体并入国家开发银行。1999 年 3 月 18 日，国家开发银行与中国光大银行达成协议，将中国投资银行的资产、负债和同城营业网点整体转让给中国光大银行。至此，这家名不符实的银行在中国的银行名册中消失。

机构的业务界限被不断冲破①，但从总体业务特征和经营管理特征上看，投资银行仍然明显区别于商业银行。例如，从市场定位看，投资银行是资本市场的核心，而商业银行是货币市场的核心；从融资方式看，投资银行服务于直接融资，而商业银行则服务于间接融资；从业务重心看，投资银行的业务重心是证券承销，而商业银行的业务重心是存款和贷款；从基本收入或利润来源看，投资银行的利润主要来自佣金，而商业银行的利润则主要来自存贷款利息差；从经营管理策略或方式上看，投资银行倾向于业务开拓和获取风险收益，而商业银行则倾向于稳健经营。以下就投资银行所从事的证券承销、证券交易、公司并购、项目融资、风险资本投资等主要业务作以介绍，在对这些业务活动的了解中，能更清楚地认识投资银行的特征。

1. 证券承销

证券承销是指在公募发行条件下投资银行以承销商身份依照协议包销或分销发行人的股票、债券等有价证券的业务活动。所谓公募发行（public offering），是指在证券市场，由发行者向非指定的广大投资者公开销售证券。② 对公募证券办理承销，是投资银行的基本业务。在公募发行的发起和销售的全过程中，投资银行始终是一个关键角色。在发起阶段，投资银行先与发行人酝酿全权委托关系，并开始与发行人一起做好发行前的各项准备工作，以达到证券监管部门的要求。这些准备工作主要包括：①对发行人的有关数据资料，包括所在行业发展状况资料、公司经营状况和财务状况材料等，展开调查和搜集信息资料，以备提交证券主管机关和向潜在投资者发布，这种工作称为尽职调查（due diligence investigation）。②向证券主管机关注册登记，包括提交招股说明书和各种证据文件等，申请发行。③组织承销团。担任主承销商的投资银行负责组织承销团（underwriting syndicate），包括确定承销团成员、安排各承销商的承销比例及承销收入分配等。④与发行人一起向潜在投资者发动宣传攻势，树立发行人形象，营造市场需求，争取有利的发行价格，这种宣传活动称为路演（road show）。

当发行申请获批，进入正式销售阶段后，作为主承销商的投资银行代表承销团与发行人谈判，正式签定包括发行数量、发行价格、承销差价、承销方式等内容的承销协议。承销协议一经生效，承销活动便依据协议全面展开。

承销的方式有三种：一是全额包销（firm commitment），即由投资银行按议定价格购入全部拟发行的证券，而后转售给投资者。发行者可迅速获得预定筹资款，投资银行可获取进出差价，但同时也要承担证券销售和价格变动的全部风险。二是代理推销（best efforts），即投资银行只作为发行人的销售代理人，而不承担按规定价格购进证券的义务。投资银行尽力推销证券，从中收取手续费，但最终不能出手的证券将返还给发

---

① 投资银行与商业银行原本并没有严格的业务界限，在利益驱动下，两者的业务经常相立交融。1929 年 10 月，美国出现证券市场暴跌的金融危机，主要原因归咎于银行信贷资金大量流入高风险证券市场。在此背景下，美国国会于 1933 年通过《格拉斯·斯蒂格尔法》，从此，商业银行与投资银行之间便"井水不犯河水"。20 世纪 70 年代后，金融进入了新的竞争阶段，20 世纪 80 年代后，金融全球化、自由化已是大势所趋，直接金融扩展和金融创新迭起，使金融机构的业务界限越来越不能维持。美、日、英等国纷纷开始修改法律，使"混业经营"合法化，其中，最具标志性或划时代意义的是 1999 年 11 月由美国国会通过并由克林顿总统签署的《金融服务现代化法》。该法对以往有关金融监管、金融业务的法律规范进行了突破性修改和清理，为金融的"分业"走向"混业"铺平了道路。

② 公募发行是相对于将证券只销售给特定投资者的私募发行而言的。在私募发行中，投资银行为发行者设计证券种类、定价、发行条件等，并为发行者寻找合适的机构投资者，充当发行参谋和中介人。

行者，因此，它并不承担市场风险。三是余额包销或助销（stand by commitment），即投资银行在发行人的实际发行额达不到预定发行额时，对不足部分承担包销责任。为了增强销售力量，在证券承销中往往还需有分销的过程，一般做法是由作为主承销商的投资银行负责组织规模庞大的销售团（selling group），其成员不仅包括承销团成员，也包括非承销团成员。这些非承销团成员从承销团成员那里购得证券，而后向投资者销售，从销售额中计提手续费。

2. 证券交易

证券交易业务是指投资银行在证券交易市场上作为经纪商从事代理证券买卖业务，以获得佣金收入；作为自营商，运用自有资本自行买卖证券，从中赚取买卖差价的经营活动。投资银行在以经纪商身份服务于证券交易时，是充当证券买方或卖方的委托代理人，接受客户指令，代理客户买入或卖出证券，自身的资本不投入证券交易，经营收入来自客户交纳的佣金，因此，不承担价格和利率变动的风险。但在信用交易或保证金交易方式下，客户仅以交付部分现金或证券作为担保，通过得到经纪商为其垫付的其余现金或证券进行证券买卖交易，作为为客户提供了信用的经纪商自然要承担一定的信用风险。

投资银行在以自营商身份从事证券交易活动时，自身拥有证券，参与证券投资。在具体操作中，可有两种类型：一种是投机（speculation），即从证券价格变化中谋取收益；另一种是套利（arbitrage），即从资产相关价值错位中套取收益。例如，同时买进和卖出两种不同种类的期货合约，收益机会来自两张合约之间的相对价格，即买进的"便宜"合约和卖出的"高价"合约的对冲；在期货价格上涨，但近期上涨幅度大于远期上涨幅度时，买进近期交割月份合约，同时卖出远期交割月份合约，收益机会来自同种期货在不同交割月份价格变化幅度之差；利用同种资产在不同市场之间的差价或同一市场两种不同资产的差价，都可进行套利。还有一种套利的特殊形式是与资本市场上的公司并购或破产重组相联系的，称为风险套利（risk arbitrage）。例如，在投资银行以产权投资商身份加入并购活动时，当按协议价买入的被并购公司证券市场价格上升时，就可获得差价收益，但同时也承担价格下降的风险。

3. 公司并购

公司并购业务，是指投资银行在公司收购兼并活动中，作为中介人或代理人为客户公司提供决策和财务服务，或作为产权投资商直接投资于并购公司产权，获取产权交易差价的业务活动。在现代经济中，以资产的集合物即公司或企业作为买卖对象，实现资产结构或产业结构的优化重组，已成为公司经营和发展过程中的一种普遍的战略追求，在这种被称为资本经营的现代经营方式中，投资银行以其在资本市场上的特殊地位和融资优势，发挥着主导作用。其主要活动包括以下几方面。

（1）为客户公司提供合理的并购建议和寻找并购目标。

（2）对目标公司进行估值和出价，即在采用科学和合理的方法对目标公司的经营状况、财务状况、市场竞争能力等进行价值评估的基础上，确定对目标公司的收购价格。收购价格的下限一般为目标公司的现行股价，上限则为目标公司的未来价值。低于目标公司现行股价的收购价格，一般不会为目标公司的大部分股东所接受，还可能导致其他公司加入竞购，使并购复杂化。但高于目标公司未来价值的收购价格，又会导致收购方的亏损，因此，投资银行对目标公司的科学估值和在价格协商过程中的巧妙周旋是至关重要的。

（3）协助客户公司选择合适的并购支付工具。一家公司以何种支付工具来收购目标公司，是用现金，还是用非现金？在非现金工具中，是用普通股，还是用优先股或其他债权凭证？是用单一工具还是同时用多种工具？这既要取决于收购方对未来公司资本结构和股东权益以及税收等因素的考虑，又要取决于目标公司股东的要求，因为，在一定的市场、税收和法律等条件下，用不同的支付工具完成收购对并购双方的利益影响是不同的，投资银行要根据不同情形来为客户公司作全面仔细的财务设计，确定最佳的支付工具选择方案。

（4）承办公开市场标购业务。投资银行不仅在事先撮合式的并购活动中充当中介和财务顾问，而且还活跃于公开标购的并购市场。所谓公开标购，是指收购方公司不经过与目标公司事先撮合，而是在公开市场上以高于市场价格的报价直接向目标公司的股东招标收购其一定数量股票的收购活动。在这种收购方式下，收购方公司依法公布招标广告，向目标公司股东公布报价、收购起至日期（有效期）、收购支付工具（现金、股票或混合支付）等，以吸引目标公司股东前来售股。承办公开标购业务的投资银行，主要对客户公司的公开报价及收买条件等提供决策服务和宣传服务。如果投资银行认为公开标购最终可能获得目标公司同意，或在遇到反收购时依然对收购成功抱有信心，它还会为收购公司出面，进行与目标公司之间的撮合，甚至可能在市场上帮助收购公司展开与目标公司经营者争夺股东的竞争，以促成收购的成功。

（5）在杠杆收购条件下，为收购公司提供融资。所谓杠杆收购，是指收购公司利用借入资金来收购目标公司，简单说就是举债收购。典型的杠杆收购，通常是由少数人或机构组成的收购集团发动的，它们以少量注册资本设立一个公司作为收购公司，然后主要通过大量的债务融资来实现对目标公司的收购。实际上，杠杆收购中的收购公司是一种没有任何实质性生产经营和劳务服务内容，只有少量资本，仅仅为达到利用借入资金实现收购目标而设立的"虚拟公司"。其借入资金多来自以目标公司资产和未来收益作担保而发行的债券和向银行贷款。投资银行在其中扮演重要的融资角色，它可以为收购公司寻找贷款机构，筹划和设计债券的发行并寻求债券投资者，也可以直接为收购公司提供贷款和参与股权投资。例如，为了使收购公司迅速得到收购资金，投资银行可以先为其提供贷款，这种贷款称为过渡贷款。收购公司以得到的贷款收购目标公司股权后，投资银行再安排以目标公司资产作担保发行垃圾债券，[①] 以债券所筹资金偿还过渡贷款，而垃圾债券的债务则以收购成功后对目标公司资产进行出卖来偿还。投资银行也可以以自有资本直接参与对目标公司股权的收购，然后，在股权转让或抛售中得到差价收益。

（6）参与反收购活动，为抵制收购的目标公司提供反收购服务。激烈的并购市场不

---

① 垃圾债券，又称为高风险债券，最初是指由经营状况和财务状况恶化甚至濒临破产的企业发行的债券。由于这种债券信用评级低（按标准普尔公司标准为 BBB 级以下，按穆迪公司标准为 BAA 级以下），须向投资者支付较高利息，因此，也称为高收益债券。在 20 世纪 80 年代的金融创新中，这种债券的含义被引入高科技公司发行的风险债券、并购公司发行的并购债券等。在实际操作中，垃圾债券的履约通常由信誉良好的金融机构作担保。

仅为投资银行服务于收购公司提供了机会，同时也为其服务于目标公司提供了机会。而且在面对敌意收购的强大威胁时，投资银行往往成为目标公司的重要依靠力量。投资银行的反收购服务主要包括为公司制定反收购条款；促成客户公司与其他公司的互相控股，建立反收购联盟；设置"毒丸"（poison pills），即目标公司为其股东配发具有特别权利的证券，在公司遭收购时，这些证券权力的行使能够严重破坏收购公司的股权结构，导致收购失败；进行资产重组，如将公司最令收购方垂涎的优良资产变卖或大量举债，降低财务指标，或由公司管理层收购公司股权等；给公司股东更高的回报，并劝说股东抵制收购；采取针锋相对的市场反标购措施，如宣布对收购公司实行标购，或以高于敌意收购者要约价的价格从市场上回购本公司股票等；寻求友好公司（美国称其为"白衣骑士"，white knight）出面与敌意收购者展开标购战；寻求法律援助等。

4. 项目融资

项目融资业务，是指投资银行在项目融资过程中所提供的各种服务性业务。项目融资是一种以项目未来的现金流量和项目本身的资产价值为偿还债务的担保条件，以银行贷款为主要资金来源，以对项目发起人无追索权或只有有限追索权为特征的特殊融资方式。其与传统的企业筹资方式的最大不同在于，项目融资中归还贷款的资金来自项目本身的收益和资产价值，而不是项目发起人与项目无关的其他资产，项目发起人的责任仅限于其在项目中的投资额。因此，提供项目融资的债权人更多关心的是项目的收益和风险，而不是项目发起人的资信能力、信用评级、经营状况和财务状况等。项目融资主要为资源开发、基础设施建设方面的大型工程项目筹措资金，通常由项目的发起人（project sponsor）发起，并为项目的建设而单独设立一个项目公司（project company）。项目公司独立建账、自主经营、自负盈亏。其资本主要来源于项目发起人（一家公司或由项目承建商、设备供应商、原料供应商等组成的企业集团）直接投入的资金或认购的股份，其债务资金主要来自项目贷款融资、项目债券融资和票据融资等。因此，项目融资实际上就是对项目公司的融资。商业银行、保险机构、政府贷款机构、国际金融机构、租赁公司、投资基金等均可为项目公司提供融资，但通常以银团贷款为多，即由一家牵头行和其他参与行、代理行组成一个银团或辛迪加（syndicate）对项目提供贷款。

项目融资的关键是项目，而不是项目发起人，项目未来价值的实现是项目融资成功的关键。因此，投资银行在项目融资中所关心的也主要是项目的未来价值。在项目的开发阶段，投资银行为项目发起人作项目可行性论证并提供决策支援，包括项目财务分析、项目风险评价、项目技术论证等；在项目启动后，投资银行的业务重心就自然转到了项目的投融资事宜上面，主要业务内容包括为项目设计最佳的资本投资结构和最佳的融资结构、协助落实项目融资的担保、直接参与贷款的组织和谈判事宜等。

5. 风险资本投资

风险资本投资业务，是指投资银行为风险资本投资者在募集资金、风险公司上市、投资变现等诸多方面提供代理和财务技术服务，以获取佣金，或自己发起并运作和管理风险资本基金，以获取风险回报的业务活动。所谓风险资本（venture capital），通常多指专门用于支持处于创业期或快速成长期的未上市新兴中小型企业，尤其是高新技术企业的发起和成长的资本，因此，风险资本又称为"创业资本"。

但是，风险资本在有时候也被广义地理解为所有投入到私人权益资本市场上的资本。典型意义的风险资本具有长期性、高风险、高回报、投资于高新技术企业等特点。风险资本投资的全过程一般表现为投资人对新成立或具有快速成长潜力的未上市高新技术企业提供股权投资和资产经营服务，对企业进行培育，当企业发育成长到一定成熟程度之后，再通过上市、兼并或其他股权方式撤出投资，以获取高额的资本利得收益。风险资本投资主要通过风险投资机构对风险投资基金的组织、运作和管理来实现。

风险投资机构的主要业务活动包括筹集资金；识别风险投资机会，筛选确定投资目标；参与所投资企业的经营管理，培育企业快速成长；退出风险投资，取得风险收益。风险投资机构的组织形式可以是有限合伙制企业、股份公司、有限责任公司或一些金融机构、大企业的子公司等，资本主要来源于各种基金、银行控股公司、保险公司、投资银行、高收入家庭和个人等。投资银行参与风险资本投资有两种情况：一种是以代理人和委托人身份出现，为风险投资机构提供在募集资金、投资基金运作管理、风险企业上市和风险投资股权转让等各主要方面的服务；另一种是以机构投资者身份出现，发起组建并运作和管理风险投资基金。在第二种情况下，投资银行是风险投资基金的组织者和管理者，同时也是基金的合伙人，但它只需向基金投入少量资金，就可得到高额回报。在这种利益驱动下，投资银行会对风险投资的每一个重要环节尽职尽责。

在选择确定投资目标阶段，投资银行要对创业公司的发展计划、管理者和经营者素质、产品研究开发能力、生产经营和财务管理状况等进行全面审查，在众多创业公司中筛选真正具有快速成长性的公司。对于筛选出的公司，投资银行要对其人力、物力和财力，供销环节主要客商、开户银行等进行实地考察，以准确估计公司的成长性和收益率，做出投资决策。在进入实质性投资运作阶段，要与创业公司就投资支付工具、投资回报、股权分配、撤资方式等进行谈判并签订投资协议。投资银行依据协议向创业公司注入资本后，工作重心就转向对资本运营的监控和管理，尤其重要的是要通过各种努力对企业从技术、营销、财务、管理等方面进行培育，使企业迅速增值。进入退出阶段，投资银行依据投资协议确定的撤资方式撤回投资并获取投资收益。风险投资撤出的方式主要有：①创业公司首次公开上市，将股份在二级市场出售①，这是风险投资撤出的最佳渠道；②创业公司私募融资时，将股份转售给新加入的风险投资者；③在大公司收购时，将股份卖给收购公司；④创业公司管理层要求回购股份时，将股份返售给公司管理层。

从上述证券承销、交易、公司并购、项目融资、风险资本投资等主要业务看，投资银行的业务活动领域主要是资本市场，投资银行是资本市场最主要的中介人和组织者。除了这些重点介绍的业务活动外，投资银行业务还有其他许多内容。例如，投资基金的发起和管理；保险基金、养老基金、福利基金等各种专门基金的管理；参与资产证券化活动，为贷款转化为证券提供技术服务，为资产支持证券的发行和交易提供中介服务；充当客户的投资顾问、财务顾问、经营管理顾问、为客户的投资融资、资产转让、财务

---

① 创业公司或风险企业常常难以达到证券交易所的上市条件和标准，因此，许多国家为新兴中小企业和高科技企业专门建立了新的市场，在这种市场上，创业公司以较低的上市标准将股份上市交易。一些国家的证券交易所早有将股本规模、盈利能力、交易活跃程度等达到特殊规定要求的上市公司划为"第一板"上市公司，而把条件相对较低的上市公司划为"第二板"上市公司的做法，进而就有了"一板市场"和"二板市场"的区分。专门为新兴中小企业和高科技企业开设的市场，在性质上属于"二板市场"，通常又叫"创业板市场"。

制度建设等提供信息咨询、分析、策划或运作等；运用和创造期货、期权和互换等金融衍生产品，以控制风险和提高收益率等。这些业务内容，有些是独立表现的，有些则是渗透于上述介绍的证券承销、企业并购等各主要业务当中的，这里不再一一展开叙述。

第四节　非银行金融机构

非银行金融机构是指除去银行之外的其他金融机构，主要包括保险公司、证券公司、信托公司、金融租赁公司、基金组织等。这些金融机构与银行并无本质区别，都是经营货币资金和信用业务的企业，都以获取盈利为经营目的，主要的不同之处在于资金的来源和运用比较特殊，一般都不是以吸收存款和发放贷款为主，经营的具体内容通常都集中于某一专门领域。以下介绍几种主要的非银行金融机构。

一、保险公司

保险公司是经营保险业务的经济组织。它是以吸收保险费的形式建立起保险基金，用于补偿投保人在保险责任范围内发生的经济损失的具有法人资格的企业。

保险有其赖以存在和发展的市场条件，它早已成为一种正式的行业并且越来越发达。在满足各种各样的保险市场需求的过程中，保险的种类以及从事各类保险业务的机构越来越多。世界大多数国家通常以保险的保险范围或保障对象为标准，将保险分为四类。

（1）财产保险。财产保险是一种以财产及其相关利益作为保险标的的保险。这种保险承保因自然灾害或意外事故所造成的财产损失或与财产损失相关的经济损失，如货物运输保险、海上运输保险、运输工具保险、火灾保险、工程保险、利润损失保险、盗窃保险等。

（2）人身保险。人身保险是以人的生命和身体机能作为保险标的的保险。主要包括人寿保险、健康保险、人身意外伤害保险等。其中，人寿保险是以人的生命为保险标的，以人的生存或死亡为给付条件的一种保险。从国外的情况看，人寿保险是一个发展势头最为强劲的险种。人寿保险具有合同关系持续时间长、不可中断的特点，经营人寿保险业务的机构可以分立、合并，但不得解散，如遇破产等特殊情况，其持有的人寿保险合同和准备金，由其他经营人寿保险的机构接受。人寿保险的这种特性决定了其筹集的资金具有长期稳定性，可以较多地投资于资本市场。

（3）责任保险。责任保险是以被保险人的民事损害赔偿责任作为保险标的保险。参加责任保险的被保险人，当遇到必须承担由法律或合同规定的经济赔偿责任时，由保险人负债赔偿，如产品责任保险、职业责任保险、公众责任保险、雇主责任保险、保赔保险等。

（4）信用保证保险。信用保证保险是以被保险人在信用关系或销售关系中因一方违约而造成的经济损失为保险标的保险。例如，出口信用保险，就是由保险人承保出口商因进口商不履行贸易合同所规定的付款责任而遭受的损失；履约保证保险，则是由保险人代被保险人向合同的权利方出具保证书，保证合同的义务方忠实履行合同义务，若其不能履行义务，造成的经济损失由保险人补偿。类似的还有投标保证保险、预付款保证保险、维修保证保险等。各国根据经营保险业务的种类不同，将保险公司分为财产保险公司、人寿保险公司、意外灾害保险公司、信贷保险公司、存款保险公司、再保险公司等，其中，人寿保险公司以其同时兼有保险和储蓄双重性质的特殊优势，在保险业的发展中居于领先地位。

世界上最早的保险单是一名叫乔治·勒克维伦的热那亚商人在 1347 年 10 月 23 日出立的承保从热那亚到马乔卡的海运保险单。早期最著名的保险组织机构是 1871 年英国议会通过成立的保险社团组织——劳合社，它是在由一名叫爱德华·劳埃德的人在伦敦泰晤士河畔开设的劳埃德咖啡馆的基础上成立的，这家咖啡馆成立于 1683 年，随后逐渐成为海上保险业务活动的中心。在中国出现的第一家保险公司是 1835 年由英国人在香港开设的"保安保险公司"，而由中国人自己开办的保险机构早期最著名的是 1885 年由中国轮船招商局在上海创办的"仁济和"保险公司。中国目前较大的保险机构主要有中国人民保险公司、中国人寿保险公司、中国再保险公司、中国保险股份有限公司、中国太平洋保险公司和中国平安保险公司等，还有一些规模较小的保险机构，如泰康人寿保险公司、新华人寿保险公司、华泰财产保险公司、永安财产保险公司、华安财产保险公司和中宏人寿保险公司（中外合资）等。根据 1996 年颁布的《保险法》，中国的保险机构按照财产保险和人寿保险分业经营的要求设立。

保险公司的经营是建立在科学分析和专业化操作基础上的，其经营的基本原则是大数法则和概率论所确定的原则，保险公司的客户越多，承保范围越大，风险就越分散。这样才能做到保险保障范围的扩大和保险公司自身经营的稳定和扩张。在保险公司业务经营的一般过程中，最主要的是要把握好展业、承保和理赔三个主要环节。保险展业，是保险公司进行市场营销，向客户推销保险商品和服务的活动，既可通过自身的业务人员去直接进行，也可通过保险代理人或保险经纪人进行。各国的保险立法均对保险展业者及其活动有明确规定，主要内容包括规定保险展业者范围，一般只允许保险公司职员、依法领取经营许可证的保险代理人和经纪人从事保险业务；规定保险公司委托他人为其展业的范围及保险展业者展业活动的范围；规定约束保险展业者行为的条件等。核保和承保，是保险人对投保人或被保险人的投保要求进行审核、判断和决定是否接受投保的过程，是控制保险业务质量的最主要的环节。核保是对被保险人与保险内容有关的所有情况进行调查核实，以防保险欺诈。核保的重点在于排除两种危险：一种是道德危险，即被保险人故意导致损失发生的危险；另一种是心理危险或依赖危险，即参加保险后对保险标的产生心理松懈情绪而助长损失发生的危险。经核保后，保险人认为投保人提出的保险请求符合条件，同意接受其投保并签发保险单，即为保险承保。保险人一旦承保，则按保险条款承担保险标的所发生的在保险合同责任范围内的经济损失的补偿或给付责任，而被保险人则获得了索赔的权利。

保险人在承保过程中，需与被保险人明确保险标的、保险单位、保险费和保险费率、保险金额、保险责任、保险期限、保险赔偿等必要内容。这些内容的确定既要满足投保人的保险需求，又要考虑保险人的保险供给能力或承保与偿付能力。保险理赔，是保险人处理有关保险赔偿责任的程序及工作，它是保险的经济补偿功能的体现，也是对承保工作质量的检验，同时，保险理赔又是保险人信誉的体现，其质量好坏直接影响到保险展业和保险人的市场价值。

二、证券公司

证券公司是获准在证券市场上经营证券交易、经纪、咨询、登记结算等证券业务的金融机构。根据经营的内容不同，证券公司有经营类、咨询类、结算服务类等不同类型。

（一）经营类证券公司

经营类证券公司是指在证券市场上从事证券的承销、经纪和自营等经营性业务的金融机构。根据经营的具体内容不同，可分为证券承销商、证券经纪商和证券自营商。承销商的主要业务是专门从事证券的代理发行，帮助证券发行人筹集所需资金；经纪商的主要业务是接受投资者委托，代理买卖有价证券；自营商的主要业务是自行买卖证券，获取证券投资收益。在传统的或严格规范的证券市场上，这三种机构是分设的，而在现代的或自由化的证券市场上，大多数是合并的。

（二）证券投资咨询服务公司

证券投资咨询服务公司是指在证券市场上专门为市场参与者提供信息和决策服务或进行证券信用等级评估的机构，可分为证券投资咨询机构和证券评级机构。前者的主要业务是为投资者提供各种对投资有价值的信息，进行信息分析和投资决策论证等，充当投资者的投资顾问，如帮助投资者获得并分析有关宏观经济运行的各种指标，有关产业发展的特点和结构变化的资料，有关发行公司的业绩及其证券的收益性、成长性、财务稳定性的情况等，使投资者了解市场、明确投资价值和投资方向。后者的主要业务是对参加证券投资活动的机构和证券的资信等级进行评定。评级的目的在于将证券的清偿能力或信用可靠程度向广大投资者公布，以保护投资者利益。通常情况下，尤其是在公募发行情况下，证券在进入市场前必须经过证券评级机构的评级。一般程序是，发行公司或其代理人首先向评级机构提出评级申请，准备好据以评级的各种资料；其次，评级机构受理评级业务后，对发行公司的资料进行分析、论证，如有疑点则要求发行公司做答。评级结果一般由评级机构所设的专门委员会以投票表决方式确定。世界上有一些著名的证券评级机构，如美国的穆迪投资服务公司和标准普尔公司、加拿大的债务评级服务公司、英国的爱克斯坦尔统计服务公司等。这些评级机构以其长期的评级服务业绩，以其评级的公正性、客观性和权威性而享誉全球，由这些机构对证券发行所做出的信用等级评定，对发行公司和投资者都会产生至关重要的影响。美国的穆迪公司和标准普尔公司分别对 5000 万美元和 1000 万美元以上的证券发行实行自动评级，无论其发行者是否申请。

（三）证券结算登记公司

证券结算登记公司是专门办理证券登记、存管、过户和资金结算交收业务的证券服务机构。证券交易活动必然会引起证券所有权转移和资金流动，因此，结算登记业务是确保证券市场正常运行不可缺少的环节。一个健全和完善的证券市场必须具备有序和高效的证券结算登记系统，这种系统多以结算登记公司或中心的形式存在，如美国国家证券结算公司、日本证券托管中心、中国香港中央结算公司等。中国的上海证券交易所和深圳证券交易所原来都附设有登记结算公司，分别为上海证券中央登记结算公司和深圳证券结算公司，2001 年 10 月 1 日成立中国证券登记结算公司后，这两家公司依法注销，沪深两家交易所的证券登记结算业务统一由中国证券登记结算公司承办。在国外，证券结算登记机构中，有些为单个证券交易所的结算系统，有些则为多个证券交易所或市场的结算系统，如美国国家证券结算公司就承担着纽约证券交易所、美国证券交易所、NASDAQ 等市场的证券托管和结算业务，日本证券托管中心为日本的八大交易所承办证券结算业务。

(四) 证券金融公司或称证券融资公司

证券金融公司是在信用交易制度下为从事证券信用交易的机构进行融资融券活动的机构。这种机构的主要活动方式是吸收证券公司、交易所或其他证券机构存进的资金和证券，转而向愿意以信用交易方式买卖证券的机构贷出资金和证券。证券金融公司进行融资融券活动的意义在于活跃证券市场的交易，但这种机构目前尚不普遍，大多数信用交易中的融资融券活动是通过交易者之间的借贷行为（如经纪人贷款）完成的。中国内地现行的证券法规尚不允许从事证券信用交易，因而也没有证券金融公司这种机构形式。

三、信托公司

信托是一种为了一定的目的，将自己的资金或财产委托他人代为运用或管理的行为。通常表现为拥有资金或财产的单位或个人由于时间、精力、知识等诸多限制而无法实现手中资产的价值或使其增值，在追求经济利益目的的驱动下，就选择他们可以信赖的个人或专业公司代为营运、管理和处理这些资产。简单地说，就是委托他人代其理财。信托公司就是以受托人身份经营信托及投资业务的金融企业。

信托公司经营的业务可大体分为货币信托和非货币信托两类。货币信托主要有信托存款、信托贷款、养老金信托、有价证券信托投资等，非货币信托主要有不动产信托、动产信托、公益事业信托、担保权信托等。在信托业务中，通常要将财产的经营和处置权力授于作为受托人的信托公司，使其全部承担起经营管理资产的责任，这有利于信托资产的灵活、高效运营，以获得更好的收益。信托业务中信托资产的收益归信托关系中的受益人。受益人是由信托人指定的享受信托资产营运后所产生收益的人，可以是信托人自己，也可以是信托人指定的他人。信托根据资产营运的实际盈亏状况分配收益和返还本金。除了特殊约定对信托人资产进行保护外，一般情况下，在信托合同约定的信托目的范围内，受托人按照信托资产营运的实际收益向受益人支付，因此，收益多少是不固定的。由非受托人经营管理原因所致的信托资产亏损，也由受益人承担。受托人没有义务在任何情况下都必须向受益人支付收益和返还本金。

在现代经济中，信托已经成为一种以信用为基础，以资产委托营运为主要内容的财务管理制度，其之所以被作为一种主要的金融活动方式，是因为信托行为在给信托人、受益人、受托人等信托当事人带来各自利益的过程中，客观上实现了货币资金和财物在不同经济主体之间的融通。例如，受托人以吸收信托存款的方式，将信托人的闲置资金变为营运资金，进行长期放款或投资于有价证券，既能达到信托人的信托目的，又使资金赤字单位的筹资问题得到解决；受托人可以根据合同约定，以财产所有者的身份将以实物形态存在的信托资产出租或出售，使原来处于闲置状态的财物得以流通，达到融通资金的目的。事实上，现代经济生活中的信托，是一种集理财功能和融资功能为一体的经济活动方式，而且，由于现代社会的财产更多地以货币资金和金融性资产的形式存在，受托人对信托资产的主要运用方式表现为长期存款和投资，因此，现代信托更具有长期融资的金融性功能。人们常常将信托与投资连在一起，在描述现代金融业结构时，甚至将信托与银行信贷、保险一并称为金融业的三大支柱。

四、租赁公司

租赁是一种以收取租金为条件，将财产或物品的使用权让渡给他人的经济行为。一般的表现形式为，出租人和承租人通过契约或合同确立租赁关系，明确权利和义务，由出租人让渡财产或物品的使用权于承租人，承租人按规定向出租人支付租金。租赁契约或合同一般要规定财产的归属、租赁期限、租金数额、财产的使用、维修、保管等内容。出租人以收取租金为目的，所收租金除了要补偿出租资产的全部价值及经营租赁业务的各项费用外，还要取得一定收益，而承租人则以能够比直接出资购买所需资产更低廉的成本得到该资产的使用价值，租赁资产在使用中为承租人带来的收入减去支付的租金后，就是承租人的利润。租赁公司就是一种专门经营租赁业务的经济组织，其组织形式可以是由制造商独立创办的，也可以是由银行等金融机构出资创办或管理的。

租赁有悠久的历史，最早的出租行为甚至可以上溯到公元前 2000 年（据史书记载，当时居住在中东巴比伦地区的苏美尔人就开始了货物的出租交易）。但是，早期的财产或货物出租在交易双方所要达到的目的、交易的形式、权利义务关系的约束等各主要方面都是初始的和简单的，一般只表现为出租人将闲置资产如土地、房屋、农具等以收取一定报酬为条件转让给他人使用，达到有偿融通财物的目的，交易过程只涉及出租人和承租人两个关系人，形式简单，交易关系的确立和解散也没有强制约束。因此，人们通常将租赁区分为传统租赁和现代租赁，并习惯用出租（rental）和租赁（leasing）两个词来区分以融通财物为单一目的的简单的出租行为和以融通资金和追求利润为目的的复杂的租赁信用方式。作为金融活动方式的租赁，主要指的是现代租赁。一般认为，现代租赁的出现，以 1952 年全球第一家专业租赁公司——美国租赁公司的诞生为标志。

现代租赁有两个明显特征：一是以融资性租赁或金融租赁为主要形式。出租人不是在有闲置资产的情况下才去寻求承租人，而是根据承租人的需求，主动出资购置资产出租给承租人使用，承租人不仅通过租赁获得资产的使用价值，更重要的是将租赁作为一种融通资金的信用形式，取得比向银行贷款等方式获得资金而后购置资产更为方便和有效的经营成果；二是多以专业化租赁公司为中介，实现租赁资产由供货商向使用者的转移。租赁过程通常要涉及三个当事人，即资产供货商、出租人（租赁公司）和承租人，需要签订两个或两个以上的经济合同，不仅要依法确定出租人与承租人的租赁关系，还要确立出租人与供货商的买卖关系。在整个资产转移和资金融通过程中，租赁公司充当着信用中介。

由于现代租赁的基本形式是金融租赁，因此，租赁的特征就主要通过金融租赁反映出来。金融租赁除了以上所提到的由出租人根据承租人的需要向供货商购进资产再行出租，当事人及其相关的责权关系比较复杂为其基本特征外，还有其他几个与其相关联的特征：①承租人对租赁资产和供货商有挑选的权利和责任，出租人只根据承租人的要求出资购买资产，资产质量、规格、技术指标等的检验以及在租赁期内的保养与维修和过时风险等均由承租人承担；②为保证出租人在租赁期届满收回全部投资并取得一定收益，融资租赁合同一般是不可随意撤销的，承租人必须在租赁期内按合同约定分期支付租金；③由于租赁资产是出租人根据承租人需要专门购买的，租赁期满后，价值就已完全收回，一般不再另行出租，因此，对期满后资产的处理由承租人在退还、留购和续租三种方式中选择。

当然，金融租赁在现实中并非表现为完全一致的形式，而是以各种灵活多样的形式出现的，如自营租赁、回租租赁、转租赁、委托租赁、衡平租赁等。除了金融租赁为现代租赁的基本形式外，现代经济中也还存在许多与传统租赁较接近的特殊租赁形式，如经营租赁、卖主租赁、房地产租赁等。其中，经营租赁是比较常见的形式。经营租赁又称为使用性租赁或营业性租赁，它是出租人根据市场的一般需求，购进通用性或容易找到用户的设备反复出租给不同承租人的一种租赁形式。每次出租的期限取决于承租人对设备的使用期限要求，使用期到，租赁关系即行解除。出租人对设备的投资通常是在多次出租后才收回的，如果所购设备不能顺利出租，投资就有可能收不回来。由于经营租赁中的设备是出租人在市场上选购的，因此，在租赁期内一般由出租人向承租人提供设备的维修、保养等服务。

五、投资基金

投资基金是一种以追求投资收益回报为目标，以利益共享、风险共担为原则，由发起人以发行基金单位方式将众多投资者的资金汇集起来，由基金托管人托管，由基金管理人以组合投资方式将资金运用于各种金融资产投资的投资组织形式或集合投资制度。

其具体组织形态有两种：一种是公司型基金，它是由众多具有共同投资目标的投资者通过认购基金股份组成以盈利为目的的股份制投资基金公司，再由基金公司委托基金托管人保管基金财产，并聘用基金管理人执行投资操作的投资基金。在这种公司型基金中，由投资基金公司发行的代表基金单位或基金股份的证券，实际上就是基金公司的股票，证券持有人就是基金公司的股东，基金公司内部治理结构与一般股份公司相同。另一种是契约型基金或称信托型基金，它是由基金管理人作为委托人与基金托管人（受托人）之间签订信托契约，向投资者（受益人）发行受益凭证聚集资金，而后依照契约有关条款执行投资操作的投资基金。在这种契约型基金中，代表基金单位的受益凭证的发行人不是以独立法人身份存在的投资基金公司，而是由作为委托人的基金管理人充当发行人，只要投资者认购了受益凭证，就等于接受了基金管理人和基金托管人之间签订的契约，投资者本身也自然成为契约的一方，即受益人。

可见，在基金的组织形式上，公司型基金是一个具有独立法人资格的投资基金公司，而契约型基金是一个由委托人、受托人和受益人构成的法律约束体。在经营活动中，公司型基金依据公司章程来经营，契约型基金则依据基金契约条款来经营，前者除破产结算外一般具有永久性，后者则随契约的有效期满而自动终结；前者的投资者作为基金公司股东，可参与基金经营决策，后者的投资者则是单纯的受益人，不参与基金的经营决策。美国的投资基金多为公司型基金，英国的投资基金多为契约型基金。

投资基金的发展已经有一百多年的历史，1868 年英国《泰晤士报》刊登"外国与殖民地政府信托基金"招募广告，声明要将该基金委托于专门机构投资于殖民地政府公债等证券，这标志着投资基金的正式诞生。20世纪20年代年以后，投资基金在美国发展起来。20世纪80年代至今是投资基金在各国迅速发展的时期。投资基金的称谓在各国不尽相同，在美国称为共同基金、互惠基金或投资公司；在英国、日本和中国香港、中国台湾等国家和地区称为投资信托基金或单位信托基金；在中国内地通称为投资基金。

投资基金的主要功能和意义在于它将分散于个人和机构的小额资金汇集成庞大的基金，集中投资于证券市场和实际产业部门，促进了金融市场和经济的规模升级和结构优化，也促进了投融资组织制度的优化和金融创新；对投资者来说，由于投资基金是凭借专家力量进行组合投资，因而分散了投资风险，保障了投资者的利益。投资基金在当代的长足发展，正是基于这样的功能和意义。在长期的发展和日趋激烈的市场竞争过程中，投资基金不仅规模越来越大，而且不断追求创新，品种也越来越多。各种不同类型的投资基金在市场上显示出对各种投资者的不同的吸引力或竞争力。

除了上述按基金组织形式区分的公司型基金和契约型基金两种基本类型外，投资基金也有主要由其经营和发展特征表现出来的各种类型，其中主要有5种。

(1) 封闭型基金和开放型基金。封闭型基金是基金单位的发行和变现受到时间与额度方面限制的基金。当发行期结束尚未达到最低发行额度或发行期内已达到最高额度时，基金就宣告成立，不再追加发行，也不允许投资者赎回基金单位。基金一经封闭，就以固定的基金单位数或股份数投入运作。由于基金是不能随时被赎回的，募集的资金具有长期稳定性，因此，一般可全部用于长期性投资。开放型基金是基金单位的发行和变现不受限制的基金。这种基金的单位数或股份数是不固定的，发行者可根据市场的变化、资本价值的变化、投资要求等因素，随时发行新的基金单位或股份，使基金规模扩大，或以净资产值向投资者出售而赎回基金单位，使基金规模缩小；基金持有人也可根据市场变化、投资取向转移等需要，随时在基金经理人处购买或售出基金单位或股份，导致基金的增大或缩小。由于基金规模是不固定的，且须保留一部分现金，以备投资者随时赎回，因此，所筹资金不能全部用于长期性投资，而比较适合投资于变现能力强的资产。

(2) 成长型基金、收入型基金和平衡型基金。这是反映三种不同投资目标的投资基金类型。第一种类型把追求资本的长期成长作为投资目标，第二种类型把能为投资者带来高水平的当期收入为投资目标，第三种类型则在投资目标上兼顾资本的长期成长和投资者的当期收入。

(3) 股票基金、债券基金、货币市场基金、期货基金、期权基金、认股权证基金、价格指数基金等。这是反映不同投资对象的投资基金类型。例如，作为投资基金主要种类的股票基金，就是一种以股票为投资对象的投资基金类型，其主要功能是将大众投资者的小额投资集中为大额资金，投资于不同的股票组合，以降低投资者的风险；而作为几乎背离投资基金的基本特性，更接近于银行短期存款的特殊基金形式的货币市场基金，则是一种以国库券、银行存单、商业票据等短期金融工具为投资对象的投资基金，其最大特点是流动性强，回报率通常略高于银行存款，可在以不同货币标值的货币市场基金之间灵活转换。

(4) 美元基金、日元基金、欧元基金等。这是反映投资于不同币别金融市场的投资基金类型，如美元基金就是投资于美元市场的投资基金。

（5）国内基金、国际基金、离岸基金、国家基金等。这是反映资本来源和运用于不同地域的投资基金类型。国内基金是指资本来源于国内，并投资于国内市场的投资基金；国际基金是指资本来源于国内，而投资于国外市场的投资基金；离岸基金又称海外基金，是指资本来源于国外，并投资于国外市场的投资基金；国家基金则是指资本来源于国外，并投资于某一指定国家的投资基金。

第五节　政策性金融机构

一、政策性金融机构的主要特征

政策性金融机构是指那些由政府或政府机构发起、出资创立、参股或保证的，不以利润最大化为经营目的，在特定的业务领域内从事政策性融资活动，以贯彻和配合政府的社会经济政策或意图的金融机构。

政策性金融机构主要产生于一国政府提升经济发展水平和安排社会经济发展战略或产业结构调整的政策要求。一般来说，处在现代化建设起步阶段的经济欠发达国家，由于国家财力有限，不能满足基础设施建设和战略性资源开发所需的巨额、长期投资需求，最需要设立政策性金融机构；一些经济结构需要进行战略性调整或升级，薄弱部门和行业需要重点扶持或强力推进的国家，设立政策性金融机构，以其特殊的融资机制，将政府和社会资金引导到重点部门、行业和企业，可以弥补单一政府导向的财政的不足和单一市场导向的商业性金融的不足。政策性金融机构的主要特点表现在以下几个方面。

（一）有政府的财力支持和信用保证

政策性金融机构创建时的资本多来自政府拨款，在经营过程中由政府提供信用保证。

（二）不以追求利润最大化为目的

政策性金融机构的经营活动，是专门为贯彻和配合政府的社会经济政策或意图的，业务经营或服务的内容多为商业性金融机构所不愿承担的，是无利可图或只有微薄收益的，这从根本上决定了政策性金融机构的非盈利性特征。但是，实际上，许多政策性金融机构在经营过程中并非不讲求效益，也并非没有盈利，只是说这些机构并不是以取得盈利和追求盈利最大化为其经营目的。从服务宗旨和目的上看，政策性金融机构以政府重点支持和强力推进的行业、区域、企业和项目等为服务对象，充当政府发展和调节宏观经济的工具。但是，从服务的具体内容和方式上看，政策性金融机构同样是通过其负债业务吸收资金，再通过资产业务把资金投向需要资金的单位或项目，充当资金供应者和需求者之间的信用中介，这与商业银行并没有本质上的区别。不同的只是，政策性金融机构选择的服务对象一般是商业性金融机构所不愿选择、滞后选择或无力选择的。在满足政府的政策要求和获取自身盈利的选择面前，政策性金融机构只能选择前者。

（三）具有特殊的融资机制

政策性金融机构的融资机制既不同于商业性金融机构，也不同于政府财政。它的资金来源除了国拨资本外，主要通过发行债券、借款和吸收长期性存款获得，是高成本负债，而它的资金运用则主要是长期低息贷款，通常都是商业性金融机构所不愿或无法经营的，这样的负债和资产结构安排是通过由国家进行利息补贴、承担部分不良债权或相关风险等来实现的。但是，政策性金融机构的融资又明显不同于财政，它的基本运作方式是信贷，通常情况下要保证资金的安全运营和金融机构的自我发展能力，因此，在符合国家宏观经济发展和产业政策要求的前提下，其行使自主的信贷决策权，独立地进行贷款项目可行性评价和贷款审批，以保证贷款的安全和取得预期的社会经济效益以及相应的直接经济效益。

（四）具有特定的业务领域

政策性金融机构不与商业性金融机构进行市场竞争，它的服务领域或服务对象一般都不适用于商业性金融机构，主要是那些受国家经济和社会发展政策重点或优先保护，需要以巨额、长期和低息贷款支持的项目或企业。

二、政策性金融机构的主要类型

政策性金融机构可从不同角度进行分类，例如，按活动范围不同可分为国内机构和国际性机构，国际复兴开发银行、国际开发协会、亚洲开发银行、泛美开发银行、欧洲复兴开发银行、非洲开发银行等均为国际性机构，国内机构又可分为全国性机构和地方性机构两大类；按组织结构中有无分支机构可分为单一型和多层型两类机构；按业务领域和服务对象的特征不同，可分为经济开发、农业、进出口、住房、环境保护、存款保险、中小企业、国民福利等各种类型政策性金融机构；按业务的单一性和综合性可分为专业性机构和综合性机构等。最多见的是按业务领域和服务对象划分的类型，主要有如下几种。

（一）经济开发政策性金融机构

经济开发政策性金融机构是指那些专门为经济开发提供长期投资或贷款的金融机构。这种金融机构多使用"开发银行"、"复兴银行"、"开发金融公司"、"开发投资公司"等称谓，如日本开发银行、德国复兴信贷银行、美国复兴金融公司、加拿大联邦实业开发银行、意大利工业复兴公司、新加坡开发银行、印度工业开发银行、巴基斯坦工业开发银行、国际复兴开发银行、亚洲开发银行、中国国家开发银行等。这些金融机构多以促进工业化，配合国家经济发展振兴计划或产业振兴战略为目的而设立，其贷款和投资多以基础设施、基础产业、支柱产业的大中型基本建设项目和重点企业为对象。中国国家开发银行成立于 1994 年 3 月，注册资本 500 亿元人民币，总部设在北京，在国内若干城市设有分行或代表处。

（二）农业政策性金融机构

农业政策性金融机构是指专门为农业提供中长期低利贷款，以贯彻和配合国家农业扶持和保护政策的政策性金融机构，如美国农民家计局、英国农业信贷公司、法国农业信贷银行、德国农业抵押银行、日本农林渔业金融公库、印度国家农业及农村开发银行、巴基斯坦农业开发银行、国际农业发展基金、国际农业信贷联合会、亚洲太平洋地区农业信贷协会、中国农业发展银行等。这些金融机构多以推进农业现代化进程、贯彻和配合国家振兴农业计划和农业保护政策为目的，其资金多来源于政府拨款、发行以政府为担保的债券、吸收特定存款和向国内外市场借款，贷款和投资多用于支持农业生产经营者的资金需要、改善农业结构、兴建农业基础设施、支持农产品价格、稳定和提高农民收入等。中国农业发展银行成立于 1994 年 11 月，总部设在北京，在全国各省、自治区、直辖市广泛设立分支机构。

（三）进出口政策性金融机构

进出口政策性金融机构是一国为促进进出口贸易，促进国际收支平衡，尤其是支持和推动出口的政策性金融机构，如美国进出口银行、加拿大出口发展公司、英国出口信贷担保局、法国对外贸易银行、德国出口信贷银行、日本进出口银行、印度进出口银行、新加坡出口信贷保险公司、非洲进出口银行、拉丁美洲出口银行、中国进出口银行等。这些金融机构，有的为单纯的信贷机构，有的为单纯的担保和保险机构，有的则为既提供信贷，又提供贷款担保和保险的综合性机构，其宗旨都是贯彻和配合政府的进出口政策，支持和推动本国出口。这些机构在经营过程中，以国家财力为后盾，由政府提供必要的营运资金和补贴，承担经营风险。中国进出口银行成立于 1994 年 5 月，注册资本 33.8 亿元人民币，总部设在北京，在国内若干城市和个别国家设有代表处。

（四）住房政策性金融机构

住房政策性金融机构是指专门扶持住房消费，尤其是扶持低收入者进入住房消费市场，以贯彻和配合政府的住房发展政策和房地产市场调控政策的政策性金融机构，如美国联邦住房贷款银行、美国联邦住房抵押贷款公司、美国联邦全国抵押协会、美国政府全国抵押协会、加拿大抵押贷款和住房公司、法国房地产信贷银行、挪威国家住房银行、德国住房储蓄银行、日本住宅金融公库、印度住房开发金融公司、泰国政府住房银行、新西兰住房贷款公司、韩国住房银行等。这些机构一般都通过政府出资、发行债券、吸收储蓄存款或强制性储蓄等方式集中资金，再以住房消费贷款和相关贷款、投资和保险等形式将资金用以支持住房消费和房地产开发资金的流动，以达到刺激房地产业发展，改善低收入者住房消费水平，贯彻实施国家住房政策的目的。中国目前在一些城市已成立了经政府批准的商品住宅基金会或住房合作基金会，以满足住房基地开发、建设和流通周转性资金的需要，推动住房商品化和房产市场的建立和发展。

➢ 本章重要概念

金融中介 financial intermediary	信息不对称 asymmetric information
交易成本 transaction cost	商业银行 commercial bank
信用中介 credit medium	支付中介 payment medium
信用创造 credit creation	负债业务 liabilities business
资产业务 assets business	中间业务 middleman business
核心存款 core deposits	资本充足比率 capital adequacy ratio
再贴现 rediscount	同业拆借 inter-bank offered credit
金融债券 financial bond	回购协议 repurchase agreement
信用分析 credit analysis	投资银行 investment bank
证券承销 securities underwriting	证券交易 security exchange
公司并购 mergers and acquisitions	风险资本 venture capital
保险公司 insurance company	证券公司 securities company

信托公司 trust company　　　　　租赁公司 lease company

投资基金 investment funds　　　　公司型基金 corporate type investment fund

契约型基金 contractual type investment fund

➤ 复习思考题

1. 金融中介服务体系一般包括哪几类机构？

2. 什么是商业银行？其本质特征是什么？主要职能有哪些？

3. 简述商业银行的主要业务。

4. 自有资本对商业银行的意义何在？银行如何掌握最佳的资本量？

5. 商业银行如何经营好存款业务和贷款业务？

6. 谈谈商业银行从事证券投资的意义及主要投资对象。

7. 商业银行的中间业务主要有哪些？

8. 投资性金融机构有哪些主要类型？

9. 什么是投资基金？它有哪些主要种类？

10. 什么是投资银行？它与商业银行的主要区别在哪里？

11. 试述投资银行的主要业务。注意其中的一些主要概念，如公募发行、证券承销、公司并购、杠杆收购、过渡贷款、垃圾债券、反收购、项目融资、风险资本等。

12. 什么是保险公司？谈谈其业务经营的主要环节。

13. 政策性金融机构的主要特征是什么？其主要类型有哪些？

第四章　金融市场和现代融资

　　内容提示：金融市场与商品市场、劳务市场、技术市场等共同构成了一个整体经济中的市场体系。由于金融市场包含了各种金融活动和金融商品交易的场所、设施、规则、组织形式以及由各种金融活动和金融商品交易而形成的供求关系和价格机制，因此，认识和了解金融市场，就可以对金融运行的全部过程和内容有一个比较全面、系统的理解和把握。现代市场经济是货币信用经济，资金是企业活动的第一推动力和持续推动力，企业的生产经营活动离不开资金的推动与支持。对企业的发展而言，是否能够取得稳定的资金来源、采取何种方式取得资金以及执行什么样的融资策略至关重要。本章将金融市场和现代融资紧密联系在一起，介绍金融市场的类型和功能，阐述货币市场和资本市场等主要市场的基本特征及几种主要的金融衍生工具的基本原理。在此基础上，从金融市场的基本功能——融资功能的角度出发，阐述经典的现代融资理论，分析主要国家几种不同的融资模式。

第一节　金融市场及其功能

一、金融市场的定义

　　金融市场的定义一般都是以金融商品的交易或买卖这一核心内容为基调的，常见的定义有：①金融市场是金融商品交易的场所；②金融市场是资金的供应方与需求方通过某种方式互相接触而达成交易的场所，即资金交易的场所；③金融市场是资金融通的场所或机制；④金融市场是金融工具转手的竞争性场所；⑤金融市场是金融资产交易和确定价格的场所或机制；⑥金融市场是各种金融交易的总和；⑦金融市场是以金融资产为交易对象而形成的供求关系及其机制的总和。实际上，所有这些定义都是从某个主要的侧面出发来概括金融市场内涵的，如果将各种观点综合起来，更加全面地反映金融市场所包含的各种要素和内容，就可以将金融市场定义为为各种金融活动和金融商品交易提供的场所、设施、规则、组织形式，以及由各种金融活动和金融商品交易而形成的供求关系和价格机制的总和。

　　在理解金融市场的定义时，要注意把握金融市场的多层含义：①从市场的核心内容即交易对象上看，金融市场不同于一般商品市场，它交易的不是以实物形态或使用价值形态存在的普通商品，而是以本国或外国货币单位表示的现金、存款、票据、债券、股票、保险单、期货合约等各种金融商品，交易的主要目的是融通货币资金；②从交易的场所和设施上看，金融市场更多利用的是现代化的电信技术和设施，依赖于无形场所，而普通商品市场则在很大程度上依赖于有形的场地和仓储设施等；③从交易体现的关系上看，金融市场反映了金融商品出卖者和购买者之间形成的供求关系，但这种供求关系的背后不仅仅是单纯的买卖关系，而是一种以信用为基础的资金借贷关系和委托代理关系；④从金融商品交易过程中产生的价格决定机制上看，金融商品的价格决定要比普通

・ 75 ・

商品的价格决定复杂得多；⑤从交易规则和市场组织形式上看，金融市场也明显特殊于普通商品市场。

二、金融市场的分类

金融市场可根据不同的标准进行分类，常见的类型主要有以下几种。

（一）按中介特征划分

按中介特征划分，可将金融市场分为直接金融市场和间接金融市场。直接金融市场是指由资金供求双方直接进行融资所形成的市场。在直接金融市场上，筹资者发行债务凭证或所有权凭证，投资者出资购买这些凭证，资金就从投资者手中直接转到筹资者手中，而不需要通过信用中介机构。间接金融市场是指以银行等金融机构作为信用中介进行融资所形成的市场。在间接金融市场上，由资金供给者先把资金以存款等形式借给银行等金融机构，二者之间形成债权债务关系，再由银行等机构把资金提供给需求者，与需求者形成债权债务关系，通过信用中介的传递，资金供给者的资金间接地转移到需求者手中。

（二）按交易期限划分

金融市场按交易期限长短分为资本市场和货币市场。资本市场即长期资金市场，是指期限在 1 年以上的金融商品交易市场，包括以债券和股票为主的有价证券市场和银行中长期借贷市场。通常所说的资本市场多指债券市场和股票市场。由于通过长期证券筹来的资金大多用于企业的创建、更新、固定资产购置等资本性投资，因此，通常将长期资金市场称为资本市场。货币市场即短期资金市场，是指期限在 1 年以内的金融商品交易的市场，主要包括同业拆借市场、票据市场、国库券市场、回购协议市场和大额存单市场等。由于通过短期金融工具筹来的资金主要用于资金的临时周转或补充流动性，对于持有短期金融工具的资金提供者来讲，这些短期金融工具可以在市场上灵活兑现，可视为货币的替代品或称"准货币"，因此，将短期资金市场称为货币市场。

（三）按交易程序划分

根据交易程序不同，金融市场有一级市场、二级市场、第三市场和第四市场等特殊形式。一级市场又称初级市场或发行市场，是指筹资者将设计开发出的金融商品首次出售给投资者时所形成的交易市场，如债券发行市场和股票发行市场。二级市场又称次级市场或流通市场，是指已发行出去的票据和证券等在不同的投资者之间再次转让买卖的市场。二级市场又分为两种：一种是场内市场，即证券交易所，它是一种集中性的交易市场，有严格的入市条件和统一的交易规则、清算制度、信息披露制度等。另一种是场外交易市场，又称为柜台交易市场或店头交易市场，它是在证券交易所之外进行证券买卖的市场。一级市场和二级市场是相辅相成的，没有一级市场，就不可能有二级市场；没有二级市场，一级市场发行的证券没有灵活变现的渠道，市场需求就会萎缩，市场很难长久存在。第三市场是指证券交易所挂牌上市的证券在交易所以外进行交易而形成的市场，它实际上是场外交易市场的一部分。第三市场的交易对象是在证券交易所挂牌上市的股票和债券，交易价格通常采用议价方式，相对于在交易所内交易来讲，第三市场交易由于无须交纳各种服务费用，交易成本较低，而且交易受到的限制较少。第四市场是指投资者与证券出卖者之间既不通过交易所，也不通过柜台或经纪人，而是运用各种现代化的电信手段直接进行交易而形成的市场。参加这种市场的大多是机构投资者，它们避开交易所和经纪人的目的在于保守秘密和降低交易成本。

（四）按交易对象特征划分

按交易对象或交易内容不同，金融市场可分为票据市场、拆借市场、短期存贷市场、定期存单市场、回购协议市场、国库券市场、有价证券市场、外汇市场和黄金市场等多种类型。

票据市场是办理票据承兑、贴现、抵押等业务而进行短期融资的市场。

拆借市场是金融机构之间买卖各自在中央银行存款账户上的存款金额所形成的市场，在美国称之为联邦基金市场。

短期存贷市场是商业银行以各种方式吸收存款，并向工商企业和个人等提供短期贷款所形成的市场。

定期存单市场，又称 CD 市场（negotiable certificates of deposit，CD），是签发和买卖大额可转让定期存单所形成的市场。

回购协议市场是通过回购协议形成出售证券、融入资金所形成的市场。回购协议的一般做法是，资金需求者出售短期证券（多为国库券）给资金供给者，并约定在一定期限内（一般为一个营业日，称为"隔夜回购（overnight repurchase）"）以约定的价格购回所卖的证券，其实质是以证券作抵押的短期融资。

国库券市场是国库券发行和买卖所形成的市场。国库券是国库直接发行的用以解决短期财政收支失衡的一种债券，由于期限短、流动性强、安全性高，被视为零风险债券或"金边债券（gilt edged bond）"。

有价证券市场是有价证券发行和买卖所形成的市场，主要为债券市场和股票市场。由于有价证券是长期金融工具，因此，有价证券市场与长期借贷市场一起构成资本市场，通常所说的资本市场主要指的就是有价证券市场。

外汇市场是不同货币之间的汇兑或买卖所形成的市场，简单地说，就是买卖外汇的市场。外汇市场有狭义和广义之分。狭义的外汇市场是指银行间的外汇交易，包括经营外汇业务的银行间的交易、外汇银行与中央银行间的交易以及各国中央银行之间的交易，由于这些交易通常都是大批量的，因此又称为批发外汇市场（wholesale market）。广义的外汇市场除包括上述银行间的批发交易外，还包括银行同普通客户之间外汇买卖的零售市场（retail market），它是中央银行、外汇银行、外汇经纪人、企业、单位、个人等从事外汇交易和经营活动的总和。

黄金市场是专门集中进行黄金交易的市场。虽然黄金已经在一般经济生活中退出了货币地位，是贵金属商品，但由于它目前仍然被作为重要的国际储备资产，在经济生活中也是很好的价值储藏工具，因此，黄金市场依然被视为金融市场的一部分。

（五）按场所特征划分

根据市场是否有固定的空间和场所，金融市场分为有形市场和无形市场。有形市场是指具有固定的空间或场地，集中进行有组织交易的市场，典型形式为证券交易所。无形市场是指没有固定的空间或场地，而是通过电信、电脑网络等现代化通信设备实现交易的市场。金融市场的绝大部分交易都是通过这种无形市场进行的。

（六）按交割时间划分

按成交后的交割时间不同，金融市场分为现货市场和期货市场。现货市场是以成交后"钱货两清"的方式进行交易的市场。在实际执行中，由于技术上的原因，现货市场的实际交割时间多在成交后 1~3 日内。期货市场是以成交后按约定的后滞时间交割的方式进行交易的市场。在期货市场上，买卖成交后并不立即交割，而是按合约规定的日期交割。现代期货市场中，一般都规定标准化的合约形式，对交易对象的类型、交易数量的最小单位、交割时间和地点等都做出标准规定。在金融期货中，实际交割的并不多，绝大部分交易都是在交割日到达以前进行转让或对冲。

（七）按市场地域划分

按市场跨越的地理区域不同，金融市场分为国内金融市场和国际金融市场。国内金融市场是指金融商品交易发生在本国居民之间，不涉及其他国家居民，交易的标的物也以本国货币标价，交易活动遵守本国法规的市场。国内金融市场交易的结果只改变本国居民的收入分配，不直接引起资金的跨国流动，不直接影响本国的国际收支。国际金融市场是指金融商品交易发生在本国居民与非居民之间所形成的市场，或以本国货币标值的金融商品在非居民之间进行交易的市场。前者称为传统的国际金融市场或"在岸市场"，其交易活动要受到本国法律法规的制约；后者称为新型的国际金融市场或"离岸市场"，其交易活动基本上不受本国法规的制约。

三、金融市场的功能

（一）融通资金

金融市场总是由金融商品的供给者和需求者组成的，任何类型的金融市场其核心内容都是买卖金融商品，任何形式的金融商品都代表着一定数量的货币资金，买卖金融商品其实就是买卖货币资金，因此，金融市场最基本的功能就是融通资金，即通过金融市场将货币资金由盈余单位融通到赤字单位。没有金融市场的媒介和专业化服务，没有可供资金供需双方自由选择的满意的金融商品或金融工具，资金盈余单位和赤字单位就只能处在分散和隔离的状态，资金供需的巧合只在个别或偶然情况下才会出现。而有了金融市场，就有了融通资金的专门场所，尤其是现代金融市场为资金供需双方所提供的多种多样的融资工具，能够使具有各种不同的收益、风险偏好和流动性需求的资金交易者很容易找到满意的投资机会和获取资金的渠道，资金供需的巧合就由个别性和偶然性变为一般性和必然性。

（二）配置资源和财富

金融市场上金融商品的买卖和流动，代表着货币资金的流动，而货币资金则代表着对实际资源的索取和使用权，因此，金融市场的资金融通功能进一步表现为资源的配置功能。当资金以及由其代表的资源使用权在盈余单位闲置下来时，就表明资源的利用处于低效状态。通过金融市场将闲置资金引向需要的单位时，就意味着资源利用率的提高。同时，由于金融市场是一个竞争的市场，资金总是愿意流向出价最高的购买者，而金融商品价格如股票的价格，代表着公司的经营业绩和发展前景等一系列经济信息，能够以较高的价格出售金融商品、买得资金的人，自然是金融市场上竞争的强者，在这种价格机制引导下，资金流向那些经济效益好、发展前途光明的企业和行业，进而使资源得到优化配置。同样的道理，由于各种金融商品都是收入和财富的特殊持有方式，金融商品的流动就代表着财富的流动，金融商品价值的变化就意味着持有者手中收入和财富数量的变化，因此，金融市场交易活动所引起的金融商品流动及其价格变化，就表明人们持有的收入和财富在进行着不断的调整和配置。

（三）转移和分散风险

金融市场是一种有组织、有规则，并能提供各种专业化服务和信用保障的融资系统，在金融市场进行交易的资金供需双方均处在相同的规则和信息服务等条件下，各种可供选择的金融工具的收益和风险能够在这种统一的市场中被准确定价，所不同的只是市场参与者对收益和风险的偏好以及资产选择策略上的差异。市场上总会有一些愿意承担更多风险并获取更多收益的人，也总会有一些厌恶风险，宁可少一些收益而求得安全的人，这样，后者就会利用金融市场上的各种避险工具，如期货、期权等，将风险转移给前者。另外，由金融市场组织的集中性交易，可以大大降低没有组织的分散交易所固有的风险。例如，在以银行为信用中介机构的间接金融市场上，资金供应者的风险首先由银行承接过来，其次再由银行通过资产多元化安排将风险分布于各种行业、企业和各种期限与数额的授信对象上，使风险得到分散；在保险市场上，根据"大数法则"确定的原理，一个投保人的意外风险通过保险公司的业务扩展被分散到众多的投保人身上；在证券市场上，丰富多样的证券品种，可以使投资者将投资分布于具有不同收益——风险组合的多种证券上，达到分散投资风险的目的。

（四）调节和反映经济状况

金融市场能够通过价格机制将资金引导到高效益的行业和企业，进而使资源得到优化配置，从经济管理的角度说，这实际上就是金融市场对经济的自发调节功能。除了这种自发调节功能外，金融市场的存在和发展又为管理当局实施对经济的主动调节创造了政策传递的机制和工具。现实中的货币政策和财政政策很少不是通过对金融市场的有效利用而实施的。金融市场对经济状况的反映功能更是无处不在，例如，股票综合指数的变动反映整体经济的景气水平；股票成份指数的变动反映行业的发展变化情况；个股价格的变化反映公司的当前业绩和发展预期；银行储蓄存款变动反映居民收入和消费状况的变动；银行贷款的增减和利率变动反映投资需求状况和经济扩张与萎缩的状况等。正因为如此，经常或定期公布有关金融市场的权威信息，已成为人们掌握和判断经济运行状况的一条可靠渠道。

金融市场各种功能的正常发挥是有条件的，一般认为，一个理想的金融市场应具备以下四个方面的条件。

（1）有完整和对称的信息。有完整的信息是指，金融商品交易的双方都可以方便、快捷地获得所需要的信息，使交易行为有可靠的依据；有对称的信息是指，在同一时点上交易双方获得的信息是完全相同的，任何一方都没有通过未公开信息获利的机会。

（2）有市场供求决定价格的机制，也就是说，金融商品价格只对市场供求有弹性，供求状况的改变不断地使原有的均衡价格消失而出现新的均衡价格，任何市场以外的力量都不能影响和改变价格。

（3）有众多的市场参加者和丰富的金融商品种类，不存在少数或个别交易者对市场的垄断。

（4）有良好的市场服务体系、管理和秩序，交易成本低廉。这四个条件中的任何一个条件不具备，都将使金融市场不能或不能很好地运行，也就不能正常地发挥其应有的功能，其中，前两个条件，即信息完整、对称和供求决定价格是最基本的条件，这两个条件的成熟和完备通常被认为是金融市场成熟和完善的基本标志。

第二节　货币市场和资本市场

一、货币市场的特点和作用

（一）货币市场的主要特点

货币市场是一种融资期限在1年以内的短期资金市场，它主要由同业拆借市场、票据市场、国库券市场、定期存单市场、回购协议市场、短期存贷款市场等构成。若将这些市场与主要由债券市场和股票市场构成的资本市场相比，其主要有以下四个特点。

1. 融资期限短

融资期限短是货币市场的基本特点，也是货币市场能够长期生存和发展的重要条件。因为，经济中不仅需要将长期闲置的储蓄转化为投资，也需要为临时闲置的资金找到出路和为资金的短暂需求找到来源。而且，在企业的生产流通过程、金融机构的业务运营、政府的各项事务安排、家庭生活等各个经济活动领域，对短期资金的余缺调剂实际上是一种最日常、最大量的市场需求。

2. 流动性强

从市场的目的性看，可以说，货币市场是流动性金融资产交易和组合的场所，通过对金融机构在中央银行账户存款、商业票据、国库券、大额定期存单等的买卖，为金融机构、企业、政府、家庭等提供了流动性转换和配置的条件。从市场实际运行的一般情况看，货币市场的二级市场交易频率和交易量要比资本市场高得多。

3. 风险性小

货币市场交易的金融商品与资本市场的债券和股票相比，具有收益水平低、安全性高的特点，而且从商业票据和国库券等短期证券的发行者、贴现者、承兑者等参与主体的信誉来看，一般要高于资本证券的参与主体。

4. 可控性强

货币市场是商业银行、中央银行、财政部门直接大量参与的市场，货币市场在满足参与者调剂资金余缺、补充流动性等要求的同时，也为货币政策和财政政策的实施创造了条件。商业银行的同业拆借、票据贴现等活动直接决定着货币市场的供求和价格，中央银行的公开市场业务、财政部门的国库券发行等也直接影响着货币市场的运行。与之相比，上述机构对资本市场的影响和控制要小得多。

（二）货币市场的作用

从总体上看，货币市场的作用主要有两个方面，一是解决市场参与者的短期资金供求矛盾，二是为金融宏观调控提供政策传导的机制。从各主要市场的作用看，又分别有各自的特点。

1. 同业拆借市场的作用

同业拆借市场最主要的目的和作用就是解决银行之间准备金头寸余缺的调剂问题。

随着市场的进一步发展，同业拆借的参与者和交易对象也有了扩展，除了商业银行相互间拆借在中央银行准备金账户上的存款余额之外，商业银行自身账户上的存款，如部分通知存款和定期存款也被作为短期借贷的对象，一些非中央银行开户的金融机构，如美国的非联储会员银行、互助储蓄银行、外国银行分行也能够进行相互间的短期资金借贷，甚至包括证券交易商、政府机构等也开始对其账户上的存款余额进行市场调剂，为了区分两种情况，通常将商业银行在中央银行账户准备金头寸的调剂市场称为同业拆借，而把其他各种短期资金余额调剂的市场称为同业借贷。前者的目的是单一的资金头寸调整，后者的目的除了调剂资金余缺、补充流动性之外，还在于以获得的短期资金来拓展资产业务。

同业拆借市场的作用还表现在资金的价格上。由于同业拆借市场的主要参与者是大商业银行、地方中小银行和非银行金融机构，也就是说，它是一个存在于整个金融体系中的大市场，作为拆借市场资金价格的同业拆借利率自然就成为整个金融体系中最具代表性的利率，是货币市场的核心利率。由于同业拆借利率能够及时、准确地反映货币市场甚至整个金融体系中的资金供求状况，因此，各种借贷活动、各种金融工具在确定利率时，通常都将同业拆借利率视为市场利率信号，并以此作为各自确定利率的依据。中央银行也将同业拆借利率的变动作为确定和调整货币政策工具的重要依据。

在国际货币市场上，伦敦银行同业拆放利率（LIBOR）、新加坡银行同业拆借利率（SIBOR）和香港银行同业拆借利率（HIBOR）被公认为典型的并有代表性的同业拆借利率。其中，LIBOR是伦敦金融市场上银行之间相互拆放英镑、欧洲美元及其他欧洲货币时的利率，伦敦金融市场上的各种借贷活动，包括国际银团贷款、票据贴现等，都以LIBOR利率为计算利率的基本依据，其他一些重要的国际金融市场和许多国家，也把LIBOR作为重要的参照利率。SIBOR和HIBOR则是在新加坡和香港两个国际金融市场起重要作用的同业拆借利率。

中国内地于1996年1月将原来分散于各地的同业拆借市场（由人民银行各省市级分行牵头建立的融资中心）联为一体，建立了全国统一的、以现代化通信与信息处理系统为支持的同业拆借市场，同年6月1日起，人民银行决定，取消银行间同业拆借利率的上限限制，这标志着全国范围内市场化的同业拆借利率已经形成并开始对金融市场全面的利率市场化改革起到重要的推动作用。

2. 票据贴现市场的作用

商业票据是用以确定商业信用活动中债权债务关系的凭证，有商业汇票和商业本票两种基本形式。商业汇票是一种命令式票据，通常由商业信用活动中的卖方对买方或买方委托的付款银行签发，要求买方于规定日期支付货款。商业汇票必须提交债务人承认兑付后才能生效，这种承认兑付的手续称为承兑。由商人自己承兑的汇票叫商业承兑汇票，由银行承兑的汇票叫银行承兑汇票，后者的信誉要高于前者，因为银行办理承兑后即担负到期向持票人或收款人付款的责任，银行承兑汇票是以银行信用作为最后付款保证的汇票。商业本票是一种承诺式票据，通常是由债务人签发给债权人，并承诺在一定时期内无条件支付款项给收款人或持票人的债务证书。商业本票一经签发即可生效，而无须承兑手续，一般只有那些信用等级较高的大企业才能取得发行本票的资格。

商业票据的持票人在需要资金时，可以将持有的未到期票据提交给银行，银行按照票面金额扣除利息后将余款付给票据持有人，收进票据，待票据到期后，由银行向付款人收款，这就是银行的票据贴现业务。显然，票据贴现是持票人通过向银行转让票据而获得资金的行为，其实质是持票人将票据出卖给银行，从而提前收回垫付于商业信用活动中的资金。对于银行来说，办理贴现业务就是发放了一笔短期商业贷款，是以银行信用来保证商业信用，以银行贷款来润滑商业票据的流通。票据贴现是以银行信用保证商业票据融资的一种形式，作为银行的一种特殊的信贷形式，与普通贷款相比具有不同的特点。

（1）票据贴现的授信对象不同于一般贷款，它是以票据为对象而不是以借款人为对象的。贴现申请人获得银行贴现贷款后，就将票据的清偿权转予银行，票据的付款人成为银行的债务人，对银行收回贴现贷款负第一性责任。因此，在票据贴现业务中，银行关心的主要是票据的付款人、背书人和承兑人，而不是贴现申请人或借款人。当然这并不是说借款人的信用不重要，当票据付款人拒绝付款，付款责任依次追溯到借款人时，如果其不能履行付款义务，就可能给银行造成损失。但贴现贷款中的借款人与一般贷款人相比，没有直接的还款责任。

（2）票据贴现中贷款额度的确定不同于一般贷款，只要银行允许给贴现申请人办理贴现贷款，其额度的确定就只与票据面额、贴现率和票据剩余期限有关，而不受借款用途、借款人财务状况等因素影响。

票据贴现额的计算公式为：贴现付款额＝票据面额×（1－贴现率×票据剩余期限）。

（3）票据贴现的资金回流方式和期限不同于一般贷款，一般贷款到期才能收回，而贴现贷款可通过对票据办理转贴现和再贴现提前收回资金。即使是到期收回贷款，贴现比一般贷款期限也短，通常为3～6个月，而一般贷款短期为1年以下，长期则可达10年以上。

（4）票据贴现的风险和收益不同于一般贷款。一般贷款的风险大小取决于借款人的经营状况、还款能力和担保人的信用能力，风险比较集中，而票据贴现大多基于商品交易中的债权债务约束，具有到期由票据付款人自动付款的机制，除了付款人承兑票据外，还有发票人、背书人、其他承兑人等担负连带清偿责任，因此，又具有比较可靠的清偿保证机制和风险分散机制。一般贷款的收益要高于贴现贷款，因为一般贷款利率要高于贴现利率。由于贴现利息是在办理贴现时从票据金额中扣收，与一般贷款到期才收息的做法不同，银行提前获取了收益，加之贴现贷款的风险小于一般贷款，其利率较低就是理所应当的了。

票据贴现市场是由票据以贴现方式转让或交易而形成的市场。这一市场的主要作用在于满足企业和商业银行等金融机构短期融资的要求。同时，由于票据业务多是与商业信用活动直接相关的业务，通过发展票据贴现市场，为票据提供充分的流动性，就能有力地促进票据业务的发展和商业信用活动的正常进行。还因为，票据贴现的实质是一种以票据为保证的贷款，其市场供求及其利率水平必然对短期的普通借贷市场发生重要影响，尤其是贴现市场与中央银行的再贴现政策工具有着直接的联系，因此，票据贴现市场的供求状况和利率水平的变化是中央银行观察和调控货币市场的重要窗口。在英国，票据贴现市场始终处于货币市场的核心地位，中央银行通过对再贴现率的调整对货币市场实施影响的作用尤为明显。中国在金融改革过程中，一直强调票据贴现市场的发展，其目的在于使落后的"强制性商业信用"通过信用票据化得到规范，为企业开辟出一条在生产流通过程中自发进行短期资金补充的正常渠道，也为商业银行实现资产结构多元化、提高资产质量、降低资产风险找到一条合适的途径，同时还为中央银行运用再贴现率调控借贷市场和信用总量创造基础性条件。

3. 国库券市场的作用

国库券是国家财政当局为弥补国库收支不平衡而发行的一种政府债券。国库券市场就是由国库券的发行和流通所形成的市场，或者说是国库券的发行市场和流通市场。国库券的发行市场是一个竞争激烈的市场，发行方式通常采取招标制，发行之前由财政部根据其短期资金需要和货币政策实施要求确定发行规模，而后向社会招标。投标者在公布的发行规模下，分别报出愿意购买的数量和愿意承受的价格，在众多的竞购者中，出最高价者首先中标，其次，按先高后低的出价顺序依次配售，直到售完为止。由此可见，国库券发行市场为政府筹措短期资金、调节国库收支提供了有效途径，这是国库券市场作用最主要的体现。国库券流通市场，以商业银行、证券经销商、中央银行、企业和个人投资者为主要参加者。由于国库券在各种证券中信誉度最高，风险最小，还本付息可靠，因此，它有非常活跃的流通市场。商业银行将这一市场作为获取无风险收益的资金运用场所，同时还将其作为保持二级储备、灵活变现的资产转换场所；企业和个人投资者在这一市场上得到能够获取无风险的稳定性收益的投资机会；中央银行则将这一市场作为其实施公开市场操作的最佳领域，达到调节信用总量的目的。由此可见，国库券市场除了为政府财政融通资金外，还为商业银行的安全性投资和流动性安排提供了方便，为企业和个人投资者创造了投资机会，为中央银行的金融宏观调控提供了市场基础。

二、资本市场的运行及组织形式

资本市场主要包括股票市场、债券市场、基金市场等有价证券市场和长期信贷市场。这里主要介绍有价证券融资的特点和融资工具及证券发行市场的运行特征和流通市场的组织形式。

（一）证券融资的概念特点

证券融资是资金盈余单位和赤字单位之间以有价证券为媒介实现资金融通的金融活动。所谓有价证券通常又称为资本证券，它是具有一定票面金额并能给其持有者带来一定收益的财产所有权凭证或债权凭证，包括国家债券、地方债券、公司债券、普通股票、优先购买权证书、证券投资受益证券等。简单地说，有价证券主要是指债券和股票。[①]

这种金融活动的基本形式是资金赤字单位在市场上向资金盈余单位发售有价证券，募得资金；资金盈余单位购入有价证券，获得有价证券所代表的财产所有权、收益权或债权。证券持有者若要收回投资，可以通过市场将证券转让给其他投资者。证券可以不断地转让流通，使投资者的资金得以灵活周转。

这种金融活动的主要特点有以下几点。

---

① 广义的有价证券，包括各种合法的有价值票证，如商业票据、支票、存单、提货单、保险单、股票、债券等。根据本书对金融活动的分类，此处的证券融资主要指通过股票、债券所进行的融资活动。

（1）资金赤字单位和盈余单位直接接触，形成直接的权利和义务关系，而没有另外的权利义务主体介入其中。促成证券发行买卖的中介机构，如证券公司、投资公司、证券交易所等自身不充当权利义务主体，其只是连接赤字单位和盈余单位的服务性媒体，真实的资金交易是由赤字单位和盈余单位直接充当权利主体而实现的，因此，证券融资是一种直接融资。

（2）证券融资是一种强市场性的金融活动。所谓强市场性是相对于商业票据融资、银行信贷等以双边协议形式（如购销双方发生商业信用而签发汇票、银企双方发生信贷关系签出贷款合同等）完成资金交易的弱市场性而言的。证券融资一般是在一个公开和广泛的市场范围内由众多资金交易者通过对有价证券的公开自由竞价买卖来实现的。资金赤字单位通过市场向社会公开发行有价证券募集资金，众多投资者按照公开竞争产生的市场价格认购有价证券，由此而持有证券发行单位的股权或债权，但这种投资者与发行单位的股票或债权关系并不是凝结在原初的投资者和发行者之间的，而是可以随时转移的，投资者通过在市场上出售股票或债券，就可以将原来持有的股权或债权转让给他人。

（3）证券融资是在由各种证券中介机构组成的证券中介服务体系的支持下完成的。在比较发达的金融市场条件下，存在着诸如证券公司、投资银行、证券交易所、证券登记结算公司等服务于证券融资活动的各种机构，这些机构分工于证券发行、流通、清算等各个环节，使证券融资在社会化分工协作的体系中提高了效率，各种证券中介服务机构也从中获得了生存和发展的机会。证券融资是在非常广泛的市场领域进行的金融活动，单个融资主体凭借自身的力量是很难完成证券发行、交易、清算等事宜的，没有专业化的分工协作，证券融资只能是原始的和效率低下的。在现代金融条件下，各种证券融资主体的融资活动已经越来越离不开由证券中介机构所提供的多功能、多样化的服务。赤字单位若想成功地发行证券，达到预期的筹资目的，往往需要诸如投资银行、证券公司那样的专业化证券中介机构，为其分析并确定发行方式、发行时间、发行价格、筹资期限、利率、偿还方式，代为办理编写招股说明书或债券发行说明书及其他文件，办理广告宣传、协助其取得信用评级，为其设置和管理偿债基金等。尤其是在证券发行过程中，证券中介机构要根据承担风险的大小，直接从事证券的包销、代销、零售等业务。对于巨量的证券发行，证券中介机构甚至会相互联合，组成证券承销集团来共同包销。同样地，盈余单位作为投资者，一般也是通过证券公司、信托投资公司、投资基金等专业化的证券中介机构为其代理完成投资事宜，投资者可以从专业化中介机构的各种服务中得到便利，还可以在对不同中介机构的选择中平衡其投资的收益和风险。当投资者想要转让股权或债权，收回投资时，也可以通过证券公司等机构代理完成。不仅如此，证券中介服务体系通过建立证券集中交易组织，如证券交易所，形成了筹资单位竞争上市公司资格的优胜劣汰机制，使证券融资活动更具竞争活力①。

---

① 上市公司是指其股票获准在证券交易所进行交易的股份有限公司。上市公司的最大优势在于它获得了以其股票价格变动反映公司业绩和前景的市场评价机制，有了比一般企业更广泛的社会知名度，因而能更大规模地筹集资金，使公司快速成长。上市公司的上市资格因此而成为"稀有资源"。在争取上市公司资格的活动中，人们将这种资格俗称为"壳"。例如，把一些非上市公司通过收购那些业绩较差、筹资能力弱化的上市公司，剥离被收购公司资产、注入自己的资产，从而达到间接上市目的的做法，称为"买壳上市"；而把上市公司的母公司（集团公司）通过将主要资产注入已上市的子公司中，达到母公司间接上市目的的做法，称为"借壳上市"。

（4）证券融资是一种长期融资。股票和债券通常又被称为资本证券，证券融资则被称为资本性融资，由证券融资活动所形成的市场也被称为资本市场。这样一些称谓都是基于一点，那就是通过股票和债券筹集的资金一般不是被用于短期商业性或营业性周转的，或者说不是为解决流动性不足问题的，而是被用于购置固定资产等长期性投资的，是被作为资本使用的。股票是一种没有返还期限的筹资工具，它所筹来的资金注入到公司的资本账户，永远参加公司的运营。债券的期限一般都在 1 年以上，有的可长达十几年甚至几十年，所筹资金也具有长期稳定的性质，一般都可被用于长期性投资。

（二）证券融资工具

证券融资中的筹资主体主要是企业和政府。企业的融资工具为股票和公司债券，政府的融资工具为政府债券。这三种融资工具都具有各自的基本形式和特征。

1. 股票

股票是股份公司发给投资者用以证明其向公司投资并拥有所有者权益的有价证券。它有普通股票和优先股票①两种主要类型，其中普通股票是最普遍和最基本的形式。其主要特征有以下几个。

（1）非偿还性。普通股票的投资者认购股票后，不得向公司退股，资金回收只能通过在市场上卖出股票来实现，股票在市场上转让，只改变股东，而不改变公司资本。除非公司破产清理资产，否则发行股票所得资本是永不返还的。

（2）盈利性。普通股票根据公司经营成果状况取得收益，还可在所持股票市场价格上升时保持盈利。

（3）参与性。普通股票的股东有权出席股东大会、选举公司董事会、参与公司重大决策，参与权的大小取决于股东所持有的股票数量，公司的控制权掌握在持有股票数量最多的股东手中。

（4）风险性。股票权益的实现取决于公司的经营状况，一旦公司出现业绩下滑、信用低落、甚至破产倒闭的情况，投资者就要遭受因此带来的损失。

（5）流动性。股票虽不能从发行公司退回股本，但可以在市场上交易买卖，通过股票的转手实现资金的流动。股票流动性的大小，取决于股票上市交易受限制的程度、交易需求、实际成交量等因素，通常以"换手率"或"周转率"（某一时期的成交量/发行总股数）作为衡量某只股票流动性强弱的指标。

2. 公司债券

公司债券又称为企业债券，是公司或企业依照法定程序发行的，按照约定条件（期限、利率、本息偿还方式等）偿还本金和支付利息的债务凭证。公司债券承担的债务与商业票据债务相比，除了期限、利率等方面的区别外，最大的不同在于它脱离了真实的商品交易活动。公司债券的发行不是由商品交易引起的，而是由公司为筹募特定目的资

---

① 优先股票是一种在分配股息和公司剩余资产方面拥有优先权的股票。其股息通常是固定的，且分配次序在普通股之前。若遇公司分配剩余资产，优先股的分配权在普通股之前。但优先股一般不拥有公司的选举权、管理参与权、新股优先购买权、高额利润分配权等权益。根据在股票分配上是否可将本期欠付部分积累到下期、是否与普通股一起参与剩余利润分配、是否在一定时期后可由发行公司购回、是否能够转换该公司的股票或债券等特殊约定，优先股又有累积性优先股和非累积性优先股、参与优先股和非参与优先股、可赎回优先股和不可赎回优先股、可转换优先股和不可转换优先股等多种类型。

金所进行的对外借款活动引起的。公司债务与股票的最大区别在于，其投资者是发行公司的债权人，而不是所有者。债权人拥有按约定条件取得利息和收回本金的权利，并且在取得利息方面优先于股息分配，在公司剩余资产的索取方面也优先于股东。但债权人不享有参与公司经营管理、选举董事会、参加利润分配等股东权益。因此，公司债券的资金偿还负担要远大于股东，发行公司债券所筹资金是借来的资金，而不是永久归公司支配的资金，但由于债券不包含股东权益，利用债券所筹资金并不分散公司的控制权，而且在发行条件和手续等方面也比股票发行简单。

从筹资成本上看，债券利息固定，不参与公司利润分配，因此，利息成本固定。从税收因素考虑，债券的利息在征税前扣除，而股票的股息在税后支出，因此，债券成本一般低于股票成本。

发行公司债券筹资与向银行借款相比，也多有不同。向银行申请贷款，一般都是为了补充流动资金短缺，而发行债券则是为了追加长期投资。银行贷款在数量、用途、期限、利率、偿还方式等方面主要受银行的控制和监督，企业的自主性和灵活性很小。而发行公司债券则不同，公司可以根据自身负债承受能力①，投资者对债券的市场需求，金融和经济环境等因素来确定债券发行的数量、期限、利率、偿还方式等，达到预期筹资目的。资金的偿还方式也可以是灵活多样的。倘若需要提前偿还，可以在市场有利的条件下，通过证券市场陆续购回本公司已发行上市的债券；倘若需要推迟偿还，可以在债券到期前，另外发行新债券并允许原债券持有人以旧债券换新债券。如果债券约定是可转换债券，还可以在特定时间、按特定条件将债券转换为公司的普通股票，这样就避免了债务的偿还。

在现实中，根据在发行、偿还、付息、票面特征等方面的不同要求，公司债券通常会采取不同的形式。例如，根据发行债券是否需要第三者信用担保或财产担保，可分为担保债券、无担保债券和信用债券等；根据发行债券是否需要以财产、证券等作抵押，可分为抵押债券、无抵押债券、不动产抵押债券、设备抵押债券、证券抵押债券等；根据债券是否面向社会公开发售，可分为公募债券和私募债券；根据偿还方式和要求不同，可分为可提前赎回债券、可延期偿还债券、可转换债券、永久债券、偿债基金债券等；根据付息方式和要求，可分为固定利率债券、可变利率债券、最高利率债券、最低利率债券、息票债券、无息票债券等；根据是否参与公司盈余分配，可分为参加公司债券和不参加公司债券；根据债券票面是否记载债权人名称，可分为记名债券和无记名债券；根据票面币种和发行区域不同，可分为国内债券、外国债券、欧洲债券等。

3. 政府债券

政府债券是政府部门为筹集资金而发行的债务凭证。它包括公债券、国库券和地方债券。证券融资中的政府债券只包括期限在1年以上的公债券和地方债券。因为国库券主要用于解决政府在一个财政年度内因先支后收等原因形成的资金周转困难，它具有期限短、风险小、流通性强、利率低等短期信用流通工具的特点，通常不包括在证券市场所指的有价证券之列，国库券发行、买卖所形成的市场也不包括在资本市场内，而属于货币市场。

---

① 负债承受能力一般以一个时期公司现有资产与现有负债相抵后的净资产额的多少为衡量尺度。

公债券，又称为国债，一般是指由中央政府发行的债券，目的在于筹集预算资金，弥补财政赤字，所筹资金主要用于大型基础建设支出、改善教育、文化、福利等社会服务支出。根据期限长短，国债可分为中期国债、长期国债（通常指10年以上）和永久国债（只按期付息、无还本期限）。根据付息方式，可分为贴现国债和附息国债。前者券面上不附有息票，发行时按一定的折扣率，以低于面值的价格发行，到期按面值兑付，面值与发行价格的差额即为债券的利息。后者券面上附有息票，持券人按息票上标明的利息额和支付期限按期领取利息。

中国目前的国债按债权记录方式划分为凭证式国债、无记名（实物）国债和记账式国债三种。凭证式国债是一种国家储蓄债，它以"凭证式国债收款凭证"记录债权，凭证上标明购买者名称，为记名凭证，可以挂失，但不能上市流通，利息从购买之日起算。凭证式国债允许提前兑取，兑取时除偿还本金外，利息按实际持有天数及相应档次的利率计算。无记名（实物）国债，是以实物券的形式记录债权的国家债券，有多种面值，不记名，不挂失，可以上市流通。发行期内，认购者可直接在国债营销机构的柜台购买。如果认购者已在证券交易所设立账户，可委托交易公司通过交易系统申购。发行期结束后，债券就可在二级市场柜台卖出，也可通过证券交易所交易系统卖出。记账式国债以记账形式记录债权，通过证券交易所的交易系统进行无纸化发行和交易，可以记名、挂失。记账式国债的认购者必须是在证券交易所开有账户的客户。

地方债券是由地方政府发行并偿还的债券，有时也包括地方政府所属机构发行的债券。在多数西方国家，地方财政独立于中央财政，地方预算和中央预算是各自独立编制的，地方政府可根据本地区经济发展和市政建设等特殊资金需要发行地方债券。在有些国家，地方债券也称为市政债券。地方债券所筹资金和还本付息列入地方预算，资金主要用于解决地方政府临时性政务经费短缺和地方重点大型建设项目。用于经费需要的债券一般期限较短，用于专项建设的债券则为长期债券。地方债券的利率通常略低于公债利率。在美国，州、市、乡、镇等地方政府部门均可发行债券，债券一般可分为两大类，一类为普通债券（general bonds），其特点是由地方政府的税收机构作保证，债券本息从地方政府税收支付。另一类为收益债券（revenue bonds），其特点是由地方政府所属机构和公益事业单位发行，以这些机构和单位的工程项目收益作为发行担保，债券本息也从工程项目收益中支付。

（三）证券发行市场

证券发行市场，是由发行者向投资者出售有价证券所形成的市场，新股份公司成立、原有的股份公司扩股增资、政府和企业为特定的目的筹资等，都要通过这一市场，因此，证券发行市场是资金由盈余单位向赤字单位转移的市场，是储蓄向投资转化的市场，是最能体现金融市场基本功能的市场。但由于这一市场的交易活动一般只在证券发行者和若干承销商之间进行，没有集中的交易场所和社会公众广泛参与的市场氛围，因此，人们的目光往往只盯住流通市场，容易忽略发行市场重要性。实际上，对于一个需要扩充资本的公司或企业来讲，直接见效的是发行市场，而不是流通市场，因为流通市场无论交易量有多大，一般也不会直接引起公司实际营运资本的变化。

证券发行市场的运行过程一般都要经过前期准备和实际发售两个阶段，从总的运行过程看，股票发行和债券发行基本相同，只在个别方面有些差异，下面以股票发行为例，说明证券发行市场运行过程中的几个重要环节。

1. 选择发行方式

在股票发行的前期准备阶段，发行者通常要在投资银行协助下，根据本公司的发行条件、投资人市场、拟承受的发行费用以及是否争取上市交易等要求，选择合适的发行方式。股票发行基本方式有两种：一种是私募发行（private placement），即只向少数特定投资者发行，其主要对象，一是私人投资者，如本公司职工和原股东、本公司产品的私人用户等，二是机构投资者，如保险公司、养老基金等金融机构和与本公司关系密切的企业等。私募发行的优点是手续简便，一般不必向管理机构办理注册审核手续，因此，发行成本较低，但其最大的不足是发行的股票不能公开上市，股票难以转让。与私募发行对应的另一种发行方式是公募发行（public placement），即面向市场上所有的投资者公开发行。在这种方式下，发行者必须向有关管理机构申请注册，接受审批，还要向市场如实提供可供投资者参考的各种财务报表和与公司经营发展相关的资料。公募发行的优点是发行量大，发行的股票可在证券交易所上市，能够提高发行公司的市场知名度，其缺点是发行手续复杂、发行成本高。

2. 选择承销商

股票发行可以由发行者直接向投资者销售来完成，但多数情况下，是由承销商作为中介机构来完成的。对于承销商的选择，可以采取竞争性招标的方式，也可以采取私下联络的方式，前者有利于降低发行成本，但不利于与承销商建立固定的关系，也得不到承销商提供的相关服务。因此，多数情况下，股票发行是在与比较固定的承销商的合作下完成的。发行数量较大时，通常由多家承销商组成的承销团来完成。

3. 申请注册

在公募发行方式下，只有事先在证券管理机构获准登记注册的发行公司，才有资格发行股票。申请注册过程中的关键是准备好招股说明书。说明书的主要内容包括公司的各项财务数据、公司的经营发展历史、高级管理人员的状况、筹资目的和资金使用计划、主要遗留问题等，各种数据及资料和情况都须在有关律师、独立注册会计师和其他专家的参与下提供，以保证信息的可靠、完整和准确。证券管理机构在确认招股说明书和同时交送的上市登记表属实后，批准申请者登记注册，这意味着股票已获准发行，招股说明书具有了法定性质，投资者可以此作为对股票投资价值进行判断的依据。

4. 确定发行价格

在获准的法定招股说明书中，要求标明拟发行股票的发行价格。发行价格确定得是否合理是发行能否取得成功的关键之一。定价过高，没有市场竞争力，达不到预计发行数量和筹资目的；定价过低会降低公司声誉，使公司得不到与自身业绩相对称的潜在市场收益。合理发行价格的确定应考虑多种因素，如公司业绩的增长性、股票的股利分配、市场利率水平、证券市场供求状况等。最终确定的发行价格，无非有三种：第一种是平价，即以股票票面金额作为发行价格；第二种是溢价，即发行价格高于股票票面金额；第三种是折价，即按票面金额打一定折扣后作为发行价格，也就是发行价格低于股票票面金额。其中，溢价发行股票又有两种确定发行价格的方式，一种是按时价或市价确定，即以同种或同类股票的流通价格为基准来确定发行价格，另一种是按中间价确定，即取票面金额与对价的中间值为发行价格。在发达的证券市场中，股票发行多为溢价发行，很少有平价和折价发行。溢价发行可以使发行公司以较少的股份筹集到较多的资金，还可以降低筹资的成本。

5. 销售与承购

发行申请获准后，进入正式销售股票阶段。在这一阶段，发行公司的任务就是按预定的方案发售股票，直接承购者是以投资银行为主的证券承销商。通常是由发行公司与承销商签订承销协议，而后实施承销。承销方式有全额包销、代理推销和余额包销（助销）三种。

以上是以股票发行为例来说明证券发行中的关键环节的，债券发行在这些关键环节上与股票发行基本相同，但其也有两个特殊之处：一是由于债券是一种承诺到期偿还本金和利息的凭证，为确保发行人的承诺能够兑现，须由债券持有人与发行人签定包括一系列否定性条款和肯定性条款在内的债券发行合同书，依法确定双方的权利和义务。二是为了客观地估计债券的违约风险，向投资者提供对债券投资价值判断的可靠信息，也为了使债券顺利地销售，通常需要在债券发行之前由权威性的证券评级机构对债券进行信用评级，评级时考察的主要内容有①发行公司的偿债能力，可通过公司的预期盈利水平、负债结构等来确认。②发行公司的资信状况，可通过公司的市场评价、偿债历史记录和违约记录等来确认。③投资者的潜在风险，可通过发行公司破产的可能性和由破产造成投资者实际损失的可能程度等来确认。

（四）证券流通市场

证券流通市场是已经发行的证券在投资者之间转手买卖的市场，或者说是旧证券交易的市场。在发行市场上被投资者认购的证券，只有在流通市场上才能够获得随时兑现的机会，否则，证券就得一直持有到期才能回收投资，没有确定到期日的证券（如股票）则永远不能收回投资，因此，流通市场是发行市场投资者的必然要求，是发行市场赖以存在与发展的重要保证。

证券流通市场有两种基本的组织形式，即证券交易所和场外交易市场。

1. 证券交易所

证券交易所是集中进行已发行证券交易活动的固定场所，是证券流通市场的核心（关于证券交易所的组织形式等内容，请参阅第三章第二节）。在证券交易所进行交易的证券称为上市证券。证券交易所对上市证券一般都有严格的要求，通常只有那些经营业绩良好、实力雄厚的大公司发行的股票和债券才能达到证券交易所规定的上市标准。一些国家的证券交易所为扶持新兴中小企业和高科技企业的发展，也允许条件尚达不到上市标准，但处于快速成长阶段的公司发行的股票上市，并将其划为"二板市场"。

证券交易所多数都不是盈利性组织，其基本职能是组织证券交易。具体表现在①为证券的集中交易提供所需的物质设施，包括交易大厅及各种电子化的交易操作系统等。②制定规章制度，对交易主体、交易对象和交易过程进行严格管理，以保证市场的公正、公平和有序。③提供各种信息服务，尤其是经常搜集和及时发布证券市场价格变动的信息，由证券交易所发布的股票价格信息，常常是权威机构编制股票价格指数的可靠依据。④处理证券交易过程中发生的各种纠纷。

证券交易所实施其组织证券交易的职能，是通过交易所会员将所有交易者的交易指令引入交易所来实现的。以股票交易为例，一投资者欲购买或卖出在证券交易所上市交易的股票，其基本程序有以下几点。

（1）选择作为交易所会员的证券经纪商办理开户，与经纪商订立股票买卖委托契约。

（2）遇有利时机时，随时通知受托经纪商买入或卖出股票，委托指令分为三种不同的类型：第一种是市价委托，即要求经纪人在接到委托指令后立即根据当时市场上的最优价格执行交易；第二种是限价委托，即要求经纪人在某一特定价位或在比该价位更有利的价位上执行交易；第三种是停损委托，即要求经纪人当价格朝不利的方向变动达到某一临界点时，就立即执行交易，以锁定损失。后两种委托类型下，都要说明委托的有效期限。

（3）经纪商接到委托通知后，由其派驻在交易大厅的交易员执行买卖指令，成交后将"成交通知单"送达客户。

（4）在成交后的规定时间内完成交割。

（5）办理股票过户，即办理变更股东名簿记载的手续。

（6）支付佣金。买卖行为结束后，客户要向经纪商支付佣金，其数额按交易量的一定比例确定。

2. 场外交易市场

场外交易市场通常又称为店头交易市场（over the counter market），是指投资者直接在证券商的营业柜台上买卖证券而形成的市场。但根据近些年证券市场发展的情况来看，这样一种界定只能算作狭义的场外交易市场，广义的场外市场既包括店头交易市场，又包括在金融市场分类时曾提到的"第三市场"和"第四市场"。在美国，作为电子化股票市场或第四市场的全国证券交易商协会自动报价系统即纳斯达克市场（national association of securities dealers automated quotation system，NASDAQ），事实上已经成为美国场外交易市场的代表形式，它是目前世界上规模最大的、发展最为完善的电子化证券交易市场，它的发展表明传统的或老式的场外交易市场正在被现代化的场外交易市场所取代。

场外交易市场是在证券交易所容量有限、对上市证券进行严格限制的情况下，为那些不能上市的证券实现流通所提供的市场，与场内交易市场相比，典型的场外交易市场有5个主要特征：①交易对象是非上市证券，非上市证券的交易和零星的小额交易构成了场外交易市场的主要内容。②交易活动多在投资者与证券自营商之间单独分散进行，没有集中的交易场所。③交易程序简单，交易成本低廉，由于交易是在投资者和证券商之间进行的，经过直接洽谈即可成交，无须订立规范的委托契约，无须提供交易所内那种规范的服务，甚至不需要向证券商支付佣金，因此，可节约交易费用。④交易价格由双方协商确定，而不像交易所内公开竞价那样由多个买方和多个卖方同时报价，以最高买价和最低卖价一致时的价格作为成交价。⑤交易活动所受的管制少、灵活性强，因而交易实现率高，绝大部分证券的流通和交易都是在场外交易市场上实现的。

三、货币市场和资本市场的关系

货币市场与资本市场是根据金融市场上交易对象或金融工具的期限特征划分的，金融工具期限的长短代表筹资者（金融工具卖出者）筹资期限的长短，也代表投资者（金融工具购买者）对不同收益和风险资产的偏好，筹资者和投资者总是在不同期限的金融工具之间进行选择的，因此，就整个金融市场而言，假定所有筹资者的总筹资量和所有投资者的总投资量不变，且长短期证券之间的转换不存在市场障碍，那么，货币市场供求与资本市场供求之间就存在互动关系。货币市场出售短期证券得到的资金流向资本市场购入长期证券，反映了货币市场供给与资本市场需求之间的同向运动关系，也就是说，在货币市场短期证券供给增加时，退出该市场的资金便形成对资本市场证券的需求。这种变化反映在价格上，就表现为货币市场价格（利率）下降和资本市场价格（有价证券价格）上升。同理，资本市场出售长期证券得到的资金流向货币市场，赎回或购入短期证券，反映了资本市场供给与货币市场需求之间的同向运动关系，也就是说，在资本市场长期证券供给增加时，退出该市场的资金或者用以归还贷款，归还拆借款项，赎回借款凭证，或者形成对国库券、大额定期存单等短期证券的需求，反映在价格上，就表现为资本市场有价证券价格的下降和货币市场利率的上升。

简单地表达货币市场供求与资本市场供求之间的这种互动关系，可以说，货币市场的供给形成了资本市场的需求，资本市场的供给形成了货币市场的需求；资金从货币市场流向资本市场，代表了货币市场供给的增加和资本市场需求的增加，资金从资本市场流向货币市场代表了资本市场供给的增加和货币市场需求的增加。货币市场与资本市场的这种关系表明，高效率的金融市场应当是一个资本市场和货币市场共同得到发展的市场，资本市场需求的拉动常常需要货币市场的资金支持，资本市场退出的资金也需要货币市场来吸收，同样，货币市场在资金过多时常常需要资本市场来吸收，在资金不足时也需要资本市场的补充。单纯发展其中某一个市场，都将使整个金融市场的效率降低。

第三节　有价证券价格

一、有价证券的价格决定规律

有价证券之所以能够作为金融商品，是因为持有证券后就可以享有证券所代表的某种权利或未来收入，想要拥有这种权利或收入的人，都必须出资购买和持有证券，想要转让这种权利或收入的人，可以在市场上卖出证券。作为特殊的金融商品，有价证券与一般金融商品所具有的偿还性、流动性、收益性等特点相比，尤其在收益性、风险性和虚拟性方面具有明显的特性。投资者在对各种金融商品的投资选择中，之所以要选择购买有价证券，是因为它能够带来比其他金融商品更多的收益，但是，一旦投资于有价证券，就要承担比其他金融商品更大的风险，原因是，有价证券投资是一种长期性甚至永久性的投资。作为对承担风险代价的补偿，有价证券的收益中又包含了风险收益。因此，有价证券是一种高收益、高风险的金融商品。有价证券的虚拟性表现在，由证券集中的资金的实际营运价值和证券本身的市场价值是分离的。证券集中的资金在实际营运中表现为生产、流通过程中的固定资本和流动资本是真实资本，其数量除了与有价证券数量的变化有关外，还取决于资金的实际营运状况和营运结果。而证券本身并没有价值，不能在经济中直接充当购买手段和支付手段，不是真实资本，按照马克思的说法，它是真实资本的"纸制的副本"，其价值是虚幻的，是虚拟的资本，其市场价值量的变化是独立于其真实资本变化的。它有时候能够反映真实资本数量的变化，例如，某公司发行新股票和公司债券筹集来一笔资金；某公司的股票行市因该公司已经停业而大幅下降；某公司股票因公司已经倒闭而被废弃等。但是，在很多情况下，虚拟资本量的变化并不反映真实资本的变化。例如，原来的独资企业改组为股份公司并获准发行股票，证券市场股票数量增加了，但企业的生产经营资本还是那么多；在公司业绩没有大的变化，生产经营资本保持原有水平的情况下，由于证券市场的投机性炒作、信息误导、投资者预期乐观等种种原因，可能导致公司股票价格超常规上涨，虚拟资本量大大超过真实资本量。

由于有价证券能够脱离真实资本而独立运动，其价格的决定也就有了特殊的规律。有价证券在交易中的价格与证券所标明的名义价值或证券面值常常并不一致，甚至相差悬殊。除了以上所说的可能由于市场的投机性炒作、信息、预期等原因导致供求状况发生超常变化，使价格剧烈变动外，在正常情况下，证券价格背离其名义价值而自行决定的内在机理是，在广泛存在信用活动的市场经济中，利息表现为资本收入的一般形态。凡是拥有货币资本并愿意把它投放出去谋取收益的人，其最起码的要求就是能够按市场平均的借贷利息率水平获得收益，至于投放于哪些部门和哪些资产，是存入银行还是购买有价证券，对他来说都是一样的。就购买证券而言，投资者关心的并不是证券的名义价值或票面金额，而是考虑以怎样的价格购买才能够获得相当于将该笔资金贷放出去或存入银行所得到的利息收入。也就是说，将一定的货币资金用于购买证券，即证券支付的价格，与将这笔资金用于借贷或存入银行，在证券的收益水平与市场借贷利息率相同的情况下，二者是完全等价的。

例如，某张证券票面金额100元，证券的年收益率为5％，若借贷市场的年利率水平也正好是5％，那么，这张证券的买卖价格就正好是它的票面金额，因为用100元购买这张证券和将100元存入银行，最终的收益都是5元。

假设还是一张面额为100元的证券，年收益率不是5％，而是10％，那么，在借贷市场年利率水平为5％的情况下，证券的买卖价格就不能是100元，而应该是200元，因为用200元购买这张证券能够获得的收益和将200元存入银行是相同的，前者是面额$100 \times 10\% = 10$（元），后者是本金$200 \times 5\% = 10$（元）。

再假设，一张面额为100元的证券，年收益率为5％，借贷市场的年利率水平为10％，那么，这张证券的买卖价格就应该是50元，因为用50元购买面额为100元的证券，其年收益为$100 \times 5\% = 5$（元），而将50元存入银行的年收益也为$50 \times 10\% = 5$（元）。

由此可见，决定证券价格水平及其变化的并不是证券的名义价值或面额，而是证券的收益水平与借贷市场利率水平的比较。同样面额的证券，当其收益水平高于借贷利率时，就能够以高于面额的价格出售。而当其收益水平低于借贷利率时，就只能以低于面额的价格出售，在借贷利率一定的情况下，证券的收益水平越高，其价格越高；在证券收益水平一定的情况下，借贷利率水平越高，证券的价格越低。这就是证券价格决定的一般规律，它表明，证券价格实际上就是证券收入的资本化，它和证券所带来的收入成正比，和借贷市场利率成反比。当然，在实际的证券市场上，证券买卖的价格除了受这种一般规律的支配外，还要受市场供求关系变动等多种因素的影响。

二、债券价格和股票价格

在现实的证券投资分析中，对债券价格和股票价格的分析已经形成多种理论模型，这里就根据收入资本化原理对债券和股票价格确定的基本方法作以介绍。

收入资本化原理的核心是，任何资产的内在价值（其表现形式即为资产价格）取决于持有资产可能带来的未来的现金流收入。由于未来的现金流收入是投资者预测的，是一种将来的价值，因此，需要利用贴现率将未来的现金流或将来的价值调整为现在的价值或称现值。由于借贷市场利率是收入的一般形式，因此，贴现率可用市场利率代表。若以 V 代表资产的内在价值，C_t 代表第 t 期的现金流收入，以 r 代表市场利率或贴现率，那么，资产的价值可用公式表示为

$$V = \frac{C_1}{1+r} + \frac{C_2}{(1+r)^2} + \frac{C_3}{(1+r)^3} + \cdots = \sum_{t=1}^{\infty} \frac{C_t}{(1+r)^t}$$

该公式即为对各种资产进行价值分析的一般公式。

就债券和股票这两种金融资产而言，由于存在期限以及收益和本金偿付方式的差别，在运用上述一般公式确定价格时，要根据证券偿还期限、收益和本金的偿付办法不同而有所不同。

1. 贴现债券

贴现债券，又称贴息债券或零息票债券，这是一种以低于债券面额的贴现方式发行，不支付利息，到期按面额偿还的债券。债券发行价格与面额之间的差额就是投资的债券利息收入，面额为投资者未来的现金流收入。若以 P 代表债券价格，以 A 代表面额，以 r 代表市场利率，t 代表债券偿还期限，则债券价格的公式为

$$P = \frac{A}{(1+r)^t}$$

2. 一次性偿还的付息债券

一次性偿还的付息债券按面额计算利息，债券期限到达后偿还全部本金和利息。若以 S 代表到期支付的本金和利息之和，仍以 P、r、t 代表价格、市场利率、期限，则债券价格的公式为

$$P = \frac{S}{(1+r)^t}$$

3. 分期付息的定息债券

分期付息的定期债券按面额计算利息，定期按约定支付利息或按所附息票支付利息，到期按面额收回本金，投资者未来的现金流包括分期得到的利息和期满后收回的本金。若以 C 代表每期的固定利息，以 A 代表本金或面额，其余变量 P、r、t 与前面公式相同，债券价格的公式为

$$P = \frac{C}{1+r} + \frac{C}{(1+r)^2} + \frac{C}{(1+r)^3} + \cdots + \frac{C}{(1+r)^t} + \frac{A}{(1+r)^t}$$

4. 无到期日的定息债券，又称永续债券

无到期日的定期债券只定期按固定利率支付利息，本金永不偿还。投资者购买这种债券，可永久性获得固定收入。若以 C 代表每一期的固定利息收入，其余变量与前面相同，债券价格的公式为

$$P = \sum_{t=1}^{\infty} \frac{C}{(1+r)^t} = \frac{C}{r}$$

该式的推导过程为

由于 $0 < r < 1$，因此，有

$$\sum_{t=1}^{\infty} \frac{C}{(1+r)^t} = \frac{\dfrac{C}{1+r} - \dfrac{C}{(1+r)^t} \dfrac{1}{1+r}}{1 - \dfrac{1}{1+r}} = \frac{\dfrac{C}{1+r} - 0}{\dfrac{r}{1+r}} = \frac{C}{r}$$

5. 股票

股票是一种只支付股息、不返还本金的有价证券。假定股票能够定期为股东支付固定股息，如有固定收益的优先股，那么，就可以将其视为无到期日的定息债券或永续债券。但是，对于普通股票来说，由于红利的支付取决于股份公司的经营状况，是不确定的，因此，投资者未来的现金流收入是不固定的。如果再考虑红利的支付日期也有可能不守常规等因素，那么，普通股票价格的计算就要比永续债券复杂得多。

三、股票价格指数

股票价格指数是运用指数方法编制而成的，是反映股票市场总体价格或某类股票价格平均水平及其变动趋势的指标。根据计算指数时对股票的取样范围不同，股票价格指数具有不同的类型。有反映整个市场价格水平及其变动的综合性指数，也有反映某一行业或某一类股票价格水平及其变动的分类指数；有反映某一行业和某类股票整体价格水平及其变化的全部上市股票综合指数，也有反映某一行业或某类股票中有代表性的股票价格水平及其变化的成份股指数。股票价格指数的主要作用有：①综合反映股票价格变动的趋势，作为反映宏观经济景气状况和行业发展特征的重要指标；②综合反映股票市场投资的总体收益水平，作为判断个别资产组合收益水平的比较标准；③用以预测股票市场的未来变化，为投资者的分析和决策提供依据；④作为股指期货市场的交易对象。

股票价格指数的具体形式表现为，以确定的某一日期为基期，并将某一既定的整数（通常为100）作为基期的股票平均价格，采用一定的计算公式，计算出报告期的股票平均价格较基期平均价格变动的比率（通常以百分数表示），即为报告期的股票价格指数。可采用的计算方法有相对平均法、综合平均法、加权平均法和几何平均法四种。若以 P 代表报告期股票价格指数，以 P_0^i（$i=1, 2, 3, \cdots, n$）代表第 i 种股票的基期价格，以 P_1^i（$i=1, 2, 3, \cdots, n$）代表第 i 种股票的报告期价格，以 n 代表所选取的样本股票的种数，以 Q_i 代表第 i 种股票的股数，以 100 作为基期的股票价格指数，那么，四种方法的计算公式分别如下。

1. 相对平均法

相对平均法是将各样本股票的报告期价格与基期价格的比率之和除以样本股票的种数，再乘以基期的股价指数。其计算公式为

$$P = \frac{1}{n} \sum_{i=1}^{n} \frac{P_1^t}{P_0^t} \times 100$$

2. 综合平均法

综合平均法是将各样本股票的报告期价格和基期价格分别加总后相除，再乘以基期的股价指数。其计算公式为

$$P = \frac{\sum\limits_{i=1}^{n} P_1^i}{\sum\limits_{i=1}^{n} P_0^i} \times 100$$

3. 加权平均法

加权平均法是将各样本股票的报告期价格和基期价格与各种股票股数的乘积分别加总后相除，再乘以基期的股价指数。以各种股票的股数作为权数的意义在于，反映各种股票在股价平均数形成中的相对重要性。其计算公式为

$$P = \frac{\sum\limits_{i=1}^{n} P_1^i Q_i}{\sum\limits_{i=1}^{n} P_0^i Q_i} \times 100$$

4. 几何平均法

几何平均法是对 n 种股票的报告期价格与基期价格的比率的乘积开 n 次方，再乘以基期的股价指数。其计算公式为

$$P = \sqrt[n]{\frac{P_1^1}{P_0^1} \frac{P_1^2}{P_0^2} \frac{P_1^3}{P_0^3} \cdots \frac{P_1^i}{P_0^i} \frac{P_1^n}{P_0^n} \times 100}$$

上述几种方法中，使用最多的是加权平均法。

目前世界上比较权威和有影响的股票价格指数主要有以下几类。

（1）道·琼斯股价平均指数（dow jones averages），由道·琼斯公司编制，选取在纽约证券交易所上市的若干种具有代表性的股票作为样本，以 1928 年 10 月 1 日为基期，并令基期指数为 100。目前，道·琼斯指数包括四组分类指数：①30 种工业股价平均数，是最受关注的道·琼斯指数；②20 种交易运输业股价平均数；③15 种公用事业股价平均数；④包括以上 65 种股票的综合股价平均数。道·琼斯股价指数每日都在《华尔街日报》上公布。

（2）标准普尔指数（standard and poor's composite index），由标准普尔公司编制，目前选用在纽约证券交易所上市的 500 种股票作为样本，其中包括 400 种工业股票、40 种公用事业股票、20 种运输业股票和 40 种金融业股票，以 1941～1943 年为基期，并令基期指数为 10，以各种股票的发行量为权数，采用加权平均法进行计算。标准普尔指数的最大特点是取样面广、代表性强。

（3）日经道·琼斯股价平均指数（Nikkei Dow-Jones stock price average），又称"日经 225 股价指数"，由日本经济新闻社编制，使用道·琼斯公司商标，以东京证券交易所第一批上市的 225 家公司的股票为样本，后来又编制和公布日经 500 种股价平均指数。日经指数从 1950 年 9 月起开始编制，是西方报刊最常引用的反映日本股市变动的股价指数。日本另一个影响较大的股价指数是 1969 年 7 月 1 日起编制的东京股价指数。

（4）伦敦金融时报指数（financial times ordinary shares index），是伦敦《金融时报》工商业普通股票平均价格指数的简称，由英国《金融时报》于 1935 年 7 月 1 日起编制，并以该日期作为指数的基期，令基期股价指数为 100，采用几何平均法进行计算。该指数最早选取在伦敦证券交易所挂牌上市的 30 家代表英国工业的大公司的股票

为样本，是欧洲最早和最有影响的股票价格指数。目前的金融时报指数有 30 种、100 种和 500 种等各组股票价格平均数构成，范围涵盖各主要行业。

（5）香港恒生指数（HongKong hensen stock index），由香港恒生银行全资附属的恒生指数服务有限公司编制，以香港股票市场中 33 家上市股票为成份股样本，以每种股票的发行量为权数加权平均计算。恒生指数以 1964 年 7 月 31 日为基期，并令基期指数为 100。33 个样本股票选自香港金融业、公用事业、地产业和其他工商业，包括航空和酒店等。

中国内地的主要股价指数有以下 4 个。

（1）上证综合指数，由上海证券交易所编制，以在上海证券交易所挂牌上市的全部股票为样本，以发行量为权数加权平均计算，基期为 1990 年 12 月 19 日，基期指数定为 100。1992 年 2 月 21 日，增设上证 A 股指数和 B 股指数，分别反映全部 A 股和全部 B 股的股价综合变动，其中 A 股指数仍以 1990 年 12 月 19 日为基期，B 股指数以 1992 年 2 月 21 日为基期，基期指数都定为 100。之后，上证综合指数则成为综合反映上交所全部 A 股和 B 股股价变动的综合性指数。

（2）上证 30 指数，由上海证券交易所编制，从上海证券交易所上市的所有 A 股股票中选取 30 只样本股，以流通股数为权数加权平均计算，基期为 1996 年 1～3 月，基期指数为 1000。该指数的 30 只样本股中，包括工业股、商业股、房地产股、公用事业股和其他行业股。

（3）深证综合指数，由深圳证券交易所（以下简称深交所）编制，以在深交所挂牌上市的全部股票为样本，以发行量为权数加权平均计算，基期为 1991 年 4 月 3 日，基期指数定为 100。除此指数外，深交所还编有分别反映全部 A 股和全部 B 股股价变动的深证 A 股指数和深证 B 股指数，前者仍以 1991 年 4 月 3 日为基期，后者以 1992 年 2 月 28 日为基期，基期指数都定为 100。

（4）深证成份指数，由深交所编制，从深交所上市的所有股票中选取 40 只作为样本股，其中 A 股用于计算深证成份 A 股指数，B 股用于计算深证成份 B 股指数，以成份股的可流通股本数为权数加权平均计算，基期为 1994 年 7 月 20 日，基期指数定为 1000。

第四节　金融衍生工具

一、金融衍生工具的定义和分类

金融衍生工具又称为金融衍生品（衍生商品或衍生产品），它是相对于原生金融工具或基础性金融工具而言的。原生金融工具是指那些交易活动及其价格和收益等与实物资产的价值运动和收益直接相关的金融工具，如货币、银行存单、债券、股票、外汇等，其价格或收益形式分别为利率、债券价格、股票价格、汇率等，这些金融工具一般都对实物资产有直接的要求权，投资于这些金融工具所得的收益一般都与相应的实物资产的价值变化情况直接相关，或者说这些金融工具的价值变动是以实物资产价值的变动为基础的。而金融衍生工具则是在这些原生性或基础性金融工具的基础上派生出来的金融工具，它们根据利率、债券价格、股票价格、汇率等原生金融工具的价格变化趋势的预期来定值，通过以支付少量保证金签订远期合约或互换不同的交易合约等形式谋求最大收益或规避损失，形成了具有杠杆性、投机性、风险性和虚拟性的金融交易方式或交易工具。

金融衍生工具可以从不同的角度进行分类，例如，根据所依附的原生性工具的不同，可以分为债务衍生工具、股票衍生工具、外汇衍生工具等；根据市场组织形式不同，可以分为场内交易衍生工具和场外交易衍生工具；根据交易方式的特征不同，可以分为远期合约、期货合约、期权合约、互换合约等。现实中有一些金融衍生工具实际上是多种类型的混合体或者说是对各种金融工具的综合运用形式，如资产证券化等。

二、远期合约

远期合约是 20 世纪 80 年代初兴起的一种保值工具，它是一种交易双方约定在未来的某一确定时间，以确定的价格买卖一定数量的某种金融资产的合约。合约中要规定交易的标的物、有效期和交割时的执行价格等项内容。从理论上讲，远期合约的交易双方——买入标的物的多方（long position）和卖出标的物的空方（short position）能够在信息对称的条件下约定双方都能接受的执行价格，说明在成交日远期合约的价值对双方来说都为零。在合约的整个有效期内，合约

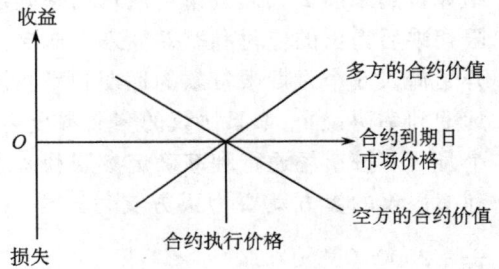

图 4-1 远期合约的价值决定

的价值是随着标的物市场价格的波动而变化的，当市场价格高于合约的执行价格时，由空方向多方按差价支付结算金额，对多方来说，合约的价值大于零；而当市场价格低于合约执行价格时，则由多方向空方按差价支付结算金额，对空方来说，合约的价值大于零。远期合约的价值在有效期内相对于多方和空方的这种变化关系，如图 4-1 所示。

远期合约的交易一般不在规范的交易所内进行，大都通过现代化通信方式在场外进行。远期合约的具体形式主要有远期货币协议和远期利率协议两种。

远期货币协议是一种为进行远期外汇交易而签订的协议，在这种协议下，外汇买卖成交时，交易双方无须收付对应货币，而是约定在未来某个时间进行结算与交割。协议要规定外汇买卖的币种、数额、期限和汇率等内容。期限一般为 1～6 个月，最长一般不超过 12 个月，以 3 个月期限的居多。在实际外汇市场上的远期货币协议有将交割日确定为固定日期的直接远期外汇协议，也有将交割日确定为在两个日期之间择期的择期外汇协议。远期外汇协议一般由有远期外汇收入或远期外汇支出的客户与外汇银行之间签订，目的是为了避免汇率波动的风险。在利用远期外汇协议进行投机时，买卖双方一般并不进行实际交割，而是按照到期时汇率的涨跌来收付盈亏的余额，以结束交易。远期货币协议以远期汇率确定交易价格，协议的报价可以直接报出整个远期汇率，称单纯远期汇率；也可报出掉期率，即升水值、贴水值。外汇市场上的惯例是用远期升水或贴水来给出远期报价，高买低卖时为贴水，低买高卖时为升水。

远期利率协议，是交易双方为避免将来利率波动的风险，或为在将来利率波动时获取投机收益而签订的一种协议。在这种协议下，交易双方约定从将来某一确定的日期开

始在某一特定的时期内借贷一笔利率固定、数额确定、以具体货币表示的名义本金。远期利率协议的买方就是名义借款人，如果市场利率上升的话，他按协议上确定的利率支付利息，就避免了利率风险；但若市场利率下跌的话，他仍然必须按协议利率支付利息，就会受到损失。远期利率协议的卖方就是名义贷款人，他按照协议确定的利率收取利息，显然，若市场利率下跌，他将受益；若市场利率上升，他则受损。远期利率协议产生的动机，对买方和卖方来说都可能有两种，一种是确有在将来一个时期借入资金或贷出资金的必要，为了避免在那时的实际借贷中遭受利率损失而购买协议或卖出协议；另一种是纯粹的投机，即认为市场利率将会高于协议利率时就购买协议，充当借款人，认为市场利率将会低于协议利率时，就卖出协议，充当贷款人，从中获取利差收益。实际上，远期利率协议下往往并没有真实的借贷行为发生，本金只是为计算利息额而设定的，是一种名义本金。交易双方只需要在结算日根据由协议利率和市场利率（由双方在结算日到来前 2 天内按市场通行利率确定的参照利率）的率差与名义本金及名义借贷期限相乘后得出的应付利率差额来完成支付，以结束交易。例如，一份约定在 2 个月以后开始借入 6 个月期限贷款的远期利率协议（习惯上称为 2 月对 8 月远期利率协议或 2×8 远期利率协议），如果协议的名义本金为 100 万美元，协议的执行利率定为 6.3%，若 2 个月后（按市场通行利率确定参照利率之日）市场利率上升到 6.8%，那么，这份远期利率协议的卖方就要为买方支付这样一笔利息差额：$1\,000\,000\times(6.8\%-6.3\%)\times\dfrac{6}{12}=2500$（美元）。

三、期货合约

期货合约是一种为进行期货交易而制定的标准化合同或协议。期货交易是指买卖双方事先就交易对象或标的物（商品或货币、证券、股票价格指数等金融产品）的品种、数量、交割日期、交易价格、交割地点等达成协议，根据协议在未来的某一特定时间和地点以双方约定的价格购买或出售一定数量的商品或金融产品；或者，也可以在交割前采取对冲的方式来避免实物交割。期货合约与远期合约的原理是相同的，所不同的是，期货合约是在有组织的交易所内进行的，合约的许多内容不是由交易双方临时磋商确定，而是由交易所事先设定好的，除了交易价格由交易双方在交易所内公开竞价达成外，合约的其他组成要素包括标的物的种类、数量、交割日期、交割地点等，都是标准化的。标准化的合约，使交易双方省去了对交易价格以外的其他条件的磨合，他们只需要在交易所选择适合自己的期货合约买进或卖出，就可成交。交易所的清算部或清算公司充当所有期货合约买者的卖方和所有期货合约卖者的买方，即充当买卖双方的中介，因此，期货合约的交易双方并不需要直接接触。而是分别在交易所的清算机构开立保证金账户，并按交易所规定的比例交存保证金，一切交易活动都通过保证金账户来进行，盈利者可从账户取走现金，亏损者则要补足保证金余额。合约的标准化，大大方便了合约的流通，在绝大多数情况下，期货合约的买者或卖者都是在到期前通过将合约抛出或购入而结束其头寸的，也就是说，原先买进合约的人在到期前要将合约卖掉，原先卖出合约的人在到期前要将合约买进，通过这种方向相反的对冲交易，就避开了真实的实物交割。

期货合约根据标的物的不同，可分为商品期货合约和金融期货合约，简称为商品期货和金融期货。商品期货的标的物一般限于那些大宗的、同质化的、易于保存的和价格多变的商品，如谷物、矿产品、有色金属等。商品期货早在19世纪中叶就已经出现了。金融期货的标的物是外汇、利率、股票、债券、股票价格指数等金融产品，对应于各种标的物的金融期货分别称为货币期货、利率期货、股票价格指数期货等。金融期货是在商品期货的基础上发展而来的，是20世纪70年代以后首先在国际金融领域出现的。作为金融工程实体性工具的期货合约，主要指的是金融期货。金融期货与商品期货具有相同的运作原理，所不同的主要是，由于金融期货的标的物是特定的金融商品，没有具体的使用价值形态，因此，交易者的交易动机很少与其对标的物的直接需求相关，很少出现真实的交割，这就决定了金融期货合约的市场流动性要高于一般期货合约，投机性要比一般期货合约更强。

货币期货、利率期货和股票价格指数期货是金融期货的主要形式，各自的主要特征如下。

（1）货币期货，这是最早出现的金融期货，又称外汇期货，它是买卖双方在将来某一时间以约定的价格进行两种货币交换的期货合约。货币期货是标准化的合约，交易的标的物是国际上公认的主要支付货币，交易期限是交易所规定的标准期限，交易数量根据交易所规定的标准交易单位确定，买卖双方在交易所内以公开竞价方式达成未来的收交价格。货币期货绝大部分不进行实际交割，只对差额进行清交。货币期货与远期货币协议的主要区别在于它是标准化的合约，是在交易所内而不是在场外进行的，价格是集中公开竞价确定的，而不是买卖双方一对一地撮合而成的。

（2）利率期货是交易双方在将来某一时间以约定的价格对一定数量的具有利息和期限的金融商品进行交割的期货合约。主要包括以长期国债为标的物的长期利率期货和以短期存款为标的物的短期利率期货。由于对国债和存款的买卖是以利率报价的，买卖双方都是为了避免因市场利率变动而遭受损失或者为了获取市场利率变动所带来的收益，因此，这里的债券期货和存款期货就是一种利率期货。利率期货与其他期货合约一样，以合约的标准化为前提，通过经纪人在交易所内进行，交易者在参加交易时须在交易所的清算机构开立利率期货保证金账户，并按交易所规定的比例交存保证金。在多数情况下，利率期货都是在到期前用相反的合约对冲，很少出现真实的交割。

（3）股票价格指数期货，简称股指期货，是以股票价格指数作为交易标的物的一种金融期货。在股指期货中，买卖双方约定在将来的某一时间以约定的价格（股价指数的点数）买卖标准化单位的某种特定指数，交易价格用"点"表示，每点都有规定的货币金额价值，如美国的期货交易所均规定每点指数为500美元，日本规定每点指数值为10 000日元。股指期货的标的物是代表股票市场平均价格水平的股价指数，它涉及一揽子股票的加权平均价格，而不针对某一种股票，因此，交易中并不涉及股东权益的转让，没有实际的股票过户，交割时只按由股票指数市场变化与合约确定的点数的差所代表的货币金额进行清算。股指期货是为了满足投资者规避股市的系统性风险和转移个别股票价格波动风险而设计的金融工具，深受套期保值者的欢迎，再加上各国的期货交易所对股指期货的最低保证金比例定得很低，一般仅占期货合约总值的10%左右，因此，投资的财务杠杆率较大。投资者可以用较少的资金在预测股市将会上升时，大量买进期货，或者在预测股市将会下跌时，大量卖出期货，以谋取高额利润。

四、期权合约

期权合约是一种约定选择权的合约，即对标的物的"买的权利"或"卖的权利"进行买卖而签订的合约。这种合约规定，买方有权在约定的时间或时期内，按照约定的价格（合约执行价格）购买或出售一定数量的标的物（实物商品、证券、期货合约等），也可以根据市场变化情况放弃买或卖的权利。在买方选择行使权利时，卖方必须履行合约规定的义务。买方购买这种选择权必须付出费用，这个费用就是其向卖方支付的期权费或权利金。在期权合约下，合约的买方（支付期权费即买下选择权的一方）希望的是，当出现有利于自己的市场价格时，行使买或卖的权利，获取标的物的差价收益，而当出现不利于自己的市场价格时，则放弃行使权利，将损失锁定在期权费的水平；合约的卖方希望出现不利于买方的市场价格，只要买方放弃行使权利，收取的期权费就成为卖方的实际收益。

期权合约有许多种类。根据选择权中买或卖的标的物是实物商品还是证券、期货合约等金融商品，期权可分为商品期权和金融期权。作为金融工程实体性金融工具的期权合约，主要指的是金融期权。金融期权又可根据相关金融商品的不同，进一步分为货币期权（外汇期权）、利率期权、股票期权、股票价格指数期权等。根据买者行使权利的时限不同，期权可分为欧式期权和美式期权。欧式期权的买者只能在期权到期日才能行使买或卖的权利，而美式期权则允许买者在期权到期前的任何时间都可以行使权利。根据合约赋予买者权利的性质不同，期权可分为看涨期权（call option）和看跌期权（put option）。看涨期权，又称买权，就是合约购买者具有从合约卖出者那里买进某种标的物的权利的期权合约；看跌期权，又称卖权，就是合约购买者具有向合约卖出者售出某种标的物的权利的期权合约。

看涨期权或买权赋予期权购买者买进标的物的权利，当期权购买者预测某种标的物的未来市场价格将会上涨时，就向期权出售者购买对这种标的物的看涨期权，若标的物的市场价格果真上涨到超过执行价格加期权费的水平，执行期权就可获利；若市场价格未超过执行价格加期权费的水平，执行期权就会发生损失；若市场价格未超过执行价格水平，放弃执行期权，就可将损失锁定在期权费水平。如图4-2所示。

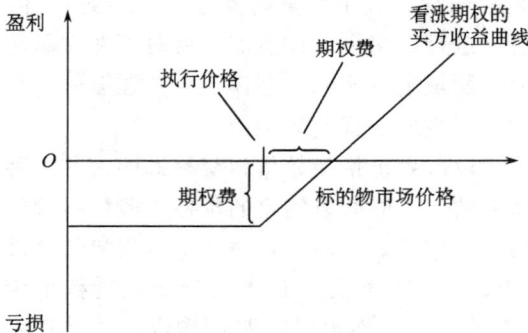

图4-2　看涨期权中的买方

看跌期权或卖权赋予期权购买者卖出标的物的权利，当期权购买者预测某种标的物的未来市场价格将会下跌时，就向期权出售者卖出对这种标的物的看跌期权，若标的物的市场价格果真下跌到比执行价格减去期权费后还要低的水平，执行期权就可获利；若市场价格未低于执行价格减去期权费的水平，执行期权就会发生损失；若市场价格未低于执行价格水平，放弃执行期权，就可将损失锁定在期权费水平。

无论是看涨期权还是看跌期权，对于期权的卖出者来说，买者的收益就是他的损失，买者的损失就是他的收益。由于买者的收益取决于标的物市场价格的变化情况，是没有限定的，因此，卖者的损失也就没有限定；又由于买者的损失最大限度是期权费，因此就决定了卖者的最高收益水平只能是其收取的期权费。简单地说也就是，在期权合约中，期权的买者收益无限而损失有限，期权的卖者损失无限而收益有限。

五、互换合约

互换合约是一种交易双方在约定的有效期内相互交换支付的合约。交换的具体对象可以是不同种类的货币、债券，也可以是不同种类的利率、汇率、价格指数等。一般情况下，它是交易双方（有时也有两个以上的交易者参加同一笔互换合约的情况）根据市场行情，约定支付率（汇率、利率等），以确定的本金额为依据，相互为对方进行支付。互换合约最主要和最常见的形式是利率互换和货币互换。

利率互换是指交易双方约定在未来的一定期限内，按约定的名义本金和计息方式，用一种货币向对方支付利息。在利率互换中，没有实际本金的交换，本金只是为了计算利息额而设定的，在实际结算时，通常只按双方应支付的差额部分进行清算。利率互换的主要形式有三种：第一种是固定利率对浮动利率互换。这是最基本的和标准的利率互换形式。在这种形式下，一方向对方支付一笔固定利率利息，同时得到对方支付的一笔浮动利率利息，而对方相应地收到一笔固定利率利息和支付一笔浮动利率利息。第二种是浮动利率对浮动利率互换，即一方向对方支付以某种参照利率（如伦敦银行同业拆放利率为基础计算的浮动利率），对方则向其支付以另一种参照利率（如美国商业票据混合利率为基础计算的浮动利率）；第三种是复合货币利率互换，即一方按某种货币的某种利率基础计算的利息额向对方支付，对方则按另一种货币的一定利率基础计算的利息额向其支付，但双方实际支付的款项为同一货币。后两种形式以及其他一些形式，一般均被认为是利率互换的变形形式。

货币互换是指交易双方约定在未来的一定期限内，按约定的本金额和利率，相互交换不同的货币。与利率互换相比，货币互换的主要特点是，交易双方所支付款项的货币种类不同；交易中要发生本金的交换；交易双方的利息支付可以同时采用一种计息方式，如双方都以浮动利率支付或都以固定利率支付。

互换合约能够存在并发展的基础在于，它遵循了比较优势原理。根据大卫·李嘉图（David Ricardo）的比较优势理论，在两国都能生产同样的两种产品，且由于技术和劳动生产率等方面的差异，一国比另一国在两种产品上都存在优势，但这种优势在两种产品之间并不相同的情况下，处于优势的国家专门生产优势较大的那种产品，而处于劣势的国家则专门生产劣势较小的那种产品（与另一种产品相比，具有相对优势），然后进行交换，各自都能从中获益。

互换合约中的交易双方能够达成协议的主要原因就在于，通过互换可以使双方的比较优势得以发挥，从而降低筹资成本或提高投资收益。被认为是全世界第一笔典型的货币互换的业务发生于 1981 年，这一年，在所罗门兄弟投资公司的安排下，世界银行与美国国际商用机器公司（IBM）达成协议，由世界银行用美元支付 IBM 公司所发行的联邦德国马克和瑞士法郎债券的全部本金和利息，而 IBM 公司则用联邦德国马克和瑞士法郎支付世界银行所发行的美元债券的全部本金和利息。当时世界银行的筹资优势在美元债券市场，而它所需要的资金是瑞士法郎和德国马克，IBM 公司正好在此时发行了瑞士法郎和德国马克债券，且正在为筹集到的资金寻求出路，由于美元坚挺，通过与美元债券的转换即可获得汇兑收益。这样一来，世界银行以美元支付 IBM 公司所发行的德国马克和瑞士法郎债券的全部本金和利息，使 IBM 公司希望投资于美元获取收益的愿望得以实现，世界银行也以理想的成本（德国马克和瑞士法郎是当时的低利率货币）筹集到了价值 2.9 亿美元的德国马克和瑞士法郎，双方各得其所。

六、资产证券化

资产证券化是把缺乏流动性，但具有预期现金流收入的资产，经过结构性重组和信用增级处理后，转变为可以在金融市场上出售和流通的证券，据以回流资金的过程。可被证券化的资产包括各类贷款（尤其是各种抵押贷款）、各类应收账款、租赁收入、人寿保单、各种收费项目等，其中以抵押贷款为主的银行信贷资产是证券化的主要对象，因此，银行信贷资产的证券化是资产证券化的典型形式，银行和储蓄贷款机构是资产证券化的主要受益者。

资产证券化源于美国。20 世纪 70 年代初，作为政府金融机构的美国联邦国民抵押协会（The US Federal National Mortgage Association，FNMA）、美国政府国民抵押协会（The US Government National Mortgage Association，GNMA）和美国联邦住房抵押贷款公司（The US Federal Home loan Mortgage Corporation，FHLMC）开始向商业银行和储蓄贷款机构购买各种抵押贷款，并将抵押贷款转化为证券，以增强发放抵押贷款的金融机构的资产流动性。为了吸引更多的投资者购买证券，它们还运用这些以抵押贷款作为偿付基础的证券（资产支持证券）创造衍生产品，满足投资者的期限、收益和风险管理需求。自美国成功示范了银行信贷资产证券化后，进入 20 世纪 80 年代，资产证券化开始流行于国际资本市场，证券化的资产范围也开始由信贷资产向应收账款、租赁、保险等各种资产扩展，但最具代表性的仍然是银行信贷资产的证券化。

以银行贷款证券化为例，资产证券化的一般过程为

（1）由贷款原发放银行为发起人，根据其融资要求，对现有的贷款资产进行清理、估算和考核，挑选出准备进行证券化的贷款，将其从资产负债表中剥离出来，捆绑为一个贷款组合。这个贷款组合可称之为证券化的基础资产。

（2）原贷款银行向作为资产支持证券发行人的特设金融机构（special purpose vehicle，SPV），如上文提到的 FNMA 等，出售贷款组合，双方签订贷款组合买卖合同。

（3）证券发行人做发行前的各项准备，包括与贷款出售银行或其附属公司签订贷款服务合同，以保证贷款本金和利息的回收；与受托人签订信托协议，以保证贷款组合产生的现金收入流（贷款本息）的账户管理和向证券投资者支付证券的本金和利息；与证券承销商签订承销协议，以保证证券的顺利发行；依据贷款组合的信用风险进行资产证券化安排设计，并聘请信用评级机构对贷款组合和证券化安排的信用度进行内部评级，如果认为信用度达不到使证券顺利销售所要求的等级，就要采取增信措施，例如，发行人对资产支持证券提供超值抵押（贷款组合金额大于由其支持的证券总额）、由高信用级别的银行或保险公司出具信用证或保单等；由信用评级机构对证券发行进行正式评

级，并向投资者发布评级结果。

（4）证券发行人与承销商协商确定证券发行价格、发行时间、证券收益率等发行条件，并签订正式协议，而后开始进行证券的市场销售。

（5）发行人获得证券发行收入，向贷款出售银行支付购买贷款组合的价款，向各类服务机构支付报酬。

（6）发行人将一部分资产支持证券向交易所申请上市，以满足投资者对证券流动性的要求。

（7）贷款服务机构（一般为贷款出售银行或其附属公司）和信托机构分别负责贷款本息的回收和对证券投资者偿付证券本息。

资产证券化对银行的经营和发展具有多方面的意义。

（1）提高银行信贷资产的流动性。这是银行热衷于资产证券化的初始动力。在证券化过程中，银行原先流动性较弱的资产经过筛选、重组、增信等处理后，转变为可以在市场上顺利销售的证券，证券的快速变现给银行带来现金流收入，使资产的流动性明显改善。对于不良资产，也可采取由政府参与信用增级、折价发行、税收优待等特殊的整合措施，设计出符合投资者要求的证券，吸引投资者购买，使资产得以盘活。

（2）开辟了银行向资本市场筹资的途径。银行将贷款组合出售给作为资产支持证券发行者的特设金融机构，经过一系列运作后，证券发行的信用等级一般都高于贷款组合的信用等级，这样就能以较低的发行成本获得证券发行收入。对于那些信用等级较低的金融机构来说，通过资产证券化途径补充资金来源要比直接吸收存款、发行债券更有利。

（3）分散银行信贷风险。银行将贷款组合出售后，就不再面对借款人的信用风险，贷款组合的债权已经转给作为资产支持证券发行人的特设金融机构。至于贷款的利率风险，则在证券结构的设计中作了相应的考虑，通过结构优化的证券发行收入支付给贷款出售银行的价款中，已经包含了对利率风险的补偿。

（4）改善资本风险管理。根据巴塞尔协议对各国银行资本充足率的要求，银行资本与加权风险资产的比率不得低于8%。通过证券化，原来作为较高权重风险资产的贷款变为现金，从风险资产中移出。这种分母策略使银行在资本总额不变的情况下，提高了资本充足率。

（5）提高银行经济效益。银行在出售贷款组合，回流资金后，就可选择新的贷款和投资目标去获取收益。银行在实施贷款证券化过程中，一般仍保留贷款服务职能，负责收取到期贷款的本金和利息，转交给负责向证券投资者支付证券本息的信托机构，从中产生服务费收入。

第五节　现代融资理论

融资理论也称为融资结构理论。现代融资理论的创立是以 MM 定理的提出为标志的。20 世纪 70 年代的权衡理论以及 20 世纪 80 年代信息非对称理论的出现，使企业融资理论得到了极大的发展且日臻完善，现已经发展成为一个比较成熟的理论，它是西方金融环境、资本市场和公司理财背景发展到一定阶段的产物，并在西方各国的企业融资行为中起到了理论指导的作用。

一、MM 理论

1958 年，美国学者莫迪格利亚尼和米勒在《美国经济评论》上发表了"资本成本、公司财务与投资理论"[①] 一文，提出了著名的 MM 理论，创立了现代融资理论。

MM 理论的主要内容包括早期的 MM 理论，即无公司税的 MM 理论和经过修正的 MM 理论即有公司税的 MM 理论以及米勒模型。这些内容体现在"资本成本、公司财务和投资理论"、"股利政策，增长和股票估价"（1961 年 10 月发表于《商业学刊》第 34 卷）、"企业所得税和资本成本：一项修正"（1963 年 6 月发表于《美国经济评论》第 53 卷）以及"电力公用事业行业资本成本的某些估计"（1966 年 6 月发表于《美国经济评论》第 53 卷）这四篇文章中。

（一）早期的 MM 理论（无公司税的 MM 理论）

早期的 MM 理论是在对早期净营业收益理论做了进一步发展的基础上提出的，通过严格的数学推导，证明了在一定条件下，企业的价值与所采取的融资方式——发行债券或发行股票无关的理论，该理论又称为"资本结构无关论"（capital structure irrelevance theory）。

该理论建立在一系列严格的假设之上，主要包括以下几项。

（1）资本市场是完善的，股票和债券无交易成本。

（2）投资者个人的借款利率与企业的借款利率相同，且无负债风险。

（3）投资者可按个人意愿进行各种套利活动，不受任何法律的制约，无公司和个人所得税。

（4）企业经营风险的高低用息税前盈利的标准差衡量；企业的经营风险相同，则它们所属的经营风险也相同。

（5）投资者对公司的未来收益及风险的预期是相同的。

（6）企业的增长率为零，即息税前盈利 EBIT 固定不变，财务杠杆收益全部支付给股东。

（7）各期的现金流量预测值为固定量，构成等额年金，且会持续到永远。

根据上述假设，MM 理论提出了定理 I、定理 II 和定理 III，其中定理 I 是整个理论的中心，最为集中地体现了 MM 理论的精髓，定理 II 是定理 I 在资本成本理论领域的派生，定理 III 则是定理 I 和定理 II 在投资决策上的应用。在企业融资领域经常被提及的是定理 I、定理 II 和之后的修正结论。

定理 I：任何企业的市场价值与其资本结构无关，而是取决于按照与其风险程度相适应的预期收益率进行资本化的预期收益水平。用公式表示为

$$V = (S + D) = X/p_k$$

式中，V 为企业市场价值；S 为企业股权资本价值；D 为企业债权资本价值；X 为企业的预期收益；p_k 为 k 等级的预期资产收益率。

---

① Modigliani，Franco and Miller，Merton H：The cost of capital，corporation finance，and the theory of investment，1958，American Economic Review，Vol. 48

定理Ⅱ：股票每股预期收益率应等于处于同一风险程度的纯粹权益流量相适应的资本化率，再加上与其财务风险相联系的溢价。其中财务风险是以负债权益比率与纯粹权益流量资本化率和利率之间差价的乘积来衡量。用公式表示为

$$P_s = P_k + (P_k - r)D/S$$

式中，P_s 为属于 k 风险等级的任何一个企业股票的预期收益率；r 为负债的利率；其他符号的含义同上。

综合定理Ⅰ和定理Ⅱ可知，在无公司税时，资本结构不影响企业价值和资本成本，即增加公司债务，并不能提高公司价值，因为负债带来的好处完全为其同时带来的风险增加所抵消。

（二）修正的 MM 理论（MM 公司税模型）

由于 MM 理论是在严格的假定条件下得出的结论，它与现实经济相差较远，尤其是无公司和个人所得税这一假定与现实经济相差更是甚远。为了使这个理论与现实经济相吻合，1963 年，莫迪格利亚尼和米勒发表了"企业所得税和资本成本：一项修正"一文，该文对在 1958 年提出的企业融资进行了修正，所以称之为修正的 MM 理论，或 MM 公司税模型。其要点是把公司所得税的影响引入了原来的分析之中，从而得出了相反的结论：负债会因利息减税作用而增加企业的价值，因此企业负债率越高越好。他们认为按照美国税法，企业对债券持有人支付的利息计入成本而免交企业所得税，而股息支出和税前净利润要缴企业所得税。这样，利息具有减税作用，从而使企业价值随着负债融资程度的提高而增加。MM 公司税模型提出了两个命题。

命题 1：无负债企业的价值等于企业所得税后利润除以企业权益资本成本率；而负债企业的价值则等于同类风险的无负债企业的价值加上负债节税利益。用公式表示为

$$V_u = \frac{\text{EBIT}(1-T)}{K_{su}} \qquad V_l = V_u + \text{TD}$$

式中，V_u 为无负债企业的价值；V_l 为负债企业的价值；EBIT 为息税前利润；T 为公司所得税率；D 为企业负债总额；K_{su} 为企业权益资本成本率；TD 为负债节税利益。

命题 1 意味着，在考虑了企业所得税后，使用负债的企业价值会比未使用负债时高 TD，并且负债越多，企业的价值越高，当企业负债达到 100％时，亦即它的资本结构完全由负债构成时，企业价值达到最大，而融资成本最小；也就是说，最佳的融资结构应该全部是债务，而不应发股票。

命题 2：负债企业的权益资本成本率（k_{sl}），等于同类风险的无负债企业的权益资本成本率（k_{su}）加上风险报酬，而风险报酬则依据负债融资程度与公司所得税而定。即

$$k_{sl} = k_{su} + (k_{su} - k_d)(1-T)(D/S)$$

式中，k_d 为负债的利率；S 为普通股市场价值。由于（$1-T$）小于 1，所以在考虑公司所得税后，尽管权益资本成本率还会随着负债程度的提高而上升，不过其上升幅度低于不考虑所得税时上升的幅度。

（三）米勒模型

修正的 MM 理论，考虑了公司所得税的影响，但未考虑个人所得税的影响；为此，米勒在 1976 年建立了一个包括公司所得税和个人所得税在内的模型。米勒模型的表达式为

$$V_l = V_u + \left[1 - \frac{(1 - T_c)(1 - T_s)}{1 - T_d}\right]D$$

式中，T_c 为企业所得税；T_s 为对普通股股息征收的个人所得税；T_d 为对债券征收的个人所得税；D 为负债总额。

从这个表达式可知：

（1）如果忽略所有的税率，即 $T_c = T_s = T_d = 0$，则 $V_l = V_u$，这是 MM 无税模型的表达式。

（2）如果忽略个人所得税率，即令 $T_s = T_d = 0$，则 $V_l = V_u + T_c D$，这是 MM 公司税模型的表达式。

（3）如果股票收入的个人所得税和利息收入的个人所得税相同，即 $T_s = T_d$，则它们对负债企业的市场价值的影响相互抵消。

（4）如果 $(1 - T_c)(1 - T_s) = 1 - T_d$，这说明，负债的节税利益恰好被个人所得税所抵消，不论企业是使用债务融资还是权益融资，都无法获得税收上的利益好处。在这种情况下，资本结构对企业价值或资本成本无影响。

米勒模型的结果表明，MM 公司税模型高估了企业负债的好处，因为个人所得税在某种程度上抵消了企业利息支付的节税利益，降低了负债企业的价值。不过，米勒模型与公司税模型的结论是一样的，都认为企业负债率越高越好，而且认为 100％负债时企业的市场价值最大。

二、权衡理论

权衡理论是 20 世纪 70 年代中期形成的，其主要观点认为企业最优资本结构就是在负债的税收利益与破产成本现值之间进行权衡。因此，权衡理论也称为企业最优资本结构理论。权衡理论从时间顺序上大体上可分为权衡理论和后权衡理论。

权衡理论的代表人物包括罗比切克（Robichek，1967）、梅耶斯（Mayes，1984）、考斯（Kraus，1973）、鲁宾斯坦（Krubinmstein，1973）和斯科特（Scott，1976）等人，他们的模型基本引自于 MM 理论的修正模型，把 MM 理论看成只是在完全和完美市场条件下才成立的理论，而认为现实市场是不完全的和不完美的，其中税收制度和破产惩罚制度就是市场不完全与不完美的两种表现。

权衡理论的思想最清楚地表达在罗比切克和梅耶斯 1966 年所写的"最优资本结构理论问题"一文中，他们指出："因为税收原因，利息可以从企业收益中扣减，所以财务杠杆有助于给现有投资者增加企业的价值。另外，如果破产和（或）重组是有可能和有成本的，带给现有投资者的企业价值会变少……所以，我们预计在没有负债或负债较少时，企业市场价值与企业债务杠杆呈一种递减函数关系，但一旦财务杠杆持续扩展下去，企业价值最终要减少……债务结构的最优水平就处在同财务杠杆边际递增相关的税收利益现值和同财

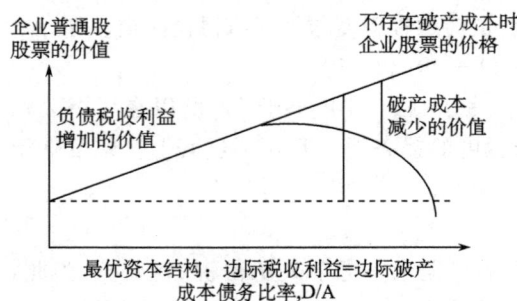

图 4-3　权衡理论

务杠杆不利的边际成本现值相等之点上。"权衡理论的观点可以直观地通过以下这个著名的图形得到最为通俗的体现，如图 4-3 所示。

尽管相对于早期企业理论的描述性方法，权衡理论的数学推导更为清楚和严谨，但权衡理论的结论却与早期融资理论的权衡观点极为相似。当然其中也存在一定的差别，即早期权衡理论认为市场的不完美，如税收和破产制度会妨碍 MM 理论所说的套利过程的进行，而权衡理论认为，即使 MM 理论所说的套利过程可以完美地运作，市场的不完美性也是客观存在的。权衡理论完全是建立在纯粹的税收利益和破产成本相互权衡的基础上的，但其理论基础受到米勒等人的质疑。以迪安吉罗、马苏里思等人为首的后权衡理论代表人物将负债的成本从破产成本进一步扩展到代理成本、财务困境成本和非负债税收利益损失等方面，同时，又把税收利益从原来所单纯讨论的负债税收利益引申到非负债税收利益方面，实际上是扩大了成本和利益所包含的内容，把企业最优资本结构看成是在税收利益与各类负债相关成本之间的平衡。

以莫迪格利亚尼和米勒定理（MM 理论）为中心的现代资本结构理论，发展到权衡理论之后算是达到了其巅峰之境。但由于权衡理论长期以来一直局限在破产成本与税收利益这两个概念的框架里而逐渐走入困境，其最终还是宣告完结。这一旧的资本结构理论框架，到了 20 世纪 70 年代后期，更确切地说是在 1976～1979 年，发生了重大变化，出现了历史性的转折。以信息不对称理论为中心的新资本结构理论，开始取代资本结构理论登上学术舞台。

三、信息不对称与新资本结构理论

所谓新资本结构理论，从时间上看，是指 20 世纪 70 年代末以后学术界关于资本结构问题的各种流行观点和看法；从内容上看，主要包括詹森和麦克林的代理成本说、罗思、利兰和派尔的信号-激励模型、梅耶斯的新优序融资理论和史密斯、戈斯曼和哈特的财务契约论等。新资本结构理论突破了旧企业融资研究的理论范式，将经济学各方面的最新分析方法尤其是信息不对称理论引入到企业融资结构问题的研究中，一反旧企业融资理论中只注重税收、破产等"外部因素"对企业最优融资结构的影响，试图通过信息不对称理论中的"信号"、"动机"、"激励"等概念，从企业"内部因素"来展开对企业融资问题的分析，把传统理论中的权衡问题转化为结构或制度设计问题，从而为企业融资理论研究开辟了新的研究方向。

新资本结构理论的突出特征是认识到了"不对称信息"在资本结构决定中的主导作用。不对称信息（asymmetric information）指的是某些参与人拥有但是另一些参与人不拥有的信息。当信息呈不对称分布时，较少信息的一方希望通过各种手段去获得信息，而有信息优势的一方则通过输出对自己有利的信息获利。在金融市场上，企业外部的投资者或债权人与企业经理的信息掌握呈典型的不对称信息分布。对于外部投资者或债权人来说，企业经理总是拥有一些不为他们所知的有关企业的内部经营活动的信息，这就使经理在与外部投资者或债权人的抗争博弈中占有优势地位。一般来说，不对称信息通过投资项目的融资方式的选择、负债比例的显示作用和经理的风险厌恶程度对企业资本结构产生影响。

（一）新优序融资理论

新优序融资理论是由梅耶斯（Stewart C. Myers）和迈基里夫提出的，其理论包括三个基本点：在信息不对称的情况下，①企业将以任何借口避免通过发行普通股或其他风险证券来取得对投资项目的融资；②为使内部融资能满足达到正常权益投资收益率的投资需要，企业必然要确定一个目标股利比率；③在确保安全的前提下，企业才会计划通过向外融资以解决其部分资金需要，而且会以发行风险较低的证券开始。概而言之，其理论的中心思想就是在信息不对称的情况下，企业偏好内部融资，如果需要外部融资，则偏好债券融资。

随后，梅耶斯和迈基里夫通过建立模型对上述观点进行了系统论证。他们首先认为信息的不对称现象是因为控股权和管理权的分离自然产生的，在不对称信息情况下，管理者（内部人）比市场或投资者（外部人）更了解企业收益和投资的真实情况。外部人只能根据内幕人所传递的信号来重新评价他们的投资决策。企业资本结构财务决策或股利政策都是内部人传递信号的手段。假设企业为投资项目必须寻找新的融资方法，先考虑证券发行情况，由于管理层比较清楚投资项目的实际价值，如果项目的净现值是正的，说明项目有较好的获利能力，这时候，管理者代表旧股东的利益，不愿意发行新股以免把包含有项目好消息的信号传递给投资者，从而把投资收益转让给新的股东（投资者）。投资者在知道管理者这种行为模式后，自然把企业发行新股信息当成一种坏信息，在有效市场假设下，投资者会根据项目价值重新正确进行估价，从而影响到投资者对新股的出价，从而企业融资成本可能超过净现值，由此可以看出信息不对称对企业融资和投资决策的影响。

假设：S 为企业现金和短期市场证券之和，也可称为"闲置财务资产"；I 为所需要的项目投资额；E 为所需要发行的股票价值，$E=I-S$；V_0 为原有股东所持有股票的市场价值，$V_0=V（a，b，E）$；A 为预期资产价值；a 为管理者对其估计；B 为投资项目的净现值；b 为管理者对其估计；P 为发行新股后原有股东所持有股票的市场价值；P' 为如果不发行新股原有股东所持有股票的市场价值。

现在因为管理者知道 a 和 b 的真实价值，所以，如果不发行新股，即不进行投资时，$V_0=S+a$；如果发行新股进行投资时

$$V_0 = \frac{P'}{P'+E}(E+S+a+b)$$

因此，只有当下式成立时，原有股东才有可能获得利益，即

$$S+a \leqslant \frac{P'}{P'+E}(E+S+a+b)$$

整理可得

$$\left(\frac{E}{P'}\right)(S+a) = E+b$$

这相当于一条表示原有股东能够从发行股票进行投资中得到利益的条件的直线，它把管理者的投资决策分为两个区域，如图 4-4 所示。在图 4-4 中，只有在 M' 区域里，a 越高或 b 越低，管理者才越愿意发行新股进行投资，即只有当现有资产的价值低到足以使股票发行变得极有吸引力时，企业才会发行股票。

在考虑债务融资的情况时，投资者必须在债务融资和股票融资之间进行选择，假设

D 为债务融资，D_1 为债务的实际价值，$\Delta D = D_1 - D$，则

$$V_0 = S + a + b - \Delta D$$

企业只有在满足 $S + a \leqslant S + a + b - \Delta D$ 的条件时才会考虑对外融资。由于不发行新股或不承担债务时，原有股东的收益是 $S + a$，发行新股增加的收益是 $b - \Delta E$（ΔE 表示投资后，新股东所能得到的资本利得或资本损失），承担债务时增

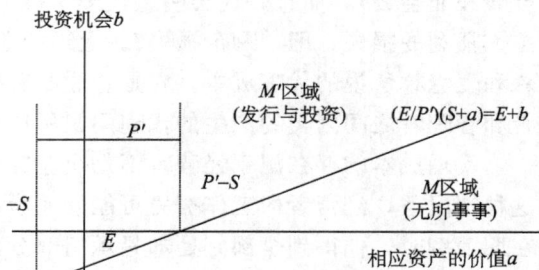

图 4-4　不对称信息下的发行-投资决策

加的收益是 $b - \Delta D$。所以，一旦企业发行新股，实际上就是向市场传递这样一个信号，即 $b - \Delta E > b - \Delta D$，或 $\Delta E < \Delta D$，这意味着债务融资引起的因投资不足所产生的市场价值损失较少，所以，企业在债务融资下的市场价值较高。

上述的"先后顺序"论在美国 1965～1982 年企业融资结构中得到证实。这段时期美国企业内部积累资金占资金来源总额的 61%，发行债券占 23%，发行股票仅占 2.7%。因此，不对称信息理论认为新股融资在不对称信息环境中成为一种风险极大、代价过高的筹资方式。因此，为了提高企业价值，管理人员应该提高自有资金比重，降低负债比率，并增强自我筹资的能力。

另一位优序融资学派学者纳拉亚南（Narayanan, 1988）[①] 用一种略为不同的方法得出了与梅耶斯-迈基里夫模型很相似的结论，所不同的是，梅耶斯和迈基里夫认为，信息不对称现象不仅存在于需要融资的项目里，而且存在于企业现有的资产里，所以梅耶斯和迈基里夫更为关心企业在资本市场为新项目融资时对企业现有资产估价的影响。纳拉亚南模型则只考虑新投资机会的信息不对称情况，他认为其模型无论对没有现有资产、新成立企业或者从企业分拆出来的某一部分都能适用。梅耶斯等人的优序融资理论的另一个非常重要的贡献就是将企业融资问题通过信号的传递与证券市场的反应充分地直接联系起来，从而回避了以前理论中必须通过资本资产定价模型才能间接联系的效果，而使得企业融资问题通过证券市场得到大量的实证分析。

（二）代理成本说

代理成本说是新资本结构理论的一个主要代表，依据该学说的创始人詹森和麦克林的解释，代理成本说是以代理理论、企业理论和财产所有权理论来系统地分析和解释信息不对称下的企业融资结构问题的学说。他们认为，许多企业问题都可以看做是代理的某一种特例，例如，股东和管理者之间的关系就是一种纯粹的代理关系。詹森和麦克林把代理关系定义为"一个或多个委托人委托某一个代理人代为采取某些行为的一项契约"。无论是委托人还是代理人他们都追求效用最大化。如果两人的效用函数不一样，那就很难保证代理人的每一行为完全是从委托人的最优利益出发。为解决这个问题，①委托人可以激励和监督代理人。②代理人可以用一定的财产担保不侵害委托人的利益，否则以此给予委托人必要的补偿。这两种行为都会产生监督成本和约束成本（包括

---

①　Narayanan M：Debt versus equity under asymmetric information，1988，Journal of Financial and Quantitative Analysis，23，No1，39～52。

金钱和非金钱），而且，还会引起代理人行为偏离委托人财富最大化的目标，从而导致主人福利的损失，即"剩余损失"。上述的监督成本、约束成本和剩余损失之和就是詹森和麦克林所说的代理成本。它是企业所有权结构的决定因素，是由于现代企业里所有者和管理者之间因契约产生的代理问题所造成的。

代理成本的存在源于经营者不是企业的所有者（存在外部股权）这样一个事实。在这种情况下，经营者的工作努力可能使他承担全部成本而只获得部分收益；同理，当他在职消费时，他得到全部好处却只承担部分成本。其结果是经营者的工作积极性不高，却热衷于追求在职消费。因此，企业的市场价值也就低于经营者是完全所有者时的市场价值。这两者之间的差额就是外部股权的代理成本，它是外部所有者理性预期之内必须要由经营者自己承担的成本。让经营者成为完全所有者可以解决代理成本问题，但是这又受到经营者自身财富的限制。债券融资可以突破这一限制，但债券融资可能导致另一种代理成本，即经营者作为剩余索取者有强烈的动机去投资高收益、高风险的项目，一旦成功他可以获得大部分收益，而如果失败，债权人则承担大部分成本。

假设：企业面临两个相互排斥的投资机会（投资机会 1 和投资机会 2），每个投资机会的收益均为 X 且呈指数正态分布，预期总收益分别为 $E(x_1)$ 和 $E(x_2)$，方差为 $\sigma_1 < \sigma_2$，所以 $E(x_1) < E(x_2)$。

当经营者有权先决定选择何种投资机会，那么，这两个投资机会对他来说是无差异的。但是如果经营者能够有机会先借债，然后再选择投资机会，最后决定出售他手中所持有的全部或部分的股权，这种情况下，这两个投资机会对经营者就不是无差异的了。因为，经营者能够以低风险（σ_1）为保证来发行债券，然后去进行高风险（σ_2）投资，从而实现财富从债权人向经营者的转移。

设 B_1、S_1 分别为选择投资机会 1 后企业现有债务的市场价值和权益的市场价值，B_2、S_2 分别为选择投资机会 2 后企业现有债务的市场价值和权益的市场价值，

因为 $\sigma_1^2 < \sigma_2^2$，$E(x_2) < E(x_1)$，显然有 $V_2 < V_1$。设

$$\Delta V = V_1 - V_2 = (S_1 - S_2) + (B_1 - B_2)$$

两个投资机会所造成权益价值的差别为

$$S_1 - S_2 = (B_1 - B_2) - (V_1 - V_2)$$

以上等式右边，$(B_1 - B_2)$ 项表示从债权人那里转移出来的财富部分；$(V_1 - V_2)$ 这部分损失完全是因为企业通过借债进行投资所引进的，可以看成是企业的财富损失，即詹森和麦克林所说的代理成本中"剩余损失"部分[1]。当然，这种代理成本也得由经营者来承担，因为债权人也有其理性预期，从而债券融资比例上升导致举债成本上升。

詹森和麦克林在对股权和债权的代理成本进行分析的基础上得出的基本结论是，均衡的企业所有权结构是由股权代理成本和债权代理成本之间的权衡关系决定的，企业的最优资本结构应该是在给定内部资金水平下，能够使代理成本最小的权益与负债比例。最优负债与权益比率就在企业价值最大化之点上，这一点也正是边际负债成本正好抵消边际负债利益之处。具体可表述如下：

---

① 沈艺峰：资本结构理论史，1999 年，经济科学出版社，第 215 页。

设 S_1 为管理者持有的内部股权，S_0 为外部股权，B 为负债。

假定企业股权的全部市场价值 $S=(S_1+S_2)$；企业总价值 $V=S+B$；给定的外部融资所需的资金 $(B+S_0)$；则最优权益融资比例为

$$E^* = S_0/(B+S_0)$$

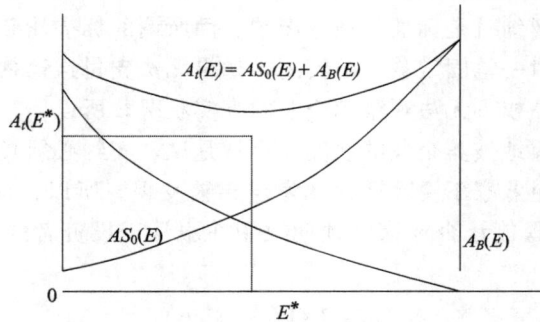

图 4-5　给定企业模型和外部融资数量条件下的企业总代理成本

从图 4-5 可知，代理成本可以分为两部分①所有者或管理者"剥削"外部权益人所产生的代理成本（A_{s_0} （E））；②在所有权结构中引入负债所产生的代理成本（A_B（E），总代理成本（A_t（E）） $=A_{s_0}$ （E） $+A_B$ （E），就 A_{s_0} （E）来讲，当 E 为 0 时，即不存在外部股权时，全部股权价值的任何变动就等于管理者自身股权价值的变动，管理者"剥削"外部股权人的动机最少；反之当 E 趋向于 100％时，这种"剥削"动机提高，代理成本随之增加，所以，A_{s_0} （E） 与 E 呈递增函数关系。A_B （E） 主要由企业价值的降低和监督成本构成，后者由管理者试图提高其股价要求权价值来使财富从债权人向自己转移所引起。当 E 接近 100％时，一方面，总负债数减少，另一方面，管理者本身的权益比例降低，因此，管理者从债权人手中转移财富的动机减弱；反之，当 E 为 0 时，所有外部资金都完全依赖于债务，代理成本最高，所以，A_B （E） 与 E 呈递减函数关系。总代理成本 A_t （E） 曲线代表外部权益和负债融资各种组合的代理成本，在给定企业规模和外部融资量时，企业在达到 E 点时，总代理成本最小。

（三）财务契约理论

在詹森和麦克林之后，代理成本说分为两个主要分支：一是财务契约理论，二是以哈里斯和拉维夫、斯图茨为代表的企业治理结构学派。财务契约理论是从詹森和麦克林关于契约可用于股东与债权人之间因利益矛盾所产生的代理成本这一论点派生出来的一个学派。其最先的代表人物是史密斯和华纳等人，之后汤生、戴蒙德以及加里和赫尔维格等人相继加入该学派，使它逐渐成为新资本结构理论的一个学派。

财务契约，也称债务契约，指的是一系列限制条款，通过这些条款来控制债务的风险，以确保不对称信息情况下的债权人和股东的利益，从而实现公司价值最大化和最优资本结构的确定。财务契约论集中研究财务契约设计和最优债务契约的条件这两个方面。

财务契约论认为，①由过多的非金钱利益引起的代理问题可以通过可转换债券或包括外部人权益和股票选择权在内的契约设计来解决；②由股东不愿意承担风险的动机所引起的代理问题，可以通过发行可转换债券来解决；③由信息在内部人和市场之间的不对称分布所引起的福利损失（代理成本的一部分），可以通过发行可赎回债券来解决。财务契约设计虽然可以部分地解决债务的代理成本问题，但它却没能从理论上根本地回答什么样的契约才是最优契约，或者说最优契约的条件是什么。此后戴蒙德、加里和赫尔维格等人在他们的论文里提出了最优契约条件理论的一个最为重要的观点，即一个最优的激励相容的债务契约就是标准的债务契约。而所谓的标准债务契约是指在企业具有债券能力时要求其支付一笔固定款项的契约，如果无法支付这笔款项，企业就必须宣告破产。除非在破产时债权人无法观察到企业的真实状况，所以，契约当然会要求企业家向债权人或投资者如实地披露企业的状况。也就是说，契约必须具有能让企业家愿意说真话的特性，即如果企业家不说真话，他肯定会被发现。所以，加来和赫尔维格认为，最优契约问题就是选择能让企业家的预期效用在服从于投资者的零利润条件下达到最大。用公式表达为

$$\max E(W_1 - C_0 B)$$
$$\text{s. t. } EC_1 \geqslant (I+L)(L+R_0-C_0)$$
$$C_1 + W_1 \leqslant F - C_1 B + (I+1)(A_0 - C_0)$$
$$0 \leqslant L, 0 \leqslant C_0 \leqslant A_0, 0 \leqslant W_1$$
$$(I, C_0, C_1, W_1, B) \text{ 呈激励相容}$$

式中，W_1 为企业家的预期财富；C_0 为投资者观察到真实状态时，企业家必须承受的固定成本；C_1 为观察成本；I 为利率；L 为投资额；R_0 为企业最初的债务；A_0 为企业家的流动资产；B 为随机变量，即当状态被观察到时为 1，否则为 0。

(四) 信号模型

信号模型是新资本结构理论近 10 年来发展最为迅速、也最为令人瞩目的一个分支。从斯宾塞第一次正式提出信号理论，到罗思与利兰和派尔把它引入到资本结构理论中，仅仅过了短短 3 年的时间。信号模型探讨的是在信息不对称条件下，企业怎样通过适当的方法向市场传递有关企业价值的信号，以此来影响投资者的决策。信息不对称理论认为，内部人比外部投资者拥有更多的企业内部情况，掌握有关企业未来现金流量、投资机会和盈利的私下信息。如果对企业经营者有适当的激励机制，资本结构本身会向市场传递有关信号，金融市场可以根据这个信号推断特定企业的质量，从而克服逆向选择问题，即外部人可以通过对内部人决策行为（信号）的观察进行竞争并支付合理价格，从而消除不对称现象，而内部管理者根据由此产生的市场价格变化来选择新的财务政策以达到个人所得最大化，这就是信号模型的基本思路。信号模型曾被广泛地运用到财务学研究领域，在资本结构理论上，主要有利兰-派尔模型、罗思模型、塔莫模型和汉克尔模型这四个模型，其中罗思模型[①]是信号理论中一个非常重要的模型。罗思模型又称"激励-信号"模型，该模型的目的是要通过与管理者激励结构的联系，演变出一种与 MM 理论相一致的财务结构最优决定理论。以下就应用罗思模型来阐述信号模型的原理。

---

① 沈艺峰：资本结构理论史，1996 年，经济科学出版社，第 253 页。

假设市场由两个企业 A 和 B 组成，在期间 t 时，A 的收益率为 a，B 的收益率为 b，所以，A 企业的价值为

$$VA_0 = \frac{a}{1+r}$$

式中，r 为确定的利率。

B 企业的价值为

$$VB_0 = \frac{b}{1+r}$$

为简单起见，假定风险中性，显然，在一个无不确定因素的世界里，如果 $a > b$，投资者可以区分得

$$VB_0 < VA_0$$

但是，在信息不对称情况下，投资者无法甄别出 A 企业和 B 企业之间的价值差异。所有的企业都有 q 的概率被看成是 A 企业，有 $(1-q)$ 的概率成为 B 企业，q 取决于企业在 $t=0$ 时的外部信息。尽管可能有 $VB_0 < VA_0$，但是在所有投资者的眼里，所有企业都具有如下相同的价值，即

$$V_0 = \frac{qa + (1-q)b}{1+r}$$

式中，$VB_0 < V_0 < VA_0$

但是在达到市场均衡时，总是要有

$$VB_0 = VA_0$$

罗思强调，这一结论不需要任何简单模型的特定假设，在一般条件下都能成立。因此，简单的信号模型并不能够说明问题，唯一能够使 A 企业价值和 B 企业价值区分开来的方法就是再深入地考虑到投资者的激励机制。根据罗思的观点，管理者本身也就是内幕人，按照罗思的话来说，管理者是"企业内幕信息的处理者"。只有掌握别人所不能得到的信息，管理者才能做出负责任的决策。同时，作为企业股东的代理人，管理者的报酬与他们的决策有直接的联系。这种联系（罗思称为"激励方案"）是事先确定的，且为投资者所知晓。假设，管理者的报酬方案为

$$M = (1+r)y_0V_0 + y_1$$

式中，V_0，V_1 分别为企业在 $t=0$ 和 $t=1$ 时的企业价值；F 为企业在 $t=0$ 时所发行的债券的面值，我们可以把 F 看做是企业的负债水平；L 为企业如果在 $t=1$ 时破产，管理者必须受到的惩罚；y_0 和 y_1 分别为非负数的权数，可以看做是管理者在企业收益中所占的份额，很显然管理者的实际行为是为了使他们激励方案的价值（M）最大化。由于罗思这个特意给定的激励方案中没有生产参数，唯一可供管理者选择的参数是 F，因此，管理者所能做的是通过对 F 的确定来使自己报酬方案的价值（M）最大。根据斯宾塞的信号均衡理论，投资者将把企业的负债水平（债券面值）F 作为划分 A 企业和 B 企业的信号。假定 F^* 是划分的关键点，即 $a > F^* \geqslant b$，如果企业选择 $F > F^*$，投资者将把企业当做是 A 类型的企业，反之，如果企业选择 $F \leqslant F^*$，投资者将把企业当做是 B 类型的企业。此时 A 企业管理者的激励方案为

$$MAF = \begin{cases} (y_0 + y_1)a \cdots if \cdots a \geqslant FA > F^* \\ y_0 b + y_1 a \cdots if \cdots FA \leqslant F^* \end{cases}$$

B 企业管理者的激励方案为

$$MBF = \begin{cases} y_0 a + y_1 (b - l) \cdots if \cdots FB > F^* \\ y_0 b + y_1 b \cdots if \cdots FB \leqslant b \leqslant F^* \end{cases}$$

因此，当 A 企业的管理者和 B 企业的管理者分别选定 FA 和 FB，使 FA>F* 以及 FB≤b 时，可以达到斯宾塞所定义的信号均衡。在信号均衡里两个企业传递给市场的信号都是正确有效的，不管是 A 企业或者是 B 企业的管理者都不存在改变信号的动机，换句话说，B 企业管理者也没有误传信号、冒充 A 企业的动机，这一推论如下：

为传递虚假的信号，B 企业管理者必须选择 F' 并使 $F' > F^*$，这时管理者希望得到的报酬方案为

$$MBF' = y_0 a + y_1 (b - L)$$

但实际上，B 企业管理者所能得到的报酬方案为

$$MBFB = (y_0 a + y_1)b > MBF'$$

所以有

$$y_0(a - b) < y_1 L$$

这一不等式的经济含义在于，在考虑 B 企业管理者在企业收益中所占的份额（y_0 和 y_1）的情况下，管理者传递错误信号的边际收益（$a - b$）低于其因此所面临的破产成本，所以，B 企业管理者情愿"说真话"[1]。

第六节　融资模式的分类和特点

融资模式是指社会资金的配置方式，即采取什么方式来实现社会资金的配置。众所周知，社会资源配置方式一般有两种，即计划配置和市场配置。相应地，融资制度也有两种，即计划融资制度和市场融资制度。计划融资制度是高度集中的计划经济模式的产物，反映在融资制度上就是货币资金的配给制。市场融资制度是与市场经济相适应的一种融资模式，这一模式的基本点是资金融资的导向以市场机制为主，即社会资金的筹集和交易配置都是建立在市场基础之上，而不是通过行政手段强制性配给。无论是直接融资还是间接融资都是在金融市场上通过反映资金供求状况的价格——利率来调节，市场作为一种组织是资金供给者与需求者之间交易契约的结合点。市场融资制度主要包括两种融资方式，一种是直接融资，另一种是间接融资。两种融资方式在融资制度中所处地位和所起作用的不同，决定了不同的融资模式的安排。

一、银行主导型模式和市场主导型模式

学术界对公司融资模式有多种分类方法，其中最主要的就是将融资模式分为银行主

---

① 沈艺峰：资本结构理论史，1999 年，经济科学出版社，第 253～256 页。

导型（bank-led financial system，BLS）和市场主导型（equity market-based financial system EMS）两种模式。这两种融资模式的主要区别是①银行主导型融资模式是以商业银行为基础的、强调控制权的、多方利益相关者共同参与公司治理的融资模式；②市场主导型融资模式是以股票市场为基础的、忽视投资者控制权的、强调市场竞争在公司治理中的作用的融资模式。

就金融市场与金融机构的相对地位而言，德国和美国是两个极端的例子，少数几家商业银行在德国的公司融资和公司治理中发挥着主导作用，而金融市场却一直没有得到充分的发展。相比之下，美国的金融市场包括股票市场和债券市场则占据融资模式的主导地位，银行业的发展格局相对分散。日本和法国介于两者之间，它们与德国相似，都属于银行主导型融资模式，但是金融市场的发展速度又超过德国，并且开始在经济发展中发挥重要作用。加拿大和英国结合了德国和美国的特点，表现出金融市场发展程度高于德国，银行业的集中程度又高于美国的特点。

总的来说，银行主导型融资模式以日本和德国为代表，市场主导型融资模式以美国和英国为代表，这四个国家几乎代表了当今世界经济发展的最高水平，这既说明经济的健康发展离不开融资模式的基础性作用，也说明两种融资模式很难分出优劣，重要的还是针对本国的国情选择合适的融资模式，甚至是经过改良的、混合的融资模式。

根据经济学家对两种融资模式孰优孰劣的讨论，将两者的差异归纳如下

（1）关于两种模式下的代理成本问题。许多经济学家认为在 BLS 模式下，商业银行与非金融公司之间密切的资金关系可以有效地降低代理成本，投资者对公司经理层的监督也比 EMS 模式更加有效。这个观点认为 BLS 模式下商业银行和大股东有足够的力量撤换或改组公司经理层，且成本相对较小，可以避免或减少成本极高的恶意收购。相反，公司控制权市场中的兼并收购机制是 EMS 模式的重要支柱，但收购和反收购行为都会付出高昂的成本，前者会由于目标公司股东对收购溢价的期望过高而失败，后者则会损害目标公司股东的利益。

（2）由于商业银行和其他非金融股东的介入，BLS 模式下的股东群体比较重视对公司的控制权，公司发展战略和日常经营就会比较稳定，不会像 EMS 模式下的上市公司易受股票市场价格波动的影响。这一观点认为以美国为代表的 EMS 模式不利于公司的长远发展：一方面，公司经理层的薪酬水平和职业前途与股价变动之间的相关性过于密切，他们可能会刻意抬高股价或采取其他反收购措施而损害公司股东的长远利益；另一方面，高度分散的股权结构和广大中小股东的存在使公司在长期投资的决策上不能高效地达成一致。相反，在 BLS 模式中，作为股东的商业银行和非金融公司对信息的认识和判断更为快捷，并且有能力高效地做出有利于公司利益的长期投资决策并为之提供融资。

（3）与 EMS 模式相比，BLS 模式更容易造成商业银行和公司经理层之间的合谋，例如，债权银行可以从债务人公司获得超出市场平均水平的超额利润、高利率和其他名目的费用，并以纵容经营业绩不佳的公司经理层作为代价。但是，这种可能性并不大：首先，商业银行必须竭力维护在公众和金融市场中的信誉和形象，毕竟它们是以吸收存款作为负债资金的主要来源；其次，商业银行参与公司治理的主要目的是培育长期稳定的融资对象，维护债权资金的安全性和收益性，而不是为了在短期内获取超额利润；最

后，与业绩不佳的经理层合谋必然最终影响到商业银行债权资金的安全性，银行一般不会采取这种杀鸡取卵的短视做法。

（4）EMS 模式下，经理层持有较多的本公司股票，BLS 模式下则比较少，这就会激励 EMS 模式中的经理层努力工作并减少无效投资，特别是促使那些盈利能力已经很强的成熟行业部门或某些半垄断部门的经理人员继续创造出新的利润。在日本，公司经营者的报酬机制除了报酬激励外，还有一种优于报酬激励的所谓事业型激励机制，包括职务晋升、终身雇佣、荣誉地位或称号等，这种集综合性和社会性为一体的激励机制对经营者更容易产生长期激励效应，促使他们把公司长期发展作为个人的奋斗目标。

（5）EMS 模式下股东的现金收入比较稳定，如美国的上市公司常常通过红利分配、股票回购或用现金收购其他公司等活动支付给广大股东大量现金。相反，日本在 1995 年之前还禁止回购公司股票，至今也仍有很大的限制。同时，日本公司在现金红利的支付方面也存在很多问题，如交叉持股制度使大部分现金红利仍在各个公司之间流转，真正到个人投资者手里的非常有限。但这只反映了问题的表面，其实 EMS 模式中的经理层控制着公司绝大多数的自由现金流，他们为了扩大个人影响力会实施构建"商业帝国"的行为，从而形成投资过度的局面，股东的未来现金收入就无法得到保证。相反，在 BLS 模式中，由于债务融资是公司主要的融资来源，而债务融资的基本特点是必须到期还本付息，从而大大减少了经理层可以直接控制的自由现金流，投资过度问题也可以因此而得到有效控制。然而，BLS 模式也会产生一种相反的结果，那就是债权人的势力过大会造成投资不足的新问题，因为债权人总是希望控制公司的经营风险，他们一般不鼓励经理层对高风险项目的投资，而这种项目的未来现金流不一定是负的。

（6）EMS 模式下的公司融资和治理模式以市场为基础，一般都与资本市场的高度发达密不可分，由此而产生的公司所有权结构也是高度分散的，经理层主要由外部力量监督，公司董事会也主要由外部董事组成。相反，选择 BLS 模式的日本和德国则表现出"关系型"的公司融资和治理特征，其主要特点是资本市场相对不发达，公司所有权结构高度集中，经理层长期受到银行和大股东的监控，外部市场的控制力量相对较弱。

（7）在 EMS 模式下，商业银行一般被禁止持有公司股票，这使得银行难以真正参与公司治理，而且也经常使一些陷于财务困难但仍有生存希望的公司被过早清算。相比之下，在 BLS 模式下，商业银行几乎是唯一的金融中介，而证券市场的发展却严重滞后。一旦银行业发生危机，以 BLS 作为融资模式的国家就会产生社会信贷长期不足以及随之而来的通货紧缩和经济衰退，此时，兼任主要债权人和大股东的银行就会缺乏让那些陷于财务危机且无生存希望的公司破产清算的积极性。

（8）在 EMS 模式下，过于分散的股权结构、廉价投票权、机会主义行径、搭便车、内部人控制等使得中小股东无法凭借所持股份对公司经理层施加压力，此时，他们更像是那些希望获得回报而对公司事务没有控制权的"资本贷款者"。实践表明，美国的中小股东似乎并不太关注公司治理事务，这就势必造成公司经理层对短期业绩的追逐，从而使得股票市场上充满了投机泡沫和机会主义行为，最终导致公司竞争能力的减弱，长期下去，国家的竞争力也会下降。相比之下，在 BLS 模式中，商业银行在公司治理中发挥着较大的作用，例如，德国的全能银行不但直接持有非金融公司的股份，还代理中小股东的投票权，并通过拥有的监事会席位在任命公司经理层上发挥极大的作用；日本的银行也积极对非金融公司实施事前、事中和事后的监督，同时向公司提供管理资源和金融资源。这样，BLS 模式下的银行更像是那些提供长期融资并对公司事务拥有控制权的"股权投资者"。

关于 BLS 和 EMS 两种融资模式优劣的争论还有很多，但必须明确的是融资模式的选择最终是为了促进经济的发展，而要做到这一点，各个国家特别是经济转轨国家必须认真研究本国的国情，根据实际情况来借鉴 BLS 或 EMS 模式。这两种模式也不是既定不变的，甚至在日本和美国，这两种模式本身也发生了一些变化，例如，从近半个世纪以来的制度变迁看，这两个国家的公司治理模式在不断地走向趋同，它们既重视通过外部市场机制来完善公司治理，同时也强调商业银行和其他金融中介机构在参与公司治理方面可以发挥的积极作用。各国在选择公司融资模式时必须探索 BLS 和 EMS 模式在本国的适用性，必要时可以加以改进。

二、私人控制型模式与市场控制型模式

Franks 和 Mayer（1995）在研究中发现以下事实①德国银行提供给企业的贷款中有三分之二的还款期超过 1 年，而英国只有三分之一的贷款还款期超过 1 年。②法国和德国 85％的最大上市公司拥有一个持股比例超过 25％的大股东，英国只有 16％，而且超过一半的法国和德国大公司拥有单一的控股股东（持股比例超过 50％），而英国只有 6％。③与英国和美国不同，欧洲大陆的许多企业并不属于股份公司，如德国所有企业中只有 20％属于股份公司，而其中股票上市交易的股份公司为数更少。④在英国和美国，金融机构包括投资公司、共同基金、保险公司、养老基金等控制着大多数的上市公司股份；而在法国和德国，上市公司的主要股东是家庭和个人，德国的全能银行本身并没有持有大量的公司股份，而主要是依靠代理投票权和监事会席位对股份公司施加影响。⑤日本、德国和欧洲大陆其他一些国家的股份公司中，相互持股和金字塔型持股模式十分流行，这在英国和美国几乎是被杜绝的。

根据这些事实，Franks 和 Mayer（1995）将法国、德国、日本等银行主导型融资模式称为私人控制偏好型的内部模式（insider system），这一模式下的公司主要被家族和其他公司持有股份并掌握控制权，银行对企业的贷款期限普遍较长，拥有大股东和被单一股东控股的股份公司比例也较高；美国和英国等市场主导型融资模式则是市场控制偏好型的外部模式（outsider system），其公司股份由分散的数量众多的小股东持有，机构投资者在股票市场上的影响较大。图 4-6 和图 4-7 用最简单的形式描述了这两种模式的基本区别。

从图 4-6 及图 4-7 中可以看出，两种模式下所有权结构与控制权结构都呈现出不完全匹配的局面。例如，在私人控制偏好型融资模式中，上市公司的持股集团实际控制的投票权一般都超过它们实际的持股比例，这主要是由于这些持股集团十分重视对投票权的积累和控制，它们持股的目的并不是为了获得短期盈利，而是为了牢牢地把握对公司的控制，以实现中长期的公司战略发展目标。在内部模式下，家族、非金融公司、商业银行、保险公司等以各种方式渗透到上市公司中，彼此之间形成的股权结构十分稳固，中小股东很难影响大股东的经营决策，公司经理层完全听从大股东的支配，基本不存在股东与经理层之间的利益冲突，存在的主要是小股东与大股东之间的矛盾。

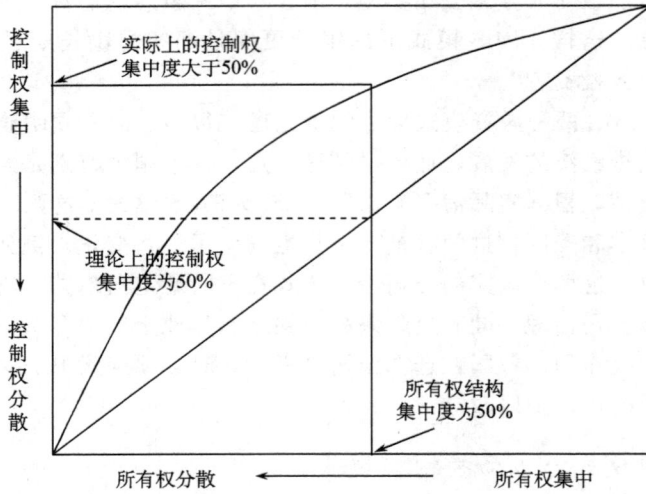

图 4-6　公司融资的私人控制偏好模式

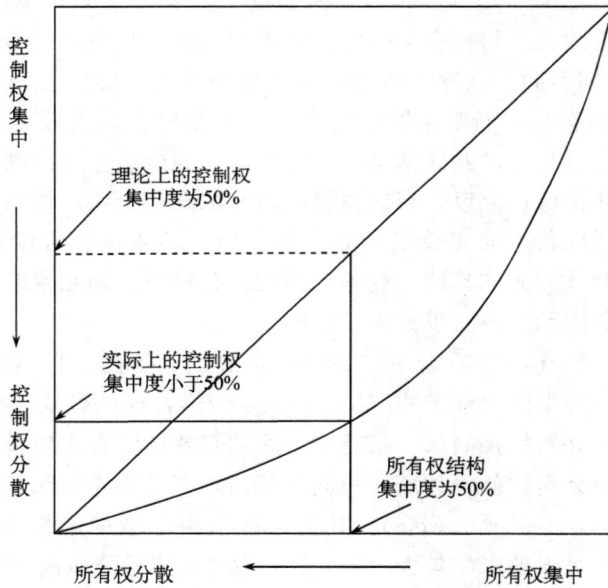

图 4-7　公司融资的市场控制偏好模式

　　相反，在市场控制偏好型融资模式中，上市公司的资金来源主要由股票市场上的中小投资者提供，公司股权结构极其分散，经理层自然就以一种独立的势力出现并填补控制权真空。众所周知，在市场主导型融资模式下，中小投资者的利益很容易受到掌握公司控制权的经理层的侵蚀，只有从立法角度加强对投资者的保护才有可能减少这种侵蚀。例如，增强小股东在公司决策中的力量，这一点在有关收购兼并的立法中表现得最为明显。

其实，欧洲大陆和美国、英国一样也广泛存在着公司之间的兼并收购，所不同的是欧洲大陆的股权交易主要在大的持股集团之间展开，而英美并购中的股权交易主要通过公司控制权市场公开进行。更为重要的，英国规定一旦上市公司 30％的股份被收购，那么收购方必须同时以相同的股价向其他股东收购剩余的所有股份，而欧洲大陆目前尚无这种"完全收购"的强制性要求，即向持股集团收购大宗股份的收购者无需向其他股东发出同样的要约收购。这样，欧洲大陆的中小股东无法像英美股东那样获得与持股集团一样的收购价格。

Mayer（2000）的一项研究表明，在德国，与公司并购有关的大宗股票交易一般可以为出售股份的持股集团带来 10％的溢价，而中小股东却得不到任何好处。英美两国的所有股东在并购案中都可以获得相同的要约收购价格，中小股东从中得到的收益也是相当可观的，一般在敌意收购中可获得高达 30％的溢价，在善意收购中也可获得 20％的溢价。此外，欧洲大陆兼并收购的成功率高于美国，这是因为收购者与大股东或持股集团较易达成股权转让协议，而美国的收购者不得不在股票市场与数目繁多的中小投资者展开"博弈"，结果是收购成本大大提高、收购效率大大降低，甚至最后放弃收购。美国公司的中小股东在面对收购案时，总是存在一种预期，那就是公司业绩在收购者入住后将大大改善，收购者之所以要实施收购也是因为他们预期到这种潜在收益的存在。因此，中小股东宁愿等到公司控制权转移之后分享股票上涨带来的收益，而不愿即时出售股票，在大多数小股东都不愿出售股票的情况下，收购就不会成功，公司业绩也不会改善。这是股权结构过于分散产生的公司控制权市场的悖论，即收购那些所有权结构较为集中的上市公司比较容易，而收购那些所有权结构分散的上市公司却困难重重。

根据以上分析，欧洲大陆的公司控制权随着所有权的分散而通过种种方式逐渐集中，英美公司的控制权却随着对中小投资者保护的加强和特殊的收购规则而慢慢消散。美国的机构投资者在公司治理中发挥的作用一直十分有限，这不但与他们本身存在或面临的委托代理问题、市场竞争压力、治理成本与收益的不匹配等有关，而且还可以用刚刚提出的结论来解释，那就是这些机构投资者尽管集中了相当的公司股权，但他们的控制权却因法律对中小股东的保护而有所削弱。例如，机构投资者不可以通过协议转让的方式减持公司股份，只能通过在公开市场抛售的方式进行；他们也无法与其他股东或持股集团达成秘密的股份转让协议，而只能通过公开市场实现股份转让，必要时还要履行全面收购的义务。内部和外部的因素使得大多数机构投资者缺乏对公司治理的兴趣，这就进一步削弱了他们按持股比例理应拥有的控制权，从而进一步增强了公司经理层的控制权，加剧了经理层与股东之间的利益冲突。美国长期以来实施的就是这种以股票融资为主要融资方式、由市场竞争来主导公司治理的外部模式，但由于股票市场、控制权市场和职业经理市场存在的种种缺陷，这一外部模式的弊端也在不断暴露。

三、公司融资的网络导向型和市场导向型模式

（一）网络导向型和市场导向型模式的界定

Moerland（1995）认为市场主导型和银行主导型融资模式又可以称为市场控制型和网络控制型模式，前者的主要特点是金融市场发达、上市公司比例高、公司股权结构分散、公司控制权市场活跃等，后者的主要特点是金融市场不够发达、公众上市公司比

例小、公司股权结构集中、许多公司属于集团成员、银行对公司的融资规模巨大且参与公司控制等。他认为美国、英国、加拿大和澳大利亚属于市场导向模式，而欧洲大陆部分国家和日本属于网络导向模式。

市场控制型模式和网络控制型模式在企业组织的概念和价值取向问题上存在着差别。

（1）一般来说，美国和英国较为崇尚股东主权的思想，因此除股东之外的其他公司利益相关者，如债权人、雇员代表等很难直接通过董事会等内部治理机制对公司发展施加影响。但是德国的实践表明，他们十分注意兼顾股东、债权人、雇员和经理人员的利益，因此组成了由股东、债权人和雇员组成的监事会和由监事会任命的由经理人员组成的管理董事会这一双层董事会体制。

（2）在市场导向型国家，企业组织往往被视作是实现股东财富最大化的工具。但是在网络导向型国家特别是日本，企业组织则更多地被认为是一种自治经济实体，这一实体是由资本提供者、雇员、经理人员等不同参与者构成的有机联盟，其主要目标并不一定是实现企业价值或股东财富最大化，而是追求企业自身的持续发展。对日本的金融机构和整个财团来说，财团内部的企业不应该以实现自身利益最大化为目标，而是应该服务于整个财团的利益最大化。因此，日本企业的经理人员有时做出的决策会偏离股东财富最大化的目标，但是只要这一决策有利于整个财团的利益和企业的持续发展，就不会被认为是错误的而应当受到惩罚的行为，反而会得到鼓励。这种现象在美国是不被允许的。这也是日本、德国等国的经理人员投资时间视界超过美国、英国的重要原因。

（二）网络导向型融资模式的优点

这些优点表现在以下几个方面。

（1）战略投资者决定着主要经理人员的任免，经理层业绩下降和其他偏离股东财富最大化的行为无需通过所有权的变更进行纠正。网络导向型公司治理模式的主要优点是大股东和银行等战略投资者直接控制着整个公司的运作，他们同时提供股权融资和债权融资，作为董事或监事在公司主要管理人员的任免问题上发挥着极其重要的影响力，对一些涉及公司发展的重大问题拥有否决权。这些战略投资者拥有许多共同利益，他们不但与公司经理层形成了十分密切的合作关系，彼此之间也在长期的合作中达成了默契，这些长期关系十分有利于投资者和经理层共同形成一种长远的投资理念，因此可以克服近乎残酷的控制权市场对经理人员带来的持续压力，从而避免投资行为短期化的不利倾向。

（2）由于网络内其他成员或政府在公司出现财务危机时一般会给予协助，网络导向型模式下的公司间接破产的成本较低。一般来说，当成员企业出现财务危机时，集团内的银行或其他成员企业就会通过注入资金等方式帮助他们渡过危机，在必要时还会积极参与重组。这就降低了企业的潜在破产风险和破产成本。

（3）网络导向型的融资模式有利于不同的企业之间以及银行与企业之间形成多样化的风险分担方式。

（4）网络导向型模式下债权人与股东之间的利益冲突不如市场导向型那么严重。由于银行在企业内同时扮演最大的债权人和主要的大股东这一双重角色，债权人与股东之间的利益冲突就有可能被内部化了，股东一般不会再通过将借款资金挪用于风险较高的项目中的方式来侵蚀债权人的利益，这就减轻了代理成本。

（三）网络导向型融资模式的缺点

当然，网络导向型融资模式的缺点也是十分明显的，一是管理资源的配置效率较低；二是金融资源的配置效率较低。

在网络导向型公司融资模式中，战略投资者代替公司控制权市场发挥约束经理层的作用，而他们对经理层的直接监督有时候也会失效，这就会造成经理层的某些失误无法被及时纠正而继续存在的后果。在网络导向型国家，雇员和经理人员的利益普遍受到较好的保护，特别是在实行终身雇佣制度的日本，董事会一般不会轻易解雇经理人员。这就造成了经理人员在位时间较长，而且只要没有表现出明显的能力低下和不够忠诚，战略投资者和董事会也就很难有理由撤换他们的局面。经理人员长期在位对公司发展有利有弊，其优点在于长期积累的管理经验可以增加公司价值；其缺点在于他们的观念老化、创新能力和竞争力下降、培植并重用亲信、构建个人王国等，总的说来弊大于利。

相比之下，美国上市公司经理层的创新能力较强，这与其拥有发达的股票市场不无关系，因为竞争性的公司控制权市场通过频繁的兼并、收购行为可以经常为上市公司引入新的管理团队和管理理念，老的管理团队被更换并不一定是因为他们能力低下、对股东不够忠诚，而往往是收购者希望启用自己的管理团队、导入自己的管理理念。当然，这一机制也有明显的弊端，主要表现在①收购者引入的新的管理团队不一定能够胜任新的管理职位；②公司股东的利益有可能由于经理层的经常变更而受损；③才能出众、努力忠诚的原经理层因公司所有权变更而遭到解雇也会对他们的人力资本价值产生负面影响；④经理层为捍卫自身的利益常常进行代价高昂的反收购行动，这也不利于维护股东的利益。

从金融资源配置的角度看，由于网络导向型国家普遍不存在规模较大、流动性较高的股票市场，金融资源特别是股权资金的价格信号不甚明显，这就会阻碍金融资源从效率低下的部门向效率较高的部门进行自由流动。此外，分散的外部投资者与实力强大的战略投资者之间存在着明显的信息鸿沟，而信息不对称所造成的逆向选择问题必然十分严重，带来的直接后果就是股价被低估、资本成本提高。

➤ 本章重要概念

金融市场 financial market　　　　　直接金融市场 direct financial market

间接金融市场 indirect financial market

货币市场 monetary market

资本市场 capital market　　　　　一级市场 primary market

二级市场 secondary market　　　　证券交易所 stock exchange

场外交易市场 over the counter　　　票据市场 paper market

拆借市场 offered market　　　　　短期存贷市场 short term deposit-loan market

定期存单市场 negotiable certificates of deposit

国库券市场 treasury bill market　　　股票市场 stock market

债券市场 bond market　　　　　　回购协议市场 repurchase agreement market

外汇市场 foreign exchange market　　现货市场 cash market

期货市场 futures market　　离岸市场 offshore market

纳斯达克市场 national association of securities dealers automated quotation system（NASDAQ）

有价证券 marketable securities　　股票价格指数 stock price index

金融工程 financial engineering　　远期合约 deferred contract；forward contract

远期货币协议 forward currency agreement

远期利率协议 forward rate agreement（FRA）

期货合约 futures contract　　货币期货 currency futures

利率期货 interest rate futures　　套期保值 hedging

套利 arbitrage

股票价格指数期货 stock price index futures contrast

期权合约 option contract　　欧式期权 european option

美式期权 american option　　看涨期权 buyer's option；call option

看跌期权 seller's option；put option

利率互换 interest rate swap；interest swap

货币互换 currency swap　　MM 模型 modigliani-miller position

权衡理论 trade-off theory　　融资模式 financial model

➤复习思考题

1. 什么是金融市场？金融市场有哪些主要类型？

2. 金融市场的主要功能及正常发挥功能的条件是什么？

3. 货币市场有哪些主要特点？

4. 同业拆借市场、票据贴现市场、国库券市场的主要作用是什么？

5. 货币市场和资本市场有何关系？

6. 什么是证券发行市场？证券发行市场运行的主要环节有哪些？

7. 什么是证券流通市场？股票上市交易的基本程序是什么？

8. 证券交易所的基本职能有哪些？

9. 典型的场外交易市场有什么特征？

10. 股票价格指数的主要作用是什么？列举中外主要的股票价格指数，并说明其基本特征？

11. 股票价格指数有哪几种主要的计算方法？

12. 谈谈有价证券的特征和价格决定的基本规律。

13. 谈谈债券和股票价格确定的基本方法。

14. 什么是金融衍生工具？

15. 什么是远期合约？说明其两种主要形式。

16. 什么是期货合约？说明货币期货、利率期货和股指期货等三种金融期货的主要特征。

17. 什么是期权合约？什么是看涨期权和看跌期权？

18. 什么是互换合约？说明其两种最主要的形式。

19. 什么是资产证券化？说明信贷资产证券化的一般过程。

20. 简述 MM 模型的主要内容。

21. 简述银行主导融资模式和市场主导融资模式的主要差异。

22. 试述网络导向模式的优缺点。

23. 简述新优序融资理论的主要内容。

第二篇　货币理论

第五章　货币供求和货币均衡

内容提示：货币理论要解决的基本问题就是货币供给与货币需求的均衡问题，因为在经济货币化的条件下，一定的社会总供给从总量上反映了全社会对货币的需求，依据这种需求掌握的货币供给则形成了与社会总供给基本相适应的社会总需求，要求社会总供求的均衡实际上就是要求货币供求的均衡。由于货币需求是分布于全社会各经济主体对货币的持有要求上的，是由各种客观经济变量所决定的，因此，正确地了解货币需求并非易事。必须在一定的理论指导下，分析并研究决定影响货币需求的各种因素和货币需求的决定机制，才能掌握货币需求情况。同样，在确定了货币需求的前提下，依据这种需求供给货币也非轻而易举，因为，现代经济中的货币供给是一种复杂的系统工程，也必须在一定的理论指导下，分析并研究决定影响货币供给的各种因素和货币供给的形成机制。本章的主要内容是阐述货币供求及其均衡的含义、机制和实现条件等，并着重介绍各种货币需求理论的基本内容和货币供给机制的基本原理。

第一节　货币需求的基本界定

一、货币需求的含义

货币需求是指在一定时间内，社会各经济主体为满足正常的生产、经营和各种经济活动需要而应该保留或占有一定货币的动机或行为。为满足各种经济活动需要而必须保存的货币量，就是货币需要量。很明显，这里所说的货币需求并不是指人们主观上"想要"占有多少货币，而是指由于生产经营等各种客观因素所决定的人们"不得不"占有一定量的货币，它不是一种纯粹主观的欲望，而是一种由各种客观经济变量所决定的对货币的持有动机或要求，是人们在其所拥有的全部资产中根据客观需要认为应该以货币形式持有的数量或份额。

二、决定和影响货币需求的主要因素

(一) 宏观角度

1. 全社会商品和劳务的总量

商品和劳务的供给量越大，对货币的需要量就越多；反之，则越少。

2. 市场商品供求结构的变化

商品供给，一方面决定于产出的效率和水平，另一方面又受制于人们对它的需求，只有能真正满足人们需要的商品供给，才会产生真实的货币需求。商品供求结构经常发生变化，因而货币需求也随之发生变化。

3. 价格水平

对商品和劳务的货币支付总是在一定的价格水平下进行的，价格水平越高，需要的货币就越多；反之，则越少。

4. 收入的分配结构

在现实经济生活中，货币需求实际上是各部门因对其所分配到的社会产品或收入进行支配的需要而发生的。收入在各部门分配的结构，必然决定货币总需求中各部分需求的比重或结构。

5. 货币流通速度

货币流通速度越快，单位货币所实现或完成的交易量就越多，完成一定的交易量所需要的货币就越少；反之，货币流通速度越慢，需要的货币量就越多。

6. 信用制度的发达程度

信用制度和信用工具越发达，对货币的需要量将越少。

7. 人口数量、人口密集程度、产业结构、城乡关系及经济结构、社会分工、交通运输状况等客观因素

人口密集地区货币需求量就大，人口的就业水平提高，货币需求就会增加；生产周期长的部门占整个产业部门的比重大，资金周转慢，对货币的需求量就大；社会分工越细，进入市场的中间产品越多，经营单位也越多，货币需求就越大；交通、通信等技术条件越好、货币支付所需的时间越短，货币周转速度越快，对货币的需要量就越少。

(二) 微观角度

1. 收入水平

家庭和个人一定时期内的收入水平，机关、团体的收入水平，企业的收入水平是决定他们为各种交易和财富储藏，为各种营业活动开销而持有货币的首要因素。一般来说，收入水平越高，以货币形式保有的资产总量也就越多。

2. 收入的分配结构

在收入量既定时，收入的分配结构不同，将影响持币者的消费与储蓄行为，由此会对交易和储藏的货币需求发生一定影响。例如，一个家庭或个人，原来以工薪为主要收入来源，后又加进了额外劳动报酬等其他收入，使其收入结构发生变化，这种变化就可能使他原来的货币需求数量和结构发生变化，如减少用于购置商品的货币需求、增加用于预防或投资谋利的货币需求等；一个企业的收入分配中，当改变了原有的上交税金、支付职员报酬、支付股息、提高公积金等各部分比例后，其货币需求也会受到相应的影响。

3. 价格水平及其变动

价格水平及其变动一般是市场供求状态的反映，即商品供不应求时，价格趋于上升，供过于求时，价格越于下降。这种市场供求状态对货币需求的影响，主要是通过改变人们的预期而产生的。例如，商品供应短缺，会使人们产生物价上涨预期，要求以实物代替货币，用于储藏的货币需求减少。

4. 利率和金融资产收益率

银行存款利率、债券利率、股票收益率等金融资产收益率的存在，使持有货币产生了机会成本，利率和各种资产的收益率越高，持有货币就越不划算，因而会减少货币需求；反之，货币需求会增加。

5. 心理和习惯等因素

人们的消费倾向上升时，对应于交易活动的货币需求就会上升；越来越多的单位和

个人习惯于运用支票账户来完成其收付活动时，货币周转速度就会提高，货币需求量就会减少。

第二节　货币需求理论

货币需求理论是着重研究货币需求的构成要素及其相互关系、货币需求数量的变化规律、货币需求的动机等内容的理论。这些理论有的从货币作为流通手段和支付手段的角度，研究完成一定数量的商品交易或商品流通所需要的货币数量；有的则从货币作为财富储藏手段或资产保有形式的角度，研究经济主体为获得最大财富效用或资产收益而需要的货币数量。

一、马克思的货币必要量公式

马克思从商品流通决定货币流通这一基本关系出发，分析和研究了流通中的货币必要量。马克思不仅揭示出商品流通决定货币流通这一货币需要量问题的实质，而且阐明了在金属货币流通和纸币流通两种条件下的货币需要量规律，其内容主要包括如下几个方面。

（一）商品价格总额对货币必要量的决定

马克思认为，货币与商品的关系实质上是货币商品与普通商品的等价交换关系。在流通中，商品在卖的一方，货币在买的一方，二者是对流运动，是相互换位，流通中有多少待销售的商品，就要付出与这些商品等价的货币量。由于待销售的商品总是带着价格进入流通的，因此，在暂不考虑其他影响因素的情况下，流通中所需要的货币量就等于商品价格总额或商品交易的总价格。

商品价格总额是商品的供应总量（Q）与商品平均价格水平（P）的乘积，可表示为 QP。商品供给总量取决于生产力发展水平，而商品价格则主要取决于商品价值与货币价值的对比。显然，在金属货币流通的条件下，由于货币是以自身的物质价值体直接进入流通的，商品的价格必然由商品和货币的生产过程共同决定。由此得出结论，商品价格总额所反映的货币需要量是一个由生产过程所决定的客观必要量。

那么，当流通中实际的货币量超过或少于客观必要量，会不会由此影响价格水平进而反过来改变商品价格总额，形成新的货币需求，或使货币必要量不复存在呢？不会的。因为在金属货币流通条件下，存在着流通中货币量的自发调节机制。当流通中实际的货币量超过商品流通对其客观的需要量。物价呈上涨趋势时，货币持有者将会自发地储藏货币，而不会用货币与商品做不等价交换（当然不是绝对的）。这样做的结果，就会使流通中过多的货币退出流通，进入储藏，使货币流通趋于正常，而不会导致物价普遍上涨。相反，当流通中实际的货币量过少，不能满足商品流通的需要，商品多而货币少，物价呈下跌趋势时，货币的储藏者将会自发地去购买商品，这样做的结果，又会使储藏的货币重新进入流通，改变流通中货币量不足的状况，而不会导致物价普遍下跌。由此可见，在金属货币流通的条件下，货币数量的多少决不会反过来决定商品的价格总额。只有在纸币流通的条件下，才会出现货币数量推动商品价格，进而改变货币需求的情况。另外，商品价格总额不仅仅指有形商品的价格，还包括劳务价格，即无形商品的价格。因为劳务服务虽然不形成商品实体，但它是一种劳动力支出，并能满足人们的需要，其价格也要实现为一定量的货币，因而也是货币需求的重要部分。这样就可以说，决定流通中货币必要量的基本因素是包括所有商品和劳务在内的商品价格总额。

（二）货币流通速度对货币必要量的决定

以上所说的有多少价格总额的商品，就需要多少数量的货币与之对等，是从商品与货币的关系出发，对货币必要量的质的说明，而不是量的界定。如果是量的界定，则必须有一个前提，即所有的商品都必须在同一时间销售，各种商品买卖相互之间没有联系。而事实上，这只能是一种理论上的假设，不可能真正存在。在现实的经济生活中，一定时期内商品的销售总是有先有后的，不可能都在同一时刻进行。这样，同一单位货币在一定时期内就可以多次使用，分次地去实现商品的价格总额。虽然商品价格总额越大，货币需要量也越多，二者成正比例变化，但却并不要求流通中的货币量一定要和商品价格总额绝对相等。事实上，流通中需要的货币量是小于商品价格总额的。这种情况，也正反映了货币流通不同于商品流通的特征。商品价格总额是由不断投入流通的商品价格发生额构成的。其特点是旧商品一般通过一次交换就退出市场，进入消费，旧商品退出去，新商品不断地补充进来，使商品价格总额表现为一定时期内由商品的不断更替而形成的商品价格积累。而投入流通的货币则由于其作为一般的购买手段和支付手段，可以为所有的商品交易服务，一般不退出流通，而是停留在流通中不断反复地为商品流通服务。一定时期内单位货币转手使用的次数越多，说明单位货币承担的商品交易量越大，实现的商品价格数额越多，同样的流通规模所需要的货币量就越少。

假定：在一年内，市场上待销售的商品价格总额为 100 亿元，当单位货币转手使用的次数为一次，即 1 元货币在一年内只能实现 1 元的商品价格时，那么，100 亿元的商品价格总额就需要 100 亿元的货币。当单位货币转手使用的次数为两次时，1 元货币在一年内就能实现 2 元的商品价格，100 亿元的商品价格总额只需要 50 亿元的货币就够了。如果转手的次数更多，一年内为五次，需要的货币就更少，只需要 20 亿元就够了。通常，人们把一定时期内单位货币转手使用的次数或流通转手的次数，称为货币流通速度，通常用 V 表示。显然，流通中的货币必要量与货币流通速度成反比例变化。

如果用 M 表示货币必要量，那么，在考虑了货币流通速度的影响之后，一定的商品价格总额（QP）的货币必要量就可界定为

$$M = \frac{QP}{V}$$

这就是马克思的货币必要量公式，它说明流通中的货币量不仅决定于待实现的商品价格总额，同时也决定于货币流通的速度。该公式可以简单地理解为一定时期流通中所必要的货币量与该时期待实现的商品价格总额成正比，与货币流通速度成反比。

关于货币流通速度，需要进一步地说明一下。由于货币在人们手中的转手使用要受到各种复杂因素的影响，如市场商品供应状况、国民收入水平、人口素质、人的消费心理、城乡关系、经济的商品化程度、运输工具的发展、信用制度发展等，这就决定了对单位货币流通速度的测定是极其复杂的。因此，从总体上讲，确定货币必要量所需的货币流通速度指标，不可能是每个单位货币的流通速度，而是市场货币流通的平均速度。当然，即使是测定货币流通的平均速度，也是非常困难的，没有简单固定的数学公式。

（三） 货币必要量公式的意义和特点

马克思货币必要量公式的意义在于，它从货币流通与商品流通的本质联系出发，揭示了货币流通规律。这一规律告诉人们，流通中货币需求的实质是货币价值与商品价值的对等，由于货币流通速度的影响，使货币量与商品价值量在价值对等的基础上存在量的比例关系。违背这一比例关系而投入到流通中的货币，是正常经济生活所不需要的。这一规律的基本要求就是，货币流通必须与商品流通相适应的，即流通中的货币量要符合商品流通对它的客观需求，要保证正常流通，为经济的正常运行创造良好的货币环境，这是我们研究货币流通的唯一正确的思想。

货币必要量公式的特点在于，第一，货币必要量是一个抽象的需求概念，在货币流通管理实践中，无法将其作为正常货币流通的标志和货币供给的依据。货币必要量公式需满足的条件是，商品量既定；货币是价值实体（金），流通中的货币量不对商品价格发生影响，因而价格既定；货币流通速度以相对稳定的消费周期为基础，因而也是既定的。建立在这些抽象条件基础上的货币必要量显然是一个无弹性的常量，它只适用于高度集中的计划价格、计划产量、简单消费结构等经济环境，而不适用于信用货币制度下的市场经济。事实上，在现代经济生活中，经常存在货币供给对货币需求的反作用，货币不仅影响价格、货币流通速度，甚至影响商品产量，这就决定了货币需求是由一个包括货币供给因素在内的多种经济变量构成的复杂函数，而并非简单取值的常量。第二，货币必要量理论反映的只是人们在进行商品和劳务交换时的货币需求，即交易需求，而不反映人们对货币的另一种需求——资产需求。所谓资产需求，就是人们将货币作为一种资产，在与债券等其他资产的比较中，根据效用最大化的要求，所需持有的一定货币数量或余额。实际上，货币的交易需求只适应于货币化和信用化程度较低的简单商品经济，在货币只当作交换的媒介时，货币需要量就只能由商品交易总额所决定。显然，在银行和金融市场发达的现代经济生活中，"货币必要量"只能是货币需求的一部分。

（四） 纸币流通规律

马克思是从货币起源中揭示黄金货币的本质，然后从纸币与黄金的关系中揭示纸币的本质。马克思所处的时代正是黄金货币时代，纸币紧紧依附于黄金，是黄金的忠实替身，因而，马克思从纸币是金属货币的符号这一定义出发阐述了纸币的需求量规律。他指出，纸币流通的特殊规律，只能从纸币是金的代表这种关系中产生。这一规律简单地说就是，纸币的发行，限于它象征地代表的金（或银）的实际流通的数量。也就是说，由于纸币是金属货币量的代表，发行的多就以多的代表，发行的少就以少的代表，即

流通中全部纸币所代表的金属货币的价值 ＝ 流通中必要的金属货币价值

那么，每一单位纸币所代表的金属货币的价值为

单位纸币所代表的金属货币价值 ＝ 流通中所必要的金属货币价值／流通中的纸币总量

如果流通中的纸币总量正好符合流通中所必要的金属货币价值，那么，单位纸币所代表的实际价值就和它的名义价值正好一致，即1元纸币等于1元金属货币。如果暂不考虑货币流通速度的影响，那它就能实现1元价值的商品；如果纸币发行过度，使流通中纸币总量大于流通中所必要的金属货币价值，那么，每一单位纸币所代表的金属货币价值就会减少，使纸币实际代表的金属货币价值低于其名义价值，1元纸币不能代表1

元金属货币，因而不能实现 1 元价值的商品，这就是纸币贬值。

例如，由客观经济需要决定的流通中货币必要量相当于 100 亿元金属货币，如果纸币的发行量正好是 100 亿元，那么，这 100 亿元纸币就代表 100 亿元金属货币，每 1 元纸币代表的价值和它的名义价值是一致的，1 元纸币与 1 元金属货币具有相同的购买能力，可购买 1 元价值的商品。如果纸币的发行量不是 100 亿元，而是 200 亿元，那么，这 200 亿元纸币也同样代表 100 亿元金属货币来流通，因为流通中只需要 100 亿元金属货币量。这时候，纸币实际代表的金属货币与它的名义价值就不一致了，1 元纸币只能代表 0.5 元的金属货币，只可购买 0.5 元价值的商品。单位纸币所代表的价值贬值了一半，反过来说，物价上涨了一倍（暂不考虑影响物价的其他因素）。

由此可见，纸币的发行应该限制在流通中所必要的金属货币价值以内。商品流通决定金属货币必要量，金属货币必要量决定纸币的需求量。这就是纸币流通条件下货币需求量的客观界限。在流通中对金属货币需要量不变的情况下，纸币发行越多，流通中的纸币总量越大，单位纸币所代表的金属货币价值就越小，购买力越低，即纸币贬值越严重。这是纸币流通的一条法则，或称纸币流通规律。

尽管马克思对纸币需求量的分析是在纸币是金的符号这一定义下展开的，但他所揭示的纸币流通规律具有普遍意义。实际上，不论认为纸币是价值符号，还是独立的货币形式，都不能否认纸币数量对价格的作用，也都不能否认纸币的需求量有严格的客观界限。这一界限归根到底就是，在保证币值稳定的前提下满足经济发展的合理需要。由于纸币流通不能自发调节，对纸币需求量客观界限的掌握便完全取决于决策者对稳定币值意义认识的自觉程度。但是，纸币流通的特殊规律并不是以人们的意志为转移的，违背这一规律必将受到客观经济生活的无情嘲弄和惩罚。

二、货币数量论

在货币需求理论的形成和发展中，货币数量论对货币需求的影响因素和数量关系的解释被认为是货币需求理论最基本的思想和理论渊源。

货币数量论是一个历史悠久、内容丰富的经济学论题。它的创始人是法国重商主义者让·博丹（Jean Bodin，1530～1596）。他在对 16 世纪后半叶法国物价上涨作解释时认为，物价上涨的主要原因在于金银流入数量过多，价值被降低。这便是早期的货币数量决定价格的观点。

货币数量论在 18 世纪的代表人物是英国著名的哲学家、历史学家和经济学家大卫·休谟（David Hume，1711～1776）。他认为，一国真正的财富是劳动和商品，而货币不过是它们的代表，金银作为货币，完全靠它们在社会交换过程中的职能，才有自己的价值。在商品数量不变的情况下，货币数量增多，只能同比例地提高商品价格，而决不会增加实际财富。他说："如果一个人的货币量加倍，他可能会更富裕，我们怀疑每一个人的货币都增加了会有同样的好效果。毫无疑问，这将如数地增加每一个商品的价格，并迟早使每一个人回到他以前那种状况。"[①] 休谟的货币数量论是他反对重商主义关于货币就是财富、要通过国家干预经济以积累本国金银货币的政策主张的重要论据。

---

① 大卫·休谟：大卫·休谟经济论文集，第 13 卷，第 109～110 页。

英国古典政治经济学的杰出代表大卫·李嘉图（David Ricardo，1772～1823）也是货币数量论的信奉者。他根据 1799 年英格兰银行停止银行券兑现以后许多商品价格上涨的事实，得出了货币数量决定价格水平这一与他的劳动价值论相悖的结论。他认为，如果某一个国家没有发现金矿，而创设如英格兰银行那样具有发行纸币（流通媒介）权限的银行。这个银行创设以后，就可以通过贷款给商人和政府的办法，以发行巨额的纸币。这样，全国的通货就得到显著的增加，而与发现金矿所产生的结果相同，即流通手段的价值必将下落，而商品价格必将同比例地上涨。李嘉图进而将对货币数量与价格因果关系的分析深化为对货币需求的分析，并指出，"货币的需求完全由货币的价值规定，而货币的价值又由货币的数量规定。如果黄金的价值增加一倍，只要一半的数量就可以在流通中完成同样的机能；如果价值减少一半，需要的量就会增加一倍。"[①]

综合早期货币数量论的各种表述，其核心内容是，货币数量的变动与物价或货币价值的变动之间存在着因果关系，即在其他条件不变的情况下，物价水平或货币价值由货币数量所决定。货币数量增加，物价随之正比例上涨，货币价值随之反比例下降；货币数量减少，物价随之正比例下跌，货币价值随之反比例上升。可见，早期货币数量论已经开始研究产量、价格、币值、货币数量之间的关系，并已经着眼于对货币需求的分析。

三、现金交易数量说及交易方程式

美国经济学家欧文·费雪（Irving Fisher 1867～1947）于 1911 年出版了《货币的购买力》一书，提出了著名的"交易方程式"，以此阐述了他的现金交易数量说。

费雪着眼于货币的流通手段功能，认为货币旨在用以交易。因此，他是从有多少货币服务于商品交易的角度来说明货币数量与物价的关系的。他将货币定义为包括金银货币、银行券、政府纸币、辅币、存款通货等凡具有"货币的购买力"的货币。他认为，如果先将存款通货除外，物价水平的决定因素包括①流通的货币数量。②流通货币的效率，即货币流通速度（一年内同一货币与商品交换的平均次数）。③商品交易数量。这三个因素与物价水平的关系，费雪用方程式加以表示。假定以 M 表示流通的货币数量，V 表示货币的流通速度，MV 即为用以购买商品的货币总量。再假定一年内所交易的各种商品的平均价格为 p，p'，p''，…，其交易量为 q，q'，q''，…，则得

$$MV = pq + p'q' + p''q'' + \cdots\cdots$$

即 $$MV = \Sigma pq$$

如果以 P 作为 p 的加权平均，以 T 作为 q 的总计，则 P 即为一般物价水平，T 即为社会商品总交易量，因而上式可写为

$$MV = PT$$

右方为交易总值，左方为货币总值。显然，这是货币经济条件下的一个恒等式。如果将作为交易媒介的存款通货也考虑在内，将使这一等更接近于现实。若以 M' 表示存款通货的总额，以 V' 表示其平均流通速度，则上述方程式应增补为

---

① 大卫·李嘉图：政治经济学及赋税原理，郭大为等译，北京：商务印书馆，第 162 页。

$$MV + M'V' = PT$$

然而，费雪注重的并不是交易总值与货币总值的恒等关系，而是为了在等式中寻找货币数量与物价水平的关系。为此，他作了假设，第一，货币流通速度由个人支付习惯、社会支付制度、工业结构（如工业集中程度）、人口密度、运输工具的发展等长期因素所决定，变动极慢，因此，在短期或中期内可视为不变的常数；第二，实际交易量在充分就业的情况下，变动极小，因此，也可作为常数。如果将常数用一横线加于变量之上来表示，交易方程式则可表示为

$$M\overline{V} + M'\overline{V}' = P\overline{T}$$

$$或 \quad P = \frac{M\overline{V} + M'\overline{V}'}{\overline{T}}$$

由于 $\overline{T}$、$\overline{V}$、$\overline{V}'$ 都是常数，因此，货币量 M、M' 的任何变动，必然正比例地反映于物价上。由此得出结论，物价水平随流通中货币量的变化而成正比例变动。

现金交易数量说对货币需求理论的贡献在于，它用公式说明了货币数量同商品交易量、物价水平、货币流通速度之间存在着有机联系。如果将 $MV = PT$ 变形为 $M = PT/V$，将 P、T、V 作为充分变动的经济变量，那么，M 便是由这些变量决定的货币需求函数。从这一点看，现金交易数量说既是早期货币数量论的总结，又是货币需求理论进一步发展的基础。

四、现金余额数量说及剑桥方程式

英国剑桥学派创始人马歇尔（Alfred Marshall，1842～1924）于 1923 年出版了《货币、信用与商业》一书，他以研究人们为何保有货币以及保有多少货币才适度为出发点，论证了货币数量对货币价值的决定作用，强调货币与物价之间的关系取决于人们手中保有的货币量。马歇尔的观点由他的学生，剑桥学派的主要代表庇古（Arthur Cecil Pigou，1877～1957）加以系统化，并用方程式予以表述，即

$$M = KPY 或 P = M/KY$$

这一方程式被称为现金余额方程式或剑桥方程式。
式中，M 为一国的货币供应总量；Y 为实际国民收入或国民总产值，即总产量；P 为平均物价水平或货币价值的倒数；K 为人们手中经常持有的货币量（现金余额）与以货币计算的国民收入（或国民总产值）之间的比例。

从形式上看，剑桥方程式与交易方程式并无多大区别，因为 K 实际上就是 $1/V$（$=M/PT$），即货币流通速度的倒数，Y 也可由 T（交易总量）代替。但是，与现金交易数量说不同，现金余额数量说并不注重货币的流通手段功能，而是着眼于货币的储藏手段功能，即认为货币旨在用以储存购买力。因此，它是从人们持有货币多少的角度来说明货币数量与物价的关系的。按照剑桥学派的观点，一个社会真实的货币需求就是所有的人希望以货币形式持有的国民收入（或国民总产值）即 KY。K 决定现金余额的多少，因而决定货币需求的大小。剑桥方程式的意义在于，货币价值决定于货币数量的供求，如果货币供给 M 增加，或货币需求 KY 减少，则货币价值（$1/P$）下降或物价水平（P）上升。在货币供给总量和总产量不变的情况下（M 由货币金属生产条件或货币主

管当局及金融制度特点等决定，Y 由社会生产条件决定），货币价值或一般物价水平则决定于现金余额的数量，即 K 的比值。

剑桥学派注重分析人们持有货币的动机，认为 K 将由于以下原因而变动，即人们财富的三种用途①投资于生产，以获取利润或利息；②用以直接消费，以得享受；③保持货币形态，使其成现金余额，以得便利与安全。这三种用途互相排斥，必须权衡利弊而做出最佳选择。当人们感到保持现金余额所得利益大于因放弃投资和消费而受的损失时，则必然增加现金余额；反之，则要减少现金余额。由此可见，现金余额说的最大特点在于重视了人的行为因素——持币动机对货币需求进而对货币价值或物价水平的影响，它为货币需求理论的发展提供了新思维。无论是后来凯恩斯的货币资产需求论，还是弗里德曼的货币需求稳定论，都受益于剑桥学派的这一重大贡献。

五、凯恩斯的"流动偏好"货币需求理论

凯恩斯（John M. Keynes，1883～1946）是对现代西方经济理论和政策产生了深远影响的英国经济学家。货币需求理论是他全部理论的一个重要的组成部分。凯恩斯不相信自由市场机制会自行调节供求，使社会生产自动达到充分就业水平，因而根本否认了货币数量论关于充分就业、产量既定的大前提。他也不相信货币只与物价水平发生数量关系而不会对社会总产量发生实质性影响，因而特别强调以增加货币数量刺激投资并增加有效需求的重要性。他在《就业、利息和货币通论》一书中，以有效需求原理为中心详尽阐述了他的反传统的新经济理论，被称为经济学的"凯恩斯革命"。"流动偏好"货币需求理论是他的有效需求理论的一部分。

凯恩斯的货币理论认为，货币需求是人们愿意保持货币的一种心理倾向。由于货币比起其他资产具有最充分的流动性和灵活性，需求货币便是偏好流动性或灵活性，因此，货币需求的实质就是流动偏好或灵活偏好。

那么，人们为什么会存在流动偏好？或者说，人们的货币需求动机是什么呢？凯恩斯认为，货币需求动机有四点：第一，所得动机，即经济单位、个人及家庭为应付商品与劳务支出，在收入与支出的一段时间内，必须持有一定数量的货币。第二，营业动机，即企业在支付营业费用及获得营业收益之间的一段时间内，必须持有一定数量的货币。第三，预防动机或谨慎动机，即为防备意外或不时之需，必须持有一定数量的货币。第四，投机动机，即为了随时根据市场行情变化购买债券进行投机谋利，必须保持一定数量的货币。四种动机中，由前两种动机引起的货币需求为交易性货币需求，因为二者均与商品和劳务的交易有关。由第三种动机引起的货币需求为预防性货币需求。由于这种货币需求的最终目的主要还是应付交易，因此，也可视为交易需求。由第四种动机引起的货币需求为资产性或投机性货币需求。这样，全社会的货币需求总量就可以概括为货币的交易需求和资产需求之和。

凯恩斯认为，货币的交易需求依存于收入的多少，收入越多，需求量越大。因为，收入增加，必然会使开支增加，交易数量增多，人们的预防要求也会更多。因此，交易需求为收入的递增函数。若 M_1 为满足交易需求的货币需要量，L_1 为决定于收入水平的货币需求函数，Y 为国民收入，则 $M_1 = L_1(Y)$。

资产性货币需求则依存于利率的高低，利率越高，需求量越小。因为，债券未来的

市场价格是随市场利率呈反方向变化的。现行利率越高，未来下降的可能性越大，那时债券的价格就会上升，因此，人们宁愿在日前购入债券而不愿手持货币。并且，现行利率越高，手持货币的机会成本（牺牲的利息收入）就越高，也会促使人们尽量减少手持货币量。可见，资产需求为利率的递减函数。若 M_2 为满足资产需求的货币需要量，L_2 为决定于利率水平的货币需求函数，R 为利率，则 $M_2 = L_2(R)$。这样，货币的总需求量为

$$M = M_1 + M_2 = L_1(Y) + L_2(R)$$

凯恩斯货币需求理论的基本结论是，货币需求不仅与收入有关，而且与利率有关，它是收入的增函数，是利率的减函数。利率变动对货币需求进而对货币供给的经济后果产生重要影响。假定经济中仅有两种可供选择的金融资产，一种是货币，它具有完全的流动性但没有收益；另一种是长期债券，它有收益但不具有流动性，在资产选择中，人们往往普遍存在着对货币资产的流动性的偏好，如若放弃这种偏好而选择持有债券，除非是市场一般利率水平很高，持有的债券在将来可高价售出而为其带来收益。因此，当利率已降到某一无可再降的低点以后，人们会预期将来的利率会上升，债券的价格将下降，这样，就会把原先持有的债券全部换成货币。也就是说，此时人们只愿意持有货币而不愿意持有债券，货币需求就变得无限大，"流动偏好"得到最充分的体现，这就是人们常说的"流动性陷阱"，它能最大程度地吸收流通中增加的货币量，从而使货币供给不再具有导致利率下降和债券价格上升的效应。"流动性陷阱"显然是一种极端的描述，其目的在于说明利率在货币需求变化中的作用，同时也说明，由于货币需求对利率的变动十分敏感，因此，货币需求是一个易于变动、极不稳定的量。

由上可见，凯恩斯货币需求理论的突出特点是注重对各种货币需求动机的分析，尤其是对投机性货币需求动机的分析，这种分析将资产性货币需求和利率引入货币需求观察范围，并进而强调了利率在货币需求中的重要作用，正因为如此，"流动偏好"货币需求理论又被称为货币资产需求论。它的政策意义在于在社会有效需求不足的情况下，可通过扩大货币供应量来降低利率，通过利率降低诱使投资扩大，进而增加就业与产出。但是，扩大货币供给与降低利率能在多大程度上发挥拉动总需求的作用要受货币需求状况的影响。当货币需求对利率变化非常敏感时，增加的货币供给大都被增加的货币需求所吸收，而很难刺激投资，使总需求扩大；当出现"流动性陷阱"时，增加的货币供给则完全被货币需求所吸收，利率不因货币供给增加而下降，债券价格不再上升，投资不会受到刺激，从而导致货币政策失效。

六、凯恩斯学派对凯恩斯货币需求理论的发展

凯恩斯的货币需求理论在 20 世纪 50 年代后得到凯恩斯学派经济学家们更进一步的深入研究和扩展。其内容主要有鲍莫尔将利率因素引入交易性货币需求分析，得出"平方根定律"或鲍莫尔模型；惠伦将利率因素引入预防性货币需求分析，得出"立方根定律"或惠伦模型；托宾将预期的不确定性引入投机性货币需求分析，形成"托宾资产组合理论"；新剑桥学派从更现实、更全面的角度进一步扩充了凯恩斯对货币需求动机的分析，尤其是将"公共权力动机"引入货币需求分析，揭示了政府赤字财政政策和扩张性货币政策对货币需求的影响。这些理论都建立在凯恩斯流动偏好的理论基础上，但同

时又对凯恩斯理论在分析过程中的某些与实际情况不符的假设作了修正，从而得出新的结论和模型。以下对鲍莫尔、惠伦和托宾的理论作重点介绍。

（一）平方根定律

在凯恩斯的货币需求分析中，交易性货币需求是收入的函数，而与利率无关。这一结论首先由美国经济学家汉森（A. H. Hansen）在 1949 年出版的 *Monetary Theory and Fiscal Policy* 一书中提出批评，他认为，当利率高到一定程度时，交易金额也有弹性，在此界限上，利率越高，交易者会越节约现金余额。1952 年，美国经济学家鲍莫尔（W. Baumol）运用管理学中有关最优存货控制的理论，对交易性货币需求与利率的关系作了深入分析，提出了与利率相关的交易性货币需求模型，即平方根定律或鲍莫尔模型。其基本分析思路和方法如下描述。

人们为满足交易需求而持有一定的货币余额，就好比企业为满足生产和交易活动需要而保持一定存货一样。存货能方便生产和交易，但都要耗费成本，因此，最佳存货量是在成本最低时能够满足生产和交易活动正常进行的存货量。货币余额也有这样一个最佳保有量的问题，在普遍存在生息资产的情况下，持有货币这种无收益资产就要承担一定的机会成本。任何一个以收益最大化为目标的经济主体，在货币收入取得和尚未用于支出的一段时间里，没有必要让所有准备用于交易的货币都以现金形式存在，而可以将暂时不用的现金转换为生息资产，等需要时再将生息资产变现，这样就可减少机会成本。由于资产变现活动要支付一定的手续费或佣金，产生交易成本，因此，经济主体就需要将利息收益和交易成本两者进行比较而做出选择，只要利息收益超过变现的手续费就有利可图。利率越高，生息资产的收益越多，持有现金的机会成本就越大，人们会尽可能将现金余额压到最低限度。相反，利率越低，持有现金的机会成本越小，人们则愿意多持有现金。当利息收入不够抵付变现的手续费时，人们就将准备用于交易的全部货币收入都以现金形式持有。可见，交易性货币需求与利率是相关的。

假设某人每月初得到收入 Y，月内可预见的交易支出总额也为 Y，交易活动在月内平均分布，收入在月内平均用完。那么，月初只需保留少量货币 C，而把其余 $(Y-C)$ 用于购买债券。等所持货币 C 用完后，再用债券换回又一货币额 C，供交易之需，周而复始。由于每次由债券兑换成的货币均为 C，则月内共兑换 Y/C 次。设每兑换一次的手续费为 b，则月内的手续费共为 $\dfrac{Y}{C}b$。又假定每次换回的货币 C 也是连续和均匀支出的，因此，平均的货币持有额为 $C/2$。设持有单位货币的机会成本为债券利率 r，由于平均货币余额为 $C/2$，所以机会成本总量为 $\dfrac{C}{2}r$。若 x 为持有货币的总成本，则其可表示为

$$x = \frac{bY}{C} + \frac{Cr}{2}$$

该式表明，持有货币的成本（交易成本和机会成本）是货币持有量的函数。其中，交易成本是货币持有量的减函数，机会成本是货币持有量的增函数。将总成本 x 对每次兑换的货币量 C 求一阶导数，并令其为 0，即

$$\frac{\mathrm{d}x}{\mathrm{d}C} = -\frac{bY}{C^2} + \frac{r}{2} = 0$$

则可求得总成本 x 最小时的每次兑换货币量 C，由上式得 $C=\sqrt{\dfrac{2bY}{r}}$。这就是说，

当每次由债券换成的货币量为 $\sqrt{\dfrac{2bY}{r}}$ 时，持有货币的总成本最小。由于货币的平均持有

量为 $C/2$，所以使总成本最小的货币平均持有量为

$$M_d = \frac{C}{2} = \frac{1}{2}\sqrt{\frac{2bY}{r}} = \sqrt{\frac{bY}{2r}}$$

这就是著名的"平方根定律"。若令 $\alpha=\sqrt{\dfrac{b}{2}}$，公式则更为直观，即

$$M_d = \alpha Y^{0.5} r^{-0.5}$$

上式说明，用于交易的货币持有额或交易性货币需求有一个最佳规模，这个规模的确定与收入 Y 和利率 r 都有关，与收入正相关，与利率负相关。收入增加，交易性货币需求随之增加，但 Y 的指数 0.5 说明，M_d 随 Y 增加的比例并不大，利率提高，交易性货币需求随之减少，但 r 的指数 -0.5 说明，M_d 随 r 减少的比例也不大。如果进一步将公式 $M_d=\alpha Y^{0.5} r^{-0.5}$ 两边取自然对数，得

$$LnM = Ln\alpha + 0.5LnY - 0.5Lnr$$

再对该函数分别对 LnY 和 Lnr 的偏导数，则分别得出交易性货币需求对收入的弹性值为 $\dfrac{\partial LnM}{\partial LnY}=0.5$，对利率的弹性值为 $\dfrac{\partial LnM}{\partial Lnr}=-0.5$。当然，这两个弹性值只是一种理论推演的结果，后来的一些经济学家在对其进行实证检验中发现，弹性值与现实情况有较大差距。

（二）立方根定律

在凯恩斯的货币需求分析中，预防性货币需求也是收入的函数，同样与利率无关。对于这一结论，1966 年美国经济学家惠伦（Whalen）给以否定，他论证了预防性货币需求与利率的函数关系，得出惠伦模型，即立方根定律。其基本分析思路和方法如下描述。

预防性货币需求来自于人们对未来事物不确定性的考虑。人们无法保证在某一时期内的货币收入和货币支出与原来预料的完全一致。不测情况的发生可能导致已有的收入不能满足临时的货币支付要求，因此，实际保持的货币就要比正常的预期需要量再多一些，多保持的部分就是预防性货币需求。与交易性货币需求有一个最佳持币量的道理一样，预防性货币需求也有一个能够使持币总成本最小的最佳持币量。惠伦认为，这个最佳的持币量与三个因素有关。①非流动性成本，这是指因低估某一支付期内的现金需要，持有货币过少或流动性过弱而可能造成的损失[①]。②持有预防性货币余额的机会成本，这是指持有这些现金而舍弃的持有生息资产的利息收益。③收入和支出的平均值和变化的情况或变现的可能次数，这一因素的提出来自对未来支出和收入差额的不确定性的考虑，它不同于交易性货币需求分析中以收入和支出的确定性和可预料性为前提的情

[①] 非流动性成本可表现为三种情况：一是在必须支付时，既无现金，又不能得到贷款支持或将非现金资产转换为现金，因此而陷于经济困境甚至导致破产，这是成本最高的表现形式；二是在必须支付时能够得到贷款支持，这时的非流动性成本就是支付的贷款利息；三是在必须支付时可将非现金资产转换为现金，这时的非流动性成本就是资产变现的手续费。理论分析以第三种情况为一般情况。

况。由于只有当一定期间内支出和收入的差额（净支出）大于该期间内预防现金的持有额时，才须将非现金资产转换为现金，因此，收入和支出的平均值和变化情况，决定着变现的可能次数。

上述三个因素中，第一个因素（以资产变现的手续费代表的非流动性成本）与第三个因素（变现的可能次数）的积为预防性货币需求的非流动性成本总额（相当于交易性货币需求分析中的交易成本），第二个因素（舍弃的利息收益）与持有预防性现金余额的积为预防性货币需求的机会成本总额。两种成本之间的关系为当人们为预防不测而多持有现金余额时，就减少了非流动性成本，但却增加了机会成本；相反，当人们为追求利息收益而少持有现金余额时，就减少了机会成本，但却增加了非流动性成本。最佳现金持有量的选择是在二者相加的总成本最低时的现金持有量。假设资产变现的手续费为 b，变现的可能次数为 P，债券利率为 r，持有预防性现金余额为 M，预防性货币需求总成本为 x，则

$$x = Mr + Pb$$

式中，变现的可能次数 P 取决于净支出（支出与收入之差，用 N 表示）大于 M 的概率。由于从长期平均角度讲收入等于支出，净支出为 0，因此，N 的概率分布以 0 为均值，若设方差为 S^2，则可知净支出 N 与均值之间的偏差大于预防性现金余额 M 的概率 P 满足的条件为

$$P\{\,|N-0|\geqslant M\}\leqslant\frac{S^2}{M^2}^{①}$$

对于一个风险回避者来说，在估计净支出大于预防性现金余额的概率时，要做出对流动性不足的充分估计，估计值应为 $P\{N>M\}=\dfrac{S^2}{M^2}$。将 P 值代入预防性货币需求总成本公式，得

$$x = Mr + \frac{S^2}{M^2}b$$

将总成本 x 对预防性现金持有量 M 求一阶导数，并令其为 0，即

$$\frac{\mathrm{d}x}{\mathrm{d}M} = r - \frac{2bS^2}{M^3} = 0$$

则可求得总成本 x 最小时的预防性现金持有量 M。由上式得

$$M = \sqrt[3]{\frac{2bS^2}{r}}$$

这就是立方根定律或惠伦模型。若令 $a=\sqrt[3]{2}$，公式可写为 $M=ab^{\frac{1}{3}}S^{\frac{2}{3}}r^{-\frac{1}{3}}$，它表明最佳预防性现金持有量与非流动性成本（变现手续费）和净支出方差正相关弹性值分别为 $\frac{1}{3}$ 和 $\frac{2}{3}$，与利率负相关，弹性值为 $-\frac{1}{3}$。在惠伦模型中，收入对预防性货币需求的影响是通过净支出的方差间接表现出来的，因而，收入和支出的数额和次数是影响净支出方差的主要变量。

---

① 根据切比雪夫（Tcheby Cheff）不等式，如果随机变量 X 的均值为 $E(x)$，方差为 σ^2，则有 $P\{\,|x-E(x)|\geqslant\varepsilon\}\leqslant\dfrac{\sigma^2}{\varepsilon^2}$，其中 $\varepsilon>0$。

（三）托宾资产组合理论中的货币需求分析

在凯恩斯的投机性货币需求分析中，人们对于货币和债券这两种资产的选择是相斥的，或者选择货币，或者选择债券，二者不能兼得，原因是人们对未来的利率变化的预期是可确定的。而现实中的情况与凯恩斯的假定并不吻合，经常存在的情况是投资者对自己做出的对未来利率的估计并不完全自信，因而在资产选择上一般采取既持有货币，也持有债券的组合形式。基于对这种情况的考虑，美国经济学家托宾（Tobin James）对凯恩斯货币需求理论做了重要的修正和拓展，他以人们对未来预期的不确定性为前提，研究如何选择资产持有的问题，形成了对投资活动和金融管理产生深远影响的资产组合理论。

托宾假定，人们的资产保有形式有货币和债券两种。货币是一种安全性资产，持有货币虽没有收益，但也没有风险；债券是一种风险性资产，持有债券可获得收益，但也要承担债券价格下跌而受损失的风险。人们可以选择货币和债券的不同组合来保有其资产。不同风险好恶的人（风险厌恶者、风险爱好者、风险中立者）会有不同的资产组合选择，托宾以风险厌恶者作为一般性投资个体，对在未来预期不确定情况下的安全性资产和风险性资产的组合问题展开研究。其主要分析思路和方法如下所述。

人们在选择资产组合时，不仅要考虑各种资产组合的预期收益率，而且要考虑到风险。预期收益率是资产组合中所有资产的估计收益率的加权平均值，权数是每种估计收益率的概率，与预期收益率相关的风险用资产组合的收益率的标准差表示，它反映各种估计收益率与其均值（预期收益率）之间的偏离程度。标准差越小，接近预期收益率的可能性越大，或者说，与实现预期收益相关的风险越小。对于一个风险厌恶者来说，总希望在一定的预期收益率下能有最小的风险，或者在一定的风险下能有最高的预期收益

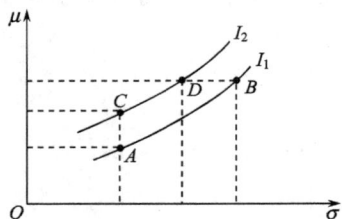

图 5-1　风险厌恶者的无差异曲线

率。但风险和收益是同增同减的，高的收益率需要承担高风险或牺牲安全性才能换得，安全性或低的风险需要牺牲高收益才能换得。投资者要在预期收益率和风险之间进行权衡而作出对资产组合的选择。若 μ 为资产组合的预期收益率，σ 为预期收益率的标准差，即风险，那么，风险厌恶者的资产组合选择就可用落在以 μ 和 σ 为坐标轴的象限内的无差异曲线表示出来，如图 5-1 所示。

风险厌恶者的无差异曲线说明，位于同一条无差异曲线上的所有资产选择，对投资者都有相同的总效用。例如，在资产组合 I_1 中，尽管资产 A 和资产 B 有不同的收益率，但由于它们落在同一条无差异曲线上，A 的低收益率由其低的标准差所弥补，B 的高标准差由其高收益所弥补，因此，对于投资者来说，A、B 两种资产的总效用是相同的。资产组合的优化选择方向是，使资产组合中所有的资产具备尽可能高的收益率和尽可能小的标准差，即越向左上方移动的无差异曲线，越是好的资产组合。在无差异曲线 I_2 上的资产组合中的所有资产，其总效用都大于 I_1 组合中的资产。C 与 A 有相同的标准差，但 C 的收益率却高于 A；D 与 B 有相同的收益率，但 D 却有较小的标准差。

无差异曲线反映了投资者在预期收益率和风险之间权衡进行资产组合选择的原则。在此原则下，投资者的选择最终取决于他对货币和债券两种资产的持有比例。假设债券持有比例为 a，现金持有比例为 b，即 $(1-a)$，当以现金形式持有全部资产时，预期收益

率和风险均为 0；当以债券形式持有全部资产时，预期收益率为 $\hat{\mu}$，风险为 $\hat{\sigma}$；当以 a 的比例持有债券，以 b 的比例持有现金时，预期收益为 $a\hat{\mu}$，风险为 $a\hat{\sigma}$，于是可得

$$\mu = \frac{\hat{\mu}}{\hat{\sigma}}\sigma \ \text{或} \ \mu = K\sigma \quad \left(K = \frac{\hat{\mu}}{\hat{\sigma}}\right)$$

这说明资产组合的预期收益率 μ 与其风险 σ 之间存在线性关系。$\mu = K\sigma$ 是一条由原点出发，以 K 为斜率，对应于不同预期收益率和风险的投资机会线，该直线上所有的点代表着投资者持有不同货币和债券比例下的预期收益率和风险的组合，该直线与无差异曲线的切点，即为投资者的资产组合均衡点。如图 5-2 所示，上半部左边区域的 I_1、I_2、I_3 等为投资者的一系列无差异曲线 OC (r_1)、OC (r_2)、OC (r_3) 等相对于不同债券利率水平的投资机会线，投资机会线与无差异曲线分别相切于 T_1、T_2、T_3 点，代表投资者在不同利率水平下满足预期收益和风险无差异要求的货币和债券持有比例，即能使收益和风险均衡的资产组合。在图 5-2 的下半部左边区域，OA 为债券比例由 0 到 1 的轴线，$B\hat{\sigma}$ 为现金比例由 0 到 1 的轴线。当债券比例为 0 或现金比例为 1 时，收益 μ 为 0，风险 σ 也为 0。当债券比例为 1 或现金比例为 0 时，收益为 $\hat{\mu}$，风险为 $\hat{\sigma}$。与均衡点 T_1、T_2、T_3 分别对应的 t_1、t_2、t_3 分别代表同时持有现金和债券情况下的债券或现金持有比例。由图 5-2 可见，随着利率水平由 r_1 升到 r_2 再到 r_3，投资机会线由 OC (r_1) 旋转到 OC (r_2) 再到 OC (r_3)，投资均衡点由 T_1 移到 T_2 再到 T_3，投资者的债券比例由 a (r_1) 升到 a (r_2) 再到 a (r_3)，现金比例由 b (r_1) 降到 b (r_2) 再到 b (r_3)。这种变化折射到图 5-2 的上半部右边的利率与现金余额平面图上，就显示出一条与利率成负相关的货币需求曲线，一些学者称其为"托宾曲线"。这条曲线正好印证了凯恩斯的流动偏好曲线，但托宾是以投资者对未来预期的不确定性为前提，在解释现金和风险资产以一定比例同时持有的资产分散化的同时，证明了投机性货币需求与利率的负相关关系。

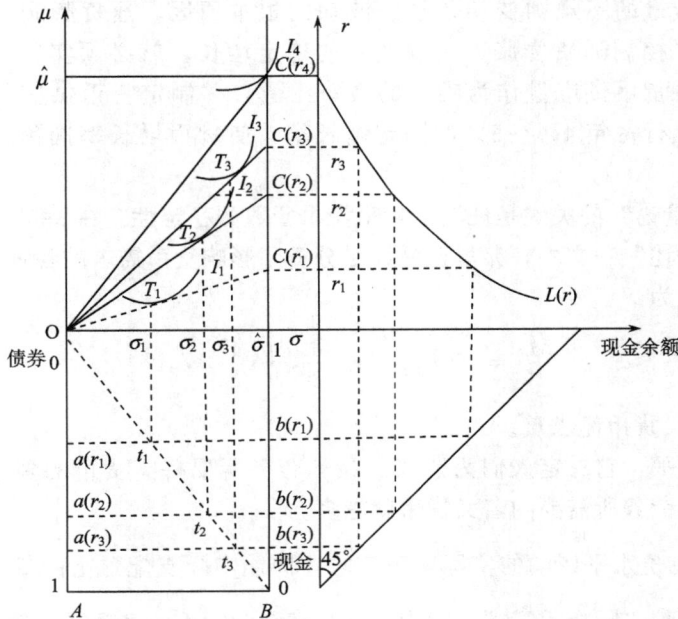

图 5-2 托宾曲线

七、弗里德曼的货币需求函数

米尔顿·弗里德曼（Milton Friedman）是当代西方经济学主流学派——货币学派的代表人物，他的理论及其政策主张被称为"新货币数量论"或"货币主义"，而他的货币需求理论又是其全部理论的核心。

货币主义是在与凯恩斯主义的对立中提出和建立起来的。第二次世界大战后，西方经济在凯恩斯主义指导下得到了恢复和发展，出现了凯恩斯主义的所谓"黄金时代"。但是，由于凯恩斯主义一味地强调刺激有效需求，而忽视通货膨胀问题，终于走向了绝境。19世纪50年代初，通货膨胀就已经开始在西方国家蔓延开来。到了19世纪60年代便迅猛发展，给西方经济造成灾难性后果。生产停滞、失业增加、经济陷入"滞胀"困境。在这种背景下，货币数量论重新活跃起来。弗里德曼在《货币数量说的重新表述》、《货币的需求：一些理论和经济的答案》等著作中，从理论分析和统计资料验证两方面入手，阐述了他的"新货币数量论"的基本观点。

"新货币数量论"的基本内容是，物价水平乃至名义收入（国民总产值或国民收入）的水平是由货币供应和货币需求共同作用的结果。在决定实际产量的生产条件不变的情况下，当货币供应大于货币需求时，物价上涨，名义收入增加；当货币供应小于货币需求时，则物价下跌，名义收入减少。至于货币供求对实际产量的影响则取决于供求失衡的严重状况和持续时间。由于货币供应是取决于货币制度的外生变量，即货币供应是由货币当局和有关立法来控制的，其变化独立于经济体系的内部运转，因此，问题的关键在于了解货币需求函数的状况。理论分析和统计资料证明，货币需求函数是极为稳定的。货币需求函数的稳定性，使货币供应量的人为变化不能被货币需求所抵消，从而作用于物价乃至名义收入，对经济生活发生影响。因此，货币供应量的不规则变动是经济波动的根本原因，通货膨胀就是货币供应过多的结果。若要控制通货膨胀，实现经济的稳定增长，就必须实行"单一规则"的货币政策，即将货币供应量作为唯一的政策工具，并制定货币供应量增长的数量法则，如美国应执行每年 4%～5% 的固定增长率，使货币增长率同预期的经济增长率保持一致。

"新货币数量论"的关键是证明了货币需求函数的稳定性。在1956年发表的"货币数量说的重新表述"一文中，弗里德曼详尽分析了影响货币需求的各种因素。他提出的货币需求函数式为

$$\frac{M_d}{P} = f\left(r_m, r_b, r_e, \frac{1}{p}\frac{\mathrm{d}p}{\mathrm{d}t}, \frac{Y}{P}, W, U\right)$$

式中，M_d 为名义货币需求量。

P 为物价水平，它决定人们为购买商品和劳务所要持有货币的多少，价格水平越高，购买商品和劳务所需要的名义货币就越多。

$\frac{M_d}{P}$ 为剔除物价水平影响的实际货币需求，即能实际支配财富的货币需求。弗里德曼强调的正是这种实际货币需求，因为它反映经济对货币的客观需求量。分析该量的目的，在于测算货币供应量的客观标准。

Y 为以货币表示的恒久性收入，即一个较长时期的平均收入水平。它是影响货币需求的最重要的变量因素，对货币需求起着主导作用。收入水平越高，对货币的需求量越大。

　　Y/P 为剔除物价水平影响的实际收入水平，它是影响实际货币需求的主导因素。实际收入水平越高，实际货币需求量就越大。

　　r_m 为货币的预期报酬率，主要指银行存款利率；r_b 为固定收益的债券利率；r_e 为非固定收益的证券（股票）利率；$\dfrac{1}{p}\dfrac{\mathrm{d}p}{\mathrm{d}t}$ 为物价变动率。它们决定持有货币的机会成本，即持有货币而放弃生利资产收益所受的损失。债券和股票的收益率越高，持有货币的成本就越高，对货币的需求就会越少；物价急剧上升时，各种实物升值，静态的物质财富就会给人们带来收益，反而要受货币贬值的损失，因此，物价变动率 $\dfrac{1}{p}\dfrac{\mathrm{d}p}{\mathrm{d}t}$ 也决定持有货币的成本，是影响货币需求的重要因素。

　　W 为非人力资本（物质财富）对人力资本（个人获得收入的能力）的比率。这一比率制约着人们所得收入的状况。例如，在劳动力处于失业状态时，人力资本就无法形成收入，自然会减少货币需求。因此，在一定的总财富水平下，W 值越大，货币需求量越小；W 值越小，货币需求量越大。

　　U 为反映主观偏好与风尚以及客观技术与制度因素的综合变量，例如，人们的兴趣、嗜好、习惯等。节俭守财的人与注重享用的人保有货币的数量就相差很大，因而具有不同的货币需求。交通运输、通信、金融机构等技术条件越好，就越能方便货币加速周转，减少货币需要量。

　　弗里德曼对上述影响货币需求因素的分析结果表明①实际货币需求不受物价水平（P）的影响。②实际货币需求主要取决于作为总财富代表的恒久性收入 (Y/P)[①]。③持有货币的机会成本对货币需求的影响极小，r_m、r_b、r_e 决定于市场利率，而实际统计资料表明货币需求对利率变化的敏感性很差，货币需求的利率弹性仅为 0.15。弗里德曼的实证研究还表明，物价变动率 $\dfrac{1}{p}\dfrac{\mathrm{d}p}{\mathrm{d}t}$ 只有在幅度很大，持续时间很长的情况下，才会影响货币需求，因而不会对货币需求发生较大影响。

　　由此可见，尽管货币需求是多种复杂变量的函数，但是，由于起决定作用的变量受社会生产力水平和制度等因素制约，从长期来看，不会发生大的变动，尤其是具有高度稳定性的恒久性收入这一因素对货币需求起主导作用。一些易变因素，如利率、价格变动率等对货币需求的作用十分有限。因此，从总体上看，货币需求函数是稳定的，经过努力，货币需要量是可以预测和把握的。问题的关键只在于货币当局能否按货币需要量控制货币供应，使货币供应量稳定增长。

---

　　① 由于恒久性收入在长期内取决于生产力发展状况，如生产技术水平、人口、物质资源及其利用状况等，其变动是相对平稳的，这就从根本上决定了货币需求也是相对稳定的。根据弗里德曼对美国 1867～1961 年统计资料的经验数据研究，货币需求的收入弹性为 1.394，即当收入提高 1% 时，货币需求提高 1.394%。

第三节 货币供给和货币供应量

一、现代经济中的货币供给主体

货币供给或货币供应要回答的是一国的货币如何供应、货币总量如何形成、如何控制等问题。概括地说，货币供给是一国货币量的形成机制和控制机制的总和。在现代经济中，货币供给的主体是银行。

首先，现金是由中央银行供给的。国家赋予中央银行发行现金的特权，凡是从中央银行流出的现金都是中央银行的负债，它构成中央银行的资金来源。

其次，存款形式的货币供给是由商业银行和中央银行共同作用完成的。商业银行作为经营货币信用业务的企业，其经营活动主要表现为不断地吸收存款和发放贷款。在众多银行并存的经济体系中，会形成存款货币的创造过程。中央银行作为"银行的银行"，在存款货币的创造机制中起着基础性作用。第一，中央银行向流通中投入的现金增加时，可形成商业银行原始存款的货币来源就增加了；第二，中央银行可以向商业银行提供贷款，使商业银行可用以发放贷款的准备金增加，从而增强创造存款的能力。

二、货币供应量的构成和层次划分

货币供应量是指一个国家在一定时点上存在于个人、企业、金融机构、政府等部门的现金和存款货币的数量。在现实的经济生活中，人们往往还将货币的范围扩展到一些流动性较强的短期证券，如国库券、商业票据等，因为它们可以容易地转换为现金或活期存款而成为现实的购买和支付工具。

货币供应量的基本结构是由现金、活期存款向各类存款和短期证券依次扩展，划分层次的基本标准或依据是货币的流动性强弱。所谓货币的流动性，是指各种货币形态转化为现金所需要的时间和成本的多少，它反映了各种货币形态作为流通手段和支付手段的方便程度。现金和活期存款是直接可以用于购买和支付的货币，因而流动性最强，被普遍列为第一层次。货币的第二层次中，一般是加进各类定期存款和储蓄存款，其流动性较活期存款弱。在定期存款和储蓄存款之后的货币一般是加进各类非银行金融机构的存款，属于第三层次。再下一个层次的货币，一般是加进各种短期金融工具，如国库券、银行承兑票据等，其流动性比各种存款弱，比其他长期证券强。

国际货币基金组织采用的货币供应量口径是，货币和准货币。其中，货币包括银行以外的通货和私人部门的活期存款，准货币包括定期存款、储蓄存款和外币存款之和。

美国的口径是，M_1、M_2、M_3、L 和 debt。其中，M_1 包括财政部、联邦储备银行和各存款机构金库之外的通货、非银行发行的旅行支票、各种活期存款、可转让支付命令账户（NOW）、自动转账服务账户（ATS 账户）等近似活期存款账户的存款。M_2 包括 M_1、商业银行发行的隔夜回购协议存款、美国银行海外分支机构对美国居民开办的隔夜欧洲美元存款、储蓄存款和小额定期存款、货币市场存款账户、货币市场互助储金金额等。M_3 包括 M_2、大额定期存款、商业银行和储蓄机构发行的定期回购协议负债、由美国居民持有的美国银行海外机构的欧洲美元定期存款等。L 包括 M_3、非银行的社会公众持有的美国储蓄债券、短期国库券、商业票据和银行承兑票据、货币市场互助基金中上述资产的净额。debt 包括国内非金融机构持有的美国联邦政府、州和地方政府债务、私人机构在信贷市场上的债务（私人债务包括法人债券、抵押债券、消费信用、其他银行票据、银行承兑票据和其他债务工具）。

日本的口径是，M'、M_1+CD、M_2+CD、M_3+CD。M' 包括现金和活期存款。M_1 包括 M' 和企业定期存款。M_1+CD 包括 M_1 和企业可转让存款。M_2+CD 包括 M_1、定期存款和可转让性存款。M_3+CD 包括 M_2+CD、邮局、农协、渔协信用组织存款和信托存款。

英国的口径是，M_1、M_2、英镑 M_3、M_3、PSL_1、PSL_2。M_1 包括流通中的钞票和硬币、英国私人部门的英镑即期存款。M_2 包括流通中的钞票和硬币、英国私人部门持有的在银行的 10 万英镑以下的活期存款和其他存款（一个月内通知银行提取的零售性存款）。英镑 M_3 包括 M_1、英国私人部门的英镑定期存款、英国公有部门的英镑存款。M_3 包括英镑 M_3、英国居民持有的其他通货存款。PSL_1 包括私人部门所持有的英镑 M_3、私人持有的国库券、私人在地方机关及金融机构的存款、纳税存款证、银行承兑汇票。PSL_2 包括 PSL_1、其他各种流动性资产，如国民储蓄证券及在住房协会、信托储蓄银行和国民储蓄银行的存款等。

中国从 1990 年起开始编制货币供应量统计口径，从 1994 年 10 月开始由中国人民银行向社会定期公布货币供应量统计数据。根据 2001 年 7 月修订的统计口径，中国目前的货币供应量层次为，第一层次 M_0：流通中现金；第二层次即狭义货币 M_1：M_0＋可开支票进行支付的单位活期存款；第三层次即广义货币 M_2：M_1＋居民储蓄存款＋单位定期存款＋单位其他存款＋证券公司客户保证金。将证券公司客户保证金计入广义货币 M_2，是因为证券公司客户保证金主要来自居民储蓄和企业存款，认购新股时，大量的居民活期储蓄和企业活期存款转为客户保证金，新股发行结束后，未成交资金又大量流回上述存款账户，将客户保证金计入 M_2，有利于准确监测货币供应量。中国的货币供应量口径将现金单独划为第一层次（M_0），是处于管理和控制的需要，因为，与发达国家相比，中国的现金在交易中所占比重较大，范围较广泛，单独对其进行监测有特殊意义。

依据流动性的强弱来划分货币层次，其目的在于中央银行实施对货币的宏观控制。货币的流动性不同，在流通中作为购买和支付手段的方便程度就不同，形成货币购买力的程度就不同，对市场供求关系、物价变动等方面的影响也就不同，按照流动性强弱划分货币层次，并进而有区别有重点地加以监测和控制，就可以更好地达到控制货币的效果。就是说，有了依据流动性标准而划分的货币层次指标以后，中央银行的货币控制就有了结构分析和监测的依据。从各国的普遍情况看，流动性最强的 M_1 和次强的 M_2 一般被作为货币量监控的重点。

第四节　货币供给的理论模型

从上述对货币供给主体的考察来看，现金货币是由中央银行发行的，它是中央银行的负债，存款货币则是商业银行和其他存款性金融机构的负债。商业银行借以发放贷款的资金来源，还可由中央银行向其提供贷款来供应。这种分工决定了中央银行和商业银行在货币供给过程中起着不同的作用。现代货币供给理论正是从中央银行和商业银行在货币供给过程中的这种基本分工和作用出发，来研究货币供给机理的。

一、商业银行的存款货币创造

对于商业银行来讲，在货币供给机制中是通过其特殊的创造存款货币的功能来发挥作用的。商业银行能够在支票广泛流通和实施转账结算的条件下进行存款货币的创造，从而在货币供给机制中发挥重要作用。

商业银行存款货币创造的机制或过程简言之，就是银行将吸收的存款发放贷款后，接受贷款的客户并不完全支取现金甚至完全不支取现金，而是转入其银行存款账户，以转移存款的方式进行支付使用。这样，由原来那笔存款经贷款后又形成一笔新的存款，增加了商业银行的资金来源，最后会使整个银行体系的存款加倍形成。在货币信用领域中，把商业银行起初接受客户的现金所形成的存款称为原始存款；把通过发放贷款等资产业务创造的存款，称为派生存款。派生存款表现为原始存款的一定倍数（派生倍数或乘数），反映了商业银行存款货币创造的程度。商业银行具有创造存款货币的功能，从而在货币供给机制中发挥着重要的作用。但是，商业银行这种创造派生存款，进而创造货币供给的能力并不是无限制的，除了受到中央银行制度下规定存款准备率的限制以外，还受到超额准备率、现金漏损率等诸多因素的限制。充分考虑各种因素，对观察和控制商业银行扩张信用的能力，控制货币供应量有着十分重要的意义。

商业银行创造存款货币的功能不能简单理解为单纯的信用扩张。当原始存款减少时，银行系统的存款总量也会呈倍数的紧缩，其原理与扩张过程是一样的，只是方向相反而已。也就是说，商业银行作为一种主要经营存款货币的企业，不断地将流通中现金吸收为存款，不断地通过发放贷款来创造出新的存款，使整个银行系统形成数倍于原始存款的存款货币总量。同样的，当商业银行信用业务由于贷款市场需求减弱、客户提现量增加、银行经营管理水平下降等原因出现下滑时，也会使存款货币总量成倍减少。商业银行的信用业务能够形成并创造存款货币，使其在全社会货币供给中显示出极其重要的作用，商业银行也由此成为金融当局调节和控制货币供给量，进而管理社会总需求的重要工具（关于商业银行创造存款货币的推导过程详见本书第十章第三节）。

二、中央银行基础货币与货币供应量的关系

对于中央银行来讲，货币供给机制是通过提供基础货币来发挥作用的。

所谓基础货币，又称为高能货币或强力货币，它通常是指流通中的现金和商业银行在中央银行的准备金存款之和，可用公式表示为

$$B = C + R$$

式中，B 为基础货币，C 为流通中现金，R 为商业银行在中央银行的准备金存款。

从基础货币的构成看，C 和 R 都是中央银行的负债，中央银行对这两部分都具有直接的控制能力。现金的发行权由中央银行垄断，其发行程序、管理技术等均由中央银行掌握。中央银行对商业银行的准备金存款也有较强的控制力。中央银行可以通过调整法定存款准备率，强制改变商业银行的准备金结构，影响其信贷能力，也可以通过改变再贴现率、再贷款条件等来改变商业银行的准备金数量，还可以通过公开市场业务操

作，买进或卖出有价证券和外汇来改变商业银行的准备金量。中央银行能够直接控制的现金发行和商业银行的准备金存款，之所以被称为基础货币，是因为如果没有现金的发行和中央银行对商业银行的信贷供应，商业银行的准备金存款便难以形成，或者说，它用以创造派生存款的原始存款的来源就不存在。从这个意义上说，中央银行控制的基础货币是商业银行借以创造存款货币的源泉。

中央银行供应基础货币，是整个货币供应过程中的最初环节，它最先影响的是商业银行的准备金存款，只有通过商业银行运用准备金存款进行存款创造活动后，才能完成最终的货币供应。货币供应的全过程，就是由中央银行供应基础货币，基础货币形成商业银行的原始存款，商业银行在原始存款基础上创造派生存款（现金漏损的部分形成流通中现金），最终形成货币供应总量的过程。

引入了基础货币这一概念后，货币供应就可以表达为这样一个理论化的模式：一定的货币供应总量必然是一定的基础货币按照一定倍数或乘数扩张后的结果，或者说，货币供应量总是表现为基础货币的一定倍数。人们通常把这个倍数（货币供应量与基础货币的比值）称为货币乘数。如果以 M 表示货币供应量，以 B 表示基础货币，以 K 表示货币乘数，则货币供应量的理论公式为

$$M = BK$$

该公式表明，由于货币乘数的作用，使中央银行的基础货币扩张为货币供应总量，因此，货币乘数是货币供应机制中的一个至关重要的因素。那么，货币乘数的大小取决于什么呢？

从公式 $M = BK$ 可知，$K = \dfrac{M}{B}$。假定我们要确定 M_1 口径的货币供应量形成中的货币乘数值，可作如下推导，即

$$M_1 = C + D$$

式中，C 为流通中现金，D 为商业银行的活期存款。

$$B = C + R$$

式中，R 为商业银行在中央银行的准备金存款，可以进一步分解为法定存款准备金 R_d 和超额准备金 E 两部分。那么，可得

$$K = \frac{M}{B} = \frac{C + D}{C + R} = \frac{C + D}{C + R_d + E}$$

将各项同除以 D 得

$$K = \frac{\dfrac{C}{D} + \dfrac{D}{D}}{\dfrac{C}{D} + \dfrac{R_d}{D} + \dfrac{E}{D}} = \frac{c' + 1}{c' + r_d + e} \tag{5-1}$$

这就是在一定的基础货币下形成 M_1 口径的货币供应量的货币乘数公式，其中 c' 为现金漏损率，r_d 为法定存款准备率，e 为超额准备率。将货币乘数公式代入货币供应量公式中，就得到一个完整的 M_1 口径的货币供应理论模型，即

$$M_1 = B \frac{c' + 1}{c' + r_d + e} \tag{5-2}$$

由此可见，货币供给是由各种因素共同决定的，其中，中央银行主要通过控制基础货币 B 和调整法定存款准备率 r_d 来影响货币供给，现金漏损率 c' 和超额准备率 e，则主要决定于商业银行和社会公众的行为。

从式（5-2）也可导出活期存款 D 与基础货币 B 之间的关系，因为 $M_1=C+D=c'D+D=D\ (c'+1)$，将其代入式（5-2）得

$$D = B\frac{1}{c'+r_d+e} \tag{5-3}$$

如要推导 M_2 口径的货币供应量公式，只需在 M_1 基础上加进定期存款、储蓄存款等准货币项目，并假定这些项目的变量都与活期存款 D 成正比例变动，然后利用式（5-3）就可得出结果。例如，美国的 M_2 口径为 $M_2=C+D+T+MMF$，式中，T 为定期存款和储蓄存款，MMF 为货币市场共同基金份额与货币市场存款账户加上隔夜回购协议和隔夜欧洲美元，C 和 D 含义同前。分别用 $c'D$ 取代 C，用 tD 取代 T，用 mmD 取代 MMF，其中，c' 仍然为现金漏损率，t 和 mm 则分别为定期存款和货币市场共同基金份额与活期存款的比率，则得

$M_2=D+c'D+tD+mmD=D\ (1+c'+t+mm)$，将式（5-3）代入得

$$M_2 = B\frac{1+c'+t+mm}{c'+r_d+e} \tag{5-4}$$

将式（5-4）与式（5-2）相比可以看出，M_2 的货币乘数要大于 M_1 的货币乘数，原因在于，较低的甚至为 0 的定期存款和货币市场共同基金份额的法定准备金率意味着只需较少的准备金就能支持同样多的存款，定期存款和货币市场共同基金份额等比活期存款会实现更多倍的扩张。

第五节　货币供给的外生性和内生性

一、货币供给外生性和内生性的不同观点

在货币供给的理论模型中，已经反映出货币供给由中央银行基础货币供给情况、商业银行超额准备水平、社会公众提现情况等多种因素共同决定的特征。但是，在一定的社会经济背景下，当将货币供给看成是与一定的宏观经济发展和管理要求相联系的变量时，不同的经济学家对货币供给的决定问题有不同的认识，其焦点集中在货币供给是由中央银行控制的外生变量，还是受经济体系内在因素决定的内生变量上。

凯恩斯货币理论在货币供给方面的观点是，货币供给完全由政府通过中央银行所控制，中央银行可以根据国家宏观经济政策要求人为地控制货币供给量，货币供给的变化能够影响经济运行，但不受经济内在因素的决定。在凯恩斯的货币市场供求曲线中，货币供给曲线是一条与货币量轴垂直，与利率轴平行的直线，由经济内在因素引起的货币需求和利率变动与货币供给没有市场联系，货币供给只取决于货币当局对经济形势和货币需求状况的认识及其所采取的货币管理政策和措施。

新剑桥学派在肯定中央银行具有控制货币供给能力的同时，又分析了诸多使中央银行控制力下降的因素，例如，商业银行采取的与中央银行调控目标不一致的贷款活动所导致的存款货币增加和现金提取；银行以其信用支持商业票据流通，使货币供给相对扩

大；在中央银行严格控制之外的非银行金融机构的活动引起货币供给量变化等，说明中央银行对货币控制的能力是有限的，货币供给并不完全是一种外生变量。

使"外生货币供给论"真正受到冲击的是 20 世纪 60 年代以后，西方各国普遍出现的金融创新活动。金融创新从市场、机构、业务、工具、制度等多方面扩大了经济内在因素对货币供给的影响力，增强了银行体系货币扩张的能力，削弱了中央银行对货币的控制力。在此背景下，新古典综合派的经济学家们提出了"内生货币供给论"，着重强调银行和企业行为对货币供给的决定作用，突出商业银行存款货币创造的功能，突出金融创新活动对货币流通的影响，突出非中介化的企业融资活动对货币的替代作用。

货币学派的货币供给理论强调中央银行货币政策对货币量控制的作用，但更为重要的是，认为货币供给应当与处于相对稳定状态的货币需求相适应，必须实行"单一规则"，即公开宣布并长期采用一个固定不变的货币供给增长率。费里德曼根据对美国近百年历史资料的实证研究提出的美国货币供给增长的"单一规则"是，美国年平均经济增长率为 3%，就业年平均增长率为 1%～2%，货币供给量应保持 4%～5% 的年增长速度。除遇特殊情况可以经事先宣布作小幅更改外，增长率一经确定，则不得任意变动。德国新经济自由主义学派也持有与货币学派相类似的主张，认为货币供给首先应保证币值稳定，货币供应的增长应根据社会生产力增长的情况划定一个区间，以保证货币增长与生产增长的一致性。

二、中国的货币供给特征

中国在改革开放以前实行"大一统"的银行体制，中国人民银行既执行中央银行的部分职能，又是经营存贷款业务的机构，货币供给实行高度集中的计划控制。具体形式就是以年度信贷综合计划来控制贷款规模，具体措施是在全银行系统内实行"统存统贷"，层层分配信贷指标。银行的各级分支机构所吸收的存款一律上交总行，发放贷款则根据总行核定下达的贷款计划指标（允许发放贷款的限额）来执行。这样，从货币供给的过程来看，存款和现金是由银行给企业发放贷款转化而成的，但控制机制上却不同于市场经济条件下那种由中央银行控制基础货币，商业银行在准备金受中央银行调控的前提下通过自身的业务活动创造派生存款，而是货币供给的全部扩张和收缩过程都由人民银行总行通过变动指令性贷款限额指标来进行，银行的各级分支机构发放贷款与其吸收的存款没有关系，只是在上级下达的限额指标范围内发放贷款，因而不具有派生存款能力。就是说，在计划经济时代，人民银行总行具有对货币供给过程的直接控制能力，这是当时货币供给机制的主要特征。但必须说明的是，在当时的经济管理体制下，人民银行的这种对货币供给的计划控制方式是服从于财政的，人民银行是财政的簿记机构和出纳机构，即所谓的"大财政、小银行"，它没有自主决定货币供给的权力。

经济和金融改革开始以后，尤其是 1984 年起建立了人民银行与国家专业银行分立的中央银行体系以后，信贷资金管理体制也随之进行了重大改革，1985 年提出了新的管理办法，其内容概括为"统一计划，划分资金，实贷实存、相互融通"。所谓统一计划，是指由人民银行统一平衡各专业银行的存贷款和现金吞吐，并核定各银行的信贷资金和向人民银行的借款计划；所谓划分资金，是指由人民银行给各专业银行核定自有资金和信贷资金，由各行自主营运、独立核算；所谓实贷实存，是指人民银行对各专业银行的资金往来，实行实际的存贷款办法，即专业银行在人民银行开立准备金存款账户，资金不足时可申请贷款；所谓相互融通，是指允许各专业银行间互相拆借资金。这一管理办法在货币供给机制上虽然依然体现了计划调控的特点，但是已经建立起了现代银行制度下那种"基础货币供应-存款货币创造"的双层次货币供给机制的基本框架。在这样一个框架下，随着金融改革的不断深入，随着中央银行制定和推行货币政策的独立性和有效性的逐步增强和国家专业银行商业化改革的进一步推进，在中国的货币供给机制中，法定存款准备金制度、再贴现、再贷款、基准利率、公开市场业务等工具先后建立起来并越来越多地发挥作用，而计划手段的作用则逐步弱化。1998年1月，中国已正式宣布取消商业银行的指令性贷款限额，实行完全的资产负债比例管理，之后，又进一步改进了存款准备金制度。我国的货币供给机制正在一步步地向市场经济条件下的货币供给机制靠拢。在与财政的关系上，1995年3月颁布的《中华人民共和国中国人民银行法》中已经明确规定，中国人民银行不得对政府财政透支，不得直接认购、包销国债和其他政府债券。这说明，财政赤字直接影响中央银行基础货币供应的机制，在中国也已经得到改变。2004年下半年，以国有银行股份制改造为主要内容的中国银行业改革有了突破性进展，改革的进一步深入将使银行的治理结构得到明显改善，由此也将进一步理顺国有银行与企业、财政、中央银行等各方面的关系，随着银行信贷自主性和约束性的增强，将会使长期困扰我国货币供给正常操控的"倒逼机制"失去存活的条件，货币供给机制将日趋完善。

三、货币供给与财政收支的关系

财政是政府部门对国民收入进行再分配的重要工具，其收支活动与货币供应之间有着密切关系。财政的各项收入和支出都是以货币形式进行的，而且都是与银行存款账户直接联系的，由此决定了财政收支与货币供给之间的必然联系。因为财政金库是由中央银行代理的，中央银行按规定的程序办理财政收入的上缴和支出的下拨，代理税款入库，代办财政债券的发行和收兑等，所以，财政收支的变动，首先就会引起中央银行负债和资产的变动。又因为上缴财政收入的企业和接受财政拨款的机关、团体、部队、学校等，都是在商业银行开户的，因此，财政收入的变化和支出的变化必然会引起商业银行负债和资产的变化。其基本变化关系是，财政收入增加时，货币由商业银行账户流入中央银行账户；财政支出增加时，货币由中央银行账户流入商业银行账户。在货币供给机制中，货币由商业银行账户流入中央银行账户，意味着货币供给的收缩；由中央银行账户流入商业银行账户，意味着货币供给的扩张。因此，财政收入增加，表明货币供给收缩；财政支出的增加，表明货币供给扩张。

财政收支对货币供给总量的影响，一般是在财政出现赤字后发生的。财政赤字的弥补，除了采取增收节支的根本措施外，其途径主要有三条：一是向社会公众借款；二是向商业银行借款；三是向中央银行借款。当财政出现赤字而向社会公众以发行国库券或公债券的方式借款时，无论公众用手持现金购买还是用银行存款购买，都会引起市场货币供应量的减少。假定不考虑时滞因素，这种减少的货币供给正好与财政赤字引起的货币供给增加部分相等，因此，货币供应总量不变。当财政赤字通过向商业银行借款弥补时，商业银行因购买政府债券而使其准备金存款减少，并进而减少贷款的发放，其结果也是市场货币供应量的减少。假定同样不考虑时滞问题，减少的货币量正好就是财政支出扩大而增加的那部分货币量。货币供应总量也没有改变。除非是在商业银行准备金存款已经处于最低限，又不能够收回已发放的贷款的情况下，政府强迫商业银行认购债券，或者国债具有丰厚的利息收入，商业银行不得不向中央银行借入资金来购买时，才引起中央银行基础货币供应的变化，从而使货币供应总量扩大。当财政出现赤字而向中央银行借款或透支，如果中央银行在不减少对商业银行的贷款，不减少国际储备和国外资产占用，也不提高法定存款准备率，不增加对金融机构的负债的情况下，直接购买国债或允许财政透支存款，其结果就必然是中央银行以基础货币供应的增加来支持财政开支的扩大，从而导致货币供应量增加。

第六节　货币均衡理论

一、货币均衡的含义

在现实经济生活中，无论货币怎样供应，供应多少，它都会以一定的方式为人们持有，主要表现为人们对它的需求。从这个意义上讲，货币供给与货币需求在数量上总是相等的，不存在非均衡的问题。但是，这种相等显然是根据名义货币需求量与货币供应量的联系来判断的，它不是真正的货币均衡。真正的货币均衡是指货币供给与由经济的实际变量或客观因素所决定的货币需求相符合。由于货币需求所对应的主要是商品和劳务的实际交易，货币供给主要为这种交易提供购买和支付手段。因此，货币均衡的状态就表现为在市场上既不存在实际交易量大而购买力或支付能力不足所导致的商品滞销，也不存在实际交易量小而购买力或支付能力过多而导致商品短缺或价格上涨。

二、货币均衡的显示指标

在市场经济条件下，货币均衡是货币供给和货币需求对比关系自发调节和适应的结果，在均衡实现的过程中，起决定作用的是利率。货币供给者总想以较高的利率供应货币，以期取得最大收益；货币需求者总想以较低的利率接受货币，以求使用货币的成本最低。因此，货币供给是利率的增函数，货币需求是利率的减函数。如图 5-3 所示，由货币供给曲线 M_s 和货币需求曲线 M_d 的交点所决定的利率 r_0 为供求双方都接受的均衡利率；或者说，在均衡利率水平 r_0 上，货币供给与货币需求达到均衡状态。可见，在完全竞争的市场条件下，均衡的市场利率是货币供求均衡的显示指标。

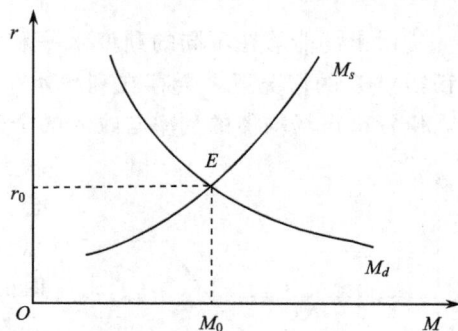

图 5-3　货币供求与市场利率

当然，在货币供应完全是一种由货币当局决定的外生变量或者利率是一个完全由货币当局制定的政策变量时，货币需求与货币供给的联系不是通过利率，而是通过货币当局的主观判断和计划、决策等实现的。在这种情况下就会出现，有时候货币供求的对比并未发生变化，当局却调整了利率；有时候货币供求的对比已经发生了较大变化，利率却未作调整。因此，利率显然就不能作为反映货币供求均衡的指标了。

货币均衡不仅仅是通过货币供给和货币需求的对比，从而通过利率来显示的。现实生活中，人们更直接关注的是社会总供给和总需求的均衡，因此，货币均衡还可以通过社会总供给和总需求的对比，从而通过价格和失业率等指标来显示。

由于社会总供给是决定货币需求的主要因素，社会总需求又是由供给形成的，因此，依据社会总供给变化决定的货币需求来供应货币所形成的社会总需求，与社会总供给之间一定是相均衡的。问题是，货币供给者能否依据社会总供给变化的要求来确定货币需求，从而做出正确的货币供给决策，这是其一。其二，即使是货币供给按照实际的货币需求进行，是否一定就能够形成与总供给相对应的总需求呢？事实上，这是实现货币均衡从而实现社会总供求均衡的两个最经常、最基本的现实问题。

第一个问题，当货币供给者对社会总供给的变化缺乏了解、认识和正确分析时，就可能做出对货币需求的错误判断，从而做出错误的货币供给决策，由此产生的货币供给量就可能大大超过或小于货币需求量，形成过大或过小的社会总需求。

第二个问题，当货币供给实施以后，一部分货币会很快被人们作为流通手段，形成现实的购买力，变为社会总需求，而另一部分货币则被人们作为价值储藏手段长期保存起来，这部分货币是潜在的购买力，是否变为社会总需求要取决于各种经济的或非经济的复杂因素，这就是说，并非所有的货币供给都能够按照供给者的愿望而形成社会总需求。既然如此，社会总供求的均衡，就有可能由于对货币需求的判断和货币供给决策的失误而不能实现；也有可能由于货币供给在向社会总需求的传导过程中发生变异而不能实现。社会总供求不能实现均衡，无非表现为两种情况：一种是总需求大于总供给，表现为商品价格上涨或商品供应短缺；另一种是总需求小于总供给，表现为商品滞销、企业开工不足和失业率上升。由此可见，货币供求的均衡和不均衡，是可以由物价和失业率等指标的变化来显示的。

三、货币市场均衡与 LM 曲线

货币市场能够在不同的利率水平和国民收入水平下达到均衡，即在货币供给 $M=$ 货币需求 L 的情况下，会存在利率水平和国民收入水平的各种不同组合。如图 5-4 所示，使货币市场均衡的利率与收入的全部组合为一条向右上方倾斜的 LM 曲线。LM 曲

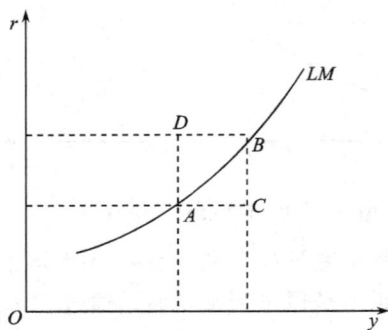

图 5-4　LM 曲线

线上的任何一点都代表 $M=L$ 时的利率和收入的组合，或一定利率水平和收入水平下的货币市场均衡点。在 LM 曲线以外的任何点都不是货币市场均衡时的利率和收入组合，或者说，这些点代表的利率和收入组合都表明货币市场的非均衡。位于 LM 曲线右侧的点，都说明 $L>M$，即货币市场需求大于供给。如图中的 C 点，与处在 LM 曲线上的 A 点比较，利率相同，但收入较高，说明交易性货币需求大于均衡水平；与 B 点比较，收入相同，但利率较低，说明投机性货币需求大于均衡水平。位于 LM

左侧的点，都说明 $L<M$，即货币供给大于需求。如图中的 D 点，与 LM 曲线上的 A、B 两点比较，都说明货币需求小于均衡水平。

LM 曲线向右上方倾斜，是根据凯恩斯货币需求理论所揭示的货币需求与利率和收入的关系推导出的。在凯恩斯的货币需求理论中，货币需求 L 由交易性、预防性需求 L_1 和投机性需求 L_2 构成。L_1 决定于收入 Y，与 Y 同方向变动，L_2 决定于利率 r，与 r 反方向变动。货币均衡的条件是，实际货币供给 M（名义货币供给剔除价格水平变动因素）$=L$，或 $M=L_1$ (Y) $+L_2$ (r)。那么，在 M 既定时，L_1 增加，L_2 则减少，而 L_1 增加表明收入 Y 增加，L_2 减少表明利率上升，所以，在 $M=L$ 时，收入和利率之间是同向变化的，LM 曲线向右上方倾斜。如图 5-5 所示，图（1）代表货币市场均衡的条件，$L=L_1+L_2=M$，即在给定的货币供给 M 下的货币需求及其构成，它反映了 M 既定时，L_1 和 L_2 的反向变化关系。图（2）是反映 L_1 与 Y 正向变化关系的交易性和预防性货币需求函数 $L_1=L_1$ (Y)。图（3）是反映 L_2 与 r 反向变化关系的投机性货币需求函数 $L_2=L_2$ (r)。将图（1）中 $L_1+L_2=M$ 线上的任何一点，如 A (L_{20}, L_{10}) 点，投射到图（2）和图（3）中的 $L_1=L_1$ (Y) 曲线和 $L_2=L_2$ (r) 曲线，就会分别得到与一定收入水平 (Y_0) 相对应的 A (Y_0, L_{10}) 点和与一定利率水平 (r_0) 相对应的 A (L_{20}, r_0) 点，再将 A (Y_0, L_{10}) 点和 A (L_{20}, r_0) 点折射到图（4）的利率和收入平面图中，就形成与一定利率水平和收入水平相对应，并使 $L=M$ 的均衡点 A (Y_0, r_0) 点。把所有由图（1）中 $L_1+L_2=M$ 线出发，最终投射到利率和收入平面上的点都连接起来，就形成一条向右上方倾斜的 LM 曲线。

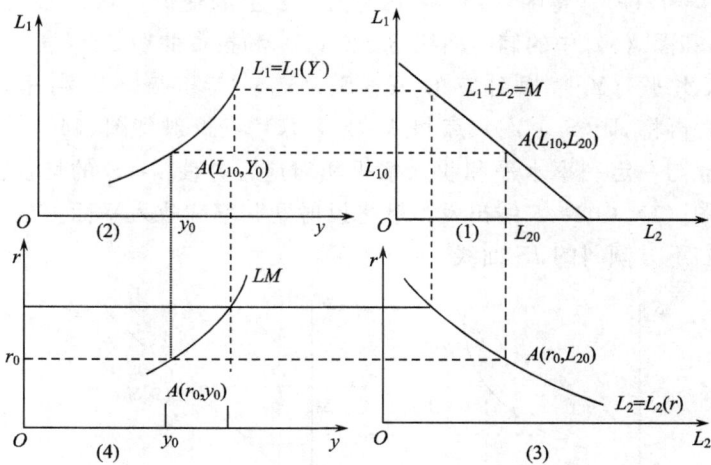

图 5-5 LM 曲线的形成

四、产品市场均衡与 IS 曲线

在凯恩斯主义的宏观均衡理论中，总产品由消费和投资构成，总产品减去消费后即为储蓄，因此，宏观经济均衡的条件为投资 $I=$ 储蓄 S。投资函数为 $I=I$ (r)，投资与利率 r 反方向变化；储蓄函数为 $S=S$ (Y)，储蓄与收入 Y 同方向变化。

产品市场的需求表现为投资，供给表现为储蓄，市场的均衡可以在不同的利率和国民收入组合下实现，均衡状态表现为在一定的利率水平和国民收入水平下，$I=S$。如图 5-6 所示，使产品市场均衡的利率与收入的全部组合为一条向右下方倾斜的 IS 曲线。该曲线说明，在产品市场达到均衡时，利率与收入呈反方向变化关系。在 IS 曲线上的任何一点都表示产品市场均衡时的利率与收入的组合，或者说，这些在 IS 曲线上的点都是一定利率水平和收入水平下的产品市场均衡点。落在该曲线以外的任何点都是产品市场非均衡状态下的利率和收入组合。位于曲线右侧的点都说明 $I<S$，即产品市场的需求小于供给。如图 5-6 中的 C 点，与 IS 曲线上的 A 点比较，利率相同，但收入较高，说明储蓄大于均衡水平，与 B 点比较，收入相同，但利率较高，说明投资小于均衡水平。位于曲线左侧的点则说明 $I>S$，即产品市场需求大于供给。如图 5-6 中 D 点与 IS 曲线上的 A、B 两点比较，分别说明投资大于均衡水平和储蓄小于均衡水平。

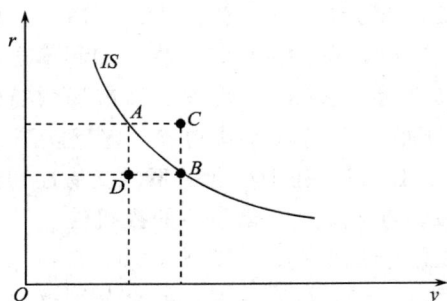

图 5-6 IS 曲线

关于 IS 曲线向右下方倾斜，即当 $I=S$ 时，r 与 Y 反方向变化的原因，可通过投资函数 $I=I(r)$ 和储蓄函数 $S=S(Y)$ 所反映的投资和储蓄与利率和国民收入的关系折射出来，如图 5-7 所示，图（1）的 45°线表示产品市场的均衡条件 $I=S$。图（2）是反映储蓄与收入正比例变化的储蓄曲线 $S=S(Y)$，图（3）是反映投资与利率反比例变化的投资曲线 $I=I(r)$。将图（1）中 45°线 $I=S$ 上的任何一点，如 $A(S_0, I_0)$ 点，投射到图（2）和图（3）中的储蓄曲线 $S=S(Y)$ 和投资曲线 $I=I(r)$ 上，就分别得到与一定收入水平（Y_0）相对应的 $A(S_0, Y_0)$ 点和与一定利率水平相对应的 $A(r_0, I_0)$ 点，再将 $A(S_0, Y_0)$ 点和 $A(r_0, I_0)$ 点折射到图（4）的利率和收入平面图中，就形成与一定利率水平和收入水平相对应，并使 $I=S$ 的均衡点 $A(r_0, Y_0)$ 点。把所有由图（1）中 $I=S$ 线出发，最终投射到利率和收入平面上的点都连接起来，就形成一条向右下方倾斜的 IS 曲线。

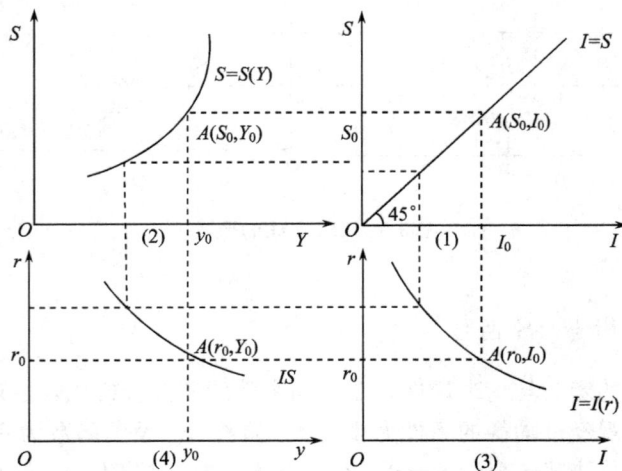

图 5-7 IS 曲线的形成

五、货币市场与产品市场的共同均衡：IS-LM 模型

LM 曲线反映了能够使货币市场供求均衡的利率和收入的全部组合，但它并不能说明使整个经济处于均衡状态的利率和收入的组合。同样，IS 曲线也只是反映了能够使产品市场供求均衡的利率和收入的全部组合，也说明不了使整个经济均衡的利率和收入的组合。而货币均衡的根本要求恰恰是总供求均衡下的货币均衡。如果不考虑国际收支平衡，这样的货币均衡要求实际上就是要实现产品市场和货币市场的共同均衡。如果将 LM 曲线和 IS 曲线放在一个平面上，就能够清楚地看到，当一定的利率和收入组合点只落在 LM 曲线或只落在 IS 曲线上时，都仅仅表明货币市场或商品市场各自的均衡。

如图 5-8 中的 A 点就说明，当利率为 r_0，收入为 Y_0 时，$L=M$，但 $I<S$，即货币市场供求均衡，但产品市场需求小于供给。又如图 5-8 中 B 点说明，当利率为 r_1，收入为 Y_1 时，$I=S$，但 $L>M$，即产品市场供求均衡，但货币市场需求大于供给。能够使货币市场和产品市场同时达到均衡的点，只有 IS 曲线和 LM 曲线的交点 E。在 E 点上，投资和储蓄、货币需求和货币供给同时相等，产品市场和货币市场达到一般均衡，即

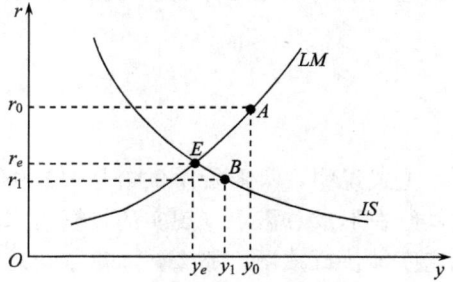

图 5-8 IS-LM 模型

$$I(r) = S(Y)$$

$$L_1(Y) + L_2(r) = M$$

这就是 IS-LM 模型，又称为"希克斯–汉森模型"。它是由英国经济学家 J. R. 希克斯在 1937 年首先提出，后经美国经济学家 A. 汉森等人补充发展而成的。IS-LM 模型经常被用来分析财政政策和货币政策对经济的影响。如图 5-9 和图 5-10 所示，IS 曲线的向右移动和向左移动代表财政政策的扩张和收缩，前者的结果是利率上升，收入增加，后者则是利率下降和收入减少。LM 曲线的向右移动和向左移动代表货币政策的扩张和收缩，前者的结果是利率下降，收入增加，后者则是利率上升和收入减少。

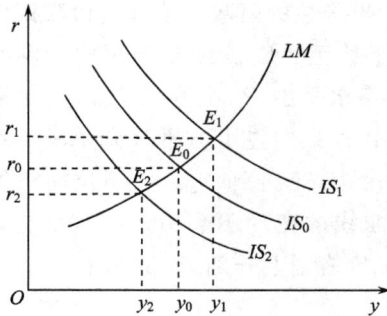

图 5-9 财政政策与 IS 曲线

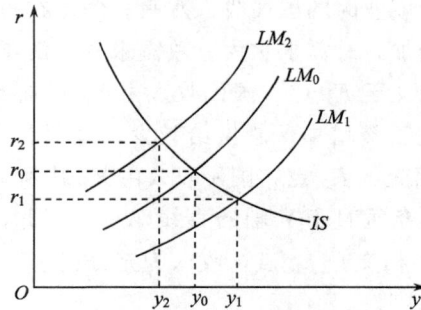

图 5-10 货币政策与 LM 曲线

六、货币均衡与社会总供求均衡

货币均衡不仅可以通过利率指标显示出来，而且可以通过价格和失业率等指标显示出来。IS-LM 模型描述的总供求均衡下的货币均衡，是通过与产品市场和货币市场同时均衡相对应的利率和国民收入的一定组合来反映的。但现实生活中，人们在观察总供求均衡下的货币均衡时，常常通过社会总需求和社会总供给的对比，从而通过价格水平和国民收入的一定组合来做出判断。因为，社会总供给是决定货币需求的主要因素，社会总需求又是由货币供给形成的，因此，根据社会总供求的均衡来判断货币均衡就是理所当然的了。若 AS 为总供给，AD 为总需求，以 M_s 和 M_d 为货币供给和货币需求，那么，总供求均衡与货币供求均衡的联系可简单表示为

$$AS = AD$$

$$M_d = M_s$$

上式说明，只要货币供给是按照由总供给决定的货币需求来决策和操作的，而且货币供给在形成总需求（现实的投资需求和消费品需求）的过程中不存在异常，如货币流通速度加快或减慢，那么，总需求与总供给就必然会达到均衡。

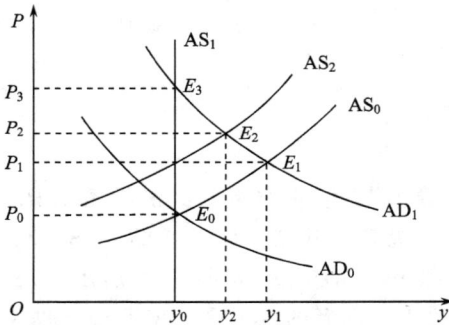

图 5-11　社会总供求均衡

如同货币市场和产品市场在一定的利率和国民收入水平下达到共同均衡，能够从根本上反映货币均衡一样，社会总供求在一定的价格和国民收入水平下达到均衡，也反映了货币均衡的根本实现。社会总供求均衡的模型如图 5-11 所示。

图 5-11 中横轴为国民收入 Y，纵轴为价格水平 P，AD_0 为最初的总需求曲线，AS_0 为最初的短期总供给曲线，AS_1 为长期总供给曲线。最初，总供求在 E_0 点实现了均衡，均衡的价格为 P_0，收入为 Y_0，这时的 E_0 点又在长期总供给曲线 AS_1 上，所以，Y_0 代表充分就业时的国民收入水平。假定在短期内由于扩张性的财政政策和货币政策使货币供应增加，总需求扩大，总需求从 AD_0 向右上方平移至 AD_1。AD_1 与短期总供给曲线 AS_0 相交于 E_1 点，国民收入由 Y_0 增加到 Y_1，价格水平由 P_0 上升到 P_1。但价格上升会引起工资增加，总供给减少，短期总供给曲线由 AS_0 向左上方平移到 AS_2，AS_2 与 AD_1 相交于 E_2 点，国民收入由 Y_1 减到 Y_2，价格由 P_1 上升到 P_2。由于长期总供给曲线是一条垂直于 Y 轴的直线 AS_1，因此，总需求曲线的变动不会引起收入变化，AD_1 与 AS_1 相交于 E_3 点，收入为充分就业时收入 Y_0，价格则上升到 P_3 的水平。

➤ 本章重要概念

货币需求 money demand　　　　　　　实际货币需求 real money demand
纸币流通规律 law of paper money circulation

货币数量论 quantity theory of money　　交易方程式 equation of exchange

剑桥方程式 equation of cambridge　　流动偏好 liquidity preference

流动性陷阱 liquidity trap　　平方根定律 square-root rule

立方根定律 cube-root rule　　原始存款 primary deposit

派生存款 derivative deposit　　基础货币 base money

货币乘数 money multiplier　　货币供应量 money supply

外生货币供给 exoqenous money supply　　内生货币供给 endoqenous money supply

货币均衡 monetary equilibrium

➤ 复习思考题

1. 什么是货币需求？决定和影响货币需求的主要因素有哪些？

2. 马克思货币必要量公式的含义和特点是什么？如何理解纸币流通规律？

3. 什么是"交易方程式"和"剑桥方程式"？说明它们的含义和区别。

4. 简述凯恩斯的"流动偏好"货币需求理论。

5. 什么是"平方根定律"和"立方根定律"？

6. 简述托宾的"资产组合"货币需求理论。

7. 弗里德曼的货币需求函数式有何特点？其货币需求理论的核心思想是什么？

8. 简述现代经济中的货币供给机制。注意其中一些重要概念，如存款货币创造、基础货币、货币乘数、财政收支等。

9. 什么是货币供给的外生性和内生性？主要学派的观点是什么？谈谈中国的货币供给状况。

10. 怎样分析财政收支对货币供给的影响？

11. 什么是货币均衡？如何观察和判断货币均衡？

12. 简述 LM 曲线和 IS 曲线的形成。

13. 简述 IS-LM 模型。

14. 请说明货币均衡与社会总供求均衡的关系。

第六章 通货膨胀和通货紧缩

内容提示：在货币经济条件下的宏观经济管理，要求社会总需求与社会总供给保持均衡，因为只有在总供求均衡下的货币均衡才是根本的货币均衡，在这种均衡状态下，货币需求是由总供给决定的，货币供给的决策和操作能够正确反映总供给的要求，因而，由其形成的总需求既不会大于也不会小于总供给，经济既不会出现购买力过剩、物价上涨，也不会出现产品过剩、物价下降和失业增加。然而，实际经济中的总供求对比状况并非总如人意，理想的均衡状态常常难以实现。当总供给与总需求发生一定程度的偏离，尤其是在出现持续的和程度不断加深的偏离时，就产生了经济调整和治理的要求。通货膨胀和通货紧缩就是社会总供求出现较大偏离的两种典型状态。本章着重阐述通货膨胀和通货紧缩的定义、种类、生成机制、经济效应和治理对策。

第一节 通货膨胀的定义和类型

一、通货膨胀的定义

关于通货膨胀的定义，在西方经济学文献中，有多种表述，简要列举如下：

（美）P. A. 萨缪尔森：通货膨胀的意思是物品和生产要素的价格普遍上升的时期——面包、汽车、理发的价格上升；工资、租金等也都上升。[1]

（美）E. J. 夏皮罗：通货膨胀为一般物价水平的一贯和可以觉察到的增长。[2]

（奥）赫尔穆特·费里希：通货膨胀是一个价格持续上升的过程。[3]

（美）M. 费里德曼：物价普遍上涨就叫通货膨胀。[4]

（英）F. A. 哈耶克：通货膨胀一词的原意和真意是指货币数量的过度增长，这种增长合乎规律地导致物价的上涨。[5]

（英）J. 罗宾逊：通货膨胀是由于对同样经济活动的工资报酬率的日益增长而引起的物价直升变动。[6]

从上述通货膨胀的各种定义中可以看出，经济学家们分别是从物价总水平或平均水平的上升、物价上升的持续性和普遍性、货币供应量的增长、工资成本的上升等方面来概括和描述通货膨胀的，反映出人们观察和认识通货膨胀的角度和切入点以及要揭示的主要问题等存在着差异，因此，我们不能简单地说哪种定义正确或不正确，而是要透过某种定义去思考通货膨胀在一定条件下的生成、发展和控制的机理。

---

[1] P. A. 萨缪尔森：《经济学》上册，商务印书馆，1987年，第380页。
[2] E. J. 夏皮罗：《宏观经济学》，中国社会科学出版社，1985年，第609页。
[3] 赫尔穆特·费里希：《现代通货膨胀理论》，1989年，中国金融出版社，第8页。
[4] M. 费里德曼：《米尔顿·费里德曼论通货膨胀》，中国社会科学出版社，1982年，第1页。
[5] F. A. 哈耶克：《无路可逃，失业必然跟随着通货膨胀》，《世界经济译丛》，1981年，第2期。
[6] J. 罗宾逊：《解决停滞膨胀难题》，1979年，《挑战》杂志，第44页。

英文中的"inflation"原本是"膨胀"或"胀大"的意思，人们只不过是借用它来表示经济生活中出现的货币过多和价格总水平上涨的现象。中国学者在定义通货膨胀时，多从通货膨胀的货币制度条件（纸币流通）、市场货币供应量与商品可供量的对比状况及其结果（货币贬值，物价上涨）等几个方面考虑，比较通行的定义是：在纸币流通条件下，经济中货币供应量超过了客观需要量，社会总需求大于总供给导致单位货币贬值（货币代表的价值量减少或购买力下降），价格水平普遍上涨的经济现象即为通货膨胀。对这一定义的理解，应主要把握以下几点。

1. 通货膨胀是纸币条件下的经济范畴

在现实的交换过程中，商品流通的数量和价格总额是处在不断变化的过程中的，单位货币的平均流通速度也会经常发生变化，因此，货币的实际需要量是一个不断变化的量。在金属货币流通的情况下，由于货币本身就是价值实体，能够执行储藏手段的职能，因而可以自发地调节流通中的货币量，以适应商品流通变化的需要。当流通中的货币过多时，单位货币代表的价格会减少，但在现实交换中，人们并不愿把手中的货币按贬低了的价值使用，而宁可将它储藏起来，这就会使一部分货币自发地退出流通，货币过多的问题自然得到解决。而当货币短缺，单位货币变得更加值钱，能换回更多的商品时，又会刺激货币储藏者重新将货币投入流通，货币短缺问题也自然得到解决。可见，在金属货币条件下，由于储藏手段职能会自发调节流通中的货币量，一般是不会出现通货膨胀的。

纸币条件下之所以会产生通货膨胀，是由纸币的性质决定的。因为纸币本身没有价值，发行多少也不会自动退出流通，相反，往往还有在发行数量越多，单位货币代表的价值越少，人们产生货币会进一步贬值的预期时，人们会更多地抛出手中的货币，使流通中货币数量增多的机制。马克思分析纸币条件下的货币贬值问题是通过将纸币作为金币的符号为给定条件的，其基本分析思路是：金币的储藏手段职能可以保证流通中的金币量就是实际的货币需要量，它是由商品流通决定的。纸币作为金币的代表，它的价值表现为单位纸币所代表的金币数量的多少，超过商品流通需要的金币量而过多发行的纸币，只能以增大了的量去代表实际需要的金币量，使单位纸币代表的金币量减少，发生纸币贬值，导致物价上涨。马克思这样说："随着价值符号的总数的增加，每一符号所代表的金量就按同一比例减少，价格的上涨不过是流通过程强制价值符号去等于它的代替流通的金量而产生的反应。"[①] 这就是说，纸币不是价值，而是价值符号，这一本质特征决定了它出现数量膨胀、单位货币代表的价值贬值，引起物价上涨的可能性。

但是，能不能说通货膨胀是纸币流通条件下的一条必然规律呢？或者说，由于纸币"先天不足"，它的流通就必然会引起通货膨胀呢？不能。通常所说的纸币"先天不足"，是就纸币的产生，即它根源于因铸币磨损引起的货币贬值而言的，它与纸币贬值并不是一回事。就是说，由铸币的名义含金量和实际含金量在铸币发生磨损时开始背离，到完全没有含金量的纸币也能购买到与价值昂贵的金币同样多的商品，说明货币贬值并不意味着货币贬值。当货币的发行与流通中的需要量相一致，纸币代表的价值与实行金属货

---

① 《马克思恩格斯全集》，第 13 卷，第 110 页。

币流通时的金属货币的价值相符合，就不会因纸币取代了金属货币而出现货币贬值。因此，在纸币流通条件下，只要掌握好货币流通的规律，根据流通的客观需要控制和调节好货币供应，就不会出现由于货币数量膨胀而使单位货币贬值的现象，就可以避免通货膨胀。

2. 货币供应量超过客观需要量是通货膨胀的核心内容

通货膨胀可以由各种原因引起，还可以据此划分出各种不同的类型。但是，无论哪种类型的通货膨胀，最终都将以经济中的货币供应量超过客观需要量进而以社会总需求大于总供给为实际内容。也就是说，没有相对于客观需要量而增加了的货币供应量，或没有相对于一定的货币供应量而减少了的客观需要量，就不会有市场上货币购买力与商品供给能力对比关系的变化，就不会出现普遍的或持续的物价总水平的上涨，也就不会有通货膨胀。

3. 物价上涨是通货膨胀的主要标志

通货膨胀的核心含义是货币供应量过多而导致货币贬值。但货币贬值却不能通过货币自身表现出来。纸币在进入流通过程以前和以后，其票面价值都是固定的，除非发生了货币改革，它不会因贬值而发生变化。纸币贬值只是通过其对立面，即商品价值的货币数量表现——物价，才能看得出来。货币是表现和衡量商品价值的尺度，把商品的价值表现为价格，价格就成为反映货币是否贬值和贬值程度大小的尺度。当同样多的货币买不回与过去相比同样多的商品时，人们就发现货币贬值了。一般来说，商品价格水平高，货币购买力低，即货币贬值；反之，商品价格水平低，货币购买力高，即货币升值，商品价格水平和货币购买力互为倒数关系。从全社会看，货币购买力是对所有商品而言的，所以它不是某一种商品价格的倒数，而是所有商品价格的倒数。各种商品价格的总体变动状况，通常是用物价指数表示的，因此，货币购买力或币值变动就可以通过物价指数变动的倒数来反映。

设物价上涨程度为 X，货币贬值程度为 Y，则可得

$$Y = 1 - \frac{1}{1+X}$$

式中，$1+X$ 为上涨后的物价指数，$\frac{1}{1+X}$ 为价格上涨后相同货币能买到的商品量。例如，物价指数上升 18%，那么货币购买力就下降约 15%；物价指数上升 100%，那么货币购买力就下降 50%。这说明，商品价格上涨时，货币便开始贬值，但货币贬值的程度与物价上涨的程度却不一定是一致的。但尽管如此，物价指数仍然为衡量通货膨胀率的最佳指标。目前，世界各国普遍采用的反映通货膨胀程度的物价指数主要有零售物价指数、批发物价指数、生活费用价格指数、国民生产总值平减指数。

零售物价指数又称消费者价格指数（consumer price index, CPI），是反映不同时期商品零售价格变动的指数，其计算方法是将报告期零售价格与基期零售价格相对比。零售物价指数与城乡居民的支出和生活状况高度相关，是市场稳定状况的显示器。零售物价指数可以按全部商品的零售价格编制综合零售物价指数，也可以分别编制城市零售物价指数和农村零售物价指数，还可以按不同种类的商品，如粮食、副食品、服装、百

货等分别编制各类商品的零售物价指数。[①]

批发物价指数又称为生产者价格指数（producer price index，PPI），是反映不同时期商品批发价格水平变动情况的指数，其计算方法是将报告期商品批发价格与基期商品批发价格相对比。批发物价指数与产品出厂价格紧密相关，代表的商品范围较广，既有消费品又有生产资料，主要反映商品流通总环节的物价变化情况，在判断由于成本推动的原因导致的通货膨胀时，该指数是最适宜的。但是，批发物价指数不能反映劳务费用价格的变化情况。

生活费用价格指数又称为生活费指数，是反映不同时期居民生活费水平变动情况的指数，其计算方法是将报告期生活消费品和服务项目价格与基期生活消费品和服务项目价格相对比。生活费用价格指数从家庭支出角度出发，反映一定社会阶层居民用于吃、穿、用、住、行等日常生活方面的开支因价格变动所受影响的程度，是居民感受最直接的通货膨胀指标，也是计算实际工资的重要依据。该指数不能反映物价变动的整体状况，尤其是不能反映生产资料的价格变化情况。

国民生产总值平减指数又称国民生产总值折算价格指数，是指按当年价格计算的国民生产总值与按不变价格计算的国民生产总值的比率。其统计范围包括一切产品和劳务，也包括进出口商品，能全面准确地反映物价总水平的变化。这一指数的编制需要搜集大量资料，多数国家只能一年统计和公布一次，有些统计系统不发达的国家甚至无法编制出这一指数，因此，这一指数的工作难度较大，并且不能迅速及时地反映通货膨胀的程度和动向。另外，由于这一指数涵盖了所有商品和劳务甚至进出口商品的价格变化，有许多是与居民生活不直接相关的，因此，反映出的通货膨胀程度与居民的直接感受相差较大。

当然，通货膨胀既然是货币供应量过多在单位货币价值或物价上的反映，其程度指标也可以通过货币供应量的增长超过实际需要量的多少来确定。据此，人们又提出用货币供应量的增长率减掉按不变价格计算的国民生产总值增长率后的差作为通货膨胀率指标。该指标的含义是，以按不变价格计算的国民生产总值增长率代表实质经济增长的水平，即由产量增长反映的经济增长为实质增长水平，高出的部分就是通货膨胀的部分。这个指标以货币供应量与货币需要量的比来反映通货膨胀率，更接近通货膨胀的核心含义。但缺陷是，它必须以货币流通速度不变为假定前提，但事实上货币流通速度是经常发生变化的，其变化的一个很小的幅度往往就会引起货币需要量的较大变化，因此，仅仅以按不变价格计算的国民生产总值增长率来代表客观的货币需要量，显然是不准确的。另外，不同层次或口径的货币供应量，在市场上对应的商品内容也是有差异的，笼统地以总量对比的办法说明通货膨胀率，也可能脱离市场的真实供求状况。

二、通货膨胀的类型

根据不同的划分标准，可以将通货膨胀分为不同的类型。

[①] CPI 是对一个固定的消费品篮子价格的衡量，主要反映消费者支付商品和劳务的价格变化情况，消费品篮子中包括的商品一般有食品、酒和饮品、住宅、衣着、教育、通信、交通、医药健康、娱乐、其他商品及服务。在美国，有两种不同的消费物价指数。一是工人和职员的消费物价指数，简称 CPI-W。二是城市消费者的消费物价指数，简称 CPI-U。还有一个存在较大争议的概念，就是核心 CPI，是指将受气候和季节等供给因素影响较大，而受需求拉动因素影响较小的产品价格（如能源和食品价格）剔除之后的居民消费物价指数。

（一）按严重程度分类

根据通货膨胀的严重程度分类，可将其分为温和的通货膨胀、严重的通货膨胀和恶性通货膨胀。至于三种程度的通货膨胀以怎样的数量标准去界定，需要根据一国出现通货膨胀的特殊背景和社会对通货膨胀的承受能力等因素综合考察。例如，20世纪60年代，发达国家普遍认为6%的年通货膨胀率就是难以忍受的，属于严重的通货膨胀，如果通货膨胀率达到两位数，则看做是恶性的通货膨胀。而到了70年代，由于石油危机造成世界范围的通货膨胀，人们则根据新的情况对通货膨胀的程度予以重新认定。尤其是80年代和90年代，南斯拉夫、俄罗斯、玻利维亚等国家出现3位数甚至5位数的通货膨胀，这与两位数的通货膨胀相比，不仅仅是数量上的差距，甚至存在是否动摇货币制度的基础这一本质上的区别。目前人们普遍认为，通货膨胀率在3%以内，是可以为社会承受的，属于正常的物价上升。通货膨胀率达到3%以上而停留在两位数以内的水平上，可称之为温和的通货膨胀，这一程度的通货膨胀一般不会造成对社会经济生活的重大影响。通货膨胀达到两位数以上，而在50%以内，可称之为严重的通货膨胀，这一程度的通货膨胀已经对经济和社会产生重大影响，甚至出现挤提银行存款、抢购商品等市场动荡，如果不坚决控制，就会导致物价进一步大幅度上升，酿成恶性通货膨胀的后果。恶性通货膨胀，就是指物价已经出现明显快速增长的势头，水平达50%以上，并且开始成倍数增长，这一程度的通货膨胀已经严重破坏正常的生产流通秩序和经济生活秩序，开始动摇社会安定的基础，它会使货币信用制度走向彻底崩溃。这一程度的通货膨胀多发生于处在战争、社会变革、政治动荡时期的国家和地区。

（二）按表现形式分类

根据通货膨胀的表现形式分类，可将其分为公开的通货膨胀和隐形的通货膨胀。公开的通货膨胀就是通过物价水平的明显上升表现出来的通货膨胀，这是市场经济条件下通货膨胀的一般表现形式。由于市场发达的国家，价格很少受到限制，当货币供应超过需求，社会总需求大于总供给时，就直接地、明显地表现为物价上升。隐形的通货膨胀则是指当经济生活中积累了难以消除的总需求大于总供给的压力时，由于政府采取管理和冻结物价、对商品销售进行价格补贴、对购买行为进行限量控制等措施，使通货膨胀压力不通过物价上涨释放出来，而表现为市场商品供应极度短缺、限量供应、黑市活跃，国家牌价与黑市价形成巨大价差、商品质量下降、供货方索取价外酬金，以达到变相涨价的目的。在排斥市场经济，实行单一行政计划管理体制时的前苏联及东欧各国，在实施改革开放政策以前和改革初期实行"价格双轨制"时的中国，都不同程度地存在过隐形的通货膨胀。

（三）按产生原因分类

根据通货膨胀产生的原因，可将其分为需求拉上型通货膨胀、成本推动型通货膨胀、结构型通货膨胀。也可以进一步按具体的主要原因将其分为财政赤字型通货膨胀、信用膨胀型通货膨胀、混合型通货膨胀、预期型通货膨胀等。对通货膨胀的成因将在下一节作专门阐述，这里只简单概括按原因划分的各种类型通货膨胀的基本特点。

需求拉上型通货膨胀是指由于总需求的增长超过了在现行价格条件下社会可能的供给量，造成强大的货币购买力对应较少的商品和劳务，导致物价总水平上涨；成本推动型通货膨胀是指在总需求基本未变的情况下，由于工资及其他生产要素成本的增加而推动了物价总水平上涨，具体又可分为工资推动型、利润推动型、汇率成本推动型等类型；结构型通货膨胀是指在整个经济总供给与总需求大体处于均衡状态时，由于经济结构方面因素的变化，导致物价总水平上涨，具体又可分为需求转化型、部门差异型、二元经济结构型、开放小国型等类型；财政赤字型通货膨胀是指通过中央银行增加纸币发行或扩大信贷规模弥补政府财政赤字而导致的物价总水平上涨；信用膨胀型通货膨胀是指由于信用规模超出生产、流通需要而引发的通货膨胀；混合型通货膨胀是指需求拉动型通货膨胀和成本推动型通货膨胀交错在一起，共同作用，导致物价总水平上升；预期型通货膨胀，是指人们已经认识到通货膨胀的存在和发展趋势，由于心理预期的作用，在各种交易、合同、投资中都要把未来的通货膨胀率计算在内，从而无形中又加重通货膨胀压力并引起物价进一步快速上涨的现象。

第二节　通货膨胀的成因

一、一般成因

各国的通货膨胀和一国不同时期的通货膨胀都有其形成的具体原因，如财政出现赤字、信贷过度、消费基金失控、经济发展速度过快、体制转型、政治动荡等，我们暂且抛开这些具体成因不论，就引起通货膨胀的一般原因来说，主要有如下三种。

（一）需求拉上

所谓需求拉上，是指经济体系中存在对产品和劳务的过度需求，即总需求超过总供给，在社会总供求不平衡的状态下，过多的需求拉动价格水平上涨。由于总需求是由有购买和支付能力的货币量构成的，总供给则表现为市场上的商品和劳务，因此，"需求拉上"可以通俗地说成是"太多的货币追求太少的商品"。

在宏观经济理论中，把总需求大于总供给的经济形态解释为存在通货膨胀缺口（inflationary gap）。所谓通货膨胀缺口，是指实际总需求高于充分就业条件下的总需求所形成的差额。由于充分就业的总需求与总供给是均衡的，因此，差额部分的总需求是超过充分就业的实际收入的，所对应的是名义国民收入的增加或价格的上升。如图 6-1 所示，横轴代表国民收入，纵轴代表总需求 AD，45°线上的任何一点代表总需求与国民收入相等。AD_0 为充分

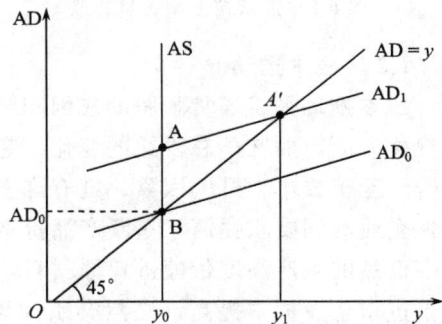

图 6-1　通货膨胀缺口

就业时的总需求线，垂直于 y 轴的 AS 线为充分就业的总供给线，两线在 45°线上相交于 B 点，代表充分就业的均衡点，$OAD_0 = Oy_0$ 为充分就业的总需求和国民收入。AD_1 为实际的总需求线，与 AS 线相交于 A 点，AB 即为超额的总需求即通货膨胀缺口，该缺口的弥补只有在点 A' 处才能实现。A' 点对应的国民收入为 y_1，由于经济已经达到充分就业水平，因此，实际国民收入不会增加，$y_0 y_1$ 只是名义国民收入增量或价格上升的水平。

社会总需求的扩大有多种渠道。从实际因素看，主要是投资扩大，如果利率、投资

利润率等有利于投资者时，投资就会增加，而投资增加总是要求货币供给予以支持，总需求必然随其扩大。再就是消费支出和政府支出的扩大，也同样是以货币供给为支撑的。从货币因素方面看，就是货币信贷推动，货币供给超过货币需求。当然也有另外一种情况，就是经济体系中的货币需求减少，即使没有新增货币供给，原有的货币存量也会相对过多。总之，由于投资扩大、消费支出和政府支出扩大、货币信贷规模扩大等各种原因，会引起社会总需求扩大，从而打破已有的总供求均衡，导致物价总水平上涨。

须进一步说明的是，"需求拉上"在导致物价水平上升的同时，也能引起产出的增长，也就是说，需求可以创造供给，其必要条件是资源的充分存在。对此，凯恩斯学派的理论有比较完整的解释，其大意是在经济尚未达到充分就业时，社会尚存在可利用的资源，总需求的扩大就会促进产出的增加。在这种情况下，物价水平的变动取决于需求扩大与产出增加规模的比较，当两者的规模相当时，产量和物价就会同时上升。而当经济已经达到充分就业状态时，就不会存在可供利用的资源，总需求的扩大就不再促进产出的增加，而只会导致物价总水平的上涨。如图 6-2 所示，图中 AS 表示总供给曲线，

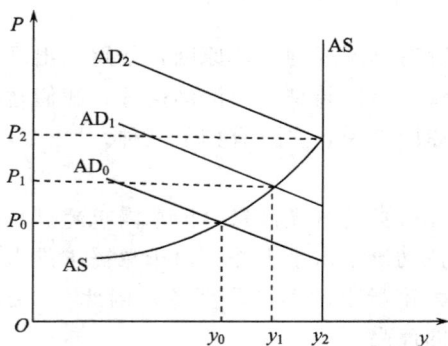

图 6-2　需求拉上型通货膨胀

AD 表示总需求曲线，在 AS 曲线一定的情况下，AD 曲线由 AD_0 上升到 AD_1 再上升至 AD_2，产量由原来的 y_0 增加到 y_1 再到 y_2，物价水平由 P_0 上升到 P_1 再到 P_2。产量和物价同时增加，是由于社会尚未达到充分就业水平，AS 曲线在产量达到 y_2 以前是一条向右上方倾斜的曲线。而当生产总量达到 y_2 以后，AS 曲线变为一条与横轴垂直的直线，它表明经济已达到充分就业和资源充分利用的水平，AD 曲线再往上移，就只会增长物价而不增加产量。

（二）成本推动

成本推动是将通货膨胀的成因归结为供给因素，认为通货膨胀的根源不在于总需求的变化方面，而在于总供给的变化，它是由于供给过程中的成本提高而导致了物价水平上升。至于成本上升的因素，则有许多方面，其中最主要的有：①工资成本上升。②垄断性企业利润要求提高，垄断产品价格提高。③进口成本、间接成本等各种成本上升。许多商品的生产高度依赖进口原材料，当这些进口原材料由于汇率变动等原因提高价格后，进口企业成本提高，必然会引起国内商品价格的提高。除了进口原材料成本上升外，国内的原材料和能源供应也会由于种种原因，如资源枯竭、环境保护政策等造成成本上升。另外，企业在生产经营过程中发生的管理费用、推销费用等间接费用上升也是成本上升的重要因素。

成本推动的通货膨胀如图 6-3 所示。图中 AD 表示总需求曲线，AS 表示总供给曲线。假设经济最初处于充分就业状态，其产量为 Y_0，价格为 P_0，当成本增加时，企业会在同等产出水平上要求有较高的价格，或在同等价格水平上，只提供较少的产出。因而成本的增加会使总供给曲线 AS 向上移动。如图 6-3 所示，在 AD 曲线不变的情况下，AS 曲线由 AS_0 向左上方平移到 AS_1 再到 AS_2，产量由原来的 y_0 减少到 y_1 再

y_2，物价水平则由 P_0 上升到 P_1 再到 P_2。这种理论分析说明，在不存在需求拉动的情况下，也能产生通货膨胀。在假定总需求既定的条件下，当成本增加导致物价上涨时，取得供求均衡的条件只能是实际产出的下降，相应地则必然是就业水平的降低。

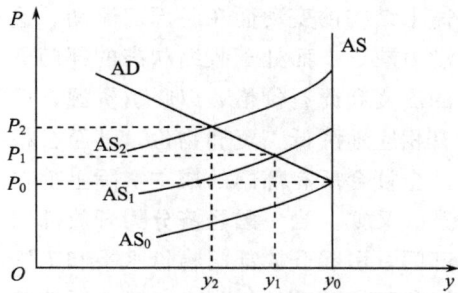

图 6-3　成本推动型通货膨胀

　　需要说明的是，这种成本推动型的通货膨胀进一步持续下去的条件是总需求的增加，因为，产出和就业的下降如果继续下去的话，经济就会处于非充分就业状态，越来越多的失业迟早会降低工资，使单纯的成本推动停止下来。产出和就业的下降严重到一定程度，也会迫使政府采取需求扩张的政策。有了需求的拉动以后，原来由成本推动引发的通货膨胀就演变为成本推动和需求拉动并存的混合型通货膨胀。如图 6-4 所示，假定最初由于生产领域的原因导致总成本上升，供给曲线 AS 由 AS_0 向左上方移动到 AS_1，AS_1 与最初的需求曲线 AD_0 交于 e_0 点，价格水平由 P_0 上升到 P_1。为了遏止实际产出的减少和防止出现过高的失业率，政府采取鼓励扩大投资和刺激消费的需求扩张措施，需求曲线由原先的 AD_0 上升到 AD_1，这样就使本来由成本推动的价格上升进一步得到需求拉上的支持，AD_1 与 AS_1 相交于 e_2 点，价格水平由 P_1 进一步上升到 P_2。需求扩张拉动的价格上升，又会进一步引起成本的上

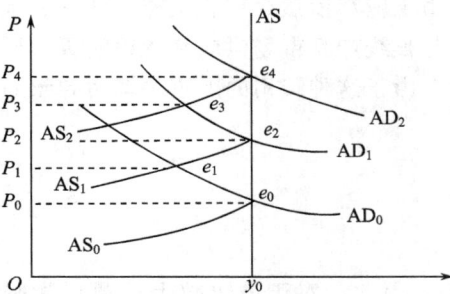

图 6-4　供求混合型通货膨胀

升，供给曲线在成本上升中由 AS_1 向左上方移动到 AS_2，与 AD_1 相交于 e_3 点，其对应的价格水平为 P_3。这样的过程持续下去，就表现出一种供给曲线与需求曲线相互推动的机制，供给曲线和需求曲线分别向左上方和右上方移动，价格则沿着由均衡点的移动轨迹 $e_0 \rightarrow e_1 \rightarrow e_2 \rightarrow e_3 \rightarrow e_4$ …所确定的水平由 P_0 到 P_1、P_2、P_3、P_4 …，呈现出"螺旋式"上升的过程。

　　在通货膨胀的实际形成和发展过程中，需求拉动的作用和成本推动的作用往往是混合在一起的，人们只是在分析问题时根据起主导作用的因素或源发性因素来区分不同成因的通货膨胀。在成本推动型通货膨胀的持续过程中加入了需求拉动的因素，事实上已成为混合型通货膨胀，但就起主导作用的因素而言，整个通货膨胀过程和性质仍可看做是成本推动型的。同样，如果混合性通货膨胀最初起因于需求拉动，在其后的混合推动过程中需求因素也起主导作用，那么，通货膨胀的整个过程及其性质也应看做是需求拉动型的。

（三）经济结构失衡

　　通货膨胀还可以在整个经济总供给与总需求大体均衡的情况下，由经济结构因素的变化引起。具体又可以从不同的角度去分析。例如，总需求构成的变动会引起经济中某些部门处于扩张状态，而另一些部门处于收缩状态。由于原有经济结构刚性的存在，如能源、设备劳动力原有的地域分布、劳动力技术工种的特殊性等，使资源不能迅速适应

总需求结构的变动而在各部门流动。这样，处于扩张状态的部门资源缺乏，尤其是技术劳动力缺乏，而处于收缩状态的部门资源则相对过剩。资源缺乏的扩张部门会提高本部门的工资和原料价格，以吸引资源，但资源剩余的部门却由于工资和特价刚性的存在而没有相应地降低工资和物价，甚至会根据公平原则要求工资与扩张部门同比率上升，因此，全社会所有部门的成本实际上都在总需求结构变化之后增加了，物价总水平由此而上升。又如，当一国经济分为开放部门和非开放部门时，国外通货膨胀会首先输入到开放部门，引起开放部门物价水平和工资增长率上升。之后，非开放部门在与开放部门的价格和工资攀齐的过程中，输入开放部门的通货膨胀，这样，便形成国内整个经济的通货膨胀。由于通货膨胀表现为由开放部门首先形成，而后向非开放部门传递的过程，因而从形成原因来看，其主要决定于国内经济两部门的结构特征。

关于经济结构变化引起的通货膨胀，中国学者主要是针对本国实际从部门结构、产业结构、积累与消费的比例、进出口比例等方面进行分析的。例如，当重工业发展过快，超过了轻工业和农业所能承担的能力时，市场上日用工业品和农副产品供不应求，由重工业投资而增加的市场货币供应量没有现实的商品供给相对应，成为过多的货币，导致物价上涨。又如，当农业、能源、原材料、交通运输等基础产业部门发展不足，各种基础品市场供给短缺，价格上涨，加工行业的产品生产成本提高，也相应地提高产品售价，必然使物价总水平上升。如果在基础工业发展不足的同时，又存在长线加工部门的重复投资，问题就更加严重，因为重复投资的部门往往形成大量的产品积压，不能满足市场有支付能力的需求，但是由投资形成的货币供应却依然存在。这样，就形成了短线产品市场物价上涨，推动全社会生产成本上升与长线产品市场供应和货币购买力严重不对称同时存在的局面，即使需求总量不变，也会由于这种结构的严重失调而导致通货膨胀。

二、特殊成因

（一）财政赤字

由于财政收支会对货币供应量产生重要影响，因此，对于需求拉上的通货膨胀来讲，财政赤字往往是其最直接的原因。财政弥补赤字，除了采取增收节支的根本性措施以外，简便的办法就是以下两种。

（1）发行公债券。当公债是向社会公众和商业性金融机构推销时，一般只改变市场货币供应的结构，对货币供应总量和社会总需求不会产生大的影响，因此，一般不是通货膨胀的成因。但是，当公债是向中央银行推销，或以公债为抵押向中央银行借款时，如果中央银行在购买债券或贷款时并没有同时收回向商业银行的再贷款，那么就增加了中央银行的基础货币投放，这些基础货币投放最终会在财政安排支出后转变为商业银行的存款，进而又会在派生存款机制的作用下，形成数倍的货币供应量，因此成为通货膨胀的重要原因。

（2）向中央银行直接借款或透支。这种弥补赤字的办法，一般都会引起中央银行增加纸币发行，其结果也是增加基础货币投放和扩大货币供应量。由于财政赤字是财政支出超过财政收入的结果，而财政支出绝大部分都是非生产性支出，为弥补财政赤字而增加的货币供应量并没有与之对应的市场有效供应，成为过多的货币。因此可以说，只要财政赤字引发了货币供应量的增加，就一定是通货膨胀的成因。正因为这样，许多国家都严格限制中央银行向财政部直接贷款、透支和购买公债。中国在 1995 年 3 月颁布的《中华人民共和国中国人民银行法》中也明确规定：中国人民银行不得对政府财政透支，不得直接认购、包销国债和其他政府债券。在此之前，"财政赤字-货币发行"机制一直是我国通货膨胀的重要原因之一。

（二）信用膨胀

信用膨胀是指银行信用、商业信用、消费信用等信用活动过度扩张，超过了生产、流通的实际需要。通常说的信用膨胀，主要指的是银行信贷的过度扩张。中央银行降低法定存款准备率、降低利息率，商业银行扩大工商业贷款和消费贷款规模、扩大投资规模等，都可以使银行信贷总量扩张。因为银行信贷具有创造货币的功能，信贷规模扩大可引起数倍的存款货币的增长，直接扩大了货币供应量；又因为在信用膨胀下的信贷规模扩大是超过生产流通实际需要的，并没有相应的商品被创造出来投入到市场，因此，由银行信用膨胀而增加的货币供应，是推动物价上涨的货币力量。商业信用和消费信用的扩张，不仅增加了商品流转过程中买方的购买能力，刺激了有支付能力的市场需求，而且大大减少了流通对货币的需要量。商业信用中的商业票据，经过背书后就可在市场上流通转手，代替现实的货币完成支付，因此流通中对现实货币的需要量也减少了。但是，原来已经进入流通的现实货币并不因为实际需要的减少而自动退出流通，这样，商业票据的流通，就等于增加了市场货币供应量。消费信用中的信用卡一方面通过透支形式为持卡人获得银行信贷支持提供了方便，刺激了持卡人的消费需求，另一方面，信用卡的使用也大大节约了现金，在中央银行现金发行总量一定的情况下，信用卡的流通，就等于增加了市场的货币供应。由此可见，信用的扩张或者是直接增加货币供应量，或者是减少流通中的货币需要量，其结果是货币供应超过实际需求。如果信用过度扩张，造成信用膨胀，就必然会使货币供应大大超过需求，出现通货膨胀。

（三）本币贬值过度，国际收支顺差过大

一般情况下，本币对外币贬值有刺激商品出口和限制商品进口的作用，有利于改善本国的国际收支。但是，本币贬值也是诱发国内物价上涨的重要因素，采取过度贬值的做法，就可能酿成通货膨胀。因为，刺激出口和限制进口的结果会使国内市场商品供应减少，增加的外汇收入转换为本币后使国内市场货币流通量增加，从而导致国内市场供求失衡。再加上本币贬值或外汇汇率上升后，进口成本提高，进口商为了不减少利润，就会提高进口商品在国内的售价，由此会带动其他商品的价格上涨。本币贬值过度的结果会使本国的国际收支出现大量顺差，黄金外汇储备迅速增加，而在黄金外汇储备增加的过程中，中央银行要增加基础货币的投放，等于发行了无物资保证的本国货币，因此，大量的国际收支顺差，也是通货膨胀的重要原因之一。

（四）固定资产投资过度，经济增长速度过快

固定资产投资主要用于长期基本建设，项目建成投产后，就可以增加商品供给能力，从而增强稳定市场货币流通的物质基础。问题在于，固定资产投资项目的工期一般都很长，短则三至五年，长则十几年，在整个投资期间要耗用现有的生产资料和消费资料。如果投资建设规模过大，速度过快，超过了现有工农业、交通运输业、能源供应等所能承担的能力，就会出现由建设投资所形成的货币投放与生产资料和消费资料的供应

不相适应，造成市场货币量过多，导致物价上涨。我国在 80 年代中后期出现的通货膨胀，就具有非常明显的固定资产投资拉动的特征，当然同时还伴随着消费基金的规模过大，这在当时被称为固定资产投资和消费基金的"双膨胀"。

（五）经济体制不健全

由于经济体制直接关系到社会有效供给的效率和对有效需求控制的水平，因而，其完善与否，直接关系到货币流通的稳定。一个不健全的经济体制，主要表现为企业制度不健全、投融资体制不完善、商品流通体制和价格体制不合理、市场的培育、发展及交易秩序不正常等。在这样的体制下，作为创造市场有效供给的企业，由于产权关系不清，缺乏自我约束，不承担风险责任，因而往往只追求投资规模扩大，而不追求实际效益，甚至不归还银行贷款，使高投资形成的货币供应与产出量极不对称。由于企业缺乏内源融资和在金融市场的融资能力，迫使银行贷款和财政资金不断地流入企业低效率的投资项目，成为诱发通货膨胀的因素。在这样的体制下，财政与中央银行、中央银行与商业银行、银行与金融市场等方面的关系没有理顺，往往使货币金融政策缺乏有效的实现机制，控制货币供应量力不从心。在这样的体制下，缺乏一整套管理市场的手段和法律体系，市场存在过度投机、价格信号扭曲、资源配置失误、社会公众的心理预期不稳等各种促成物价上涨的因素。中国在由计划经济体制向市场经济体制转换的经济改革过程中，多次出现通货膨胀，上述体制方面的缺陷在通货膨胀的形成和发展过程中都不同程度地起到了诱发和推动的作用。

第三节　通货膨胀的经济和社会效应

一、对生产和流通的影响

首先，通货膨胀不利于生产的正常发展。通货膨胀初期，会对生产有一定的刺激作用，但这种刺激作用是递减的，随之而来的就是对生产的破坏性影响。在商品和劳务价格普遍上涨的情况下，能源、原材料价格上涨尤其迅速，生产成本提高，生产性投资风险加大，生产部门的资金，尤其是周期长、投资大的生产部门的资金会转向商业部门或进行金融投机，社会生产资本总量由此缩小。由于投资风险加大，投资预期收益率下降，股息收入增长率低于利息率的上升，证券市场价格下跌，从而导致企业筹措资本困难，投资率下降。通货膨胀不仅使生产总量下降，还会破坏正常的产业结构和产品结构。通货膨胀较严重的时候，投机活动猖獗、价格信号扭曲，在生产领域，投资少、周期短、产品投放市场快的加工业受到很大刺激。由于货币流通速度加快，购买力强劲，市场商品供应相对短缺，企业生产单纯追求周期短、见效快，产品质量下降，最终结果是质次价高的加工业产品生产过剩，而基础产业受到冷落。另外，通货膨胀使货币的价值尺度功能受到破坏，成本、收入、利润等均无法准确核算，企业的经营管理尤其是财务管理陷入困境，严重影响再生产活动的正常进行。

供给学派的观点认为，通货膨胀与供给不足是一种相互作用的恶性循环。通货膨胀增加人们的名义收入和企业的虚假收益，导致纳税等级提高，加重纳税负担。实际收益的下降，降低了人们的储蓄意愿，也减弱了企业的投资信心，使储蓄和投资的总量减少。工资、价格、利率等市场信号的剧烈波动，使各种投资的价值难以确定，资源配置的有效性降低。所有这些都伤害了市场的有效供给，而这种伤害又是通货膨胀进一步加剧的重要因素。

其次，通货膨胀打乱了正常的商品流通秩序。正常的商品流通秩序是，商品由生产企业制成后，经过必要的批发、零售环节，进入消费领域。在此过程中，生产企业和处于各流通环节的销售企业均获得正常合理的经营收入和利润，消费者也接受一个合理的价格水平。但是，在通货膨胀情况下，由于价格信号被严重扭曲，商品均朝着价格最高的方向流动，在投机利益的驱动下，商品会长期滞留在流通领域而成为倒买倒卖的对象，迟迟不能进入消费领域。由于地区间的物价上涨不平衡，商品追踪价格上涨最快和水平最高的地区，导致跨地区盲目快速地流动，加大了运输成本，一些商品从产地流向销地后，甚至会又从销地重新流回产地。由于国内市场商品价格上涨，出口商品价格也上涨，必然会削弱其在国际市场上的竞争能力，因而使国内商品流向国际市场的通道受阻。在通货膨胀情况下，人们重物轻钱，严重时出现商品抢购，更有一些投机商搞囤积居奇，进一步加剧市场的供需矛盾。

二、对分配和消费的影响

国民收入经过物质生产部门内部的初次分配之后，会由于税收、信贷、利息、价格等经济杠杆的作用而发生再分配。通货膨胀对每个社会成员来说，影响最直接的就是改变了他们原有的收入和财富占有的实际水平。在物价普遍上升的时期，每个社会成员都必须接受已经或正在上升的价格。从这个意义上说，通货膨胀是一种强制性的国民收入再分配。由于各个社会成员的收入方式和收入水平不同，消费支出的负担不同，消费领域和消费层次也不尽相同，因此，在同样的通货膨胀总水平下，有的成员损失小，有的成员损失大，有的成员则是受益者。一般来说，依靠固定薪金维持生活的职员，由于薪金的调整总是慢于物价上升，因此是主要的受害群体；工人和雇员也是受害者，其受害的程度与他们所在的行业和企业在通货膨胀中的利润变动相关，处在产品价格大幅上升的企业的工人或雇员，名义工资可能增加，通货膨胀损失可以得到一定补偿，受害程度就小一些。雇主一般都会使工资的增长幅度小于物价上涨幅度，以谋求最大盈利，因此，雇主尤其是从事商业活动的雇主，是通货膨胀的受益者。其中，最大的受益者是那些经营垄断性商品、从事囤积居奇的投机商和不法经营者。通货膨胀对分配的影响还表现在债权债务关系中，那些以一定利率借得货币的债务人，由于通货膨胀降低了实际利率，使他们的实际债务减轻，因而是受益者；而那些以一定利息为报酬持有债权的人，则由于实际利率下降而受到损失。

消费是生产的目的，消费水平是衡量社会成员生活质量的标准，消费的表现形式就是对商品使用价值或效用的直接占有和支配。但是，在商品货币经济条件下，人们对商品使用价值的占有和支配一般都要首先取得货币，人们的收入首先表现为一定的货币数量，而由货币数量转换为真实的消费品还需要通过市场，因此，货币收入等于消费的前提是货币稳定。通货膨胀使币值下降，人们在分配中得到的货币收入因此打了折扣，实际消费水平也就下降了。

三、对金融秩序和经济、社会稳定的影响

通货膨胀引起货币贬值，当名义利率低于通货膨胀率，实际利率为负值时，贷出货币得不偿失，常常会引发居民挤提存款，而企业争相贷款，将贷款所得资金用于囤积商品，赚取暴利。对经营信用业务的银行而言，存贷款活动都承担着很大风险，不如将资金抽回转向商业投机，因此，银行业出现危机。金融市场的融资活动也会由于通货膨胀使名义利率被迫上升，导致证券价格下降，陷于困境。由于通货膨胀使生产领域受到打击，生产性投资的预期收益率普遍低落，而流通领域则存在过度的投机，工商业股票市场也因此处于不稳定和过度投机的状态。至于严重的通货膨胀，则会使社会公众失去对本位币的信心，大量抛出纸币，甚至会出现以物易物的排斥货币的现象。到了这种程度，一国的货币制度就会走向崩溃。

通货膨胀引起的经济领域的混乱，会直接波及整个社会领域，突出地表现为由于社会各阶层的利益分配不公平而激化社会矛盾，政府威信下降，政局不稳定。

四、通货膨胀的特殊后果——滞胀

所谓滞胀，是指经济生活中出现了生产停滞、失业增加和物价水平居高不下同时存在的现象，它是通货膨胀长期发展的结果。西方各国在第二次世界大战后的 20 世纪的五六十年代，实施通货膨胀政策，对经济起到一定的促进作用。那时，通货膨胀一般表现为需求过多、商品供应不足、物价上涨，在需求的刺激下，经济增长和就业能保持一个较高的水平。但是，进入 60 年代和 70 年代以后，由于通货膨胀的刺激作用越来越减弱，而对经济的消极影响渐渐上升，最终出现了经济增长速度下降、失业率上升但物价依然上涨的滞胀局面。对此，西方各经济学流派都作出种种理论上的解释。其中，以弗里德曼为代表的货币主义者直接批判凯恩斯主义的通货膨胀政策，认为滞胀是长期实施通货膨胀政策的必然结果，以增加有效需求的办法来刺激经济，实质上是过度的发行货币，经济中的自然失业率是无法通过货币发行来消除的。实际上，一国经济如果长期处在通货膨胀状态下，人们的收入增长速度慢于物价上涨，实际工资下降，社会购买力萎缩，必然出现需求不足、商品积压、生产下降的情况；在国内物价水平高于国际市场水平时，来自国外的需求也在下降；由于大量生产性资本在通货膨胀情况下转向商品投机，实际生产投资也会减少。在生产下降，社会总供给减少的同时，由扩张性的财政金融政策导致的过多供应的货币却不会自动退出流通，而是以加快流通速度的态势给市场造成强大的通货膨胀压力，物价上升难以控制。在这种情况下，如果采取紧缩措施，则生产受到进一步削弱，市场商品供给进一步减少，而紧缩政策最终达到收缩货币供应量的目的远不如刺激政策影响货币供应量增加那样快，于是，滞胀就难以很快解决。许多国家的这种局面都持续了十余年，严重影响了经济和社会的正常发展。

五、关于通货膨胀效应的不同观点

（一）通货膨胀有利于促进经济增长

在社会存在尚未充分利用的资源时，采取通货膨胀政策，可以使闲置的资源得到利用，就业增加，生产和供给增加；在通货膨胀情况下，企业收入增加，国家税收来源增

加，国家以多发行货币而得到的收益和以债务人身份占有债权人的一部分利益，都是国家经济建设的资金来源；在通货膨胀条件下，工资增长落后于物价上涨，企业投资利润率提高，刺激企业投资的积极性；通货膨胀产生了国民收入再分配的效应，这种再分配有利于高收入阶层，而高收入阶层的边际储蓄率和投资率较高，客观上起到了加快资本积累、促进经济增长的作用。另外，通货膨胀时期，有销路的产品价格上升，无销路的产品价格不升或少升，产业结构和产品结构由此得以优化。持这种观点的人们，一般认为应保持一个最佳的通货膨胀率，以不断刺激经济的增长。他们认为，只要经济增长率大于通货膨胀率，收入水平增长高于物价上涨，经济运行就是正常的。

（二）通货膨胀效应在充分就业点前后截然不同

凯恩斯在其《就业利息和货币通论》中认为，货币数量的增加和物价上升是否具有膨胀性，取决于经济体系是否达到了充分就业水平。在经济尚未达到充分就业点以前，由于存在过剩的劳动力，工人还要接受较低的货币工资，货币数量增加的供给弹性大于成本弹性，有效需求增加的同时产量也在增加，因此，这时的货币数量扩充既有物价上升的效应，也有就业和产量增加的效应，不具有完全的膨胀性，凯恩斯称其为"半通货膨胀"。而在充分就业点以后，情况则完全不同，经济体系已经不再有可供利用的资源，不再有剩余的劳动力，工人要求按工资品价格同比例提高货币工资，货币数量增加的成本弹性大于供给弹性，有效需求增加的同时产量不再增加，而只有价格的上升。

（三）通货膨胀的效应是中性的

出现通货膨胀时，社会公众会通过各种信息作出对未来的预期。根据这种预期，他们就会对物价上涨作出合理的行为调整，这种行为调整将会使通货膨胀的各种影响均被相互抵消掉。因此，通货膨胀无正效应，也无负效应，其效应是中性的。持这种观点的人们，对于通货膨胀的态度也是中性的。

（四）通货膨胀是不可避免的

通货膨胀是纸币流通的必然产物，纸币从来就是一种贬值的通货，因而是通货膨胀存在的基础；在实行纸币流通的国家，普遍都有通货膨胀，完全没有通货膨胀的国家是不存在的；通货膨胀是一个国家经济高速增长时期的典型特征；处在计划经济向市场经济体制转换时期的国家，通货膨胀是不可避免的。持这种观点的人们，一般主张不是简单地扼制通货膨胀，而是努力寻求一个经济增长和通货膨胀的最佳组合，即较高的经济增长率和较低的通货膨胀率。

第四节　通货膨胀的治理

由于通货膨胀总是在一定的背景和条件下生成的，对于通货膨胀生成机制的认识不同，就会提出不同的治理对策，例如，凯恩斯学派提出的治理通货膨胀的主要政策是限制工资增长率，而货币学派的对策是通过制定和实施"单一规则"货币政策来限制货币供应增长率，瑞典学派则针对开放型经济小国的结构性通货膨胀提出一系列旨在阻断国外通货膨胀对国内冲击的策略。从国际国内治理通货膨胀的一般经验来看，主要的治理措施有以下几种。

一、紧缩的货币政策

(一) 减少货币供应量

其具体操作手段有：①中央银行提高法定存款准备率，使商业银行的超额准备金减少，贷款能力减弱，货币乘数降低，派生存款数量减少，达到收缩货币供应的目的。②中央银行减少基础货币投放。包括规定基础货币指标，如现金发行额指标，包括在公开市场出售政府债券，使流通中货币向中央银行回流，使商业银行超额准备减少，还包括减少对商业银行的贴现和贷款，停止或减少对政府的透支、借款等。关于以控制货币供应量来消除通货膨胀这一点，货币主义的代表弗里德曼的主张最为典型，他认为，任何的通货膨胀终归是增加货币量的结果，只要控制住货币供应量，通货膨胀就可以消除，因此，他提出应当公开宣布并长期实施一个固定不变的货币供应增长率，包括通货和所有商业银行存款在内的货币供应量（M_2）的增长率应与经济增长率大体一致。他还根据对美国近百年历史资料的实证研究提出，美国年平均经济增长率为 3%，年平均就业增长率为 1%～2%，因此，美国的货币供应量每年应以 4%～5% 的速度稳定增长。货币供应增长率一经确定，除在年内和季度内除特殊情况须提前宣布外，不得任意变动。

(二) 提高利率

一方面，中央银行提高对商业银行的再贴现率、抵押贷款利率和信用贷款利率，使商业银行向中央银行的筹资成本提高。为了保证正常的利润水平，商业银行或者减少向中央银行的借款，收缩信贷规模，或者相应提高向客户发放贷款、办理贴现的利率，其结果是贷款减少、投资减少、货币供应量减少。在中央银行与商业银行的关系未理顺的体制下，中央银行不仅可以宣布调高中央银行利率，还可以直接宣布调高商业银行利率，这样，从提高利率到减少货币供应的传递过程就简单化了。目前在中国的银行体制下就存在这种情况。另一方面，作为基准利率的中央银行利率提高后，存款利率、债券利率一般也相应提高，这会对集中社会储蓄，将消费基金转化为生产基金起到激励作用，有利于减轻物价上涨的压力。

二、紧缩的财政政策

紧缩的财政政策概括地说就是增收节支、减少赤字。增收的措施主要是增加赋税，目的在于抑制私人企业投资和个人消费支出，其中最主要是提高个人所得税，使消费者的可支配收入减少，购买力减弱。节支的措施主要是压缩政府机构费用开支甚至精简机构、减少军费开支，控制公共事业投资，减少各种补贴和救济等福利性支出。在我国历次的通货膨胀中，财政赤字过大都是主要成因之一，而且，我国的财政赤字与通货膨胀的联系还表现出与一般国家不同的特征，最主要的是固定资产投资膨胀与财政赤字直接相连，有"基建挤财政、财政挤银行、银行发票子"的说法。随着改革的不断进行，这种状况虽然有所改变，但由于国有企业的困境尚未摆脱，还没有成为真正意义上的投资主体，国家财政依然直接和间接地承担着大量的基本建设投资。因此，在中国，紧缩财政在相当大的程度上讲就是压缩基本建设投资。另外，中国财政赤字相当大的一部分是由社会集团购买力的膨胀引起的，控制财政支出，削弱社会集团购买力，在中国通货膨胀的治理中有着十分重要的意义。

三、紧缩的收入政策

紧缩的收入政策，是指政府对工资和物价进行直接管制的政策，主要适用于治理成本推动型的通货膨胀。其理论根据是，物价上涨是因为工人要求提高工资和垄断组织抬高价格推上去的，而不是过度的市场需求拉上去的，简单地采取紧缩财政和紧缩货币的办法，并不能解决成本上升的问题，反而会导致经济的进一步衰退和失业增加。正确的做法应该是采取工资-物价管制，阻止工会和雇主协会两大集团互相抬价所引起的工资和物价轮番上涨的趋势。其措施主要是确定工资-物价指导线。所谓指导线，就是政府当局规定允许货币总收入在一定年份增长的目标数值线，并据此相应地采取使每个部门的工资和价格的增长收敛于指导线的措施。例如，对特定的工资和物价，由政府部门对工会和雇主协会施加一定压力，使双方做出让步；对一般性的工资和物价，则由政府规定一个工资和物价增长率的标准，用以指导工会和雇主协会的谈判或协商。当然，也有在特殊时期采取强制性工资、物价管制的。强制性的做法就是由政府通过立法程序，规定工资和物价增长率的限度，或宣布冻结工资和物价，对违反规定者追究法律责任。也有通过税收奖惩的办法来达到目的的，如对工资物价增长率达到限制要求的给予降低所得税待遇等。在历史上，许多国家都取得过以紧缩的收入政策对付通货膨胀的成功经验。

四、积极的供给政策

供给政策是指以积极刺激生产的办法增加供给同时压缩总需求来抑制通货膨胀的政策。推行这种政策的学派被称为供给学派，在20世纪70年代中期盛行美国，主要倡导者是美国经济学家A.拉弗、R.蒙德尔等。其政策的核心是强调增加供给在治理通货膨胀中的作用。其主要理论观点为通货膨胀问题的关键在于供给，在于生产率低下，供给不足；在不受干预的市场经济中，供给能自己创造需求；必须实行经济自由主义，因为，政府对企业的过多干预不利于企业积极性和首创精神的发挥，会降低生产率；为了刺激生产，必须减税。根据A.拉弗对税收额与税率关系的分析，认为税收可以通过高税率征得，也可以通过低税率征得。当税率超过正常限度时，挫伤了纳税人的工作热情，税收额反而减少。低税率有利于刺激生产，增加国民收入。因此，实施供给政策的主要措施，一是大幅度降低税率，尤其是降低个人所得税和公司所得税的边际税率；二是减少国家对经济的干预和对企业经营活动的限制；三是在采取上述刺激供给的措施的同时，也要减少政府支出，主要是减少福利支出，实施平衡预算，限制货币量增长率，通过这些来压缩总需求。供给学派的理论观点和政策主张在20世纪80年代初为里根政府所接受和采纳，在里根政府的"经济复兴计划"中，将减税、削减福利开支等刺激供给、降低需求的政府主张付诸实施。目前，人们在对供给政策的理解上，内容要广泛得多，所有的在不扩大或少扩大投资的前提下能促进供给增加的手段和措施，都可以被认为是治理通货膨胀所必需的，如降低生产成本、减少消耗、提高投入产出比例、提高产品质量、优化产业结构和产品结构等。当然，无论采取哪些刺激供给的措施，一般都是与抑制需求的措施相配合的，不能将供给政策完全理解成单纯刺激供给的政策。

五、货币改革

为治理通货膨胀而进行的货币改革，是指政府下令废除旧币，发行新币，变更钞票面值，对货币流通秩序采取一系列强硬的保障性措施等，其目的在于增强社会公众对本位币的信心，使银行信用得以恢复，存款增加，货币能够重新发挥正常的作用。这种强有力的货币改革措施，一般针对于恶性通货膨胀。当物价上涨已经显示出不可抑制的状态，货币制度和银行体系濒临崩溃时，政府就会被迫进行货币改革。历史上，许多国家都曾实行过这种改革，但这种改革对社会震动较大，须慎重行事。

除了上述治理通货膨胀的一般主要措施外，还存在一些比较特殊的政策主张或做法，如推行指数化政策。所谓指数化，简单说就是收入指数化，它是将主要经济变量，如工资收入、利率等与物价指数挂钩，当物价指数上升时，这些经济变量自动随之调整。其理由是，指数化可以消除通货膨胀对经济生活的各种消极影响。指数化减少了政府从通货膨胀中所获得的收益，增强了政府反通货膨胀的决心；指数化可以抵消或缓解物价波动对人们收入水平的影响，消除或减轻强制再分配带来的不公平；指数化还可以重新恢复微观经济主体的正常行为，防止挤提银行存款、抢购商品等现象的出现。比利时等国家就曾推行过这种指数化政策。又如，制定反托拉斯法限制垄断高价，不少发达的工业国家都将其作为价格政策的基本内容。再如，一些人认为，货币当局不能有效控制货币增长率的原因是，在信用货币制度下货币内涵越来越广，界限越来越模糊，货币控制缺乏有效的依据。因此，理想的选择是废除信用货币制度，恢复金本位制。这种主张和设想，与当代经济生活的现实背离较大，因而赞同的人不多。总之，对于通货膨胀的治理，仁者见仁，智者见智。通货膨胀不时地困扰着一国的经济生活，而治理通货膨胀的经验和方法也在不断地积累和成熟。

第五节　通货紧缩的定义和特征

通货紧缩的定义

在宏观经济理论中，把总需求小于总供给的经济形态解释为存在通货紧缩缺口(deflationary gap)。所谓通货紧缩缺口，是指实际总需求低于充分就业条件下的总需求所形成的差额。这部分差额的总需求所对应的是名义国民收入的减少和价格水平的下降。如图 6-5 所示，纵横两轴和45°线分别代表总需求 AD、国民收入 y 和 AD＝y。AD_0 为充分就业的总需求线，垂直于 y 轴的 AS 线为充分就业的总供给线，两线在 45°线上相交于 B 点。B 点代表充分就业时的均衡点，$OAD_0＝Oy_0$ 为充分就业的总需求和国民收入。AD_1 是实际的总需求线，与 AS 线相交于 A 点，BA 即为短缺的总需求即通货紧缩缺口，该缺口只有在 A' 处才能得到弥补。A' 点对应的国民收入为 y_1，y_1y_0 表示国民收入减少量，在实际国民收入依然由充分就业的总供给线 AS 所决定的情

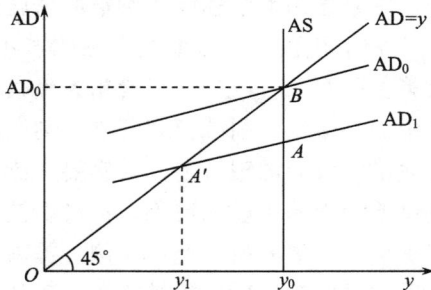

图 6-5　通货紧缩缺口

况下，y_1y_0 反映名义国民收入减少或价格水平下降。

将图 6-5 与图 6-1 比较可见，"通货紧缩缺口"是一个与"通货膨胀缺口"正好相反的概念，表明经济处于总需求小于总供给的非均衡状态。根据这样的分析，就可以认为，与通货膨胀所含经济内容正好相反的概念即为通货紧缩，可将其定义为经济中货币供应量少于客观需要量，社会总需求小于总供给，导致单位货币升值（货币代表的价值量增加或购买力增强），价格水平普遍和持续下降的经济现象。在对这一定义的理解中，须把握住通货紧缩的如下两点主要特征。

（1）通货紧缩的核心内容是货币供应量少于客观需要量，社会总需求小于社会总供给。货币供应量少于客观需要量，既包括客观需要量一定时货币供应量减少的情况，也包括在一定的货币供应量下客观需要量增加的情况，如货币流通速度减慢所导致的货币需求量增加，还包括货币供应总量一定时的货币供应流动性下降，如 M_1/M_2 比例下降。它反映的是经济中的货币购买力与商品供给能力的对比状况或社会总需求与社会总供给对比状况，即商品供给能力相对货币购买力而过剩或社会总需求相对总供给而不足。还须指出的是，货币供给量少于客观需要量不能简单等同于银行系统的货币发行量或信贷量不足，也不能等同于货币政策扩张不够或收缩过度，而应看做是可以由各种不同原因最终导致的市场供求对比状况发生改变的结果。也就是说，通货紧缩可以由各种不同的原因引起，"货币紧缩"或"金融紧缩"只是原因之一。但是，各种原因，如财政紧缩、生产能力过剩、技术进步和竞争等因素引致的成本下降、投资和消费预期发生变化等，在最终酿成通货紧缩的过程中，总要在经济中形成"货币少、商品多"或总需求小于总供给的对比状况。

（2）通货紧缩的标志是价格总水平下降。在货币化的市场经济中，价格是反映市场供求均衡状况的最重要的信号，通货紧缩是总供给大于总需求或总需求小于总供给的结果，因此，必然表现为价格总水平的下降。从理论上讲，只要价格下降不是存在于个别部门、个别地区、部分产品，也不是存在于相对较短的时间，而是存在于所有的或绝大多数的部门、地区和产品，表现出普遍地、持续地下降，就可以断定经济出现了通货紧缩。至于价格下降幅度和持续时间达到什么程度才算是通货紧缩，并没有统一的标准，只能根据各国和一国不同时期的实际情况来确定。

关于通货紧缩与经济衰退的联系，在理论界有不同观点，一种观点认为，通货紧缩是经济衰退的货币表现，因而必然伴随着经济衰退。北京大学中国经济研究中心宏观组在《1998～2000 中国通货紧缩研究》一书中将通货紧缩概括为"两个特征"（它是一种货币现象，与货币流通量的下降有关；它会引致物价的下降）和"一个伴随"（一般地，它还通常伴随着经济衰退的出现）。另一种观点认为，通货紧缩与经济衰退之间是有根本区别的，不应将一般的通货紧缩与经济衰退必然联系起来，具体地说，20 世纪 30 年代以前出现的通货紧缩与 30 年代初的经济危机是不相同的。近几年来，人们在研究和谈论全球性的通货紧缩和中国的通货紧缩问题时，常常是将通货紧缩与经济衰退联系起来的。一般认为，通货紧缩是经济衰退的重要原因和表象，严重的通货紧缩必然同时伴随着经济衰退。也就是说，经济中出现货币供应量相对减少，需求萎缩，价格持续下降，通常是出现经济衰退的前兆，随着持续的市场低迷和价格下降，厂商的投资预期收益率下降，订单减少，投资下降，失业增加，工资收入下降，进而又进一步压缩了市场的有效需求，经济进入"需求不足–价格下降–投资下降–需求不足"的恶性循环。

第六节 通货紧缩的成因及治理

一、关于通货紧缩生成机理的不同观点

从通货紧缩的基本特征来看，它是货币供应量少于客观需要量，社会总需求小于社会总供给的结果，这可以看做是通货紧缩的一般成因。但是，就一个或一些国家在某一时期发生的通货紧缩而言，导致货币供应量少于客观需要量，社会总需求小于社会总供给的原因是具体的或特殊的。对通货紧缩具体成因的分析，经济学家们的观点是不尽相同的。在马克思的货币理论中，通货是膨胀还是紧缩，是相对于流通中的货币必要量而言的，而流通中的货币必要量决定于商品价格总额和货币流通速度，当劳动生产率、产业周期等变化引起商品交易总量扩大，或支付制度和技术等变化引起货币流通速度下降时，流通中实际的货币量相对于必要量来讲就显过少。因此，在一定的货币供应量下，任何能够导致货币必要量上升的物质、技术和制度因素都可能引发通货紧缩。凯恩斯的有效需求理论认为，货币供应量增加刺激有效需求的前提是，人们用增加的货币购买债券，促使债券价格上升，利率下降，进而刺激消费和投资。但倘若人们普遍预期将来的债券价格要下降，利率不再降低，他们就会放弃购买债券而持有货币，在这种情况下，新增的货币供给只会增加人们的手持现金，而不会通过降低利率的渠道使消费和投资增加。也就是说，"流动性陷阱"的存在，使货币供应不能形成有效需求，这是导致有效需求不足，通货紧缩甚至经济衰退的重要原因。费雪的"债务–通货紧缩"理论认为，通货紧缩引发于企业的过度负债，因为，集中和大量的债务使众多企业同时面临破产重组，而破产重组现象的蔓延冲击了社会信用体系，商业信用萎缩，企业订单减少，销售额普遍下降，银行存款增幅减小，货币流通速度放慢，物价总水平趋于下降。物价水平降低的直接后果是企业的净值缩水和利润率下降，而这又进一步降低了企业的资信水平，银行贷款规模因此而收缩，市场货币供应量减少，物价水平进一步下降。由此可见，由债务危机引发的通货紧缩具有自我循环和加速的特点。这种"债务–通货紧缩"理论所描述的通货紧缩的形成路径为：企业债务高→利息负担加重→企业效益降低→银行信用萎缩→流通中货币减少→需求减少→通货紧缩。货币学派的理论认为，货币数量是经济体系中最重要的变量，货币政策是最为重要的经济政策，任何旨在改变总需求的政策离开了货币政策，离开了货币数量的支持都是无效的。通货膨胀是货币扩张的结果，同样的，通货紧缩是货币紧缩的结果，而货币紧缩又往往是过分从紧的货币政策导致的。保罗·克鲁格曼认为，20世纪90年代以来的世界性通货紧缩并非由供给过剩所致，而是由于社会总需求的不足所致。需求不足在不同的国家或在同一国家的不同时期存在着不同的限制因素，这一点可以由日本、中国、新加坡和瑞典等国家的通货紧缩予以证实。例如，日本之所以出现需求不足，主要是由于日本人口因素所致：一方面是人口出现严重的老年化和适龄劳动力的供给正在逐渐减少，从而使得企业预期收益下降，投资需求缩减；另一方面，是由于日本缺乏完善的社会保障制度而导致居民储蓄倾向逐渐提高，社会人口的高储蓄严重地制约了社会需求的增长。

除了主要学派对通货紧缩成因的分析之外，还有不少学者从各国发生通货紧缩的实际情况出发，研究了通货紧缩的各种特殊原因。例如，针对 1990 年 5 月后日本经济陷入通货紧缩的情况，一些学者认为，其主要原因是自 1986 年开始泛滥的泡沫经济的最终破灭。针对 1998 年 5 月后中国消费物价指数持续下跌、市场萧条、失业矛盾突出的情况，中国许多学者从生产能力相对过剩、结构性因素和体制因素导致消费需求不足、外部需求萎缩等多方面分析了中国经济出现通货紧缩势头的原因。

二、通货紧缩的治理

经济发展和社会进步的基础是经济增长，而通货紧缩的最大危害恰恰在于它对经济增长的消极影响，如前所述，严重的通货紧缩必然导致经济衰退，因此，治理通货紧缩的意义丝毫不亚于治理通货膨胀。

如果将经济衰退或危机看做是通货紧缩最严重的表现形式，那么，20 世纪最令人难忘的通货紧缩莫过于 30 年代初的世纪经济大危机了。在商品充斥、价格总水平持续下降、生产大幅度滑坡、贸易空前萎缩、失业人口猛增的情况下，凯恩斯主义顺应了各国"转危为安"的迫切要求，成为最重要的理论法宝。1936 年，凯恩斯发表了他一生中最重要的、具有划时代意义的著作《就业、利息和货币通论》。这部著作分析了失业和经济危机产生的原因，认为失业和危机产生于社会的有效需求不足，并进而提出国家应全面干预经济生活，通过刺激有效需求来恢复经济，增加就业。凯恩斯的这种就业理论，是凯恩斯主义的核心内容，也是指导各国解决通货紧缩问题的理论和思想基础。

凯恩斯的就业理论，是从分析有效需求出发的。他认为，失业和危机是有效需求不足的结果。所谓有效需求不足，就是社会对消费品和生产资料的有支付能力的需求不足，简单地讲，就是购买和支付能力不足。社会总供求的均衡状态应该是商品总供给价格等于商品总需求价格。在均衡状态下，工厂既不缩减生产、减雇工人，也不扩大生产、增雇工人。只有当总需求价格小于总供给价格时，工厂才会缩小生产、减雇工人。因此，想扩大生产，增加就业，就有必要增加有效需求，使总需求价格大于总供给价格。但一般情况下，往往是有效需求不足。有效需求不足是由三个基本的心理因素和货币量决定的。第一是因为人们的"边际消费倾向"越来越小，即随着收入的增加（ΔY）消费也增加（ΔC），但增加的收入量中用来消费的部分越来越少，用来储蓄的部分越来越大，使消费倾向 $\Delta C/\Delta Y$ 趋小。消费倾向越来越小，这意味着对消费品的需求不足，这就是有效需求不足的一个方面。第二是"资本边际效率"下降，引起投资不足。所谓资本边际效率，是指增加一笔投资所预期可以得到的利润率。边际效率下降，反映了投资者对未来发展缺乏信心，投资者认为随着投资增加，资产供给价格上涨，资本边际效率必然下降。这种心理的普遍存在，就导致了全社会的投资不足。这是有效需求不足的第二个基本心理因素。第三个基本心理是"流动偏好"，即人们愿意用货币形式保持自己的收入或财富的心理动机。人们偏好货币，或者是为了日常生活的方便，或者是为了应付意外情况，或者是为了满足投资需要，一旦放弃这种偏好，就要收取一定的报酬。利息就是人们在特定时期放弃对货币的流动偏好的报酬。利息率由货币需求和货币供给两个因素决定。货币供给既定，需求越多，利息率越高；而且，由于必须有一定利息人们才肯贷出货币，利息率不易降低，当流动偏好导致需求增加时，利息率会上升，这样就削弱了对投资的引诱，造成投资不足。在三个心理因素中，凯恩斯尤其强调资本边际效率，强调投资不足，即对生产资料的需求不足。他认为，投资不足是造成生产萎缩、就业不足从而引起经济危机的最主要原因。为了增加有效需求，就要不断增加投资，并认为整个生产和就业的水平决定于投资总量。为了说明投资的效果，进一步论证有效需求的作用，凯恩斯提出了"投资乘数"的概念。他说，一般人认为一定的投资，只产生相应的收入或就业，殊不知得到收入的人用收入购买其他商品，必然又使其他商品的生产扩大，就业与收入都随之而增加。如此累积进行，到最后所增加的总就业量、总收入量，必然为原来投资的若干倍。就是说，在最初投资与最后所增加的总就业量、总收入量之内，必有一种乘数关系存在，这种乘数叫做投资乘数。乘数的大小视新增投资所引起的新增收入究竟以什么比例用来增加消费而定。新增消费在新增收入中所占的比例（边际消费倾向）越大，投资乘数就越大，因而新增一定量的投资便能产生若干倍的就业和收入。在这种有效需求分析的基础上，凯恩斯进一步提出了解决"有效需求不足"，即增加社会对消费和生产资料的需求，从而消除危机，解除失业问题的政策主张。他认为，经济发展已不能自由放任，要实行政府干预经济的方针。国家财政不应坚持传统的量入为出原则，而应该扩大支出，实行赤字财政政策，以不断增加财政支出来刺激消费，增加投资，从而增加有效需求。同时，凯恩斯还提出货币政策的主张，他认为货币政策应该从属于财政政策，与扩张性的财政政策相适应的货币政策也应该是扩张性的。在生产萎缩、失业增加的情况下，应该增加货币供给量，降低利息率，刺激私人投资，扩大总需求。

当然，各国的实践都证明凯恩斯的赤字财政政策和通货膨胀政策是不能长期实行的，尤其是从 20 世纪 60 年代中期到 70 年代各国普遍出现的"滞胀"局面更能说明这一点。但是，凯恩斯主义就业理论对缓和经济危机、增加就业所起的积极作用，特别是第二次世界大战后西方各国经济有一个快速发展的时期，该时期的失业率也大大下降，这是一个不争的事实。从经济发展和宏观管理的要求来看，根据一定时期的市场总供求特点，争取灵活务实的发展和调节策略，应当说是一种明智的选择。从各国的普遍经验看，经济出现通货紧缩时，采取的主要对策有：①增加国内有效需求或称"拉动内需"。国内有效需求包括两个方面，一是投资需求，二是消费需求。投资需求的增加有两条渠道，一是政府增加公共投资，主要用于基础设施建设，以此拉动投资品市场需求，增加就业；二是刺激私人部门或民间投资，主要通过降低税收、降低利率，增加信贷等措施，提高企业经营者的投资收益率，增强其投资的信心和增加投资机会。私人部门或企业是国民经济的微观基础，激活企业是激活整个市场和整个经济的关键。消费需求的增加包括增加政府采购、提高公共消费水平和刺激家庭个人消费。就后者而言，由于在通货紧缩情况下，就业预期、工资预期等趋于下降，消费者普遍缩减支出，增加储蓄，因此，需要通过各种途径，如增加工资、增加社会福利、提供消费信贷、降低利率等，使消费者提高支付能力，提升消费等级。②增加外部需求，促进出口。将外部需求引入国内市场，消化相对过剩的供给能力，是被许多国家的经验所证明了的一条治理通货紧缩的重要途径。在通货紧缩情况下，一般应采取本币贬值的策略，在国际贸易中要尽可能争取一切有利于出口，限制进口的条件。③改善供给结构，增加有效供给。通货紧缩表现为总供给水平大于总需求水平，导致物价总水平下降。除总需求不足的原因外，在供给方面的原因主要就是供给结构不合理，由于产业结构和产品结构与需求结构不对称，因而造成供给相对过剩。实际上，真正导致市场供过于求、物价水平下降的，是那些重复生产、简单复制、没有消费亮点的产品。因此，治理通货紧缩，在供给方面的任务更为艰巨，它要求采取加快技术进步、提高产品质量、改善企业经营管理水平、适时调整产业结构及产品结构等一系列旨在提高经济内在素质的治理措施。

➤ 本章重要概念

通货膨胀 inflation 　　　　通货膨胀缺口 inflationary gap

需求拉上型通货膨胀 demand-pull inflation

成本推动型通货膨胀 cost-push inflation

结构型通货膨胀 structural inflation

滞胀 stagflation 　　　　通货紧缩缺口 deflationary gap

通货紧缩 deflation

➤ 复习思考题

1. 什么是通货膨胀缺口和通货紧缩缺口？

2. 什么是通货膨胀？反映通货膨胀的主要指标有哪些？

3. 通货膨胀有哪些主要类型？

4. 试从需求拉上、成本推动、经济结构等几方面分析通货膨胀的一般生成机理。

5. 通货膨胀的直接原因主要有哪些？

6. 通货膨胀对经济和社会有何影响？

7. 什么是滞胀？其产生的原因是什么？

8. 你对通货膨胀的效应持何种态度？

9. 治理通货膨胀的措施一般有哪些？

10. 什么是通货紧缩？它与"货币紧缩"、"经济衰退"等概念是一样的吗？

11. 通货紧缩是怎样发生的？

12. 治理通货紧缩的理论依据是什么？采取的主要对策有哪些？

第七章　中央银行和货币政策

内容提示： 中央银行是代表国家管理金融的政府管理机关，也是一个特殊的金融机构，在一国金融体系中居主导地位，它负责制定和实施货币政策，进行金融监管，控制货币流通和信用活动。中央银行的产生和发展具有客观的经济基础。由于各国国情不同，中央银行的类型也有所不同。中央银行作为发行的银行、政府的银行和银行的银行，有其特殊的职能和丰富的业务内容，而制定和实施货币政策是其最重要的职责。货币政策是中央银行通过运用各种工具调节、控制货币供应量和利率，通过总需求和总供给的变化，影响一般物价水平、经济增长速度和经济结构的变化，以及国际收支的变化等，进而实现币值稳定和经济持续增长目标的公共政策。货币政策的主要内容有：最终目标、政策工具、操作指标和中间指标，政策传导机制和政策效果等。本章在对中央银行的产生、发展、性质、职能等内容进行概述的基础上，将逐一阐述货币政策涵盖的内容。

第一节　中央银行的特征

一、中央银行的产生和发展

（一）中央银行产生的客观经济基础

在中央银行产生之前，各国都先后设立了私有银行与股份银行，银行业的竞争伴随着经济与金融的发展而日趋激烈，股份银行的数量与规模在同业竞争中不断地扩大，而大多数小的私有银行则由于财力有限在竞争中不断地衰退、改组和倒闭，由此给银行券的发行及金融体系的稳定带来了一系列的问题，这客观上要求建立一个全国统一的、具有权威性的特殊金融机构——中央银行，来解决这一系列的问题。

1. 统一银行券发行和流通的客观需要

在中央银行制度诞生之前，早期的每家商业银行都拥有银行券的发行权，并将其发行的银行券作为金属货币的符号，银行券的流通支付能力取决于它的可兑换货币的能力，即取决于银行券发行银行的信誉。如果银行不能够足额兑换所发行的银行券，其信誉将会严重受损，由此会引发挤兑和金融恐慌。各家银行尤其是中小银行为了赢得市场与生存，经常出现滥用银行券发行权的现象，导致银行券的信誉严重下降。不仅如此，由于银行券的分散发行，使得银行券的流通支付具有显著的地方性，给银行券的持有者以及商品的流通与生产等带来诸多不便与困难，妨碍生产与商品流通的发展。这在客观上要求由一个资金实力雄厚、具有权威性的、全国统一的货币发行金融机构——中央银行，来垄断信用货币的发行权。为此，在实践中，许多国家即以法律限制或取消一般银行的银行券发行权的方式，将信用货币的发行权逐步集中到一家信誉好、实力强的大银行，这家商业银行由此而逐步演变为中央银行。

2. 票据交换和债务债权清算的客观需要

随着银行业务的扩大，银行每天收受票据的数量日趋增多，各家银行之间的债权债务关系也变得日渐复杂，票据交换业务变得越加繁重。同时，不断增长的票据交换和清算业务与原有的票据交换和清算业务方式产生了较大的矛盾，银行自行轧差当日清算越加困难，异地结算时间延长、速度减缓而使矛盾日趋突出，同地结算也是困难重重。由此可见，在银行数量不断增加、银行业务日渐扩大以及银行间债务日益复杂的情况下，由单个或少数银行自行处理票据结算与清算业务已经难以适应商品经济与银行业务快速发展的客观需要。因此，这在客观上需要建立一个全国统一的、公正的、权威性的结算中心——中央银行，以此解决银行间的票据交换与结算问题。

3. 商业银行稳定与可持续发展的客观需要

随着社会化大生产的快速发展和商品流通规模的日渐扩大，工商企业对商业银行的贷款需求日益增长，贷款需求的期限也不断延长。为了满足需要，商业银行的贷款业务随之扩大。虽然各家银行在从事放贷业务的时候总是保持一定比例的准备金，以满足存款客户的提现、兑付需求，但是银行贷款过度集中等原因可能导致银行流动性低和偿付能力不足，由此会引发存款客户挤兑、银行支付困难等问题的发生。在中央银行未产生以前，发生支付困难的商业银行通常向其他商业银行借入资金应付困难。其他银行所保持的准备金有限以及出于竞争的原因，发生困难的商业银行所能够拆入的资金数量很难满足存款客户支付的需求，银行支付危机和银行破产也就在所难免。银行自身稳定性以及整个金融体系的稳定性已经受到严重的威胁。为了保护存款客户的利益和银行体系以及整个金融体系的稳定，客观上需要一家特殊的金融机构集中各家银行一部分现金准备，以支持发生支付困难的商业银行，这就在客观上需要建立以全国统一的、具有权威性的能够充当商业银行的"最后贷款人"的特殊金融机构——中央银行。

4. 金融监管以及金融和经济秩序稳定的客观需要

金融稳定已经成为一国经济快速而稳定发展的首要前提。为确保金融业公平、有序竞争和稳健发展，减轻金融运行的风险，客观上政府需要对金融业实施必要而适度的监管。由于金融监管具有极强的专业性和技术性特点，因此，政府不得不依靠专门的金融监管机构——中央银行，专门从事对金融业的管理、监督、协调。这个专门机构要有一定的技术能力和操作手段，还要在业务上与银行建立密切联系，以便制定的各项政策和规定能够通过业务活动得到贯彻实施。这便是中央银行产生的又一个原因。

(二) 中央银行的发展阶段

自从 1844 年英格兰银行开始集中货币发行权以来，至今已有一个半世纪多的时间，中央银行的发展经历了产生、发展、壮大和不断完善的过程。大体上可划分为三个阶段。

第一阶段，从 19 世纪中叶到第一次世界大战以前（1844～1912 年）。

这一时期，在少数几个资本主义经济发展较早的国家和地区，人们意识到货币发行需要统一管理，因而开始设立中央银行。但由于各国经济发展水平和金融业发达程度的高低不同，致使各国对于中央银行的认识和建立的目的也都各不相同，且差异较大。这一时期，中央银行尚处于初级阶段，其职能较为简单，这表现在：

（1）初期的中央银行在业务上一般都兼营部分商业银行业务或本身就是从较大的商

业银行发展起来的。

（2）初期的中央银行一般都是私人股份银行或私人和政府合股的银行。

（3）初期的中央银行并不完全具备控制国内金融市场以及干预和调节整个国民经济的功能。

例如，建于 1694 年的英格兰银行，就是以私人合股公司的形式出现的，它是由商业银行逐渐发展而来的。当时，基于国家的需要，英国国会通过法案核准英格兰银行成立，其成立的条件之一是由银行股东贷款 120 万英镑给英国政府，政府授予该银行三项特权，即接受政府存款，代理国库；股东负有限责任，对所负债务的责任以所投入的股金为限；有权发行钞票，其放款能力可以超过存款的限制。这些特权显示英格兰银行已被赋予了某些中央银行的职能。

1844 年英国首相皮尔主持通过的《英格栏银行条例》（亦称《皮尔条例》）（*Peel's Act*），确立了英格兰银行正式作为国家发行银行的地位。该条例规定：①其他银行不得增发钞票。②银行内部划分为银行部和发行部，发行部的钞票发行必须以金币或金块作为主要准备，要保证银行券的兑现。③钞票流通数量有最高数额限制。

在这一时期，法国、日本等西方国家根据经济发展和政府需要，相继建立了自己的中央银行。

第二阶段，从第一次世界大战到第二次世界大战结束（1913～1945 年）。

第一次世界大战中，实行金本位制度的国家大多停止了货币兑换。第一次世界大战后，许多国家出现了恶性通货膨胀，银行券的稳定性从根本上受到了威胁，从而影响到整个经济的稳定。为了改变其货币金融状况，许多国家开始意识到建立和完善中央银行制度的重要性。1920 年，在布鲁塞尔举行的国际金融会议建议未建立中央银行制度的国家应从速建立。在 1929～1933 年的世界性经济危机和货币信用危机的打击下，未设立中央银行的国家纷纷设立中央银行，已经设有中央银行的国家进一步采取措施，加强其职能，强化其组织，使之成为唯一的稳定货币和控制信用供给的权威机构。1930 年，在瑞士巴塞尔成立的国家清算银行，旨在谋求由各国的中央银行作为本国金融机构的代表，加强国际合作，使中央银行的地位和作用又向前迈进一步。

这一阶段，最具代表性的是美国中央银行制度——联邦储备体系（federal reserve system）的建立。美国的中央银行制度始于 1913 年 12 月美国国会通过的《联邦储备法》。当时，美国已经有了相当发达的各种金融机构，《联邦储备法》的目的在于建立一个能够统驭所有银行的中央银行，即联邦储备体系，并对联邦储备体系的权力、职能作了规定，旨在建立一个监督和控制系统。但在当时，政府授予它的调控工具仍然是有限的，以至于在 1929～1933 年的经济危机中，其调控手段的软弱暴露无遗。1933 年，美国国会通过新的银行法案，加强了联邦储备体系对银行的控制。1935 年，美国又通过银行法案对联邦储备制度作了重大改革，给予联邦储备理事会更大的权力，逐步加强了中央银行在金融以及整个经济活动中的地位和作用。

二、中央银行的类型

中央银行的组织形式或组织机构，在各国并非一致，大体上有如下四种类型。

（一）单一的中央银行制度

单一的中央银行制度，即国内只建立一家统一的中央银行，国家授权其全面履行中央银行职责。单一的中央银行制度的机构设置采取总分行制，在总行下根据管理和运行效率的要求设立若干层次的分支机构，目前包括中国在内的大部分国家都实行这种体制。单一的中央银行制度的特点是权力集中，职能完善，机构健全，货币政策传导较为迅速等。

（二）复合式的中央银行制度

复合式的中央银行制度是在国内建立相对独立的中央和地方两级中央银行机构，中央和地方两级机构按规定分别行使金融管理权。在具体开展业务方面，地方级机构要接受中央级机构的监管和指导，但与总分行制比较，地方级机构比总分制下的分支机构享有更大的分权，具有较强的独立性。实行这种体制的国家一般为联邦制国家，如美国等。

（三）准中央银行制度

准中央银行制度也称类似中央银行制度，即不设全面行使中央银行职能的机构，而是由政府授权专门机构行使对金融业的监督和管理职能，如金融管理局和货币局等。但这种专门机构只执行部分中央银行职能，中央银行的另一些职能，如货币发行、准备金保管、调节货币流通等，则由政府授权大商业银行行使。实行这种体制的是一些经济开放度较高的小国或地区，如新加坡和中国的香港特别行政区等。香港特别行政区的政府金融监管机构是香港金融管理局，而港币的发行机构是汇丰银行、渣打银行和中国银行。

（四）跨国中央银行制度

跨国中央银行制度是指由多个国家联合组织一家中央银行，在成员国范围内发行共同货币，制定和执行统一的货币政策，办理成员国共同商定和授权的金融事项。第二次世界大战后，一些地域相邻、经济贸易上与某一发达国家联系密切的欠发达国家，为促进共同经济发展，组建了货币联盟。这些货币联盟主要有：1960 年 3 月由喀麦隆、乍得、刚果、加蓬和中非共和国等 5 国联合组成的"中非国家银行"（原名称为"赤道非洲国家和喀麦隆中央银行"）；1962 年 3 月由贝宁（达荷美）、科特迪瓦（象牙海岸）、尼日尔、塞内加尔、多哥和布基纳法索（上沃尔特）等 6 国联合组成的"西非国家中央银行"；1965 年 1 月由安提瓜、多米尼加、格林纳达、蒙德塞拉特、圣·卢西亚、圣·文森特等 6 国组成的"东加勒比海通货管理局"。跨国中央银行最具代表性和具有划时代意义的当属"欧洲中央银行"。从 1999 年 1 月 1 日起，欧洲中央银行开始正式运作。从 2002 年开始，欧元钞票和硬币进入流通，取代所有货币联盟参加国的货币。

三、中央银行的性质和职能

（一）中央银行的性质

中央银行是代表国家制定和执行货币金融政策，对金融业实施监督管理的国家机关，是特殊的金融机构，或者说，它是具有银行特征的国家机关。

中央银行首先是国家机关。因为它是全国金融事业的最高管理机构，是政府在金融领域内的代理人。它负责制定和组织执行货币金融政策，因而是政府的组成部分，具有国家机构的性质。正是如此，人们也习惯把中央银行称做"货币当局或金融当局"。但是，中央银行又不同于一般的国家行政管理机构，它还具有银行的一些形式特征，它要办理存款、贷款和结算业务。除特定的金融行政管理职责采用通行的行政管理方式之外，主要的管理职责都是通过日常金融业务的经营来实现的，是以其所拥有的经济力量，如货币供应、利率、贷款等对金融和经济活动进行调节和控制的。当然，尽管中央银行也被称作银行，但它显然不是商业银行意义上的"银行"。它与商业银行有着诸多的差异。

（二）中央银行的职能

中央银行作为一国实行货币政策和监督管理金融业的特殊金融机构，其职能可概括为如下三个方面。

1. 中央银行是发行的银行

在绝大多数国家，中央银行被授权为唯一发行法定货币的机构。中央银行发行货币的信用基础，在金本位制下，是其集中的黄金储备，在信用货币制度下，是其所代表的国家信用。中央银行根据货币政策目标的要求，根据经济运行对货币的客观要求，在其与商业银行等金融机构的业务往来过程中，具体行使货币发行职能。

2. 中央银行是银行的银行

中央银行办理各种特定的金融业务，但其业务对象不是企业和个人，而主要是商业银行等金融机构。中央银行与商业银行的主要业务联系有：①集中商业银行的存款准备金。商业银行要按规定的比例将存款的一部分交存中央银行，作为法定存款准备金。中央银行作为存款准备金的唯一保管者，在特殊必要时，中央银行可允许商业银行动用其在中央银行的存款准备金，增加其清偿能力。但在一般情况下，法定存款准备金制度是中央银行调节和控制商业银行信用活动的政策工具。②对商业银行发放贷款。在商业银行出现资金周转困难或需要扩大信贷规模时，可向中央银行申请再贴现和再贷款，中央银行作为"最后贷款人"为商业银行提供资金支持，同时也将其作为调节和控制商业银行信用活动的工具。③办理商业银行之间的清算。在中央银行制度下，各商业银行须在中央银行开立清算账户，商业银行之间的清算都通过各自在中央银行账户上存款的相互划转来完成。对于商业银行来讲，集中办理清算，成本低，效率高，安全可靠。对于中央银行来讲，在发挥服务功能的同时，可以加强对资金流量和流向的监测。

3. 中央银行是政府的银行

中央银行代表政府行使职能，其实行的货币政策和对金融业的监管，必须符合政府管理经济的总体要求，必须与国家的宏观经济政策相协调，这从总体上反映出中央银行作为政府银行的特征。除此之外，这种特征还具体表现在中央银行的一些业务活动中，主要有：①代理国库。政府的财政收支通过中央银行账户执行，中央银行接受国库存款，兑付国库签发的支票，代财政发行政府公债并办理还本付息事宜等。②为国家持有和经营黄金、外汇等国际储备资产，履行维持汇率稳定、促进国际收支平衡、保证储备资产安全、增值的义务。③在国际金融交往中，代表政府与有关方面建立业务联系，出席各种国际金融会议，处理各种国际金融事务。④在特殊情况下，为政府弥补财政赤字提供融资，包括允许财政透支或借款，直接向财政购买政府债券等。但一般情况下，大多数国家都严格禁止中央银行与财政之间的直接信用联系。

四、中央银行的独立性

(一) 中央银行独立性的含义

从广义上看，中央银行的独立性有两种不同的含义：一是，中央银行目标的独立性，即中央银行可以自行决定货币政策最终目标。例如，如果中央银行可独立设定中长期货币政策目标，那么它就享有目标独立性；二是，中央银行政策工具的独立性，即中央银行可以自行独立运用货币政策工具。中央银行不受其他政府部门的干预独立制定执行货币政策，能够自主地选择货币政策操作工具以实现最终目标，它就有操作独立性。

从全球来看，大部分中央银行都有具体的法定使命，因而一般不具有目标独立性。因此，中央银行所享有的独立性通常是指政策工具操作的独立性，即中央银行为实现法定目标有权自主选择操作工具，而无需得到行政或司法部门的首肯或否决。

提倡货币政策独立性的目的，是要使中央银行从竞选周期造成的短期、短视的政治压力下解放出来。一般来说，在任政府都会竭尽全力在下一次选举前取得因某些经济增长而得到的成就，然而从长远来说，这意味着要付出巨大的通货膨胀代价。为此，许多国家的政府允许中央银行的货币政策操作不受政治干预。

(二) 中央银行保持独立性的必要性

1. 避免政治性经济波动产生的可能

西方国家的政府一般都是每隔几年要进行一次大选，执政党政府为了争取选票，争取获胜，往往要采取一些经济措施，以有利于政治目的的实现。高工资和高就业会给执政党带来不少选票，而执政党往往又把放松银根作为支持高工资和高就业的主要武器。所以在大选前，中央银行容易受到某种政治压力，使货币政策偏离原定目标；在大选中，政府往往实行宽松的财政与货币政策，刺激经济增长，争取选票，结果导致通货膨胀。继续执政或另一政党上台，就面临着通货膨胀，从而不得不采取紧缩的财政与货币政策，以便稳定金融与经济。若中央银行具有很强的独立性，就可以避免这类政治和经济动荡对货币政策的干扰。

2. 避免财政赤字货币化的需要

中央银行作为政府的银行，有义务帮助政府平衡财政预算和弥补赤字。但财政活动的客观结果并非保持经济的稳定增长和物价稳定。若财政出现了赤字，中央银行就要无条件去弥补，这就谈不上独立的货币政策。但事实上，在凯恩斯主义盛行时期，货币政策常常要服从财政政策的需要。若财政需要在市场上筹款，中央银行就要想办法降低市场利率，减少财政借款的成本，或者直接对政府贷款、透支。这样，就形成了财政赤字货币化、赤字与通货膨胀之间的恶性循环。

3. 为了适应中央银行特殊业务与地位的需要

中央银行的业务具有高度的技术性，它的政策直接影响国民经济的各个部门，所以中央银行的最高层管理人员，必须具有丰富的国内外经济知识、熟练的技术和经验，才能来制定货币政策，调节资金流向。中央银行的主要客户虽然是政府和外国的中央银行，但它同时还要为其他客户（商业银行和其他金融机构）服务，从这些方面看，中央银行也不能接受政府的完全控制。

4. 为了稳定经济和金融的需要

由于存在政治经济动荡，中央银行制定的货币政策应具有连贯性，不应受党派的干扰，其地位也应当比较超然。若中央银行受政府的完全控制，其结果只能更便于政府推行通货膨胀政策，这将使经济更加不稳定。中央银行应具有较大的独立性，明确其首要任务是稳定物价，健全金融体制，以促进经济稳定增长和充分就业，这样，中央银行可以制定和执行正确的货币政策，对政府执行通货膨胀政策也可以起到约束作用。政府首脑比较侧重经济增长，解决失业，故政策重点是常推行赤字财政政策，以刺激有效需求和增加就业，结果导致通货膨。财政部长较关心的是如何能更有效地从市场筹措资金，以维持政府机构的正常运行，故关心的是市场利率不但要稳定，且要偏低，这样才有利于政府发行债券。但中央银行的首要任务在于稳定币值，若市场银根偏松，已出现了通货膨胀的危险，这时中央银行只应优先考虑如何采取紧缩的措施，以制止通货膨胀。

(三) 中央银行独立性与通货膨胀的关系

实证分析表明，较低的通货膨胀与中央银行不断提高的独立性之间存在负相关关系。阿利西纳（Alberto Alesina）以 17 个 OECD 国家 1973～1986 年的通货膨胀和中央银行的独立性为样本分析两者之间的关系，结果表明，中央银行的独立性越高，通货膨胀就越低。后来，阿利西纳和萨默斯通过实证分析得出结论，通货膨胀的控制并不要求以更低的产出为代价（Alesina and Summers，1993）。从机制上看，中央银行独立性与通货膨胀预期具有密切的关系，中央银行的独立性越高，其控制通货膨胀的能力就越强，通货膨胀预期便趋于下降。因此，不断增强的中央银行独立性，是与通货膨胀的降低相伴随的。

(四) 中央银行独立性加强的趋势

自 20 世纪 80 年代末期开始，出现了一种世界性的以加强中央银行独立性为核心内容的中央银行制度改革的新趋向。

1989 年，新西兰对其中央银行法——《新西兰储备银行法》进行了一场较为全面的修改，从而为加强新西兰中央银行——新西兰储备银行的独立性奠定了法律基础。具体而言，在这次法律修改当中，直接涉及货币政策以及中央银行独立性的内容体现在对新西兰储备银行制定与实施货币政策选择的目标的限定。1989 年修改后的《新西兰储备银行法》第 8 条规定："为实现维持一般物价水平稳定的经济目标，新西兰储备银行的主要职能是制定与实施货币政策"。这一规定与原规定相比大大地提高了新西兰储备银行的独立性。原《新西兰储备银行法》第 8 条规定："新西兰储备银行的职责是就货币政策、银行业管理、信用秩序维持、国际金融交易等问题向财政部长提出政策建议，并具体实施政府确定的货币政策。"

1997 年新《日本银行法》的实施标志着日本银行的独立性进入到了一个新阶段，因为该法不仅在第 3 条和第 5 条规定了"日本银行在货币以及金融调节方面的自主必须得到尊重"、"必须充分考虑日本银行在业务运营方面的自主性"等保护日本银行独立性的基本原则，而且还根据加强日本银行独立性的精神设计了日本银行运作的新制度框架。

英国由于至今仍然没有加入欧元区，所以也没有按照欧盟关于创建欧洲中央银行体系的有关规定改革其中央银行制度。当然这并不意味着英国没有进行加强英格兰银行独立性的制度改革，实际上，1998 年布莱尔工党政府上台后就采取了一些加强英格兰银行独立性的措施，并于 1998 年对《英格兰银行法》进行了一次比较全面的修改。新《英格兰银行法》在许多方面都体现了加强中央银行独立性的基本精神。

第二节　中央银行业务

中央银行在制定执行货币政策、调控监管经济金融的职能行使中，通常在不以盈利为目标、不经营一般银行业务、确保资产流动性、管理权相对独立、合理设置分支机构、依法限定业务范围等关键原则约束下，办理业务。本节从中央银行的资产负债表入手分析中央银行业务的具体内容。

一、中央银行的资产负债表

由于各国信用制度和信用方式存在一定的差别，各国中央银行的资产负债表的内容和项目也不尽相同，但基本结构相似。表 7-1 显示的是中央银行资产负债表的一般格式。

表 7-1　中央银行资产负债表

资产	负债
贴现及放款	流通中现金
各种证券	各项存款
黄金外汇储备	其他负债
其他资产	资本项目
资产项目合计	负债及资本项目合计

（一）负债项目

1. 流通中现金

流通中现金是指中央银行发行的由社会公众持有的以及各金融机构库存的现钞和辅币。流通中现金在负债项目中所占的比重最大。

2. 各项存款

各项存款包括商业银行和其他金融机构存款、政府部门存款、外国存款等，其中商业银行存款所占比重最大。

3. 其他负债

其他负债是指以上负债项目中未列入的负债。

4. 资本项目

资本项目是指中央银行的自有资本，包括股本、盈余结存以及财政拨款。

（二）资产项目

1. 贴现及贷款

贴现及贷款包括中央银行对商业银行的再贴现、再贷款，以及对财政部、国内外其他金融机构的贷款。在资产项目中，贴现及贷款占有十分突出的地位。

2. 各种证券

各种证券主要指中央银行持有的政府债券以及外国政府债券。西方主要发达国家该项目在资产项目中所占比重最大。

3. 黄金外汇储备

黄金外汇储备是由中央银行购买黄金、外汇以及国际货币基金组织的特别提款权所形成的资产。

4. 其他资产

其他资产指上述三项未列入的资产，如土地、设备以及待收款等。

二、中央银行的负债业务

中央银行的负债业务也就是其资金来源项目，是形成资产业务的基础，主要有以下几种。

（一）货币发行业务

货币发行是中央银行的职能之一，也是中央银行的主要负债业务。中央银行的货币发行，是通过再贴现、贷款、购买证券、收购黄金外汇等投入市场从而形成流通中的货币，以满足国民经济发展对流通手段和支付手段的需求，促进商品生产的发展和商品流通的扩大。

中央银行的货币发行必须遵循以下三个原则：第一，要坚持垄断发行；第二，要有可靠的信用保证，即发行要有一定的黄金或证券作保证，建立一定的发行准备制度，如弹性比例制、保证准备制、现金准备发行制，该原则在西方被称为"消极原则"；第三，要具有一定的弹性，就是说货币发行要具有高度的伸缩性和灵活性，不断适应社会经济状况变化的需要，既要防止通货不足，又要避免通货过量，这在西方被称为"积极原则"。

（二）存款业务

吸收存款，是中央银行的主要负债业务之一。中央银行的存款主要来自以下几个方面：第一，商业银行缴纳的存款准备金，这是最大的存款项目；第二，政府财政部的存款，此项存款的数额也相当巨大；第三，外国存款，这项存款属于外国中央银行或是属于外国政府，它们持有这些债权构成本国的外汇，随时可以用于贸易结算债务；第四，其他存款，指未归入以上三类存款的所有中央银行存款。

中央银行吸收存款必须遵守一定的原则，那就是尽量不吸收脱离中央银行控制的存款，如个人、工商企业或地方政府的存款。因为脱离中央银行控制的中央银行存款，其增加或减少完全可能与中央银行当时执行的货币政策相悖，导致货币政策效果不佳甚至失败。

中央银行吸收存款主要有以下几个方面意义：第一，中央银行吸收商业银行的存款准备金，有利于调节和控制信贷规模和货币供应量；第二，中央银行集中保管存款准备金，充当商业银行的最后贷款人，有利于维护金融企业的安全；第三，商业银行和财政把存款存入中央银行，使中央银行成为全国资金清算中心，有利于资金清算的顺利进行。

中央银行的主要负债业务除上述两项以外，还有国际金融机构负债、国内金融机构往来、兑付国库券基金等。

三、中央银行的资产业务

中央银行的资产业务，是指其运用货币资金的业务。一般来说，主要有以下几项。

（一）再贴现业务

再贴现业务是中央银行的主要资产业务之一，尤其是在一些商业票据流通盛行、贴现市场发达的国家更是如此。再贴现是普通商业银行由于业务上的需要，将其由贴现所取得之票据，请求中央银行予以贴现的经济行为，也称为再贴现。该业务是中央银行调节资金、实现对国民经济宏观调控的一个重要手段。中央银行通过对再贴现价格——再贴现率的调节，来影响商业银行借入资金的成本，刺激资金需求，实现对货币供应量的控制。

（二）贷款业务

在中央银行的资产负债表中，贷款是一个大项目，它充分体现了中央银行作为"最后贷款人"的职能作用。中央银行的贷款业务有以下几类：第一，对商业银行的放款。这是最主要的种类，一般是短期的，采用政府证券或商业票据为担保的抵押贷款。第二，对财政总的放款。包括：对财政部的正常借款；对财政部的透支；证券投资性放款，即在二级市场上购买公债。第三，其他放款。其中包括中央银行对外国银行和国际性金融机构的贷款以及对国内工商企业少量的直接贷款等。

中央银行经营放款业务应注意以下几点：第一，中央银行发放贷款不能以盈利为目的，而只能以实现货币政策为目的；第二，中央银行应尽量避免直接对个人或工商企业发放贷款，而应集中精力发挥其最后贷款人的职能；第三，中央银行放款应坚持以短期为主，一般不得经营长期性放款业务，以防中央银行资产的高度流动性受到影响，从而妨碍其有效而灵活地调节和控制货币供应量；第四，中央银行应控制对财政的放款，以保证其相对独立性。

（三）证券买卖业务

在证券市场比较发达的国家，证券买卖业务是中央银行主要的资产业务之一。中央银行买卖证券一般都是通过其公开市场业务进行的，主要买卖的证券种类是政府公债、国库券以及其他市场性很高的有价证券。中央银行买卖证券具有两方面的意义：一是可以调节和控制货币供应量，进而对整个宏观经济产生积极的影响；二是中央银行进行证券买卖的公开市场业务与准备金政策和再贴现政策这两大政策工具配合运用，可以抵消或避免后两种效果猛烈的政策对经济、金融的震动性影响。

一般来说，中央银行在买卖证券时应注意这些问题：第一，中央银行买卖证券只能在二级市场上进行，这是保持银行客观独立性的需要；第二，中央银行只能购买市场属性好、可售性强的证券，以保证其资产的高度流动性；第三，中央银行一般不能购买外国的有价证券。

（四）保管黄金、外汇储备

保管黄金、外汇储备是中央银行的基本职责之一，也是中央银行主要的资产业务。当今世界各国间经济往来频繁，中央银行保管黄金外汇储备有着特别重要的意义：首先，中央银行按纸币发行额和存款额保留一定比例的国际储备——黄金和外汇，以备有效地保持本国纸币的稳定；其次，中央银行通过买进或抛售国际通货，可以稳定本货币汇率；再次，在国际收支发生逆差时，可以动用黄金、外汇储备来清偿外债。

各国中央银行在保管黄金外汇储备时，必须从安全性、收益性、可兑现性这三个方面考虑其构成比例问题，其中灵活兑现性最为重要。黄金因为灵活兑现性不够强且收益低，在各国的国际储备中所占比重正日益下降。而外汇资产具有汇率风险，但其能增加收益，同时获得灵活的兑现性。

四、中央银行的其他业务

除了严格的负债业务和资产业务，中央银行还从事着一些其他业务，如资金清算业务、代理国库业务等。

（一）资金清算业务

主持全国的资金清算是中央银行的职责之一。该业务大体可分为三类：①集中票据交换。一般是由中央银行组织票据交换所，各商业银行持本行应付票据参加交换。②清算交换的差额。各商业银行之间应收应付款的差额，通过其在中央银行的存款账户进行划转。③组织异地之间的资金转移。中央银行担负的资金清算业务，对于整个社会经济生活的正常运行，具有十分重要的意义。它有利于加速资金转周转，有利于提高银行工作效率，有利于中央银行掌握全社会的金融状况和资金运动趋势，进行宏观金融管理和监督。

（二）代理国库业务

中央银行代理国库业务，是指国家委托中央银行经营和办理国家预算开支的保管和出纳工作，主要有以下几个基本职责：第一，办理有关国家预算收入入库的具体事务，督促并将所收款项尽快入库；第二，办理有关国家预算支出拨付的具体事项；第三，办理有关退库业务的具体事项；第四，对国家预算情况、国库资金及国情进行核算、分析和反映。

第三节 货币政策最终目标

中央银行制定实施的货币政策作为一国宏观经济总政策的重要组成部分，其最终目标无疑应与宏观经济总政策的目标保持一致。概括而言，中央银行货币政策的最终目标有以下几个：稳定物价、充分就业、经济增长和国际收支平衡。但是，各个最终目标之间事实上存在着一定的矛盾，而且各个国家在不同的时期和历史条件下，也有不同的侧重和选择。

一、货币政策最终目标的内容

（一）稳定物价

稳定物价通常是指设法促使一般物价水平在短期内不发生显著的波动，以维持国内币值的稳定。鉴于通货膨胀对资源配置效率、财富分配及稳定预期等方面的负面影响，各国一般都将通货膨胀、稳定物价作为一项基本的宏观经济政策。由于在现代信用货币流通条件下，物价波动总体呈上升趋势，因此，中央银行货币政策的首要目标就是稳定物价，将一般物价水平控制在一定范围内，以防止通货膨胀。至于物价水平控制的范围，各国国情不同，所设定的幅度也有差异，但从各国货币政策的实际操作来看，大都比较保守，一般要求物价上涨率为 2%～3%。

需要关注的是，自 1998 年亚洲金融危机爆发后，从亚洲国家开始，通货紧缩现象逐渐出现。所谓通货紧缩，指的是一般物价水平和生活费用的长期下降。造成通货紧缩的原因，在实体经济方面，是技术进步的周期；在货币经济方面，则在于过去的通货膨胀。健全的货币政策，在于保持物价的长期稳定，物价的急剧上升和急剧下降，都是不可取的，因此，物价稳定的内容，既要反通货膨胀，也要反通货紧缩。

（二）充分就业

较高的失业率不仅造成社会经济资源的极大浪费，而且很容易导致社会和政治危机，因此，各国政府一般都将充分就业作为优先考虑的政策目标。所谓充分就业是指有能力并愿意参加工作者，都能在较合理的条件下随时找到适当的工作。此时劳动力市场处于均衡状态，但并非失业率为零，而是一个大于零的水平，即自然失业率。显然，充分就业目标的实现与对自然失业率的认识直接相关。从理论上讲，自然失业率应等于事实上的工资膨胀率和预期工资膨胀率相等时的失业率，但预期工资膨胀率无从测定，因此，人们对自然失业率的测量及估计一直存在分歧，简单的做法是用一段较长时间内的平均失业率来估计自然失业率。从各国实际的执行情况看，对自然失业率的标准也是灵活掌握的。例如，1971 年美国国会联合经济委员会在《联合经济报告》中，提出美国长远的合理目标应是使失业率不超过 3%，1978 年《美国就业法案》，又规定失业率不超过 4% 即充分就业，而到 20 世纪 90 年代中期，对自然失业率的估计则在 6% 左右。

（三）经济增长

关于经济增长，经济学界至少有两种理解。一种观点认为，经济增长就是国民生产总值的增加，即一国在一定时间内所生产的商品和劳务总量的增加，或人均国民生产总值的增加；另一种观点认为，经济增长是指一国生产商品和劳务能力的增长。与第一种观点相比，后一种观点更强调增长的动态效应。世界各国由于发展阶段和发展条件不同，在增长率的选择上往往存在差异。大多数发展中国家较发达国家偏好高的经济增长率，也因此对货币政策提出了相应的要求。但对于货币政策能在多大程度上影响经济增长，经济学界一直存在较大的争议。目前较为普遍的看法是，中央银行只能以其能控制的货币政策工具，通过创造和维持一个适应于经济增长的货币金融环境，以促进经济增长。

（四）国际收支平衡

国际收支平衡是指一国对其他国家的全部货币收入和货币支出持平，略有顺差或略有逆差。国际收支平衡又可分静态平衡和动态平衡。静态平衡指以 1 年内的国际收支数额持平为目标，而动态平衡是指一定周期内（3 年、5 年）的国际收支数额持平。目前在国际收支管理中，动态平衡正受到越来越多的重视。由于国际收支状况与国内市场供应量有着密切关系，所以对于开放条件下的宏观经济而言，一国货币政策的独立有效性正面临着越来越严峻的挑战。

上述四个方面的内容构成了货币政策的最终目标体系，但实际上，各目标并非同时产生，各目标的出现都有其特定的历史背景。经历了 20 世纪 30 年代的大危机后，理论上由于凯恩斯主义的出现，实践上由于就业问题十分严重，各国货币当局基本上将其政策目标锁定在"充分就业"上。第二次世界大战后，经济增长成为紧迫问题，于是货币政策最终目标中增添了与充分就业十分接近的"促进经济增长"的内容。由于长期实行保证就业和促进增长的宏观经济政策，物价开始上升，先是"温和"地上涨，继而"奔腾"起来，终于在20世纪70年代形成"滞涨"局面。这种严峻的环境，自然迫使货币当局将"稳定物价"作为货币政策的目标之一。20世纪70年代后，随着布雷顿森林体现的解体，各国的国际收支都出现了剧烈动荡，并对国内经济产生了不利影响。这种状况又促使"保持国际收支平衡"成为货币政策目标之一。由此，货币政策的四大目标体系基本形成。

二、货币政策最终目标相互之间的关系

如上所述，货币政策有四个最终目标，不同的目标之间既存在统一性也存在矛盾性，为实现某目标而采取的政策措施往往可能干扰其他目标的实现。因此，要同时实现四个目标是非常困难的，由此产生了政策目标的选择问题。

（一）币值稳定目标和充分就业目标

澳大利亚经济学家菲利普斯研究了1861～1957年近100年英国的失业率和物价变化之间的关系，发现物价变化率和失业率之间存在此消彼长的关系，提出著名的"菲利普斯曲线"，如图7-1所示。他认为要实现充分就业的目标，必然要增加货币供应量、增加政策支出、刺激社会总需求的增加，而这将导致一般物价水平的上升。反之，如果要稳定币值，必然要减少货币供应量、削减政府支出、抑制社会总需求的增加，其结果将导致失业率的上升。因此，作为货币政策，既不能为稳定币值而放弃充分就业的目标，也不能为了充分就业而放弃币值稳定的目标。只能根据社会经济的具体条件，在稳定币值和充分就业之间选择适当的平衡点。

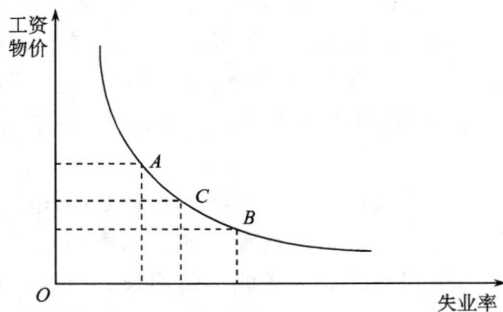

图 7-1　菲利浦斯曲线

（二）币值稳定目标和经济增长目标

币值稳定目标和经济增长目标具有统一性，表现为：①物价稳定促进经济增长。只有物价稳定才能促进资本形成、技术进步，维持经济的长期增长。②经济增长促进物价稳定。经济增长带来劳动生产率的提高和新的生产要素的投入、产品增加和单位产品生产成本的降低。但是，两者也存在矛盾：①通货膨胀刺激经济增长。市场经济往往表现为有效需求不足，在非充分就业均衡中运行，存在"货币幻觉"，为了促进经济增长，需要伴随适度的通货膨胀。②为了稳定币值，必须减少货币供应量，抑制总需求，降低经济增长率。反之，为了实现经济增长目标，必须增加货币供应量，刺激总需求，导致一般物价水平上升。

（三）充分就业目标和经济增长目标

美国经济学家奥肯根据对美国经济的分析，发现充分就业和经济增长之间存在这样

的关系：失业率提高 1%，经济的潜在产出与实际产出的缺口增大 3.2%，这被称为"奥肯定律"。一般来说，要实现充分就业，必然采取刺激需求总量的政策措施，由此带动经济增长。因此，两者存在正相关的关系。但是，也存在特殊情况，如果经济增长的方式由劳动密集型向资本、资源或知识密集型转变，那么，经济增长不仅不能带来就业率的上升，甚至还可能引起就业率的下降，那么，两者的关系就可能是负相关。

（四）国际收支平衡目标和其他政策目标

为了分析的简便，先分析币值稳定目标和国际收支平衡目标之间的关系并假定汇率固定。我们分三种情况分析：①通货膨胀率高于外国，即本国货币相对于外国货币贬值更甚。但是，由于汇率没有进行调整，本国货币没有相应对外贬值，将使出口减少、进口增加，导致国际收支向逆差发展；②外国通货膨胀率高于本国，也因为本国货币没有相应对外升值，则出口增加进口减少，国际收支向顺差方向发展。因此，币值稳定目标和国际收支平衡目标之间的关系取决于国内外币值的相对变化；③若国内外的通货膨胀率相同，在其他条件不变的情况下，其对国际收支的影响是中性的。

假定汇率可以调整，那么两者关系就很不确定。例如，如果国内通货膨胀率高于外国，而通过调整汇率使本国货币对外贬值幅度更大，将促进出口，反而有利于改善国际收支。

接下来再分析其他货币政策目标（币值稳定、充分就业和经济增长）与国际收支平衡目标的关系。这可以分为四种情况：①国内经济处于萧条状态（币值稳定、非充分就业和经济增长率过低）、国际收支顺差；②国内经济处于萧条状态、国际收支逆差；③国内经济处于景气状态（通货膨胀比较严重、接近充分就业和经济增长率较高）、国际收支顺差；④国内经济处于景气状态、国际收支逆差。在①的情况下，为了改变萧条状态，采取扩张性货币政策，引起通货膨胀率提高，进口增加出口减少，国际收支由顺差向逆差方向发展；在②的情况下，如果采取扩张性政策，将进一步加剧国际收支的逆差程度。货币政策目标冲突，货币当局处于两难境地，或者为了国际收支平衡目标放弃其他货币政策目标，或者为了其他货币政策目标而放弃国际收支平衡目标；在③的情况下，采取紧缩性货币政策，物价上涨率和经济增长率回落，进口减少出口增加，国际收支顺差进一步增加。货币当局也处于两难境地。在④的情况下，紧缩性政策在抑制国内经济景气的同时，也减少了逆差。

三、货币政策最终目标的选择

由于货币政策最终目标之间既有统一又有矛盾，货币政策目标不可能同时实现。因此，就产生了货币政策目标的选择问题。

（一）单一目标论

因为各目标之间存在矛盾，因此只能采取单一目标。由此又产生选择哪个目标的争论。稳定物价是经济正常运行和发展的基本前提，因此，有人主张稳定币值是唯一目标，也有人认为经济增长是稳定物价的基础，应该以经济增长作为唯一目标。

（二）双重目标论

既然经济增长是币值稳定的基础，币值稳定又有利于经济的长期稳定增长，两者相互制约、相互影响，不能偏颇。因此，必须同时兼顾，货币政策应该以币值稳定和经济增长同时作为目标。有人提出相互抉择的主张，即根据具体经济情况进行决定和选择。有经济学家在技术上进一步深化相互抉择的主张，提出临界点选择的方法，即结合本国对某一问题所能承受的限度，找出临界点作为货币政策目标，例如，通货膨胀率和失业率之间是反函数关系，若临界点均为 4%，那么两个 4% 之间就是安全区域。

（三）多重目标论

货币政策作为宏观经济调控手段应该在总体上兼顾各个目标，在不同时期以不同的目标作为相对重点。

货币政策应以稳定货币值为首要目标，同时兼顾他目标。由于宏观经济目标既统一又矛盾、宏观经济环境不断变化，因此不同时期货币政策目标也应相应变化。高涨时期，币值稳定应是目标；紧缩时期，则经济增长和充分就业就应成为货币政策目标的相对重点；而在国际收支失衡、汇率波动、金融动荡时期，国际收支平衡、汇率稳定和金融稳定就应成为货币政策目标的相对重点。

四、第二次世界大战后西方各国货币政策最终目标的演变

第二次世界大战后西方各国中央银行根据本国的具体情况，在不同的时期对货币政策的最终目标有不同的选择：或选择单一目标，或选择多重目标，但不同的时期有不同的侧重点。如表 7-2 所示。

表 7-2　第二次世界大战后西方各国货币政策最终目标的演变

国别	20 世纪 50～60 年代	20 世纪 70～80 年代	进入 20 世纪 90 年代
美国	以充分就业为主	以稳定货币为主	以反通胀为唯一目标
英国	以充分就业兼顾国际收支平衡为主	以稳定货币为主	以反通胀为唯一目标
加拿大	充分就业，经济增长	以物价稳定为主	以反通胀为唯一目标
德国	以稳定通货，兼顾对外收支平衡为主		
日本	对外收支平衡，物价稳定	物价稳定、对外收支平衡	
意大利	经济增长，充分就业	货币稳定兼顾国际收支平衡	

从表 7-2 可见，西方几个大国第二次世界大战后货币政策的最终目标非但有所不同，而且在 20 世纪 70 年代前后以及 90 年代以后发生了很大的变化。主要原因是各国面临的经济形势和任务不同，政府和中央银行所奉行的理论也不同。概括起来有如下特点。

1. 历史背景不同，政策目标各异

西方各国历史及第二次世界大战后经济情况不同，因而货币政策最终目标的选择不同，例如，美国战后所面临的是生产能力严重过剩的问题；日本面临的是经济恢复和快速增长问题；德国因其在 20 世纪 20 年代和第二次世界大战后曾遭受人类历史上最严重的通货膨胀，所面临的是全国人民对通货膨胀的深恶痛绝。因而从战后到 70 年代中期，美国货币政策最终目标一直侧重于充分就业、反危机；日本则是为保证引进技术所需外汇，以国际收支平衡为货币政策最终目标；德国则是一贯以控制通货膨胀为单一货币政策目标。

2. 共同的命运，相同的目标

到了 20 世纪 70 年代，西方各国出现了持续的严重通货膨胀，通胀率长期高达两位

数字，如英国在 70 年代中期通货膨胀曾高达 20％以上。共同的命运使西方各国采取了共同的货币政策目标，即都将稳定货币作为货币政策的主要目标。进入 90 年代，货币主义逐渐暴露其弱点，表现是过严的货币控制使经济停滞不前，因而西方各国大都进行了货币政策的重新调整，选择以反通胀作为货币政策的唯一目标，力求实现没有通货膨胀的经济增长。

3. 不同国家、不同时期货币政策的理论依据不同

在 20 世纪五六十年代，各国大都以充分就业为目标时，凯恩斯主义是其理论依据。该理论的核心是，经济大危机和严重的失业是有效需求不足造成的，对付它的办法是扩大有效需求，实现充分就业。在 20 世纪七八十年代，西方各国以稳定货币作为货币政策的主要目标时，其理论依据是弗里德曼的货币主义。货币主义的核心是"单一规则"，其含义是，排除利息率等的干扰，以一定的货币存量作为唯一的手段处理和解决市场经济中所面临的问题，只要控制好货币供应量增长率，其他一切都由市场机制去调节，经济就能稳定的发展。而德国的货币政策目标依据是社会市场经济理论。该理论认为，没有货币的稳定就不能使市场调节机制得到正常发挥，通货膨胀会减少私人储蓄和投资意愿，如果为了追求高度的经济增长而导致通货膨胀，还不如在货币稳定的条件下实现较小幅度的经济增长。

第四节　货币政策工具

一、一般性货币政策工具

所谓一般性货币政策工具是对货币供应量进行调节和控制的政策工具，主要包括法定准备金政策、再贴现政策和公开市场政策。一般性货币政策工具的特点是对总量进行调节和控制。

（一）法定准备金政策

1. 法定准备金政策的含义

法定准备金政策是中央银行在法律赋予的权力范围内，通过规定或调整商业银行缴存中央银行存款准备金的比率，控制和改变商业银行的信用创造能力，间接控制社会货币供应量的活动。目前大部分国家，都在法律上规定存款准备金比率，并赋予中央银行调整法定存款准备金比率的权限。因此，法定准备金政策也可以称之为法定存款准备金政策。

世界上最早规定存款准备金的法律是美国路易斯安那州银行法（1824）；最早将存款准备金集中于中央银行的是英格兰银行，18 世纪英国的私人银行就将准备金的一部分存在英格兰银行，用于银行间的转账结算；最早规定商业银行必须向中央银行上缴存款准备金的法律是美国《联邦储备法》（1913）；美联储最早获得改变存款准备金比率的权力（1935），并将准备金比率作为中央银行货币政策的工具使用。

2. 法定准备金政策的作用

（1）保证商业银行等存款货币机构的流动性

存款货币金融机构为了应对客户的提现需要，都保持一定的现金准备。但是，保持现金准备对存款货币机构来说是一种负担。因为保持现金准备没有利息收入，还要为此

支付保管费用、存款利息和员工的工资等，所以作为以营利为目的的金融机构，理性的行动是尽量减少现金准备，特别是当存在良好的投资机会的时候更是如此。一部分存款货币机构就会理性减少现金准备，其结果是常常发生流动性危机，历史上这种例子比比皆是。因此，各国普遍建立了存款准备金制度，强制存款货币金融机构将准备金存入中央银行，保证存款货币机构资金的流动性和清算能力。

（2）调节货币供应量

法定准备金比率的调整通过两条渠道影响货币供应量。第一条渠道是影响同业市场利率。虽然就整个银行体系来说，同业市场的拆出、拆入在内部进行，似乎并不影响货币供应量。但法定准备金比率提高以后，银行闲散资金的数量会立即发生变化，相对拆出资金的数量，拆入资金的需求增加将引起同业市场利率上升并传导到资本市场，进一步引起信贷收缩。第二条渠道是通过对存款货币机构超额准备金的调整进行的，然后通过资产和负债的扩张和收缩影响货币供应量。例如，存款准备金比率提高 5%，虽然仅仅增加法定准备金 20 亿元，但是通过银行信用的多倍收缩，可以减少存款 200 亿元。

3. 法定准备金政策工具的特点

（1）法定准备金政策对货币供应量具有极强的影响力，力度大、速度快、效果明显，是中央银行收缩和放松银根的有效工具。

（2）法定准备金政策对所有存款货币金融机构的影响是均等的。它不像公开市场操作或再贴现率政策，后者只对参与市场操作或申请中央银行贷款的银行才发生作用。

但是，上述优点有时也是缺点，准备金比率的微小变动会通过银行信用的收缩扩张产生放大作用，对经济的振动太大，所以它难以成为经常使用的政策工具。

4. 法定准备金政策的变化趋势

由于中央银行对法定准备金不支付利息，因此，法定准备金就成为对缴付准备金的金融机构征收的一种赋税，削弱了其在金融市场的竞争力。于是就产生了逃避法定准备金的金融创新，很多变相存款应运而生。仅对存款货币机构征收准备金就显得很不公平，而非存款货币机构已经具备种类繁多的筹资工具，长此以往存款货币机构的竞争力更加岌岌可危。有鉴于此，美国从 1990 年 12 月取消定期存款的法定准备金，1992 年 4 月将支票存款的准备金比率降低到 10%。加拿大取消了所有两年以上期限存款的法定准备金。瑞士、新西兰、澳大利亚的中央银行也已完全取消法定存款准备金。

我国自从 20 世纪 80 年代中期由中国人民银行专门行使中央银行职能开始，法定存款准备金率的确定和调整就已经成为货币政策的一种重要工具，尤其在近些年的货币政策操作中，法定存款准备金率的调整次数明显多于以往，几乎成为货币政策运行的风向标。例如，2010 年 1 月 18 日起，中央银行上调存款类金融机构人民币存款准备金率 0.5 个百分点，这主要是针对房地产价格上涨过快，银行信贷对房地产市场支持偏多的情况。此次调整的对象不包括农村信用社等小型金融机构，目的在于增强支农资金实力，支持春耕备耕。

（二）再贴现政策

1. 再贴现政策的含义

再贴现政策是指中央银行通过改变再贴现率的办法，影响商业银行等存款货币银行从中央银行获得的再贴现贷款和持有超额准备金的成本，以达到增加或减少货币供应量、实现货币政策目标的一种政策措施,它包括对再贴现率和申请再贴现金融机构资格的调整。

早期的再贴现业务是一种纯粹的信用业务。商业银行通过将其持有的未到期的商业票据在中央银行办理再贴现,获得一定的资金,解决暂时的资金短缺问题。随着中央银行职能的不断完善和调节宏观经济作用的日益加强,再贴现业务逐步演变成调节货币供应量的货币政策工具。

2. 再贴现政策的内容

(1)再贴现的条件

大部分国家规定能够从中央银行获得再贴现贷款的主体是商业银行等存款货币金融机构。我国的规定是在中国人民银行开设存款账户的商业银行、政策性银行及其分支机构。非银行金融机构要获得再贴现必须报请中国人民银行总行批准。

(2)再贴现的范围

大部分国家中央银行对再贴现贷款限定范围。例如,美联储的再贴现贷款大致可以分为:调节存款货币金融机构临时性资金短缺的调节性再贴现、大部分中小银行由于季节性原因出现的资金短缺的季节性再贴现和为了帮助由于出现经营困难、但或许可以避免倒闭的银行的延伸性再贴现。中国人民银行根据金融宏观调控和结构调整的需要,不定期公布再贴现优先支持的行业、企业和产品目录。各分行据此选择再贴现票据,安排再贴现资金投向,对有商业汇票基础、业务操作规范的金融机构和跨地区、跨系统的贴现票据优先办理再贴现。

(3)再贴现的对象

大部分国家不仅规定再贴现的范围,还规定向中央银行申请再贴现的票据必须是以生产和流通过程中的商品为依据、能自行清偿的短期商业票据。例如,美联储规定,申请再贴现的票据必须具备以下条件:商业票据不得超过 90 天,农产品交易的票据不得超过 9 个月;必须是根据交易行为产生的自偿性票据;必须是直接从事经营农工商业的借款人出具的票据;投机或长期资本支出产生的票据不得申请再贴现。英格兰银行规定,申请再贴现票据必须是有两家国内信誉极佳企业签署,并且其中一家必须是承兑人;未到期国库券申请再贴现必须距到期日 1 个月以内。德国规定,申请再贴现票据必须有 3 个被公认有支付能力的义务人担保并在 3 个月内到期。我国规定再贴现票据必须是以真实商品交易为依据开立的商业汇票,持票人申请再贴现时,需提交贴现申请人与开票人或其前手之间的增值税发票。

(4)再贴现的利率

中央银行根据市场资金供求状况和货币政策目标对再贴现利率进行调整。再贴现利率可以高于市场利率,也可以低于市场利率。高于市场利率表示再贴现利率是惩罚性利率,中央银行并不鼓励商业银行向中央银行申请贴现贷款。反之,低于市场利率则表示再贴现贷款优先提供给信用好的金融机构。再贴现利率一般是短期利率,最长不超过 1年。根据再贴现票据的信用等级,对再贴现实行差别利率。

3. 再贴现政策的作用

(1)中央银行可以通过调整再贴现率,影响商业银行等存款货币金融机构的准备金和资金成本,从而影响他们的贷款量和货币供应量。再贴现率变化,从中央银行获得的再贴现贷款的成本变化，将增减再贴现贷款也引起准备金的增减。若准备金高或低于预期水平，只能增加或缩减贷款，导致货币供应量的变化。同时，随着货币供应量的变化，市场利率和货币需求也会相应变化。

（2）再贴现政策具有影响和调整信贷结构的效果。方法有两个，即规定再贴现票据的资格和对再贴现票据实行差别再贴现率。

（3）再贴现率的升降可以产生货币政策变动方向和力度的告示作用，影响公众预期。

4. 再贴现政策的特点

再贴现政策通过改变再贴现率引导市场利率发生变化，符合市场经济的基本规律，因此，它成为中央银行最早和最基本的调控手段。而且，与准备金政策和公开市场政策相比，它还可以利用其调节信贷结构的效果，促使商业银行增加适合中央银行办理再贴现的贴现贷款，引导资金向重点行业和区域倾斜，配合政府政策的实施。在大多数情况下，再贴现政策是有效的。但是，随着金融市场的发展，特别是非银行金融机构的发展，其局限性也越来越明显。

（1）一般来说，商业银行之所以愿意从中央银行借款是因为再贴现率与市场利率之间的利差足以弥补其所承担的风险和有关费用。如果不能弥补风险和费用，商业银行就将收回贷款，归还从中央银行的借款。但是，如果商业银行预期市场利率将进一步升高，尽管再贴现率已经降低，商业银行可能并不愿意马上增加贷款。反之，如果再贴现率已经提高，但商业银行预期还将提高，就可能并不急于归还从中央银行的借款。也就是说，市场利率与再贴现率之间的利差正好弥补商业银行承担的风险和有关费用的假设并不是市场经济的常态，而是特例，利差将随市场利率的变化而发生较大的波动，可能使再贴现贷款和货币供应量发生非政策意图的较大波动。

（2）中央银行处于被动地位，再贴现率的变化与货币供应量的变化之间的关系并不确定。因此，贴现率的调高、调低并不一定带来商业银行再贴现借款的相应减增。这是和（1）相同的问题，也就是说，再贴现政策的效果取决于再贴现率与市场利率之间的相关性，如果金融机构的资金来源有广阔的渠道，对中央银行再贴现贷款依赖程度很低，那么再贴现政策的效果也就有限。难怪有的经济学家比喻再贴现政策是用绳子去推动市场利率。

（3）再贴现率的调节方向缺乏弹性，不能在短期内任意改变，否则将引起市场和金融机构的无所适从。也就是说，再贴现率作为市场利率的风向标需要相对稳定性。但是，事实上并不能保证中央银行对宏观经济形势的判断总是正确的。

由于再贴现政策存在上述不足，因此，不少经济学家提出改革再贴现政策甚至放弃再贴现政策。但是，在发展中国家，由于公开市场和票据市场发展滞后，再贷款政策还是不可替代的主要政策手段。

（三）公开市场政策

1. 公开市场政策的含义

公开市场政策简而言之，就是中央银行在公开市场买卖证券的行为。中央银行通过在公开市场上买进或卖出有价证券，改变存款货币金融机构的准备金，影响货币供应量和利率，实现货币政策目标。所谓公开市场是指非金融机构、甚至个人也能参加的金融市场。事实上，尽管信用形式和信用工具迅速发展以及各种有价证券的发行和流通市场的发展为中央银行的公开市场业务提供了客观物质基础。但是，很多国家因为公开市场的规模、运转机制和效率尚不能满足公开市场政策的要求，公开市场政策实际上是在同业市场中进行的。

2. 公开市场政策的内容

（1）确定买卖证券的品种和数量、制定操作的计划。

（2）决定操作方式的长期性和临时性。长期性的目的是保证存款货币机构的流动性，临时性则是为了消除如因季节性的原因突然大量提现或存款增加，造成存款货币机构流动性不足或过剩的波动。

（3）选取操作机构。中央银行公开市场的操作往往是通过中介商进行的，选取中介商的标准是资金实力、业务规模和管理能力。

（4）确定交易方式。交易方式主要有现券交易和回购交易两种。回购交易是指卖（买）方在卖出（买入）证券的同时，与买（卖）方约定在某个时间，按照某个价格，买入（卖出）相同数量的同品种证券的交易。卖出并约定将来买入的交易，称为正回购；买入并约定将来卖出的交易，称为逆回购。

3. 公开市场政策的作用

如前所述，公开市场政策作用的基本原理是中央银行通过在公开市场上买卖证券改变基础货币的数量，通过乘数作用影响货币供应量。但是，公开市场政策的运用和对金融市场的影响绝不仅局限于此，还体现在：

（1）调控存款货币机构的准备金和货币供应量

中央银行买卖有价证券直接增加和减少存款货币机构的超额准备金，影响存款货币机构的贷款规模和货币供应量。

（2）影响利率水平和利率结构

中央银行在公开市场上买卖证券使证券需求变化，首先，引起证券价格和证券市场利率的变化。其次，引起存款货币机构准备金数量的变化，通过乘数作用导致货币供应变化，也影响市场利率。再次，中央银行通过买卖不同期限的证券，也可以改变市场对不同期限证券的需求，使利率结构发生变化。

（3）与再贴现政策配合使用，提高货币政策效果

由于再贴现率与货币供应量变化之间的关系并不确定，如果由于存款货币机构持有较多的超额准备金并不依赖中央银行的再贴现贷款，中央银行改变再贴现率并不能引起货币供应量的增减。因此，中央银行就可以在改变贴现率的同时，买卖证券使存款货币机构的准备金减少或增加，从而加强政策的效果。

4. 公开市场政策的特点

（1）主动权完全在中央银行，操作规模的大小完全受中央银行控制。与再贴现政策相比，公开市场操作的主动权完全掌握在中央银行手中，其效果具有比较确实可靠的优点，已经成为发达国家的主要政策工具。

（2）操作的时机、规模以及如何实施的步骤都比较灵活，可以比较准确地达到政策目标。与法定准备金政策相比，公开市场操作具有弹性，可以随时进行操作。

（3）具有较强的可逆性，万一发现错误时可立即实施逆向操作进行纠正。

（4）由于中央银行是作为市场的一员参与交易的，政策意图的告示作用较弱。

（5）需要有较发达的证券市场，包括证券的数量和规模、适当的期限结构和健全的规章制度。

（6）国内外资本的流动、国际收支状况、金融机构和社会公众对经济前景的预期和行为以及货币流通速度的变化都可能抵消公开市场业务的作用。

二、选择性货币政策工具

选择性货币政策工具，是指中央银行针对某些特殊的经济领域或特殊用途的信贷而采用的信用调节工具。主要有：消费者信用控制、证券市场信用控制、不动产信用控制和优惠利率等。

（一）消费者信用控制

消费者信用控制，是指中央银行对消费者的不动产以外的耐用消费品分期购买或贷款的管理措施，目的在于影响消费者对耐用消费品有支付能力的需求。

在消费过度膨胀时，可对消费信用采取一些必要的管理措施。例如，①规定分期购买耐用消费品首期付款的最低限额，这一方面降低了该类商品信贷的最高贷款额，另一方面则限制了那些缺乏现金支付首期付款的消费；②规定消费信贷的最长期限，从而提高每期还款金额，限制平均收入水平和目前收入水平较低的人群的消费；③规定可用消费信贷购买的耐用消费品种类，也就是限制了消费信贷的规模。该类措施在消费膨胀时能够有效地控制消费信用的膨胀，许多国家在严重通货膨胀时期都采用过。相反，在经济衰退、消费萎缩时，则应放宽甚至取消这些限制措施，以提高消费者对耐用消费品的购买能力，刺激消费的回升。

（二）证券市场信用控制

证券市场信用控制，是指中央银行对有价证券的交易，规定应支付的保证金限额，目的在于限制用借款购买有价证券的比重。它是对证券市场的贷款量实施控制的一项特殊措施，它最早出现在美国货币政策史上，目前仍继续被使用。

中央银行规定保证金限额的目的，一方面是为了控制证券市场的信贷资金的需求，稳定证券市场价格；另一方面则是为了调节信贷供给结构，能够限制大量资金流入证券市场，从而使较多的资金用于生产和流通领域。我国改革开放以来，信贷资金导致证券市场过热，出现金融资产泡沫的不良运行状况。为解决该问题，我国实行证券业和银行业分业经营的管理体制，采取一系列限制信贷资金流入股市与限制证券经纪公司向客户透支炒股等措施，这些措施对于我国维护金融市场的稳定、抑制金融泡沫、避免金融危机发挥了重要的作用。

（三）不动产信用控制

不动产信用控制，是指中央银行对商业银行等金融机构向客户提供不动产抵押贷款的管理措施。主要是规定贷款的最高限额、贷款的最长期限和第1次付现的最低金额等。采取这些措施的目的主要在于限制房地产投机，抑制房地产泡沫。美国在第二次世界大战和朝鲜战争时期，为了确保经济资源的合理利用，特设置 W 规则限制消费信用，X 规则限制不动产信用。

我国在 20 世纪 90 年代初期也出现了房地产过热的情况，各行各业、各种资金大量流向房地产市场进行投机，形成大量的房地产泡沫。为了限制房地产投机，国家采取了一系列措施限制信贷资金向房地产产业的过度流入，对抑制房地产泡沫发挥了一定的作用。而在90年代后期，为了有效地扩大内需、刺激经济增长、抵消亚洲金融危机和世界经济衰退的不利影响，国家则采取了一系列措施放开房地产信贷限制，特别是住房信贷限制，既配合了住房分配货币改革的需要，又推动了住房消费和房地产业的发展。

（四）优惠利率

优惠利率，是指中央银行对国家拟重点发展的某些部门、行业和产品规定较低的利率，以鼓励其发展，这有利于国民经济产业结构和产品结构的调整和升级换代。优惠利率主要配合国民经济产业政策来使用。例如，对急需发展的基础产业、能源产业、新技术、新材料的生产，出口创汇企业和产品的生产等，制定较低的优惠利率，提供资金方面的支持。

三、直接信用控制

直接信用控制是指从质和量两方面，以行政命令或其他方式，直接对金融机构尤其是商业银行的信用活动所进行的控制，其手段包括利率最高限额、信用配额、流动性比率和直接干预等。

规定存贷款最高利率限额，是最常使用的直接信用管理工具。例如，在1980年以前，美国有Q条例和M条例，这些条例规定，活期存款不准付息，对定期存款及储蓄存款规定最高利率限额。其目的是为了防止银行用抬高利率的办法竞相吸收存款和为谋取高利而进行风险存贷。

信用配额是指中央银行根据金融市场状况及客观经济需要，分别对各个商业银行的信用规模加以分配，限制其最高数量。在多数发展中国家，由于资金供给相对于需求来说极为不足，这种办法相当广泛地被采用。

规定商业银行的流动性比率，也是限制信用扩张的直接管制措施之一。流动性比率是指流动资产对存款的比重。一般来说，流动性比率与收益率成反比。为保持中央银行规定的流动比率，商业银行必须采取缩减长期放款、扩大短期放款和增加应付提现的资产等措施。

直接干预是指中央银行直接对商业银行的信贷业务、放款范围等加以干预。例如，对业务经营不当的商业银行拒绝再贴现或采取高于一般利率的惩罚性利率；直接干涉商业银行对存款的吸收等。

四、间接信用指导

道义劝告（moral suasion）是指中央银行利用其声望与地位，对商业银行及其他金融机构以公告、指示、会议或与金融机构负责人直接面谈等方式，以使商业银行及其他金融机构正确理解货币政策意图，主动自觉地采取相应措施，配合货币政策的实施。

"窗口指导"一词源于日本银行，是指中央银行根据产业动态、物价变动趋势和金融高层的动向，规定商业银行信贷的重点投放方向及其规模等。这些规定虽然不具有法律的强制性，但是其作用并非不显著。窗口指导曾经一度是日本银行货币政策的主要工具，日本银行根据经济与金融运行状况以及前一年度银行的信贷水平，非正式地规定每个都市银行和规模较大的地方银行等金融机构每季度要保持的信贷增减额度，如果民间银行不执行日本银行对其信贷增减额度的规定，日本银行将会削减对该银行的融资额度甚至停止对其提供信用，以示惩罚。

从各国中央银行的道义劝告与窗口指导的实践来看，道义劝告与窗口指导若要较好地发挥作用，首先是中央银行在一国金融体系中必须具有较高的权威性、极高的地位以及足够控制信用的法律手段；其次是信贷机构必须对中央银行具有一定的依赖性，其临时性资金来源主要依赖于中央银行。

第五节 货币政策传导机制和中介指标

一、货币政策传导机制

货币政策的传导机制就是货币政策工具的运用引起中介指标的变动，从而实现中央银行货币政策最终目标的过程。图7-2显示了货币政策的传导机制。对货币政策传导机制的分析，在西方主要有凯恩斯学派传导机制理论与货币学派传导机制理论。

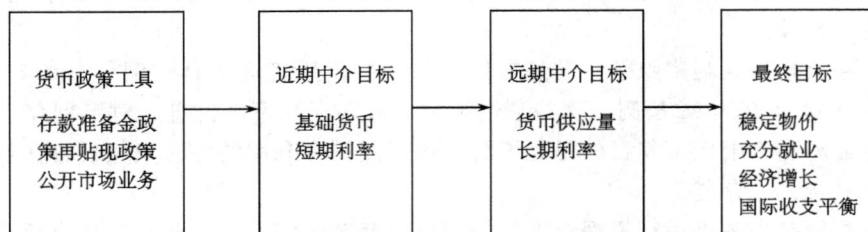

货币政策工具	近期中介目标	远期中介目标	最终目标
存款准备金政策再贴现政策公开市场业务	基础货币短期利率	货币供应量长期利率	稳定物价充分就业经济增长国际收支平衡

图 7-2 货币政策的传导机制

(一) 凯恩斯的货币政策传导机制理论

凯恩斯认为，货币政策发挥作用主要通过两条途径：一是货币与利率之间的关系，即流动性偏好；二是利率与投资之间的关系，即投资利率弹性。凯恩斯的货币政策传导机制理论的具体思路是：货币供应给相对需求而突然增加后，首先是使利率下降，然后促使国民收入增加。当然，这种增加要区分不同的条件。凯恩斯认为，增加货币数量既会影响物价也会影响产量，但首先是促使产量的增加，在达到充分就业之后，货币供给的增加就会影响物价。然而，问题还并非那么简单，在作进一步分析时，还应考虑有些复杂因素：①有效需求的改变，并不与货币数量的改变恰好成同一比例；②各种资源的性能并不完全一样，所以当就业量逐渐增加时，报酬不是不变，而会发生递减现象；③有些资源并不是可以互换的，所以当有些商品达到供给无弹性的境地时，另一些商品则尚有失业资源可供生产之用；④在充分就业还没有达到之前，工资单位即有上涨之趋势；⑤边际成本中各生产要素的报酬，并不以同一比例改变。

凯恩斯的货币政策传导机制可表述为

$$R\uparrow \rightarrow M_S\uparrow \rightarrow i\downarrow \rightarrow I\uparrow \rightarrow y\uparrow \rightarrow P\uparrow$$

式中，R表示商业银行的准备金；M_S表示货币供给量；i表示利率；I表示投资；y表示收入；P表示物价。

具体来说，当中央银行采取放松银根的货币政策措施时，商业银行体系的超额准备金必然增加，商业银行体系的放款能力增强；随着放款的增加，必然增加货币供给量，从而打破了原有货币市场的均衡，货币供给大于货币需求，借款比较容易，促使利率降低，而利率的降低，则意味着资本边际效益的相应提高；而资本边际效益的提高，则说明投资有利可图，从而使投资增加，通过乘数效应，直接增加了社会总需求，最终导致收入的增加和物价的上涨。

(二) 后凯恩斯学派的货币政策传导机制理论

后凯恩斯学派的货币政策传导机制理论主要代表有以下两个。

1. q 理论中的货币政策传导机制

詹姆斯·托宾根据经济学家关于货币政策通过对股票价格的影响也能影响投资的思想，发展出了一种有关股票价格和投资支出相互关联的 q 理论。按照托宾的定义：

$$q = 企业厂商的真实资本的市场价值 / 资本的重置成本$$

当 q 值很高（大于 1）时，表明股票市价大于重置成本，这时，厂商因能通过发行较少股票而得到较多新的投资品，故投资支出会增加。换言之，当货币供给量增加时，社会公众会很快地发现他们所持有的货币比他们所需要持有的多，于是必定会通过支出来花费这部分多余的货币，而花费的方式之一就是购买股票。社会公众对股票需求的增加会提高股票的价格 P_s，从而 q 值上升，投资增加。可见，托宾的货币政策传导机制为

$$M_s \uparrow \rightarrow P_s \uparrow \rightarrow q \uparrow \rightarrow I \uparrow \rightarrow y \uparrow$$

2. 米什金的货币政策传导机制

米什金在论述货币的流动性效应时认为，当货币增加导致个人的财富增加时，不一定会增加耐用消费品的支出，因为，如果他突然需要现金，就只有卖掉耐用消费品，而那样做会使他受很大损失。相反，如果他拥有金融资产（银行存款、股票、债券等），就很容易按全部市场价值将它们迅速脱手而得到现金。因此，当个人财富增加时，会增加金融资产的持有，以此减少财力困难的可能性。在此前提下，消费者会增加耐用消费品支出，从而使社会总收入增加。这一传导过程为

$$M_s \uparrow \rightarrow P_s \uparrow \rightarrow V \uparrow \rightarrow D \downarrow \rightarrow C_A \uparrow \rightarrow y \uparrow$$

式中，V 表示金融资产的价值；D 表示财务困难的可能性；C_A 表示耐用消费品支出（其他符号含义同前）。

(三) 货币学派的货币政策传导机制理论

弗里德曼及其货币学派认为货币政策传导过程是较为直接和迅速的，并不像凯恩斯学派认为的那样间接和迂回。弗里德曼等人在研究后得出结论，如果货币供给量增加到供过于求的状况，则货币的持有者，即个人或企业等经济单位会发现他们所实际持有的货币资产比他们希望持有的数额要多，于是，他们的反应是将多余的货币用于购买各种资产，既购买金融资产，如债券、股票等，也购买实物资产，如汽车、消费品等。这种支出（资产结构的调整过程）会影响资产的价格，如有价证券利率会变动，也会影响商品供应的数额。价格的变动会影响货币库存余额的实际价值，从而通过货币需求函数而再次发生反应。虽然货币学派认为这个作用过程是十分复杂的，但是他们把货币需求函

数看成是很稳定的东西，所以，即使在这个过程中说不清楚到底会采取什么步骤，人们也可以预测货币供给量变动的结果。简言之，货币学派政策传导机制为

$$M_s \uparrow \to A \uparrow \to C \uparrow \to I \uparrow \to P \uparrow \to \cdots\cdots \to y \uparrow$$

式中，A 为金融资产；C 为消费；P 为价格；"……"代表可能存在但未被揭示的过程（其他符号含义同前）。

此外，弗里德曼还认为，对于短期的经济变动来说，货币数量的变化，是决定名义收入和实际收入的主要因素，或者说，货币数量变化是决定经济变动的主要因素。而从长期来看，货币增长率的变化只会引起价格水平的变化，不会对实际产量发生影响。

（四）凯恩斯学派与货币学派货币政策传导机制的分歧

（1）凯恩斯学派非常重视利率指标在货币政策传导机制中的作用，认为除非扩大货币供应量以后，能够降低利率，否则货币政策就无效。然而，弗里德曼则不重视利率指标在货币政策传导机制中的作用，认为在增加货币供应量的初期，利率会随之降低，但不久就会因货币收入的增加和物价的上涨，使名义利率上升，而实际利率则可能回到并稳定在原先的水平上。因此，弗里德曼认为，货币政策的影响主要不是通过利率间接地影响投资和收入，而是因为货币供应量超过了人们所需要的真实现金余额，从而直接地影响到社会的支出和货币收入。所以货币学派认为，中央银行在决定货币政策时，应忘掉利率，把注意力集中到货币供应量上。

（2）凯恩斯学派认为，直接对产量、就业和国民收入产生影响的是投资，而货币对国民收入等因素的影响是间接的，货币供应量增加以后，首先是降低利率，从而提高资本的边际效率，增加投资，经过投资乘数的作用，从而引起国民收入、就业量的增加。然而货币学派则认为，货币供应量的变动与名义国民收入的变动有着直接的联系。

（3）凯恩斯学派认为，货币政策传导机制首先是在金融资产方面进行调整，即首先在货币市场进行调整，然后引起资本市场的变化，投资增加，通过投资乘数的作用，增加了消费和国民收入，最后影响到商品市场。具体地说，中央银行通过公开市场买进债券，一方面增加了货币的供应量，另一方面则促使债券的价格上升，这时，卖出债券的家庭又会用债券的收入去购买股票，从而引起股票价格上涨，利率下降。然而股票的价格上涨，必然促使股票的发行，增加投资，从而又促使投资品价格上涨，产量随之增加。同时，投资增加以后，通过乘数作用，也增加了消费，结果导致国民收入的增加。货币学派则认为，凯恩斯的上述传导机制过于狭隘。他们认为，传导机制可以同时在货币市场发生，受其影响的资产不仅是金融资产，也包括耐用消费品、房屋等真实资产。具体说，中央银行在公开市场上买进债券，使其价格上升，利率下降，这时，相对地降低了耐用消费品和房屋等真实资产的价格，从而增加了人们对这类真实资产的需求，使其价格上涨，并且会波及其他的一些真实资产，这样循环下去，又增加了新的货币需求，使社会的名义收入提高。

西方经济学家对货币政策传导机制的研究，除了凯恩斯学派、货币学派的有关理论外，还有许多不同的理论观点。例如，格利和肖强调金融机构在货币政策传导过程中的作用，他们认为金融中介机构在信贷供给过程中通过提高储蓄转化为投资的效率而将对整个经济活动产生重大影响。理性预期学派把不完全信息条件下预期失误作为其货币政策传导机制理论的基础。20 世纪 80 年代以来，货币政策传导机制的研究随信息技术的

迅速发展，开始重新注重金融结构的作用。进入90年代以来，对各有关变量重视程度不同的西方经济学家在货币政策传导机制研究中，逐渐形成不同学派。

二、货币政策中介指标

中介指标又可分成操作指标与中间指标两大类。操作指标是接近中央银行政策工具的金融变量，它直接受货币政策工具的影响，中央银行容易对它进行控制，但它与最终目标的因果关系不太稳定。中间指标是距政策工具较远，但接近最终目标的金融变量，它与最终目标的因果关系比较稳定，但中央银行不容易对它进行控制。

（一）选择中间指标和操作指标的标准

货币政策的中间指标和操作指标，作为受货币政策工具作用并影响货币政策最终目标的传导性金融变量指标，它的选择应该符合以下三个标准：可测性、可控性与相关性。

1. 可测性

可测性是指中央银行所选择的金融控制变量，必须具有明确而合理的内涵和外延，指标必须能够数量化，中央银行必须能迅速而准确地搜集到相关指标的数据资料，且资料数据能够被中央银行和社会有关人士分析与理解。

2. 可控性

可控性是指中央银行能够通过货币政策工具的运用，对该指标进行有效的控制和调节，能够准确地控制该指标的变动状况及其变动趋势。

3. 相关性

相关性是指这些中介指标与货币政策最终目标之间必须有紧密的内在联系。这样中央银行可以通过对这些指标的调控，促使货币政策最终目标的实现，同时可通过这些指标的变化来了解和掌握货币政策的实施状况。

（二）中间指标

中央银行可选择作为中间指标的主要有长期利率和货币供应量。

1. 长期利率

许多西方经济学家，特别是凯恩斯学派的经济学家，十分重视利率的作用，认为货币政策要通过对利率的影响才能作用于经济过程，中央银行可以将利率作为货币政策的中间指标。美国在20世纪50～60年代就是以长期利率作为美联储货币政策的中间指标的。利率作为中央银行货币政策的中间指标，其优点在于：

（1）利率资料易于获得并能够经常汇集，具有可测性。

（2）中央银行对利率有着直接或间接的调控权，中央银行能够通过运用货币政策工具来影响利率水平。

（3）利率不但能够反映货币与信用的供给状况，而且能够反映货币市场供求关系的相对变化。

利率水平趋高，表明银根紧缩，货币市场供不应求；反之，则表明银根放松，货币市场供大于求。正是由于利率作为中间指标的这些优点，它曾一度被许多西方国家，如美国、英国、意大利等作为中央银行主要的货币政策中间指标。

但是，在实践中，由于利率作为中间指标的准确性较低，逐渐暴露出以下几个方面的缺陷：

（1）中央银行能调控的只是名义利率。但在通货膨胀条件下，名义利率与实际利率之间存在较大的差距，这样，带给商品生产者、经营者的信息就会出现扭曲。

（2）货币市场利率变化并不是完全由货币供应的松紧所决定，还有许多因素会对它产生影响。当公众具有较强的通货膨胀预期时，就会增加购进实物资产，减少购进金融资产，借贷资本供应量减少，在其他条件不变的情况下则会导致借贷利率提高，而这并不能认为是紧的货币政策的结果。

（3）利率本身既是一个政策变量，也是一个经济变量。作为政策变量，利率与货币供应呈反方向变动，即货币供应量增加，社会总需求增加，利率降低；反之，货币供应量减少，社会总需求减少，利率上升。而作为经济变量，其变动与经济周期是顺循环的，即经济上升时，贷款需求增加，利率上升；经济不景气时，贷款需求减少，利率下降。因此，其政策性效果与非政策效果经常混杂在一起，难以分辨，从而使中央银行无法确定其政策是否奏效，容易造成错误判断。

从这些缺点来看，利率不是货币政策理想的中间指标。因此，西方国家在进入 20 世纪 80 年代以后，大都不以其作为主要的货币政策中间指标，而是改而使用货币供应量作为主要的货币政策中间指标。

2. 货币供应量

货币供应量是指一定时点上业已存在的流通手段和支付手段的总和，即货币存量。按其流动性差异，可以分为窄口径即 M_0——现金，中口径 M_1——现金加活期存款和宽口径 M_2——现金加活期存款加定期存款等层次的货币供应量。货币供应量作为中央银行的货币政策中间指标，其优点在于：

（1）具有很强的可测性。各层次的货币供应量指标都分别反映在中央银行、商业银行和其他金融机构的资产负债表内，每一层次都有明确的内涵和范围界限，可及时进行量的测算和分析。

（2）货币供应量的增减变动能够被中央银行直接或间接控制。货币供应量是基础货币与货币乘数的乘积，基础货币基本上可由中央银行控制，货币乘数虽不能完全由中央银行控制，但中央银行可以对它发挥重要影响。因此，它能满足可控性的要求。

（3）货币供应量的变动与货币政策有着密切的联系，能直接反映出货币政策的导向。货币供应量减少时，表示货币政策紧缩；而货币供应量增加，则表示货币政策松弛。

（4）货币供应量作为中间指标，不易将政策性效果与非政策性效果相混淆，具有准确明了的优点。货币供应量作为内生变量，其变动是顺循环的，即经济发展时，银行体系会增加贷款规模，使货币供应量增加；反之，在经济不景气时，银行体系为了自身的安全考虑，会缩减贷款规模，使货币供应减少。

货币供应量作为政策变量，它与社会总需求呈正相关关系：货币供应量增加，社会总需求增加；反之，货币供应量降低，社会总需求减少。正是由于上述优点，到了 20 世纪 80 年代，西方各国都把货币供应量作为主要的货币政策中间指标，但各个国家采用的货币供应量层次不同。其中，美国先是以 M_1 为中间指标，后改为 M_2；德国则是先采用中央银行货币量 CBM 为主要货币政策中间指标，后改为以 M_3 为中间指标；日

本则是采用 M_2+CD（大额可转让存单）为货币政策的主要中间指标。

货币供应量作为中间指标有许多优势，但也存在一些不足之处，主要表现在：

（1）中央银行并不能完全控制货币供应量。对于货币乘数，中央银行只能对其施加影响，而不能完全决定，因为现金漏损率、商业银行超额准备率等都不是中央银行可完全控制的因素。

（2）现代商业银行以外的金融机构发展很快，它们之间的资产负债业务有替代性。它们的资产负债发生变化，会引起货币流通速度的变化，从而影响经济活动，这是中央银行无法直接调控的。

（3）货币政策与货币供应量之间的关系不稳定。一方面，货币政策操作内部有一种相互抵消的因素，例如，中央银行拟扩张社会总需求，就扩张货币供应量，但由于货币供应量的扩大，导致利率下降，从而使货币乘数降低，即意味着货币流通速度减慢。社会总需求量是货币量与货币流通速度的乘积，货币量增加的作用被货币流通速度降低所抵消，影响政策效果。另一方面，存在着货币政策与财政政策相配合的问题，财政债务的发行对货币供应量会产生影响。

（三）操作指标

中央银行可选择的操作指标有以下几种。

1. 存款准备金

存款准备金作为货币政策操作指标，任何时候都是满足可测性要求的，中央银行只要翻开自己的账本，商业银行的存款准备金额就一目了然。就可控性而言，存款准备金也是容易满足要求的。第一，存款准备金是中央银行的负债组成部分，能创造多少负债，或需要创造多少负债，由中央银行自行决定。只要中央银行控制住创造负债的总规模，也就能控制住存款准备金。第二，从商业银行的存款准备金来源看，无非有以下几个途径：一是吸收的存款，二是自有资金，三是向中央银行的借款，四是在金融市场上筹措的资金。整个银行体系能吸收多少存款，这是受中央银行的政策及规定制约的。在一定条件下，银行体系的存款规模总是与中央银行的负债规模有一定的直接关系，因此，中央银行能控制住银行体系的存款总规模；关于自有资金部分，银行体系内有多少自有资金，也是事先向中央银行申报注册的；中央银行向商业银行的贷款规模，更是受中央银行的直接控制。第三，即使中央银行对商业银行的部分准备金缺乏直接的控制能力，但是，通过法定存款准备金比率的调整，也能将这部分准备金控制住。因此，存款准备金总额指标的可控性程度也是相当高的。

就存款准备与货币政策目标的相关性而言，也是可以成立的。如上所述，在一定条件下，银行体系存款准备金增加，意味着信贷规模的缩减，货币供应量的减少，这时，如果经济是处于过度繁荣的阶段，出现了通货膨胀，则有利于缩减社会总需求，稳定市场物价，促进经济稳定发展；如果经济处于衰退时期，这就会导致价格的进一步下降，失业增加，经济继续衰退。相反，银行体系的存款准备金减少，则意味着社会信贷规模的扩大，货币供应量的增加。这时，对经济的影响则与上述过程恰好相反。

存款准备金作为货币政策操作指标仍具有一定的局限性。尽管存款准备金的可控性程度很高，但是，对于存款准备金总额中的超额准备金部分，中央银行则是难以准确控制的。这是因为每家银行愿意持有多少超额准备金，并不是由中央银行所决定的，而是由商业银行根据该银行的资产负债比例、结构状况、财务状况以及对经济形势的估计和判断等自主决定的。然而在法定存款准备金一定的条件下，商业银行自愿持有的超额准备金量恰好才是决定信贷规模和货币供应量的基本要素。因此，从这个意义上说，存款准备金指标的可控性程度也是不够理想的。

2. 基础货币

基础货币或高能货币是指由中央银行创造的、处于流通中的公众手持现金，以及商业银行持有的准备金（包括商业银行的库存现金和中央银行的准备金存款）的总和，也就是中央银行货币性负债的总额。在现代信用货币流通的条件下，中央银行增加纸币发行以及增加向商业银行的放款，是增加基础货币的最主要途径。这是增加社会货币供应量最有决定性意义的一部分。因为，其他条件不变，中央银行如果不增加基础货币的投放，社会的货币供应总量很难发生变化；相反，如果基础货币有微小的变化，即会通过存款的派生过程引起社会货币供应量的多倍变动。因此，中央银行以基础货币作为货币政策的操作指标，有着十分重要的意义。

从可测性来看，基础货币表现为中央银行的负债。中央银行的负债无非表现在以下几个方面：一是流通中的现金，中央银行每年向流通中注入多少现金货币，这是一目了然的，很容易随时掌握这些资料；二是商业银行的准备金存款，这部分资料也是可以随时掌握的，因此，基础货币指标能够满足可测性的要求。

就可控性而言，基础货币是由中央银行的负债控制和决定的，中央银行的负债主要是通过以下几条途径形成的：一是每年中央银行向社会注入的现金量。中央银行每年向社会注入多少现金，一般情况下，是按照经济发展的要求，结合社会经济、金融形势自主决定，并发行的（当然，在特殊的经济、政治形势下某些发展中国家盲目追求经济高速发展时期，中央银行不能完全自主决定注入现金的数量）。二是向商业银行的贷款。这部分也基本上是通过再贷款、再贴现等途径贷放出去的，中央银行对这部分贷款也可以直接自主控制。三是向财政的放款。中央银行愿意对财政放多少款，弥补多少赤字，一般来说，也是中央银行自行决定的。当然，在一些国家，中央银行受制于财政，因而不能自行控制其对财政的放款量。而且，在中央银行代理财政金库，代理财政执行收、支、划、拨财政款项时，财政出现先支后收、支大于收时，便主动地通过透支弥补财政赤字，迫使中央银行被动地增加货币发行，增加对财政的放款。因此，一般而言，基础货币作为货币政策操作指标是能够满足可控制性要求的。

就基础货币与货币政策目标的相关性而言，由于基础货币由中央银行控制，而基础货币又是商业银行创造信用的基础，因此，中央银行通过对基础货币的操纵，就能使商业银行及社会大众调整其资产的构成，改变社会的货币供应总量，从而影响到市场的利率、价格以及整个社会的经济活动，进而影响到货币政策最终目标的实现。一般来说，基础货币增加，商业银行准备金就会相应增加，通过商业银行资产、负债结构及总量的变动，通过存款的派生，社会的货币供应总量就会增加，社会总需求也会相应增加；相反，基础货币减少，商业银行准备金来源会相应减少，存款派生的能力减弱，社会的货币供应总量会减少，社会的总需求也会随之减少。所以，许多人认为，基础货币是一个良好的货币政策操作指标。

3. 短期利率

短期利率通常指的是市场利率，即能够反映市场资金供求状况、变动灵活的利率。它是一个能够影响社会的货币需求与货币供应、银行信贷总量的重要指标，也是中央银行用以控制货币供应量、调节市场货币供求、实现货币政策目标的重要的政策性指标，如西方国家中央银行的贴现率、伦敦同业拆放利率等。

就可测性而言，中央银行在任何时候都可以观察到货币市场上的利率水平及其结构，或者可以直接以中央银行的再贴现率（美国还有联邦基金利率和国库券利率）管制市场利率。因此，中央银行直接搜集这些利率资料没有太大困难。

就可控性而言，中央银行的再贴现率是由中央银行根据银根松紧而直接调节和控制的。尽管中央银行不能直接控制市场利率，但是中央银行根据货币市场资金供求松紧状况和一定时期现实货币政策目标的要求，通过公开市场业务，调节市场的资金供求，或通过再贴现率变动影响市场利率，这样也可以间接调控市场利率。

就该指标与货币政策目标的相关性而言，也是无可非议的。市场利率作为经济的一个内生因素，总是随社会经济发展的状况而呈反方向运转的。当经济活动繁荣而出现通货膨胀的可能性时，一方面，作为资金的供应者，鉴于通货膨胀、贷放资金的价值损失而要求提高利率；而另一方面，资金的需求者因投资有利可图而愿意支付较高的利率，因而利率有下降的趋势。因此，一般国家的中央银行在利用各种措施控制货币供应量时，都比较注意观察市场利率的变动情况，并把市场利率作为一个必不可少的货币政策操作指标。

当然，市场利率这一货币政策操作指标也会由于种种原因，特别是受一些非政策的、非经济的因素影响，而把中央银行的货币政策引入歧途，使货币政策一时显得无能为力，影响最终货币政策目标的实现。

（四）通货膨胀目标

20 世纪 90 年代以后，一些国家先后采取了"通货膨胀目标制"（inflation targeting）的货币政策，即以货币政策的最终目标直接作为中间指标。"通货膨胀目标制"的核心是以未来一段时间内确定的通货膨胀率目标或者目标区作为货币政策目标，并根据对未来中长期通货膨胀的预测采取适当的货币政策操作。在通货膨胀控制得比较好的国家，这是当局所认定不可避免的（如对调动潜在生产力所必需的）通货膨胀率；对高通货膨胀率的国家，这则是当局认定可能实现的反通货膨胀的目标。与采用货币供应量、利率作为中间指标相比，通货膨胀目标制增加了货币政策的透明度；它通过解释实现公众最关切的通货膨胀目标所需的代价和手段，提高了货币政策的可信度。这样的货币政策目标，是明确的单一目标主张。采用通货膨胀目标要求中央银行的货币政策对经济状况的变化有灵敏的反应，这无疑对中央银行的货币政策操作提出了极高的要求。

需要说明的是，通货膨胀目标制是一种长期货币政策目标。正确预测通货膨胀率的难度较大，货币政策对物价的影响又有较长的滞后期，而且各种经济冲击对物价也会产生短暂的影响。所以，以通货膨胀为目标的国家并不排除中央银行在特殊情况下，以充分就业和经济增长等短期货币政策目标为重心，允许短期内偏离长期通货膨胀目标，但是中央银行必须做出解释。

这样的政策思路和实践，已得到了一些肯定的评价。到目前为止，只有不多的几个工业化国家实施了通货膨胀目标制。按照先后顺序，这些国家是新西兰、加拿大、英国、瑞典、芬兰、澳大利亚和西班牙。表 7-3 显示了这些工业化国家通货膨胀目标制的主要内容。

表 7-3　工业化国家通货膨胀目标制的主要内容

国家	实施日期	目标通货膨胀率	时限	目标序列	目标的制定者	决策依据
新西兰	1990.3	0～2%	每年	CIR	财政部与央行行长签订合同	通货膨胀预测
加拿大	1991.2	1%～3%	18 个月	CIR	财政部与央行行长商定	通货膨胀预测、货币条件指数
英国	1992.10	2.5%±1%	一届议会任期	RPIX	首相	通货膨胀预测、货币供应量、汇率
瑞典	1993.1	2%±1%	持续	CPI	瑞典银行	通货膨胀预测
芬兰	1993.2	2%左右	持续	CIR	芬兰银行	通货膨胀预测
澳大利亚	1993	2%～3%	持续	CIR	储备银行与财政部	通货膨胀预测
西班牙	1994.11	<2%	到 1997 年	CPI	西班牙银行	通货膨胀预测

资料来源：IMF（1995）

第六节　货币政策效果

货币政策效果是指货币政策的执行和实施对社会经济产生影响的效果。货币政策效果具体包括：货币政策的数量效果、货币政策的质量效果及货币政策的有效性问题。

一、货币政策的数量效果

货币政策的数量效果通常指货币政策效果的强度，即货币政策作用力的大小。如前所述，货币政策的作用过程是相当复杂的，必须经由若干个中间变量的连锁反应才能发生作用，即不论使用何种货币政策工具，通常是先影响准备金的数量，经由准备金数量的变化导致货币供应数量发生增减变化，货币供应量变化引起货币市场利率的波动，然后，通过货币需求的利率弹性和真实资产需求的利率弹性，公众对资产组合进行调整，从而影响投资支出，进而对真实经济社会的运作产生影响。因此，货币政策的数量效果大小取决于三个因素：①货币乘数；②货币需求的利率弹性；③真实资产需求的利率弹性。

货币供应量是货币乘数与基础货币之积。因此，货币乘数的微小变动都会导致货币供应量的巨幅增减，从而影响货币政策的强度。

货币政策的强度与货币需求的利率弹性和真实性资产需求的利率弹性亦成正比。若此项利率弹性越大，轻微的利率升降就足以引诱大众调整其真实资产的需求，货币政策的强度自然便较大；反之，若此项利率弹性较小，即使大幅地调整利率，也不一定影响大众对真实资产的需求，货币政策的强度便较小。

二、货币政策的质量效果

货币政策的质量效果是指货币政策的变动对社会经济各部门作用强度的差异效果。它包括两个方面的内容：①货币政策对各经济部门的影响力是否完全相同；②若此影响力有差别，则货币政策对各个经济部门究竟能发挥多大作用。鉴于社会各部门的划分繁杂，不便逐一叙述，下面仅就消费支出、投资支出和政府支出加以分析。

就消费支出而言，按西方经济学理论，消费支出是国民收入的函数，同时也对货币持有量和利率水平有影响。因此，货币政策对消费支出的影响主要表现为：

（1）由数量效果引申而带来的国民收入水平的变化。货币政策的数量效果越大，国民收入的消费支出弹性也就越大。

（2）利率水平的变动。就整个消费支出来说，利率变动对消费支出的影响较小，但耐用消费品的消费支出受利率变动的影响较大，一般说来两者呈反比例的增减。因此，消费利率弹性用负数表示。

必须指出，货币政策对消费支出的影响是通过财富效应发挥作用的。如果中央银行采取紧缩性的货币政策导致货币供应量减少、利率上升、股票的价格会下跌，人们的财富结构会做相应的调整，私人投资者将会把他们的投资对象从股票转向其他长期资产。随着价格下跌，公司股东不可避免地会蒙受损失，并因而减少其消费。不过，这些效应通常需要较长的时间才能充分显示出来。

就投资支出来讲，投资支出的增减与利率水平的高低也是呈反比例的：利率上升率越高，投资增长率就越低；反之，就越高。尽管投资支出还要受到销售预期、预期利率、同业竞争程度、现有设备利用率等因素的影响，但在金融市场日益发达的西方社会，利率对投资支出的影响力仍是强大的。

就政府支出而言，一般地说，政府支出受货币政策的影响较小，尽管有时高利率会限制政府支出。

总之，货币政策对多数经济部门都有相当的影响力，但各个经济部门受影响的程度不同，有的部门受影响较强，有的较弱。因此，货币政策的质量效果是不均匀的。

三、货币政策有效性的影响因素

（一）货币政策时滞

货币政策从制定到取得效果，必须经历一定的时间，这段时间通常被称为货币政策时滞。货币政策时滞由两部分组成：内部时滞与外部时滞。

内部时滞指作为货币政策操作主体的中央银行从政策制定到采取实际行动所需要的时间。内部时滞又分为两个阶段：认识时滞和决策时滞。认识时滞是指从经济运行形势发生变化需要进行调节到中央银行认识到这种情况需要的时间。认识时滞的长短取决于中央银行对经济运行的观测能力和预见能力。决策时滞是指从中央银行认识到需要调节到提出一种新的政策需要的时间。决策时滞的长短取决于中央银行制定政策的效率。

外部时滞指从中央银行采取行动到对货币政策目标产生实际影响需要的时间。外部时滞主要由客观的经济与金融环境决定。具体地说，外部时滞也可相应地分为操作时滞和市场时滞。操作时滞是指调整政策工具到其对中间指标发生作用所耗费的时间；市场时滞是指从中介变量发生变化反映到其对目标变量产生作用所耗费的时间。

（二）货币流通速度

对货币政策有效性的另一主要限制因素是货币流通速度。对于货币流通速度一个相当小的变动，若政策制定者未能预料到，或在估算这个变动幅度时出现小的差错，都可能使货币政策效果受到严重影响，甚至有可能使本来正确的政策走向反面。假设，在预测的年度，GDP 将增长 10％；再假设，根据以前一些年份的有关数据的实证规律，只要包括货币流通速度在内的其他条件不变，货币供给等比增加即可满足 GDP 的增长对货币的最终需求。若货币流通速度在预测的期间加快了 15％，不考虑其他条件的变化，货币供给只需增加 5.1％即可。如果货币当局没有预见到货币流通速度的变化，而是按货币流通速度没有多大变化的情况考虑决策，增加货币供给 10％，那么新增的货币供给量则必将成为助长经济过热的因素。但是，在实际生活中，对货币流通速度变动的估算，很难做到不发生误差，因为影响它发生变动的因素太多，这当然也就限制了货币政策的有效性。

（三）金融创新

金融创新对货币政策效果的影响体现在：第一，金融创新削弱了中央银行控制货币供给的能力；第二，金融创新使货币政策的传导机制发生变化；第三，金融创新增大了货币政策传导时滞的不确定性。本书第十六章第四节将对其进行详细阐述。

（四）合理预期

合理预期对货币政策效果的影响，是指社会经济单位和个人根据货币政策工具的变化对未来经济形势进行预测，并对经济形势的变化作出反应。这可能会使货币政策归于无效。例如，政府拟采取长期的扩张政策，只要公众通过各种途径获得一切必要信息，他们将意识到货币供应量会大幅度增加，社会总需求会增加，物价会上涨，从而认为这是发生通货膨胀的信号。在这种情况下，工人会通过工会与雇主谈判提高工资，企业预期工资成本的增大而不愿扩展经营，或者人们为了使自己在未来的通货膨胀中免受损失，提前抢购商品。最后的结果是只有物价的上涨而没有产出的增长。显然，公众对金融当局采取政策的预期及所采取的预防性措施，使货币政策的效果大打折扣。

（五）电子货币

由于计算机和网络技术的迅速发展，电子货币应运而生，并且其使用范围不断扩大，影响着社会生活的方方面面，同时也对中央银行的货币政策效果产生了直接或间接的影响。目前的电子货币基本上是各个发行者自行设计、开发的产品，其种类较多，界定也较困难。根据巴塞尔委员会的定义，电子货币（electronic money）是指在零售支付机制中，通过销售终端、不同的电子设备之间以及在公开网络上执行支付的"储值"和预付支付机制。电子货币对中央银行货币政策效果的影响主要是因为货币政策最终目标的实现依赖于适宜的政策中介指标和有效的政策工具与传导机制。当电子货币数量达到一定规模时，现有的货币政策体系可能会出现一些问题，一些货币政策的中介指标在可控性、可测性和相关性等方面受到严重削弱，从而很难作为中介指标对货币政策实施效果进行监控，一些货币政策工具的作用效果也会受到或多或少的影响。

（六）其他经济政治因素

国民经济运行是个复杂的系统，仅政策操作就包括货币政策、财政政策、产业政策、价格政策等若干政策。为此，货币政策操作就存在与其他政策相协调和配合的问题。特别是货币政策与财政政策作为两大宏观经济政策，其配合与协调就显得特别重要。例如，陡峭的菲利普斯曲线，说明经济生活中的主要问题是经济过热和通货膨胀，此时宜实施紧缩性的财政政策和紧缩性的货币政策，即所谓"双紧"政策，方可治理通货膨胀。若财政政策取向不当，则会抵消紧缩性的货币政策的实际效应；而平坦的菲利普斯曲线，说明经济生活中的主要问题是失业、通货紧缩，此时宜实施扩张性的财政政策与扩张性的货币政策，即"双松"政策，方能治理通货紧缩，若财政政策取向不当或力度不够，则会影响货币政策的实际效应，加剧通货紧缩的压力。当然，货币政策操作本身也存在失误的可能，其结果同样会影响货币政策自身的效应。此外，政治因素也可能冲击、影响货币政策操作进而影响货币政策效应，如在西方就存在所谓"政治周期"现象。

➤ 本章重要概念

中央银行（central bank）　　　　货币政策（monetary policy）

联邦储备体系（federal reserve system）

中央银行独立性（central bank independence）

菲利普斯曲线（phillips curve）　　法定准备金政策（reserve requirements）

再贴现政策（rediscount）　　　　公开市场政策（open market operation）

优惠利率（prime interest）　　　　道义劝告（moral suasion）

通货膨胀目标制（inflation targeting）　内部时滞（inside lag）

外部时滞（outside lag）　　　　　电子货币（electronic money）

➤ 复习思考题

1. 中央银行有哪些类型？

2. 中央银行的性质和职能是什么？

3. 中央银行有哪些主要业务？

4. 什么是中央银行的独立性，为什么要保持中央银行的独立性？

5. 简述货币政策的最终目标及其相互间的关系。

6. 货币政策工具有哪些种类？

7. 试述一般性货币政策工具的内容和特点。

8. 货币政策的传导机制是什么？有哪些主要的传导机制理论？

9. 选择货币政策中间指标和操作指标的标准是什么？

10. 影响货币政策有效性的因素有哪些？

第八章 国际收支和内外均衡

内容提示： 在一个对外开放的国家，国内的商品市场和劳务市场通过国际贸易和劳动力的国际流动与其他国家和地区相互联系起来，货币市场和资本市场也不同程度地通过国际资本流动连为一体，这种市场经济体系全方位的国际联系再加上政治、社会、文化等各方面的交往，必然产生国际间经常和大量的货币资金交互运动，这种货币资金运动通过规范的国际收支账户的形式，记录和反映了一国与他国或地区进行商品、劳务和资本等各种往来的价值总量及其变化，是该国经济对外开放程度、依赖程度和竞争力的综合反映。在存在国际收支的经济体系中，宏观经济均衡包括两个重要方面，一是内部均衡，即实现经济增长、充分就业和物价稳定的统一；二是外部均衡，即实现国际收支的平衡。这两个方面相互关联，相互作用，使一国经济表现出内外互动的特征，宏观经济管理担负着内外双重均衡的责任。开放经济下的国际经济交流和内外均衡问题是一个内容极其丰富的宏观经济学和国际经济学问题，本章的内容仅仅从货币金融学的角度介绍有关国际收支、外汇、汇率理论、内外均衡理论的基本知识和原理，目的是使学习者对货币金融学科的涉外部分有一个初步的了解，也为进一步学习国际金融等课程打下基础。

第一节 国 际 收 支

一、国际收支的概念

在开放经济下，一国经济要与他国发生各种联系，其中最主要的联系有两个方面，一是商品和劳务的交易，二是资本流动或金融资产的交易。这种发生于国际间的经济联系或交易活动离不开货币的媒介和支付功能，因此必然产生国际间的货币收支。最初的国际收支概念就是指一个国家在对外贸易活动中所产生的货币收入和支出，即国际贸易收支（balance of trade）。后来，随着国际经济关系的全面发展，单纯的国际贸易额已不能反映国与国之间的经济联系，国际收支的概念才因此而逐步扩大。在相当一段时期，人们理解的国际收支概念指的是一国所有以货币结清的国际经济交易的总和，也就是外汇收支的总和。但从后来进一步发展的情况看，这种对国际收支的理解也还只是狭义的概念。第二次世界大战后，国际经济、政治和文化等交往日益广泛，各种国际资本流动频繁，国际贸易形式及其结算方式越来越多样化，经济交易的内容也越来越丰富，没有外汇收支的交易、无偿援助、补偿贸易等在国际经济中的地位也越来越重要，于是出现了广义的国际收支概念（balance of payments），也就是至今被各国所普遍采用的国际收支概念。广义的国际收支是指一国居民与非居民之间在一定时期内全部经济交易的系统纪录。国际货币基金组织（International Monetary Fund，IMF）对国际收支内容的解释包括三个方面：①某一经济体与世界其余地区之间在商品、劳务以及收入方面的交易；②该经济体的货币黄金、特别提款权以及对世界其余地方的债权、债务的所有权的变化和其他变化；③从会计意义上讲，为平衡不能相互抵消的上述交易和变化的任何账目所需的无偿性转让和对应项目。在中国的有关外汇管理的法规中，采用广义的国际收支概念。在理解广义概念时需要注意：①计入国际收支范围内的经济交易必须是在居民与非居民之间进行的。居民以居住地为标准划分，而不是以国籍为标准。即使是外国公民，只要其在本国长时期从事生产、消费等经济活动，也属于本国居民；②国际经济交易是指经济价值由一国向别国转移。这种转移可能是有偿的，也可能是无偿的，可能是货币形态的，也可能是实物形态的，可能是以本国货币标值的，也可能是以外国货币标值的；③国际收支反映的经济交易是一定时期内（如一季、半年、一年）一国全部对外经济交易的总发生额，是一种流量或动态累积。它与反映一国在一定时点上对外债权、债务余额的国际借贷概念不同，国际借贷是一个存量概念，是对外资产和对外负债在特定时点上的静态反映。

二、国际收支平衡表

一国的国际经济交易包含丰富的内容，将这些内容归纳为不同项目，并按照复式簿记原理分类入账所形成的会计记录，就是该国的国际收支平衡表，它用来简要地反映该国国际收支的基本状况。更确切地说，国际收支平衡表（balance of payments accounts）是按照复式簿记原理，以某一特定货币为计量单位，运用简明的表格形式总括地反映某一经济体在特定时期内与世界其他经济体间发生的全部经济交易的统计报表。根据资金平衡表的一般编制原理，所有项目都可以归纳为两类，一类是资金来源类项目即贷方项目，另一类是资金占用类项目即借方项目。国际收支平衡表在反映和记录一个国家的对外经济交易时，将所有收入项目或负债项目的增加、占用项目或资产项目的减少都列入贷方，用"＋"号表示；将所有支出项目的增加、收入项目的减少都列入借方，用"－"号表示。由于每一笔经济交易的发生都要同时以相同的金额记录在借贷两方，因此，国际收支平衡表的借方总额和贷方总额必然相等，净差额为零。但这并非是说平衡表中的每个具体项目的借方金额和贷方金额是相等的。由于事实上一国在一定时期内的商品出口与进口，劳务输出与输入，资本流出与流入等各个项目不可能完全相等，这就决定了国际收支中的贸易差额、劳务差额、资本项目差额是经常存在的，观察和分析这些差额并据此制定相应的平衡收支的策略，正是编制国际收支平衡表的意义所在。1819 年，英国编制出世界上最早的一张国际收支平衡表，目的在于计算英国金银的变动，决定英国国际收支的差额。由于各国各种交易的重要性、统计资料来源的便利和分析问题的不同，各国对国际收支平衡表的编制也有所不同。国际货币基金组织为了便于会员国编制平衡表，并使各国的平衡表具有可比性，专门出版了《国际收支手册》，对编制平衡表所采用的概念、准则、惯例、分类方法等都做了统一的规定或说明。

根据 1993 年的《国际收支手册》（第五版），国际收支平衡表的内容由经常项目、资本与金融项目、储备资产、净差错和遗漏等基本项目构成。

（一）经常项目

经常项目（current account）是一国对外交往中最经常、最大量发生的，在全部国际收支中占主要地位的项目，包括进出口货物、输入输出的服务、对外应收及应付的收益，以及在无同等回报的情况下，与其他国家或地区发生的提供或接受经济价值的经常转移。

1. 货物（goods）

货物是经常项目以及整个国际收支平衡表中最重要的项目，用来记录一国商品的进出口。其中借方记录进口总额，贷方记录出口总额。该项目的贷方总额大于借方总额时，称为贸易顺差，反之，则称为贸易逆差。依照国际进出口业务惯例，对于一笔进出口交易，进口国采用成本保险费运费价（cost, insurance and freight, CIF, 又称到岸价格）计价，出口国则采用离岸价格（free on board, FOB）计价。为了统一估价，IMF 建议对进出口均采用离岸价格来计算，保险费和运输费另列入劳务开支。我国经常项目中的货物是指通过我国海关进出口的货物，以海关进出口统计资料为基础，并根据国际收支统计口径的要求，从出口、进口都以商品所有权变化为原则进行调整，金额均按离岸价格统计。

2. 服务（services）

记录服务的输出和输入，又称作无形贸易项目，贷方记录输出的服务价值，借方记录输入的服务价值。贷方总额大于借方总额时，称为服务收支顺差或无形贸易收支顺差，反之，称为服务收支逆差或无形贸易收支逆差。该项目反映的交易内容比较繁杂，包括运输、通信、旅游、建筑、保险、金融服务、计算机和信息服务、专利、广告、各种商业服务、政府服务等。

3. 收入（income）

记录因生产要素在国际间的流动而引起的要素报酬收支。国际间的要素流动包括劳工的输出入和资本的输出入，前者引起职工报酬在国际间的支付，后者引起投资收益（包括直接投资、证券投资和其他投资的收益和支出，用直接投资的收益再投资也包括在此项目内）在国际间的支付。外国支付给本国的报酬记在贷方，而本国支付给外国的报酬则记在借方。本国居民购买和持有国外资产而获得的收益记入贷方，而非居民购买和持有本国资产获得的收益则记入借方。

4. 经常转移（current transfers）

经常转移包括所有非资本转移的单方面转让，如侨汇、无偿捐赠、赔偿等项目，包括官方经常转移和其他经常转移。其中官方经常转移的出让者或受让者是国际组织和政府部门；其他经常转移的出让者或受让者是国际组织和政府部门以外的其他部门或个人。在该项目中，贷方反映外国对本国的无偿转移，借方反映本国对外国的无偿转移。在早先版本的《国际收支手册》中的单方面转移包括经常转移和资本转移，但在第 5 版中将两者划分在不同的项目下，经常转移属于经常项目，而资本转移则属于金融和资本项目。

(二) 资本和金融项目

资本和金融项目（capital and financial account），是反映金融资产在国际间的转移或国际资本流动的项目。该项目的借方记录资本流出，贷方记录资本流入。与经常项目不同的是，该项目中的各项通常不是按照借方总额和贷方总额来记录的，而是按照净额（借贷差额）来记入借方或者贷方的。该项目包括资本项目和金融项目两部分。

资本项目（capital account）主要由资本转移和非生产、非金融资产的收买或放弃等内容构成。其中，资本转移（capital transfer）主要指固定资产所有权的转移以及与此相关或以此为条件的资金转移，主要包括固定资产转移、债务减免、移民转移和投资捐赠等。资本项目下的资本转移不经常发生，规模相对较大，而经常账户下的经常转移除政府无偿转移外，一般经常发生，且规模相对较小。非生产、非金融资产的收买或放弃主要指非生产性有形资产（土地和地下资产）和各种无形资产，如商标、版权、可转让合同等的获得或出让。①

金融项目（financial account）主要由直接投资、证券投资和其他投资等内容构成。它反映一国对外资产和对外负债的所有权的变动情况。直接投资（direct investment）是指投资者对在国外投资的企业拥有有效的控制权，具体包括股本投资、其他资产投资和利润收益再投资。证券投资（portfolio Investment）也称间接投资，指居民与非居民之间对股票、债券、大额存单、商业票据以及各种衍生工具等的投资。其他投资指的是上述两项投资未包括的其他金融交易，如货币资本借贷，与进出口交易相结合的各种贷款、预付款和融资租赁等。这些融资交易有的以货币形式出现，有的以物资或存款的形式出现。

（三）储备资产

储备资产（reserve assets）是指由一国的中央银行（或财政部等其他官方机构）持有，并可根据平衡国际收支差额的需要随时直接使用的对外金融资产，包括货币性黄金、特别提款权（special drawing rights，SDRs）、在 IMF 的储备头寸、外汇储备及其他债权。储备资产具有缓冲和调节临时性的国际收支不平衡的作用，当经常项目和资本与金融项目之和为顺差时，储备资产增加；为逆差时，则储备资产减少。

（四）净差错和遗漏

在平衡表中设置净差错和遗漏（net errors and omissions）项目，是基于会计上的需要，用以抵消借方或贷方出现的统计上的偏差。按照复式簿记的基本原则——有借必有贷，借贷必相等，每一笔经济交易要同时计入有关项目的借方和贷方，那么，国际收支平衡表的借方总额和贷方总额一定是相等的。但是，由于各种国际经济交易的统计资料来源不一，有的数据来自估算，加上一些人为的因素，平衡表就不可避免地出现净的借方差额或净的贷方差额。设置净差错和遗漏项目，就可以最终平衡这种净差额。也就是说，当全部的经常项目、资本与金融项目以及储备资产项目的数额加总后，如果借贷双方的总额仍然不相等，那么一定是出现了统计上的差错或遗漏。

三、国际收支平衡的实现

国际收支平衡是一国经济对外竞争力的体现和宏观经济政策有效性的综合反映，各国货币当局普遍将其作为货币政策追求的最终目标之一。国际收支平衡问题的研究一般主要涉及三个方面：一是对国际收支是否平衡的判断；二是对失衡原因的分析；三是国际收支调节的政策和措施。

（一）国际收支平衡的判断方法

如前所述，按照复式簿记原则编制的国际收支平衡表，从形式上看，借方总额和贷

---

① 本项目所记录的是无形资产所有权转让或出卖而发生的外汇收支，而经常项目下的服务项目记录的是对无形资产使用所发生的外汇收支。

方总额最终必然是相等的。那么，怎样来判断国际收支是真的平衡还是不平衡呢？国际上比较通行的方法是，将国际收支平衡表中的各个项目按照交易的动机和目的不同划分为自主性交易和调节性交易。自主性交易（autonomous transaction），又叫事前交易（ex-ante transaction），是经济主体基于利润动机或其他考虑而独立发生的交易。包括平衡表中经常项目的全部和资本与金融项目中的长期资本流动所表示的交易。这些交易所产生的货币收支并不必然相抵，由此可能导致对外汇的超额需求或超额供给，引起汇率的变动。在这种情况下，一国当局或者允许汇率变动，使自主性交易收支自行达到平衡，或者必须增减外汇储备或发生国外借贷来弥补自主性收支不平衡所造成的外汇供给或需求的差额，以保持汇率不变。在一国当局有义务维持固定汇率的情况下，自主性交易收支不平衡所造成的外汇供求缺口就需要弥补，调节性交易（accommodating transaction）就是基于这一需要而进行的交易，是为了弥补自主性交易收支不平衡的融通性交易，因此又叫事后交易（ex-post transaction），一般来说，国际收支平衡表中的短期资本流动所表示的交易都是调节性交易。国际收支是否均衡，就是看自主性交易所产生的借贷金额是否相等。如果自主性交易项目的借贷差额为零，就说国际收支处于均衡状态。如果贷方金额大于借方金额，则称国际收支出现了盈余，反之，如果借方金额大于贷方金额，则称国际收支出现了逆差。

需要提醒的是，上述判断国际收支平衡的方法虽然是比较通行的，但未必是最好的或最符合各国实际的。在一国有义务维持固定汇率的前提下，将国际经济交易区分为自主性交易和调节性交易，其意义是非常明显的。但在 20 世纪 70 年代后，各国不再承担维持固定汇率义务，而允许汇率浮动，这种交易划分就基本上失去了意义。事实上，官方储备的变动和官方短期资本借贷反映出来的是货币当局主动进行外汇干预和积极性投资的政策意图，而不再是所有其他国际经济交易的消极后果，因此，所有的交易似乎都可以看做是自主性交易。在这种情况下，判断国际收支平衡的方法实际上变得灵活和多样化了，而不再坚持单一的尺度和标准。人们越来越多地从经常项目和资本与金融项目的总差额上来判断国际收支的赤字或盈余，也就是说，只将储备资产一项作为调节性交易，而将经常项目和资本与金融项目都看做是自主性交易。当然也有只从经常项目差额甚至贸易项目差额来判断国际收支状况的。

（二）国际收支失衡的主要原因

国际收支失衡的原因是复杂的，一般认为主要有如下几个方面。

1. 国民收入变化

当经济增长率提高，国民收入增加较快时，购买力总水平提高，对国外技术、设备、重要原材料和消费品的进口需求增加，使国际收支出现逆差。

2. 经济周期变化

在经济周期的不同阶段，社会总供给和总需求的状况是不一样的，对外的供给和需求也会发生变化，进而会影响到国际收支的平衡。繁荣时期的总需求是高涨的，进口会大幅度增加，使经常项目出现逆差。而萧条时期的总需求低落，进口大幅度减少，使经常项目出现顺差。

3. 经济结构失调

经济结构失调具体包括产品供求结构的失调和要素价格结构的失调。当一国的产品供应和需求结构与国际市场上的产品需求和供给结构发生较大脱离时，就会出现供应能力较强的本国产品由于国际市场需求较少而不能形成出口优势，而本国需求量较大的外国产品却由于国际市场供给不足，价格上升，使进口同样数量的产品要支付更多的货币，这种国内经济结构相对于国际经济结构变化而出现的不协调，显然会导致国际收支的逆差。

4. 货币供求失衡及相关金融变量异常变动

当一国货币供应量增长过快，引起物价上涨，生产成本上升时，就会导致出口减少而进口增加，使国际收支出现逆差。货币供应量增长过快使利率下降，当利率水平低于国外利率水平时，就会引起资本外流增加，也会导致国际收支逆差。

5. 汇率变动

汇率是影响国际收支的重要因素。当一国货币的汇率升高时，就会产生抑制出口和刺激进口的作用。当与本国处在竞争地位上的他国的货币对外贬值，而本国货币的汇率保持不变时，也会产生同样的作用。在浮动汇率制下，汇率的异常变动往往是外汇投机的结果，而外汇投机和不稳定的国际资本流动也常常是造成国际收支失衡的重要原因。

6. 偶发性因素

突发的自然灾害、国内或主要贸易伙伴国政局动荡、国际经济关系破裂等，都会使正常的国际贸易和资本流动受到冲击，因而使国际收支平衡受到破坏。

（三）国际收支的调节

在开放经济条件下，一国的内外经济是互相影响的，国际收支不稳定，势必会影响到国内经济的正常运行。当国际收支出现大量逆差时，进口大于出口，会引起国内货币供应缩减，市场销售萎缩，使本国生产下降和失业增加。如果逆差主要源于资本流出大于资本流入，则会造成国内资金紧张，同样影响经济增长。当国际收支出现大量顺差时，出口大于进口，外汇供给和对本币的需求增加，本币面临升值压力，若要维持汇率稳定，就须增加官方储备，因此而扩大中央银行基础货币投放，使货币供应量迅速扩张，造成通货膨胀。长期大量的顺差也常常会引起国际贸易摩擦，对经济造成不利影响。由此可见，长期大量存在的国际收支差额，无论是赤字还是盈余，都是不利于一国经济的正常发展的。在出现国际收支失衡时，经济体系中的市场机制、价格机制会在一定程度上使失衡得到缓和甚至使平衡得到恢复。但是，这种自动调整的机制并不是在任何时候、任何经济环境下都有效的，而且往往要以牺牲或削弱其他经济目标作为恢复国际收支平衡的代价。基于这样的考虑，各国政府和金融当局通常都是在尊重市场规律和重视市场机制作用的前提下，对国际收支平衡的实现采取积极主动的政策和措施。这些政策和措施主要包括：

1. 外汇缓冲政策

外汇缓冲政策又称为融资或弥补（financing or accommodation），是指一国运用储备的变动或临时向外筹借资金来抵消国际收支不平衡所形成的外汇供求缺口。国际收支出现赤字时，外币需求上升而本币需求疲弱，本币面临贬值压力，如果货币当局有义务维护国际货币制度或顾忌本币贬值的不利后果，坚持本币不贬值，就须动用储备资产或临时向外筹借资金来弥补供求缺口。显然，这种政策只适用于融通临时性或季节性的国际收支缺口，而不适用于对付长期巨额的国际收支差额。

2. 需求管理政策

财政政策和货币政策统称为需求管理政策。财政政策主要通过调整政府支出和税收，改变总需求和物价水平，改变进出口税收条件，来达到影响国际收支的目的。当国际收支出现逆差时，实施紧缩的财政政策，减少政府支出，控制社会总需求，降低物价，使对外需求水平下降，进口减少，出口品的国际价格竞争力增强。在税收和补贴政策方面，采取出口退免税、财政补贴等措施，可改善出口条件和增强出口竞争力。货币政策主要通过再贴现率和法定存款准备率的调整，改变货币供应量，改变利率，来达到调节国际收支的目的。当国际收支出现逆差时，实施紧缩的货币政策，提高再贴现率和法定存款准备率，使商业银行资金成本提高，可贷资金减少，利率提高。国内利率水平提高具有吸引外资流入，改善资本项目收支的作用。需求管理政策的实施往往会与国内经济目标发生冲突。为消除国际收支赤字而实行紧缩的财政政策和货币政策，容易导致经济增长速度的下降和失业率上升；为消除国际收支盈余而实行扩张的财政政策和货币政策，容易导致通货膨胀。因此，需求管理政策在实施过程中必须注意内外经济目标的兼顾和各种政策工具的合理搭配。

3. 汇率政策

汇率政策是指通过调整汇率来纠正国际收支失衡的政策。当出现国际收支逆差时，常调低本币汇率，使本币贬值，以达到刺激出口、抑制进口的目的。而当出现大量顺差时，则支持本币汇率上升，达到增加进口、减少出口的目的。同其他政策一样，汇率政策的实施也必须兼顾一国的内外经济目标，就本币贬值而言，由于其具有引发国内通货膨胀与物价上涨的作用，因此，常常要求配合紧缩性财政政策和货币政策来实施。而且，本币贬值是否能真正改善贸易收支和国际收支，还要取决于多方面的条件，例如，本币贬值所带来的出口增加是否大于由此产生的国民收入上升而引发的进口增加；本币贬值所引起的本国商品和劳务在国际市场的相对较低的价格能否维持较长的时间；进出口弹性是否符合马歇尔-勒纳条件①或类似条件。广义的汇率政策除了官方对汇率的调整之外，还包括汇率制度的变更和货币当局对外汇市场的干预。假定是在固定汇率制或钉住汇率制下出现了国际收支巨额赤字，当局可以将汇率制度改为浮动汇率制或弹性汇率制，让汇率随外汇市场供求自发变动，发挥其自动纠正国际收支失衡的功能。在市场汇率条件下，当局可以直接参与外汇市场交易，如大量购入外币，售出本币，促使本币汇率下降，达到增加出口、减少进口的目的。

4. 直接管制

直接管制是指政府在难以运用汇率政策、财政政策和货币政策等主要靠市场机制的作用来纠正国际收支失衡的政策措施时，所采取的强制性管理办法，主要做法有：①货币性管制，即外汇管制和汇率管制。外汇管制主要表现在对外汇交易活动的行政干预，如规定外汇收入必须全部或大部分售给国家、对外汇支出规定严格的条件等，其目的在

---

① 马歇尔-勒纳条件（Marshall-Lerner condition）是观察本国货币贬值能否改善国际收支的临界性条件。首先由英国经济学家马歇尔提出进出口需求弹性的概念，又由美国学者勒纳进一步发展，提出本币贬值对贸易收支影响的临界条件。该条件假定进出口供给弹性无穷大，即进口和出口的供给曲线为水平线，这样，贬值能否改善逆差国的国际收支状况，就决定于需求弹性的大小。只有当进口需求弹性的绝对值和出口需求弹性的绝对值之和大于1时，贬值才能改善逆差国的国际收支。

于通过控制外汇的使用来控制进出口贸易和资本流动。汇率管制主要是对汇率水平的控制，如制定统一的官方汇率和统一的实施要求、制定若干种不同的汇率并要求在不同的对象范围内施用等，其目的在于通过控制汇率达到政府预期的国际收支要求。②财政性管制。主要措施有规定和变动进口关税，实施进出口补贴等。在出现贸易逆差时，提高进口关税可以抑制进口，但实际效果如何还要看本国对进口品的需求价格弹性，如果需求价格弹性小，效果就不明显。在贸易逆差情况下实施出口补贴，可以支持本国出口商品降低价格，提高国际市场竞争力。当然，在贸易有较大顺差，且有必要引进先进技术和产品时，一国也可以通过财政补贴来降低进口品价格，达到增加进口的目的。③贸易管制。主要措施有对进口品实行许可证制和配额制，对进口商规定进口保证金制度等。进口许可证制度规定，进口商必须事先得到政府准发的进口许可证，才能凭证购买进口所需的外汇，并办理有关进口手续。进口配额制度则是政府对某些商品的进口总额或总数量进行限制，并将允许进口的限额或限量分配给各贸易对方国，由进口商在限额或限量内自行安排进口。进口保证金制度规定，进口商须按进口商品总值的一定比例预缴进口商品保证金，将其存入中央银行，目的在于增加进口商的资金占用，增加进口成本。对于保证金占进口总值的比例，中央银行可根据国际收支变动的情况进行灵活调整。需要注意的是，直接管制措施虽然比较灵活和快捷，但必须考虑他国的接受性和在国际上实施的可能性，因为其容易招来对方国家甚至国际社会的反对和报复，若不能恰当掌握，势必会欲益反损。

第二节　外汇与汇率

一、外汇的定义和种类

外汇（foreign exchange）是国际汇兑的简称。其概念有动态和静态之分。动态意义上的外汇，是指人们将一种货币兑换为另一种货币，用于清偿国际间债权债务关系的行为。静态意义上的外汇有广义和狭义之分，广义外汇泛指一切以外国货币表示的资产。各国有关外汇管理的法令中所使用的外汇概念，多为这种静态广义的概念。中国在1996年1月颁行（1997年1月修正）的《中华人民共和国外汇管理条例》中规定，外汇由以下几类构成：①外国货币，包括纸币、铸币；②外币有价证券，包括政府公债、公司债券、股票等；③外币支付凭证，包括票据、银行存款凭证、邮政储蓄凭证等；④特别提款权、欧洲货币单位；⑤其他外汇资产。狭义外汇专指以外币表示的、可用以进行国际结算的支付手段。

国际货币基金组织给出的外汇定义是：外汇是货币行政当局（中央银行、货币机构、外汇平准基金组织及财政部）以银行存款、财政部库券、长短期政府债券等形式所持有的在国际收支逆差时可以使用的债权。其中包括因中央银行间及政府间协议而发行的在市场上不流通的债券，而不问它是以债务国货币还是以债权国货币表示。

从外汇的概念及其包括的内容看，外汇有三个基本特征：①它是一种金融资产或金融商品，具有金融资产的收益性、风险性和流动性等全部特征或金融商品的价值和效用，是金融市场交易的对象，与一般金融资产不同的是，它多是以外币表示的；②它是一种支付手段，是用于清偿国际间债权债务的支付手段，是以外币表示的支付手段；

③它是一种可以与其他支付手段相兑换的货币，即具有可兑换性。

外汇可根据不同的标准划分为以下几类。

(1) 自由外汇与记账外汇。自由外汇是指不需要货币当局批准，可以自由兑换成其他国家货币，或可以向第三国办理支付的外汇。如美元、英镑、日元、德国马克等。记账外汇，又称双边外汇或协定外汇，是指未经货币发行国管理当局批准，不能自由兑换成其他国家货币或对第三国办理支付的外汇。这样的外汇只能根据贸易国双方的清算协定，在协议国双方使用，不能转给第三国。通常是由协议国双方共同确定一个计价货币（可以是协议国双方的货币，也可以是第三国货币）。在双方银行各开设专门账户记载往来款项和定期抵冲债权债务。

(2) 贸易外汇和非贸易外汇。这是根据外汇的来源和用途不同划分的。贸易外汇是指来源于进出口贸易或用于进出口贸易以及与进出口贸易相关联的从属费用的外汇。非贸易外汇又称为金融外汇，是指在非贸易活动中所收入和支用的外汇。

二、汇率及其种类

汇率（exchange rate）就是一种货币与另一种货币之间的折算比率。由于国际汇兑实际上是两种货币作为金融商品的一种交易或买卖，因此，汇率又称为汇价、外汇牌价或外汇行市。由于不同国家或地区使用的货币不同，当进行国际经济交往，如商品或劳务要与别国进行交换时，就存在一个将所要交换的商品或劳务以本国货币表示的价格折算成以外币表示的价格问题。因此，汇率是国际汇兑乃至国际经济交流正常进行的必要条件。

汇率的折算涉及如何标价的问题，因为两种货币在进行折算时，就相对价格而言，既可表示为一定数量的本国货币值多少外国货币，也可表示为一定数量的外国货币值多少本国货币，两种表示下反映出的货币相对价格是一样的。习惯上，将以一定单位（1、100、10000）的外国货币作为标准，折算成若干单位的本国货币的标价方法称为直接标价法。中国的外汇市场上采用的就是直接标价法，若以 1 美元为标准，人民币对美元的外汇牌价表示为人民币若干元/1 美元，若以 100 美元为标准，则表示为人民币若干元/100 美元。也就是说，在直接标价法下，是以外国货币单位的固定数量作为金融商品，以本国货币购买它时所支付的货币数量变化反映出外国货币的价格。因此，这种标价法又称为应付标价法。显然，在直接标价法下，汇率越高，说明外国货币的对外价值越高，货币的对外价值是相对于对内价值而言的。对内价值是指货币在国内市场上对商品的购买力，通过物价水平反映出来。物价水平越高，则货币的对内价值越低。汇率越高，本国货币的对外价值越低。与直接标价法对应的是间接标价法，它是以一定单位的本国货币为标准，折算成若干单位的外国货币的标价方法。在间接标价法下，是以本国货币单位的固定数量作为金融商品，卖出时应收的外国货币数量的变化，反映出本国货币的价格。因此，又称为应收标价法。在这种标价法下，汇率越高，说明单位本币所换得的外国货币越多、本币的对外价值越高或外币的对外价值越低。

汇率可根据不同的标准划分为以下几类。

(1) 基本汇率和套算汇率。基本汇率是本币与所选定的对本国对外经济交往影响最大的关键货币之间的汇率。作为确定基本汇率的外币对象，一般是在本国国际收支中使用最多，在外汇储备中比重最大，并且是能够被各国普遍接受的自由外汇。世界大多数国家都以美元为对象，确定各自国家货币的基本汇率，也就是说，各国货币对美元的汇率，通常就是各国的基本汇率。套算汇率就是根据确定的基本汇率套算出本国货币与其他国家货币的汇率。

（2）买入汇率和卖出汇率。这是根据银行买卖外汇的角度划分的。买入汇率是指银行向客户买入外汇时执行的汇率。卖出汇率是指银行向客户卖出外汇时所执行的汇率。买入汇率与卖出汇率之间的差额，作为银行买卖外汇业务的收益。在直接标价法下，进行买卖双重报价时，外币折算本币数额较小的汇率是买入汇率，数额较大的是卖出汇率。在间接标价法下则正好相反，数额较大的是买入汇率，较小的是卖出汇率。买入汇率与卖出汇率的平均数称为中间汇率或中间价。计算方法为中间汇率＝（买入汇率＋卖出汇率）/2。在报出的汇率表上，常常还能看到钞买价和钞卖价，这是指现钞的买卖价格或现钞汇率。由于一般国家都不允许外国货币在本国市场流通，只有将外国货币兑换成本币后，才能在本国市场实现购买和支付，这样就产生了银行收买外钞和卖出外钞的业务，就有了现钞汇率。银行在收购外钞时的汇率要略低于同种货币的外汇买入汇率，原因是外钞的使用必须运送到其发行国，需要花费一定的运费和保险费等。

（3）即期汇率和远期汇率。这是根据外汇交易中约定的交割期限不同来划分的。即期汇率又称为现汇汇率（spot exchange rate），是指外汇买卖双方成交后，在两个营业日之内办理交割时所用的汇率。即期汇率一般是远期汇率确定的基本依据。远期汇率又称期汇汇率（forward exchange rate），是指买卖双方事先约定的，据以在未来一定日期进行交割的汇率。买卖双方之所以要为将来的交割预先约定汇率，是基于对市场汇率变动等因素的考虑，是为了锁定价格避免风险。远期汇率与即期汇率的差额称为远期差价，当远期汇率高于即期汇率时，称为升水（at premium）；远期汇率低于即期汇率时，称为贴水（at discount）；二者相等时，称为平价（at par）。

（4）电汇汇率、信汇汇率和票汇汇率。这是根据银行外汇汇付方式的不同来划分的。电汇汇率是指银行在外汇买卖中利用电信方式进行外汇资金划转时所使用的汇率。由于目前绝大多数的国际支付都是以电信方式完成的，因此，电汇汇率实际上是外汇市场的基准汇率，外汇市场所公布的汇率也多为电汇汇率。信汇汇率是指以信函方式完成外汇买卖中的外汇资金划转时所使用的汇率。信汇方式下的外汇资金划转速度慢，从买到外汇到实际支用外汇要间隔较长时间，因此，信汇汇率要低于电汇汇率。票汇汇率是指银行以汇票为支付工具进行外汇买卖时所使用的汇率。票汇的基本做法是，银行在卖出外汇时，开立一张由其在国外的联行或代理行付款的汇票交给汇款人，由其自带或寄往国外提款。票汇方式下，银行从卖出外汇到实际付出外汇有一个间隔期，银行可以在间隔期内运用外汇头寸，因此，票汇汇率一般要低于电汇汇率。票汇又分为即期票汇和远期票汇，远期票汇的汇率要低于即期票汇，原因是银行占用客户外汇头寸的时间会更长。

（5）开盘汇率和收盘汇率。开盘汇率是指经营外汇交易的银行在当日外汇交易开始时报出的第一个外汇汇率。收盘汇率是指经营外汇交易的银行在一个营业日的外汇交易终了时所使用的汇率。由于现代通信技术和交易设施的迅猛发展，已经使世界各地外汇市场的行情能够即时通达，24 小时连续不断地报价，实际上已经大大降低了开盘汇率和收盘汇率存在的意义。

（6）官方汇率和市场汇率。这是根据对外汇管理的要求不同划分的。官方汇率又称官定汇率，是由一国货币管理当局公布的汇率，具有法定性质。在实行外汇严格管制的国家，官方汇率确定并公布后，一切外汇交易活动都必须按此汇率进行。官方汇率的具体形式有单一汇率和多重汇率或复汇率，多重汇率是指对本国货币规定多种对外汇率，如根据进出口商品类别和非贸易收支的不同性质，规定不同汇率。官方汇率的确定方式和依据是多样性的：有钉住某一种货币而规定的；有在一定的弹性范围内钉住某一种货币的；有与多国合作安排规定的；有根据一整套指标确定和调整的；有根据有管理的浮动要求规定的；有按独立浮动要求规定的。第二次世界大战后，多数国家在制定官方汇率时，都以本国货币与美元的汇率为基准。规定官定汇率的目的在于为促进本国商品出口和对进口及资本流动进行限制，改善本国的国际收支状况创造有利的汇率条件。国际社会普遍反对各国制定官方汇率，目前只有坚持计划经济的国家实行较严格的官方汇率，绝大部分国家都实行市场利率。中国在 1994 年以前，先后经历了固定汇率制度和双轨汇率制度。1994 年汇率并轨以后，中国政府宣布实行以市场供求为基础的、单一的、有管理的浮动汇率制度。企业和个人按规定向银行买卖外汇，银行进入银行间外汇市场进行交易，形成市场汇率。中央银行设定一定的汇率浮动范围，并通过调控市场保持人民币汇率稳定。2005 年 7 月 21 日中国人民银行发布关于完善人民币汇率形成机制改革的公告，宣布自即日起我国开始实行以市场供求为基础、参考一篮子货币进行调节、有管理的浮动汇率制度。人民币汇率不再钉住单一美元，形成更富弹性的人民币汇率机制。

（7）固定汇率和浮动汇率。这种划分与上述官方汇率与市场汇率的划分具有直接联系，但角度不同，一般是从国际货币制度的角度来说的。固定汇率是指一国的汇率基本固定，同时又将汇率的波动限制在一个规定的范围内。在金本位制下，汇率固定在铸币平价，黄金输送点是汇率波动的界限。在布雷顿森林体系下，国际货币基金组织规定，会员国的货币对美元保持固定比价，法定平价确定后不可更改，其波动幅度不得超过平价的±1%，美元则与黄金保持固定比价。采用牙买加体系后，在一些货币区域内，如欧盟内部仍实行固定汇率。浮动汇率是指依市场供求关系变化自由涨落，货币管理当局不做干预的汇率。根据各国政府在实际执行中是否采取干预措施，又有"自由浮动"或"清洁浮动"与"管理浮动"或"肮脏浮动"之说，前者是指汇率完全听任市场供求，后者则指政府进行了某种形式的干预。

第三节　汇率理论

汇率理论主要研究汇率的决定问题，包括决定汇率的基础和影响汇率的主要因素。经济学家们是从各种角度出发研究汇率决定问题的，由此形成了各种不同的汇率理论。在"国际金融"课程中，对这些理论有比较详尽的阐述，这里只介绍几种主要理论的基本思想。

一、购买力平价理论

购买力平价理论是一种传统的、有广泛影响的汇率决定理论。这种理论认为，每一种货币在本国都有购买商品和支付劳务的能力，将不同货币的购买力进行比较，就能确定两国货币的汇率。由于货币的购买力是通过商品价格水平反映出来的，因此，可以用两国物价水平的比较来决定汇率水平，可以用两国物价水平变化状况的比较来确认汇率的变动。这一理论最主要的代表人物是瑞典经济学家古斯塔夫·卡塞尔（Gustav Cassel）。根据卡赛尔的理论，购买力平价有两种形式，一种是绝对购买力平价，一种是相对购买力平价。绝对购买力平价是把汇率表示为两个国家在某一时点上一般价格水平的比率。若以 R 代表均衡汇率，以 P_A 代表 A 国的物价指数，以 P_B 代表 B 国的物价指数，且两种指数的取样范围和加权平均法完全相同，那么，绝对购买力平价的公式为

$$R = \frac{P_A}{P_B}$$

相对购买力平价是把汇率表示为两个国家在某一时期一般价格水平变动的比率。若以 R_1 代表当期的均衡汇率，R_0 代表基期的均衡汇率，P_{A1} 代表 A 国当期的物价指数，P_{A0} 代表 A 国基期的物价指数，P_{B1} 代表 B 国当期的物价指数，P_{B0} 代表 B 国基期的物价指数，那么，相对购买力平价的公式为

$$R_1 = \frac{P_{A1}/P_{A0}}{P_{B1}/P_{B0}}R_0$$

购买力平价理论的前提是"一价定律"。所谓一价定律，是说在不存在运输成本和其他贸易障碍的一种完全竞争（纯粹的自由贸易和无成本交易）的市场结构下，在不同市场上出售的同一商品的价格，通过汇率换算为以同种货币表示时，应完全相等。购买力平价说是在第一次世界大战后各国相继放弃金本位制，实行纸币流通，从而使铸币平价决定汇率的货币制度基础消失的情况下提出的，它把货币代表的购买力与汇率联系起来，把货币的对内价值与对外价值联系起来，从而在新的货币制度基础上找到了决定汇率的依据。但是，由于购买力平价所依据的一价定律是以国际贸易商品能够完全套购为假设条件的，因而与现实存在较大的差距。

二、利率平价理论

利率平价理论是一种将汇率与利率联系起来，以两国金融市场利率的差异来说明远期汇率决定的理论。代表人物是凯恩斯和保罗·艾因齐格（Paul Einzig）。这种理论的基本观点是在资本自由流动且不考虑交易成本的情况下，正常的外汇抛补及套利活动将导致利率较低国家货币的远期差价必为升水，利率较高国家货币的远期差价必为贴水，远期汇率与即期汇率的差价等于两国利率之差。这种观点依据的外汇市场事实是，当两个国家的短期利率存在差异时，套利者就会把资金由利率低的国家转移到利率高的国家，以谋取利差收益。但为了防止套利活动因汇率波动而受到损失，套利者会在购买即期外汇的同时卖出相关数量的远期外汇。这样做的结果，会使即期外汇需求不断增加和远期外汇供给不断增加，从而使即期汇率逐渐上升和远期汇率逐渐下跌。若即期汇率的水平超过了远期汇率，套利者在汇率上便出现亏损，这种亏损随着即期汇率的继续上升和远期汇率的继续下跌而达到一定程度时，套利者由利差得到的收益就会由汇率上出现的损失所抵消，使其无利可图。此时的远期汇率即能够使套利者停止套利行为的远期汇率，就是均衡的远期汇率。若以 i_A 代表 A 国的利率，i_B 代表 B 国的利率，F 代表远期

汇率，E 代表即期汇率，那么，利息平价理论的含义用公式表示为

$$i_A - i_B = \frac{F - E}{E}$$

即在 A 国和 B 国进行相同期限、相同金额投资的利差等于远期升水或贴水。[①]

三、国际收支决定论

国际收支决定论是一种以凯恩斯的收入支出理论为基础，以国际收支差额变化和由其引起的外汇供求变化来解释汇率变动的理论。这种理论把汇率看成是两国产品的相对价格，认为国际收支中的经常项目是决定外汇供求和汇率变动的主要因素。一国对进口产品的支出数量决定对外汇的需求，外国对本国出口产品的支出决定外汇的供给。这种以经常项目尤其是进出口贸易为主要内容的国际收支引起的外汇资金流量的供给和需求决定了汇率水平及其变动，而汇率的变动又反过来影响国际收支的变化。在凯恩斯主义模型中，国际收支与汇率的相互影响是通过两条渠道实现的。一是收入效应，即国际收支差额变动由收入变化所引起，若国际收支差额变动，汇率随之变动。当一国收入增加时，消费总水平上升，进口消费也随之增加，人们对外汇的需求上升，从而导致该国货币对外币贬值。相反，当一国收入减少时，消费总水平下降，进口需求也相应减少，从而使贸易收支改善，外汇供给相对充裕，本国货币对外币升值。二是相对价格效应，这是指汇率变动影响价格和成本，特别是影响进出口商品的相对价格，进出口商品相对价格的变化直接影响到进出口贸易差额的变化，从而改变国际收支状况。当本国货币对外币贬值时，使进口商品的本币价格上升，而出口商品的价格下降，从而使进口减少，出口增加，贸易收支得到改善。相反，当本国货币对外币升值时，会降低进口商品的价格和提高出口商品的价格，从而使进口增加，出口减少，贸易收支恶化。至于汇率变动对国际收支影响程度的大小，还要取决于一系列能够影响和改变汇率作用正常传递的因素，如一国的经济开放程度、进出口商品供求对汇率和价格的弹性等。即使是在正常情况下，从汇率变动到国际收支状况发生改变，也有一个时滞问题，因为在现实中，经常项目的实际改善需要商品和劳务的真实流动，这种流动受各种客观因素的影响，相对于汇率变动必然存在一个滞后期。

四、货币供求决定论

货币供求决定论是一种把汇率看成货币现象，强调货币市场供求决定汇率的汇率理论。这种理论认为，汇率不是两国产品的相对价格，而是两国货币的相对价格。汇率由

[①] 公式推导过程为：一单位本币在国内投资一期的本利和为 $1+i_A$，换算为同一单位外币在国外投资一期的本利和为 $\frac{1}{E}(1+i_B)$，将外国投资的本利和按远期汇率转换为本币为 $\frac{F}{E}(1+i_B)$，若要使国内和国外两个市场的投资收益相同，则两种投资方式的均衡条件为 $1+i_A=\frac{F}{E}(1+i_B)$。若将远期汇率与即期汇率之间的升水率或贴水率表示为 $\frac{F-E}{E}$，那么，将上式代入该式得 $\frac{F-E}{E}=\frac{1+i_A}{1+i_B}-1=\frac{i_A-i_B}{1+i_B}$，进一步得 $i_A-i_B=\frac{F-E}{E}+\frac{F-E}{E}i_B$，由于 $\frac{F-E}{E}i_B$ 是一个很小的值，可以忽略不计，因此简化为 $i_A-i_B=\frac{F-E}{E}$。

相关国家货币存量的供求和人们的预期所决定。当一国货币市场供求失衡后，国内商品市场和资本市场会受到冲击，在开放条件下，由于国内外市场是相互连通的，因此会出现国际商品套购和资本套利，在套购和套利过程中，汇率随之发生变化，达到使货币市场重新回到均衡状态的要求。至于在货币市场恢复均衡的过程中，究竟是商品套购起主要作用，还是资本套利起主要作用，有两种解释。一种是货币主义汇率模式的解释，认为在货币市场供求失去均衡时，商品市场与资本市场能够同时作出反应，同时发挥市场调整作用。另一种是汇率超调模式（overshooting model）的解释，认为货币市场失衡后，商品市场价格具有黏性，而资本市场反应极其灵敏，利率将迅速发生调整，使货币市场恢复均衡。由于商品市场价格在短期内粘住不动，货币市场均衡的恢复完全通过资本市场，利率在短期内的调整幅度就超出其新的长期均衡水平，即出现超调。在资本国际流动自由的条件下，这种利率的超调必然引起大量的套利活动，结果使汇率发生变动，且变动的幅度超过新的长期均衡水平，同样表现出超调特征。货币供求决定论的假设前提是资本在国际间能自由流动，以不同货币为面值的金融资产能够完全相互替代，外汇市场是有效率的，存在供求决定汇率的市场汇率机制。货币供求决定论在强调货币因素的决定作用时，并不完全排斥实际因素对汇率的影响作用，如人们对各种金融资产收益率及远期汇率水平的预期就是影响汇率变动的重要因素。但这种理论认为，实际因素的变动是通过改变货币需求而影响汇率的。

五、资产组合决定论

资产组合决定论是一种将汇率看成资产的价格，强调资产存量市场变动决定汇率的汇率理论。这种理论认为，汇率是人们愿意持有的本国和外国资产存量的相对价格，人们对以本币为面值和以外币为面值的金融资产的选择，对汇率水平及其变动起决定作用。人们可以将一定的财富投资于各种不同的资产，其中包括本国和外国的货币和债券，当人们通过选择国内和国外的不同资产来调整其财富配置时，就会引起对本国货币和外汇的需求和供给发生变化，由此导致汇率的变动。资产组合决定论以发达的和一体化的资产市场为假定条件，在这种市场条件下，各种资产之间具有高度的可替代性，但是，由于每种资产都具有在流动性、风险性和盈利性等方面的特点，因此，各种资产之间并不是完全可替代的，而是形成了多种多样的资产组合，资产组合的状况发生改变，市场上对本币和外币的需求和供给就会改变，汇率也随之改变。例如，某一时期人们普遍希望持有较多的国内债券，减持外国债券，在债券市场上表现为外国债券被大量抛售，国内债券被大量购持，其结果是外汇供给增加，本币需求增加，这必然导致外汇汇率下跌或本币汇率上升。相反，当人们普遍希望持有较多的外国债券和减持国内债券时，外汇需求会上升，本币供给会增加，由此而导致外汇汇率上升或本币汇率下跌。从资产组合决定论中可以看出，这种理论非常重视资本市场和国际收支资本项目的作用，认为在短期中，资产供求的调节速度要快于商品供求，汇率由人们的资产组合变化所引起的资产市场供求状况来决定。但这种理论并不忽视经常项目变动、人们的预期等影响长期汇率变化的因素。

第四节 内外均衡理论

一、开放经济下的国民收入均衡

国民收入（Y）是一国在一定时期内投入的生产要素所产出的最终产品和服务的市场价值总和。国民收入的生产额通常指一定时期内新创造的价值，即在社会总产值中扣除掉生产过程中消耗的生产资料价值后的净产值。国民收入的生产额通过分配和再分配之后，形成政府、企业、个人等国民经济各部门的最终收入，就是国民收入的使用额。宏观经济分析中的国民收入概念，既包括物质生产部门创造的价值（或收入），也包括非物质生产部门创造的价值（或收入）。

在一个不开放的经济中，全部产品和服务都是由本国居民在国内生产和消费的。从国民收入来源的角度看，其构成包括私人消费（C）、私人储蓄（S'）、政府税收（T），即

$$Y = C + S' + T$$

从国民收入最终支出的角度看，其构成包括私人消费（C）、私人投资（I）、政府支出（G），即

$$Y = C + I + G$$

国民收入的来源与支出恒等，即

$$C + S' + T = C + I + G$$

整理得

$$S' + (T - G) = I$$

政府税收减去支出（$T-G$）即为政府储蓄，因此，等式左端为私人储蓄与政府储蓄的总和，即国民储蓄（S），这样，国民收入在不开放条件下的均衡条件就表示为

$$S = I$$

在一个开放的经济中，全部产品和服务并不是仅仅由本国居民在国内生产和消费的。国内的产品和服务可以销售到国外，在国际市场上实现其价值，即形成出口额（X），此时，从来源角度核算的国民收入为

$$Y = C + S' + T + X$$

同样，外国的产品和服务也可以销售到国内，形成国内私人、企业、政府对外的消费支出，即形成进口额（M），此时，从支出角度核算的国民收入为

$$Y = C + I + G + M$$

由此得出开放经济下的国民收入恒等式为

$$C + S' + T + X = C + I + G + M$$

整理得

$$S' + (T - G) = I + (M - X)$$

$$S = I + (M - X) \tag{8-1}$$

或

$$I = S + (X - M) \tag{8-2}$$

式（8-1）表明，在开放经济条件下，国际贸易的净支出（$M>X$，即逆差）是一国的国民收入在除去国内消费和投资后的超额使用部分，是国民储蓄的向外流出；式

（8-2）则表明，国际贸易存在净收入（$X > M$，即顺差）时，一国用于投资的国民收入除了来源于国民储蓄之外，还有超额的外部来源。当然，在国际贸易完全处于平衡状态，即差额为零时，如果不考虑资本流动，那么，国民储蓄是正好满足国内投资的，既不存在国民储蓄大于国内投资时的储蓄外流，也不存在国民储蓄小于国内投资时的外部储蓄流入。

二、开放经济下的货币供应量

在一个不开放的经济中，一国的货币供给基本上就是国内的信贷总量，表现为流通中现金和各类存款的总和，它是由中央银行提供基础货币，由国内商业银行通过信用派生功能创造存款货币而形成的。但是，在开放经济条件下，货币供给要受到外汇收支的影响，这种影响分别表现在商业银行的外汇买卖和中央银行对外汇市场的操作两个层面上。

在商业银行层面上，当商业银行买入外汇时，其外汇资产增加，购买外汇所支付的本国货币增加了售出外汇单位在银行的本币存款，国内货币供应量由此而扩大。反之，当商业银行卖出外汇时，购入单位在银行的本币存款减少，货币供应量因此而减少。因此，由买卖外汇引起的货币供应量的净增减取决于商业银行买入外汇和卖出外汇的差额，差额为正时，有外汇净库存，说明增加了货币供应量。当然，问题不一定这样简单，如果商业银行用来买外汇的钱是从少发放的贷款中挤出来的，那么，货币供应量的最终变化就不一定是增加，这是因为少发放贷款就意味着少派生了存款，少增加了货币供应量。

在中央银行层面上，由于其有义务维持本币汇率的稳定，因此，当外汇市场上的外币供给过大，对本币的需求上升，本币有升值压力时，如果中央银行认为本币升值对国内经济的弊大于利，则会进行市场干预，通过收购外汇使外币汇率上升，而收购外汇的资金形成了商业银行在中央银行的准备金存款，这是新增的基础货币，它扩大了商业银行用以创造存款货币的基数，可能导致货币供应量的成倍增加。反之，当外汇市场上的外币供给不足，对本币的需求下降，本币有贬值压力时，如果中央银行认为有调节的必要，则可向商业银行售出外汇，商业银行向中央银行购买外汇时，其在中央银行的准备金存款相应减少，这意味着可用以派生存款的货币基数减少，可能导致货币供应量的成倍减少。由此看来，在开放经济条件下，基础货币除了包括国内流通中现金和商业银行在中央银行的准备金存款外，还包括因中央银行增减国际储备而存在的部分，国际储备增加时基础货币供应增加，反之则减少。从国际收支平衡表的原理可知，国际储备应等于国际收支的综合差额，因此，当国际收支综合差额为顺差时，就意味着中央银行基础货币供应的增加。当然，以增减国际储备来弥补国际收支失衡，是否会引起基础货币进而引起货币供应量的变化，还要看中央银行的实际操作，如果采取冲销操作方式，如在买入外汇增加储备的同时，在公开市场上等额地卖出债券，基础货币只是一增一减，货币供应总量就不一定会变化。若以 M_s 代表货币供应总量，以 k 代表货币乘数，以 D 代表基础货币的国内部分，以 B 代表国际收支差额，那么，开放经济下的货币供应量就可表示为

$$M_s = k(D + B)$$

公式说明，在货币乘数和国内基础货币一定的情况下，货币供应量的增减由国际收支差额来决定。但是，当国内基础货币随国际收支差额变化而反向调整时，如增加储备时卖出债券，B 增加时 D 同额减少，货币供应量不发生变化。

三、开放经济下内外均衡目标的实现

开放经济条件下的宏观经济管理目标包括两个重要方面，一是追求内部均衡，实现经济增长、充分就业和物价稳定的统一；二是追求外部均衡，即国际收支的均衡。从上述两部分的分析结论看，一国的国际收支关系到国内储蓄和投资的均衡，关系到货币供应量的变化，它说明内部均衡和外部均衡这两个目标的实现是相互关联的。围绕着内外均衡目标的相互影响及实现机制问题，在理论和政策研究领域已经有了丰富的研究成果，其中比较有影响的理论和政策思想包括价格-铸币流动机制理论、弹性理论和吸收理论、米德内外均衡理论和蒙代尔政策搭配法则。

（一）价格-铸币流动机制（price-specie-flow mechanism）理论

这是一种以 18 世纪金本位制下的自由贸易和自由黄金流动为背景，研究国内货币流通和物价与国际收支之间相互关系的理论，最早由英国经济学家大卫·休谟（David Hume）于 1752 年提出。该理论认为，国际收支差额会改变黄金的流动，黄金流动会改变国内货币流通数量，货币数量的改变决定价格的变动，而价格变动又会影响进出口贸易，最终修正原有的国际收支差额。因此，金本位制下的国内物价和国际收支存在着相互作用和自动均衡的机制。以物价稳定代表内部均衡，国际收支平衡代表外部均衡，那么，这种理论实际上就是最早的内外均衡理论。"价格-铸币流动机制"理论所描述的国际收支失衡的自动修复过程是：当一国出现国际收支逆差时，对外贸易支付大于贸易收入，黄金外流，国内货币流通数量减少，物价水平下降，出口价格成本降低，竞争力增强，而进口价格相对较高，需求下降，其结果是出口增加，进口减少，逆差得以修复，国际收支达到平衡。相反，当一国出现国际收支顺差时，对外贸易收入大于贸易支付，黄金从国外流入，国内货币流通数量增加，物价水平上升，出口价格成本提高，收益降低，竞争力减弱，而进口价格相对较低，需求上升，其结果是出口减少，进口增加，顺差得到调整，国际收支恢复平衡。

（二）弹性理论和吸收理论

在金本位制下，经济体系具有使国际收支自动调整和修复的机制，加之各国经济的国际化程度不高，出现暂时的国际收支失衡对经济运行并无大的妨碍，因此，内外均衡问题并不十分重要。但是，随着金本位制的崩溃和二战后各国经济的国际化程度的提高，国际收支与国内经济运行的相互影响越来越大，一是相互作用的程度加深，二是作用机制复杂化。经济学家的目光开始越来越多地投向国际收支问题，汇率变动对商品进出口的影响以及对国际收支的调节作用，国内经济失衡与国际收支失衡的相互联系以及均衡的恢复机制等问题成为研究的焦点，而且，研究的立足点也更多地放在了实用的政策层面上。20 世纪中叶，比较有影响的国际收支均衡理论是弹性理论和吸收理论。

弹性理论或弹性分析法从贸易商品进出口弹性的角度，分析了国际收支失衡的条件及调节措施，认为国际收支均衡并不能自动实现，需要政府通过变动汇率才可能改善国际收支状况，而汇率调整改善国际收支状况的条件是进出口商品需求弹性的绝对值之和

要大于1，也即符合"马歇尔-勒纳"条件。（参见本章第一节相关注释）这一理论假定：除了汇率之外，其他所有影响商品进出口的条件均不变，贸易商品的供应具有完全弹性，进出口商品的需求不考虑收入的变化，只是这些商品价格水平的函数，国际收支不考虑资本流动，只包括贸易收支。弹性理论的基本观点是：汇率变动通过引起本国商品与外国商品之间、本国生产的贸易品与非贸易品之间的相对价格的变动，来影响商品进出口的供给和需求，进而改变国际收支状况。这里的相对价格是指一国商品经过汇率折算后在外国市场所表现出的价格。在同一种商品的本国价格和外国价格都保持不变的情况下，如果本币贬值，本国商品的国内价格低于在国外市场的相对价格，对外国居民来讲相对便宜，就会增加外国居民对本国商品的需求，其结果是本国商品出口增加；相反，本币贬值后，使外国商品对本国居民来讲变得相对昂贵，就会减少本国居民对其的需求，其结果是进口减少。如果两国商品的供给弹性都趋于无穷大，那么，汇率变动引起商品相对价格变动，进而引起进出口贸易变动的情况，就取决于相对价格变化对进出口需求量的影响程度，或者说是取决于本国对外国商品进口需求的价格弹性和外国对本国商品需求的价格弹性。弹性理论的分析结果认为，本币贬值通过改变商品相对价格而影响进出口商品需求的情况可能有三种：一种是出口商品需求弹性和进口商品需求弹性的绝对值之和大于1；第二种是出口商品和进口商品的需求弹性都小于1，且进出口商品需求弹性的绝对值之和等于1；第三种是进出口商品需求弹性的绝对值之和小于1。只有在第一种情况下，贬值才能起到增加出口需求，抑制进口需求，改善贸易差额的作用。在第二种情况下，贬值对贸易差额没有作用。在第三种情况下，贬值会进一步导致贸易收支恶化。

　　吸收理论或吸收分析法（又称"国际收支的支出分析法"或"国际收支的收入-吸收分析法"）是一种将凯恩斯宏观经济理论运用于国际收支分析，主张通过国内宏观经济政策调节实现内部均衡，通过内部均衡达到国际收支调节目的的理论。这种理论认为，国际收支均衡与国内经济均衡状况密切相关，国际收支失衡可以由国内经济失衡所引起，也可以通过对国内经济的调节来修复。吸收理论克服了弹性理论过分重视微观层面的相对价格效果而忽视宏观层面的国民收入效果的缺陷，将一国的出口（X）和进口（M）分别看做是该国总收入（Y）和总支出（总吸收 $A=$私人消费 $C+$私人投资 $I+$政府支出 G）的组成部分，认为一国的国际收支差额（B）就是该国总收入和总吸收之差。用公式表示为

$$Y = C + I + G + X - M \tag{8-3}$$

$$Y = A + B \tag{8-4}$$

$$B = Y - A \tag{8-5}$$

　　式（8-5）表明，当总吸收小于总收入时，国际收支为顺差；当总吸收大于总收入时，国际收支为逆差；当总吸收正好与总收入相等时，国际收支则为平衡。这就是说，当国内经济失衡时，国际收支便会出现差额，调整了国内经济总吸收与总收入的缺口，也就恢复了国际收支的均衡。在出现国际收支逆差时，调节政策和手段无非是从增加总收入和减少总支出两个方面去考虑。增加总收入的政策又称为转换政策，减少总支出的政策又称为吸收政策。当一国经济达到充分就业水平时，产量不可能再增加，扩大出口

和减少进口的唯一办法就是通过吸收政策来减少总支出；而当经济尚未达到充分就业水平时，则可运用转换政策，在总支出一定的情况下，通过新增产量来增加净出口。当然，在通过实现内部均衡来改善国际收支状况的过程中，要求吸收政策和转换政策必须灵活使用和相互配合。

(三) 米德内外均衡理论和蒙代尔政策搭配法则

20世纪五六十年代以后，内外均衡理论进一步向广度和深度发展，国际资本流动对内外均衡的影响，货币因素在实现均衡中的作用越来越受到重视，理论研究更加注重与现实政策的结合，更加注重务实和效率。其中，英国经济学家米德（J. E. Meade）在吸收分析法的基础上提出的内外均衡理论，具有十分广泛的影响。美国经济学家蒙代尔（R. A. Mundell）细化了米德的政策工具分析，提出了实现内外均衡过程中，财政政策和货币政策要相互搭配的主张和不同汇率制度下的内外均衡实现及宏观经济政策搭配法则，把内外均衡问题的理论和政策研究提高到了新的水平。

1. 米德内外均衡理论的核心思想

米德的内外均衡理论被概括为政策工具和政策目标相互关系的 2×2 模型，意思是，一国若希望同时达到内部均衡和外部均衡的目标，必须同时运用支出调整政策和支出转移政策两种工具[①]。因为单独使用其中一种政策工具，往往出现内部均衡和外部均衡此得彼失的情况，当一种政策工具使内部均衡目标得以实现时，却丧失了外部均衡目标，或者是在外部目标实现时，内部目标则相距更远。这种由单独使用一种工具所导致的内部均衡和外部均衡的冲突，称为米德冲突（Meade's conflict）。为了避免米德冲突，就必须为不同的目标制定不同的政策，要满足"丁伯根法则"（Tinbergen's rule）的要求。"丁伯根法则"的基本意思是：一国所需的有效政策工具数目至少要和想要达到的独立的经济目标数目一样多。想要实现 n 个独立的经济目标，至少需要使用 n 种独立的有效政策工具。

2. 斯旺图示

澳大利亚经济学家斯旺（T. Swan）用图示说明了米德冲突及"丁伯根法则"在内外均衡目标实现过程中的应用，说明了在同时实现内外部均衡目标的要求下配合使用支出调整政策和支出转移政策的重要性。如图8-1所示，横轴 D 表示国内支出（投资、消费、政府支出）或国内需求，其变动代表支出调整政策的实施。纵轴 R 表示汇率（直接标价法），其变动代表支出转移政策的实施，R 上升表示本币贬值或外币升值，R 下降表示本币升值或外币贬值。IB 线是内部均衡线，表示国内总供求均衡时汇率 R 与国内支出 D 的各种组合，EB 线是外部均衡线，表示国际收支均衡时汇率 R 与国内支出 D 的各种组合。在 IB 和 EB 线上的所有的点，都是内部均衡和外部均衡各自的均衡点，IB 和 EB 的交点 F，是内外均衡同时实现时的均衡点。IB 和 EB 这两条线将坐标平面划分为四个区域：Ⅰ区为内部失业与外部盈余；Ⅱ区为内部通货膨胀与外部盈余；Ⅲ区

---

① 支出调整政策（expenditure-changing policy）又称支出变动政策，是指主要由凯恩斯理论所表明的需求管理政策，包括财政政策和货币政策。支出转移政策（expenditure-switching policy），主要指汇率政策，即通过确定汇率制度和汇率水平来影响贸易商品的国际竞争力，从而导致本国收入相对于支出而增加。广义的支出转移政策除汇率政策外，还包括关税、进口配额、出口补贴等政策内容。

为内部通货膨胀与外部赤字；Ⅳ为内部失业与外部赤字。落在各区域的不同点分别反映了经济的不同失衡特征。不管对那一种特征的失衡的调节，都要求支出调整政策和支出转移政策这两种工具的配合，否则，如果单一地使用一种工具，其结果必然是得此失彼，不能使内外两个目标同时达到。例如，落在Ⅳ区域的 A 点代表外部赤字和内部失业的失衡状态，倘若只是单一地采用支出转移政策提高汇率，当汇率由 A 提高到 A_1 水平时，外部均衡目标实现，继续提高汇率直到 A_2 水平时，达到内部均衡目标，但外部均衡重新丧失；若只是单一地采用支出调整政策扩大国内需求，当需求水平由 A 点增加到 A_3 时，内部均衡目标实现，但外部失衡情况比原来更加严重。能够使 A 点所代表的国际收支赤字和失业同时消失，达到内外均衡的方法是将支出转移政策和支出调整政策配合起来，使汇率 R 与国内支出 D 都上升到 F 点所要求的水平。当然，如果经济中原来的汇率水平或需求水平恰好与内外均衡所要求的水平一致，也会出现只使用一种政策工具而另一种政策工具不变的情况，但这仅仅是特例。

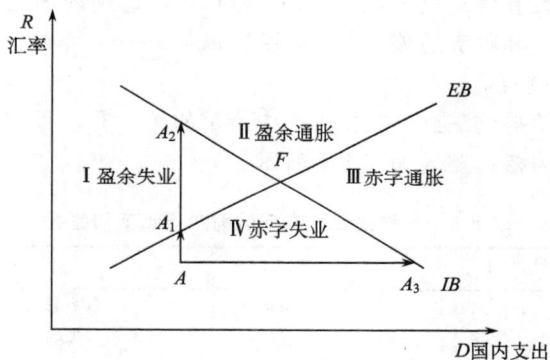

图 8-1　斯旺图示

3. 蒙代尔政策搭配法则

斯旺图示表明，只有搭配使用支出调整政策和支出转移政策，才可以同时实现内外部均衡目标。但实际上，从第二次世界大战结束到1971年之前，各国普遍实行固定汇率制度，在这种制度下，以汇率政策为核心内容的支出转移政策不能成为可操作的政策工具，有效的工具只有支出调整政策，米德冲突成为困扰各国内外均衡实现的一大难题。蒙代尔破解了这一难题，他细化了支出调整政策，把其中的财政政策和货币政策作为两个独立的政策工具，通过这两个工具的配合使用，即便在固定汇率制条件下，也同样符合两种目标，至少要有两种工具的法则要求，可以达到内外均衡同时实现的目的。蒙代尔在1962年向国际货币基金组织提交的题为《恰当运用财政货币政策以实现内外稳定》的报告中，正式提出了财政政策和货币政策搭配使用的主张和法则，他的基本观点是：在出现内部失业和外部失衡并存的情况时，应该以货币政策对付国际收支上的困难，促进外部均衡，而以财政政策对付国内困难，促进内部均衡。如果不是这样，而是做了相反的搭配，即以财政政策对外，货币政策对内，其结果非但不能同时实现内外均衡，还会进一步加重失衡。如图8-2所示，横轴 G 表示以政府开支为主要内容的财政政策，向右为扩张，向左为收缩。纵轴 r 表示以利率变动为主要内容的货币政策，向上为

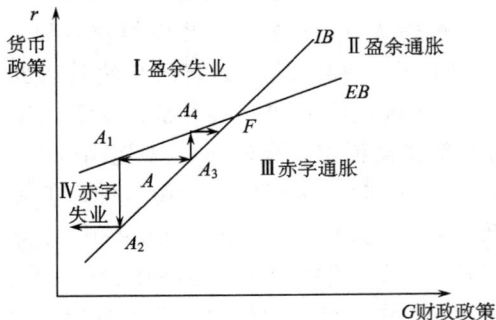

图 8-2　内外均衡中的财政货币政策搭配

收缩，向下为扩张。落在 IV 区域内的 A 点代表经济中同时存在国际收支逆差和国内失业的失衡状态，如果以财政政策解决外部失衡，以货币政策解决内部失衡，则采取减少开支的紧缩性财政政策以减少进口，使 A 点向左移至 A_1 点，外部赤字消失，再采取降低利率，刺激投资和消费的扩张性货币政策以增加就业，使 A_1 点移至 A_2 点，国内失业消失，但外部均衡重新失去，而且赤字比原来更大。这样的政策搭配如图 8-2 中 $A \rightarrow A_1 \rightarrow A_2 \rightarrow$ 所示，会使调整的结果离均衡目标 F 点越来越远，从而说明这是一种错误的搭配。正确的搭配应当是，以扩张性财政政策解决失业，使 A 移至 A_3，达到内部均衡，再以提高利率的紧缩性货币政策消除国际收支逆差，使 A_3 移至 A_4，……，不断调整下去，其结果将距离均衡目标 F 点越来越近。

根据蒙代尔的政策搭配法则，在图 8-2 中所示的 I、II、III、IV 四个区域内，财政政策和货币政策的具体搭配要求如表 8-1 所示。

表 8-1　各种失衡状态下的财政货币政策搭配

区域	I	II	III	IV
失衡状况	盈余失业	盈余通胀	赤字通胀	赤字失业
财政政策	扩张	紧缩	紧缩	扩张
货币政策	扩张	扩张	紧缩	紧缩

蒙代尔不仅提出了内外均衡要求下的财政政策和货币政策搭配法则，而且与另一位美国经济学家弗莱明（J. Fleming）一起，在凯恩斯主义宏观经济学经典模型 IS-LM 分析框架中加入了国际收支均衡分析（BP 曲线分析），创建了著名的蒙代尔-弗莱明模型（IS-LM-BP 模型）。该模型详尽地分析了在开放经济中不同的国际资本流动情形下，实行固定汇率时的财政政策和货币政策的效果和实行浮动利率时这两种政策的效果，其基本结论是：在固定汇率制度下，当资本完全不流动，即国际资本流动对利率变动完全无弹性时，货币政策和财政政策对国民收入等实际变量的长期影响是无效的；当资本不完全流动，即国际资本流动对利率变动有一定弹性时，货币政策在长期内无效，而财政政策是有效的；当资本完全流动，即国际资本流动对利率变动有充分弹性时，货币政策在长期内无效，而财政政策是有效的，且作用非常明显。也就是说，固定汇率制下的货币政策无论在哪一种资本流动情形下都是无效的，财政政策的有效性则取决于国际资本流动对利率变动的弹性，弹性越高，效果就越好，完全没有弹性时就完全无效。在浮动汇率制度下，当资本完全不流动时，货币政策和财政政策对国民收入等实际变量的影响是有效的；当资本不完全流动时，货币政策和财政政策仍是比较有效的；当资本完全流动时，货币政策非常有效，而财政政策则是完全无效的。也就是说，浮动汇率制下的货币政策无论在怎样的资本流动情形下都是有效的，财政政策则只在资本完全不流动和不完

全流动时有效，效果大小与国际资本流动的利率弹性负相关，弹性越低，效果就越好，有充分弹性时则完全无效。

➤ 本章重要概念

国际收支 balance of payments

国际收支平衡表 balance of payments accounts

经常项目 current account

资本和金融项目 capital and financial account

储备资产 reserve assets

自主性交易 autonomous transaction

调节性交易 accommodating transaction

外汇缓冲政策（融资或弥补）（financing or accommodation）

需求管理 demand mamagement

汇率政策 exchange rate policy

直接管制 direct exchange control

马歇尔-勒纳条件 Marshall-Lerner condition

外汇 foreign exchange

自由外汇 free foreign exchange

汇率 exchange rate

基本汇率和套算汇率 basic exchange rate/cross exchange rate

现汇汇率和期汇汇率 spot exchange rate/forward exchange rate

官方汇率和市场汇率 official exchange rate /market exchange rate

固定汇率和浮动汇率 fixed exchange rate/floating exchange rate

购买力平价 purchasing power parity

利率平价 interest parity

价格-铸币流动机制 price-specie-flow mechanism

弹性理论 elasticity approach to balance of payments

吸收理论 absorption approach to balance of payments

米德内外均衡理论 internal and external equilibrium theory of J. E. Meade

米德冲突 Meade's conflict

丁伯根法则 Tinbergen's rule

蒙代尔政策搭配法则 policy mixture of balance of payments adjustment rule of R. A. Mundell

支出调整政策 expenditure-changing policy

支出转移政策 expenditure-switching policy

➤ 复习思考题

1. 什么是国际收支？国际收支平衡表由哪些基本项目构成？

2. 怎样判断国际收支是否平衡？

3. 国际收支失衡的主要原因是什么？

4. 调节国际收支平衡的一般政策和措施有哪些？

5. 什么是外汇？其基本特征有哪些？

6. 什么是汇率？它是如何标价的？有哪些主要种类？

7. 简述购买力平价理论。

8. 简述利率平价理论。

9. 如何理解国际收支决定论、货币供求决定论、资产组合决定论等汇率决定理论？

10. 怎样理解开放经济下的国民收入均衡和货币供应量？

11. 弹性理论和吸收理论的基本思想是什么？

12. 简述米德内外均衡理论的基本内容。

13. 简述蒙代尔政策搭配法则。

第三篇　银 行 理 论

第九章　银行的组织、管理及发展

内容提示： 商业银行是以追求最大利润为目标，以多种金融负债筹集资金，以多种金融资产为其经营对象，能进行信用创造，并向客户提供多功能、综合性服务的金融企业。在金融服务产业中，商业银行是历史最为悠久、业务范围最为广泛的金融组织形式。在各发达国家，商业银行已经成为现代金融服务产业的中坚力量。本章首先回答"商业银行为什么存在"这一问题。建立在完美市场假设基础上的一般均衡理论，否定以商业银行为代表的金融中介机构存在的必要性。但现实中由于交易成本的存在和市场信息的障碍，直接资本市场远非完全有效的市场，这成为商业银行存在的合理前提。本章还将阐述商业银行经营管理的原则、基本的经营管理理论和商业银行的组织形式，介绍如何分析银行的各种重要财务报表、如何评价银行的经营业绩、如何评价银行的风险和盈利等方面的知识。20 世纪 80 年代以来，国际银行业的经营环境发生了重大变化，这些变化给银行业的运作与发展带来了深刻的影响，本章的最后将介绍国际银行业的发展趋势。

第一节　商业银行存在的经济原因

金融市场的不完善性是商业银行等金融中介机构存在的合理前提。高昂的市场交易成本和社会资金供求双方对市场信息拥有的非对称性质则是导致上述结果的两大重要因素。本节在论述以完美金融市场为前提的一般均衡理论的基础上，解释商业银行等金融中介存在的这两种经济因素。

一、一般均衡理论中的银行业

新古典经济学中的货币中性论与古典经济学中的货币金融理论是一脉相承的。其观点是，在假定一切货币都是内在货币、不存在货币幻觉、对价格水平和利率保持静态预期的前提下，由于存在货币与财富的替代效应，所以货币量的变化和货币政策对实际的经济变化不起作用。新古典货币理论的代表人物有托宾、希克斯、帕廷金等经济学家。新制度经济学领域中的一位活跃的学者埃格特森认为，"在瓦尔拉斯-希克斯-帕廷金传统的模型中，货币不过是理论结构中的一个知识附属物"。托宾将货币金融因素纳入到哈罗德-多马经济增长模型中，提出了著名的新古典货币增长模型（又称托宾模型）与托宾悖论（tobin-paradox），即在货币经济中的人均资本比实物经济中来得少，资本/产出比率和人均产出也比实物经济中来得少，资本/产出比率和人均产出也比实物经济中来得低。与货币中性论相对应的是金融机构中介论，爱德华·肖将其概括为："在生产要素具有完全流动性、价格相当灵活、具有完全可预测性和充满竞争的财富观中，金融体系没有什么作用"。货币中性论和金融体系不起作用的观点被格利和肖统称为财富观。一般均衡理论的核心构架——阿罗-德布鲁模型对金融中介机构（或银行）无用论这一观点进行了论证。

在阿罗-德布鲁模型中，市场是完全的，虽然考虑了不确定因素，但对应于每一不确定因素的市场，如现货市场、期货市场、金融市场等，可以消除这些不确定因素；虽然也考虑了信息不对称问题，但假定代理人拥有信息的不同不会影响个人行动的结果。下面介绍在确定性条件下的阿罗-德布鲁的简单均衡模型。在完美金融市场的假设下，引入不确定性因素对模型结果没有任何影响。

在下面的简单一般均衡模型中，有如下假定和表示符号：

(1) 只考虑两部门（厂商和家庭），不考虑公共部门（如政府和中央银行），厂商用下标 f 表示，家庭用下标 h 表示。

(2) 家庭的消费剩余（即储蓄）向厂商的投资转换通过金融市场和金融中介机构两种渠道，金融市场用 M 表示，金融中介机构（银行）用下标 b 表示。

(3) 假设有时期 1 和时期 2 两个时期，用下标 1、2 表示。

(4) 只有一种商品，最初由消费者拥有。商品中有一部分在时期 1 被消费掉，其余部分在时期 2 由厂商投资于消费品生产。

(5) 消费用 C 表示，投资用 I 表示，储蓄用 S 表示，证券用 B 表示，存款用 D 表示，贷款用 L 表示，供给或资产用符号上标＋表示，需求或负债用符号上标－表示。

(6) 只有一个代表性的厂商、一个代表性的消费者和一个代表性的金融中介机构。

(7) 所有的部门都采取竞争行为。

家庭储蓄向厂商投资进行转化的过程，如图 9-1 所示。家庭储蓄可存入金融中介机构或在金融市场购买证券；金融中介机构可向家庭发行存款凭证或通过金融市场发行证券筹集资金，并将所筹集的资金用于向厂商发放贷款；厂商可利用金融中介机构的贷款或向金融市场发行证券来筹集资金，并将所筹集资金用于投资。

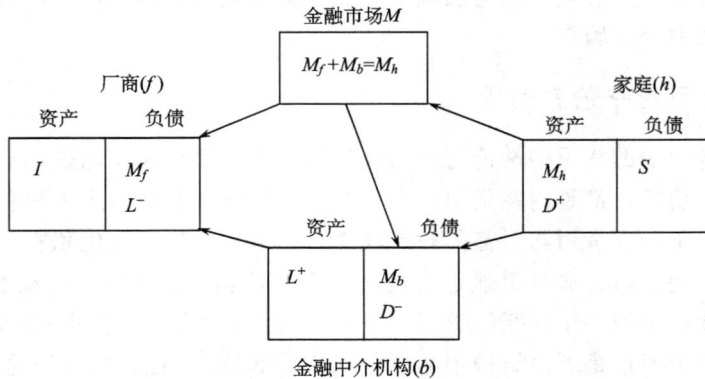

图 9-1　家庭储蓄向厂商投资的转换

(一) 消费者行为

消费者选择其消费组合 (C_1, C_2)，储蓄 S 在金融中介机构存款 D^+ 和证券 M_h 之间分配。消费者的目标函数是在预算约束条件下的效用最大化，即 $\max u(C_1, C_2)$，满足条件：

$$C_1 + M_h + D^+ = \omega_1 \tag{9-1}$$

$$C_2 = \pi_f + \pi_b + (1 + r)M_h + (1 + r_D)D^+ \tag{9-2}$$

式中，ω_1 代表消费者初始消费禀赋，π_f 和 π_b 分别代表厂商和金融中介机构的利润，r 和 r_D 为证券和金融中介机构存款支付的利息率。由于在本模型前提下，证券和金融中介机构存款是完全替代品，所以只有当利率相等，即 $r = r_D$ 时，消费组合才有内部解。

（二）厂商行为

厂商选择适当的投资规模 I 和融资结构，其中向金融中介机构贷款 L，通过金融市场发行证券筹资 B。厂商的目标函数是利润最大化，也就是 $\max \pi_f$，满足条件：

$$\pi_f = f(I) - (1 + r)M_f - (1 + r_L)L^- \tag{9-3}$$

$$I = M_f + L^- \tag{9-4}$$

式中，$f(\cdot)$ 表示厂商的生产函数，r_L 表示银行贷款利率。同样，在本模型前提下，证券和金融中介机构贷款是完全替代品。只有当利率相等，即 $r = r_L$ 时，生产组合方程才有内部解。

（三）金融中介机构

金融中介机构选择贷款供给为 L^+，存款需求为 D^-，证券发行为 M_b，其目标函数是利润最大化，即 $\max \pi_b$，满足条件：

$$\pi_b = r_L L^+ - rM_b - r_D D^- \tag{9-5}$$

$$L^+ = M_b + D^- \tag{9-6}$$

（四）一般均衡

一般均衡特征转化为利率向量 (r, r_L, r_D)、三个需求和供给向量，即用消费者的 (C_1, C_2, M_h, D^+)、厂商的 (I, M_f, L^-) 和金融中介机构的 (L^+, B_b, D^-) 表示。每个部门行为是使其目标函数最大化时的最优决策，最优决策值分别为 P_h、P_f、P_b 的解。$I = S$，即商品市场均衡；$D^+ = D^-$，即存款市场均衡；$L^+ = L^-$，即信贷市场均衡；$M_h = M_f + M_b$，即金融市场均衡。

每一个市场都处于均衡状态，每一个市场都出清。从前面分析可知，只有当所有利率都相等，即 $r = r_L = r_D$ 时，唯一的均衡才可能发生。此时，从金融中介机构的行为方程式（9-5）可知，其利润为零。与此同时，家庭在存款和购买证券的选择上没有差别，厂商在贷款和发行证券的选择上没有差别，所有金融中介机构的决策对其他部门并无影响。于是得出结论：金融中介机构是多余的。

上述证明是在确定性前提下得到的。如果金融市场是完美的，这一结论可以很容易地推广到不确定性情况下。

阿罗-德布鲁一般均衡模型中的金融中介机构无用论走到了一个极端，它过于强调金融市场在一般均衡中的作用，问题也在于这一理论的前提。如果金融市场是完全的，也就是说，如果在金融市场中不存在交易费用、如果（储蓄者或借款人）和投资者（或贷款人）不存在交易费用、如果金融市场是完全竞争的，那么，我们的确不需要金融中介机构这个多余的"楔子"：金融市场足以承担金融中介机构所承担的一切功能，各市场最终都实现了均衡。遗憾的是，这一假定不是现实。现代金融中介理论正是在肯定金融市场不完美这一现实前提下，对金融中介机构，特别是商业银行的存在、发展和功能进行微观的、细致的理论分析。

二、市场交易成本与银行业

金融市场上相对高昂的交易成本是散户投资者购买金融证券的主要障碍。例如，由于金额过小，零星散户有可能达不到购买金融证券所需的最低金额限制而不能成交，或者仅仅能够选择为数有限的金融产品；他们在购买证券时需向经纪人付出较高的佣金，导致了高昂的单位交易成本。另外，散户缺乏关于投资对象的有关信息，并且取得有关金融产品的信息需付出较高的时间与金钱的代价。然而，零星散户（特别是作为储蓄者的居民）又是资金供给的主要来源之一。显然，交易成本严重地阻碍了零星散户通过参与金融市场交易而直接向企业提供资金。

金融中介机构的出现则可以妥善地解决这一问题，金融中介机构通过吸收零星散户的小额资金而形成巨额资金，达到规模经济的效果，从而大幅度地降低单位交易成本。并且，金融中介机构可以选择不同种类的金融产品形成良好的投资组合。此外，金融机构具有关于投资对象经营管理状况的较充分的信息，拥有熟悉金融产品的专门人才，并具备完善的技术手段，因此可以极大地降低市场交易成本。最后，金融中介机构提高了投资者资金的流动程度（将金融资产转换为现金的速度），使投资者所付的交易成本进一步下降。

三、市场信息的非对称性与银行业

在金融市场上，社会资金需方所拥有的市场信息远多于资金供方所获得的有关信息。例如，通过发行债券或股票来筹集资金的公司对其自身的经营管理、财务状况、产品市场和未来发展等方面都具备充分的认识，而购买债券或股票的投资者在对该公司实际状况的了解程度则远低于该发行公司的管理者。这种现象被称为市场信息的非对称性。资金供求双方对信息占有的非对称性质导致了两种结果：其一为交易发生前的逆向选择，其二为交易发生后的道德风险。

（一）逆向选择

商品市场上的一个普遍现象是叫卖声最高的卖主往往是劣质商品的推销者。这种情形在金融市场同样普遍存在，具有高风险性的公司充分了解其金融产品的实际质量，它们往往非常积极地通过销售其金融负债来寻求资金。相比之下，经营与财务状况良好的公司对于推销其负债的主动性则较低。在金融市场上，投资者便有较大的可能性购买到风险高而质量低的金融产品。因此，金融市场上资金供求双方对市场信息拥有的非对称性导致了交易前的逆向选择：提供低质量金融产品的公司（资金需方）积极地寻求买者（资金供方），从而充斥市场。在这种情况下，由于缺乏关于金融产品的充分信息，投资者则倾向于不购买任何公司推销的金融产品。

美国经济学家乔治·阿克洛夫所提出的旧汽车市场上的"柠檬现象"可以解释金融市场的逆向选择结果。在旧汽车市场上，同时存在着有质量问题的旧车（柠檬）和无质量问题的旧车（蜜橙）。一般来说，旧车的卖主充分了解其旧车的状况，而买方则不能辨别他所购买的旧车属于坏车（柠檬）还是好车（蜜橙），因此，买方只愿意付出介于好车与坏车之间的、反映在旧车市场上的平均旧车质量的价钱。这样，"柠檬"车便被高估，其卖主非常乐于成交；而"蜜橙"车则被低估，其卖主不愿进行交易。逆向选择的结果显而易见，旧车市场被劣质的"柠檬"车充斥，从而买方不愿意进场购买，因此实际交易量非常微小。"柠檬现象"同样出现在金融市场上。金融产品（债券或股票）的售方充分了解其产品质量（风险程度和回报水平），而这种金融产品的买方则不了解其有效信息。因此，股票的买方仅愿意付出反映股票市场平均质量水平的股票价格，而债券的买方则要求得到体现债券市场上平均债券质量的回报率。因此，优质股票的股价便被低估，而劣质股票的价格却被高估；同样的，优质债券需付出高于其质量的利率。在逆向选择之下，拥有优质金融产品的公司易于退出市场，而劣质金融产品的供方则占据了市场。对资金供方来说，好的决策是停止进入充满劣质产品的市场。这一选择的必然结果是极大地降低了实际交易总量。

当社会资金供求双方对市场信息的拥有程度一致时，金融产品的市场价格便与其质量一致，"柠檬现象"与逆向选择就都不再存在了。在这种情况下，金融市场便可以有效地将社会资金从供方输导到需方。因此，消除供求双方对市场信息的非对称拥有是解决逆向选择问题、提高金融市场效率的关键。一般来说，以下几种途径可以减少或消除资金供求双方对信息的非对称拥有现象。

第一，金融评估机构可以通过收费方式，为资金供方提供关于金融产品质量的信息。例如，美国标准普尔公司、穆迪公司等资信评估机构为公众投资者提供了关于投资对象质量评价的有偿咨询服务。但是，这种渠道的缺点在于，没有购买资信评估机构信息咨询服务的投资者可以轻易地观察并模仿购买这种信息服务的投资者的市场行为，从而免费地获取利益，这种经济现象被称为"搭便车"。当大多数投资者都选择搭便车时，盈利性评估机构出售的咨询服务便不足以弥补其成本。因此，搭便车行为阻碍了金融评估机构提供足够数量的市场信息以消除市场的逆向选择。

第二，政府可以强制性地要求资金的需方（公司债券与股票的发行者）向公众提供真实的市场信息。然而，在公开发布的统计数据背后，社会资金需方仍然拥有远多于资金供方所了解的关于公司经营及发展状况的全面信息。

第三，通过金融中介机构来克服资金供求双方对市场信息非对称拥有的现象。一般来说，银行或其他金融中介机构能够较充分地了解资金需求者（公司或企业）的实际经营及财务状况，因此，银行可以将其客户所存入的资金借贷给经营状况良好的公司，从而在降低风险的同时获取较高的资金报酬。这一报酬既包括了向资金供方支付的信息的报酬，也包含了向金融中介机构所提供信息及服务的代价。与在公开金融市场上购买债券或股票不同，金融中介机构向资金需方提供的信贷是一种非公开市场交易行为。因此，其他投资者不可能通过观察与仿效银行的信贷行为来获取银行信息服务的报酬。由于非公开市场交易的银行信贷保证了银行为其存户所提供的关于投资对象信息的完全性，它既避免了搭便车行为，又克服了资金供求双方对于信息占有的非对称状态，从而较长有效地解决了所谓资金市场上的逆向选择问题。

（二）道德风险

资金供求双方的信息非对称性还可能导致所谓交易发生之后的道德风险。当资金供方购入公司债券或股票而成为债权人或股东之后，作为债券与股票出售者的资金需方往往存在隐瞒公司经营及赢利方面的信息以获得经济利益的强烈动机。

若投资者在资本市场购入公司的债券而成为债权人，他们所关心的是其资金的安全性与合理利润，即发行公司能否保证按期归还债券本金并支付债券利息。但是，公司经营者却可能将通过发行债券所筹集的资金用于高风险的投资项目上，这样，高风险投资带来的高收益全部为公司所获得，而债券持有者仅领取固定债券利息收入，却需要承担风险投资失败所造成的资金损失。这种现象被称为"道德风险"，它极大地降低了债券购买者的资金的安全性。

一般来说，公司净资产额（总资产减去总负债之差）是衡量其借入资本安全性的重要指标。对净资产额高的公司而言，其相当部分的风险投资可以被认为是使用自有资金来进行的，公司净资产额的增加会降低可能对债券持有人发生的"道德风险"。因此，净资产额高的公司较易于通过发行债券筹集资金，净资产额低的公司则较难采用这一筹资方式。

另外，债权人可以通过契约约束的方式来限制债务人从事高风险业务并鼓励其从事安全性经营，从而减少对于借出资金的"道德风险"。这些契约约束可以包括：指定借入资金的具体使用方向与范围、规定公司的最低净资产额、用公司资产对借入资金进行抵押、公司定期提供资金使用的报告等。然而，对于通过购买债券来提供资金的供方而言，监督与落实这些契约具有相当的难度。

但是，金融中介机构，特别是商业银行，则充分了解借贷公司的实际经营及净资产状况，并且具备监督执行限制借贷公司风险活动的各种契约条规的能力。因此，在银行的参与下，间接融资过程可以消除由于直接购买公司债券所产生的道德风险问题。

在金融市场上，当投资者购入股票成为股东时，股票的发行者亦有隐瞒公司实际经营状况的强烈经济动机，进行有可能损害股东利益的活动，从而产生道德风险现象。资金交易完成后的信息拥有的非对称性是这种道德风险的根源。这一经济现象被称为"委托-代理冲突"。在所有权与经营权分离的情况下，股东（委托人）拥有公司的产权，而公司经理（代理人）则代表股东进行日常的经营管理活动，委托人与代理人的利益很不一致，公司股东追求的是其资本盈利程度的最大化，而公司经理则追求个人利益和权力的最大化，在这两种原则相背反的情况下，如果管理阶层能够成功地隐瞒关于公司经营和财务状况的信息，便可以达到其个人收益和个人支配权力最大化的目的。在股东充分地了解公司的实际经济情况的条件下，公司经理不可能通过操纵公司经营来达到其个人目的，那么"委托-代理冲突"便不会出现。然而，股东对公司管理与财务状况的监督需要付出高昂的金钱和时间上的代价，并且众多股东可能持有搭便车的态度，希望其他股东花费时间与金钱来实施对公司经营管理的监督，而自己则坐享其成。由于监督成本的高昂和股东的搭便车行为的双重影响，公司管理层对公司运作情况的了解实际上远大于公司持股人，从而极易通过操纵公司经营来达到个人利益最大化的目的。

金融中介机构的参与则可以避免由于信息拥有的不对称性造成的"委托-代理冲突"。例如，投资管理公司将股东的资金集中起来选择良好的投资方向，并在此基础上建立新的公司。由投资公司提供启动资金的新公司的股份不属于任何个人（非市场化的股份），而仅仅属于投资管理公司本身，投资公司将派人员参加管理以确实掌握新公司的经营及盈利状况。因此，其他的投资者便不能够享受到对新公司的监督管理所带来的经济利益。换言之，投资管理公司能够充分获取其对新公司监管的利益，有效地避免了搭便车行为的出现，以及由此产生的"委托-代理冲突"。

第二节　商业银行的组织形式

一、确立商业银行组织形式应遵循的原则

　　健全的组织形式和完善的银行制度是商业银行充分发挥其功能的前提，各国当局都十分注重商业银行组织形式的完善。一般而言，各国在确立商业银行形式时，应考虑以下原则：

　　（1）公平竞争、效率至上的原则。只有实现公平竞争，金融机构才能提高效率，才能提供优质服务，才能促进经济与金融的健康发展。

　　（2）安全、稳健原则。要保证商业银行经营的安全与稳健，只有在相当程度上限制它们之间过度的竞争和业务活动，才能减少业务风险，经营管理才会稳健安全，而商业银行安全稳健的经营是整个银行体系安全运行的保证。

　　（3）规模适度的原则。商业银行应该保持适度规模，规模过小，不利于业务的发展，难以提高竞争实力；如果规模过大，又容易形成垄断。只有处于最合理的规模经济状态时，银行的管理费用才最低，盈利才最大，才能向客户提供"质高价廉"的金融服务。

二、商业银行组织形式的构成

　　一般来讲，西方各国就是按照上述原则建立商业银行和商业银行制度的，从组织结构上看，商业银行不外乎以下几种组织形式。

（一）总分行制

　　目前，西方多数国家均采用这种制度，其特点是：在大都市中设立总行，然后在本市及国内外普遍设立分支机构，形成以总行为中心的庞大的银行网络。

　　总分行制的优点可以归结为：①银行规模可以按照业务发展的需要进行扩充，有利于展开竞争，实现规模效益；②分支机构众多，便于资金在银行系统内部调剂使用，减少非盈利性资产占用，提高获利能力；③众多的分支机构在吸收存款方面也有很大的优势；④贷款分布在全国各地，有利于分散经营风险；⑤总分行制下，银行总数相对较少，便于金融管理当局的监管。

　　但总分行制也有自身的缺陷。首先，总分行制加速了大银行对小银行的吞并，容易形成行业垄断，阻碍了商业银行之间的公平竞争；其次，总分行制要求总行对分支机构具有较强的控制力，需要完善的通信设备和有效的成本控制手段。所以，银行的规模并不是越大越好，银行不能只顾盲目扩充经营规模，却忽视了经营质量的提高。

（二）单一银行制

　　单一银行制是指银行业务完全由独立的商业银行经营，不设立或不允许设立分支机构的银行制度。在西方各主要国家中，只有美国的商业银行曾采用这种组织形式，历史上，美国单一银行制的实行是基于对金融权力集中的恐惧。反对总分行制度者认为，如果银行可以任意开设分支，势必发生金融托拉斯吞并小银行的现象。

　　单一银行制避免了因银行经营规模过大而形成行业垄断，有利于银行间的公平竞

争。而且，银行规模相对较小，自主性强，能够根据市场环境的变化灵活地做出反应和调整。但单一银行制的缺点也是显而易见的：其一，在规模、经营范围等方面受到限制，不利于商业银行分散风险；其二，银行规模小，业务发展和金融创新都受到一定的限制，经营成本明显过高，难以提高经营效率。

正是因为单一银行制的种种缺陷，第二次世界大战之后，美国有关当局对商业银行设立跨州分支机构的限制逐渐放松，直至 1994 年，美国国会通过立法，允许商业银行跨州建立分支机构，从而在事实上结束了对银行经营的地域限制。

（三）银行控股公司制

银行控股公司制又称为集团银行制，是指由某一集团成立一股权公司，再由该公司控制或收购两家以上的银行，这些银行在法律上是独立的，但是他们的经营政策和业务活动则由同一股权公司控制，银行控股公司对银行的有效控制权表现为拥有该银行25％以上的投票权。在美国，由于若干相互关联的因素，银行持股公司得到了迅猛发展：首先，银行持股公司的组织形式是针对美国州政府关于禁止设立分支机构的法令进行的金融创新；其次，采取持股公司的形式实现营业范围分散化、业务多样化，可以减少资金流入的不稳定性，便于银行进行风险管理和效益管理；最后，持股公司服务设施集中，因而服务费用较低。由于上述原因，银行持股公司的股票十分畅销，还可以减少公司筹措资金的成本。目前，银行控股公司已成为美国银行产业中最重要的组织形式，各种类型的银行控股公司已拥有全美银行存款与投资的 80％以上。

（四）连锁银行制

连锁银行制是指由某一个人或某一个集团购买若干银行的多数股票来控制这些银行的一种组织形式。连锁银行制无须成立股权公司，通过购买若干家银行的多数股票就可以将他们控制起来，这是与银行控股公司制的最主要区别。连锁银行的组织形式也是针对美国州政府关于禁止设立分支机构的法令进行的金融创新，但在这种制度下，众多银行的所有权被一个人或一个集团控制，难以获得经营所需要的大量资本，这是它的不足。连锁银行在美国中西部较为流行，但其重要性远不及集团银行。

以上各类银行是按照国内业务的基本组织方式划分的，在国际银行业务中，近年来另一种较为流行的组织形态为财团银行，这是由不同国家的大商业银行合资成立的银行，这类银行专门经营欧洲美元市场及国际资金存贷业务。

第三节　银行经营管理的理论和方法

就本质而言，商业银行与其他工商企业一样，其基本管理目的是实现银行价值的最大化。但是由于商业银行主要通过吸收社会存款形成资金来源，它又必须满足银行的基本流动性要求，由此形成了有别于一般工商企业的经营原则和经营理论。

一、银行的经营原则

在长期的经营活动中，商业银行无不希望在追求利润最大化的同时，又能够把风险控制在一定水平上，从而形成了一套在经营管理中应遵循的行为准则，即安全性、流动性与盈利性相互协调的三性原则。

（一）安全性原则

安全性原则，即要求银行在经营活动中，必须保持足够的清偿能力，经得起重大风险和损失，能随时应付客户提存，使客户对银行保持坚定的信任。和一般企业不同，商业银行是负债经营，它的安全性在很大程度上取决于其资产安排的规模和资产的结构，取决于其资产的风险度及现金储备的多少。所以商业银行必须做到以下几点：

（1）合理安排资产规模和结构，注重资产质量。商业银行通常都按照贷款与存款的比率、资本净值与资产的比率、有问题贷款占全部贷款的比率等指标要求来控制其资产规模。如果贷款与存款比率过高，甚至贷款总额超过存款总额，或者资本净值与资产总额的比率过低，都表明该商业银行资产的风险系数过大，会影响银行经营的安全性。如果有问题贷款占贷款总额比率过高，也反映了该银行资产质量不高，会危及银行的安全。此外，商业银行还很注重通过保持一定比例的现金资产和持有一定比例的优质有价证券来改善银行资产结构，提高银行抗风险的能力。

（2）提高自有资本在全部负债中的比重。商业银行的资金来源主要是吸收存款和借入款项，这种负债经营本身就包含着很大的风险，所以人们总把商业银行看作是高风险行业。商业银行主要是靠保持清偿力来抵御和防范这种风险的。而保持清偿力的基础是商业银行的自有资本。自有资本在全部负债中的比重高低，既是人们判断一个银行实力的主要依据，也是银行信用及赢得客户信任的基础。一家商业银行若能在社会上有较高的信用，得到人们的充分信任，那么即使发生暂时的资金周转困难，也会因人们的信任而不会发生挤兑，保证其经营安全，所以每家商业银行都要在可能的情况下，根据实际情况，不断补充自有资本总额。

（3）必须遵纪守法，合法经营。自觉遵守各项法规，不搞违法经营，这能塑造商业银行在社会上的良好形象，同时也可取得国家法律的保护和中央银行的支持，一旦发生风险，便可及时得到中央银行的援助从而免遭更大的风险打击。

（二）流动性原则

流动性原则是指商业银行保持随时可以以适当的价格取得可用资金的能力，以便随时应付客户提存及银行支付的需要。

所谓流动性，是指资产的变现能力，衡量资产流动性的标准有两个，一是资产变现的成本，某项资产变现的成本越低，该项资产的流动性就越强；二是资产变现的速度，某项资产变现的速度越快，即越容易变现，该项资产的流动性就越强。商业银行要保持足够的流动性，以适当的价格取得可用资金的方法有两种：一是实行资产变现；二是通过负债、增资、吸收存款或借款方式筹得资金。

从资产方面看，流动性最高的资产主要有：库存现金、在中央银行的超额准备金存款、在其他银行的活期存款，这三项资产均可随时用于清偿支付。流动性次之的资产有：对其他银行或金融机构的临时贷款、银行购买的国库券及其他短期债券等。流动性较差的资产有：长期债券、抵押贷款、长期信用贷款等。

从保持银行流动性要求看，由于库存现金、在中央银行的超额准备金存款和在其他银行的活期存款可以随时用于清偿支付，所以每家商业银行都必须保持一定比例的这类资产。另外，由于国库券和其他短期债券的期限短，容易变现，尤其是国库券，有政府信用担保，收益率也比较高，在商业银行需要现金时，可随时在公开市场上卖出国库券取得现金，所以大多数商业银行也都把这类资产当做第二准备金，作为保持银行支付能力的一种常用的方法。

商业银行为了更好地实现流动性管理目标，通常需要制定一些数量化指标，以此来衡量和反映本银行的流动性状况，这些指标可分为三大类：一是资产类流动性指标，如现金资产比率（又称头寸比率）、流动性资产比率和贷款占总资产比率等；二是负债类流动性指标，如股权占总资产的比率、存款占总负债的比率、核心存款占总存款的比例及预期存款变动率等；三是资产负债综合类流动性指标，如贷款占存款的比例、流动性资产与易变现负债的差异、存款增长率与贷款增长率的差异等。商业银行可根据以上这些指标的要求编制流动性计划，这种流动性计划可分年度、季度、月度和隔日四种，流动性计划的主要内容是合理安排资产与负债的对应结构，使资产的期限结构和负债的期限结构相适应，避免或减少"借短贷长"的现象。商业银行还可根据流动性计划执行情况和资产来源与运用的变化，进行头寸调剂。积极开展主动性负债业务，以弥补头寸不足，保持银行有足够的流动性。

（三）盈利性原则

盈利性原则是商业银行经营活动的最终目标，这一目标要求商业银行的经营管理者在可能的情况下，尽可能地追求利润最大化。利润最大化既是商业银行充实资本、加强实力、巩固信用、提高竞争能力的基础，也是股东利益所在，更是银行开拓进取、积极发展业务、提高服务质量的内在动力。这是由商业银行的性质所决定的。

商业银行的盈利来自于银行业务收入与银行业务支出之差，即商业银行的盈利＝银行业务收入－银行业务支出。商业银行的业务收入包括：①贷款利息收入；②投资收入（股息、红利、债息及出卖有价证券的价格净差额）；③劳务收入（指各种手续费、佣金等）。商业银行的业务支出包括：①吸收存款支付的利息；②借入资金支付的利息；③贷款与投资的损失（如贷款的坏账、投资于有价证券的资本损失等）；④支付工资、办公费、设备维修费、税金等。

根据商业银行业务收入与业务支出的主要内容，商业银行实现盈利的途径主要有：

（1）尽量减少现金资产，扩大盈利资产比重。现金资产是商业银行资产中流动性最强，但盈利性最差的资产。它不能为银行提供利润收入。而长期贷款和长期投资又是商业银行资产中盈利性最好，但流动性最差的资产，是银行利润的主要来源。为了保持银行流动性、保证银行有足够的清偿力、保证银行经营安全，商业银行必须保有一部分现金资产，但其规模不能太大，否则就要影响银行的盈利水平。所以商业银行的经营管理者们总是将这种非盈利性的现金资产压缩到最低水平，以扩大盈利资产的比重，为本银行获取更多的利润来源。

（2）以尽可能低的成本，取得更多的资金。对商业银行而言，只有取得更多的资金来源，吸收更多的存款，才能更多地发放贷款和进行投资，并且扩大盈利性资产。但吸收资金要有成本，商业银行不能不顾资金成本，高息揽存，这既不利于其他银行，也会害了自己，使自己的资金成本上升，业务支出增加，最终不仅会降低本银行的盈利水平，还有可能使本银行陷入高额利息支出的困境，有时甚至可能会导致银行破产倒闭，这种例子古今中外都有过，所以各商业银行在吸收资金来源时都要仔细核算成本，使资金来源成本低于资金运用所获得的净收入，以保证银行的盈利最大化。现代商业银行都很注意通过为客户提供良好的服务来吸引更多的廉价资金，例如，将活期存款利息率定得很低，有很多西方国家还规定不给活期存款支付利息，这种不付息或低息的活期存款可以以现金或支票方式存入，也可以通过贷款投资等业务派生。如果一家商业银行能比其他银行为客户提供更多更好的服务，则不仅会使该银行的原始存款大量增加，还会使贷款、投资业务扩大，从而带来更多的派生存款，使银行资金成本水平总体下降，提高银行的盈利能力。

（3）减少贷款和投资损失。贷款和投资损失不仅会冲销银行的利润，还会危及银行的安全，所以人们也常用贷款和投资损失的多少作为衡量一家银行经营状况好坏的重要标准，为了保证自身经营安全，实现其盈利最大化目标，商业银行特别注重对贷款和投资项目的预测管理，并十分重视贷后检查，积极过问债务人的经营状况，以减少坏账损失风险，按时按量收回本金和利息，增加银行的利润收入。

（4）加强内部经济核算，增加银行职工劳动收入，节约管理费用开支。

（5）严格操作规程，完善监管机制，减少事故和差错，防止内部人员因违法、犯罪活动而造成银行重大损失。

安全性、流动性和盈利性原则是由商业银行经营管理的基本要求所决定的，也是商业银行实现自身微观效益和宏观经济效益相结合、相一致的要求所决定的。商业银行经营安全性好，有利于整个宏观经济的稳定；商业银行盈利水平高，既可以提高社会经济效益，又可以为再生产和扩大再生产积累更多的资金，扩大了产业资本规模。然而，在实现这些目标时又存在一定的矛盾。安全性原则要求商业银行扩大现金资产，减少高风险、高盈利资产，而盈利性原则则要求商业银行尽可能减少现金资产，扩大高盈利资产。如何协调这一矛盾呢？大多数银行家认为，正确的做法应当是：在对资金来源和资产规模，以及各种资产的风险、收益、流动性进行了全面预测和权衡的基础上，首先考虑安全性，在保证安全的前提下，争取最大的利润。解决安全性和盈利性的矛盾，实现安全性和盈利性统一的最好选择就是提高银行经营的流动性。为此，商业银行必须从资产和负债两个方面加强管理。从长期看，要重视组织资金来源，慎重安排资产结构，保持适当比例的现金资产；加强对长期贷款和投资的预测研究，保证收益，减少风险损失；树立良好的信誉，建立牢固的信用基础，取得客户和社会的高度信任，保持更大的周旋余地。从短期看，在经济扩张时，由于中央银行放松银根，资金来源充足，资金需求旺盛，商业银行此时应侧重于盈利性目标，积极扩大盈利；而在经济衰退时，由于中央银行已开始收紧银根，社会资金来源减少，资金需求也开始衰弱，此时，商业银行应侧重安全性目标，谨慎安排资产规模与结构，减少损失。

二、银行经营管理的理论和方法

如前所述，商业银行在经营活动中，既要获得尽可能高的收益，又要避免或减少风险，保证资金的流动性和安全性。然而，由于三者之间常常存在矛盾，为协调三者关系，实现它们的最佳组合，西方商业银行在其长期的经营实践中，创造、总结出了一整套加强资产负债管理的理论和方法，并据此较好地解决了上述矛盾。在不同的历史时期，由于背景条件不同，所形成的资产负债管理理论也不尽相同。事实上，不同的资产负债管理理论，体现着不同时期、不同条件下银行处理流动性、安全性、盈利性三者关系，以及管理资产负债的不同管理思路。

纵观历史，资产负债管理理论的发展大体上经历了三个阶段。

（一）资产管理理论

资产管理理论是传统的商业银行最早奉行的资产负债管理理论。这类理论产生于商业银行发展的初期，盛行于 20 世纪 50 年代以前。

资产管理理论认为，银行能够主动施以管理的是资产，而不是负债业务；负债则主要决定于客户有无来存款的意愿，银行对此完全处于被动地位。非但如此，对银行来说，其利润也主要来源于资产业务。因此，资产业务是银行经营管理的重点方面，银行应特别注意恰当地选择资产类型，关注资产结构，尽力在资产业务中协调流动性、安全性、盈利性之间的关系，处理好三者间的矛盾。

资产管理理论的形成基于负债是银行资产业务的既定前提，负债规模制约资产规模等基本认识。在负债规模既定的情况下，银行家们力所能及的只能是在既有的负债规模基础上，尽力实现资产结构的优化，即使资产在期限结构上同负债期限相适应。资产管理理论十分强调资产的流动性，强调银行要分层次地保持一定数量的准备金，同时十分关注银行资本的充足性。

资产管理理论之所以长期盛行，原因在于它同当时的时代条件相适应。当时，从宏观上看，通货膨胀还没有成为社会普遍性的、长期性的痼疾；就金融系统内部而言，非银行金融机构虽已出现，但尚未对银行业构成巨大的竞争威胁，金融市场正在发育，尚不发达。因而银行的融资渠道狭窄、有限，资金来源数量也相对充足、稳定。显然在这种背景下，银行下大力气重点管理资产业务是明智的。

在奉行资产管理理论期间，银行家们曾相继推出了"真实票据论"、"资产转移理论"和"预期收入理论"等具体理论，并在这些具体理论思想的指导下，创造出了一系列资产管理的办法。

1. 真实票据理论

真实票据理论又称生产性贷款理论或商业性贷款理论。

真实票据理论是一种指导银行确定资产运用方向的理论。这种理论是商业银行发展初期出现的一种资产管理理论。由于商业生产和商业交换的深度、广度还十分有限，多数企业的经营运作依靠自有资本，只在由于某些临时性、季节性原因而造成短期内资金不足时，才向银行举债；即使在企业发展中有了长期负债的要求，也大多通过其他长期信用形式和信用机构来解决。就消费者而言，尚没有形成举债消费的强烈意念，消费信贷的市场不大；从银行自身而言，其资金主要来源于与商品流通相关的闲散资金，大多为随存随取、流动性极高的活期存款。基于上述背景条件，真实票据理论认为，银行的资金业务应集中于短期自偿性贷款，使贷款随着商业产销过程的完成，随时从销售收入中得到偿还，以便通过资产的高流动性保证负债的高流动性要求。至于长期贷款、消费贷款等，一般不宜发放，即使非发放不可，其额度也应严格控制在自有资本和其他长期资金来源数额内。此外，这种理论还特别强调，银行办理短期自偿性贷款时，必须以真实的商品交易为基础，并以真实商业票据作抵押，以保证贷款的安全。

在银行主要以现金资产保证资产流动性的时候，真实票据理论的出现，不仅可以使银行降低不合理的现金准备，增加盈利资产的比重，又可保证银行的流动性和安全性，因此备受银行家的重视。同时，由于这种理论强调银行贷款要以真实商业行为为基础，所以可使银行信贷随社会生产发展的实际需要，扩大或缩减规模，对稳定通货也有积极作用。据此，在一个较长的时期内，真实票据理论在资产管理理论中居于支配地位。

然而，由于这一理论与不太发达的商品经济相联系，存在一定的历史局限性。①它没有注意到，随商品经济的发展而带来的贷款需求的扩大和贷款种类多样化的要求，既不利于满足企业和消费者日益增长的长期借款、消费贷款的需要，也会直接影响银行自身的发展。②没有认识到活期存款相对稳定的一面。尽管活期存款的流动性强，但总会有一个相对稳定的余额可供银行用来发放长期性贷款，不但不会影响银行的流动性，还会使其增加盈利。③过分迷信短期贷款的自动清偿。事实上，贷款能否自动清偿，关键取决于借款企业产品销售的内外条件。企业产品销售遇到障碍，贷款的期限再短也难以自动清偿。

2. 资产转移理论

资产转移理论又称资产可转换理论，是一种通过资产形式转换保持银行资产流动性的理论。这一理论是伴随证券市场的发展而产生的。在短期证券市场尚未发育时，银行除现金资产外，只能依靠发放短期贷款保持流动性。1929年后，美国政府大量短期国库券的发行，使银行有条件将部分资金投资于这类新的流动性资产。此外，经济危机的打击和第二次世界大战的爆发，减少了企业对短期贷款的需要，也促使银行购买短期债券替换短期贷款。

资产转移理论主张，为保证资产的流动性，以应付客户提取存款的需要，银行应改变资产结构，将部分资金从短期贷款资产中抽回，用以购买信誉高、期限短、具备次级市场条件的证券，需要时可立即将它们转移出去，换回现金。这一理论的推出，不仅使银行找到了购入短期证券保持流动性的新方法，而且提供了增加盈利的新渠道。因为，转移理论大大减小了流动性对短期贷款的依赖。这样，一方面银行可不只限于发放短期自偿性贷款，还可办理长期贷款；另一方面，可压缩非盈利性现金资产的比重，转向持有有价证券，不仅不影响流动性，还会增加盈利。为此，转移理论受到了银行家的普遍重视。然而，这一理论在强调银行资产转移的重要性、可能性的同时，对证券转移的现实性考虑不足。事实上，银行持有的证券能否转移、变现，关键取决于市场条件，如果证券市场需求不旺，或者出现严重萧条（经济危机）时，转移就将十分困难，银行的流动性就将受到极大威胁。

3. 预期收入理论

预期收入理论产生于第二次世界大战结束后、西方经济高速发展时期。经济发展不仅使企业对银行的中长期贷款需求上升，而且，人们消费观念的更新也要求银行发放消费者贷款。加之，金融体系内部竞争愈演愈烈，各银行迫切需要拓宽业务领域，以便在竞争中求生存、求发展。预期收入理论就是在这种背景下产生的。

预期收入理论认为，贷款的偿还取决于借款人的预期收入，只要其预期收入确实有保证，哪怕贷款期限较长，银行也可贷放；如若预期收入靠不住，即便期限再短，也不能自动清偿。依据该理论，只要确有还款保证，银行就既可发放短期贷款，又可发放中长期贷款；既可发放生产性贷款，又可发放消费性贷款。

这一理论的提出，大大深化了对贷款清偿的认识，为银行拓展业务领域、实现贷款的多样化提供了依据；同时，中长期贷款的发放，加深了银行对企业的渗透和控制，提高了银行自身的地位。在奉行预期收入理论的实践中，银行遇到的最大问题是借款人的预期收入难以准确预测，有时实际收入与银行预期相差甚远。因此，这种理论的实施增大了银行的信贷风险。

（二）负债管理理论

负债管理理论是资产负债管理理论发展的第二个阶段。这种理论孕育于第二次世界大战结束后，形成于 20 世纪 50 年代，60 年代为其极盛时期。

负债管理理论的产生，首先源于时代条件的变化。第二次世界大战后，各国经济在和平环境下稳定增长。伴随经济的发展，金融体系内部发生了显著变化，各种非银行金融机构大量涌现，金融市场日益完善、成熟，商业银行面临着激烈的竞争，在资金来源渠道、筹资数量等方面都受到了极大的威胁。特别是进入 20 世纪 60 年代以后，屡屡发生的通货膨胀越来越成为困扰各国经济发展的难题。在各国政府或中央银行纷纷对商业银行实施利率管制的情况下，货币市场融资利率不断上升。各商业银行普遍感到吸收资金越来越困难。寻求新的资金来源渠道，扩大负债，已经成了各银行生存和发展的当务之急。于是，银行不得不将其经营管理的重点由资产转向负债。美国第一花旗银行向市场推出的大额可转让定期存单，迅速扩大了银行的负债来源，为银行主动管理负债创造了条件，负债管理理论应运而生。

其次，资产管理理论存在的某些缺陷，也是负债管理理论取而代之的重要原因。在长期的实践中，随经济条件的变化，资产管理理论不断演进和发展，尽管资产管理理论对稳定商业银行经营、不断拓展资产业务，乃至对促进各国经济的发展，确实起了很好的作用。但是，在处理流动性、安全性、盈利性三者关系上过于向流动性、安全性倾斜，甚至有时为保证流动性、安全性，不惜以牺牲盈利性为代价，这一缺陷又暴露了它不成熟的一面。正是这种缺陷的存在，使它不利于激励银行家挖掘潜力、积极进取，因而对经济的增长也有一定程度的消极作用。基于上述原因，随着时代的变迁，资产管理理论在银行界的统治地位被取代是必然的。

负债管理理论认为，负债和资产既然同是银行的信贷业务，那么银行就不仅可以主动管理资产，还有理由、有条件、有能力主动管理负债；银行资金的流动性既可以通过加强资产管理来实现，也可以由负债管理来保证；银行可以主动开拓除了存款以外的各种负债渠道，例如同业拆借、向中央银行借款、向国际金融市场借款，向公众借款甚至搞变相高利率等，广泛向资金市场购买和争夺资金，以支持资产规模的扩大，并以此保证银行资金的安全性和流动性。负债管理理论强调，银行只有拥有更多的负债，才会有更大规模的资产业务，以牟取利润；特别是在通货膨胀的条件下，负债越多越有利。

负债管理理论使银行找到了保持安全性、流动性的新方法。从此，银行在资金流动性管理方面不再单纯依靠资产的调整，而是从负债和资产两方面努力。这样，银行便没有必要经常保持大量高流动性资产，而应把它们投入高盈利性资产业务中，增加利润收入。此外，负债管理理论改变了银行资产只能被动地适应负债的局面，完全可以根据资产业务的需要，主动组织和调整负债；一旦需要，便可以通过扩大信贷资金来源的办法，支持和发展资产业务，增强银行的经营活力。因而，负债管理理论对激励银行家积极进取、不断进行金融创新起到了很好的作用。

在负债管理理论盛行的一二十年间，伴随商业银行资金来源渠道的拓展和经营规模的扩大，也加剧金融界的竞争、提高了银行负债成本和增大了经营风险。这是因为，银行通过发行大额可转让定期存单、向资金市场及欧洲美元市场借款等方式扩大资金来源时，都需支付高于一般存款的利息；倘若遇到市场资金普遍偏紧的情况，即使支付较高成本，有时也难以筹足款项，以负债管理来保证的流动性也将受到威胁；此外，为了避免因资金成本增加而造成的利润损失，银行不得不将资金投放到信用风险、流动性风险都很高的收益资产上去。

（三）资产负债管理理论

当负债管理理论的局限性在实践中越来越明显之后，20 世纪 70 年代末、80 年代初，资产负债管理理论问世，标志着商业银行信贷管理理论发展进入新阶段。

资产负债管理理论强调，商业银行既不能单纯管理资产，也不能单纯管理负债。因为，无论过于偏重哪一方，都难以实现安全性、流动性、盈利性三者的协调与均衡。鉴于此，该理论认为，银行必须将资产与负债两方面联系起来，从总体上施以科学管理，全面关注资产与负债对信贷资金安全性、流动性和盈利性的影响，实现资产和负债在规模、结构、利率等方面的相互协调，从而实现安全性、流动性和盈利性的最佳组合。

自 20 世纪 80 年代以来，大多数商业银行都奉行资产负债管理理论。这期间，随着经营环境的变化，该理论也在不断发展。80 年代，各国的金融管制放松，货币政策偏紧，通货膨胀率下降，使银行利率的提高和经营规模的扩大受到抑制，非金融企业大规模介入金融业，使本来就处于存贷款利差窘困境地的商业银行又面临更大的竞争压力。为摆脱困境，商业银行充分利用现代化管理方法，用计算机等先进技术手段对资产负债进行全面管理的同时，通过提供多样化的金融服务，发展更广阔的业务领域，开辟新的利润来源。所以，资产负债管理理论又被称为多元化管理理论。具体的方法有。

1. 资金集中法

资金集中法又称资金汇集法或资金池法。它是一种以资产为主的管理方法，其主要出发点是通过对资产的管理，保持信贷资金和银行自身的流动性。这种方法不考虑银行信贷资金来源的渠道和性质，也不考虑它们各自的流动性需要，统统将它们集中起来，再依照资金需要的轻重缓急分配各种资产。考虑到顾客提取存款的需要最急迫，首先将一部分资金分配作一级准备，以应付提存；为补充一级准备或资产流动性的不足，用部分资金购买期限短、质量高、易变现的证券，作为二级准备；分配部分资金发放贷款，以满足经营者的资金需要；在正常贷款需要得到基本满足后，将剩余资金在购买长期有价证券和固定资产投资两方面进行分配。

这种方法，由于没有涉及资金分配中量的比例，实践中难以把握分配到每一资产项目的资金的科学、合理度，致使各银行为保证流动性，不得不将资金较多地运用于流动资产，保持较大量的一、二级准备金，导致利润减少。

2. 资金分配法

资金分配法又称资金匹配法，它是对资金集中法的改进和发展。这种方法的基本点在于：根据不同资金来源的流动性来选择资产的分配方向和分配比例。具体做法是：首先，根据不同来源的资金在银行的稳定程度（流动性大小），确定几个"流动性-盈利性"资金中心;其次,根据每个中心的特征及其对资产流动性的要求,将它们分别按不同比重分配到不同的资产形式中去。

资金匹配法的特色是确定几个如同"行内银行"式的中心,其依据是根据法定准备金率或资金周转速度判定的资金稳定程度。运用这种方法,各项资金来源与各项资金运用通过资金中心建立起交叉对应关系,但并非一一对应,对应分配的资金量也并非平均。例如,活期存款的大部分进入短期资金中心,小部分进入长期资金中心;而定期存款的大部分进入长期资金中心,只有少部分进入短期资金中心。又如,短期资金中心的相当部分要用做一、二级准备金,只有小部分用于短期贷款和短期证券;而长期中心的大部分资金须用于长期贷款或投资,少量的用于短期放款,极小部分用做二级准备金。

与资金集中法相比较,资金分配法从资产与负债两方面统筹考虑,并通过中心来进行资金配置,在以流动性为主的前提下,兼顾了盈利性。因而,既可保证流动性的需要,又可增加银行盈利。但这种方法仍以被动负债为前提,而且,实际操作时极易导致将活期存款简单视为短期资金中心来源,并主要用作一级准备金等类似偏误。

3. 缺口管理法

缺口管理法也称差额管理法。缺口管理法经常在分别以盈利性和流动性为重点的管理中使用,相应地称为敏感性缺口管理和流动性缺口管理。

1) 敏感性缺口管理

这是一种以谋取更大利差收益而利用利率敏感性差异调整资产负债结构的管理方法。这一方法的关键是确定敏感性资金缺口,并对该缺口进行管理,以便在利率变动周期中获得较高、较稳定的利差。使用这种方法,首先需按对短期利率变动是否敏感,将各项资产、负债分别分成两类,即敏感性类和非敏感性类。敏感性资产包括各种浮动利率贷款、短期证券、同业拆放等;非敏感性资产包括固定利率贷款、长期证券、银行财产等。敏感性负债包括支票存款、短期可转让定期存单,以及同业拆入资金等;非敏感性负债包括无息活期存款、长期可转让定期存款、长期负债债务资本、自有资本等。然后将资产与负债进行比较,确定敏感性资金缺口。所谓敏感性资金缺口,即敏感性资产与敏感性负债之间的资金差额,用公式表示则为

$$敏感性缺口=敏感性资产-敏感性负债$$

如果两者的差额为正,称为正缺口;差额为负,称为负缺口。如表9-1所示。

表 9-1 敏感性缺口

资产		负债
敏感性资产	A	敏感性负债
	M	非敏感性负债
非敏感性资产	B	

表中,A表示用敏感性负债安排的敏感性资产;B表示用非敏感性负债安排的非敏感性资产;M则表示用非敏感性负债安排的敏感性资产,即敏感性资产大于敏感性负债出现的正缺口。

通常，短期利率是经常变化的。当短期利率上升时，敏感性正缺口可使银行获得更高利差，而敏感性负缺口会使银行减少利差；相反，当短期利率下降时，资金正缺口会使银行减少利差，而负缺口会增大利差。于是，银行便可在科学预测的基础上，利用"缺口"原理，调整资产与负债结构，以便获得较高的利差收入，或者尽可能降低甚至避免利率风险，获得预期收益。当预测短期利率即将上升时，银行就应当努力扩大正缺口或者缩小负缺口；当预测短期利率将会下降时，则应努力扩大负缺口或缩小正缺口。

使用敏感性缺口法管理的效果如何，关键取决于银行的科学预测能力和对资产负债的调节能力。如若对利率变动和利差的增减预测误差过大，或者虽预测准确，但对资产与负债的调整不利，难以获得所需要的资金缺口，都不会取得增加利差收益的预期结果，甚至适得其反。因此，如不具备上述能力，与其保持缺口，不如使敏感性资产等于敏感性负债，利用最小利息风险状态获得相对大的收益。此外，运用这种方法还应注意非敏感性资产和负债对敏感性缺口的影响，搞好非敏感性资产和负债的配置。

2）流动性缺口管理

流动性缺口管理是一种通过分析资产与负债的流动性差额，来表示目前的流动性状况以及对预期流动性的要求，以此为据调整资产与负债结构的管理方法。

这种方法，首先要求将资产和负债项目依流动性的不同分别分为两类，即流动性资产和非流动性资产，易变性负债和稳定性负债。通常，超额准备金、短期贷款和短期政府证券等属于流动性资产；法定存款准备金、中长期贷款、长期证券、固定财产等属于非流动性资产；季节性和其他波动性较大的活期存款、短期借入款等为易变性负债；储蓄存款、定期存款、活期存款中的稳定部分以及自有资本等则为稳定性负债。然后将两类资产与两类负债进行对比分析，找出双方的流动性差额，这一差额即为流动性缺口，如表 9-2 所示。

表 9-2　流动性缺口

现有资产	流动性资产	流动性缺口	易变性负债	现有负债
	非流动性资产		稳定性负债	
预计增加资产	流动性资产	流动性补充	易变性负债	预计增加负债
	非流动性资产		稳定性负债	

当现有的流动性资产小于易变性负债时，为流动性正缺口，表明资金运用过度，造成资产流动性不足。这时，在安排预计增加的资产时，应使新增流动性资产大于新增易变性负债，并使两者差额等于现有流动性缺口，使不足的流动性得以补充，即要求银行将预计新增稳定性负债中相当于流动性缺口的数额分配于流动性资产。用公式表示为

$$流动性补充（或流动性需求）＝ 流动性缺口$$
$$流动性补充＝ 新增流动性资产 － 新增易变性负债$$

= 新增稳定性负债 - 新增非流动性资产

　　和上述情况相反，当现有的流动性资产大于易变性负债时，被称为流动性负缺口，说明资金运用不足，资产流动性过剩。这时则应使预计新增资产中的流动性资产部分小于新增流动性负债，并使两者的差额与流动性缺口相等；或者说，将相当于流动性负缺口数额的新增流动性负债，运用于非流动性资产，以便在保证流动性的前提下，适当增加盈利。

第四节　银行的财务运营

　　商业银行经营活动的过程和结果体现在其财务报表中，财务报表为银行绩效评价提供了必要的信息。财务报表按所反映金融变量的不同性质可进行简单分类：存量报表提供有关存量变量信息；流量报表则由有关流量信息组成。所谓存量是同时点相联系的变量，流量是同特定时期相联系的变量，这两类变量依存的时间基础是截然不同的。另外，存量指标和流量指标之间也有一定联系，一般而言，流量指标可归于相应存量指标中，资产负债表是存量报表，静态反映银行经营活动；损益表提供流量信息，动态反映银行业绩；现金流量表则将这两种性质不同的报表联结起来。本节将对银行的主要财务报表进行分析，并在此基础上设计一套指标体系对银行绩效做出评价。

一、银行的资产负债表

　　资产负债表是使用最多的财务报表，是一种存量报表，反映了特定时点上银行的财务状况，是银行经营活动的静态体现。通过银行资产负债表可以了解报告期银行实际拥有的资产总量、构成情况、银行资金的来源渠道及具体结构，从总体上认识该银行的资金实力、清偿能力情况。从连续期间的资产负债表可了解到银行财务状况的变动情况，有助于对其未来发展趋势做出预测。

　　银行资产负债表的编制原理同一般企业基本相同，也是根据"资产＝负债＋所有者权益"这一平衡公式，按设定的分类标准和顺序，将报告日银行的资产、负债、权益的各具体项目予以适当排列编制而成。银行业经营活动与工商企业有显著差异，在报表反映内容上也有自身特点。银行总资产中各种金融债权占较大比重，而固定资产，主要是房产和设备所占比重很小，西方商业银行固定资产与总资产的比值一般不足 2％。商业银行更多地依靠负债获取资金来源，自有资金一般不足 10％，大大低于工商企业平均水平。同工商企业相比，银行资本会更多地发挥管理性职能，即监管部门通过建立相关资本金管理法令，来约束、引导银行业的正常发展。另外，由于所处经营环境和法律环境等不同，开展的业务也各有特点，商业银行在资产负债表具体科目设置、会计处理上不尽相同，但总体上大同小异。

　　表 9-3 是一家美国商业银行的报表，借此对银行资产负债表的一般形式做简要介绍。值得注意的是，该资产负债表是按期末余额来表述，但在分析其财务状况、评价业绩时，多采用期初、期末平均余额来考查银行在整个报表期间的经营活动。

表 9-3 银行资产负债表 （单位：百万美元）

资产项目	期初	期末
现金及存放同业	2 300	1 643
证券投资	3 002	2 803
交易账户证券	96	66
同业拆出及回购协议下证券持有	425	278
贷款总值	15 412	15 887
减：贷款损失准备金	195	394
预收利息	137	117
贷款净值	15 080	15 376
银行房产、设备净值	363	365
对客户负债的承兑	141	70
其他资产	1 179	1 104
资产合计	22 586	21 705
负债		
存款		
支票存款	3 831	3 427
储蓄存款	937	914
货币市场存款	1 965	1 914
定期存款	9 981	9 452
在国外分支机构存款	869	787
总存款额	17 583	16 494
借入资金		
同业拆入及回购协议下证券出售	1 836	2 132
其他短期债务	714	897
长期债务	639	617
应付未结承兑票据	111	70
其他债务	423	348
负债合计	21 306	20 558
所有者权益		
普通股	212	212
优先股	1	1
资本公积	601	603
未分配利润	466	332
减：库藏股	0	1
所有者权益合计	1 280	1 147
负债和权益合计	22 586	21 705

（一）资产项目

1. 现金资产

现金资产包括四个部分。首先是库存现金，即银行金库中的纸币、铸币，以及同中央银行发生往来但尚在运送中的现金。其次是托收中存款项，指已签发支票送交储备银行但相关账户尚未贷记的部分，对此项目各个国家处理方式并不一致，美国将其纳入一级准备中，其他国家将其纳入二级准备中。此外，现金资产还包括存放同业的活期存款和在中央银行准备金账户上的存款。现金资产是唯一可做法定存款准备金的资产项目，也是银行全部资产中流动性最强的部分，可以随时满足客户的提存要求和贷款请求，因而被称为一级准备。现金资产基本上是无收益的，银行在经营中总是力图在缴足准备金、确保银行流动性的前提下减少现金资产的持有。

2. 二级准备

二级准备并不是一个独立科目，包括若干具有较强流动性的资产项目。在表9-3中，交易账户证券、同业拆出及回购协议下证券持有是二级准备的主要部分。证券投资中的短期投资部分也归于二级准备。交易账户证券是一特殊科目，只有经常与公众、其他机构进行证券买卖的银行才设置该科目，账户余额表示银行持有的即将销售出的证券数额，该账户应以证券市价作为计价基础。同业拆出和回购协议下证券的持有均是银行调拨头寸、进行流动性管理的有效工具。一般而言，小银行多是资金拆出行，以此谋得收益；大银行多为拆入行，通过连续拆入短期资金而获得稳定的资金来源。

总的看来，二级准备在收益性、流动性方面介于贷款资产和现金资产之间，商业银行持二级准备的目的主要是必要时出售这类资产获取流动性，并非由此取得利润。

3. 证券投资

证券投资是银行主要的盈利资产之一，有时占资产总额的20%以上，可划分为短期投资和长期投资两个部分。前者以保有流动性为目的，包括在二级准备内，后者以盈利为主要目的。商业银行持有的证券分为三类：国库券及政府机构债券、市政债券和企业债券、票据。商业银行一般不允许投资于股票和投机级企业债券。银行证券投资组合中政府债券占有较大份额，主要因为这类债券基本不存在信用风险，安全性极高，可在二级市场转让，有较高流动性，部分市政债券还可给银行带来免税利益。另外，政府债券还是商业银行从外部借款时合格的抵押品。

证券投资科目一般以购入时的成本价作为记账基础，其市价在资产负债表附注中披露。短期投资部分也可直接采用市价记账，对证券投资科目分析时必须考虑其市价波动情况。

4. 贷款

贷款是银行资产中比重最大的一项，也是银行收入的主要来源。银行贷款可进一步划分为消费信贷、不动产贷款、工商业贷款、农业贷款，以及对证券机构、经纪人的贷款等。在资产负债表中，银行贷款以总值、净值两种方式加以表述，贷款总值是报表尚未清还的贷款余额的账面价值，贷款总值扣除一些抵减项目后得出贷款净值。第一个抵减项目是贷款损失准备金，该科目反映了银行对未来可能发生的贷款损失的预计值；第二个抵减项目为预收利息，指银行收到的贷款客户预付的利息，设置该抵减科目有利于核算报表日银行贷款的真实价值。

5. 固定资产

固定资产主要指银行房产、设备的净值，所占比重一般较低，属于非盈利性资产。银行通过对客户抵押品行使取消赎回权所得的不动产在单独设置的"其他不动产"科目中反映。

6. 未结清的客户对银行承兑的负债

未结清的客户对银行承兑的负债来自于银行承兑行为，多数国家将其视为表外项目，美国商业银行将这项业务纳入了资产负债表内。银行对客户签发票据做出承兑后，有权要求客户在一定期限内向该银行缴存一定款项，也承担向客户的债权人付款的义务，因而银行承兑行为在资产负债表中的资产方"未结清的客户对银行负债"科目和负债方"未结清承兑余额"科目中同时反映出来，这两个科目的账面余额也必然相等。

7. 其他资产

其他资产包括银行持有的或控股的，但不纳入合并会计报表的子公司资产及一些数目小、不宜单独列出的项目。

（二）负债

1. 存款

存款是银行最主要的负债，有时占全部资金来源的70%～80%。在表9-3中，存款按其类型分别反映。活期存款，即支票存款账户，西方商业银行在很长一段时间内不对该账户支付利息，只是通过一定服务来吸引客户，存款人可对该账户签发支票、提款、转账。储蓄存款，银行对该账户支付较低利息，允许客户随时提取。在金融创新中出现了"可转让支付命令"账户（NOWs），赋予储蓄账户以支票存款的优点，客户对该账户签发的"可转让支付命令书"可以起到类似支票的作用。货币市场存款账户也出现在金融创新中，其特点是利率可按市场利率的波动做相应调整，并允许客户在一定条件下签发支票。定期存款，这是银行稳定的资金来源，采取存折、存单形式，其中大额存单可在二级市场上流通，对存款人具有较大吸引力，银行对定期存款账户支付较高利息。

20世纪60年代以来，西方商业银行的存款在全部资金来源中所占比重有所下降，主动借款部分增加，存款内部构成也有明显变化，其中定期存款比重明显上升，远远超过活期存款。这一点在大银行表现得格外显著。

2. 借款

借款也是商业银行的重要资金来源，特别是在负债管理经营思想流行后，一些大银行更注重利用借入资金来支持资产业务的扩张。银行以借入资金方式筹资速度较快，且无须缴纳存款准备金。

短期借款主要包括同业拆入、回购协议下证券出售、向中央银行再贴现或借入的款项，也包括商业银行通过发行票据借入的短期资金。

长期借款包括商业银行在国内外金融市场上借入的长期资金，以及发行的长期资本债券。商业银行还可发行债务-股本混合性融资工具获得长期资金。

其他负债指递延税款贷项、应付未付项目及未结清的银行承兑等。

（三）净值

银行净值是股东对银行资产的所有权部分，是银行资产与负债之差。净值可分为四个部分普通股、优先股、未分配利润、公积金。普通股和优先股是股东投入的股本，按面值记账，发行溢价收入记入公积金部分。未分配利润由历年税后利润中未分配部分累积而成，未分配利润中一部分可用来转增股本。公积金包括发行溢价、接受的捐赠资产，也包括利润分配中按规定提取的部分。此外，银行资产重估的增值部分也记入该账户。

银行资本账户内还可以专门设置一些准备项目，主要是股利准备金、证券损失准备金、贷款损失准备金等，这类准备项目是从银行税后利润中提取形成的，并不一定在报表中公开反映。

资本账户还可以包括债务资本，主要是银行发行的长期资本债券。资本债券期限一般长达 10 年以上，持有人不得提前要求偿付，且当银行破产清算时，这类债务的赔偿优先权级别较低，可以同股本一起分担资产损失，权益类似于优先股，因而可以记入净值项目。

二、银行的损益表

损益表，又称为利润表，是商业银行最重要的财务报表之一。与资产负债表不同，损益表是流量表，是银行在报表期间经营活动的动态体现。银行损益表着眼于银行的盈亏状况，提供了经营中的收支信息，总括地反映出银行的经营活动及成果。利用损益表提供的信息，分析其盈亏的原因，可以进一步考核银行的经营效率、管理水平，对其经营业绩做出恰当评价，并可认识该银行发展趋势，预测出该银行的经营前景、未来获利能力。

银行损益表包括三个主要部分，收入、支出和利润。编制损益表所依据的平衡公式是"收入－支出＝利润"，各科目的设置处理取决于银行所采取的会计核算方法、面临的管理法规，也取决于所开展的业务。不同国家的银行有一定差别，但报表的基本结构、编制方法是相同的，下面仍以假设银行为例，对银行损益表做一概括性说明。

表 9-2 在构成方式上并未简单按照收入、支出、利润这一顺序，而是从收益费用配比的角度出发，在编制时将收入、支出依发生性质，即是否同利息相关做了分类，最后按利息净收入、非利息净收入、税前利润这一方式做出表述。表 9-4 只反映了该行的营业利润，未反映一些营业外特殊项目收益情况。

表 9-4　假设银行损益表　　　　　　　（单位：百万美元）

利息收入	
贷款利息收入	780
证券投资利息收入	
免税	76
应税	40
其他利息收入	37
利息收入总计	933

利息支出	
存款利息支出	513
短期借款利息支出	101
长期借款利息支出	30
利息支出总计	644
利息净收入	289
提取贷款损失准备	255
提取贷款损失准备后利息净收入	34
非利息收入	
客户存款服务费用	29
信托业务收入	26
其他	119
非利息收入总计	174
非利息支出	
薪金、福利支出	130
房产、设备占用使用费	44
其他支出	135
非利息支出总计	309
非利息净收入	(135)
税前利润	(101)
所得税	(3)
税后利润	(98)

注：括号内数字为负值

（一）利息收入

利息收入是银行主要的收入来源，有些国家的银行利息收入占总收入的90％以上。但从趋势上讲，银行中间业务和衍生金融交易的收入所占比重越来越大。银行利息收入受多种因素制约，既取决于市场需求、法定准备金率、利率政策等外部因素，也受到银行自身经营策略影响。总的来说，利率越高，生息资产比重越大，所获利息收入也就越多。利息收入可具体细分为：

（1）发放贷款利息的费用收入，这是银行最大的收入来源，表9-4中显示该行贷款利息收入780单位，占全部收入的70％。

（2）证券投资利息收入，其地位仅次于贷款收益，由于某些证券投资可获得部分免税收益，所以由证券投资取得收益对银行有较重要意义。

（3）其他利息收入，包括存放同业所得利息、同业拆出、进行证券回购所得收入，以及购买其他银行发行定期存单所得利息。

(二）利息支出

利息支出部分是银行最主要的费用开支，反映了银行以负债业务吸取资金的成本发生情况。

（1）存款利息支出。这是利息支出的主要部分，银行为获得较稳定的资金来源，有时会以较高利率发行定期存单，因而这类利息支出数额较大。

（2）借款利息支出。20 世纪 60 年代以来，西方商业银行在负债业务方面主动性加强，更加注重利用购买资金来获得资金来源，借款利息比重呈上升趋势，其中短期借款利息主要指向中央银行短期借款、同业拆借、进行证券回购、发行短期商业票据等业务所支付的利息。长期借款利息还包括银行发行的金融债券，特别是附属资本债券所支付的利息，这种支出，性质上接近于支付优先股股息，但能起到抵税作用。

银行利息收入与支出的差，称为净利息收入或利差收入，这是决定银行经营业绩的关键所在，进行绩效评价时应着重考查。

（三）提取贷款损失准备

银行在经营过程中贷款资产会产生损失，其往往通过建立损失准备金来弥补这类预计损失。银行在所得税前计提的这一部分记作"提取贷款损失准备科目"，并累计进入资产负债表中的"贷款损失准备金"账户。

由于提取贷款损失准备被计入税前支出，该科目具有抵税作用。商业银行在经营中倾向于多提取准备金，该科目也受到银行监管部门、税收部门的重视。例如美国商业银行传统上有两种计提方法：一种是经验方式，即按报表当年及前五年发生的贷款损失平均数提取；另一种是储备方式，即按当年年末贷款余额的一定比率提取。美国政府在 1987 年通过了新的税收法案，要求资产规模 50 亿美元以上的商业银行必须依照"特定注销"方式来冲销坏账，计提准备。在这种方式下，只有当一项贷款被明确认定为毫无价值，且经监管部门同意后，银行才可将其注销，并计提贷款损失准备。该方式实际上制约了银行的逃税行为。

（四）非利息收入

非利息收入主要指银行为客户提供服务而取得的费用及佣金收入，具体项目如下：

（1）存款账户的服务费用，主要指对存款人开立银行账户、不能保持要求的最低金额，以及根据签发支票收取的人工费、保管费。

（2）其他服务费和佣金收入，包括代买卖证券、贵重物品保管、信息咨询、办理信用卡、承销国债等收入。

（3）其他收入，指银行所得信托收入、融资租赁收入、表外业务收入等各种非利息收入。

总的来说，随着银行业竞争的加剧，以及经济、金融环境的变化，银行利差收入的增长有限，且波动较大，而各种非利息收入有助于银行开拓其他收入来源，减弱利差收入的波动带来的负面影响。

（五）非利息支出

非利息支出是银行间接费用的主要部分，具体包括以下三类：

（1）薪金与福利支出，包括支付经营管理人员和职工的工资、奖金、养老金、福利费用，还包括银行缴纳的失业保险费、社会保险费等。

（2）各种资产使用费用，包括银行房产、设备的维修费用、折旧费用、设备房屋的租赁费用及相应税款开支。

（3）其他费用，包括业务费用、广告费用、出纳短款损失等。

（六）利润

利息净收入扣除提取贷款损失准备金后与非利息净收入之和，构成银行利润，根据核算口径的不同，银行利润有多个层次。

1. 税前营业利润

税前营业利润是营业收支相抵后的余额，该指标的意义在于明确应税所得，税前营业利润扣除免税收入即为应税所得。

2. 税后营业利润

应税所得减去应付所得税后的余额，加上免税收入就得到了税后营业收入。该指标可以看做是银行正常经营活动的最终结果，较好地反映了银行业绩，是进行绩效评价时的基本指标。

3. 纯利润

银行经营过程中可能发生一些特殊项目，如证券买卖、设备盈亏、会计处理方法变更等，这些特殊项目可以看作是银行营业外活动，最终会影响到银行的盈亏状况。纯利润指标中包括了这类特殊项目，是报表期银行全部活动的体现。但由于它包含了一些不常发生的营业外项目收支，反而不能准确反映银行的经营业绩。计算纯利润时，应将特殊项目净损益及相应所得税额并入税后营业利润中。

三、银行现金流量表

现金流量表又称现金来源运用表，是反映商业银行在一个经营期间内的现金流量来源和运用及其增减变化情况的财务报表，是反映银行经营状况的三张主要报表之一。随着银行业的不断发展及经济环境的变化，现金流量表的重要性也在不断加强。

经过一段时期的经济活动，银行的财务状况会发生变化，即资产、负债、权益的规模及内部结构会有一定的变动，变动结果可以通过银行资产负债表中相关科目期初、期末的情况得以展现。财务状况变动的原因最终可归结为银行现金流量的来源、运用及增减变动。现金流量表反映这一动态过程，而资产负债表仅是静态存量报表，不能揭示财务状况变动的原因。尽管利润表是一张动态报表，但着眼点是银行盈亏状况，不能反映银行资金运动的全貌，也不能揭示银行财务状况变动的原因。现金流量表沟通了资产负债表和损益表，弥补了二者的不足，将企业的利润同资产、负债、权益的变动结合起来，全面反映了报告期内银行资金的来源和运用情况，指出了银行财务状况变动结果及原因，这是现金流量表的主要作用。

现金流量表以现金变动为制表基础，以现金的运用、来源为反映对象，从考察动态化的角度组织内容。一般情况下银行现金流量表中的"现金"概念专指现金资产，即一级准备。报表按等式"现金来源增加＝现金运用增加"进行编制。对该等式的具体解释如下：

现金来源主要有三个途径，首先是营业中所得现金，其次是减少、出售非现金资产换取的现金，最后是通过举债、增发股本等从外部融资。现金运用也分为三个部分，购买非现金资产、偿还债务本息、支付股利。仅从上述现金运用和来源的含义来看，两者不一定相等，差额等于现金资产的变动额。换一个角度看，将现金资产视同普通资产，它的减少也可以带来其他资产的增加或是负债的减少，因而现金资产的减少可以看作特殊现金来源。同样，现金资产的增加可以看作特殊的现金运用，经过这种调整，则可以得出等式"现金来源＝现金运用"，这就是现金流量表的编制原理。

下面是一张假设的银行现金流量表（表9-5），借此简要说明报表项目结构，并对该银行流量状况做一简单分析。

表 9-5　假设银行现金流量表　　　　（单位：百万美元）

项目	金额
现金来源	
营业	
净利润	(98)
非付现费用	
折旧、预提费用	16
提取贷款损失准备	255
其他	(19)
营业所得现金	154
资产减少	
现金与存放同业	657
证券投资	199
交易账户证券	75
同业拆出与回购协议下证券持有	147
其他资产	28
负债增加	
短期债务	479
长期债务	—
其他现金来源	4
现金来源合计	1897
现金运用	
股息支出	36
资产增加	
证券投资	—
贷款	590
其他	—
负债减少	
存款	1089
长期借款	22
其他债务减少	116
其他现金运用	44
现金运用合计	1897

由表 9-5 可知，现金流量表由两大部分构成。

（一）现金来源

（1）经营中所得现金，由净利润扣除应计收入，加上非付现费用构成。在会计核算中，设置非付现费用是为了使净利润更真实地反映银行盈亏状况，但非付现费用仅在账面上得以处理，并未导致现金流出，因而将这一部分加回到净利润中。同理，应计收入并非真实现金流入，也应扣除。银行非付现费用一般包括预提费用、计提折旧、提取贷款损失准备、递延税款贷项发生额等。

（2）资产减少所得现金，包括减少非现金资产增加的所得及减少的现金资产。表中反映该银行现金资产减少较大，以出售、减少非现金资产所得现金很少。

（3）增加负债、增发股本所得现金，这是银行从外部获得的新的现金来源。

现金来源合计为上述三项之和，应结合具体科目的变动情况进行账务处理。

（二）现金运用

（1）支付现金股利。支付股利直接导致现金的流出。

（2）支付现金增加资产。这里所指的资产包括有形资产、多种金融债权及现金项目。银行资产规模的扩大意味着现金运用的增加，该表中反映报告期间银行将较大的资金量投放到贷款资产中。

（3）债务减少。负债业务是银行获得资金的主要方式，但债务还本付息是现金资产的净流出，即一项现金运用。

现金运用合计为上述三项之和。在编制正确的现金流量表时，现金运用必须等于现金来源。

四、银行综合业绩评价

综合业绩评价是商业银行运用一组财务指标和一定的评估方法，对其经营目标实现程度进行考核、评价的过程。设计综合业绩评价指标体系是进行评估的关键，必须服从银行经营总目标。一般而言，处于不同的发展阶段和经营环境的商业银行在经营中所追求的具体目标有所不同，但根本的出发点是一致的，即实现股东财富最大化。股东财富指企业所有者在市场上转让出该企业所能得到的收益，反映了市场对企业的综合评价。股东财富或企业价值受多种因素制约，我们用下列公式说明

$$V = \sum \frac{E(D_t)}{(1+k)^t}$$

这是企业价值的贴现模型，其中 V 为目前企业价值；$E(D_t)$ 为第 t 年现金流入预期值或预期利润；k 为同风险程度正相关的投资报酬率；t 为时间，理论分析中一般假定企业会无限持续经营，t 趋于无穷大。

上述模型显示，考查银行经营目标实现程度可从两个方面入手：一是银行获利情况，二是风险程度。这是设计绩效评估指标的基本出发点。商业银行的经营环境比一般企业更为复杂，加之其独特的资产负债结构，银行流动性和清偿力状况成为其能否生存的关键，因而在设计风险类指标时将清偿力指标和流动性指标单独列出，便于重点考查。商业银行综合业绩评价指标大多采用比率形式，这样可以剔除银行规模差异对绩效分析的干扰，还可将银行财务报表中的原始信息有机地结合起来，更准确地反映银行

绩效。

商业银行综合业绩评价体系是一组财务比率指标，按实现银行经营总目标的过程中所受的制约因素分为四类，即盈利性指标、流动性指标、风险指标、清偿力及安全性指标。

（一）盈利性指标

盈利性指标用于衡量商业银行运用资金赚取收益同时控制成本费用支出的能力。盈利性指标的核心是资产收益率和股本回报率，利用这两个财务指标及其他派生财务比率指标可较准确地认识银行的获利能力。

1. 资产收益率

资产收益率是银行纯利润与全部资产净值之比，其计算公式为

$$资产收益率 = 纯利润 / 资产总额 \times 100\%$$

资产收益率指标将资产负债表、损益表中的相关信息有机结合起来，是银行运用其全部资金获取利润能力的集中体现。有两点需补充说明，计算资产收益率指标时可以选择总资产的期末余额做分母，这一数据可以方便地在资产负债表上直接取得，但银行利润是一流量指标，为准确反映银行在整个报表期间的经营获利能力，采用总资产的期初与期末余额的平均数做分母效果更好。另外，银行纯利润包括一些特殊的营业外项目的税后收入，因而资产收益率指标的变动有时不能简单理解为银行正常营业获利能力的改变，应结合具体情况分析。

2. 营业利润率

营业利润率排除了特殊项目的影响，更准确地体现了银行经营效率，计算表达式为

$$营业利润率 = 税后营业利润 / 资产总额 \times 100\%$$

由损益表可以看出，银行营业利润来自于经营活动中各项利息收入和非利息收入，不受证券交易、调整会计政策、设备盘盈盘亏等不常发生的营业外活动的影响，是银行经营能力和成果的真实反映。

3. 银行净利差率

利息收入银行是主要收入来源，利息支出是其主要成本支出项目，因此利差收入是影响商业银行经营业绩的关键因素。银行净利差率的主要计算公式为

$$银行净利差率 = （利息收入 - 利息支出）/ 盈利资产$$

盈利资产指那些能带来利息收入的资产。银行总资产中，除去现金资产、固定资产外，均可看作盈利资产，在计算中分母也应采取平均值。一般情况下，银行经营规模的扩大、盈利资产的增多：会引起相应利息收入的增加，但银行净利差率的提高表明银行利差收入的增长幅度大于盈利资产增长幅度，即银行在扩大资金运用、增加收入的同时，较好地控制了相应的融资成本（利息支出）。因而该指标可有效反映银行在筹资放款这一主要业务中的获利能力。

4. 非利息净收入率

非利息净收入率不只是银行获利能力的标志，同时也反映出银行的经营管理效率，计算表达式为

$$非利息净收入率 = （非利息收入 - 非利息支出）/ 资产总额$$

由损益表可知，银行非利息收入来自于手续费和佣金收入，获得这类收入不需要相应增加资产规模，较高的非利息净收入会明显提高银行资产收益率。非利息支出包括提取贷款损失准备、员工薪金、折旧等间接费用，同银行管理效率直接相关，因而较高的非利息净收入率意味着相对较低的各类间接费用开支，表明银行管理效率良好。

总的来说，非利息净收入率的提高是银行盈利能力和管理效率良好的表现。但有时也意味着经营中潜在风险的提高，主要因为非利息收入中的较大部分通过表外业务取得，常伴随着一定的或有负债及其他风险，且不在财务报表中明确表示，因而应用指标时应多注意其他相关信息，了解相应风险状况。

5. 银行利润率

银行利润率的计算表达式为

$$银行利润率 = 纯利润 / 总收入 \times 100\%$$

从式中可以看出，该指标反映了银行收入中有多大比例被用做各项开支，又有多大比例被作为可以发放股利或再投资的利润保留下来。该比例越高，说明银行获利能力越强。

6. 权益报酬率

权益报酬率又称净值收益率、股东投资收益报酬率等，计算表达式为

$$权益报酬率 = 纯利润 / 资本总额 \times 100\%$$

该指标反映了银行资本的获利程度，是银行资金运用效率和财务管理能力的综合体现，和股东财富直接相关，因此，受到银行股东的格外重视。

(二) 流动性指标

流动性在任何企业经营中都是盈利性和安全性之间的平衡杠杆。商业银行由于自身不寻常的资产负债结构，更易受到流动性危机的威胁，这也是银行将流动性指标从一般风险指标中分离出来的原因。流动性指标反映了银行的流动性供给和各种实际的或潜在的流动性需求之间的关系。银行流动性供给在资产方和负债方均可存在，如银行拆入资金或出售资产都可以获得一定的流动性。流动性需求则可通过申请贷款和提存等形式作用于资产负债两方面。

1) 现金资产比例（现金资产/资产总值）

现金资产比例是银行所持现金资产与全部资产之比，现金资产具有完全的流动性，可随时应付各种流动性需求。该比例高则反映出银行流动性状况较好，抗流动性风险能力较强。然而，现金资产一般是无利息收入的，如果现金资产比例太高，则银行盈利资产下降，就会影响收益。

2) 国库券持有比例（国库券/资产总值）

国库券是银行二级准备资产的重要组成部分，对银行流动性供给有较大作用。一方面国库券自身有较强的变现能力，银行出售国库券可直接获得流动性供给，另一方面，国库券是一种被普遍接受的抵押品，银行可以用其取得质押贷款，即持有国库券也可产生间接的流动性供给。该比值越高，银行的流动性越好。

3) 持有证券比例（证券资产/资产总值）

商业银行资产组合中很大部分是所投资的各类证券，这些证券一般均可在二级市场

上变现，为银行带来一定的流动性供给。

单纯应用该指标判断银行流动性具有很大局限性。这主要是因为证券的变现能力同其市场价格密切相关，在市场利率上升时，证券市价下跌，特别是一些长期证券难以按购入成本和记账价值转让出去，因此分析持有证券给银行提供的流动性时，须结合指标——市值/面值评判。一般情况下，市值/面值比例越低，说明银行所持有证券的变现力越低，从中可获得的流动性供给越小。

4）贷款资产比例（贷款/资产总值）

贷款资产比例是银行贷款资产与全部资产的比值。贷款是银行主要盈利资产，其流动性较差，该比值较高，反映银行资产结构中流动性较差部分所占比例较大，流动性相对不足。另外，贷款内部各组成部分又具有不同的流动性。其中一年内到期的贷款在一个营业周期内自动清偿，可以带来相应的现金流入，提供一定的流动性。因而可以用一年内到期贷款/总贷款作为贷款资产比例的补充指标，补充指标值越高，说明银行贷款中流动性较强部分所占比例较大，银行的流动性状况越好。

上述指标主要从资产项目来反映银行的流动性。小银行受其规模、市场地位的影响，一般依靠提高资产的流动性来应付各种流动性风险，因而在对小银行进行综合业绩分析时，这四个指标具有较大意义。

5）易变负债比例（易变负债/负债总值）

易变负债比例是易变负债与全部负债之比。易变负债包括银行吸收的经纪人存款、可转让定期存单及各类借入的短期资金。这类负债受资金供求关系、市场利率、银行信誉等多种因素影响，其融资成本、规模均难以被银行所控制，是银行最不稳定的资金来源。该指标反映了银行负债方面的流动性风险情况，比值越高，说明银行面临的潜在流动性需求规模越大且不稳定。

6）短期资产/易变负债

银行短期资产包括同业拆出、存放同业的定期存款、回购协议下的证券持有、交易账户证券资产、一年内到期的贷款等。这部分资产是银行最可靠的流动性供给，可以较好地应付各类流动性需求，短期资产/易变负债指标衡量了银行最可靠的流动性供给和最不稳定的流动性需求之间的对比关系，该比值越高，说明银行的流动性状况越好。

以上两个指标主要从负债方面考虑商业银行流动性情况。在运用这两个指标进行银行业绩分析时必须注意银行的规模，一些大银行，特别是地处金融中心的大银行，在经营中更多地利用增加短期负债来获取流动性；小银行则依靠资产变现取得流动性。因此对于规模不同的银行，同一指标数值所反映的流动性状况会有较大差异。

7）预期现金流量比

预期现金流量比是预计现金流入与流出的比值，设计时考虑一些表外项目的影响，可以弥补上述指标的不足。银行现金流出包括正常贷款发放、证券投资、支付提存等项目，还包括预计贷款承诺需实际满足的部分及预计的其他或有负债一旦发生需要支付的部分。现金流入包括贷款收回、证券到期所得，或者偿付、预期中的证券出售及各类借款和存款的增加等。指标值大于1的不同值，均显示出该银行未来流动性可能有所提高的不同程度。

（三）风险指标

在财务管理和财务分析中，风险被定义为预期收入的不确定性，这种收入的不确定性会降低企业价值。商业银行面临复杂多变的经营环境，收益水平受多种因素的干扰，风险指标将这些因素做了分类，并定量反映了商业银行面临的风险程度和抗风险能力。

1. 利率风险

当前的商业银行业务日益多样化，成为"金融百货公司"，以多种金融服务获取收益。但从根本上来看，银行主要收入来源仍然是各种生息资产，成本项目主要是为融资而发生的利息支出。市场利率的变动往往会引发银行利差收入甚至全部营业收入的波动，这就是利率风险。资金配置不同的银行面对相同的利率波动所受影响是不同的，即利率风险暴露不同。这种差别可以通过以下两个利率风险指标度量

① 利率风险缺口＝利率敏感性资产－利率敏感性负债；② 利率敏感性比例＝利率敏感性资产/利率敏感性负债。

利率敏感性资产是指收益率可随市场利率变动重新调整的资产，如浮动利率贷款。以相同的方式可以定义利率敏感性负债。在应用上述两个指标进行分析时，应注意保持计算式中的资产负债期限上的一致。

这两个指标在含义上是一致的。当缺口为 0 或比值为 1 时，银行不存在利率风险暴露，利差收益不受利率变动影响，其他指标值均意味着存在利率风险暴露。样本银行指标值与均衡值（0 或 1）偏差越大，银行面临的利率风险越大。

2. 信用风险

银行的信用风险指银行贷款或投资的本金、利息不能按约得到偿付的风险。银行的主要资产和收入来源是各类金融债权，信用风险对其经营业绩影响很大，以下几个指标反映了银行面临多种实际和潜在的信用风险程度及银行为此所做的准备情况

1）贷款净损失/贷款余额

贷款净损失是已被银行确认并冲销的贷款损失与其后经一定的收账工作重新收回部分的差额，反映了信用风险造成的贷款资产的真实损失情况。该指标衡量了银行贷款资产的质量状况，比值越大，说明银行贷款资产质量越差，信用风险越高。

2）低质量贷款/贷款总额

低质量贷款由三部分组成：一是逾期贷款，指超过偿还期 90 天尚未收回的贷款；二是可疑贷款，确认标志是债务人未能按约支付利息，这往往是债务人财务状况恶化、最终无力偿还本息的先兆；三是重组贷款资产，当债务人财务状况恶化，银行为避免贷款债权的最终落空，有时会以延长期限、降低利率等方式同借款人进行债务重组协商。低质量贷款的信用风险程度很高，是产生未来贷款损失的主要原因。该指标是对上一个指标的补充，估计了潜在的贷款损失，比值越高，银行贷款中信用风险越大，未来可能发生的贷款损失越大。

3）贷款损失准备/贷款损失净值

贷款损失准备来自于银行历年税前利润，是对未来可能出现的贷款损失的估计，并可以弥补贷款资产损失。该项指标比值越高，表明银行抗信用风险的能力越强。

4）贷款损失保障倍数

贷款损失保障倍数是当期利润加上贷款损失准备金与贷款净损失之比，比值越大，

说明银行有充分的实力应付贷款资产损失，可以减少贷款损失对银行造成的不利影响。

上述指标集中考查了银行贷款资产的风险状况，并未对证券投资进行信用风险评估，这是因为银行所持有的证券以政府债券为主，信用风险程度相对较低。

3. 欺诈风险

银行经营中会遭受内外部人员的欺诈或舞弊行为所产生的风险，这类风险称为欺诈风险。欺诈风险一般没有直接的度量指标，往往用其他指标间接反映，例如，内部贷款比例。该指标是银行对其股东或经营管理人员的贷款与总贷款之比，粗略衡量了由内部交易所带来的可能的欺诈风险程度。一般而言，欺诈风险与该指标数量呈正相关关系。

（四）清偿力和安全性指标

银行清偿力是指银行运用其全部资产偿付债务的能力，反映了银行债权人所受保障的程度，清偿力充足与否对银行的信誉也有极大的影响。从恒等式"净值＝资产－负债"来看，银行清偿力不足或者资不抵债的直接原因是资产损失过大，致使净值小于零，负债不能得到安全保障。但清偿力不足的根本原因是资本金不足，未能与资产规模相匹配，因而传统的清偿力指标主要着眼于资本充足情况。

1. 净值/资产总额

净值是银行全部资金中属于银行所有者的部分，具有保护性功能，即吸收银行资产损失、保护债权人权益的功能。净值比例将资本量与资产总量结合起来，简单地反映出银行动用自有资金，在不损害债权人利益的前提下应付资产损失的能力。该项比值越高，表明银行清偿能力越强。但其基本假设前提是银行资产规模和可能发生的损失之间存在简单的比例关系。该指标是一项传统指标，优点是计算方便。随着银行业务的不断发展，其资产和负债结构有了很大改变，不同资产所面临的风险有较大差异，资产规模和资产可能遭受的损失之间不再保持简单的比例关系，该指标的有效性有所下降。

2. 净值/风险资产

第二次世界大战之后西方商业银行的资金运用由单纯贷款资产转向贷款和政府债券的资产组合，这两类资产所含的风险程度迥然不同，简单地应用净值/资产指标已无法确切反映银行的清偿力和安全情况，计算清偿力的考核重点转向净值对风险资产的比率。风险资产是总资产扣除现金资产、政府债券和对其他银行的债权后剩余的部分。将这些无风险资产排除后，净值/风险资产指标更多地体现了资本吸收资产损失的保护性功能，能较准确反映银行清偿力。

上述两个指标着眼于净值与资产的关系来衡量银行的清偿能力和安全程度，随着银行业的不断发展，这种分析思想已显示出较大的局限性：首先，银行资本的构成日益复杂，在提供清偿力方面是有差异的，应区别对待；其次，表外业务在银行经营中的地位有了较大提高，有必要纳入清偿力考核指标内。

3. 《巴塞尔协议》中资本充足率指标

有关《巴塞尔协议》对银行资本充足率指标的规定详见本书第 13 章第 6 节"金融监管"中有关资本充足度管理的内容。

4. 资产增长率和核心资本增长率

资产增长率和核心资本增长率反映出银行清偿力的变化情况。一般情况下，银行资产规模扩张较慢，银行相对稳定；银行资产规模扩张较快，往往意味着有较大的潜在风险，资产增长基础也不牢固，是银行清偿力下降的标志。结合核心资本增长率可更好地分析银行清偿力的变动。例如，当银行资产增长率保持原有水平而核心资本增长加快时，银行清偿力得以提高。

5. 现金股利/利润

银行净值中比重最大的是未分配利润项目，该科目也是影响银行资本充足与否以及清偿能力高低的重要因素。未分配利润项目来自于历年累积的利润留存、现金股利，是银行利润的净流出。较高的现金股利分配率降低了银行内部积累资本的能力。另外，分配现金股利导致了银行现金资产的减少，风险资产比重相对加大。因此，现金股利/利润指标值太高，意味着银行清偿力未能达到其应达到的标准。

第五节　国际银行业的发展趋势

20 世纪后期以来，金融全球化以强劲的势头迅速发展，资本流动全球化、金融机构全球化和金融市场全球化，极大地改变了并且继续改变着国际银行业的经营环境和运行方式。这种变化使国际银行业出现了新的发展趋势，国际银行业并购及整合的步伐进一步加快，并向业务综合化、国际化和高科技化的方向发展。

一、兼并重组加剧

银行业的兼并和收购是当今与未来国际银行业发展的一个非常重要的趋势，银行并购已经成为国际银行业格局变动的基本动力，是推动国际银行业进入全新时代的最重要的因素之一。

20 世纪 90 年代中期以来，国际银行业出现了盛况空前的银行并购浪潮，其规模之大、范围之广、影响之深，都堪称史无前例。如 1996 年的日本东京银行也与三菱银行合并、美国大通银行与化学银行合并，1997 年瑞士银行与瑞士联合银行的合并，都曾引起国际金融界的轰动。而 1998 年 4 月 6 日，美国花旗银行也与旅行者集团宣布合并定名为花旗集团，成为世界上最大的金融服务集团；7 天之后，全美排名第五的美洲银行与排名第三的国民银行合并，美国第一银行也与第一芝加哥银行合并而成为全美第五大银行。1999 年 8 月，日本第一券业银行、富士银行和兴业银行宣布合并，组成资产超过 1.2 万亿美元的世界最大的银行，定名为瑞穗金融集团，将日本银行业采取强强联合方式进行重组的改革推向高潮。当前正在进行的国际银行业并购潮的显著特点是规模巨大、席卷全球、跨国并购和跨行业并购。世界前十大银行中除了个别银行外，几乎都是 20 世纪 90 年代以来通过并购扩大规模的。

国际银行业并购经久不衰有着其深刻的原因。从宏观因素来看，随着金融全球化的发展、金融自由化程度日益加深，大多数国家对银行业发展的限制逐步减少，大都采取推动银行并购的宏观政策，这就为银行并购提供了较为宽松的宏观环境。从银行并购的微观因素来看，第一，并购可增强资本实力，是银行实现全球扩张最为便捷的方式。一般来说，银行规模与客户信任度及市场占有率呈正比例变化，银行规模越大，就越有可能更广泛地赢得客户的信任，从而大大提高市场占有率。从这个意义上来说，规模大小对银行获得竞争优势具有极其重要的影响。第二，并购可节省资源和优化资源配置、降低经营成本、增加利润。并购在精简机构、人员，以及降低经营成本方面有显著的效果。第三，并购是银行向全能银行发展的需要。并购不同业务类型的金融机构或非银行金融机构使业务向综合化发展，向客户提供不同的金融产品和全面的金融服务，走全能银行的道路，成为银行能够在剧烈的竞争中立于不败之地的最佳选择。第四，信息技术的发展为并购提供了强大动力，保证了银行并购的实现，如果没有现代高科技和信息技术的高度发展，就无法对并购后的大型银行进行控制和管理，而且也难以负担管理成本。第五，并购能大幅度提高银行的竞争力，使之能够最大限度地获取利润。而竞争力的提高、盈利能力的增加，毫无疑问将增强银行抵御风险的能力。

目前，新一轮的国际银行业并购浪潮正呈现出全新的特征和趋势：一是并购的动机发生了根本性变化，由过去的协同财务效应为主转变为争夺国际银行业的霸主地位；二是并购的对象和方式发生了变化，不仅大银行对中小银行实行收购和兼并，而且大银行之间的并购越来越普遍，并购方式则由传统敌意收购或单方面收购转变为更多地注重战略合作；三是跨行业并购成为银行业参与全球化、综合化竞争的最佳选择，许多跨国大银行通过收购证券、保险等非银行机构实现综合化经营，向客户提供全方位、综合化的金融服务；四是跨国界并购越来越多，并逐渐成为一些区域性大型银行实现全球化经营战略布局的重要途径。可以预期，国际银行业的并购重组方兴未艾，广大新兴市场经济国家的银行将成为下一轮国际银行业并购的热点。

二、银行经营跨国化

跨国银行也称为多国银行，是指在许多国家设有分支机构和附属机构、跨国经营金融业务的银行。跨国银行具有一些显著的特点：拥有广泛的国际网络，经营广泛的国际业务；从全球目标出发，制定全球经营战略；对国外分支机构实施集中统一控制。由此可见，跨国银行与一般银行有着重要的区别，例如有些银行在国内建立国际业务部从事国际业务而且业务量很大，尽管如此，它也不能成为跨国银行，因为它并没有跨国界经营，充其量可称其为从事国际业务的银行。

从历史上看，银行跨越国界的经营活动，早在自由资本主义时期就已存在，但具有现代意义的跨国银行从20世纪60年代开始才真正获得迅速发展。毫无疑问，银行业选择跨国经营最根本的原因是为了谋求自身发展以实现更大的盈利。而从促进跨国银行迅猛发展的直接原因来看，主要包括三个方面的因素：首先是国际金融市场的金融创新。从20世纪60年代开始，伴随着国际贸易与国际资本流动的大规模增长以及跨国公司在全球的迅速扩张，国际金融市场也得到了空前的发展，其重要标志是金融创新的迅速发展。国际金融市场的金融创新主要包括金融市场创新、金融技术创新和金融产品创新。其次是金融自由化的深入发展。20世纪70年代以来，各国的金融自由化改革也在不断深入，由放松利率管制到放松金融业务管制，再发展到放松或部分放松资本项目管制，极大地促进了金融机构之间的竞争，推动了金融机构向全能化、国际化发展。最后是银行业发展战略的调整。随着全球竞争的加剧和金融风险的增加，国际上许多大银行都把扩大规模、扩展业务以提高效益和增强抵御风险能力作为新发展战略，国际金融市场掀起了声势浩大的跨国并购浪潮，造就了众多的巨型跨国银行。

20世纪70~80年代是跨国银行数量迅速增长时期，20世纪90年代以后，跨国银行的总体结构已经趋于稳定。当前跨国银行的发展出现了一些新的变化：一是发达国家跨国银行进行结构调整，主要表现在设立在发达国家的实体性机构出现了下降的趋势，而电子化意义上的网络在不断扩大，设在发展中国家的机构数量则相对增加；二是发展中国家跨国银行的海外机构数量在不断增加，近年来已显示出大举进入发达国家开办分行或代表处的趋势。因此，无论是发达国家还是发展中国家的银行业，都面临着业务活动领域和经营模式的进一步转变，银行跨国经营趋势将会继续进行下去。

三、全能银行迅速发展

全能银行又称为综合银行，是指不受金融业务分工限制并能够全面经营各种金融业务的银行。全能银行有三种类型：一是商业银行加上投资银行，二是商业银行加投资银行加保险公司，三是商业银行加投资银行加保险公司加非金融公司股东。以德国为代表的欧洲全能银行大多是指第三种类型，而人们通常所指的全能银行是第二种类型。全能银行又有两种运作模式，一种是德国模式，即在银行内设置业务部门全面经营银行、证券和保险业务；另一种是英美日模式，即通过设立金融控股公司，银行以控股公司的名义从事证券、保险和风险投资等业务。

20世纪80年代以来，在金融自由化浪潮的冲击之下，金融创新层出不穷、金融监管逐步放松，各种金融机构之间业务相互交叉与渗透不断加强，西方国家的银行业又由过去的分业经营逐渐向全能银行演变。进入20世纪90年代以后，美国商业银行向全能银行的发展进一步加快，一个十分重要的原因就是美国银行在国际金融市场上越来越多地受到来自欧洲和日本银行的竞争压力，这些国家的商业银行已经突破传统的分业界限，全能银行的综合化趋势日益明显。为了应对欧洲和日本银行咄咄逼人的竞争态势，1999年11月，美国通过了《金融服务现代化法案》，废除了《格拉斯-斯蒂格尔法》中关于分业经营、分业管理的限制，允许银行扩展所有的金融服务，从而使美国的金融机构可"在一个屋檐下"和"用一种品牌"从事多种业务经营，这标志着银行业进入了全能银行时代。

自1933年美国通过《格拉斯-斯蒂格尔法》之后，商业银行的经营体制便出现了分离银行体制和全能银行体制并存的局面。对于这两种体制孰优孰劣在理论界和金融界一直存在着广泛的争议。对全能银行的批评主要集中在三个方面。第一，道德风险问题。由于商业银行的收益和风险不对称而产生道德风险，商业银行高风险投资所获收益完全由其独自占有，但经营失败的风险则由存款人或存款保险公司甚至整个社会来承担。这种状况将导致商业银行只顾追求利益，忽视或放松风险控制。第二，经营风险问题。受利益驱动，商业银行从事高风险活动，违背了存款人的意愿。尽管商业银行从事投资银行业务可以增加利润来源，但也必然承担了证券业的风险。第三，操纵证券市场问题。即商业银行涉足证券业后可利用自身资金实力的优势，参与交易、操纵市场，造成证券市场事实上的不平等，从而损害广大中小投资者的利益。尽管这些批评不无道理，但是国际银行业最终依然选择了全能银行体制，就连美国这个分业经营的倡导者也放弃了分业经营。这种变化值得思考。全能银行的迅速发展有其内在必然性，并反映了金融全球化背景下国际金融业发展的历史趋势和迫切要求：一是为了应对激烈的市场竞争，二是资本市场的迅速发展，三是金融创新的推波助澜，四是金融机构国际化的要求。

全能银行具有众多的优势。如果从银行的角度观察，全能银行主要有三大优势。首先是成本优势。由于全能银行业务范围广泛，所以有利于大幅度降低经营成本。一般而言，在费用或投资水平确定的情况下，银行某种业务量的增加，将会提高效率、增加收益；全能银行的流行模式是将银行、证券、保险等各类金融业务融入一体化的架构之中，形成所谓的"金融超市"或称"金融百货公司"，当不同的业务由一个机构提供时，其成本将低于多个机构提供时的成本。其次是竞争优势。全能银行所具有的成本优势无疑将使其竞争力大大提高。除此之外，全能银行通过全面的金融服务，加深了客户与银行之间的相互了解，加强了双方的联系，有利于巩固银行与客户之间的合作关系，从而也使其在竞争中处于有利地位。最后是抗风险优势。全能银行具有"内在稳定"的特征，由于全能银行的业务多样化和收入来源多元化，银行的一部分业务亏损可由其他部分业务活动的盈利来补偿，即利用内部补偿机制来稳定利润收入，这就可以降低风险，使银行经营更加稳健，有利于整个银行体系保持稳定。

全能银行业务范围较广，能够同时为顾客提供多种服务，经营成本低，在保障资金的盈利性、安全性和流动性方面有独特优势；全能银行在应对金融全球化和自由化带来的金融市场深刻变化的挑战中，表现出较高的应变能力和灵活性及较强的竞争力。正因如此，以美国《金融服务现代化法案》的正式生效、实行近70年的分离银行体制的彻底终结为标志，国际银行业已进入全能银行时代。

四、银行日趋虚拟化、智能化

网络银行又称互联网银行、网上银行或在线银行，是指以互联网为渠道，为客户提供多种金融服务的银行。由于网络银行是以公共互联网络作为传输媒介，以单位或个人计算机及其他通信工具为入网终端，使客户足不出户就能够安全便捷地享受金融服务，所以又称为居家银行。

从国际银行业的现状来看，网络银行的发展有两种模式。第一种为纯粹网络银行模式。这种模式的网络银行是完全依赖于互联网发展起来的全新的电子银行，这种模式中几乎所有的银行业务交易都依靠互联网进行。这种模式又有两种情况，一是直接建立独立的网络银行；二是以原银行为依托，成立新的独立的银行来经营网络银行业务。采用这种模式的有美国安全第一网络银行等。第二种为传统银行拓展网络业务模式。这种模式是指在传统银行基础上运用公共互联网服务，开展传统的银行业务交易处理服务，通过其发展家庭银行、企业银行等服务，即将传统银行业务延伸到网上，在原有银行内部发展网络银行业务。采用这种模式的有美国花旗银行集团、美洲银行、威尔士法戈银行等。

网络银行与传统银行在运行机制和服务功能方面有许多不同，具有自身独特的运行特征，主要表现在以下几个方面。

首先，网络银行是虚拟银行。传统银行是有形银行，有现实的分支机构和网点；而网络银行没有实际营业场所，没有地址，只有网址，其营业场所是因特网带来的电子化空间。网络银行实现了无纸化银行服务，所处理的货币已经电子化。

其次，网络银行是智能化银行。传统银行主要借助于资金及众多的银行员工为客户提供服务；而网络银行主要是借助知识和智能，许多工作由电子计算机自动完成，员工人数较传统银行大量减少。网络银行使银行从劳动密集型企业转变成为技术密集型企业。

再次,网络银行是高效率银行。网络银行打破了传统银行分支机构所受到的时间和地理的局限,为客户提供跨地区、全天候的服务,这种服务更具针对性,更加个性化。而且,网络可以方便地进行不同语言文字之间的转换,这就为网络银行开拓国际市场创造了条件。

最后,网络银行是低成本银行。网络银行的设置成本远远低于传统银行分支机构,在美国开办一家网络银行的成本为100万美元,而开办一家传统银行分支机构的成本为150万~200万美元。据美国联邦存款保险公司(FDIC)的统计,各种客户服务渠道的平均每项交易成本有较大的差别,利用传统手段完成一笔业务的费用高达1.07美元,而网络银行的成本仅为1美分。

从1995年10月18日世界上第一家网络银行——美国安全第一网络银行成立以来,网络银行在美国迅速发展,网络银行的数量、资产、客户规模的增长都远远超过传统银行。1997年开通网络银行业务的银行与存款机构达到400家,1998年增加到1200家,1999年猛增到7200家。到2000年,有近40%的美国家庭采用网络银行提供的金融服务,网络银行利润在银行业利润总额中的比重已超过50%。国际银行业大银行之所以纷纷选择发展网络银行的战略,最根本的原因在于提高竞争力和盈利水平,这是国际银行业发展的永恒主题。而网络银行所具有的优势极大地促进了银行业竞争力和盈利水平的提高。美国花旗银行的一项统计表明,该银行的网络银行业务与传统银行业务相比,客户的忠诚度和满意度分别提高了33%和27%。这就预示着未来的银行必然是建立在信息技术基础上的网络银行。

网络银行在发展过程中也存在着一些问题,如互联网项目实施中的风险问题、网络银行的安全问题、纯粹网络银行经营结构的局限性问题等。毕竟网络银行自产生至今还不到10年的时间,但这些问题将随着网络银行不断走向成熟而得到解决。需要指出的是,网络银行是建立在互联网基础上的新型银行,它将随着互联网的迅速发展而向更高层次发展。有关研究表明,未来网络银行发展的重要趋势为可视化、移动化与一体化将成为网络银行的主流;综合化经营将成为网络银行的主要经营模式;个性化服务将成为网络银行的主要服务方式。

五、银行再造加快

银行再造起源于20世纪80年代初的美国,进入20世纪90年代后已演变成为席卷美国银行业的一场革命。对银行再造的含义,目前尚无统一的表述。美国经济学家迈克尔·哈默对此进行了开创性的研究,他将银行再造表述为"银行为了获取在成本、质量和速度等绩效方面戏剧性的改变,以业务流程为核心进行的根本性的再思考和彻底性的再设计。"迈克尔·哈默的定义简明扼要,明确指出了银行再造的核心是业务流程,但是存在着一些问题:没有强调信息技术在银行再造中的作用;银行再造是一项复杂的系统工程,它不仅包括业务流程再造,而且还包括组织结构的再造及企业文化、价值观念、经营理念、管理制度等方面的再造,这些内容在定义中都没有得到反映。

根据国内外众多论著中对银行再造的解释,可将银行再造定义为商业银行充分借助现代信息技术，以客户为目标，以业务流程改革为核心，从根本上对银行的业务流程和管理模式重新设计，以期在成本、质量、客户满意度和反应速度上有所突破，使银行集中核心能力，获得可持续竞争的优势。银行再造的实质就是要依靠信息技术从根本上改变银行经营管理的传统观念、变革传统运作模式，使人们在价值观念上产生彻底的变化，从而带来组织结构、管理制度、经营环境、经营范围的深刻变化，重塑银行文化，使银行经营管理进入一个新的境界。

银行再造要求银行家们改变传统的思维方式，以新的视角来思考银行经营管理。传统的银行管理思想的缺陷有以下四点。一是机械地重视局部均衡，过于强调各职能部门重要性，忽视了整体性；二是注重普遍性和共性，在业务流程设计和产品创造上强调大众化标准，忽视了特殊性和个性；三是注重从银行本身的利益出发，而不是从客户需求出发；四是强调目前的重要性，考虑问题的出发点习惯于"如何以更好的方式把目前正做的事情做得更好"，而较少考虑正在做的事是不是应该做。

银行再造的新的思维方式则注重整体性、特殊性、客户的需求与长远的发展。首先，银行运作本身就是一个完整的业务流程，业务流程的设计要考虑每项服务的完整性，不能让某项服务因职能分工而被分割得支离破碎。其次，要根据新的客户群概念，设计出符合不同客户群需要的有个性、有特色的产品与服务。再次，按照最能满足客户需要、开发客户价值的要求设计业务流程，打破传统的分工概念，根据信息技术发展的要求，重组各职能部门。最后，从银行长远发展的需要来设计银行的组织结构和业务流程，银行决策层在做任何计划前都必须考虑这样三个问题：为什么要做这件事，它对银行未来发展有何重要意义；这件事从客户的角度来看是否需要；这件事是否一定要银行来做，可否外包而使银行有更多的精力从事最重要的工作。

以信息技术引导的银行再造主要包括五个层次，即局部应用、内部集成、业务流程重新设计、组织结构重新设计、经营范围重新设计。根据现有的研究成果，银行再造的核心策略主要包括以下几点。一是根据客户价值定价，即根据客户对银行产品的满意度和客户得到银行产品或服务后所能获得的效益来定价；二是通过战略联盟实现非核心业务外包，以利于银行集中有限的资源，有效培育和运用自身核心能力；三是整合业务流程，并且使业务流程多样化；四是实行客户与银行单点接触策略，要求银行能在一个地方为客户提供全面服务，而不需要客户为了一笔业务在不同的部门之间穿梭；五是建立中心-辐射式组织结构，即扁平化的组织结构，压缩管理环节、缩短管理半径，减少上下级之间信息传递的失真，进行银行组织结构的再造；六是经营范围再造，扩大经营范围，向综合化、全能化方向发展。

银行再造是在金融全球化浪潮下，国际银行业为应对日趋激烈的竞争，以变革求生存、求发展，在银行管理方面的制度创新，是国际银行业经过探索和实践后采取的具有革命性的选择。目前银行再造运动正在从美国向欧洲、向全世界延伸，必将对国际银行业的变革产生巨大而深远的影响。

➤ 本章重要概念

流动性 liquidity　　　　　　　　　　资金分配法 asset-allocation approach

缺口管理法 the gap management　　　单一银行制 unit banking system

银行控股公司制 share holding banking system

跨国银行 transnational bank　　　　全能银行 universal bank

银行再造 bank reengineering

资产负债管理 management of assets and liabilities

真实票据理论 real-bill theory　　　　转换理论 shift theory

预期收入理论 expected income theory

➤ 复习思考题

1. 简述商业银行经营管理的基本原则。

2. 简述缺口管理法的基本原理。

3. 确立商业银行组织形式应遵循哪些原则？

4. 商业银行综合业绩评价指标体系由哪几类构成？各自侧重分析哪些方面？

5. 简述商业银行经营管理理论的沿革。

6. 简述商业银行的发展趋势。

第十章 银行信贷与货币创造

内容提示：商业银行在现代经济生活中有信用中介、支付中介、金融服务、信用创造和调节经济等职能，并通过这些职能在国民经济中发挥着重要的作用。商业银行的业务活动对全社会的货币供给有重要影响，并成为国家实施宏观经济政策的重要基础。银行信贷是商业银行信用活动的总称，也是商业银行最重要的业务，因此研究银行信贷业务与信贷资金运动过程是进一步研究银行理论的前提和基础。传统的经济理论认为信贷市场上仅有利率机制发挥作用，但是信贷活动中的信息不对称会导致信贷配给的出现，并进一步影响到宏观经济运行。本章首先介绍银行信贷业务与信贷资金运动过程，其次讨论信贷市场上的信贷配给问题，最后介绍商业银行的信用创造功能。

第一节 商业银行信贷过程

一、银行信贷和信用中介

银行信贷是银行吸收存款、发放贷款等活动的统称，它以商业银行、储蓄贷款协会、信用合作社等金融机构为信用中介的金融活动的最主要形式。所谓信用中介，是指在信用活动中由金融机构充当货币资金贷出者和借入者的集中代表，使借贷双方在不直接接触的情况下建立信用联系，完成融资。银行是各种信用中介机构中最主要的机构，银行信贷是最主要、最具代表性的信用中介活动。在银行信贷中，银行不是简单地为资金贷出者和借入者牵线搭桥，促成借贷双方的资金交易，而是要介入到信用关系之中，通过自身充当债务人和债权人将资金由贷出者引向借入者。银行在吸收存款时，向客户发行债务凭证（存款凭证），客户拥有了对银行的债权并得到支付利息的承诺，其实质是将自身贷出资金的权利卖给了银行。银行将吸收存款得到的资金贷给借款人，拥有了对借款人的求偿权（贷款契约），其实质是为资金的贷出者（存款人）安排好了债权，并从中获取一定收益。可见，银行信贷中银行自身的债务债权角色是介入到资金借贷双方的债权债务关系之中的，银行不是真正的债务人和债权人，而是债权债务关系或信用关系的中介人。通过银行信贷实现的融资是一种间接融资。

二、信贷资金运动过程

所谓信贷资金是指作用于银行信贷活动过程中的资金，它是银行通过吸收存款、发行债券、办理结算等信用方式聚集起来的，主要用作发放贷款的资金。信贷资金是社会总资金的重要组成部分，也是社会总资金中区别于财政资金、企业资金的一种独立的资金形态。因此，它既具有一般社会资金预付、周转、增殖的共性，又区别于其他社会资金形态的特殊性。

信贷资金的特点主要表现为有偿使用、必须归还及其所反映出的资金所有权和使用权的分离。众所周知，在社会再生产过程中，社会总产品的价值分配与价值补偿在时间上、数量上经常存在矛盾。一部分单位或个人先收入后支出，或者收入大于支出，于是便会有部分货币资金或货币收入暂时闲置在他们手中；而另外一些单位或个人，由于先支出后收入，或者支出大于收入，一时间便会感到资金短缺，产生暂时性的资金需求。上述时间差、数量差的存在，便自然产生了聚集与重新分配社会闲置资金以调剂余缺的客观要求。银行承担了这种社会职能。在银行动员和重新分配社会闲置资金的过程中，资金不断地流入和流出，涉及三方当事人，形成了双重债权债务关系。双重债权债务关系的建立均是以资金的所有权与使用权的分离为条件的。

拥有闲置货币资金、货币收入的所有者，将款项存入银行，实质上是将这部分款项存期内的使用权暂时让渡给了银行，自己取得了债权人资格；银行则在承认存款者所有权的前提下，取得了该款项存期内的使用权，成了债务人。之后，银行又转而以信贷资金所有者身份，向借款人发放贷款，让渡使用权，与之建立第二重债权债务关系。贷款和存款到期，借款人和银行必须分别将所借款项如数归还银行与存款人，并分别支付贷款利息和存款利息。贷、存款利息分别代表债务人对各自债权人所有权的承认，是债权人所有权在经济上的体现。

信贷资金的上述特点中，两权分离是最主要的，并起决定性的作用。正是因为信贷资金的使用者只有约定期限内的使用权，并无所有权，所以才必须有偿使用，到期归还。

在银行不断动员与分配资金的过程中，信贷资金以存、取、贷、还等形式不断流入并流出银行，从而形成了信贷资金的运动。

信贷资金是周而复始、循环往复运动的。如果仅就某一次资金运动进行考察，总是从银行主要以吸收存款的方式聚集社会闲散资金，或者说闲置货币资金、货币收入的所有者将款项存入银行开始，经过银行主要以发放贷款的方式将其分配和运用到社会再生产之中，完成在再生产过程中的预付、周转和增殖，直到收回贷款本息，并最终归还存款本息而结束。在这个运动过程中，信贷资金不仅多次易手，而且多次变换资金形态，最终回到它的出发点形态。考察信贷资金运动的全过程，可简单地将信贷资金的运动过程概括为两重支付、两重回流。

第一重支付是银行通过吸收企业存款，大力组织城乡居民储蓄，向中央银行借款，以及同业拆借等多种渠道集中资金的过程，社会上暂时闲置的资金从其所有者转移到银行，转化为银行可立即投入于社会再生产的信贷资金，构成银行负债，为其开展各种资产业务创造了前提条件。银行主要以发放贷款的方式，对所动员的信贷资金进行分配，用以支持生产的发展和商品流通的扩大。这一重支付后，信贷资金转化为产业资金，从银行转移到企业，进入社会再生产过程。

第二重支付是信贷资金和其他企业资金一道，以产业资金身份参加周转。企业在市场上将其支付出去，以购买各种生产要素，从而使信贷资金由货币转化为商品资金形态。之后生产者与生产资料相结合，使信贷资金进入直接生产过程，转化为生产资金。随着企业直接生产过程的结束，在新产品被生产出来的同时，信贷资金便随之转化为新的商品资金，一个价值增殖额已包含在新产品的价值之中了。

第一重回流是企业将其产品在市场上售出，取得销售收入的过程。经过这一过程，信贷资金由商品形态转化为货币形态，实现了价值增殖，完成了以产业资金身份的运动，并为其流回银行奠定了基础。

第二重回流是企业归还贷款本息，使产业资金形态还原为信贷资金形态并流回银行的过程。这重回流后，银行与借款企业间的债权债务关系终结。银行以归还借款本息或客户以提取存款本息方式，结束银行与存款者的债权债务关系。至此，信贷资金回到了它的原始起点，完成了一次周转。

从整体上考察，信贷资金的运动过程即两重支付、两重回流。在信贷资金两重支付、两重回流中，第二重支付和第一重回流较第一重支付和第二重回流更重要，因为它们是使信贷资金参与和实现价值创造、价值增殖的关键。

三、信贷资金正常运动的条件

信贷资金的正常运动是发挥信贷促进引导经济的杠杆作用、实现银行的经营目标、维护存款人利益的重要保证。所谓信贷资金的正常运动，是指信贷资金连续顺畅地通过两重支付、两重回流，没有梗阻，没有沉淀，并取得预期的经济效果；特别是在客观经济条件发生变化时，银行能够运用信贷活动中的诸要素，如资金来源、资金运用、资金供求状况、利率等，依据经济发展的客观要求，进行调节和控制，以使其保持正常的运动状态。

要保证信贷资金的正常运动，必须认真研究与其运动相关的各种因素，并在银行内部和外部创造必要的条件。

(一) 信贷资金正常运动的外部条件

1. 合理的财政管理体制

财政管理体制从多方面影响金融信贷活动，制约信贷资金的运动。其主要表现为：①财政资金能否在科学管理下自求收支平衡，影响信贷资金的平衡和协调运动；②财政资金的分配方式和规模，影响企业对信贷资金的使用和企业经营的积极性，从而制约信贷资金运动；③财政体制影响银行和其他金融企业的利润分配，影响关系企业及其职工的经济利益，从而影响金融信贷活动的积极性；④财政收入特别是税收，直接影响国家、企业、个人之间的经济利益，决定企业与个人所拥有的货币资金、货币收入的多寡，从而影响信贷资金的来源与运用。

2. 企业内部机制的不断完善

企业是信贷资金投放的直接对象，是信贷资金运动的参与者。信贷资金的正常运动在很大程度上取决于企业内部机制是否完善。企业内部经营机制完善，经营管理科学，流动资金周转正常，参与企业资金周转的信贷资金必然能及时顺利地流回银行，并取得良好的经济效益；倘若企业内部机制不完善，通过贷款注入企业的信贷资金很可能在其供、产、销或购、销、存的某一环节周转不畅，甚至发生沉淀。尽管银行可采用各种手段进行调控，但通常无力根除企业机制不完善对信贷资金运动造成的不良影响。

3. 政府和中央银行科学的宏观调控

政府和中央银行必须依据客观经济规律的要求和经济发展的实际要求对银行信贷施以必要的宏观调控。政府和中央银行的金融管理应以货币发行、基础货币、信贷规模及金融机构的金融资产总量等货币信贷总量的控制和信贷资金的调节与监管为主要内容；对货币信贷总量的调控方式，应运用再贷款、再贴现、公开市场操作、准备金率、基准利率、比例管理手段进行间接控制，以使各商业银行主要通过市场融通资金，改善其信贷资金来源与运用结构，使其有权根据流动性、安全性、盈利性兼顾的原则自主进行资金运作。

4. 国民经济协调稳定地发展

银行信贷活动对国民经济的发展水平、速度、规模、结构都有重要的影响，而信贷资金能否正常运动取决于国民经济的发展状况，两者相互依赖，相辅相成。国民经济内部结构协调呈持续稳定发展态势，信贷资金就会随生产的发展、商品流通的扩大有规律地增长和运动；如若国民经济发展起伏不定，或内部结构失衡，虽然可利用金融信贷活动适当调节，但也必然会造成信贷资金供求矛盾加剧、资金投放决策困难、运动风险加大等不良后果。

5. 银行信用的广泛发展与居民金融意识的普遍提高

银行信贷的基本职能是动员、集聚和分配暂时闲置的社会资金。因此，银行信用关系越广泛，居民的金融意识越高，越会有更多的企业、单位和居民个人在银行开立存款账户。从而，一方面，信贷资金的供给随社会生产的扩大而增大，为其正常运动创造良好的开端；另一方面，扩大信贷资金的需求规模和结构，使供求之间在数量、结构、时间、空间等方面更易于调节，实现平衡。假如银行信用关系狭窄、居民金融意识淡薄，信贷资金的正常运动便无从开始；即使有少量的信贷资金被集中起来，也难以在投向上合理调度和组合，资金的正常运动就会困难重重。

（二）信贷资金正常运动的内部条件

银行信贷是商业银行的基本业务，因此，商业银行所创造的内部条件对保证信贷资金正常运动至关重要。这些条件主要有以下几种。

1. 良好的银行信誉

银行作为信贷资金运动的组织者，其自身信誉高低影响资金运动的全过程。银行信誉越高，客户越信赖，信用关系越广泛，可运作的信贷资金数量越大，越可以在更大的范围内灵活自如地加以运用，则资金运动越易实现正常有序。当然，良好的信誉需要银行从多方面努力，比如充足的资本实力、科学的经营管理等。

2. 完善有序的内部组织

银行信贷由许多具体复杂的业务环节构成。银行必须将自己的人、财、物力进行有效地调配，以形成严密的组织体系，如储蓄部门、贷款的审核部门、转账结算部门等，只要各部门相互配合，相互促进，协调动作，信贷资金的来源、运用就易做到衔接与顺畅。

3. 高素质的员工队伍

银行员工是信贷活动的直接参与者。员工队伍素质越高，则处理各项信贷业务的能力越强，业务工作质量越高，信贷资金运动越易正常。比如信贷人员的素质越高，贷款的决策就越科学，回流也就越及时顺利。

4. 优质高效的金融服务

优质高效的金融服务不仅体现在组织信贷资金来源的过程中要方便客户款项的存取，提供多种客户需要的存款账户，而且体现在贷款的发放、回收过程中既要关心和保证贷款决策的科学性，提高信贷资产质量，又要切实满足借款企业合理的资金需要，认真帮助他们解决生产、流通中遇到的困难，发挥银行信息灵敏的优势，引导企业科学地使用信贷资金，避免资金浪费，加速资金周转。

5. 合理的资金价格

存贷款利息实质上是不同的运动阶段中信贷资金的不同价格。和一般商品价格一样，信贷资金利息也是调节其供求、促进其正常运动的有力杠杆。合理的利率水平及存贷款利率之间合理的利差，不仅可以使银行获得正常的经营利润，从而调动银行及其员工组织信贷资金运动的积极性，而且可以激发存款客户的存款欲望，促进借款企业提高经营管理水平，加强经济核算，节约信贷资金占用，加速信贷资金周转，从而保证信贷资金正常运动。

第二节　信贷市场的配给与均衡

传统的经济理论认为，只有当市场上存在价格管制等外部因素干扰时，才会出现供求不相等的现象，而且供求不相等是一种暂时的、非均衡的状态。传统意义上具备完全信息的市场均衡点是需求和供给曲线的交点。同样，在信贷市场上，理性经济人会不断改变价格条件直至实现供求均衡。也就是说，传统经济学认为，信贷市场仅是利率机制在起作用，市场供求相等时的利率是均衡利率，均衡利率是唯一的，它使市场出清并可以实现信贷资源的优化配置。

然而，与作为古典竞争理论研究核心的标准市场不同，在信贷市场上，个人或者厂商是用未来偿付（以货币或者商品形式）的承诺去交换今天的信贷（货币或商品形式）。在这种承诺的市场上，由于承诺的异质性，承诺常常得不到履行，而且或许没有什么客观的方法来确定承诺有多大可能性会得到遵守。由于借款合约与借贷市场的这些特点，导致了信贷配给现象，使标准的供求模型不适合用来分析信贷市场均衡。

一、信贷配给的概念

所谓信贷配给是指商业银行在面临对贷款的超额需求时，不是通过提高利率来增加存款供给，同时抑制贷款的需求而实现信贷市场的均衡的。信贷配给的存在说明，依赖信贷市场的自发作用是难以达到借贷资金的供求均衡的。

关于信贷配给内涵的论述很多，但较为流行的是斯蒂格利茨和威斯所下的定义。信贷配给指的是如下两种情况：①在无差别的贷款申请人中，一部分人得到贷款，另一部分人被拒绝，被拒绝的申请人即使愿意支付更高的利息也不能得到贷款。②无论贷款的供给多么充足，总会有一些人在任何利率水平下都无法得到贷款。他们以不完全信息理论对此进行了解释，认为由于信息不对称，信贷市场上存在着市场失灵的问题。其主要原因有两个：一是信贷市场上的道德风险，即银行根据信贷市场状况提高利率时，可能形成对借款人进行风险投资的激励，借方的破产风险降低了银行的预期收益；二是逆向选择，即在面临较高的利率时，稳健的借款人退出市场，而喜欢冒险的借款人进入市场。

为了对信贷配给概念有更清楚的认识，有必要对几个相关概念进行说明，即信贷约束、信贷紧缩和信贷歧视。

信贷约束（credit constrain）泛指借款人的信贷需求未得到满足或未得到完全满足的情况，即借款人没有达到资金的最佳利用水平。信贷配给是一种信贷约束，但并非所有的信贷约束都是信贷配给的结果。如果借款人在一定利率下获得的贷款小于其利润最大化的水平，可以说该借款人受到信贷约束，但只有当他想以更高的利率借款都不能如愿时，这种信贷约束才是我们要讨论的信贷配给。

信贷紧缩（credit crunch）是指信贷总量增长下降的过程，其产生可以从信贷市场供求双方的行为变化来认识。它既可以是金融机构提高信贷标准发放贷款或不愿发放贷款的结果，也可以是投资者对未来经济状况不确定性增加而减少投资需求的结果。因此，有学者将由于借贷双方的"惜贷"或"惜借"造成的借贷活动的不活跃称为"信贷紧缩"。可见，信贷紧缩概念强调的是信贷市场总量的增长情况，而信贷配给则指信贷市场不能通过利率的调整来消除超额需求的情况。虽然在信贷紧缩时期，由于借款人的经营风险加大，银行更倾向于采用非价格配给的手段来供给贷款，所以信贷配给现象可能更严重，但信贷配给也可能在信贷总量快速增长的时期存在。因此，信贷紧缩是关于信贷市场总量的一个概念，而信贷配给则是信贷供给量与需求量之间的平衡问题，与信贷交易量的增减无关。

信贷歧视（credit discrimination）是指信贷交易受贷款申请人的个人特征中非经济因素的影响，比如种族、宗教信仰、政治态度、文化背景、性别、教育程度等。在转型经济中，由于银行业高度集中且基本为国家所有，因此商业银行在信贷上对私有部门往往存在歧视，即所谓的"所有制歧视"。如果贷款人根据这些与信贷交易无关的个人特征发放贷款，那些由于在个人特征上不满足贷款人偏好而没有获得贷款或只能以更高的成本获得贷款的人就可以说是受到了信贷歧视。如果信贷配给依据的是这样一些非经济的因素，那么就是一种信贷歧视。另一类信贷歧视出现在贷款人以群体的特征来评价该群体中的个人特征的时候，比如以某类借款人的平均还款率来评价该群体中的某个个体的信用度。这种歧视被称为统计歧视或"基于信念的歧视"（belief-based discrimination）。

二、不同类型的均衡信贷配给

信贷配给被广义地定义为这样一种情形：由于报出贷款利率低于瓦尔拉市场出清利率，因此，存在一种对贷款的超额需求。根据对超额需求的定义，根据这种超额需求是短暂的还是长期的，最重要的是根据导致贷款利率低下的各种因素，可将信贷配给分为多种类型：

1）利率（或价格）配给

借款人在给定贷款利率上能得到贷款，但其规模小于意愿规模，要想得到更大规模的贷款，借款人就得支付更高的利率。显然，贷款规模越大，违约概率就会越高，所以要求借款人对较大规模的贷款支付较高的利率是明智的。

2）见解分歧配给

一些经济个体无法在他们认为恰当的利率上得到贷款，尽管他们理解这个利率与自己的违约概率相当。这说明相对于借款人来说，贷款人对违约风险可能普遍有更为悲观的评价。

3）红线注销

由于有风险分级，贷款人对在任何利率上都无法达到要求的收益率的人，将拒绝发放贷款。而且，贷款人要求的收益率由存款利率决定，当要求的收益率提高时，原来可以贷的款也就不贷了。在这种情形之下，当存款供给多而存款利率低的时候得到了贷款的企业，可能在存款变动并且存款利率提高时被实行定量配给。对这些企业来说，信贷可获性（存款的供给）——并非报出的贷款利率——决定了他们能否借款，这些企业会感觉到他们正被排挤出了市场。

4）纯粹的信贷配给

纯粹的信贷配给是指，一些经济主体得到了贷款，而明显相同的经济主体想以完全相同的条件申请借款却得不到贷款。在下面对信贷配给理论的进一步陈述中表明，在不完全信息的情况下，这是如何出现的。当它确实出现时，可能决定借款限度的是信贷可获性的变化而不是利率变化。

三、信贷配给理论

关于信贷配给的研究可以分为两部分：以借贷市场各种不完全性为基础的早期文献和建立在不完全信息基础上的最新文献。最早提到信贷配给的是斯密（1776）关于高利贷利率上限的讨论，以及 19 世纪英国的银行与通货学派的论战。当代谈及信贷配给，始于凯恩斯在《货币论》中对"借款人中未能满足的边缘"的讨论："然而，就银行贷款而言，放贷不是完全依照完全竞争市场的原则而发生——至少在英国是如此。借款人中会存在一些未满足的部分，其规模可以扩大或缩小，于是，银行可以通过扩张或是收缩他们的贷款数量来影响投资规模，而在银行利率、借款人需求及银行渠道以外的贷款数量上则并非必然变动。当这种现象存在时，就会具有极大的实际重要性。"

显然，凯恩斯把"得不到资金供给的借款人群体"的存在，也就是信贷配给现象，看做是影响宏观货币运动的一个变量。凯恩斯的这种见解，成为了第二次世界大战以后美联储货币控制理论中"资金可获性学说"的一部分。资金可获性学说从表面上看主要是宏观经济层面的，但也提供了关于信贷配给行为分析的微观经济思想。

凯恩斯在其著作中指出了商业银行的信贷配给现象，他实际上提出了下面几个问题：①为什么商业银行选择信贷数量而非价格（利率）变动来实现信贷配给行为？②若给定信贷数量，那么，这种短缺是如何分配的？③为什么当信贷需求超过信贷配给时，商业银行不以提高存款利率的方式去筹集更多的信贷资金，或从货币当局处获取更多的信贷资金？

早期的资金可获得学说把信贷配给看作是由特定的制度性约束，如利率上限等引起的一种持久的非均衡现象。它以政府约束和制度性假设为基础，试图解释贷款利率相对于市场供求变化的明显的弹性不足，从而非均衡信贷配给造成的贷款供给递减的效应就可以通过金融自由化来消除。然而，开始于 20 世纪 70 年代后期的美国金融自由化实践表明，随着各种信贷管制的解除，信贷配给现象并未消除，反而越来越明显地影响着信贷市场的供求。可见，资金可获得学说的根本缺陷在于缺乏实证上的有效性，与其把它当做一个理论，还不如说它是一种就事论事的解释。

资金可获性理论的失败使人们意识到长期的信贷配给行为实际上是一种均衡现象，并且不可能在宏观层面上论述清楚。这使得该问题演变为商业银行追求自身利益最大化的一种微观理论。

霍奇曼（1960）是最早用违约风险来解释这种情形的学者之一。他证明，在面对一个具有固定收入分布的借款人群体时，无论需求方出价如何，银行都不会把贷款利率提高到某一最优水平以上。因为发生拖欠的概率是贷款规模的增函数。规模配给是指在银行确立的利率条件下，所有贷款申请者都能获得贷款，但贷款的数额低于其要求。数量配给是指某些借款人的贷款申请被拒绝，而另一些借款人则能够获得贷款。后者是普遍存在的信贷配给方式，但霍奇曼未能对此作出解释。

Juffie 和 Russel（1976）建立了一个消费信贷市场的模型，其中贷款人因为无法辨识贷款申请者的风险特征而在市场利率中加入补偿性的风险溢价。由于具有较低风险特征的借款人倾向于较低的风险溢价，所以面对较高的利率条件，他们会退出信贷市场，这样就出现了信贷数量配给。

资金可获性学说的缺陷之一就是把价格约束当做引起信贷配给的因素，这种片面化的认识忽略了信贷市场上价格的个性特征。斯蒂格利茨和威斯（1981）把信贷市场的基本结构与劳务和保险市场分别进行了比较，从而清楚地阐释了这种独特性。他们所建立的有关模型强调了信贷合约的两个特殊性质：道德风险和逆向选择效应。斯蒂格利茨—威斯模型虽然清楚地指出了信贷配给产生于信贷市场上信息不对称这一性质，但有一些基本问题仍不明确，比如在决定贷款利率的过程中，信息究竟是怎么发生作用的，其重要性到底有多大等。

贷款人还会希望筛选申请人，提出诸如附加要求之类的非价格条件，提供那种使得借款人将其风险性作为其契约选择的一个函数的借贷契约，这就使建立在不对称信息基础上的配给建议因忽略了贷款人对此类手段的使用而受到了批评。然而实际上，这类手段只能缩小信贷配给的规模，一般来说却不会使之消除。关键是贷款人必须掌握一种额外的独立手段，以对付各种规模的贷款风险，从而消除作为信贷配给根源的道德风险和逆向选择。实际上，贷款的拖欠是一个复杂的和多方面的过程，而贷款人只能通过相对粗略的或代价高昂的手段来获取信息。因此，以下假设是不现实的：从成本收益考虑，运用这些手段将会确切地确定各个借款人的风险性质。下面我们简单介绍一下斯蒂格利茨—威斯模型。

斯蒂格利茨—威斯模型的基本假定是，在商业银行和借款人之间存在着信息不对称，借款人了解项目的具体风险，商业银行可以了解整个借款人集体的风险统计分布情况，却不能准确判断这种风险，信息不对称在许多贷款申请中普遍存在，在申请贷款时，借款人通常倾向于披露有利于获得贷款的信息，并隐瞒（或不披露）不利的信息。这样，商业银行通常不会从借款人那里得到全面的关于贷款的信息。

在信息不对称的情况下，商业银行提供贷款的预期利润 $E(\rho)$，取决于贷款回报 R 和借款人的现金流分布，即

$$E(\rho) = \rho(R, \rho)$$

此时，借款人的利润为

$$\pi(y) = \max (-C, y-R)$$

式中，C 为抵押品价值；y 为项目的现金流量；R 为中小企业支付的利息。

如果在风险 σ^* 下，中小企业的最低利润水平是 π，则有

$$E[(\pi y) \mid \sigma^*] = \bar{\pi}$$

只有在这个最低利润水平之上中小企业才会申请贷款，如果在风险 $\sigma_{\max}$ 下，中小企业的预期利润为最大，即

$$E[(\pi y) \mid \sigma_{\max}] = \pi_{\max}$$

那么，贷款的需求量将取决于 $[\sigma^*, \sigma_{\max}]$ 区间中中小企业的总数和中小企业的贷款需求量。

现在，考虑商业银行的预期收益。商业银行同样是以追求利润最大化为目标，如果商业银行对企业的信息完全了解，它们就可以通过对不同中小企业面临的风险来确定不同利息率的方式，使 $E(\rho)$ 最大化。商业银行可以对风险为 σ^* 的贷款收取利息 R^*，对敞口风险为 $\sigma_{\max}$ 的贷款收取更高的利息。

但是，在信息不对称的情况下，由于商业银行只能判别所有贷款人的集体风险 σ，这样，如果商业银行采用增加利息的方法，它将面临着逆向选择。对风险 σ，增加利息将使商业银行收益增加，但另一方面将使风险 σ^* 有所增加（因为如果 σ^* 不增加，$E[(\pi y) \mid \sigma^*] = \pi$ 将减少，风险为 σ^* 的借款人将退出信贷市场），其结果是导致所有贷款中小企业的总体风险增加。一般来讲，加息会使风险较低的借款人退出市场，贷款需求量虽然减少，但贷款的风险将增加，产生逆向选择，反而可能会降低预期收益。因此，在信息不对称的情况下，商业银行处于两难境地，对于风险分布，商业银行就会有一个确定的 R^* 值，使预期的收益最大化。

上述思想和模型表达可以通过图来表示，如图 10-1 所示。

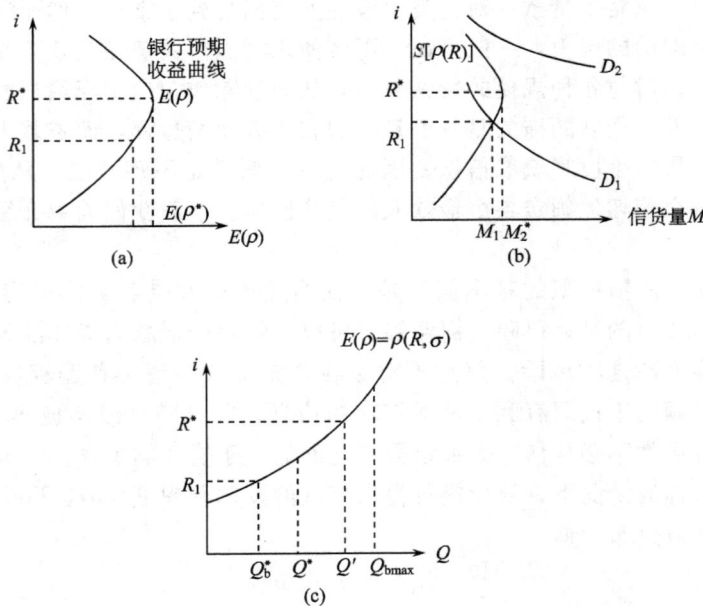

图 10-1　商业银行的信贷配给

在图 10-1（a）中，曲线 $E(\rho)$ 是商业银行的预期收入曲线，由于信息不对称会导致逆向选择，利息升高到一定程度后预期收益可能会下降，所以，该曲线是非单调曲线。在图 10-1（b）中，曲线 S 是商业银行的信贷供给曲线，它和 $E(\rho)$ 曲线一样，是一条向左弯曲的曲线。曲线 D_1 表示需求曲线，如果 D_1 曲线和 S 曲线相交，则信贷市场存在竞争性均衡，供给将等于需求，在竞争性均衡利率 R 水平上，将不会有信贷配给；如果需求曲线不是 D_1 而是 D_2，则供给曲线和需求曲线没有交点，这时的利率水平取决于商业银行预期收益最大化时的利率 R^*，此时，不存在竞争性均衡，获得的均衡是信贷配给均衡。这时，在信贷市场上，商业银行是价格的制定者，表示在信贷配给均衡下，商业银行选择的风险与收益是对称关系。

图 10-1 也可以用来较好地解释商业银行对不同类别的借款人采用不同战略或差别待遇的情况。在图 10-1（b）中，假设 D_1 是一组不存在信息不对称情况的中小企业借款需求组合，D_2 是一组存在信息不对称问题的中小企业需求曲线。在这种情况下，为了避免逆向选择，商业银行将对第一组中小企业收取竞争性均衡利率，而对第二组中小企业收取信贷配给均衡利率 R^*，此时，对第一组中小企业的贷款供给是 M_1，而对第二组中小企业的供给量则是 M_2-M_1。在不同的信息状态下，商业银行实行了价格歧视（R_1 和 R^*），承担了两种不同的风险（σ_b^* 和 σ'），并且获得了最高的预期收益 $E(\rho)$。这种情况在现实的信贷市场上并不少见，商业银行通常对信息透明度高且现金流量稳定的大企业提供利率较低的贷款，同时，对信息不对称问题较为严重的中小企业实行信贷配给，并收取一个较高的信贷配给利率。

如果商业银行在信息不对称下又存在风险厌恶，再加上高昂的信息成本和监控成本，就无法确切区分每个贷款企业的成功概率 P_i，而只能知道平均的分布状况 $g(P_i)$。虽然银行具有垄断力量，但也无法根据不同企业制定不同利率。因此商业银行只能在基准利率和利率浮动范围内选择同一个利率，从所有申请借款的、存在内在风险差异的中小企业中选择一部分给予贷款。中小企业选择借款的条件为

$$E(\pi_i) = \overline{P}[R_i^s - (1+\hat{r})B] \geqslant (1+\theta r)W$$

式中，$\hat{r}$ 为商业银行在中央银行所规定的利率浮动范围内根据最大化目标对所有企业制定的利率，且 $\hat{r} \in [r-s_l, r+s_h]$。在借款边际上，

$$E(\pi_i) = \overline{P}[R_i^s - (1+\hat{r})B] - (1+\theta r)W = 0 \tag{10-1}$$

由于，

$$\mathrm{d}\overline{P}/\mathrm{d}\hat{r} = \frac{-\overline{P}}{(1+\hat{r})} < 0 \quad \text{（当 } \hat{r} \in [r-s_l, r-s_h] \text{ 且 } r \text{ 不变时）} \tag{10-2}$$

所以当 $\hat{r}$ 升高时，边际贷款申请企业的 $\overline{P}$ 减小，而且由于只有成功概率 P_i 小于边际申请企业的 $\overline{P}$ 的企业才会申请贷款，所以申请贷款群体的平均风险将增大。

对于银行，其贷款预期平均收益率为（$G(p_i)P_i$）的分布函数

$$E(\pi_B) = (1+\hat{r}) \frac{\int_0^{\overline{P}} P_i g(P_i) \mathrm{d}p_i}{G(p)} \tag{10-3}$$

而且，当 $\hat{r} \in [r-s_1, r-s_h]$ 且 r 不变时，银行提高 $\hat{r}$ 对预期收益率的影响为

$$\frac{\partial E(\pi_B)}{\partial \hat{r}} = \frac{\int_0^{\overline{P}} P_i g(P_i) \mathrm{d}p_i + \dfrac{\mathrm{d}\overline{p}}{\mathrm{d}\hat{r}}\{[(1+\hat{r})\overline{p} - E(\pi_B)]g(\overline{p})\}}{G(\overline{p})} \qquad (10\text{-}4)$$

当 $\hat{r}$ 较低时，正的价格效应占优势；随着 $\hat{r}$ 逐渐升高，贷款群体的风险增大，从而减少预期收益的逆向选择效应占优势。因此，银行将在使上式等于 0 的情况下达到预期收益的最大化，此时的利率为 $\hat{r}_{\max}$。随着 $\hat{r}$ 的升高，在某点附近有大批的贷款申请企业退出市场，因而导致贷款群体平均风险的急剧升高，信贷配给现象将更加严重。

四、信贷配给的政策含义

(一) 信贷配给与货币政策

在宏观经济理论中，信贷市场通常发挥着"隐蔽"市场的作用。从资金可获性学说开始发展以来，信贷配给的宏观经济分支一直是人们关注的焦点。根据该学说，货币政策可以通过信贷配给渠道来影响实际支出。这主要基于以下三个步骤，①在公开市场上出售财政部债券，引起银行重新安排自己的资产组合，将部分贷款转变成财政部债券；②银行会倾向于通过信贷配给而不是提高贷款利率来降低贷款数量；③随着信贷配给程度的提高，被配给的企业会面对一个逐渐升高的信贷影子价格，导致他们的投资活动下降，尽管市场利率是很稳定的。

Friedmam 和 Schwartz（1963）在对美国货币史的研究中提出，货币供给是关键性金融变量，货币供给与产出之间存在着高度正相关关系，从而认为银行仅有创造货币的功能。这一结论的关键性假设是中央银行控制货币供给，而事实上，即使中央银行能够控制基础货币，货币供给的其他组成部分也会根据利率变化作出调整。因此，就宏观而言，货币存量的重要性不及经济的金融容量。金融容量是指贷款人准备发放给借款人的信贷总量。从而相对于 Friedmam 和 Schwartz 的"货币观点"而存在的另一种观点是"信贷观点"。

在 20 世纪的大部分时间里，信贷一直被许多经济学家看作货币政策效应的一个重要传递渠道。这个所谓货币政策的"信贷"学派包括 Hawtery（1919）、Roosa（1951）、Gurly 和 Shaw（1960）等人。他们共同的观点是，信贷可获性的变化能够对实质经济活动产生巨大影响，而且，既对总体水平有影响，也对部门之间甚至个别项目之间的分配有影响。此外，许多人主张应当根据货币政策对信贷可获性的影响来实施政策，或者至少在此基础上计量和评价政策。

信贷学派经常被拿来和货币主义学派做比较。这两个学派最根本的区别就在于货币政策的操作手法上——是以货币供给量为基础，还是以信贷可获性为基础。这种基本概念上的差别导致了有关货币政策执行的不同观点，应当怎样计量货币政策、什么时候应当使用并且怎么使用货币政策以及货币政策可能实现什么目标等。信贷学派近年来发展很快，取得了不少成果。

（1）严格的信贷配给理论，以信息不完全条件下的违约风险为基础，解释了为什么信贷可获性或许是重要的，也解释了为什么金融机构（银行）和金融工具（信贷合约）会构造成现在这个样子（与此相反，货币主义学派基本假定资本市场是完善的，而且也假定政府政策能够控制货币替代）。

（2）对信贷可获性的巨大变动必将会相应地造成经济活动水平的巨大变动的证据在不断积累，如伯南克（1983）指出，引起大萧条的货币原因是经济中信贷的中断，而不是货币量的减少；伍里劳威尔（1980）认为，第二次世界大战以来，实质经济活动水平的大变动，大多数的原因是信贷可获性，而不是货币的成本。

（3）近些年来，放松管制和金融体系中的其他创新已经引起了货币需求方面巨大且不可预知的变动。一个关键的结果是，从 1987 年开始，美联储不再使用 M_1 货币供给作为货币政策的操作目标。弗里德曼（1981）表示，广义信贷指标至少能够和货币同样地作为美联储可以控制且预测名义 GNP 未来变动的工具。

通过以上分析可知，根据信贷配给理论，货币政策的传导机制可以简单表述为货币政策导致货币数量的变化，会影响信贷可得性，而信贷可得性的变化会引起投资甚至产量的变化。货币政策的传导机制可以通过货币供给量（M）和信贷可得性（A）、信贷可得性的投资（I）之间的两对关系式来表示，即

$$A = \alpha M \ ; \ I = \beta A \quad (\alpha, \beta < 1)$$

因为 $Y = C + I + G$，$C = mY$（$m < 1$），故有

$$Y = \frac{\alpha \beta M + G}{1 - m}$$

货币政策引起的货币供给量的变化会引起产量的变化，货币政策的中介目标是信贷数量，而不是利率。此外，新凯恩斯主义还指出，由于利率机制和信贷配给机制的共同作用，信贷市场会出现多重均衡。这意味着在一个信息不完全的自由信贷市场中存在着无效率的均衡。这主要表现为，银行为了尽可能地减少自己的损失，将利率控制在最优利率水平下，并限制甚至拒绝一些高风险投资项目的要求。

（二）信贷配给与宏观经济波动

信贷配给行为的宏观经济意义在于，它提供了利率之外又一条连接金融市场与总需求的货币政策传递渠道，可能加剧经济衰退或扩张的程度，延长其持续时间，部分地抵消宏观经济政策的有效性。这就是微观信贷配给行为集结而成的宏观外部性，从这一宏观外部性的传导机制和后果看，至少有以下两类。

（1）许多高风险的企业和银行，在相关机构无法监督的情况下，违法或违规，用一部分资金投资于证券和房地产市场，加剧了金融市场的不稳定性。由此可见，在信贷配给约束下，一些企业和银行倾向于以风险化解风险，从而引致更大的风险和外部性，加剧了宏观金融市场的波动。

（2）面对宏观经济形势的变动，微观层面上商业银行的强化或者弱化信贷配给的行为加剧了经济波动。当商业银行察觉到中央银行为了紧缩经济而趋于提高利率时，它们会因为担心经济衰退而减少信贷。这强化了微观层面本有的、不因宏观经济波动而存在的信贷配给现象，令经济衰退雪上加霜。反之，当商业银行相信中央银行将采取扩张性经济政策且经济状况良好时，它们会通过降低利率和增加贷款来放松信贷，为经济扩张推波助澜。这种信贷配给在我国当前经历的经济紧缩中也有所表现。一些银行因呆账严重和面临结构调整，无权根据经济形势灵活调整贷款利率，原有的企业客户资信状况又不好，在应该增加信贷以促进经济扩张的时候，无法弱化信贷配给的约束。

商业银行的信贷配给行为对于我们理解货币政策有两点启示。

（1）由于存在信贷配给，调整利率不一定能影响经济。因为利率本来就低，降低利率不能刺激投资，提高利率也不能抑制投资，尽管这时对信贷资金的需求发生了变化。利率调整只有在影响到信贷配给量时才能影响经济。

（2）信贷配给可以使货币政策被更加灵活方便地运用。例如，有时候中央银行既想刺激投资以启动经济复苏过程，又不愿意降低利率以避免资本外流，就可以在不改变利率的情况下改变信贷配给量。

第三节　派生存款与货币创造

在信用制度发达的国家中，活期存款是存款人能用支票随时提取款项的一种存款。一般来说只有商业银行才有权经营活期存款，商业银行在经营存贷款的过程中还具有创造存款的能力。

一、货币创造过程

在货币信用领域，把商业银行最初接受的客户的现金所形成的存款称为原始存款。但是银行在经营活动中，只需保留一小部分现金作为付现准备，可以将大部分现金用于放款。客户取得银行贷款后，一般并不立即提取现金，而是转入其在银行的活期存款账户，这样，银行一方面增加了放款，另一方面增加了活期存款。银行用转账方式发放贷款时创造的存款就是派生存款。在信用制度发达的国家，银行的大部分存款都是通过这种营业活动创造出来的。

我们先来看一个例子。假设某企业将 10 万元现金存入甲银行，甲银行以 20％的比例保留付现准备金 2 万元，其余 8 万元用以发放贷款。甲银行的资产负债表如表 10-1 所示。

表 10-1　甲银行资产负债表　　　　　　　　（单位：千元）

负　债	资　产	
100	库存现金	20
	贷　款	80

某客户接受甲银行贷款 8 万元后用于支付在乙银行开户的某企业贷款，又引起乙银行的存款增加 8 万元，乙银行以 20％的比例保留付现准备金 1.6 万元，其余的 6.4 万元用以发放贷款，那么，乙银行的资产负债表如表 10-2 所示。

表 10-2　乙银行资产负债表　　　　　　　　（单位：千元）

负　债	资　产	
80	库存现金	16
	贷　款	64

如此类推，从甲银行到乙银行，再到丙银行、丁银行等，持续不断地由存款到贷款，再由贷款到存款，就会产生如下结果，如表 10-3 所示。

表 10-3 所有银行的存款汇总

银　行	存　款	留存准备金 20%	贷　款
甲银行	100（原始存款）	20	80
乙银行	80	16	64
丙银行	64	12.8	51.2
丁银行	51.2	10.24	40.96
⋮	⋮	⋮	⋮
合　计	100＋80＋64＋51.2＋…＝500	20＋16＋12.8＋10.24＋…＝100	80＋64＋51.2＋40.96＋…＝400

在现代银行制度下，所有经营活期存款业务的商业银行都在中央银行开有存款账户，银行的支票清算都通过这一账户进行。各银行在中央银行账户上的存款称为准备金存款。中央银行规定，各商业银行必须按法定的比率将存款总额中的一部分上缴到中央银行，这种比率叫做法定存款准备率。如果将上例中的甲、乙、丙等各银行的留存准备金比例看作法定存款准备率，用 r_d 表示，将甲银行最初的原始存款用 Δp 表示，将经过派生后的存款总额用 ΔD 表示，则上表的计算过程可表示为

$$\Delta D = \Delta P + (\Delta P - \Delta Pr_d) + [(\Delta P - \Delta Pr_d) - (\Delta P - \Delta Pr_d)r_d] + \cdots$$

$$= \Delta P + \Delta P(1 - r_d) + \Delta P(1 - r_d)^2 + \Delta P(1 - r_d)^3 + \cdots + \Delta P(1 - r_d)^{n-1}$$

当 $n \to \infty$ 时，上式为一无穷等比数列前 n 项之和，其结果为

$$\Delta D = \frac{\Delta P - \Delta P(1 - r_d)^{n-1}(1 - r_d)}{1 - (1 - r_d)}$$

由于 $n \to \infty$ 时，$\Delta P (1 - r_d)^{n-1} (1 - r_d) \to 0$，则

$$\Delta D = \frac{\Delta P}{1 - (1 - r_d)} = \Delta P \times \frac{1}{r_d}$$

将上表数字代入式中可得 $\Delta D = 100 \times \dfrac{1}{20\%} = 500$（千元）

简单观察就可发现，经过派生后的存款总额实际上是原始存款的一定倍数，如果用 K 表示，则 $K = \dfrac{\Delta D}{\Delta P} = \dfrac{1}{r_d}$，也就是说，商业银行通过其资产业务创造出的全部存款，总会表现为原始存款的若干倍，其倍数值为法定存款准备率的倒数。法定存款准备率越高，存款扩张的倍数值越小；法定存款准备率越低，存款扩张的倍数值越大。在上例中，当法定存款准备率为 20% 时，存款扩张的倍数或乘数为 5，意思是说，在法定存款准备率为 20% 时，每增加 1 元原始存款，整个银行体系的存款就会扩张到 5 元；同时也说明，每减少 1 元的原始存款，整个银行体系的存款就会收缩 5 元。如果法定存款准备率由 20% 变为 10%，则存款扩张倍数或乘数就为 10，说明每增加或减少 1 元的原始存款，整个银行体系的存款就会增加或减少 10 元。

二、派生倍数的修正

当然，在以上的举例分析中，实际上存在着两个假定：一是每家银行在吸收存款后，除了上缴法定存款准备金之外，其余的全部贷出；二是得到银行贷款的客户会将贷款全额转存银行，以存款划拨方式支付，不提取现金。如果取消这两个假设条件，影响派生存款倍数值大小的因素就不只是法定存款准备率，还有如下两个重要因素。

1. 超额准备率

在 $K = \dfrac{1}{r_d}$ 的倍数表达式中，假定每家银行除了按法定比率 r_d 保留了准备金后，就不再有准备金了，实际上这是不可能的。为了应付日常周转和客户提现等要求，商业银行总要在上缴了法定准备金之后再留一部分准备金，这部分称为超额准备金。超额准备金留得越多，用于发放贷款的就越少，派生存款数量也就越少。如果用 ΔE 表示超额准备金这一变量，那么它与存款总量 ΔD 成反比例变化关系，用 e 表示其与 ΔD 的比率，即超额准备率，则 e 越大，ΔD 越少。因此，在考虑了超额准备率这一因素后，派生存款倍数值的表达式就可修正为

$$K = \frac{1}{r_d + e}$$

2. 现金漏损率

在 $K = \dfrac{1}{r_d}$ 的倍数表达式中，还假定客户在得到银行贷款后全部转为银行存款，而不提取现金。事实上，这种假设也是不现实的，多数客户总会或多或少地提取现金。而一旦客户提取现金，这部分现金就从银行系统存款货币总量中漏出，没有转化为新的存款，因此可称为存款派生过程中的现金漏损，用 ΔC 表示；把 ΔC 与存款总变量 ΔD 的比例称为现金漏损率，用 c' 表示。很明显，c' 越高，原始存款转化为新的存款的数量就越少，ΔD 就越少。因此，c' 与派生存款倍数值 K 成反比。在考虑了法定存款准备率和超额准备率两个因素之后，再将现金漏损率 c' 因素考虑进去，派生存款倍数值的表达式又可进一步修正为

$$K = \frac{1}{r_d + e + c'}$$

除了 r_d、e、c' 这三个影响派生存款倍数值的因素之外，还有其他因素。如活期存款转为定期存款的比例和对定期存款规定的法定准备率的大小，也会影响派生存款的多少。因为许多国家都对期限不同的存款规定不同的准备率。一般来说，存款期限越短，其货币性越强，规定的准备率就越高。因此，活期存款法定准备率一般都高于定期存款法定准备率。也有的国家只对活期存款规定应缴准备金的比率。这样，活期存款中有多大比例转为定期存期及定期存款法定准备率的高低，就成为影响派生存款倍数值的又一个因素。

由此可见，商业银行具有创造存款货币的功能，从而在货币供给机制中发挥重要作用，但是，商业银行这种创造派生存款，进而创造货币供给的能力并不是无限制的，除了受到中央银行规定的存款准备率的限制以外，还受到超额准备率、现金漏损率等诸多

因素的限制。充分考虑各种因素，对观察和控制商业银行扩张信用的能力，控制货币供应量有着十分重要的意义。

需要提醒的是，商业银行创造存款货币的功能不能简单理解为单纯的信用扩张。当原始存款减少时，银行系统的存款总量也会呈倍数紧缩，其原理与扩张过程是一样的，只是方向相反而已。

➢ 本章重要概念

银行信贷 bank credit	活期存款 demand deposits
定期存款 time deposits	储蓄存款 saving deposits
信贷配给 credit rationing	信贷约束 credit constraints
信贷紧缩 credit squeeze	信贷歧视 credit discrimination
原始存款 primary deposit	派生存款 derivative deposit

➢ 复习思考题

1. 简述银行信贷资金运动过程。
2. 什么是信贷配给？均衡信贷配给有几种类型？
3. 保证信贷资金正常运动需要哪些条件？
4. 简述银行配给与宏观经济波动之间的关系。
5. 试述存款货币创造原理。怎样修正存款派生倍数？为什么要修正？

第十一章　银行挤兑理论与存款保险制度

内容提示：由于银行业在金融业中占据着突出的地位，因此确保银行业安全稳健经营是现代经济和金融发展的关键。银行业的安全通常受到存款挤兑的威胁。一家银行因经营不善引起的流动性和清偿力问题，或者存款人对之丧失信心往往会引发挤兑，而信息不对称又极易导致挤兑的传播与单个银行失败在银行体系内的蔓延。一旦某一银行出现挤兑，这种系统性风险就有可能转化为现实的银行危机，从而造成贷款被迫收回与投资的终止，严重影响实体经济部门的产出，对社会经济造成难以估量的损失。鉴于此，各国都采取措施保护银行安全。一般来说，主要的防护措施是建立银行监管制度和设立存款保险制度。本章首先分析银行的内在缺陷，其次讨论银行挤兑模型，最后介绍银行监管制度和存款保险制度。

第一节　银行挤兑与系统风险

当一个银行的很多客户在短期内都要取出他们的存款时就会发生银行挤兑。因为即使一个经营健康的银行的流动性价值也会小于其未偿还存款的价值，所以银行挤兑可在很短的时间内耗尽银行的资产，使几天前还看似健康的银行走向破产。由于银行挤兑具有突然性和猛烈性，在传统上它被描述为非理性行为，当一系列银行出现挤兑时，称为银行恐慌。银行挤兑与银行的流动性创造有关，并会在银行体系内迅速传染，造成巨大损失。本节在分析产生银行挤兑的原因的基础上，着重介绍 Diamond-Dybvig 模型。

一、银行的缺陷

银行并不是完美无缺的。自英格兰银行形成基本的组织和经营模式以来，银行就具有一些自身难以克服的缺陷。归纳起来主要表现在以下几个方面。

（一）银行业具有内在非稳定性

相对于其他行业，银行业经营的独特性决定了银行经营具有内在的不稳定性。

1. 银行业资产负债流动性的不对称性是其内在不稳定性的根源

尽管银行的资产负债业务是多方面的，但最主要的是存款和贷款业务。其资产运用主要依赖于外部资金来源，也就是各种存款。按期限划分，可将存款分为活期、定期和定活两便等三种。而对活期存款来说，存款人在银行营业时间内可以随时存入或者提取，一般无须事先通知，银行根据"顺序全额服务"（first come first served, all amount）的原则，随时满足存款人的提款要求，对存款式金融机构来说，这部分存款的流动性很高，稳定性较差，尤其是经济动荡期间更是如此。对定期存款来说，尽管有期限约定，但这种约定对存款人来说没有强制性，存款人在放弃部分收益的条件下也可以提前支取，因而定期存款也有一定的流动性。至于定活两便存款，存款人在收益与期限上有自由选择权，其流动性并不亚于活期存款。

总体来说，各类存款的存款合同对存款人的法律约束并不是很严。相反，就银行的资产运用，即贷款来讲，贷款合同明确规定了贷款的期限，在期限未满之前，如果没有极为特殊的理由，银行是不能提前收回贷款的，即贷款合同所规定的期限对银行的法律约束要比存款合同对存款人的约束严格得多。换句话说，就合同规定的期限来说，对银行的约束是硬约束，对存款人的约束是软约束。同时，由于缺乏二级市场或者二级市场不发育，很难通过二级市场出售贷款（大多是贷款抵押物）以满足对贷款流动性的要求。在银行面临流动性困难时，有时甚至不得不在十分不利的市场情况下大减价出售资产或购买债务凭证，结果导致收益减少或者发生亏损。通过对银行存款和贷款的期限约束以及各自流动性的比较分析，可以看出，与各类存款有着很高的流动性相比，银行贷款的流动性要差得多。由于银行肩负低流动性的资产（贷款）和高流动性负债（存款）于一身，其资产负债的流动性很不对称，这种特点很容易使银行产生流动性危机，进而引发银行挤兑，甚至导致银行破产倒闭。

2. 银行的高负债比率和低资本资产比率加剧了其内在不稳定性

银行资金来源可分为内部来源和外部来源两类。内部来源指所有者权益，外部来源包括各类存款、再贴现、同业拆借、发行金融债券、大额存单和其他资金来源等。与其他行业相比，银行业具有很高的负债比率和较低的资本资产比率，加剧了银行内在的不稳定性。

3. 银行业面临的多种风险是其内在不稳定性的重要原因

银行业的风险主要有信用风险、流动性风险、利率风险、汇率风险等。信用风险是指借款人无力或不愿偿还贷款本息而使银行遭受损失的风险，体现为银行不良贷款的增加。不良贷款不仅损害了银行的盈利和资本地位，而且严重时可能导致银行破产倒闭。流动性风险主要体现在银行对存款人提取存款的支付能力不足上，严重时会发生支付困难，损害存款人对银行的信心。保持合理适当的现金准备和短期投资，既不影响流动性，又不影响盈利性，对银行十分重要。利率风险是由于利率变动所导致的利差变化对银行筹资成本和资产收益产生的影响，利差缩小会使银行的盈利能力下降，甚至导致亏损。汇率风险是指由于汇率的变动对银行在国际金融市场筹资和相应资产运用的收益造成的风险，直接影响银行的盈利能力。除此之外，银行业还面临诸如财务风险、高科技犯罪风险等多种风险。上述风险的存在，是银行业内在不稳定性的重要原因。

通过对银行存款和贷款的期限约束及各自的流动性的比较，以及对银行业经营的高负债比率和低资本资产比率及面临的主要风险等方面的分析，可以得知，由于其资产负债流动性的极不对称所产生的银行的内在不稳定性，使银行容易产生流动性危机，引发银行挤兑，甚至导致银行破产倒闭。尽管银行可以通过市场借入或者资产变现两种方法解决流动性的困难，但受其信用定级的限制，从市场借入资金的能力可能受到限制。至于资产的变现能力，受二级市场发育条件的限制，银行资产通常不容易被及时销售掉。即便能够变现，往往要打很大的折扣和支付较大的交易费用，从而进一步恶化银行的经营状况，甚至可能导致银行的破产倒闭。

（二）银行与存款人之间存在信息不对称

银行在经营过程中，作为资金的真正供给方（存款人）和需求方（企业）的融资中介，既要保证存款人的提款要求，又要满足信用好的企业的融资要求，银行自身肩负资金供给（发放贷款）与资金需求（吸收存款）两任于一身。然而，银行既无法准确预测存款人的提款时间与支取金额，又无法准确预测企业需要的贷款金额和时间。相对于银行对贷款企业的具体财务、营运等状况信息的掌握程度，资金的真正供应方——存款人对银行营运状况知之甚少，换言之，存款人对银行资产（贷款）营运质量相关信息的了解，与银行自身对其资产（贷款）营运质量相关信息的掌握，存在着明显的信息不对称。由于存款人对银行经营风险相关信息的了解，决定其存款的存取行为，如果存款人了解到的银行经营相关信息使他们察觉到其存款银行的资产质量下降，收益减少，风险过大，存在不能全额或及时提取其存款的可能性时，他们就会尽快地撤走存放在银行的全部存款，从而引发银行挤兑。正是银行与存款人之间的这种信息不对称，存款人无法将经营稳健、有清偿能力的优质银行与经营风险较大的银行区分开来，银行挤兑可能蔓延到有清偿能力的银行并使之陷入危机，其结果是存款人不加区分地从所有银行提取大量的存款，从而造成大规模银行挤兑而形成银行危机。银行系统就会失去公众的基本信任，提出的资金几乎不可能直接或间接地再存入银行，而更可能以现金形态持有。在没有最后贷款人的干预时，银行可能被迫清理它们的某些非流动性资产以应付资金的提取。

银行资产（尤其是银行贷款）交易不旺的结果是银行可能遭受资产的巨大损失。当这种损失超过净值时，甚至经济上有清偿能力的银行也会被迫陷于"减价销售破产"的困境。在这种情况下，存款数量和货币总量急剧下降，表现为银行体系储备的干涸。由于银行体系基础于部分准备金制度，银行储备的减少必然伴随着银行存款和货币供应的多倍紧缩，而货币乘数的作用会加剧货币与信用的多倍紧缩，二者联合作用的结果，会极大地影响正常的经济活动，其代价将是巨大的。

二、银行挤兑理论：Diamond-Dybvig 模型

Diamond-Dybvig 模型论证了三个重要的观点。第一，银行可以通过吸收活期存款，为那些需要在不同时间随机消费的人们更好地分担风险，并以此来提高市场竞争力。第二，活期存款合约具备一种不受欢迎的均衡——银行挤兑，所有的存款人恐慌，快速提款，甚至包括那些如果未关注到银行破产就宁愿将存款留在银行的人们。第三，银行挤兑确实会引发一些经济问题，因为即使是健康的银行也会破产，导致贷款的撤销和生产性投资的中断。除此之外，模型提供了传统上用于防止或阻止银行挤兑的分析框架，即存款变现的暂停和活期存款的保险（与中央银行的最后贷款人性质相似）。

从第一个观点出发，Diamond-Dybvig 最先分析了银行所具备的流动性保障功能。他们认为银行中介可以提供金融市场所无法提供的风险分担功能。长期投资虽然流动性弱，但收益比流动性强的短期投资大，可是投资者由于担心短期流动性不足而不愿意接受较高的长期投资收益。银行中介的优势在于将大量具有不确定的短期流动性需求的存款人集中起来，在满足其流动性需要的同时，提供长期投资带来的高收益。

Diamond-Dybvig 模型包括三个时期（$T=0，1，2$）和单一的产品，并将存款人分成两种类型（类型1和类型2）。在时期0投入1个单位，则在时期2的产出 R 满足 $R>1$；如果生产在时期1被中断，残值正好是最初的投入1。这是由于模型假定经济中只存在一种无风险的技术，由于经济的无风险生产活动，在既定的技术水平条件下，如果

进行单一时期运作，每单位投入只有低水平的产出，而如果是两个时期，就可以达到高产出。如果出乎意料地被迫提前清算，则只能得到较低的回报。实际上，即使在竞争性的市场上，流动性的缺乏也是金融资产的共同特征。存款人关心这些资产被迫提前清算的成本，并与银行签订反映这种成本的合约。

Diamond-Dybvig 强调了银行为存款人所提供的流动性保障功能。模型中假设存款人在 $t=0$ 时期都是同一的，每个人都不知道其在 $t=1$ 时期和 $t=2$ 时期的流动性需要。类型 1 存款人只关注时期 1 的流动性需要，类型 2 的存款人则只关注时期 2 的流动性需要。假设在时期 0 给每个存款人一个单位的禀赋，如果存款人选择将自身的一个单位直接投资于非流动性的长期资产项目，在 $t=2$ 时期，项目完成后获得的投资回报为 R。但是，如果存款人在 $t=1$ 时期出现流动性需求，该投资项目将被迫提前清算，这时存款人只能获得较低的偿付收益 $L<1$。这时，存款人可以与银行签订存款合约；在 $t=1$ 时期，该合约保证存款人获得收益 $I_1 \geqslant 1$；而在 $t=2$ 时期获得收益 $I_2 > I_1 \geqslant 1$。如果存款人的流动性需求呈独立分布，上述事件的分布概率分别为 P 和 $1-P$。银行为了保证支付承诺的实现，可以采用以下投资方式，即将存款总额的 Q 部分投资于回报额为每人 1 个单位的短期流动性资产，而将剩余的 $1-Q$ 部分投资于长期非流动性项目，每人获得收益 $R>1$。因此，只要满足 $PI_1 = Q$ 及 $(1-P) I_2 = R (1-Q)$，银行的存款合约就可以保证 $1<I_1<I_2<R$。这一公式表明，银行的介入可以使存款人的资金不再受制于长期投资项目，而可以随时获得更高的提前消费的收益（$I_1>L$），从而通过存款合约在存款人之间进行跨期风险分担，为存款人的流动性偏好冲击提供保险。

银行通过提供不同时期、平稳回报方式的负债来转换缺乏流动性的资产。这些合约具有多重均衡性。如果信心是持续的，就能有效地进行风险分担；而如果存款人恐慌，在时期 1 提款的存款人超过了预测的概率 P，那么 Q 部分资金将无法满足存款人的流动性需要，银行被迫提前清算非流动性资产，此时类型 2 存款人虽然原本打算在时期 2 提款，但担心其收益受到影响，就会参加挤兑，最初的动机也会扭曲。在这种情况下，在银行耗尽资产前，每个人都涌向银行提款。即使不是所有的存款人都提款，但由于清算资产在亏本的基础上出售，银行也必须清算它所有的资产。

资产缺乏流动性为银行的存在和它们易于受到挤兑提供了很好的解释。这个关于银行和银行挤兑的模型的重要特征是，挤兑的代价是昂贵的，并通过中断生产（当贷款被提前召回时）和在存款者中间破坏最优风险分担来减少社会福利。众多银行的挤兑将引发大规模的经济问题。这和 Friedman 与 Schwartz 关于美国在 20 世纪 30 年代的银行挤兑对经济造成巨大损失的研究是一致的，尽管后者坚称银行挤兑产生的破坏是由于货币供应造成的。Diamond-Dybvig 模型证明了银行合同尽管是最优的，但它在为存款人的偏好冲击提供保险的同时，却会导致代价高昂的挤兑恐慌。因此，银行和银行挤兑就像孪生兄弟一般。在该模型中，存在两个按帕累托排序的纳什均衡，即一个是没有挤兑的高效率均衡，另一个是发生挤兑的低效率均衡。由于存款者对低效率均衡进行了选择，从而引发了挤兑。

三、银行挤兑与系统性危机

银行挤兑一旦发生就可能使流动性不足，甚至本来没有流动性问题的银行破产。从微观层次来看，与其他类型企业相比，单个银行不能及时偿付债务的流动性风险，除了受债权人信心影响很大外，并没有根本性不同。但是，从宏观层次来看，单个银行流动性问题就要通过支付系统和同业拆借市场很快传播到其他银行，产生多米诺效应——无论其他银行自身是否存在挤兑问题都将受到牵连，对其他银行形成巨大的外部性影响。因此，单个银行经营失败很可能造成整个银行业系统性危机，这一危机所产生的社会经济成本更大。

(一) 银行挤兑的传染效应

一家银行因挤兑而破产会波及其他银行甚至是经营稳健的银行，产生传染效应。

1. 基于信息的挤兑传染

某一银行失败会传递出其他银行也可能失败的信号，导致存款人和其他债权人对银行挤兑，这一挤兑也可能出现在同业银行市场上，其影响更为严重。这里有关银行本身状况或中央银行偏好的信息十分重要。

（1）某一银行失败的消息传出意味着有类似资产的其他银行也可能失败，这一信息会引起挤兑。

（2）在某一银行陷入困境时，如果中央银行保护该银行未受到保险债权人的同意、中央银行是否干预均不明确，就可能触发对其他银行的挤兑。

2. 失败银行通过对证券市场的影响可能引起其他银行挤兑

Kaufman 的研究表明，银行业中各种银行股票收益率的相关性大于其他产业中的企业，某一银行经营失败引起那些提供相同产品服务或在同一地区市场中经营的银行股票收益大幅度不正常下降。股价大幅下挫使市场对银行产生不良预期，从而产生挤兑现象。

(二) 单个银行失败在银行体系内蔓延

银行之间通过同业往来，即通过各种大额交易的借贷关系密切联系在一起，银行失败易于通过银行间借贷迅速蔓延。银行同业借贷包括支付系统中日拆借方余额、货币市场上隔夜拆借、定期银行间借贷等。银行同业贷款一般既没有担保品，也没有受到保险，而且同业贷款在银行资产负债表中占有很大比重。因此，一家银行失败可能导致一连串的银行失败，从而在金融市场通过多米诺效应演变成银行危机。

Rochet 和 Tirole 建立了一个失败银行蔓延模型。在银行间不存在借贷关系和集中的流动性市场的自给自足的经济中，存在三个时期，有 n 家银行。每家银行在时期 0 对项目进行贷款投资，为了应付时期 1 的流动性冲击还必须持有流动性储备，一旦发生流动性冲击，银行会减少对其商业贷款的监督努力，即存在道德风险。贷款投资收益在时期 2 实现。银行在出现流动性需要时，即使可能获得新增存款或者从资本市场得到资金，也不会消除这种储备需要。这样，银行必须通过存储流动性证券或必须依靠中央银行信贷便利来缓解外部流动性冲击。因此，在每家银行与其债权人之间的最优融资合约中，银行受制于流动性要求，这一流动性要求表现为银行风险资产价值的一定比例。如果这 n 家银行在出现流动性需要时，可以相互拆借资金以降低储备要求，并在时期 1 对其他银行在时期 2 是否会出现低贷款投资回报进行旨在降低道德风险的监督。由于在监督和商业活动之间存在规模经济，某一银行关闭的决定与其他银行存在联系，一家银行的失败会危及到向其提供贷款的其他银行的生存。即使在一个最优审慎监管安排的制度框架内，银行失败也会在银行体系内蔓延。例如，在开始没有银行失败的状态中，任何一家银行的流动性冲击稍一增大就有可能导致所有银行完全破产；反之，任何一家银行流动性冲击稍一减弱不会引起其他银行失败。也就是说，银行同业之间的借贷联系使得银行体系处于不稳定状态，单个银行的失败可能会在银行体系内传播而引发系统性危机。

以银行同业往来中起重要作用的支付系统为例具体考察单个银行失败是如何蔓延的。

近几十年来，金融市场向一体化发展、新金融工具不断出现与电子通信技术的更新使得金融活动迅速发展，其中一个直接结果是银行间支付系统中大额交易量空前高涨，这些交易系统的日透支额也大幅增加。支付系统中的大规模日支付流量，特别是大额交易和巨大的透支额产生了潜在的风险。大额支付，尤其是在距离较远时其货币运输成本和风险都较高。在商业往来中经常出现交易商之间的大额现金失衡的情况，这样银行便介入商业交易的头寸清算之中。19世纪末，美国和欧洲诞生了在经济实体的银行账户之间进行资金转账的结算网络，即支付系统，在科技迅速发展、金融市场管制放松和日益国际化的今天，各种形式的资金清算几乎都通过支付系统进行，其中的潜在风险很容易演变成系统性危机。

支付系统中存在不同的风险类型，主要有信用风险、流动性风险、操作风险和系统性风险。其中，信用风险是指交易价值不能全部实现的风险，流动性风险是指在未来某一不确定时间而不是在合意时间要求结算的风险。操作风险与计算机和电讯系统出现故障有关，典型的例子是美国纽约银行1985年11月发生的计算机问题，计算机在处理政府证券的交易时既不交付证券也不收取银行欠款，结果纽约银行发现自己透支226亿美元。操作风险至少从两个方面对信用风险和流动性风险产生影响：①增加结算时滞；②在银行并非存在很小的破产概率时增加了结算风险。从广泛使用的含义上看，系统性风险是指清偿力和流动性出现严重问题的一家或几家银行危及整个银行体系稳定的风险。BIS通常采用更宽泛的定义，除此之外，系统性风险还包括系统的一个参与者遭遇到支付问题可能扩展到有限数量的其他参与者的风险。

单个银行失败通过支付系统可能演变成系统性危机。支付系统大体上可分为净额结算系统和总额结算系统。在可以撤销支付命令的净额结算系统中，参与交易的银行面临的风险最大。支付系统中部分参与者的失败必然引起连锁反应。如果一家参与银行经营失败，在破产当天发出和收到的所有支付命令全部撤销，引起与其交易的其他银行出现部分或全部损失，如果损失重大，就会发生新的破产。支付链将扩散开来，波及参与支付的所有银行。在不可透支的总额结算系统中，银行交易在瞬间完成，并且发出支付命令与结算同步进行，因此风险较小。但与净额结算系统相比，该系统需要当天有更高水平的流动性。一家参与银行的失败可能引起协调性失效，即所有参与银行在收到自己的支付命令后才对其他银行进行支付，导致流动性的持续短缺。这两种情况均会导致各自支付系统的混乱。

（三）系统性危机的社会经济成本

银行失败的成本相当高，除了由银行股东、存款人、其他债权人和政府承担直接损失外，还会导致外部性的消极影响。如果银行失败演变成系统性危机，这些直接成本和间接成本就更为巨大，甚至使一国经济陷入长期衰退而难以自拔，此外，还可能导致政治危机和社会动荡。

1. 系统性危机中政府（中央银行）承担的直接成本

银行系统性危机所造成的社会经济危害程度与一国金融结构有关。在以银行间接融资为主体的发展中国家和转型经济国家中，银行危机所产生的影响远比融资渠道多样化的发达国家严重。通常银行危机的严重程度可以用银行危机的财政成本和中央银行的准财政成本占 GDP 的比例来直接衡量。此外，还可以用不良贷款占总贷款的比例进行间接衡量。

2. 系统性危机的间接成本

银行危机除了产生直接成本外，还会引起产出大幅下降，对支付系统、货币政策、财政政策、汇率稳定等产生重大影响。银行危机对产出所产生的中长期影响在大萧条时期最为深重，因此，许多学者对此加以研究，提出银行危机的"债务通缩"（debit deflation）理论。

除了产出严重下降这一间接成本以外，银行危机还会产生其他间接成本。银行间支付系统和银行体系作为货币政策传导渠道的重要地位即使在银行市场份额不断下降的发达国家依然存在，发展中国家更为突出。上文已经说明单个银行失败可能引起支付系统混乱，而银行发生系统性危机就有可能导致支付系统崩溃，不能发挥正常功能。

一方面，银行危机降低了中央银行制定和执行货币政策的能力。首先，银行危机使货币供应量发生不正常的变化。银行具有创造存款货币的能力，在存款缺乏安全保证时，存款人大量提款而形成的现金流失通过货币乘数使货币供应量急剧收缩，货币流通速度也因存款人流动性需求增加而减慢。银行因其贷款风险增大、存款变化不定而需要较多的超额准备，导致货币乘数下降。20 世纪 80 年代的西班牙、乌拉圭、菲律宾、阿根廷等国在发生银行危机期间货币乘数迅速下降。如阿根廷在 1982 年的危机中，货币乘数从 4 下降到 2 以下。但也有国家，如 20 世纪 80 年代初的智利，其银行危机仅使一直处于上升状态的货币乘数的上升速度放慢，而加纳在 1988～1991 年的银行危机中货币乘数一直在上升。其次，银行危机使货币政策的操作目标、中间目标和政策目标之间的联系具有不确定性，无法实现预期的政策意图。此外，银行危机爆发时，政府的首要任务是平息危机，中央银行也必须在稳定银行业上做出最大努力，因此，不能专注于货币政策的经济目标。

另一方面，银行危机使银行税收减少，企业的大量破产和利润下降也减少了税收，因此政府财政收入大幅下降；与此同时，解决普遍的银行倒闭、避免更多银行关闭和补充资本等措施导致的财政支出十分庞大。这一财政失衡以及出现的资本外逃和通货膨胀，使得市场预期该国无意实际上也无法竭力维持现有的汇率目标，货币危机不可避免地发生了。

四、防止银行挤兑的措施

有几种安排可防止或阻止银行挤兑。所有这些安排都通过找到流动性的后备来源而起作用，即当取款数目太高的时候使用后备来源。一旦流动性的后备来源到位了，向银行挤兑的激励就被除去了或减小了，这取决于流动性的后备来源的可信性和承担义务的程度。要注意，银行并不简单地是后备流动性赖以流动的渠道，因为即使没有后备流动性银行也能创造出流动性（在好的均衡状态下）。即后备流动性来源通过消除坏的均衡而保留好的均衡来保证银行的稳定性。

（一）存款变现暂停与风险分担

Diamond-Dybvig 认为存在一种切实可行的合约，既可使银行阻止挤兑，又可通过转化缺乏流动性的资产来提供最优风险分担。历史上，银行曾经通过签订存款变现暂停合约来应付挤兑，但存款变现暂停合约并没有达到最优风险分担。

存款人类型可观察性的缺乏排除了 Arrow-Debreu 式的完全市场。因为该市场需要有依赖于非检验的私有信息。幸运的是，因为最优合约满足个人选择约束，所以以达到最优保险合约是潜在可能的。银行出于最优风险分担的要求，通过提供流动性，当存款人在到期日之前兑现时，银行保证提供一个合理的回报。为了阐明银行如何提供这种保险，Diamond-Dybvig 首先检验了被银行普遍应用的传统活期存款合约。通过研究活期存款合约，也可以发现银行为何易于遭受挤兑。在模型中，活期存款合约赋予每一个存款人在时期 1 以固定利率 r_1 提取存款，其次，银行随机地偿付提款者直到银行破产。活期存款合约满足一个连续性服务约束，约束银行对任一存款人的收益只能依赖于存款人当时在取款队伍中的位置，而不是存款人将来在队伍中的位置。

活期存款合约可以达到完全信息条件下的最优风险分担，这种均衡是完全战略纳什均衡。假设所有的存款人在最初都存款，在完全信息条件下，如果类型 1 存款人在时期 1 提取的单位存款的固定收益等于其最佳流动性需求，那么类型 1 存款人在时期 1 提款而类型 2 存款人在等待就是一种均衡状态，这种好的均衡达到了最优风险分担。在另一种坏的均衡（银行挤兑）中，所有的存款人都发生恐慌，并尽力在时期 1 提取存款。如果恐慌可以被预期的话，所有的存款人更愿意在时期 1 提款，因为这时存款的面值大于银行资产的清算价值。

银行提供资产的流动性服务和银行易受挤兑都应该是由这样一个业务引起的，即将缺乏流动性的资产向流动性资产转化。对所有的 $r_1 > 1$，挤兑都是一种均衡。如果 $r_1 = 1$，银行将不易遭受挤兑。但是在这种情况下，银行只是直接地持有资产，那么在竞争性市场上就不会获得发展。不受挤兑的活期存款合约不能提供流动性服务。银行在挤兑的均衡状态下提供资金分配，这种分配对所有存款人来说，比没有银行的情况还要糟糕。在银行挤兑均衡中，每个人获得平均的风险回报，而直接持有资产至少可以获得一个单位的无风险回报。银行挤兑在存款人之间破坏了风险分担，而且由于所有的生产在时期 1 被中断，为生产效率付出了代价，而这时对某些人来说持续到时期 2 是最优的。

如果结果必须与预期相匹配，由于没有人在存款时会预料到银行的破产，那么银行挤兑的现象就被排除在外了。只要存款人预测到挤兑概率足够小，他们还是会选择将一部分财产储存到银行。在存款人看来，任何随机事件的发生，如一些其他银行的挤兑、政府的消极经济预测、甚至是太阳黑子都可以成为挤兑的导火索。这也意味着一旦存款人存款，任何导致他们预期挤兑发生的因素都将会导致挤兑。这也解释了持有单纯的活期存款合约的银行很留意保持公众信心的原因，因为他们认识到良好的均衡状态也是非常脆弱的。

即使感受到挤兑的可能性，单纯的活期存款合约也是可行的，并且能吸引存款。这也是银行不顾被挤兑的威胁而使用活期存款合约的原因。当提款数量不是随机值时，纯粹的活期存款合约可以达到完全信息最优均衡。但是，在银行挤兑的坏的均衡中，纯粹的活期存款合约不如直接拥有资产。通过对活期存款合约的简单的改变——存款提取的暂停来保护银行，避免遭受挤兑。Diamond-Dybvig 的结论与 Friedman 和 Schwartz 提出的观点是一致的。

Diamond-Dybvig 在模型中指出，如果在时期 1 提款数量很大的情况下，银行可以暂停存款变现，对该项政策的预期就会通过转移类型 2 存款人提前支取的动机的方式来阻止挤兑。因为消除银行挤兑的关键在于设法阻止那些并不是真正具有流动性需要的存款人参与提款，这时的活期存款合约与单纯合约的区别在于，如果全部存款中的一部分已经被完全提取，银行将暂时中止变现功能，那么在时期 1 尽力提款的其余存款人将空手而归，也就意味着当提款量达到一个预定的数值时，一些人在时期 1 将不被允许提款。这种约定可以达到最优风险分散。因为在这样的合约中，全部可预期的类型 1 存款人会在时期 1 提取其所有的款项，因为时期 2 的流动性对他们来说是没有任何价值的；而类型 2 的存款人在时期 1 则不会加入到提款的行列，因为不管他们对其他存款人提款的预期如何，通过等到时期 2 提款，他们都会得到更高的回报。因此这时存在一个唯一的纳什均衡，而且是一个上策均衡，因为每个存款人即使预料到其他的存款人会选择非均衡或非理性的行动，他们也都将选择均衡行动，这就使合约非常稳定。这一规定的理论依据是如果存款人的流动性需要是独立分布的，那么存款人提前变现的概率就可以是一个确定的数值，只要在事前承诺不对超过 Q 部分的存款变现，就可以消除挤兑。

存款变现暂停的政策保证了参与到银行挤兑中是无利可图的，因为当类型 2 存款人仍然保留不提款的动机时，银行的资产清算就被停止。存款变现暂停的合约达到了最优风险分担，因为在良好的均衡中暂停从来不会发生，并且银行可以贯彻最优资产清算政策。而且当公众信心维持时，银行确切地知道会发生多少提款。但是这种政策只是在名义提款数量已知的情况下才会有效运作。如果在存款人之间流动性需要存在不可预测的相关性，即时期 1 的提款量是一个变化的数值，那么可能事先规定的提款上限不能满足所有类型 1 存款人的流动性需要，当暂停解除时，对银行的挤兑就有可能发生，因此，本质上存款变现暂停是对流动性压力的暂时缓解，而不能解决根本问题。

（二）政府存款保险与银行挤兑

当提款数量是随机数值时，不能达到最优风险分散，这就意味着没有银行合约可以达到完全信息最优。但是，暂停存款变现可以通过阻止挤兑来改善未保险活期存款合约。当均衡中发生存款变现暂停，一些类型 1 存款人不能提款时，根据过去情形分析，这是低效率的。尽管暂停存款变现阻止了挤兑，但这并不被认为是一个满意的解决办法。

政府提供的存款保险可以使银行合约达到最优。所谓存款保险，是指为从事存贷款业务的金融机构而建立的一个保险机构，各成员金融机构向保险机构交纳保险费；而当成员金融机构面临危机或经营破产时，保险机构向其提供流动性资助或者代替破产机构在一定限度内对存款者给予偿付的制度。存款保险保证承诺的回报会支付给所有提款人，政府为所有的偿付提供保险，这时存款人变现的唯一依据是其自身的流动性需要，模型中只存在纳什均衡 $1 < I_1 < I_2$。如果这是一个真实价值的保证，可以保证的金额是受约束的。政府必须征税以兑付存款保证。如果存款保证是名义上的，税收就是由货币创造引起的对名义资产的通货膨胀税。因为私有保险公司受其储备规模的约束，Diamond-Dybvig 认为存款保险应该由政府提供，当然，有一定授权征税或创造货币权威的私有机构也可以提供存款保险，但他们通常把这样的机构看做是政府的一个分支。

假设政府能够向每一个存款人征收相同金额的任何税收，特别是向那些在时期1提款的存款人征税，征收的数量取决于存款者在时期1的提款多少以及对存款人承诺的回报是多少。例如，如果每单位存款在时期1被提取，并承诺回报 $r_1 = 2$，那么必须人均征税1个单位，因为在时期1，银行资产的清算每人将会增加1个单位。由于政府可以对提款人征税，政府可以将税收建立在时期1可实现的提款数量基础上。这与提供连续服务但不能减少提款金额的银行相比是有差异的，这种不对称使政府干预存在潜在的收益。由于存款保险，我们看到连续服务约束并没有减少社会福利。存款人关心提款收益的税后价值，因为那是他们能够消费的金额。

模型强调了政府存款保险的重要社会收益，它允许银行实行合意的资产清算政策，该政策与由提款直接附加的现金流动约束相分离。而且对所有可能预期到的其他存款人的提款策略来说，参与银行挤兑从来不会有利可图，所以存款保险可以阻止挤兑。这是许多存款保险方案的通常结果。这个建议可能太强硬了，因为它允许政府实行一种不受约束的税收制度。如果一个非最优的税收必须被强加的话，那么当提款数量是随机值时，就会存在税收扭曲和与政府存款保险相联系的资源成本。如果有足够的不正常的税收为保险提供收入，那么没有保险，社会福利就会更高。

存款保险保证了类型2存款人永远都不会参与挤兑，没有挤兑，提款就是确定的。尤其是只要政府将一些税收用于保险，那么不管多么扭曲，都不会发生挤兑。在模型中，提供保险的可信的承诺意味着承诺不必履行。这与私人提供的存款保险不同。因为私有保险公司没有税收的权力，它们必须持有储备以使它们的承诺可信。这也证明了由政府提供存款保险具有天然的优势。模型中政府政策的作用定位于提供一种制度：防止一种不好的均衡出现，而不是改变现存均衡，通常这种均衡不会导致扭曲。在通常情况下，如果政府提供存款保险，就有一种合约可以达到非约束的最优。研究显示，存款保险能够在不减弱银行资产转换能力的条件下排除挤兑。重要的是，存款保险使资产清算政策不再受到严格的提款数量的限制。

（三）最后贷款人

另一种能防止银行挤兑的安排是最后贷款人，例如美国联邦储备银行的贴现窗口。同存款保险基金一样，其流动性的后备来源是政府，它从征税权中获取流动性。最后贷款人比存款保险者更具灵活性，例如，它能区别挤兑引起的失败和欺诈引起的失败，但这种灵活性损害了它的可信性。如果存款者不能确信最后贷款者是否会贷款给银行，他们会在银行正好要倒闭的时候取款。这同一证据说明，如果每一份存款不是百分之百被保险，或者大量存款没被保险，那么存款保险将无法防止银行挤兑。与一个流行的观点相反，只要这些存款能随时被取出，它们就并没有对银行设置任何惩罚。

第二节　商业银行监管

银行业作为一个特殊的行业，其风险也是特殊的。如上文所述，一旦一家银行出现危机，极有可能在整个银行业引起连锁反应，由此引发全局性的、系统性的金融风波。因此加强对商业银行的风险控制对于维护整个金融体系的安全具有重要作用。目前世界各国均根据不同的国情，对商业银行进行尽可能高效的监管。商业银行监管就是对商业银行的监督和管理，它贯穿商业银行从准入到退出的全过程，包括对货币政策与银行法执行情况的监管、现场检查与非现场检查、外部监管与内部控制等。

一、商业银行监管模式

（一）监管目标

监管目标是各国制定监管制度的依据，监管目标的确关系到具体的监管规定，因此，监管目标的确定是对商业银行进行监管的首要问题。由于各国的历史、经济、文化背景及发展情况互有差异，各国制定的监管目标也不完全一致。例如，中国香港的《银行业条例》规定，金融管理专员的主要职能是"促进银行业体系的整体稳定和有效运作"；美国的《联邦储备法》阐明了制定该法的重要目标之一是要在美国建立更有效的监督；法国的《法兰西银行法》规定"法兰西银行是国家赋予权力在国家经济及金融体制下监控货币及信用供给的工作机构，为此，其应确保银行体系的正常运作"。

《有效银行监管的核心原则》认为，监管的目标是保持金融体系的稳定性和信心，以降低存款人和金融体系的风险。根据该原则，银行监管的目标至少有两个。

一是保证银行的稳定经营和健康发展，维护金融秩序，确保广大民众对金融体系的信心。不同国家不同时期的监管目标是有差异的，但是，银行业的稳定健康发展和整个金融体系的有序运行则自始至终都是一个重要目标。国民经济的正常运行离不开银行，银行是筹集建设资金的一个重要渠道，是国家进行宏观调控的主要杠杆之一。一家银行的倒闭，往往会引起"多米诺骨牌效应"，导致一连串的银行倒闭，甚至导致金融制度的崩溃。因此，只有银行业稳定健康发展，才能使整个金融体系处于有序运行状态，才能使社会经济生活健康运行。同时，银行业的稳定也将使广大的居民和企业对金融业乃至整个国家的发展充满希望和信心。

二是维护社会公众利益，尤其是存款人的利益。银行是一种中介机构，是以负债经营为特点的高风险企业。银行通过吸收居民储蓄和企业存款获得资金，没有存款，银行就没有生命力。因此，银行必须把存款人的利益放在第一位。但是，一旦银行破产倒闭，存款人的利益必然受到损害，即使是在实行了存款保险制度的国家也不例外。因此，防患于未然，加强监管，尽可能地使银行规范经营是维护存款人利益的最好方法。

我国《银行业监督管理法》第3条规定："银行业监督管理的目标是促进银行业的合法、稳健运行，维护公众对银行业的信心"。可见，我国商业银行监管目标也主要包括两个，促进银行业的合法稳健运行，保证银行业的健康经营和发展；维护公众对银行业的信心，保护公众尤其是存款人的利益。这样的监管目标完全符合巴塞尔委员会《有效银行监管的核心原则》对监管目标的建议，是符合现代商业银行监管的目的的。

（二）监管主体

狭义的监管主体是指对银行进行监管的官方机构。广义的监管主体则把银行放在整个国民经济的大背景下来考察，包括两个部分，即内部监管主体和外部监管主体。内部监管主体也是最基本的监管主体，即银行机构本身，这一部分的监管称为内部控制。与之对应的是外部监管主体，包括官方监管机构、社会监管机构和行业公会等。

就官方监管机构而言，2003 年 4 月 26 日，我国第十届全国人民代表大会常务委员会第二次会议通过了《全国人民代表大会常务委员会关于中国银行业监督管理委员会履行原由中国人民银行履行的监督管理职责的决定》，根据该决定，银监会接替中国人民银行成为银行业的官方监管机构。并且，2003 年 12 月 27 日通过的《中华人民共和国银行业监督管理法》第 2 条明确规定："国务院银行业监督管理机构负责对全国银行业金融机构及其业务活动监督管理的工作"。因此，我国商业银行的官方监督机构就是银监会。

纵观西方发达国家的银行监管主体，各国的安排也互不相同。比如，美国商业银行的监管具有多元化的特点，由美国联邦储备委员会同货币监理署、银行保险基金等机构共同进行监管，中央和地方都有监管权，同时，每一级都有若干机构来共同行使监管职能，属于"二元多头"式的监管。而英国所有的商业银行都是由中央银行也就是英格兰银行进行全权监管，是典型的"集中单一"式的监管。而像日本、德国等国家，全国的银行监管权都集中于中央，地方没有独立的权利，在中央一级由两家或两家以上的机构共同负责监管，这种模式被称为"一元多头"式监管。由此，我们可以看出，银行监管功能确实并不是中央银行的专有职能，而银行监管的效率在很大程度上并不取决于由哪个部门来行使，而在于是否能够在不受外界影响的情况下很好地执行监管职责。

（三）监管内容

商业银行的监管目标决定了其监管内容。从《有效银行监管的核心原则》及各国监管的实际情况来看，商业银行的监管内容大致包括以下几个方面。

一是市场准入监管，是指对新设立的商业银行，包括合并和增设分支机构的登记、审批等监管。市场准入监管关系到一个国家的银行数量是否适度，是否会给社会经济生活带来消极影响，这是对商业银行进行监管的第一道关卡，因此是至关重要的。合理的市场准入制度不仅能够保证银行的较好品质，而且还能够保持比较合理的银行数量，防止银行集中于少数集团而不利于竞争。

二是银行业务运营监管，主要是对银行经营中的风险进行监管。银行业是一个高风险行业，在商业银行的经营活动中，风险防范是一个重要问题，前面已经讲到，银行风险来自方方面面，因此，极有必要对银行经营活动中的风险进行防范，这是对商业银行进行监管的一个重要方面。根据《有效银行监管的核心原则》，对银行风险进行监管主要包括资本充足率监管、信贷风险管理、流动性监管。

三是市场退出监管。监管本身也不能绝对保证不会出现银行倒闭，一旦出现银行破产倒闭，将不可避免地对整个银行业甚至金融体系带来影响，如何采取正确措施，将这种影响降低到最小程度也是商业银行监管的一个重要方面。

总之，市场准入监管是商业银行监管的首要环节，它能够保证进入金融市场的银行的良好品质及合理的银行数量；业务运营监管是对银行的持续性监管，要履行审慎监管的原则，通过对商业银行的资本充足率、信贷风险、流动性等进行监管，确保银行的稳健运行；市场退出监管是银行不能满足监管当局的审慎要求时，监管当局采取的措施。这三者结合在一起，服务于银行监管的全过程。

二、商业银行市场准入监管

从金融监管来讲，对市场准入的控制是保证金融业稳定健康发展的有效预防性措施。把握好对商业银行市场准入的监管，就可以将那些有可能对存款人利益或金融体系的健康运行造成危害的银行拒之门外。因此，当今世界各国对商业银行实行监管都是从实行市场准入管制开始的。

巴塞尔委员会在 1997 年 9 月发布的《有效银行监管的核心原则》中提出了对商业银行发照程序和对机构变动的审批，其中，对发照程序的审批也就是我们所说的对商业银行市场准入的监管。该原则认为，为了形成一个健康的金融体系，明确界定被监管的对象，应该先明确界定对银行组织的发照安排和执照允许经营的范围。该原则特别指出，一般只有持有营业执照并接受银行监管的机构才能办理吸收公共存款的业务。对于"银行"一词必须做清楚的定义，严格控制在名称中使用"银行"一词，以便使公众不会被那些使用"银行"这一名称的无执照经营、逃避监管的机构所误导。并且，该原则还指出，以对吸收存款机构的发照（或者机构审批）体系作为银行监管的基础，银行监管者就有手段确定监管对象，并且控制银行业的准入。发照当局应当保证新银行机构有适当数量的股东、充足的财力、与业务结构一致的法律结构、具备专业知识与道德水平及能稳健审慎经营的管理人员。严格的审批程序并不能保证银行开业后的正常运转，但是，它可以作为减少不稳定机构进入银行市场的有效手段。

市场准入的一般要求包括

（一）执照的颁发

商业银行是以吸收存款、发放贷款为主要业务的金融机构。居民和企业的存款是商业银行运营资金的重要来源，而居民和企业进行储蓄存款也是在银行进行的，所以有必要对"银行"一词的使用做出严格限制，以防止公众被那些乱使用"银行"一词的机构所误导。严格对银行的发照程序，确定只有持有营业执照并接受银行监管的机构才有权吸收公众存款，并且让其为广大公众所熟知是市场准入监管的第一步，这是需要首先明确的问题。

世界各国都对发放银行营业执照做出了规定。在日本，任何想从事金融业务的机构都必须先从财政部领取营业执照。法国有关法律规定，任何信贷机构只有经过信贷委员会批准领取营业执照之后才可以开始业务活动。德国也在其有关法律中明确规定，任何金融机构必须从联邦银行监管署领取许可证以后才能从事金融业务。在荷兰，如果申请人完全符合有关法律规定的各项具体条件，中央银行原则上不得拒绝发给许可证。总之，领取营业执照或许可证是银行进行业务活动的通行证，没有这种证书，"银行"将不成其为银行。

（二）资本金的要求

资本金的充足与否是衡量一家商业银行抵御风险能力的一个重要指标。商业银行一旦被批准进入市场，随之而来的风险是不可避免的，如果银行没有比较多的资本金、没有比较高的资本充足率，那么银行抵御风险的能力就比较弱，这就意味着银行只能将大量的利润用做准备金来应付呆账或者坏账，在银行竞争中处于不利的地位。相反，较多地资本金和适度较高的资本充足率是银行实力的象征，表明其抵御风险的能力也比较强。因此，对银行资本金的审查是商业银行市场准入监管的一个重要方面。目前，世界各国都对拟设立的银行提出了资本金方面的最低标准。

在日本，银行必须以合股公司的形式设立，对各商业银行规定的最低资本金数额为10亿日元。德国也要求设立银行必须拥有充足的资本，一般来讲，办理存款业务的各类银行的最低资本金数额为600万德国马克。荷兰规定最低资本额为20万美元。而英国则规定银行需要500万英镑以上的资本额。尽管各个国家规定的最低资本金数额不等，但是都对最少的资本金做出了明文规定，使得银行成立时在资本金数额方面有了明确的要求，也使得银行在以后的经营活动中在资本金方面具备了抵御风险的一定条件。

（三）对管理人员的要求

无论是国际商业信贷银行、巴林银行的破产倒闭，还是大和银行国债案造成的巨额亏损，都与银行高级管理人员的违规操作有关。高级管理人员的选拔不当，很有可能造成整个银行的亏损甚至破产倒闭。因此，对银行来讲，管理人员的选任显得十分重要。对商业银行市场准入的一项重要审批内容就是，对董事和高级管理人员（包括董事会成员）的能力、品性和资历进行审查。发照部门应当掌握银行推举的每一位董事和高级管理人员的必要信息，从而审查每一位及其整个管理层的银行经验、其他业务经验和个人品行。具体审查应涉及对有关背景情况的审查，要确定其在业务能力、判断能力和个人品行方面是否存在问题。如果发现问题，银行监管当局应该对情况进行进一步核实，对确信无误的，监管当局有权并且有义务反对其任命。

美国法律规定，在银行审批时要主要考虑所推荐的管理层人员的品行和能力，并要求所推荐人员出具在其他银行从业时的良好业绩证明。日本则规定，银行经理层要具备从事金融业务所必需的知识和经验，必须有良好的社会声誉。英格兰银行在审批商业银行时则要求，银行管理和决策层的全体员工要有良好的信誉、职业技能、知识和经验，能够很好地履行其职责和义务。

（四）其他方面的审查

根据《有效银行监管的核心原则》，市场准入的审查还包括对所有权结构的审查，对经营计划、内部组织结构和内控制度的审查。审查人员应该对银行的所有权结构进行审查，包括审查银行的直接和间接股东、股东的声誉、股东的财务状况及必要时提供进一步财力支持的能力，同时，还有必要确定其初始资本的来源。总之，监管当局要对银行的所有权结构进行审查，确保其所有权形成不至于构成银行问题的来源。

除了所有权结构，还要对经营计划、内部组织和内控制度进行审查。银行的经营计划应该对银行未来大部分业务的市场情况进行描述与分析，并制定银行的长期业务战略。银行还要有合理的内部组织结构和良好的内控制度，银行监管当局应该审查这些内部组织结构和内控制度的安排是否合理，以及是否与银行的经营计划相一致。

三、对商业银行的持续性监管

银行一旦获得批准就可以开业经营。在经营过程中，由于银行业的特殊性，它在业务运营过程中将承担各种各样的风险，金融监管当局要保证银行的稳健运行、维护金融秩序，就必须对银行运行中的风险进行监管，这就是我们所说的持续性监管。持续性监管是银行监管的一个主要部分，主要包括资本充足率监管、信贷风险监管及流动性监管。

(一) 资本充足率监管

必要的资本是银行抵御风险的最直接、最基本的手段。银行的资本充足有利于抵御各种风险，从而保障银行安全和存款人的利益。从巴林银行倒闭到东南亚金融风波，大多都与金融机构的资本不足或严重不足有关。因此，银行资本是否充足已经成为制约银行健康发展的一个重要因素。

资本充足率是指一家银行资本对其风险资产的比例，即资本充足率＝资本/风险资产。资本充足率的监管是对商业银行进行风险监管、保证其健康运营的核心内容。在20世纪80年代中期以前，世界各国的金融监管当局都制定了各自银行应该具备的资本充足性条件，1988年通过的《巴塞尔协议》首次提出了统一的资本充足率标准及计算方法，在此协议的基础上又形成了1996年的《体现市场风险的资本协议修正案》、1999年的《新资本协议框架》征求意见稿及2003年的《新巴塞尔协议》意见稿，这些协议都对关于资本充足率的计算及标准做出了规定。

银行资本是指银行所拥有的永久归银行支配使用的自有资本。根据这些相关协议，银行资本被分为两大类。一类是核心资本，又称为一级资本，核心资本是银行资本中最重要的组成部分，它在银行资本中的比重至少要达到50%，核心资本由股本（包括已发行在外的完全足额的普通股和非累计优先股）和公开储备（我国称之为盈余公积）之和减去商誉和对从事银行业务及经营活动的附属机构的投资组成。另一类是附属资本，包括二级资本和三级资本，附属资本由于流动性过大，其比重一般不超过50%。二级资本包括未公开储备（我国称之为未分配利润）、重估储备（我国称之为资本公积）、普通准备金、既带有股本性质又带有债务性质的资本工具及长期次级债务；三级资本由短期次级债务组成，这类资本只适用于计算市场风险的资本充足率。

风险资产是指把资产负债表上不同种类资产及表外项目所产生的风险资产按照规定的相应的风险权数计算相加而得出的风险资产总额。为此，巴塞尔委员会制定出了风险权数体系，这个权数体系可以分为两部分：一部分是资产负债表内的资产风险权数。即将表内项目按其风险级别分为5个权数，分别设置为0%、10%、20%、50%、100%，例如，现金的风险权数为0%，而不动产抵押贷款的风险权数为50%。另一部分是表外项目的信用换算系数，它针对的是资产负债表之外的业务活动，这类业务活动可能是商业银行做出的承诺或合约，可能会给银行带来收入，但是按照传统的会计程序又不会被列入资产负债表中。具体方法是将项目金额乘以信用换算系数，得出的数额根据表内同等性质的项目进行加权，从而得出相应的风险资产额，即表外资产×信用换算系数×表内项目相应的风险权数＝应计的风险资产。信用换算系数按"无风险"到"十足风险"共划分为4类，分别设置为0%、20%、50%和100%。

巴塞尔委员会将总资本充足率的最低标准定为8%，并且规定核心资本的比例不得低于4%，二级资本不超过一级资本的100%，三级资本不超过一级资本的28%。

（二）信贷风险监管

商业银行获得经营收入的一个最主要途径就是发放贷款，一般来讲，贷款业务的资金运用要占到银行资金运用总金额的60%～70%，在我国则更高。而在开展信贷业务的过程中，银行不可避免地要遭受到信贷风险，贷出去的款项收不回来的情况并不少见。信贷风险是造成商业银行经营困难的主要原因之一，20世纪90年代，亚洲国家银行业暴露的一系列问题都与信贷风险管理不慎有很大关系。因此，加强对银行信贷业务的风险监管至关重要，它不仅关系到银行的资本充足率，而且也关系到银行的安全性、流动性和盈利性。

巴塞尔委员会制定的《有效银行监管的核心原则》中专门对信贷风险管理问题做出规定。根据该原则的这部分内容，银行应该在以下几个方面加强监管，以尽可能地降低信贷风险：①银行监管者应该保证银行的信贷和投资职能客观并建立在稳健原则的基础上，应该建立并保持在贷款政策、贷款审批及贷款管理程序方面的审慎文件规定；②监管当局应该对银行有关单项信贷、资产分类和提取呆账准备金进行定期检查和评估；③银行应该限制对单一借款人和相关借款人的贷款，防止风险集中；④关联贷款的限制。

（三）流动性监管

商业银行流动性是指银行能够及时满足各种资金需要和收回资金的能力。商业银行必须保持一定的流动性资产，也就是要持有一定比例的现金和可以随时变现的资产，以便使商业银行能够灵活周转，以应付客户随时的提现或者贷款的要求。如果银行不能提供充足的现金和其他流动性资产，在客户要求提取存款或者支付到期债务时，银行就不能很好地满足客户的要求，反而面临着流动性危机，从而容易导致银行破产，引起社会经济生活的混乱。因此，加强对银行的流动性监管，使银行保持适当的流动性，是商业银行正常经营的需要，也是社会经济秩序保持稳定的需要。

巴塞尔委员会的核心原则中也提出了对商业银行的流动性监管，认为流动性监管的目的是确保银行有能力充分满足其合同承诺。强有力的流动性监管的关键因素包括良好的管理信息系统、中央流动性系统、可选方案的净融资要求分析、融资来源的多样化及应急计划。监管者应寄希望于银行为其保证充足的流动性去管理他们的资产、负债和表外业务。银行应该有一个分散的融资基础，这不仅表现在资金来源方面，而且表现在负债的到期日方面，它们也应该保证充足的流动性。

四、商业银行监管的方式与手段

对商业银行进行监管，适当的监管指标固然重要，但是合理的监管方式与手段也不可忽视。正确的监管方式与手段能够保证监管当局了解到准确的监管方面的信息，是实施有效监管、对商业银行风险进行控制的重要途径，也是监管当局审慎监管的重要保证。

根据商业银行监管方式与手段的国际惯例，一般把商业银行的监管分为现场检查和非现场检查。现场检查是指商业银行监管当局派专人到商业银行进行实地检查的一种监管方式。这种方式具有以下四个特点：一是较强的直观性，能够直接检查银行财务资料的真实性和合规性，可以直接查访有关的人和事，能够比较容易地发现问题并纠正问题；二是及时性，它可以根据金融形势的变化及时对发生的各类金融问题进行验证、处理，防止风险扩散；三是灵活性，现场检查分为全面检查和专项检查，一旦在非现场检查汇总时发现问题，就可以进行专项检查，具有较大的灵活性；四是深入性，现场检查是一种实地检查，能够较好地发现问题，并且能够针对每个银行的实际情况提出改进意见。

非现场检查是指银行监管机构通过对银行报送的有关经营活动的报表、数据和资料进行整理分析，来确定商业银行经营状况、风险程度的监管方式。非现场检查有以下四个特点：一是预警性，通过非现场检查对相关指标进行分析，也能发现具体问题，从而对商业银行的风险起到预警的作用；二是全面性，非现场检查可以同时对整个金融机构的经营状况进行分析比较，所涵盖的内容比较全面，可以反映出一个机构的全貌；三是连续性，它根据按时上报的资料进行连续分析，可以不间断地对经营状况及一些特别关注的项目进行动态监督，从中可以看出该银行是否在朝着好的方向发展，这是现场检查所不具备的；四是指导性，一旦在非现场检查中发现问题，监管当局可以派专人进行现场检查，可以针对所发现的问题进行专项检查，因此，对现场检查来说，非现场检查具有一定的指导意义。

从现场检查与非现场检查的特点可以看出，现场检查对局部、专项的情况具有灵活高效准确的特点，但对宏观风险的分析和把握明显不足，并且成本较高，容易影响到银行的正常经营。而非现场检查对风险的把握能力要强于现场检查，而且对实施现场检查具有指导作用，但是它属于一种静态的分析，不能很好地揭示问题的深层次内容。因此，只有将两者结合起来才能达到监管的最佳效果。

（一）现场检查

所谓现场检查是指银行监管机构到被检查的商业银行进行实地检查，通过查阅报表、账册、文件等各种资料，并且进行咨询调查，来分析、检查和评价银行的经营情况，是与非现场检查相对应的一种监管方式。

现场检查是监管当局全面掌握商业银行情况的一条重要渠道。通过深入商业银行开展现场检查，包括听取银行自查情况汇报、实地检查和检查后的情况反馈，监管机构能够真实掌握被检查机构的情况，掌握珍贵的第一手资料，这是金融决策的直接依据。

现场检查可以分为两类：一类是全面检查，一般是定期进行的，如一年一次或者若干年一次；还有一类是专项检查，专项检查一般是针对非现场检查中发现的问题所进行的专门检查，专项检查是不定期的。只要在非现场检查中发现问题，监管当局认为有必要进行现场检查的，都可以随时进行现场检查。一般来讲，现场检查具有较强的针对性，能够对银行的情况有一个比较细致准确的了解。因此，现场检查也是非常重要、不可忽视的。

一般来讲，现场检查包括如下程序。

首先，起草现场检查备忘录，主要是确定现场检查的目标、范围、重点及检查人员。现场检查备忘录主要包括三个方面的内容：一是明确现场检查是全面检查还是专项检查；二是阐述检查的重点，主要涉及的业务领域；三是现场检查的人员及时间安排。

其次，进行现场检查，这是现场检查的关键环节。监管机构要进驻被现场检查的银行里进行调查取证。在这个过程当中，检查人员要按照一定的程序和方法，对被检查银行的资本充足率、资产质量、流动性、盈利性及管理水平等进行检查和评估，并据此对银行的风险水平做出预测。现场检查包括以下三个环节。

（1）核心环节。检查人员要提出充足的证据，证明被检查领域的风险水平。不管有没有发现问题，检查人员都要在检查报告中写出结论，并且提出建议。

（2）扩展环节。如果在核心环节中发现有明显的弱点和较大的风险，检查人员就应扩大检查的范围，或者进行更深一步的检查，使被检查银行的风险更加具体化，并进一步确定这些风险能否控制得住。

（3）救治环节。如果以上两个环节证明银行风险是明显的，检查人员就会进入第三个环节，对银行的问题进行深入分析，并且提出应该采取的监管措施。

再次，现场检查报告。现场检查结束以后，检查人员会就有关问题与被检查银行的管理层交换意见，然后就这次现场检查的情况，尤其是全面情况或者特别问题写出现场检查报告。报告应该对照监管的目标和依据，对被检查的商业银行目前的经营状况和发展趋势做出判断和评价。报告的主要内容包括①对商业银行的总体评价，例如，银行的偿付能力是否可以满足其日常经营活动中流动性的需要，银行的经营操作是否稳健、经营是否合法等。②对监管的主要内容进行总结，包括资本充足率、流动性、资产质量等。③对未来的发展趋势进行预测，根据现场检查的结果预测被检查银行的市场竞争情况等。

最后，后续监督。现场检查结束以后，还需要进行一些后续监管，包括保管好被检查银行的资料、监督现场检查报告中所提出的改进措施的实施情况、跟踪监测被检查银行的风险变化情况、对问题银行的跟踪监管等。

我国《银行业监督管理法》对商业银行的现场检查做出了相关规定，银行业监督管理机构应当对银行业金融机构的业务活动及其风险状况进行现场检查，国务院银行业监督管理机构应当制定现场检查程序，规范现场检查行为。此条款只是对商业银行现场检查的机构做出了规定，更加详尽而具操作性的规定还有待于银监会的进一步规范。

（二）非现场检查

非现场检查是指对商业银行报送的报表及数据按一定标准、程序、目标和原则进行分析，从而揭示银行资产和资金的流动性、安全性和效益性。非现场检查具有预警性、全面性、连续性等优点，监管当局详细审查银行报送的各种报表和资料，通过现代化的金融风险预警系统，对商业银行的业务活动进行全面监控，能够随时掌握每一个商业银行和整个商业银行体系的运行状况，知晓存在的问题，并且针对问题及时采取措施，是一种很好的风险预防手段。非现场检查的关键在于报表数据的真实性、及时性以及一套科学的评级体系。

非现场检查的信息来源就是各个商业银行报送的相关资料，因此，非现场检查有效与否的前提就是广泛的资料来源及报表资料的真实程度。一般来讲，报送监督当局的资料包括反映银行经营状况的资产负债表和损益表；反映资产负债表特别项目的有关附表，例如，存款结构明细表、贷款明细表、逾期贷款明细表等；资产负债表上未能反映的报表，例如，提供金融服务的电子汇兑转账系统、非传统性的信贷融资活动、外汇投资活动等；其他有关特别经营的报告，例如，各项存款统计报告、各项贷款统计报告、现金交易报告等。

在收到要求的报表资料后，银行监管当局通过对商业银行报送的这一系列经营报表进行分析和比较，通过检查银行资本、资产质量、盈利及流动性等来确定商业银行的经营状况及发展趋势，并且及时发现问题，还可以针对发现的问题对该商业银行进行现场检查，以此来防范银行风险，维护金融程序，保护广大存款人的利益。

五、商业银行内部控制制度

(一) 商业银行内部控制的概念、目标及原则

1. 银行内部控制的概念

内部控制（internal contral）是各级管理部门为了贯彻有关方针政策，保护财产安全完整，保证会计及其他数据正确可靠，提高工作效率和经济效益，利用内部分工产生的相互制约、相互联系的关系，对本部门的经济活动进行组织、制约、考核和调节的一系列措施及方法和程序的总称。

概括地讲，银行内部控制是指银行为实现其效益性、安全性、流动性的经营目标，协调与规范银行整体、银行各职能部门及内部各层员工，在银行经营与管理活动中的关系与行为的相互配合并相互补充与相互制约的政策、制度、组织、措施、程序和方法的总和，是银行防范风险、保证资金安全的一种内部管理系统。健全有效的内部控制制度，是银行防范风险的重要防线，因此，银行必须建立完善有效的内控机制，以提高风险防范能力和经营管理水平。

2. 银行内部控制的目标

银行内部控制制度是由一系列相互联系并相互制约的制度、程序、措施等共同组成的，其目的在于保护银行资产安全、规范业务经营、强化管理和监督约束机制、有效防范和化解金融风险、提高银行经济效益。具体地说，银行内部控制制度的目标包括确保国家法律、法规、政策及银行经营战略和目标的贯彻执行；确保将各种风险控制在规定的范围之内；保证银行会计记录及其他记录正确、及时、可靠；促进银行建立健全的岗位责任制，加强银行各部门的协调配合；有利于查错防弊，堵塞漏洞，消除隐患，保证业务稳健运行；保证银行财产物资的安全、完整，防止浪费；有利于完善银行的稽核监督职能和提高稽核监督效率。

3. 银行内部控制的原则

1）有效性原则

有效性原则是指各种内部控制制度，包括最高决策层所制定的业务规章和发布的指令必须符合国家和监管部门的规章，必须具有高度的权威性，必须具有可操作性，成为所有员工严格遵守的行动指南；执行内部控制不能有例外，任何人（包括董事长、总经理）不得拥有超越制度或违反规章的权力。有效性原则是保证银行"以制度立行"的根本，制度不落实或执行制度有例外，都可能使银行及其分支机构因违反国家的金融政策、法律法规及银行的规章制度而受到处罚，影响其经营管理活动，严重时甚至会影响其声誉和公众形象，引发金融危机。

2）审慎性原则

审慎性原则是指内部控制的核心是有效防范各种风险，任何制度的建立都要以防范风险、审慎经营为出发点。内部控制最初是用来查错防弊的，后来，随着企业组织的日益复杂，对内部管理的要求越来越高，内部控制的事前防范作用才开始体现出来。现在，银行的内部控制主要是为了保证其顺利开展各项经营和管理活动，防止业务处理及管理活动中出现违规情况，所以内部控制必须以有效防范各种风险为出发点。

3）全面性原则

全面性原则是指内部控制必须渗透到金融机构的各项业务过程和各个操作环节，覆盖所有的部门和岗位，不能留有任何死角。

4）及时性原则

及时性原则是指在设立新机构或开办新业务品种时，必须树立"内控优先"的思想，建章立制，采取有效的控制措施。设立新的金融机构或开办新的业务品种，如果没有相应的内部控制去规范业务和管理活动，则银行的经营活动一开始就会陷入无序状态，不但影响其经营效率与经营业绩，而且在失控的情况下，即使时间短暂，也有可能造成严重的后果。

5）独立性原则

独立性原则是指内部控制的检查、评价部门必须独立于内部控制的建立和执行部门，直接的操作人员和直接的控制人员必须适当分开，并向不同的管理人员报告工作；在存在管理人员职责交叉的情况下，要为负责控制的人员提供可以直接向最高管理层报告的渠道。内部控制作为一个独立的体系，必须独立于其所控制的业务操作系统和管理活动。为保证内部控制的严肃性和有效性，大多数情况下，是由内部稽核部门对业务部门及其分支机构的内部控制进行检查、评价，或由业务管理部门对所属分支机构的内部控制状况进行检查和评价。

（二）商业银行内部控制的程序及方法

1. 银行内部控制的程序

1）银行内部控制制度的设计

内部控制制度设计是指制定内部控制制度。内部控制制度不仅包括通常意义上的规章制度及授权授信规定，还包括指导各项经营和管理活动的操作手册及处理程序。内部控制制度是内部控制理论、原则、方法、内容的书面体现，是施行与评价内部控制的基础与依据。

内部控制设计是否成功，主要看其是否制定了恰当的控制标准。控制标准是为了用来衡量实际绩效而预先确立的依据，它代表了银行的计划目标和为了实现目标，控制风险所制定的规章制度。银行要制定自身长短期目标，各业务部门也要依照总体目标提出各项业务的具体控制目标，但要注意业务活动目标与全行整体目标和战略计划的关系，注意各业务活动目标之间的相互关系、业务活动目标与所有重要业务程序的关系、业务活动目标的针对性、实现目标的资源和成本、为实现目标所承担的责任等。目标是控制最明确、最具体的客体，没有目标也就没有控制。而且，为实现目标所制定的各项规章制度必须系统、完善，具有可操作性，要经常对这些内部管理制度和业务规章，机构和岗位设置，决策程序进行清理检查，并逐步建立、修改、补充和完善，对已经过时的制度要予以废止。

2）银行内部控制的执行

执行过程是银行内部控制制度的关键环节。制度设计和颁布后，就必须认真彻底地执行，即整个银行从上到下，从行长到普通员工，都必须有计划、有步骤、有组织地执行内部控制制度。在实践中，一些银行在经营中所出现的问题，有许多是由于没有认真执行内控制度所引起的。所以说，不管内部控制制度设计多么完美，多么符合实际，如果得不到认真执行，都将是徒劳无效的。

3）银行内部控制评价

内部控制评价是指对银行内部控制的有效性、充分性和可行性进行分析、评价。外部审计和内部稽核部门对银行内部控制建设情况进行评价时，主要集中于有无制度、制度是否完善、制度执行情况如何等主要方面。对商业银行的内部控制状况进行评价以后，若存在漏洞或错误之处，立即反馈至制度制定部门，以便对制度进行修改和补充。

内部控制的评价过程需要完成下列主要工作。

（1）衡量结果即衡量目标执行情况，正确计量内部控制目标的执行结果，将这些信息及时、准确地向有关部门反馈，以便及时纠正错误，堵塞漏洞。

（2）分析差异，即分析控制目标实际执行结果与目标本身存在的差距，找出差距形成的原因、后果，以便采取必要的控制措施。

（3）采取补救措施，即根据控制标准及执行情况，通过差异的分析，找出主客观原因，并根据问题和差距的大小，采取必要措施，逐步进行解决。

（4）综合检查与评价，即对银行内部控制制度进行全面的检查与评价。

银行内部控制就是在设计、执行和评价中不断成熟、逐渐完善的。因此，内部控制的过程同时也是不断提高内部控制水平的过程。

2．银行内部控制的方法

1）组织控制法

组织控制法是指银行利用其组织机构的设置来达到内部控制目的的方法。在设计组织机构时，对组织机构各层次制定明确的岗位职责，建立各层次、各部门之间相互联系、相互制约的机制和方法，同时对各层次、各部门履行职责的情况进行考核。

2）授权控制法

授权控制法是指利用授权制度达到控制目的的方法。银行除了具有完善的组织机构和明确的岗位责任制外，日常运作中还必须有严格的授权制度。

授权可分为一般授权和特定授权两种。一般授权为处理正常业务时所授予的权力，具有连续性；特定授权是在处理特定业务时的授权，往往是一次性的，一旦业务完成，授权自行撤销。授权制度要求办理各项业务时，不能随心所欲，必须由授权人授权，由被批准和被授权人去执行，对特殊业务还要特殊授权。越权是使银行资产遭受风险的一个重要原因，而资产风险将会产生严重的后果，所以授权控制法越来越受到商业银行的重视。

3）目标控制法

目标控制法是指银行的管理工作应遵循其创建目标和经营目标，根据业务发展情况，制订计划或预算，然后分解为各种数量指标，以目标形式进行控制。

4）程序控制法

程序控制法也叫标准化控制法，是指将各项业务处理过程用文字说明，或者用流程图的方式表示出来，再形成制度，颁发执行。这样，可以避免职责不清、相互扯皮现象的发生，使工作有标准的程序和规定，能够做到有序运行。例如，贷款项目审批，为了统一审批手续，可以规定一个标准化程序，以便工作人员统一执行，也便于事后检查。

5）措施控制法

措施控制法也可以理解为所有的控制方法，是指为达到某种控制目的而采取的具体措施。措施控制法主要包括方针政策控制措施（合法性措施）、记录控制措施（可靠性措施）和财产控制措施（安全性措施）。这些控制措施都是以特定的控制目标为对象的。

6）检查控制法

检查控制法是指对内部控制制度的建立、完善、贯彻和执行情况进行的监督和检查。主要内容是对内部控制制度的有效性、充分性和可行性等进行检查。

（三）商业银行内部控制的内容及作用

1. 银行内部控制的主要内容

1）组织结构控制

银行的组织结构包括决策系统、执行系统、监督系统。银行要科学地设置内部组织结构，按照相互协调和平衡制约的原则，配置业务部门、管理部门和监督部门，特别要保证对要害部门和重要岗位有充分的制约和监督。

银行总体组织机构的设置是根据不相容职务分离原则和经营特点进行组织的，它要求明确划分各个组织成员间的能力、责任和职务。在银行组织机构设置中，应考虑设计自动检查和平衡的功能，其要求是，每类经济业务循环，必须经过不同部门，并保证业务循环中有关部门之间相互进行检查；在每项经济业务检查中，检查者不应从属于被查者领导，以保证检查出的问题能引起重视，及时得到纠正（即平衡）。

在进行组织规划时，除了遵循不相容职务分离的控制外，还须坚持以下控制要求。权力和职责应明确地授予具体的个人或部门，以便为组织内部的全部活动规定经济责任，这种权力和职责通常以书面文件形式加以规定；在每一个责任领域之内，都应尽可能给予有关部门或个人以自主权，避免过多的外部干扰和干涉。

2）授权批准控制

授权批准是指在处理金融业务时，必须经过授权批准以进行控制。在银行分支系统中，每一层次的管理人员既是上级管理人员的授权客体，又是对下级管理人员授权的主体。授权批准按其形式可分为"一般授权"和"特定授权"。为了保证达到上述目的，必须保证对授权批准的控制。

3）岗位责任控制

岗位责任控制渗透于商业银行内部的各个部门和各家分支机构，渗透于各项业务的始终。可以说，没有岗位责任控制，商业银行将无法正常开展经营管理活动。

通常，银行的岗位责任控制包括以下几个方面的内容。①制定各项业务的操作规程；②明确规定每个岗位工作人员的职能、责任和权利；③建立一线岗位双人、双职、双责的第一道监控防线，相关岗位和相关部门之间相互监督制约的第二道监控防线和以内部监督部门（或人员）对各岗位、各部门各项业务实施全面监督反馈的第三道防线；

④建立严格的授权制度；⑤凡需不同部门共同办理的业务，岗位职责一定要按相互监督、相互制约的原则设立。

4）风险管理控制

（1）信贷风险管理控制。按照"审贷分离、分级审批"的原则设置信贷业务操作部门或岗位、信贷业务管理部门或岗位、贷款审批组织及信贷业务稽审组织；明文规定各部门或各岗位的职责及权限；建立完善的信贷风险预警机制、贷款清偿管理制度及不良贷款管理制度；严格实行贷款管理责任制，明确有关人员的责任，做到"有责必究、落实到人"。

（2）交易风险控制，主要是指资金交易的风险控制，包括同业拆借和外汇买卖两种业务。同业拆借内部控制的主要内容是拆借对象、拆借期限、拆借合同、拆入拆出资金比例、拆出资金来源及拆入资金用途等必须符合有关法规和规章的要求。外汇买卖内部控制的主要内容是制定完善的外汇买卖业务操作细则；交易双方所在地应为国际金融中心、政局稳定及外汇可自由进出的国家；建立可进行外汇买卖交易的对手名单，对每个交易对手进行资信分析、核定并建立外汇买卖额度；订立可进行自营外汇买卖的货币种类和外汇买卖敞口。外汇买卖交易必须实行部门职能制约，交易部门负责交易操作、结算部门负责交易的确认及交收和结算工作并分属不同的主管；交易录音及电文的保管及保管期应至交易结束；损益报告必须包括已实现损益和未实现损益两部分。

5）会计控制

（1）会计基本制度。银行会计基本制度是规范银行会计业务活动的指南，是从事具体会计业务时必须遵循的准则、制度、办法、规定和章程等的总称。它具体包括会计账务组织、会计账务处理、重要空白凭证及有价单证管理、会计检查辅导与分析、会计机构的设置和人员的配置等。

（2）具体业务会计处理控制制度。银行的业务种类繁多，办理任何业务都需要进行会计处理，都牵涉到内部会计控制的问题。但是，无论哪种具体的会计业务，首先都必须遵循会计基本制度，其次才是按各项业务的具体特点，制定一些具有特定目的的内部会计控制措施。就会计业务来看，主要是结算业务、现金出纳业务、财务收支业务、储蓄业务等。除了基本会计制度以外，其他的内部控制措施主要包括制定科学合理的岗位责任制；实行严密的内部牵制制度；坚持复核制度；坚持日清月结并进行账实、账款、账账、账据、账表、内外账务核对等。

6）计算机系统管理控制

银行实现电子化处理后，原来的手工控制变成了手工控制与电脑控制相结合或全部由电脑自动进行控制。

（1）制度控制。制度控制主要是指建立严格的职责分离制度，包括电脑部门和业务部门的职能分离，程序开发人员、系统管理人员、硬件维护人员、资料保管人员、业务操作人员的职能要严格分离；建立严格的管理制度、业务规程及科技人员培训制度；计算机系统的稽核应由既懂计算机又懂稽核业务的专业人士承担。

（2）系统开发。系统开发必须符合国家有关法律、法规和国家、金融行业软件工程标准且经过稽核部门的确认；必须具有完整的技术资料并将其作为机密档案保存；采用的商业软件应经过科技和稽核部门的测试确认，其关键技术由内部科技人员自己掌握；

购买的系统设备应在合同中明确厂商的责任，租用公共网络时应明确网络经营机构的责任；系统正式运行前，首先要经过测试运行，并通过业务、科技、稽核部门的联合检查及法人的审批。

（3）网络管理。所有网络终端雇用和网络用户均要经过授权，密码授权经过批准且密码控制按权限因人而异；系统应具有后台监控、记录功能，预警功能，并且不为操作人员所察觉和修改；硬件维修和修改系统软件应该经过授权批准；制定有效的防范病毒措施；系统投入运行后要进行定期或不定期的稽核检查；要备有系统启动软盘并适当进行故障排除和灾难恢复的演习。

（4）操作控制。接单和复核由不同人员承担；系统用户只能在授权范围内输入、输出数据；建立修改业务记录的授权制度；密码口令严格执行保密规定。

（5）机房管理。严格限定进入机房的人员并建立全面的机房记录制度；严格限制使用机房设备和查看文件的人员；制定完善的机房安全措施。

（6）数据管理。建立系统数据资料备份及重要数据的密级制度；重要数据实行异地远距离存放；制定文件资料、软件数据的借阅制度。

7）附加保护控制

附加保护是指对实物资产的安全保护，主要包括三个方面的内容。

（1）限制接近。限制接近就是严格控制对实物资产的接触，只有经过授权批准的人员才可接触资产。广义上讲，限制接近既包括对资产本身的直接接触，又包括通过文件批准对资产使用或分配的间接接触。间接接触的限制可通过保管、批准、记录及不相容职务的分离和授权批准控制来达到。虽然不同营业网点都有不同的资产需要限制接近，但现金和其他变现能力强的资产是普遍需要加以限制接近的资产。对货币及有价证券的管理必须由两个或两个以上的部门共同执掌，如实行双人守库、双人押运、双人盘库、交接登记、相互监督约束、共同负责。

（2）定期盘点和比较。定期盘点和比较就是对资产定期进行盘点并将盘点结果与会计记录进行比较。上述保管与记录职责的划分，只有通过定期盘点和比较才有意义。实物资产盘点并与会计记录核对一致在很大程度上保证了账实的准确性。当然，也有可能实物资产和会计记录存在相同的错误。但是，当出现有意的舞弊时，由于保管和记录职务分离，其可能性相对减少；当然也有可能保管和记录同时发生相同偶然错误或遗漏，但这种可能性是极小的。因此，定期盘点和比较是一种很有效的控制措施。

（3）记录的保护。会计记录要妥加保护。首先，应该严格限制接近记录的人员，以保持保管、批准与记录职务分离的有效性；其次，会计记录应妥善保存以便尽可能减少受损、被盗或被毁的机会；最后，对某些重要资料要留有后备记录，以便在遭受意外损失或毁坏时重新恢复，对合同契约、资金调拨和大额款项汇划等必须进行复写留存，除客户与经办部门外，还应当提交业务监督部门审核。在计算机处理条件下，后备记录更为重要。

8）安全保卫控制

银行日常经营要接触到大量的现金、有价单证、重要空白凭证等，一旦出现问题，将导致直接的经济损失。因此，加强安全保卫工作是防范金融风险的重中之重。

银行安全保卫控制的主要内容包括安全保卫组织体系建设、库房安全保护制度、营业网点安全保卫制度、现金和重要凭证等运送保卫制度以及要害和机要部门管理制度等。

9）职工素质控制

从某种意义上讲，内部控制的成效取决于职工素质的合格程度。因此，职工素质控制是内部控制的一个重要环节。职工素质控制包括在招聘、录用、培训、晋升等方面对职工素质的控制。从目前来看，搞好职工素质控制关键是建立择优汰劣的人事制度，实现干部队伍合理的新陈代谢。新陈代谢是事物的普遍规律。任何系统只有保持正常的新陈代谢，才能保持旺盛的生机并逐步发展壮大，而保持系统新陈代谢正常进行的关键是引进竞争机制。建立在公平、公开、公正基础上的竞争机制能够择优汰劣，维护系统的新陈代谢，保障银行队伍的纯洁性和高质量。防止权力的滥用，一方面要建立制约机制，另一方面，要建立择优汰劣的人事制度，把权力授予德才兼备的优秀人才。一是通过实行全员劳动合同制，建立员工辞退制度，将不合格的员工请出银行；二是通过实行干部聘任制，采取竞争上岗的办法选拔任用干部，做到能者上、庸者下；三是通过实行用人失策追究制度，被提拔任用者出了问题，上级主管领导要负失策之责；四是通过完善干部交流、轮岗和任职回避制度，强化干部述职、评议、业绩考核和离任稽核制度，试行员工强制休息制度。

10）内部稽核控制

一般情况下，银行都有单独的内部稽核机构，有些支行即使没有稽核机构，也应该有专职或兼职稽核人员。内部稽核部门既要有独立的地位，又要有一定的权威和相应的权力，一般是归董事会或行长（总经理）直接领导，因此，要得到领导的有效支持；内部稽核部门要能够获得广泛的信息资料，甚至能取得高层的保密资料；内部稽核部门不能直接参与银行的经营和管理，也不应对任何业务或管理职能负责。内部稽核人员结构要合理，要有较高的政治素质和业务素质，要坚持原则，秉公办事，要有敬业精神和良好的职业道德。

稽核部门要有科学的计划，要有年度的稽核项目和项目的实施方案，实际执行中要按方案严格执行。要有一定的稽核覆盖面和稽核频率，要覆盖主要业务和重要风险点。

监督行内各部门及各分支行认真贯彻执行国家的方针、政策、财经法规和内部制定的经营方针和有关的规章制度；监督检查资金、财产的安全与完整；监督检查财务收支计划、信贷计划、外汇业务计划和信贷合同的执行情况；监督会计资料及经济信息的真实性与正确性；评价内部控制制度的健全性及被遵循程度，促进完善内部控制；评价经营目标的可行性和效益性；评价各部门、各分支行及其负责人的业绩、相互沟通与合作的能力；办理本机构领导、央行稽核部门及国家审计机关委托的稽核事项；配合外部稽核部门、国家审计机关及社会审计组织对本单位的稽核。

内部稽核控制的主要对象是内部控制制度，其次才是会计及其他信息资料和具体的业务活动。所以，衡量内部稽核作用的效果，要看内部管理的全过程，要从总体上对管理过程及经济责任进行全面审查和评价。

2. 银行内部控制的作用

1）统合整体作用

内部控制并非以单位中的个别活动、个别机构为控制对象，而是涉及单位中所有机构和所有活动及具体环节，由点到线，由线到面，逐级结合，统驭整体。一个单位中虽有不同的作业群体，但要达到经营目标，必须全面配合，发挥整体的作用。

由于银行的机构庞大，业务种类繁多，人员素质参差不齐，如果没有恰当的内部控制，就会造成整体运作紊乱、无序，甚至会出现违规经营现象。严密的内部控制规定了各部门、各分支机构及各个岗位的职责权限，各项业务的操作规程，并有专门机构对业务与管理部门及一线工作人员的工作进行监督、检查和评价，从而使银行各部门、各分支机构、各项业务相互联系并相互制约与相互补充。这说明银行内部控制能够将银行作为一个整体进行控制。

2）制约和激励作用

内部控制是一个复杂的系统工程，它不但评价银行是否有制度或制度是否完善，而且也评价制度的执行情况及执行效果。如果银行有非常完善的内部控制制度，但执行效果不理想，甚至有些制度只是一纸空文，并未在实际工作中贯彻执行，制定内部控制制度的目的就没有达到或者没有完全达到。当然，对银行内部控制制度的执行情况进行检查也是内部控制的功能之一。由此可见，银行内部控制通过对内部控制制度执行情况的检查和评价，可以对员工进行严密的监督和考核，对员工行为进行制约，真实反映其工作业绩，稳定员工工作情绪，激发他们的工作热情，挖掘他们的工作潜能，提高工作效率。

3）促进与督促完善作用

无论是管理还是控制，执行者都必须以银行既定的计划或政策目标为依据，了解组织内各部门的职能、各部门之间的相互关系及其管理活动，并对上述各部门进行公正的检查和合理的评价，以促进管理目标的如期实现。通过对各部门、各分支机构的制度设计及制度执行情况进行了解和评价，促使其不断完善，并且在实际工作中得到严格遵循，这样有利于消除经营和管理活动中的随意性，取得更好的经营成果和管理绩效。

第三节　存款保险制度

所谓存款保险，是指由存款性金融机构集中起来建立一个保险机构，各存款性金融机构作为投保机构向保险机构交纳保险费，当投保机构面临危机或破产时，保险机构向其提供流动性资助，或代替破产机构在一定限度内对存款者支付存款。

存款保险制度是直接针对银行挤兑或倒闭而设计的，最初目的是保护存款人的利益，其雏形可追溯到 19 世纪初。当时，中国的票号钱庄就已有同业间互助性的安全基金制度。1829 年，美国纽约州有一名叫法门的商人依照一位姓洪的中国广东商人的建议，参照"广东商人互保计划"设立了银行安全基金制度——私人存款保险公司。其后，美国各州参照纽约州的模式，建立了数量众多的私人存款保险公司。到 20 世纪初，由于保险基金不足，大多数存款保险机构自动消亡。1924 年，捷克建立了世界上比较完备的信用与存款保险制度。这一制度由两种存款保证基金构成：一种是特别保证基金，对综合性商业银行、合作金库及储蓄银行提供担保；另一种是一般保证基金，承保所有从事储蓄及活期存款的机构。捷克虽然是世界上第一个实施全国性存款保险制度的国家，但在当时并未产生广泛的影响，到 1938 年就停止运作了。

20 世纪 30 年代的世界经济危机使美国银行体系受到极大冲击。个别银行挤兑事件迅速传染扩散，存款挤兑事件演变为银行危机，使那些本来可以维持正常经营的银行和储蓄存款机构大批破产。为避免经济与金融形势进一步恶化，当时的美国政府被迫宣布实施全国性的银行假日，所有银行临时停业并采取许可证制度对银行的重新开业进行管理，授权联邦储备银行给予稳健银行短期贷款以增加其资产的流动性，通过舆论加强宣传、解释工作（如总统罗斯福成为电台"炉边谈话"系列节目的首席嘉宾，亲自向公众解释银行挤兑产生及实施银行假日的原因，介绍银行的重新开业计划等）。为了防止存款挤兑以保护银行体系的稳定，避免广大存款人在金融机构破产时遭受严重损失，1933年，美国通过《1933 年银行法》，并据此于 1993 年 9 月 11 日成立了世界上第一家独立的金融管理机构——美国联邦存款保险公司（federal deposit insurance corporation，FDIC），负责美国联邦存款保险制度的筹备建立，并于 1934 年初开始实施。美国联邦存款保险制度的建立对快速恢复人们对银行等金融机构的信心、稳定金融秩序、摆脱经济危机起了重要的作用。20 世纪 50 年代以来，随着经济形势、金融制度、金融创新等的不断变化和发展，美国存款保险制度也不断完善，尤其是在金融监管检查和金融风险控制和预警方面，FDIC 作了大量成效显著的探索，取得了很好的效果，从而确立了FDIC 在美国金融管理中的"三巨头"之一的地位，存款保险制度早已成为美国金融管理制度的重要组成部分。

鉴于 FDIC 在稳定美国金融体系和保护存款人利益等方面的明显成效，尤其是 20世纪 80 年代以来，世界上相继发生了一系列银行危机与货币危机，促使许多国家政府在借鉴国外存款保险制度的基础上，结合本国实际，着手建立或改善已有的存款保险制度。目前，加拿大（1967）、德国（1966）、日本（1971）、法国（1980）、英国（1982）、意大利（1987）、丹麦（1987）等所有发达国家，部分发展中国家和地区，如印度（1961）、菲律宾（1963）、阿根廷（1979）、肯尼亚（1985）、中国的台湾省（1985）和中国香港地区（2007）等 70 个国家和地区建立了自己的存款保险制度，其中 33 个是在 20 世纪 90 年代建立的，占已建立存款保险制度国家和地区总数的 47.14%，19 个是 20 世纪 80 年代建立的，占已建立存款保险制度国家和地区总数的 27.14%，二者合计，即最近 20 年内建立存款保险制度的国家和地区有 52 家，占已建立存款保险制度国家和地区总数的近 75%。此外，有 18 个国家在 20 世纪 90 年代对已实行的存款保险制度作了重大修改，不少国家也正在研究建立本国存款保险制度的必要性及可行性，如在 1997 年亚洲金融危机后，菲律宾在亚洲开发银行的帮助下积极改善其原有的存款保险制度，日本、韩国等国积极对已有的存款保险制度进行了改革和完善，积极规划筹建存款保险制度的国家和地区有泰国、马来西亚和中国的香港等，这表明在经济全球化与放松金融管制的背景下，存款保险制度的重要性日益突出。

一、存款保险制度的功能

一般认为，设计存款保险制度的目的在于保护存款人的利益和维护金融业的安全，具有维护银行安全、保持银行体系稳定的重要作用。

美国 1933 年《格拉斯—斯蒂格尔法案》把建立存款保险公司的目的表述为 ①重振公众对银行体系的信心；②保护存款人利益；③监督并促使银行在保证安全的前提下进行经营活动。日本《存款保险法修改法案》第 1 条明确规定，存款保险制度的目的是，保护存款者的利益，在金融机构停止支付存款时，存款保险机构必须对金融机构支付必要的保险金，并对破产金融机构的合并或业务转让进行适当的资金援助，以维持信用秩序。

实际上，设立存款保险制度的最初目的只是单纯地保护存款人的利益。但是，存款保险机构的职能在存款保险制度建立以后有复合化发展的趋势，使存款保险制度对金融业的安全稳定具有特别作用，这就是存款保险机构在提供存款保险之外，还向已投保的有问题的银行提供紧急援助的原因。一般情况下，对于清偿能力比较差的银行，存款保险机构常给予低息贷款，或者将资金直接储存于该行；个别情况下，则购买该银行的资产使其获得资金，从而使存款人和银行股东共同受益，通常将这类援助统称为清偿能力紧急援助。为了支持其他银行合并、购买已破产的银行，存款保险机构还可以提供所谓紧急资金援助，即以特别低的利率贷款给那些愿意兼并破产金融机构的银行，进行合并或接管。这样一方面既维持了公众对银行体系的信心，另一方面又可使贷出的资金少于银行破产倒闭时赔偿的费用。当然，这类紧急援助或紧急抢救行动，事实上也是各国中央银行必须采取的稳定金融体系的措施，但若有了复合型的存款保险制度，则无疑为金融体系的稳定又增设了一道安全保护网。在美国，由于历届政府都将稳定货币作为其首要的货币政策目标，为了净化中央银行的职能，突出它调控经济的重要作用，便将处理破产银行的权力集中在联邦存款保险公司一家手中。如果发生紧急情况，联邦存款保险公司通常可以直接提供清偿能力紧急援助，也可以全面接管清理和依法清偿破产银行所有存款者的存款，或者邀请其他银行购买破产银行的资产并依法承担其债务。联邦存款保险公司只有在特别情况下，才宣布对破产银行的存款和其他债权人的利益由其提供完全保护。1985 年，美国第八大银行大陆伊利诺银行发生挤兑风潮，当联邦保险公司宣布给予完全保护之后，挤兑风潮立即得到了平息，从而发挥了稳定金融和稳定社会的作用。

不仅如此，在实践中，人们还逐步发现存款保险制度具有稳定货币制度、提高市场机制运作效率、增加社会福利、营造公平竞争环境和促进银行市场化等扩展性功能。

二、存款保险制度的运行机理

（一）存款保险制度的构成要素

存款保险制度由存款保险主体（保险人、投保人和受益人）、存款保险客体（保险标的物）和存款保险合同三大要素构成。

1. 保险人

保险人是指经营存款保险业务，与投保人签订保险合同，收取保险费，在投保人倒闭时对存款人给予赔偿的机构，即存款保险公司。

保险人的权利有①决定是否承保；②决定保险费率的高低；③要求投保人按规定缴纳保险费；④取消投保人的保险资格；⑤检查投保人财务与业务状况，并有权要求投保人提供有关财务与业务报告等。

保险人的义务有①投保人出现困难后，有责任予以援助；②投保人倒闭后，调查原因和损失情况；③组织力量进行破产清偿；⑤支付保险赔偿。

2. 投保人

投保人是指自愿或强制投保的银行，是与保险人签订保险合同，并负有缴纳保险费义务的单位。

3. 受益人

受益人是指在存款保险中的直接受益人（即存款者）和间接受益人（即投保机构和金融体系）。

4. 保险标的物

保险标的物是指建立保险关系后的标的物。存款保险公司的保险标的物只有一种，即投保银行存款人的存款，具有同质性。

5. 存款保险合同

存款保险合同指保险主体之间由法律认定，并保证其实现的权利和义务的合约，其主要内容包括合同双方约定的保险责任、期限、金额、保险费和应尽义务等。保险责任指投保银行在合同有效期间出现风险或倒闭造成保险标的损失，保险人应负的经济赔偿责任。保险期限指保险人与投保银行双方行使权利和履行义务的责任期限，具有长期性。保险金额指保险人在投保银行倒闭后负责赔偿的最高限额。保险费指保险人为承担保险责任而向投保银行按规定的费率所收取的费用。

（二）存款保险制度的基本特征

1. 行为的法定性与确定性

与任何保险形式一样，签订保险合同之后，存款保险当事人之间的行为便具有了法律约束力。一旦投保银行倒闭，存款人的损失要由保险人部分或全部赔偿。

保险人对倒闭银行的存款人存款赔偿是通过保险合同事先约定的，不能随意变更。银行倒闭，只要投保银行具备以下两个条件，存款人的损失就要由保险人部分或全部赔偿：第一，倒闭的银行参加了存款保险；第二，存款种类符合存款保险范围。不具备这两个条件的存款一般不能得到赔偿。

2. 关系的有偿性和互助性

存款保险主体之间的关系，一方面是有偿的，即只有在投保银行按规定缴纳保险费后，才能得到保险人的资金援助，或倒闭时存款人的存款才能得到赔偿；另一方面是互助的，即存款保险是靠众多的投保银行互助共济实现的，如果只有少数银行投保，则保险基金规模小，难以承担银行破产倒闭对存款人给予赔偿的责任。

3. 时期的有限性

存款保险只对在保险有效期内倒闭的银行的存款给予赔偿，而未参加存款保险或已终止保险关系的银行的存款一般不受保护。

4. 结果的损益性

存款保险是保险机构向存款人提供的一种经济保障，一旦投保银行倒闭，存款人有权向保险人索赔，其结果可能与向该投保银行收取的保险费差距很大。因此，存款保险公司必须通过科学的精算法则较为准确地计算出合理的保险费率，使得存款保险公司有能力担负存款赔付的责任。

5. 机构的垄断性

无论是官方的、民间的，还是合办的存款保险都不同于商业保险公司的业务，其经营的目的不在于盈利，而在于通过存款保险建立一种保障机制，提高存款人对银行业的信心。因此，存款保险机构一般具有垄断性。

6. 标的的同质性

存款保险的标的是存款，具有同质性，而其他保险形式的标的则种类繁多，差异较大。

从上述存款保险制度的构成要素与基本特征来看，存款保险制度的运行机理与商业保险的运行机理有类似的一面，其共性主要体现在以下几点。

第一，与其他保险形式一样，存款保险制度也是一种通过一定的保险费率积聚社会资金，作为经济补偿和赔付的资金来源，形成保障金融安全和经济健康发展的互助共济制度。

第二，存在一种独特的商品交换关系，即在一定价格（保险费率）条件下，投保人通过购买保险人设计的保险商品，将自身的风险转嫁给保险人；保险人通过出售保险商品积聚资金，并对投保人的风险承担经济补偿责任。

第三，具有"劫安济困"的共性。保险人通过积聚没有发生风险的资金，对产生风险的投保人进行救助，即具有一人为众、众人帮一的特点。

然而，存款保险标的和受益人的特殊性决定了它与商业保险在许多方面仍有明显区别。

第一，经营目标不同。在为投保人提供保障的同时，商业保险以盈利为最高目标，存款保险以金融稳定为最高目标。

第二，保险对象不同。商业保险的业务对象和保险品种多种多样；存款保险的对象和险种都是单一的，除合格的存款外，别无他种。

第三，制订费率的依据不同。商业保险费率的定价依据是大数定律，存款保险则主要依据基准利率。因为商业保险各险种发生风险损失的可能性是可测的，其费率高低可参照历史资料的统计，依据大数定律来制定；而银行倒闭的可能性却难以预测，其费率高低不能依据大数定律简单测定，往往由国家依据基准利率、银行的承受能力或风险度统一规定。

第四，市场状态不同。商业保险是竞争性行业，多家商业保险追逐同一险种和对象是其普遍规律；而银行保险则是垄断经营，且投保具有强制性，不存在同业竞争。

第五，承担的职能不同。存款保险大多具备管理和经营双重职能，即存款保险机构在提供保险的同时，也具有金融管理的职能；而商业保险更侧重于营业职能。

（三）存款保险制度的构造方式

存款保险的运作包括缴纳保险费、聚集保险基金、投资、赔偿存款等过程。但是，在具体的运作过程中，存款保险制度具有不同于其他保险形式的特点，即存款保险制度在为存款人提供银行倒闭后存款赔偿的保险要求权时，又力图通过采取一定的措施避免这类事件的发生。由此，存款保险制度在运作上分为两个相互关联的部分：即事前管理和事后处理。

由于这些运作上的显著特点，所以在构造存款保险制度时，必须尽量使构造的机制符合实际运作的需要。同时，每个国家又有各自独特的国情和条件，不可能、也不应该存在唯一的存款保险制度。这就使得存款保险制度的构造在呈现多样化的同时，也存在着选择上的难题。

尽管如此，从已经设计存款保险制度的国家来看，存款保险制度在构造上还是有许多共同的地方。

1. 机构设置

由于存款保险是一种特殊的保险形式，与商业保险存在很大差别，所以，在建立存款保险制度的过程中，一般采取设立专门的机构的方式负责存款保险，而不是把它交给商业保险公司或中央银行。

存款保险机构的设立一般有三种模式。

第一种模式：政府出资设立。以美国、英国为代表，一般由政府和中央银行出资设立。所设立的存款保险机构，具有存款保险、金融检查和风险预警三种职能。在这种模式中，美国的存款保险制度最为典型。在吸取由各州分散建立存款保险方案失败的教训后，1933年，美国政府出面组织建立官方性的联邦存款保险公司，并以立法形式赋予其较大的独立性和较大的权利，与美联储、联邦货币监理局并列为美国三大联邦级金融管理机构。此外，加拿大、英国、荷兰、比利时、西班牙、土耳其、挪威等国家的存款保险机构也都是由政府出资设立的。

第二种模式：银行机构自发设立。以德国、法国、意大利为代表，一般由银行同业出资设立，以协会形式存在。

第三种模式：政府与银行机构共同设立。以日本为代表，一般由政府和商业银行共同出资设立并经营。

以上组建模式虽然在组织形式上有所区别，但承担的基本职能大致是一样的。如，各存款保险机构都设立了相应的班子来处理日常的存款保险业务。理事会是最高权利部门，下设各职能部门，如法律、清算、银行管理、政策研究与战略规划、人事、公共关系等来处理各种具体事务等部门。

一般来讲，存款保险机构有下列权力：审批加入存款保险体系的银行机构的申请；对投保银行机构进行定期或不定期的检查；要求各投保银行机构提供有关报告；决定保险费率的水平；取消保险资格；决定对问题银行的援助方式以及对倒闭投保银行存款人的赔偿方式；修改存款保险有关条文。

2. 投保资格

对银行机构投保资格的确定，一般有以下三种方式①强制投保，如日本、英国；②自愿投保，如德国、意大利；③强制与自愿相结合，即对某些银行机构要求强制性投保，对另一部分银行机构实行自愿投保，如美国。

3. 保险范围

银行的负债是多元化的，存款只有负债形式之一，存款也有多种形式。建立存款保险制度的国家并非把所有存款都纳入保险范围。例如，日本就把外币存款、金融同业存款、大额存款、境外金融中心存款排除在外；美国将金融债券、海外存款、境外金融中心存款、大额存单等排除在保险范围之外；英国把外币存款、金融机构存款、大额存单、担保存款、5 年以上定期存款、海外存款排除在外；德国把金融机构存款排除在外；法国把外币存款、金融机构存款及大额存单排除在外。

4. 资本金

设立存款保险机构时，对于是否需要资本的要求，各国不完全相同。

美国成立联邦存款保险公司时，其资本金一部分来自于财政部拨款，另一部分由各区联邦储备银行认股。日本成立存款保险公司时，由日本政府、日本银行和私人金融机构各出资 1/3。英国、法国、德国的存款保险机构均无资本。

5. 保险费率

由于发生银行倒闭的可能性不能用大数定律来描述，所以，存款保险费率不是根据大数定律计算的损失率来确定的，而一般是在比较科学的精算基础上，根据公平合理、保证补偿和共同分担的原则来制订的。

存款保险制度的保险费率有两种类型。

（1）固定费率。各国存款保险费率水平由于金融体系的稳定程度不同而有高低之别。一般来讲，金融体系越稳定，保险费率就越低；金融体系越不稳定，保险费率就越高。但迄今为止，所有建立存款保险制度的国家都采用固定费率，即对不同风险水平的投保银行按同一费率计算保险费。如果 K 为保险费率，D_i 为第 I 银行的合格存款余额，则所缴纳的保费率 $P_i = K \times D_i$。按同一费率计算保险费，使风险较低的银行付出相对过高的代价，而风险较高的银行付出的代价相对较低，因此，不少人提出异议，试图用建立在风险基础上的差别费率取代现有的保险费率。

（2）差别费率。差别费率就是根据不同银行的风险水平确定不同的保险费率，即采用与风险挂钩的费率计算保险费，其目的在于在存款保险体系中引入定价机制，以限制投保银行从事过度的高风险资产业务，加强银行的自律性。目前，各主要国家保险费率水平一般在 0.01% ～ 0.5%。例如，美国是 0.23%，加拿大是 0.33%，日本是 0.012%，德国是 0.03%，比利时是 0.02%，西班牙是 0.12%，土耳其是 0.5%，挪威是 0.15%，阿根廷是 0.03%，菲律宾是 0.056% ～ 0.083%。

6. 保险资金来源

存款保险资金来源是存款保险机构向存款人承诺赔付的物质保证，也是存款保险机构信誉的重要标志。一般由存款保险机构资本金、保险费收入、投资收入、借入款等组成。

从保险资金的形成到赔偿存款人损失之间存在一定的时间差，这就为依托存款保险资金来源形成保险基金进行投资提供了可能。以保险基金形式进行投资，既是保险资金的运用方式之一，也是扩大保险资金来源的重要手段。

同时，为了应付可能出现巨额赔付而使保险资金迅速下降的局面，维护存款保险机构的信誉，在特定情况下，已建立存款保险制度的国家都允许存款保险机构向财政、政府或其他金融机构融进资金。

7. 保险资金运用

存款保险机构的资金主要运用在支付赔偿、管理费用、投资、现金和存款等方面。保险机构的资金运作过程包括两个方面,一方面是保险费从投保银行流出,汇集成巨额保险基金;另一方面是保险机构行使赔偿职能,一部分资金又流出保险机构。其中,收支余额处于暂时闲置状态的,可以形成保险基金,以投资、拆借、贷款等方式重新注入经济领域,支持经济发展,实现价值增值。

正确运用暂时闲置的资金,可以为保险机构带来可观的投资收益,增强其承受风险损失的能力,保证经营的稳定性,这也是存款保险融资职能的具体体现,既带来自身效益,又具有社会效益。

但需要注意的是,形成保险基金的目的在于扩大收益以便更好地执行保险机构的赔付职能。因此,必须保证保险基金的独立性和完整性,随时满足赔付的需要。存款保险基金的运用必须遵循两个原则:一是基金运用项目的变现能力要强。在实际经济生活中,随时都可能发生投保银行倒闭的事件,需要及时赔付,因此,存款保险基金应主要投向变现能力强的有价证券,如国库券、部分高信用等级的其他证券等。二是要安全可靠。这是因为形成保险基金的资金肩负着赔付的责任,对投资的安全性要求特别高。一旦投资的资金收不回来,不仅不能增加收益,而且会使保险机构出现支付困难,后果严重。

8. 对有问题的投保银行的处理

当投保银行陷入困境时,存款保险机构可根据问题严重程度的不同而采取不同的措施。

(1)资金援助。如果投保银行出现暂时性的清偿力不足,保险机构可通过贷款提供资金援助使其渡过难关。

(2)兼并转让。对于出现严重问题的银行,一般由存款保险机构主持,由健全银行投标加以兼并或转让。通常存款保险机构要向中标银行提供资金来支持兼并的顺利进行。中标银行承担倒闭银行的全部债务并收购部分或全部资产。

(3)清算赔偿。当投保银行无法继续生存下去而依法宣布破产倒闭时,存款保险机构受托对该银行进行清算,然后按一定方式和标准支付存款赔偿。

及时赔偿存款损失是存款保险机构的基本职责。目前,绝大多数国家实行的是非全额赔偿的部分存款保险制度,也就是说规定了一个赔偿最高限额,超限额的存款损失原则上不予赔偿。如果是全额赔偿,那么,存款人特别是大额存款人对银行的风险水平、经营状况的监督就会变得不必要。反之,存款人就会对银行进行比较,把存款放到更安全的银行,或者要求支付更高的利息,这样,部分保险的存款保险制度可以通过让大额存款人承担部分风险来强化银行的自律,使银行采取更稳健的经营方式和管理方式,这种社会选择仅凭金融监督是做不到的。

保险理赔的方式由于国家不同而存在差异,不仅表现在最高限额不同,更主要是理赔的思路不一样。

非全额赔偿的方式,概括起来一般有 4 种。

1. 以美国为代表的限额内完全赔偿

存款数量在限额内的存款将得到全部赔偿，而超过最高限额的存款中只能获得部分赔偿。赔偿按账户进行。

2. 以德国为代表的限额内简单比例赔偿

存款保险机构按一定比例计算赔偿金额，没有最高限额。

3. 以爱尔兰、意大利为代表的分段比例递减赔偿

爱尔兰按 5000 爱尔兰镑为一单位分段计算，第一个 5000 爱尔兰镑按 80％理赔，5000～10 000 爱尔兰镑按 70％理赔，超过 10 000 爱尔兰镑的第三个 5000 爱尔兰镑按 50％理赔。意大利的理赔方式为 2 亿里拉以内 100％理赔，2 亿～8 亿里拉按 75％理赔。

4. 以英国为代表的比例与限额相结合赔偿

英国按存款的 75％计算赔偿金额，但同时规定每一存款人获得的赔偿最高不得超过 20 000 英镑。

三、存款保险制度与道德风险

设计存款保险制度的初衷是维护存款人的利益，维护金融体系的稳定。但在实际执行存款保险制度的过程中，却产生了以下三个方面的相反结果。

第一，对存款人来说，存款保险制度对其利益提供了保护，但由此却使存款人除对较高的收益率感兴趣外，没有积极性去关心银行的经营业绩和安全性，不会对银行的业务和活动进行必要的监督，存款人对存款金融机构的风险情况也会掉以轻心，甚至缺乏积极性将其存款从潜在破产的银行中取出。因此，由政府提供的存款保险降低了存款人监督银行的自我保护激励，这样就使低效率、甚至是资不抵债的银行能够继续吸收存款，这就是 20 世纪 80 年代美国的储蓄信贷协会中所谓的"僵尸银行"。这些"僵尸银行"从其竞争者手中吸走了存款，并以低的贷款利率与竞争者争夺市场份额。

第二，对投保机构来说，存款保险对存款人的保护意味着存款人的挤兑威胁对银行等存款机构施加的直接力量受到削弱。这将提高投保机构对存款保险制度的依赖度，使其倾向于从事风险较高、利润较大的银行业务，如以较高利率吸收存款并从事风险较大的贷款，会加大投保机构承受的不适当风险。因此，存款保险制度在一定程度上模糊了公众对金融机构风险的识别，降低了社会对金融机构的监督程度，保护了无能者、落后者；转移了投保机构的部分经营风险，放松了金融风险对投保机构冒险经营行为的抑制，投保机构由此获得承担更大风险的激励机制。正如有的学者所说，没有了存款人挤兑的影响，银行经营管理人员总是倾向于用银行资产去"赌博"。若赌赢了，银行和其股东就会获大利；若赌输了，大部分损失将由存款保险机构承担。特别是目前世界各国的存款保险机构对规模大小不一、风险等级不同的银行收取统一的保险费率，这意味着同样规模但风险较大的银行并不需付出更多的保险费用，这将鼓励投保机构从事高风险的资产组合增加其预期收益，它承担的风险将由经营保守的银行补贴。因此，尽管存款保险制度旨在保护投保机构的存款人而不是投保机构本身，但却引发了投保机构的"道德风险"。

第三，对于监管当局来说，存款保险制度还有延缓金融风险暴露的作用，容易被权力者利用，导致风险不断累积，由此加大解决问题将要付出的代价，最终损害整体经济

利益。

存款保险制度在以上三个方面造成的道德风险，不仅会削弱市场规则在抑制银行风险方面的积极作用，而且会使经营不善的投保机构继续存在。由于这些投保机构的高风险、高利率举措，使得经营谨慎的金融机构在业务经营上无法与之公平竞争，这间接地允许和鼓励了金融体系内部的资产质量恶化和风险累积。由此导致的实际结果与设计存款保险制度以维护金融体系稳定的初衷完全相悖。

鉴于此，很多人认为应当废止存款保险制度。但 20 世纪 80 年代美国的银行危机应该被认为是进一步修正、完善存款保险制度，而不是废止存款保险制度的开端。事实上，随后，美国针对存款保险制度的某些缺陷所采取的措施也证明了这一点。1989 和1991 年，美国分别通过了《金融机构改革、恢复和加强法》（FIRREA）和《联邦存款保险局改善法》（FDICIA），尤其是《联邦存款保险局改善法》，旨在解决银行监管中的道德风险问题。在 FDICIA 中，采取了如下措施。

（1）严格限制对银行的保护政策。这项措施要求存款保险机构放弃"大而不败"（即大银行不容易倒闭，即使出现什么问题，政府也不会坐视不救）的教条，提高了存款人，尤其是大储户的损失风险，使存款人对银行的监督加强。

（2）采取及时纠正行为条款。这一条款要求，当银行的资本比率不足时，监管机构应尽早干预，在银行的资产净值达到零之前，联邦存款保险局就有权关闭银行。及时纠正行动限制了监管者对银行的宽容政策，旨在减轻保险人与存款人之间的委托-代理问题。条款中要求对所有构成联邦存款保险机构损失的倒闭银行进行强制评估，所有的国会议员和公众都可以得到这种评估报告，总会计署必须对这些报告做年度评论。监管行为接受公众监督，使监管宽容不再对管制者有吸引力，从而弱化保险者与存款人的委托-代理矛盾。

（3）实行与风险相关的保险费率。资本充足率低或资产风险高的银行要缴纳较高的保险费率。与风险相关的保险费增加了银行从事高风险投资的成本，抑制了其道德风险的动机。但如何确定银行的风险状况，对监管而言仍是个难题。

（4）对银行进行现场检查。法案要求监管人员至少每年对银行进行一次现场检查，监督银行是否遵守资本要求和资产限制要求。与此同时，银行要遵守更严格、更频繁的报告制度，以便使监管机构获得更多的信息。

> **本章重要概念**

银行挤兑 bank run

银行恐慌 bank panic　　　　　商业银行监管 commercial bank supervision

现场检查 spot inspection　　　　非现场检查 off-site inspection

存款保险 deposit insurance　　　核心资本 core capital

资本充足率 capital adequacy ratio

风险资产 risk asset　　　　　　流动性监管 liquidity regulation

> **复习思考题**

1. 简述商业银行存在的内在缺陷。

2. 简述防止银行挤兑的措施。

3. 简述现场检查的基本程序。

4. 商业银行的准入监管有哪些要求?

5. 商业银行持续性监管包括哪些内容?

6. 列出存款保险与一般商业保险运行机理的异同。

7. 简述存款保险制度的构成要素。

8. 简述存款保险制度的基本特征。

第四篇 金融发展理论

第十二章　金融发展与金融改革

内容提示： 西方主流的金融理论都是以发达国家为研究对象，显然这对市场经济和金融制度都相对落后的发展中国家不是完全适用的。20 世纪 70 年代以来，随着发展中国家经济独立性的增强和国际地位的提高，一些经济学家开始对发展中国家的金融问题做专门研究，产生了一些新的理论，如英国经济学家雷蒙德·W. 戈德史密斯（R. W. Goldsmith）的"金融结构"理论，美国经济学家罗纳德·麦金农（R I Mckinnon）和爱德华·肖（E S Shaw）的"金融深化"和"金融抑制"理论等。这些理论从一个新的角度对金融发展与经济发展的关系展开研究，考察了发展中国家货币金融的特殊性。本章将对这些理论的主要观点、模型、贡献进行评价，并对这些理论带给发展中国家的政策启示以及发展中国家金融改革的经验教训进行阐述。

第一节　金融结构与金融发展

一、金融结构分析

金融结构是指一国金融资产与金融机构的现状、特征和相对规模。金融结构理论运用比较研究方法，着重分析不同国家金融发展的特点，并从中总结出一般规律和金融发展的一般结构模式。研究金融发展的结构模式，对于指导发展中国家从事金融研究和改革，具有积极的现实意义。1969 年，英国经济学家雷蒙德·W. 戈德史密斯（R. W. Goldsmith）在他出版的《金融结构与金融发展》一书中，对长达百余年的金融发展史及当代几十个国家的金融结构现状进行了比较研究，并从中找出一些带有规律性的趋势和结构。戈德史密斯认为，金融发展就是指金融结构的变化，而金融结构就是金融工具和金融机构的总和。一个国家金融发展的状况可以通过该国与别国，或者该国不同历史时期金融结构变化的情况反映出来，它包括各种金融工具，金融机构的性质、经营方式及其规模的变化，各种金融中介分支机构的情况及其活动的集中程度，金融工具总额及其占国民生产总值、资本总额、储蓄总额等经济总量的不同比重等。

戈德史密斯认为，为了比较各国金融结构的异同，并从中找出规律性的东西，需要研究和计算以下数量关系：金融资产总额占真实资产总额比重；金融资产与负债在金融机构间的分析状况；金融资产与负债在金融机构与非金融经济单位间的分布状况；由金融机构发行，特有的金融工具的总额，即各经济部门拥有的金融资产与负债总额。戈德史密斯从这些数量关系出发，将定量分析与定性分析结合起来，具体研究以下几个方面。

（1）决定一国金融结构最基本的方面，是一个国家金融与经济之间的关系。这种关系可用金融相关比率来表示。金融相关比率等于某时期金融资产总值除以国民生产总值。一国金融结构与实体结构的关系是通过金融相关比率体现的。

（2）同样重要的是金融结构的内部构成。研究金融结构内部构成的意义在于，尽管所研究的金融总体结构有可能相同，金融相关比率也相同，但由于其内部构成的差别，其经济内涵往往不同，并且对经济增长的作用也不一样。金融结构的内部构成首先是指上市金融工具总量在种类上的分布比例。其次是指金融资产总量在主要经济部门及其内部的分布比例。各个部门在某种金融工具余额中所占的比例，以及这种金融工具的个人持有者的数目和金融工具在持有者中的分布状况等信息都是非常重要的线索，它们可以反映出不同金融工具的偏好。再次是指各种金融工具上市量在各经济领域的渗透力，或者说，可以反映各经济部门及其内部对金融工具的偏好状况。当然，这种渗透力和偏好是随经济发展水平变动而变化的。最后，内部构成中，还有一个重要方面，即各个部门及其内部的资金来源状况。资金来源实际上是资金积累问题。分析资金来源结构主要是计算出不同部门内部融资（储蓄）和外部融资（借款或发行债券和股票）的比例。通过研究资金来源结构，可以反映资金的积累状况，有助于分析资金的运用结构。

（3）各种金融机构的相对重要性是反映一国金融结构特点的重要方面，这种相对重要性是通过计算各类型的金融机构持有的金融资产数量占金融资产总额的比重，以及几类重要的金融资产之间的相对比重来反映的。这方面的衡量指标是，各种金融中介机构在所有金融机构资产总额中的比例、在金融工具总额中的比例及在几种主要金融工具余额中的比例等。

（4）金融机构的活动能力的大小也是反映一国金融机构及其发展水平的重要方面。这种活动能力的大小反映金融活动在整个国民经济活动中的地位，它是通过测算金融机构发行、持有金融工具的总量来衡量的。金融机构是理解金融结构与金融发展的关键，因此，金融机构在金融工具存量中拥有份额的大小是金融结构的另一个重要特征指标。一般多以所有金融机构在金融资产总额中的比例作为度量标准。这一标准是反映一国金融机构在全部金融活动中作用程度大小的最简单、最全面的指标，因而同金融相关比率一样，为人们普遍所接受。

（5）金融相关矩阵。将金融资产存量按金融工具种类和经济部门分类组合得到一个金融相关矩阵，在该矩阵中每种金融工具的持有者和发行者一目了然。金融工具种类分得越细，相关矩阵分析的价值也越大。在分析过程中，既可运用时点存量指标，也可运用时间流量指标。事实上，流量指标可看作两个时点存量指标的差额。

（6）金融结构的流量关系比率。前面五点都涉及金融结构的存量关系比率。在金融结构的存量与流量的各比率之间，存在着密切的联系。实际上，某一时期里的流量可被看成该时期终点与始点上的存量之差（扣除市场价值的变化），而存量又可以看成前期流量变化的结果（含市价的变动）。从最一般的角度看，衡量金融资产存量与实物资产存量之间关系的金融相关比率在流量方面的对应指标是金融资产的新发行额与国民生产总值之比。各种金融资产和负债之间的存量关系也都有其相应的流量指标。这样，在某一既定时期内，一国金融结构的主要特点又可以通过金融总流量在各种金融工具、各个经济部门之间的分布、金融机构的金融交易额在金融工具总流量和每种金融工具流量中所占的比重以及各种金融工具在每个部门和子部门金融交易总额中所占份额等方面体现出来。

（7）金融交易矩阵。资金来源与运用报表显示了各经济部门的资金来源及运用的情况，利用该表可以了解不同部门的内部融资（储蓄）与外部融资（借款或发行股票）各占的比重，也可以确定其外部融资中来自金融机构的资金总量占多大比例。资金流量表还能够反映通过购买非金融企业和政府的证券而进行的直接融资与通过金融机构进行的间接融资各自所占的比例。将各部门的资金流量表合并在一起，就构成了一个金融交易矩阵，它与金融相关矩阵相对应，可反映出各部门之间的债权变化情况（不考虑市场价格的变化），这是研究金融结构的基础。

采用上述指标不仅可以描述一国在某一时点上的金融结构现状和这种金融结构的变迁，如果将上述指标以适当的方式结合起来，还可以区分出不同类型的金融结构。从各个国家金融结构的共同特点来看，自现代经济出现以来在私人企业及混合经济中存在过的金融结构可分为三种基本类型。

第一类，工业化国家金融发展初级阶段的金融结构，其特点是金融相关比率比较低$\left(在\frac{1}{5} \sim \frac{1}{2}\right)$；债权凭证远远超过股权凭证而居于主导地位；在全部金融资产余额中，金融机构所占比例较低；商业银行在金融机构中占据了突出地位；符号货币（银行券和支票存款）还只是金属货币的补充，但正在逐步取代金属货币。另外，在这一时期，由家庭所有的小型企业是生产和流通的主体。

第二类，非工业化国家的金融结构，其特点为金融相关比率较低，债权凭证大大超过股权凭证，银行在金融机构中居于主导地位。它与第一类金融结构的主要区别在于，政府和政府金融机构发挥了更大的作用。这种金融结构下的储蓄率与投资率比较低，而金融中介比率则比较高。这类金融结构在20世纪上半叶普遍存在于大多数非工业化国家内，只是由于各国经济发展历史的不同，这种金融结构形成的个体时期也各有不同。

第三类，发达工业化国家的金融结构。其特点为金融相关比率较高，在1左右，也就是说它的金融资产总额与国民财富相等。不过，金融相关比率有一个0.75～1.25的相当大的变动范围，有时也可能上升到2的水平；虽然债权仍占金融资产总额的2/3以上，但股权证券对债券的比率已有所上升；金融机构在全部金融资产中的份额也已提高，金融机构日趋多样化，这导致了银行体系地位的下降，以及储蓄机构和私人公共保险组织地位的上升。

由于一国的金融结构从一种类型转换为另一种类型是一个渐进的而不是突变的过程，而且不同国家中金融结构的数量特征绝非全部集中于几种范围极窄的类型之内，所以有些国家的金融结构的特点会介于上述三种主要类型之间，从而兼有不同类型的特点。尽管如此，将金融结构大体分为三类还是适合大多数国家的实际情况的。

二、金融相关比率

戈德史密斯在他的研究中使用的是金融结构观。他认为，各种金融现象均可归纳为金融工具、金融机构和金融结构三个方面。金融工具是指对其他经济单位债权或所有权的证明，金融机构是以金融工具作为资产和负债主要形式的经济单位，而金融工具和金融机构的综合构成了一国的金融结构。各种金融工具和金融机构的形式、性质及相对规模构成了一国金融的特征。可从如下角度衡量一国金融结构：金融上层结构与经济基础结构间的关系体现在金融工具的相对发行量、金融工具在主要经济部门中的分布及发行总额在主要经济部门中的分布上。一国金融结构的特征还体现在各种金融机构的相对重要性上，衡量指标是各金融机构在所有金融机构资产总额中的比例、在金融工具总额中的比例，各金融机构的活动能力（加金融机构发行的货币额、持有金融工具的总额等）。上述指标中，金融相关比率 FIR 最重要。FIR＝FT/WT，其中 FT 为金融资产，是一定时期内金融活动的总量；WT 为国民财富，是一国经济活动总量。

决定 FT 的因素很复杂，无现成的国民经济统计指标，戈德史密斯选择了相对重要的 5 个指标，其中，3 个流量指标——非金融部门发行的金融工具（股票、债券及各种信贷凭证），金融部门（央行、存款银行、清算机构、保险组织和二级金融交易中介）发行的金融工具（通货与活期存款、居民储蓄、保险单等）、国际金融活动发行的金融工具和 2 个存量指标——新发行乘数、价格调整指数。

可用 GNP 直接代替 WT。但因 GNP 只考虑了产品的最终销售，忽视了生产单位之间的中间产品的销售，尤其是资本形成的交易行为，而这些销售的实现也要借助于各种金融工具，所以，经济活动总量中除 GNP 外，还要加上各产业部门之间的交易量，才是考察金融活动的现实基础。若产业部门之间的销售占全部 GNP 的比重为 φ，则 WT ＝GNP（$1+\varphi$）。

戈德史密斯认为世界各国存在着唯一的一条金融发展道路。发达国家有着共同的发展趋势，发展中国早晚会走上发达国家已经走过的道路，这条发展道路可用金融相关比率表示。从纵向看，在一国或地区的经济发展过程中，金融资产的增长比国民财产的增长更加迅速。故金融相关比率有提高的趋势，其间还会发生迅速提高的爆发活动。但金融相关比率的提高并非是无止境的，一旦金融发展到一定水平，该比率的变动就趋于稳定。从横向看，发展中国家的金融相关比率比欧洲和北美国家的金融相关比率低得多，这也体现了两类国家在金融发展上的时代差别。金融相关比率还受到一国或地区经济结构基本特征，如生产集中程度、财富分配状况、投资动力、储蓄倾向等的影响。这些特征反映在非金融部门发行的债权和股权证券与国民生产总值的比率中。该比率越高，说明储蓄与投资的分离程度越高。随着金融的发展，银行资产占金融机构全部资产的比重趋于下降，非银行金融机构的资产占有比重相应提高。目前在某些发达国家，非银行金融机构的金融资产总额超过银行资产总额。

虽然戈德史密斯是从金融流量和金融存量两个方面来建立理论分析框架的，但他在实际研究各国的金融结构和金融市场发展的过程中，突出的是金融存量，即金融相关比率，从而把金融相关比率"作为一国金融发展水平的主要单一特征"，并据此来探讨各国金融结构的差异和过去一个世纪中金融发展的趋势。

金融相关比率与货币化比率、非金融相关比率、资本形成率、外部融资率、金融机构新发行比率、金融资产价格波动和乘数呈正向关系。随着这些比率中的某个或某几个上升，金融相关比率值会增加，反之则相反。因此，如果一国的金融相关比率比另一国高，或者某一时点上的金融相关比率比另一时点高，其原因可能有多种。可能是该国或该时点前的新发行比率一直比较高，而这往往又是由较高的资本形成率、较高的外部融资率或较高的金融中介比率中某一因素的单独作用或上述因素的共同作用引起的；可能是价格敏感型金融资产（基本上是公司股票）在净发行总额中的比重一直较大，而且过去金融资产的价格曾经显著上升；还可能是货币化比率和产业相关比率比较高。另外，金融相关比率与实际收入增长率、物价上涨率和资本-产出比率呈反向关系。如果其他条件不变，名义国民产值的迅速增长必将低于金融资产存量与国民财富（均以市场价值什算）之间的比率，因为它使过去在低得多的现价国民产值基础上计算的新发行额的相对比重降低。而由于通货膨胀伴随着较高的以现价计算的国民产值增长率及较低的乘数值，所以，只要其他条件不变，通货膨胀率越高，金融相关比率就越低。由于估价调整项上升对金融相关率的影响通常小于乘数值下降所产生的影响，所以，严重或长期的通货膨胀对金融相关比率的直接净影响多是使其下降。实际观测结果证实了这些推断，德国在两次世界大战期间及第二次世界大战后初期的通货膨胀之后，金融相关比率处于极低的水平。

在根据几十个国家近 100 年的资料对金融相关比率进行研究后，戈德史密斯认为，尽管金融发展过程在不同国家的起始点不同，多数始于 19 世纪的不同时期，有些地区（主要是在非洲）甚至直到 20 世纪初才开始起步，但它却显示出了一些重要的规律性，具体来说，有以下几点。

第一，在一国的经济发展进程中，金融结构的增长比国民产值及国民财富所表示的实体结构的增长更为迅速。因而，金融相关比率有提高的趋势。

第二，一国金融相关比率的提高并不是无止境的。实际观察与理论研究都表明，一旦到达一定发展阶段，特别是当金融相关比率达到 1~1.5 时，该比率就将趋于稳定。

第三，发展中国家的金融相关比率比发达国家要低得多，在 20 世纪 60 年代，其金融相关比率多在 2/3~1，相当于美国和西欧在 19 世纪后半期就达到并超过了的水平。

第四，决定一国金融结构相对规模的主要因素是不同经济单位和不同经济集团之中储蓄与投资功能的分离程度。金融相关比率的高低受到诸如生产集中程度、财富分配状况、投资动力、储蓄倾向以及以股份公司形式将企业活动与家庭行为从法律上分离开来的程度的影响，这些都反映在非金融部门新发行的债务和股权证券与国民产值的比率中，该比率越高，说明储蓄与投资的分离程度越显著。

第五，在发达国家，金融机构在金融资产的发行额与持有额中所占份额随着经济的发展而提高，即使一国的金融相关比率已停止增长，该份额却依然呈上升势头。储蓄与金融资产所有权的这一"机构化"趋势对各种主要金融工具有着不同的影响。与股票相比，债券的机构化进展较快，其中部分原因在于许多国家对于金融机构的持股均加以限制。在债券之中，长期债券机构化又比短期债券更为明显。结果，目前许多国家的政府债券、公司债券和抵押债券余额中，金融机构获得或持有的比重均大大超过了 50%，有的甚至接近 100%。

第六，无论在任何一个国家，现代意义上的金融发展都是从银行体系的发展开始并且依赖于纸币在经济中的扩散程度。纸币与国民财富的比例先是上升，然后是趋于平稳甚至下降，银行支票存款货币的比例也经过相似的过程，但这两者间存在着一代甚至几代人的时滞。

第七，外国融资作为国内不足资金的补充或作为国内剩余资金的出路，在大多数国家的某个发展阶段都发挥了重大作用。

第八，对于多数国家的金融发展来说，先进国家的示范作用大概同国际资本流动同样重要。与其他许多领域相比，金融工具、金融机构方面的技术与管理经验的传播比较容易实现，整体性"移植"就更加成功。不过，各类金融工具与机构的重要地位是无法模仿的，只能由基本的经济因素决定。

三、金融发展趋势分析

　　从静态角度分析各国金融结构的差异只是研究的一个重要方面，而不是唯一的方面。尤其是静态分析并不难，通过对各国国民资产负债表进行分析比较，足以揭示各个国家在金融相关性、金融资产分布等方面存在的各种差异。然而，更重要的也更困难的是，从发展角度出发，根据各国金融结构的发展变化，从中找出有规律性的东西来，这就是动态研究方法。戈德史密斯对金融结构研究所做的重要贡献，就在于他回答了这样一个问题：我们现在能够观察到的各国金融结构的差异是金融发展过程中走同一条道路的时间性差异还是走不同发展道路的结果？戈德史密斯经过大量实证研究发现，从基本发展趋势上看，各国金融发展道路的差别并不是很大。他认为，各发达国家有着共同的发展趋势，而发展中国家迟早要走上发达国家已经走过的道路。

　　基于金融发展的基本趋势研究，戈德史密斯归纳了如下要点。

　　（1）现代意义上的金融发展始于银行体系的建立及法定货币的发行。现金与国民财富的比率起初呈上升趋势，以后逐渐趋于平稳或下降；银行货币（活期和定期存款）与国民财富的比率也会经历类似的变化过程。随着经济发展，中央银行和商业银行的金融资产总额会不断提高，但其占全部金融机构资产总额的比重会逐渐下降。与此同时，更新型的金融机构，如储蓄银行、抵押银行、人寿保险公司、投资公司、金融公司、政府和私人退休基金等，其拥有的金融资产占金融机构资产总额的比重却会逐渐提高。因此，现代经济最发达国家的中央银行和商业银行的资产总额通常远远低于所有其他金融机构的资产总额。但在发展中国家，情况则完全相反。

　　（2）对许多国家来说，国际金融活动在其经济发展的某一时期作用突出，或者用于弥补本国资金不足，或者用以为本国过剩的资金寻找出路。19世纪中叶，国际金融相对于国内金融的比率增长迅速；第一次世界大战后，这一比率趋于稳定，尤其是国际与国内的长期融资比率。国际资本转移的重要形式之一是资金从发达国家向发展中国家流动。金融机构和金融工具的国际化促进了资本与技术在国际上的转移。对发展中国家来说，引进国际化的金融机构比单纯引进资金具有更重要的意义。

　　（3）金融发达国家的融资成本包括利率和其他费用，明显低于发展中国家。只有少数发展中国家的情况例外，那是因为发生了通货膨胀。不过自19世纪中期以来，在欧洲和北美的发达国家中，此类成本都未呈现长期下降趋势。而在世界其他地方，融资成本的变化状况比较复杂且不规则，难以得出一般性结论。

　　（4）对近几十年经济发展的研究表明，大多数国家的经济与金融发展大致保持平行状态。随着国民收入和国民财富在总量和人均水平上的增长，金融结构的规模和复杂性都会相应提高。尽管少数国家表现出经济的较快增长常伴随着金融的超常增长，但这还不能说明金融发展与经济增长属于何种因果关系，也就是说，还不明确究竟是金融发展促进了经济增长，还是经济增长推动了金融发展。对经济发展速度和方向产生明显影响的唯一金融现象就是通货膨胀。

　　当然，对于戈德史密斯的上述分析，我们应注意以下两点。

　　（1）戈德史密斯从事分析时是在20世纪60年代，他所研究的金融发展也是1969

年以前的各国情况。但当今世界各国的金融发展日新月异，新的金融工具大量涌现，金融市场日益扩大和发达，这些都是戈德史密斯在当时所无法预料的。他尤其无法预料的是国际资本的流动目前并不是以由发达国家流向发展中国家为主，而是以由发达国家流向发达国家为主。

（2）戈德史密斯做的分析只是对过去金融发展的一般性归纳，着重于趋势变动分析。这种分析并不能完全说明各个国家的具体发展情况，尤其是从各个国家的金融体制来看，即使发达国家之间也存在很大差异。

总之，戈德史密斯的研究既为我们提供了很好的实证研究方法，同时也提供了许多有价值的研究成果。这些研究方法和成果对于指导发展中国家的金融体制改革和金融发展，无疑是十分有益的。

第二节　金融抑制与金融深化的理论模型

一、金融发展理论中的货币

（一）麦金农的观点

罗纳德·麦金农（R I Mckinnon）在《经济发展中的货币与资本》一书中认为新古典理论并不适用于发展中国家，因为发展中国家的经济和货币金融制度存在着特殊性。麦金农假定：

（1）所有经济单位都局限于内源融资，储蓄者（住户）和投资者（企业）间没有实质区别，经济单位相互隔绝，不发生借贷行为。

（2）小规模的企业生产和投资有着规模经济的问题，特别是资本具有无限不可分割性，只有达到这一规模，才能进行实际投资。企业不可能只使用相同的技术，结果形成企业与住户完全离散的状态。

（3）政府不会通过税收——支出过程或用货币发行产生的铸币税直接参与资本积累，这些收入只能用作政府的当期消费开支，故政府财政政策局限在货币的实际收益 $d-p*$ 上。（d 为各类存款的名义利率的加权平均数，$p*$ 为预期通货膨胀率，$d-p*$ 为持有货币的实际收益）。

作为一个投资者，外源投资渠道有限，若打算购买一种与自己产品不同的实质资本，他可以将自己的产品作为存货，在需要资本性资产时将其变卖，也可积累现金余额。两种方式的选择取决于货币的实际收益和贮藏产品的不便性，若 $d-p*$ 上升将更多地选择货币。同时，在实际投资前，企业需要一个积累时期，若实际投资者的意愿越高，现金积累的需求也就越大。

如图 12-1 所示，纵轴为实质现金余额 M/P，横轴为时间，假定两企业在一定时间内按同样水平持续获得收入，但支出是一次性的（由向下的垂线表示）。图中实线表示"低投资高消费"的货币资金积累行为，生产者从收入中积存现金，至 B 点，因为从事"不可分割"投资而用尽，周而复始；虚线表示"高投资低消费"的货币资金积累行为，生产者的投资意愿较高，现金积累也较大，A 点代表实线的平均现金余额，B 点为虚线的平均现金余额，它表明，平均现金持有量同投资（储蓄倾向）正相关，从而发展中国家货币需求函数为

$$(M/P)d = L(y, I/y, d\text{-}p*)$$

式中，M/P 为实际货币需求，y 为实际总收入，I 为实际投资。

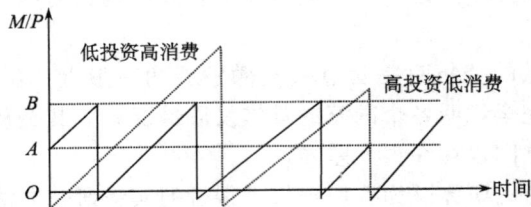

图 12-1

（二）爱德华·肖的观点

爱德华·肖（E. S. Shaw）在其《经济发展中的金融深化》一书中，同样对新古典学派和凯恩斯主义的货币理论进行了批判。他认为传统货币理论将货币看做一种财富的观点不符合落后的经济，在发展中国家，往往没有形成统一的市场和价格，资本市场被严重分割，且受到普遍的、歧视性的干预；各种资产收益信息不完备，风险极大，资源配置效率较低，现有的资本存量影响到储蓄市场。故货币的债务中介论更适合于落后经济情形。

债务中介论认为实际货币不是社会财富，也不是生产要素，实际货币余额的增长不会对社会收入产生影响，货币只是债务的中介，货币的职能是减少生产和交易的成本，提高生产效率，从而增加收入，促进储蓄和投资。储蓄者和投资者是独立的，它们通过金融市场联系起来，因资本市场不完善及落后经济中外源融资比较困难，内源融资是比较普遍的积累方式，而且非货币金融资产不发达，故投资参与者要进行实物投资必须首先积累一定数额的现金。这样，实际资本与货币也就是不相互竞争的替代品，即不存在替代效应。

爱德华·肖的货币需求函数是

$$(M/P)d = L(y, u, d\text{-}p*)$$

式中，M/P 为实际货币需求，y 为实际收入，u 为实际持有货币的各种机会成本，$d\text{-}p*$ 为持有货币的实际收益，它说明货币的需求取决于自身的收益和机会收益，还依赖于收入流量的变化。

二、金融抑制的理论模型

金融抑制是指一国的金融体系不健全，金融市场机制未充分发挥作用，经济生活中存在过多的金融管制措施，而受到压制的金融反过来又阻滞经济的成长和发展。爱德华·肖认为造成发展中国家金融抑制的根本原因在于制度上的缺陷和当局政策上的失误，特别是政府对利率的强制规定，使其低于市场均衡水平，同时又未能有效控制通货膨胀（有时采用扩张性货币政策，人为制造通货膨胀），使实际利率变为负数。一方面无法充分动员社会资金；另一方面低的贷款利率或负利率刺激了对有限资金的需求，政府依靠配给造成资金使用的低效率。

爱德华·肖通过几何模型来说明金融抑制的影响,如图 12-2 所示,横轴表示金融资产数量(也可看做储蓄投资数量),纵轴表示利率水平;曲线 bb'' 和 bb' 表示贷款的平均利率和边际利率,在此利率水平下,金融机构能够贷出资金;曲线 Od'' 和 Od' 表示存款的平均利率和边际利率,在该利率水平下,金融机构可以出售自己的间接证券,名义利率从横轴起往上标出,实际利率则从 P^* 起往上标出,OP^* 代表预期的通货膨胀率。假定对存款利率规定名义上限 a',则实际利率为负利率 P^*a',此时能满足市场出清的贷款利率为 Oa',而在落后经济中对名义贷款往往规定上限,假定将名义贷款利率规定为 OP^*,即实际贷款利率为 0,在这种情况下,储蓄者资金转借给金融中介机构所获得的不是报酬,而是惩罚(负利率);另一借款人可按照很低的或负的实际利率借得免费的甚至倒贴利息的借贷资金。贷款利率 OP^* 和存款利率 Oa' 的差 $a'P^*$ 是金融中介机构获得的补偿。在图 12-2 中,存款者倒付的利息就是中介机构的收入,而中介机构所希望获得的贷款利率和存款利率分别为 Oc'' 和 Oc',此时其边际收益等于边际成本。

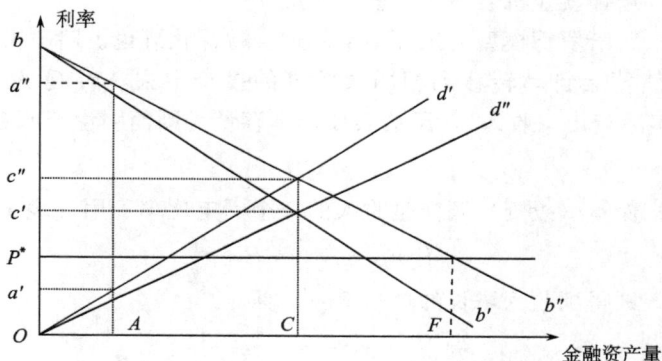

图 12-2　利率和配给

在采用利率限制情况下,储蓄者愿意提供的资金量仅为 OA,而借贷款者的需求量为 OF,两者存在巨大的差额。解决的办法,要么根据货币当局或政府其他机构的意图(或金融中介机构的意图)在借贷款者之间进行信贷配给,要么中介机构可以采用收取隐蔽费用的办法提高贷款利率,使其接近 Cc'',对部分存款者也可以私下提高存款利率,使其接近 Cc''。信贷配给的代价是巨大的,它给腐败现象提供了机会,借款人和中介机构能够分享受管制的贷款利率同实际市场利率之间的垄断收入,而借贷款者若不归还贷款或延期占用贷款,配给便无法维持;金融中介机构在利率受限的情况下,更倾向于躲避风险或保持流动性的偏好,将资金投向稳定经营的企业而不愿开拓新的投资机会;利率上限也会使储蓄者和投资者通过组织金融市场之外的非法市场开展直接融资,加剧了金融市场的混乱。唯一可行的办法是政府逐步取消人为干预,让利率反映市场供求的力量,同时抑制通货膨胀,鼓励储蓄和投资,促进金融深化。

三、金融深化的理论模型

金融深化是指那些处于金融抑制的国家想实现经济迅速增长,因此必须实行一系列金融自由化政策。金融深化的内容包括取消不恰当的利率限制,确定一个合适的实际利率水平；放松汇率限制；财政政策的配合；放松对金融业务的过多限制，引进竞争机制；发展金融市场和丰富金融工具等。爱德华·肖认为货币当局采取放松管制等促进金融深化的政策会产生如下正效应。

（1）收入效应。收入效应是指经济单位所持有的实质货币余额的增加。货币作为债务中介可以减少交易成本，提高生产效率，引起收入的增长，同时，货币体系提供服务时要投入资金，这是负收入效应，爱德华·肖认为正收入效应足以将之抵消。

（2）储蓄效应。收入效应促使收入水平绝对提高，在私人储蓄和税率一定时，较高的收入水平意味着较多的私人与公共的储蓄和投资，正的实际存款利率进一步鼓励储蓄，使储蓄投资逐步代替财政、通货膨胀和国外资本等融资方式。

（3）投资效应。金融深化、贷款利率的提高，有助于在扩展的多样化的金融市场上促使储蓄者和投资者展开竞争，优化资金的使用，提高投资的平均收益率。

（4）就业效应。金融深化意味着资本相对昂贵而劳动力相对便宜，这会使人们转向劳动密集型企业，增加就业机会而产生就业效应。

而麦金农则从对哈罗德模型的批评中来阐述金融深化理论。哈罗德模型中未曾考虑金融因素，假定储蓄会自动转移到相同收益率的投资中去，若 Q 为产出—资本比率（为常数），y 为实际产出（收入），K 为实质资本存量，则简明生产函数为

$$y = QK$$

该模型认为，储蓄（投资）倾向是收入的一个固定比率，用 S 表示，得

$$I = dK/dt = Sy$$

将上式代入，则得到收入增长的增长率 y'，得

$$y' = \sigma_s$$

即该收入增长率是边际产出—资本比率同边际储蓄倾向的乘积。

麦金农认为，储蓄倾向本身是受其他金融变量（如实际利率）和收入增长率所决定的变量，即

$$s = s(y', \rho)$$

式中，$0 < s < 1$，$ds/dy' > 0$，$ds/d\rho > 0$。ρ 为金融体制变革后各种金融深化指标。这样有

$$y' = \sigma_s(y', \rho)$$

该式包含了经济增长、金融深化和储蓄倾向等因素的共同影响。如图 12-3 所示，纵轴为 σ_s，横轴为收入增长率 y'，45 度线为 $y' = \sigma_s$ 的均衡增长。假如体制尚未变革，即存在金融体制，金融深化有限，$\rho = \rho'$，它表示很低的负数的实际货币收益和很小的货币-收入比，函数 σ_s（y'，ρ）可由 AB 线来表示，AB 与 45 度线的交点 E 所决定的均衡收入增长率为 O_E。若实行了金融改革，金融深化有显著成效后，ρ 由 ρ' 变为 ρ^*，储蓄倾向大为增加，储蓄函数从 AB 提高到 CD，金融改革使储蓄函数上移，斜

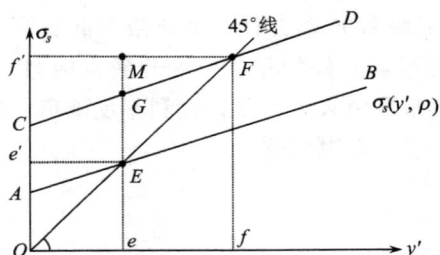

图 12-3 储蓄倾向和收入增长率

率加大。储蓄函数的变化使均衡增长率由 E 提高到 F。这可分为两个相关的部分，EG 为收入尚未增长之前金融改革对储蓄的刺激，而 GM 则代表收入上升到新的均衡水平时对储蓄的进一步推动，也称为"成长红利"。CD 的斜率比 AB 更陡，反映了货币改革金融深化后收入对储蓄倾向的影响，即一旦放松金融抑制，人们持有货币的意愿会加大。

四、对麦金农和爱德华·肖金融理论的评价

麦金农和爱德华·肖将金融理论与货币当局的政策，同发展中国家的经济结合起来进行研究，是对西方主流货币金融理论（如凯恩斯理论、货币学派）的又一贡献。他们的理论基础是建立在发展中国家经济特征基础上的货币金融理论。这被看做是发展经济学和货币金融理论的重大突破。他们的主要贡献突出表现为以下几方面。

（1）麦金农确立了利率高低与投资大小成正比关系的理论。以凯恩斯为代表的西方货币理论一致认为利率高低与投资大小成反比关系。麦金农认为，发展中国家由于金融体系不完善，所以要依靠自己的内部积累去投资，由于缺乏金融市场和金融工具，投资必须经过一定的资金积累过程，并达到一定规模后才能进行实际投资。投资需求越大，积累货币的时间也越久。

（2）他们的理论强调了金融体制和政策在经济发展中的核心地位，在经济和金融理论中第一次将金融业与经济发展密切结合起来，克服了传统经济发展理论对金融部门的忽视。他们认为，金融部门和经济发展息息相关，它有利于使抑制经济摆脱徘徊不前的局面，加速增长。但如果金融被抑制或扭曲，它就会阻碍经济的发展。他们的理论比较详细地分析了金融部门对经济发展的各种影响，把经济发展摆到了经济发展战略中的重要位置上。

（3）他们的理论批判了传统的经济理论，如新古典学派和凯恩斯学派关于货币和实物资本是相互竞争的替代品的假设，认为这不符合落后经济，因为落后经济中盛行"内源融资"，所以只有进行大量的货币积累才是有效增加投资和扩大生产的前提。从这一点讲，落后经济中的货币和资本在很大程度上是互补品，它批判了落后经济中盛行的结构性通货膨胀学说，认为在经济发展结构演变中，通货膨胀是可以避免的，金融体系和实际经济完全可在物价稳定的环境中同步发展。在政策主张上，它既不同于凯恩斯学派的低利率刺激投资的政策，也不赞同货币学派过分倚重控制货币发行的做法，而是主张通过金融自由化和提高利率，在增加货币需求的同时，扩大投资规模，优化投资分配，以保持经济持续、稳定增长。除此之外，还提出财政、外贸政策配套改革的一系列建议，要求尽量减少人为干预，发挥市场的调节作用，这些对发展中国家的经济改革都具有重要的参考价值。

（4）爱德华·肖还提出了关于货币职能的新观点。马克思认为货币的职能有价值尺度、流通手段、储藏手段、支付手段和世界货币五种职能；西方经济学家则认为货币的职能有交易媒介、价格标准、支付手段和储藏手段四种；而爱德华·肖则认为货币是一种债务关系，它具有转移财富的职能，但货币并非社会财富。货币从储蓄者手中转移到投资者手中，这才是货币的基本职能。货币的主要作用（或功能）是减少生产成本和交易成本，从而促进投资，增加国民收入。

所有理论的形成和发展都有其局限性和不足的一面，麦金农和爱德华·肖的金融理论也不例外，其局限性体现在以下几方面。

（1）麦金农和爱德华·肖的金融理论忽视了发展中国家经济结构的严重失衡。他们的理论过分强调金融制度对经济发展的促进作用，认为只要大刀阔斧地实行金融体制改革，就可改变发展中国家的金融抑制现象，但是却没有突出宏观经济稳定是金融深化的前提条件。在宏观经济不稳定的前提下，贸然实行金融自由化必然导致宏观经济更加不稳定。阿根廷、智利等国家实行金融自由化失败的教训已经证明，发展中国家的金融深化必须与经济体制改革相配套才能避免大的经济震荡。

（2）麦金农和爱德华·肖的金融理论没有充分展开对发展中国家金融发展的过程和阶段的研究。他们认为只要放开利率和汇率，资本和外汇的短缺问题就能顺理成章地解决。但是，他们没有说明应该创造哪些条件后才能放开利率和汇率，以及应该先放开哪一个。作为发展中国家改革的对策理论，缺少这些环节的展开，不仅表现为理论框架的不完整，而且容易引起实践中的误导。东南亚金融危机已经证明金融深化过程和阶段的研究的重要性，所以有关金融深化的过程研究还需要进一步展开。

（3）麦金农和爱德华·肖的理论主张取消政府、其他人为的金融机构和金融市场的管制和干预，因此，金融深化在某种程度上又可称为"金融自由化"。当然，为促进金融和经济的迅速发展，将那些不合理的、窒息性的、歪曲性的过分管制和干预撤除，无疑是应该的。但是，要求实行完全自由放任的金融政策，则是根本行不通的，并且是极为有害的。即使是在完全竞争的市场经济条件下，政府当局仍然对银行以及其他金融机构和金融市场实行适度监管，以免金融机构因管理不善和其他原因而触发金融危机，更何况在发展中国家。因此，为保证金融体系的正常发展，政府适当的管理和干预仍是必要的。

第三节　金融深化理论与发展中国家金融改革

一、金融深化理论的政策选择

发展中国家的金融抑制基本上可以概括为价格扭曲、结构单一和市场分割三个方面。金融深化的核心是解除金融抑制，促进金融与经济的良性循环。具体措施包括实施利率自由化，取消信贷补贴；积极发挥政府的作用，改革银行体系；放松外汇管制，实行灵活的汇率政策；发展资本市场等。

（一）放松利率

资金的价格是利率，价格扭曲的最基本形式就是利率扭曲，利率问题也就成为金融深化的首要问题之一，利率自由化也被当做金融自由化的核心内容。麦金农和爱德华·肖学派认为，要使人们持有的实际货币有较大的增长，必须取消对利率的限制，让利率真实地反映资金的供求情况。提高实际利率对经济发展可产生双重效应：一是能够有效地动员储蓄，以增加金融机构可贷资金的数量，从而扩大实际投资规模；二是能够减少或避免资本的不合理配置，提高投资的平均效率。理论上，实现利率的市场化能够使利率灵敏地反映资金供求状况，其衡量的主要标志是金融机构是否具有确定利率的自由权，还包括利率调整的频度和幅度。

（二）改革国内金融体系

麦金农和爱德华·肖的理论倾向于采取国有银行私有化、放宽准入限制和减少政府干预的政策，以鼓励国内金融体系开展竞争。主张这种理论的人特别强调银行体系竞争性的积极性作用。他认为，竞争压力将降低存贷款利差，提高中介机构的功能效率；国有银行私有化将导致金融体系竞争程度上升，还能消除选择性信贷计划和利率限制，提高配置效率。此外，金融体系的自由进入还能使政府的管制不被缺乏价格竞争的寡头市场结构所取代。

在国内金融体系的改革上，发展中国家基本上有三种思路：一是准入方式，即准许新的银行和非银行金融机构自由成立，并对外资金融机构开放国内市场；二是复兴方式，指对现存的银行进行改革，使其恢复活力；三是准入和复兴并重，其目的是通过竞争提高银行业的效率。

（三）发展资本市场

发展资本市场的重要原因之一是资本市场的筹资与产权重组功能。发展中国家在改革初期，大量国有企业面临着转轨、改革的选择，培育资本市场尤为重要。世界银行和新凯恩斯主义者都强调发展资本市场的重要性，理由是，第一，资本市场有助于企业改组和改善经营绩效（通过股东、股票价格变化对管理者进行约束），有助于政府和企业获得外部资金，并且能够对长期住房融资和养老金改革提供支持等，特别是股票市场和敌意性的兼并机制有助于提高资金配置效率；第二，发展资本市场可以打破国内金融市场结构单一的状态，促进金融和经济发展；第三，由于信贷市场信息的不完善会影响银行分配信贷资金的效率，发展资本市场还有助于摆脱信息约束，避免收益高的投资由于风险而被排斥在信贷市场之外的情况。

而麦金农-肖学派基本没有涉及资本市场问题，或者持不积极的态度。例如，肖认为（1973），对受抑制的经济来说，发展资本市场不会带来什么益处，因为这需要较高的成本（如建立交易所等），同时发展中经济也没有足够的资金分配给众多的需求者。肖提出，金融改革的第一步是货币深化，第二步是金融机构的多样化，如有可能，再建立一个资本市场。

（四）逐步实现金融业的对外开放

发展中国家金融业的对外开放涉及三个方面的内容。

第一，向外资开放银行。为提升本国银行业的竞争力，增强对外金融风险的免疫力，新兴市场国家先后放松了对外资银行准入的限制。拉美、亚洲的一些国家和地区对外资银行的进入采取了不同的态度。而东欧国家在经济转轨过程中，也都经历了程度不同的银行危机，政府希望利用外资银行稳定金融，因此对银行业对外开放态度较为积极。

第二，放松资本管制。首先是开放经常项目，允许贸易及与贸易有关的收支实行自由兑换；其次开放资本项目，包括允许国内企业直接对外借款，或通过金融机构对外借款，允许外国资本进入本国证券市场，进行跨国股权投资。

第三，调整汇率政策。资本管制的放松与汇率政策的调整密切相关。金融深化在汇率政策方面的核心内容是让汇率自由浮动，实行外币自由兑换，同时再配以外贸体制的改革，实现外贸的自由化。调整汇率政策的重要性在于理顺外贸关系，促进外贸的发展，同时，也有助于在利率上升的条件下保持物价稳定。因为，金融深化通常使国内利率高于世界利率水平，而在利差未被汇率贬值抵消时，会导致资本流入。而且，在发展中国家改革初期，资本的边际生产率也可能会高于发达国家。所以国内企业有能力向外借款，外国企业也愿意进行直接投资。外资流入可能会影响到国内当局对货币基础的控制，影响到物价稳定。

二、发展中国家金融深化的进程

发展中国家的金融深化政策始于 20 世纪 70 年代中期（表 12-1）。这一政策实践首先开始于拉美，拉美有过两次较大规模的金融自由化：第一次始于 20 世纪 70 年代中期，20 世纪 80 年代初债务危机爆发后逐渐趋于停顿；第二次始于 20 世纪 80 年代末，20 世纪 90 年代上半期达到高潮。而亚洲国家的金融自由化则开始于 20 世纪 80 年代，1997 年金融危机后进入新的阶段。一些发展中国家的金融深化进程如表 12-1 所示。

表 12-1　发展中国家金融深化的进程

国　　家	起始时间	大规模 自由化时间	国　　家	起始时间	大规模 自由化时间
印度尼西亚	1983 年	1989～1996 年	阿根廷	1977 年	1977～1982 年
韩　　国	1983 年	1985～1993 年	巴西	1989 年	1989～1993 年
马来西亚	1978 年	1992～1996 年	智利	1974 年	1985～1996
菲律宾	1981 年	1994～1996 年	墨西哥	1974 年	1977～1982 年
泰　　国	20 世纪 80 年代中期	1992～1996 年			
新加坡	1978 年	1973～1996 年			

资料来源：黄金老.2001.金融自由化与金融脆弱性.中国城市出版社

（一）拉美国家金融深化的进程

拉美国家的金融自由化经历了两个阶段。第一次金融自由化主要是在智利、阿根廷和乌拉圭等南锥体国家进行的。第二次世界大战后至 20 世纪 70 年代中期，这些国家的人均收入年均增长率仅为 1.5%，其他拉美国家则为 3.4%。它们在拉美地区 GNP 中所占的比重从 1/3 下降到不足 1/4。新保守主义者将此归咎于政府的过度干预。这些国家的"金融抑制"主要表现为过低的利率（有时甚至是负利率），金融市场割裂，金融资产的数量和种类十分有限。而解决上述问题的有效途径就是实施金融自由化。1974 年，智利开始了金融改革，阿根廷、哥伦比亚、乌拉圭也在 20 世纪 70 年代开始了金融深化改革，措施大体相同。此前智利被称为"金融抑制的教科书"，其改革进程具有代表性，主要措施有以下几点。

第一，建立国内资本市场，放开利率。如 1974 年，智利开始利率自由化；1977 年，墨西哥允许定期存款利率有限浮动；1976 年，巴西废除利率控制。

第二，大幅度减少或取消对信贷的限制，降低银行准备金要求，随后是取消信贷限额。

第三，降低进入金融部门的壁垒，对一些国有银行实施私有化。1974 年，智利银行私有化、放开准入限制。

第四，放松资本限制，允许在国内开设外汇存款账户，逐步放松对外资流入和流出的限制等。例如，1977 年阿根廷取消部分外资流入限制，1980 年资本账户完全放开。

受 20 世纪 70 年代末债务危机的影响，拉美各国金融形势急剧动荡，因此，20 世纪 90 年代初，各国纷纷重新控制利率，强化了对金融业的管制。拉美的第二次金融自由化始于 20 世纪 80 年代后期，涉及国家较多，代表国家是墨西哥。在实施金融自由化的过程中，拉美国家普遍采取了以下一些措施。

第一，再次放松对利率的管制。阿根廷在 1987 年放开存贷利率；墨西哥于 1988 年开始放松对存款利率和贷款利率的管制；1989 年，巴西存贷利率实现完全自由化。

第二，取消或减少政府对银行放贷（尤其是定向放贷）的管制。1990 年，墨西哥在世界银行提供的金融部门调整贷款的帮助下，取消商业银行必须拥有政府长期债券的强制性规定；1988 年，墨西哥政府不再指令向国有企业提供信贷；1992 年，阿根廷政府对贷款的控制降低到 50% 以下。

第三，降低银行的存款准备金要求。1988 年，墨西哥金融自由化迈出了重要的一步，政府取消了强制性银行准备金要求；阿根廷活期存款准备金率由 1987 年的 89.5% 下降为 1996 年的 15%。

第四，对国有银行实行私有化。在 1991～1992 年，墨西哥政府对所有银行实行了私有化，取消了 1982 年以后实施的资本管制。1994 年 10 月，政府进一步放宽了对外资的限制，实施了长达 57 年的不准外国银行进入的禁令被废除。

（二）亚洲国家金融深化的进程

亚洲发展中国家和地区金融自由化的实践开始于 20 世纪 80 年代中期，金融深化水平迅速提高，银行贷款余额急剧增加。亚洲国家和地区一般都采取了温和、渐进的改革，取得了比较成功的经验。主要政策有以下几点。

第一，利率自由化。中国香港、新加坡采取了较广泛的利率自由化，菲律宾、中国台湾省、韩国采取了逐渐解除利率限制的措施。

第二，结构改革和信贷限制。印度尼西亚、韩国、马来西亚、泰国、中国台湾省都逐步发展了货币市场，货币政策逐渐由信贷控制改为在货币市场实行公开市场操作、买卖短期债券，但对选择性信贷管制的放松程度不大。许多发展中国家和地区仍然采取某种政策措施，以补贴形式把资金分配到优先发展的部门。

第三，逐步改革金融市场的割裂状态。韩国、泰国成立了许多金融机构，与原有银行竞争；菲律宾允许银行从事证券交易；中国台湾省则逐步允许设立民间金融机构，并向民间资本出让国有银行的股权。

第四，加强对外开放，逐步走向金融国际一体化。一些发展中国家和地区取消或放松外汇管制和国际资本流动的管制。印度尼西亚、马来西亚、新加坡几乎完全取消外汇管制，而韩国、菲律宾、中国台湾省、泰国逐步放松外汇管制，但对某些国际交易仍加以限制。此外一些国家和地区，如韩国、马来西亚、中国台湾省则赋予外国银行国民待遇。

总的看来，20世纪70～80年代，在亚洲发展中国家和地区的金融自由化改革中，印度尼西亚、马来西亚时间较早，程度也较深入，而韩国及泰国则是逐步进行改革。

三、发展中国家金融自由化改革的经验教训

金融自由化改革在一些国家取得了成功，但也给某些国家带来相当严重的问题，甚至造成金融危机。从已经进行的改革看，其经验教训主要有四个方面。

第一，金融自由化改革需要一个稳定的宏观经济环境。如果在一个经济不稳定的环境下进行改革，将会加剧经济的动荡不安。例如，一方面，过度扩张的财政货币政策会导致过高的通货膨胀，在名义汇率相对锁定而国内通货膨胀率又相对较高的情况下，本币汇率就会被高估，从而严重影响本国的出口能力，形成巨大的经常账户赤字，这种赤字需要资本项目盈余来弥补，而一旦碰到外部冲击，资本流入下降，原先的汇率制度就难以维持，就会陷入货币危机。另一方面，在通膨胀率较高的情况下，放开利率会导致市场利率急剧上升，这可能造成企业债务危机。另外，还要关注进入国内的外资投向，看这些外资是否有利于提高生产能力，是否有利于产业升级。

第二，金融自由化需要加强金融监管。金融自由化在放松对金融业的管制与直接行政干预条件下，要求以合理的规章与法律来代替人为的干预，而不是完全放弃对金融业的管理，如果没有一个合理的控制体系，那么，金融业的失控与经营混乱就将危及国家的金融体系与经济稳定。例如，泡沫经济的一个重要原因就是银行资金过多地被用于房地产和股票市场的炒作。

第三，金融自由化需要和其他方面的改革相配合，例如，同企业改革、银行改革、价格改革协调进行，否则难以达到预期效果。

第四，金融自由化必须遵循一定的顺序。麦金农教授在1991年出版的《经济自由化的顺序——向市场经济过渡的金融控制》一书中提出这样一个"经济自由化的最佳顺序"：第一步是平衡中央政府的财政，避免国内经济失衡；第二步是开放国内的资本市场，注意强化货币信用体制，维持正的实际利率，加强银行监管；第三步是在成功地实现国内贸易和金融自由化以后，开始外汇自由化。在外汇自由化过程中，国际收支经常项目货币兑换自由化应先于资本项目货币兑换自由化。

➤ 本章重要概念

金融发展 financial development　　金融深化 financial liberalization
金融结构 financial structure　　金融机构 financial institution
金融工具 financial instruments
金融相关比率 financial interrelation ratio
金融抑制 financial oppression

➤ 复习思考题

1. 怎样理解金融发展？

2. 什么是金融结构？如何分析金融相关比率？
3. 简述金融深化和金融抑制的理论模型。
4. 简要评价麦金农和爱德华·肖的金融理论。
5. 发展中国家金融改革的经验和教训是什么？

第十三章　金融创新与金融监管

内容提示：始于 20 世纪 60 年代的当代金融创新到目前为止仍呈现出蓬勃发展的趋势。在此过程中，西方经济学界对金融创新成因所进行的有关理论探讨和分析多种多样，由此形成了系统的金融创新成因理论。本章在对金融创新理论进行介绍和评价的基础上，分析和阐述金融创新的动因、背景、主要内容和效应。金融创新活动在给金融领域乃至整个经济和社会带来巨大发展成果的同时，也带来了种种问题，其中最严重的就是金融风险问题。面对日益严重的金融风险和频频发生的金融危机，为了保护公众利益和金融体系的安全，有效防范和化解金融风险，各国政府和国际金融组织都在积极采取各种金融监管措施和建立金融监管制度。因此，本章在全面阐述了有关金融创新的内容之后，又对金融风险的特征、分类和金融监管的主要内容等做了简要介绍。

第一节　金融创新理论

"创新"和"创新理论"是由经济学家熊彼特在 1912 年写的《经济发展理论》一书中首次提出，后在其 1939 年所著的《经济周期》中系统完成的。按照熊彼特的观点，创新是指富有冒险精神的企业家建立一种新的函数，即把生产要素与生产条件进行新的组合并引入生产体系，从而引起对原有生产体系的震荡效应。由此引申，可将金融创新定义为金融业内部通过对金融机构的组织形式、经营管理机制、金融工具与服务、金融业务及融资方式等的一系列创造性变革，重新组合、重新设计和重新开发各种金融要素，从而构筑新的金融函数的总称。20 世纪 70 年代中期以来，一批西方经济学家陆续从不同角度提出各具特色的金融创新理论，其中，凯恩（E. J. Kane）的规避管制型金融创新理论、西尔柏（W. I. Silber）的约束诱导型金融创新理论、希克斯（J. R. Hicks）和尼汉斯（J. Niehans）的交易成本创新理论以及诺斯的制度学派理论等都是比较有代表性和影响力的理论。

一、凯恩的规避管制型金融创新理论

凯恩于 1980 年提出了规避管制型的金融创新理论。所谓"规避"就是指对各种规章制度的限制性措施实行回避。"规避创新"则是回避各种金融控制和管理的行为。这意味着，当外在市场力量以及市场机制与机构内在要求相结合回避各种金融控制和规章制度时，就产生了金融创新行为。各种形式的经济立法和规章制度，从宏观上可视为保持均衡和稳定的基本措施。经济个体寻求规避，实际上反映了代表公众利益的国家实行法制和个人利益中以利润最大化为基本原则的经济个体之间的经济法律关系；也表明了在市场机制约束下和法制基础上，经济个体寻求最大利润的过程。经济个体为了追求自身利益，通过有意识地寻求绕开政府管制的方法来对政府的限制做出反应，从而获取最大利润。事实上，规避已经被认为是合法的了。

由此，凯恩设计了一个制定规章制度的框架。在这个框架中，制定经济规章制度的程序和被管制人规避的过程是相互适用并且相互作用的。通过这个阶段逐步形成了比较成熟的和实用的规章制度。凯恩认为，因规避而产生的金融创新从来就是与货币信用历史联系在一起的。在过去，金融创新是对交换媒介的短缺和金融危机的反应，最为明显的例子是很早以前对《限制高利贷法》的规避，作为现代限制利率高限的先驱，《限制高利贷法》与美国 20 世纪 60 年代颁布的条例没有多大的不同。对《限制高利贷法》的规避是通过支付高于被允许利率以上的佣金或在贷款被给予前将少量余额存入贷款银行的方法实现的。对金融的控制和因此产生的规避行为是以辩证形式出现的。政府管制是有形的手，规避则是无形的手。许多形式的政府管制与控制实质上等于隐含的税收，阻碍了金融业从事已有的盈利性活动和利用管制以外的利润的机会，因此，金融机构会通过创新来逃避政府的管制。金融企业对各种规章制度的适应能力是很强的。因为需求增长必须促进货币供给，扩大货币供给的过程可以采取"替代品"（即新金融工具）的形式来完成。但当金融创新危及金融稳定、政府不能按预定目标实施时，政府和金融当局又会加强管制。同时，不同于传统金融工具的"替代品"又会因为规避而不断产生。这样管制又将导致新一轮的创新。因此，静态均衡几乎是不可能存在的。管制与规避引起的创新总是不断地交替，形成了一个黑格尔式的辩证过程。以上两者相互作用的过程虽然有时滞阶段，但在这个阶段中，被管制者的适应能力增强，金融创新的效率也随之提高。这主要归因于现代科学技术进步所引起的被管制对象能力的提高和这些金融企业对于通货膨胀及其他的经济环境变异所产生的不稳定变得更警觉了。

凯恩的规避型金融创新理论主要是从外部环境制约影响的角度来认识金融创新行为，这个理论很敏锐地把握了一些金融创新行为的动因，并能得到客观实际的验证。例如，目前在美国银行界广为采用的货币市场存单、大额可转让定期存单、储蓄人存单等都是银行为规避政府当局的利率限制政策而采取金融创新的结果。这一理论的说服力是很强的。不过，规避创新理论似乎太绝对和抽象化地把规避和创新联系在一起，而漠视其他影响因素，例如制度学派提供的制度因素等，这不能不说是一个缺憾。

二、西尔柏的约束诱导型金融创新理论

西尔柏主要是从供给角度来探索金融创新的成因的。西尔柏从寻求利润最大化的金融公司创新这个最积极的表象开始进行研究，由此归纳出金融创新是微观金融组织为了寻求最大的利润，减轻外部对其产生的金融压制而采取的"自卫"行为。

西尔柏认为，金融压制来自两个方面。其一是政府的控制管理。这种因外部条件变化而导致的金融创新要付出很大的代价。这里存在两种情况，一种情况是外部条件变化而产生的金融压制，使金融机构的效率降低，因此，金融机构必须努力通过创新来提高效率以弥补这部分损失；另一种情况是金融压制使得金融组织所付出的机会成本越来越大，创新是对金融压制的反应，其代价与压制所造成的机会成本增长是一致的，因此，金融机构通过逃避压制来尽量地降低其机会成本增加所带来的损失。其二是内部强加的压制。为了保障资产具有流动性的同时还有一定的偿还率，以避免经营风险，保证资产营运的安全，金融企业采取了一系列资产负债管理制度，其中有偿还期对称、各种资产运用比率等。这些规章制度，一方面确保了金融企业的营运稳定，另一方面却形成了内部的金融压制。两个方面的金融压制，特别是外部条件变化所产生的金融压制会使实行最优化管理和追求利润最大化的金融机构，从机会成本角度，以及金融企业管理影子价格与实际价格的区别来寻求最大程度的金融创新。这就是微观金融组织金融创新行为的诱因。

西尔柏的约束诱导型金融创新理论从本质上（即追求利润最大化）指出了金融创新的动因，其逻辑是，当内外部强加压制时，金融企业为寻求可达到的最大化利润，就会躲避压制，在此过程中就会产生各种创新行为。这一理论与凯恩的观点有相似之处，即重视外部环境的影响；但西尔柏指出，企业内在的压制措施也会使金融机构实行金融创新，其中利润动机是关键因素，显然比凯恩的理论更深入了一步。然而，金融创新活动并非金融企业的孤立行为，而是经济活动在金融领域内各种要素重新组合的反映。因此，这一理论也存在局限性，即其适用范围仅限于金融企业，而对其他与之相关联的市场及企业不适用，对由于宏观经济环境变化而引起的金融创新也不适用。

三、希克斯和尼汉斯的交易成本创新理论

交易成本创新理论是一种将降低交易成本作为金融创新动因的理论，也可称为交易成本型的金融创新理论，包含两层意思。①降低交易成本是金融创新的首要动机，而交易成本的高低决定金融业务和金融工具是否具有实际意义。②金融创新是对科技进步导致的交易成本降低的反应。在这里，交易成本主要是指买卖金融资产的直接费用，包括各方面转移资产所有权的成本、经纪人的佣金、借入和支出的机会成本等。希克斯和尼汉斯把交易成本、货币需求与金融创新联系起来考虑，得出的结论是，交易成本是作用于货币需求的一个重要因素，而不同的货币需求则产生对不同类型金融工具的要求，交易成本的高低使经济主体对需求预期发生变化。交易成本降低的发展趋势使货币向更为高级的形式演变和发展，从而产生新的交换媒介和新的金融工具。总之，不断地降低交易成本就会刺激金融创新，改善金融服务。反之，金融创新的过程，就是不断降低交易成本的过程。

希克斯的交易成本创新理论侧重于从企业内部降低交易成本的动机来解释金融创新的成因，抓住了科技进步对金融创新的有效推动作用，以及电子技术在金融领域的广泛应用促进金融创新扩张的事实。20世纪70年代以来，随着计算机技术应用而产生的自动转账服务、现金管理账户、超级可转让支付命令账户等都是科技进步、交易成本降低的结果。

交易成本创新理论将金融创新完全归因于金融微观经济结构变化引起的交易成本下降，是有一定局限性的。因为它忽视了竞争和外部经济环境变化等因素对降低交易成本的一定作用。简而言之，交易成本型的金融创新理论单纯地用交易成本下降来解释金融创新的成因，把问题的内部属性看得过于简单。但从总体上讲，它仍不失为一种研究金融创新成因的有效分析方法。

四、韩农（T. H. Hannon）和麦道威（J. M. MeDowell）的技术推进理论

韩农（T. H. Hannon）和麦道威（J. M. MeDowell）的技术推进理论认为，新技术的出现及其在金融方面的应用，是金融创新的主要成因，特别是电脑和电信设备的新发

明在金融业的应用是金融创新的重大因素。

早期研究技术创新对经济发展贡献的是美籍奥裔著名经济学家熊彼特（J. A. S chum-peter）。1912 年，熊彼特在《经济发展理论》一书中，首次提出了创新理论。他认为，创新就是建立一种新的函数，即把一种从来没有过的生产要素和生产条件的新组合引入生产体系。熊彼特把这种组合归为五种情况①引进新产品或提供一种产品的新质量；②引进一种新技术或新的生产方法；③开辟一个新的市场；④获得原料或半成品的新的供应来源；⑤实行新的企业组织形式。

创新不同于发明，它是一个经济概念，而不是一个技术概念。熊彼特认为，创新可以通过模仿和推广来促进经济的发展。当一个企业通过创新而获得经济利益之后，其他企业会由于有利可图而进行模仿，继而在整个行业形成一股创新浪潮，使整个行业获得普遍的发展。一个行业的发展又会推动其他行业乃至整个社会经济的发展。创新浪潮的出现，会造成银行信用和生产资料的需求的扩大，形成普遍的经济高涨；当创新所带来的盈利机会趋于消失，企业对银行的信用和生产资料的需求就会减少，经济就会收缩。当新的创新浪潮出现，又会有新的经济高涨，高涨之后，又会有新的收缩。如此循环，社会经济便会不断向前发展。熊彼特关于新技术的发明、应用和推广是经济发展和企业循环的主要原因的论述，为金融创新理论及其发展奠定了理论基础，但未涉及金融创新，也没有研究技术创新对金融创新的贡献问题。

最早真正从技术创新角度研究金融创新问题的是韩农（T. H. Hannon）和麦道威（J. M. MeDowell）。经过实证研究，这两位学者发现，20 世纪 70 年代，美国银行业新技术的采用和扩散与市场结构的变化密切相关，因此认为新技术的采用是导致金融创新的主要因素。从金融学说发展史的角度考察，韩农和麦道威首次提出的技术进步是促成金融创新的主要成因的观点。遗憾的是这两位经济学家的研究仅仅限于自动提款机，而未涉及电讯设备方面的技术革新与金融业创新的相关性研究，如网上银行、Swift 系统等。韩农和麦道威的研究为进一步深化金融创新理论研究提供了基础，并拓展了更为宽广的空间。事实上，技术进步对金融创新的影响一直伴随着金融发展的全过程。近年来出现的信息革命应用于金融业，大大提高了金融服务的效率，降低了金融业的经营成本，并加速了金融全球化的进程。但是，技术进步的加快，在成为金融创新主要原因和素质基础的同时，也可能带来新的风险。

五、制度学派的金融创新理论

以诺斯等为代表的制度学派认为，作为经济制度的一个组成部分，金融创新实际上是一种与经济制度相互影响和互为因果关系的制度变革，这样，金融体系的任何制度变革都可视为金融创新。因此，政府行为的变化在引起金融制度变化的同时，实际上也带动了金融创新行为。例如，政府货币政策一般都要求金融稳定和防止收入分配不均，与此相伴的金融改革虽是建立了一些限制性的规章制度，但它的意义已经不是以往的"金融压制"，而是带有明显的"创新"特征。例如，1919 年美国联邦储备体系和 1934 年联邦存款保险公司的建立，本是政府当局稳定金融秩序的管制性措施，但它们事实上导致了金融体系和金融机构的创新，一种全新的中央银行体系和存款保险机构得以建立起来，从而可将其视为一种典型的金融创新行为。

制度学派理论的特点在于抓住制度创新这一关键因素来探讨金融创新成因，这是上述各理论流派所忽略的。众所周知，制度学派的一个优势在于它把成本-效益方式引入制度变革过程的分析，开创了一种新的经济分析方法，并显示出比其他分析方法更具有说服力。当然，建立新的金融制度本身就是一种创新行为的观点是值得商榷的。因为，在多数情况下，金融管制是金融创新的阻力和障碍，所以必须严格区分"金融压制"和"金融深化"这两个概念。作为金融压制的规章制度无疑是金融创新的对象。

六、格林包姆（S. I. Greenbum）和海沃德（C. F. Haywood）的财富增长理论

财富增长理论认为科技的进步会引起财富的增加。随着财富的增加，人们要求避免风险的愿望增加，这促进了金融业发展，金融资产日益增加，金融创新便产生了。格林包姆（S. I. Greenbum）和海沃德（C. F. Haywood）在研究美国金融业的发展史时发现，科技的进步引起财富的增长，人们规避风险的要求随之增加，促使创新不断出现，金融资产日益增加。因此，财富的增长是金融创新和金融资产的需求增长的主要动因。

财富增长理论单纯地从金融资产需求或金融资产需求与供给相匹配的角度来解释金融创新的成因，无疑存在一定的片面性。当管制者出于"稳定"的目的，对金融业施加管理时，特别是在经济困难时期，管理更加严厉时，无疑会抑制因需求产生的创新动机。此外，该理论强调财富效应对金融创新的影响，忽略了替代效应，即利率变动对金融创新的影响。因此，无法用该理论解释 20 世纪 70 年代以后出现的金融创新。

七、米尔顿·弗里德曼（Milton Friedman）的货币促成理论

米尔顿·弗里德曼（Milton Friedman）的货币促成理论认为，金融创新的出现主要是货币方面因素的变化所引起的。20 世纪 70 年代的通货膨胀率、汇率和利率反复无常的波动是金融创新的重要成因，金融创新是作为抵制通货膨胀、利率和汇率波动的产物而出现的。例如，20 世纪 70 年代出现的可转让支付命令账户（1972）、浮动利息债券（1974）、外汇期货（1972）、浮动利息票据（1974）、与物价指数挂钩的公债（20 世纪 70 年代中期）等对汇率与利率和通货膨胀具有高度敏感性的金融创新工具的出现，都是为了避免汇率、利率和通货膨胀率等货币因素造成的冲击，从而使人们在不稳定因素的干扰下获得相对稳定的收益。

货币促成理论的主要代表人物是货币学派的米尔顿·弗里德曼，他认为，20 世纪 60 年代，美国通货膨胀的加剧导致了 1971 年布雷顿森林体系的崩溃，美元与黄金的关系断裂，使世界上所有货币都直接或间接地建立在不兑现纸币的基础上。布雷顿森林体系的解体，拆除了政府实施通货膨胀政策的障碍，反过来又加剧了通货膨胀及其在世界范围的传播。通货膨胀和利率的频繁波动引起经济的不稳定，促使金融创新不断出现并形成要求放松金融管制的压力。

货币促成理论可以解释布雷顿森林体系解体后出现的多种转嫁汇率、利率和通货膨胀风险的金融创新工具和业务，但是对 20 世纪 70 年代以前的规避管制及 20 世纪 80 年代产生的信用和股权的金融创新则无法解释。

从这些理论的产生和发展来看，各种理论确实能说明一定时间和空间跨度下金融创新背后的生成机理，但都偏重于某个侧面。事实上，每一种创新都是多种因素作用的结

果，而且在不同的时空条件下，各种因素所起的作用又有差异，这一点我们从金融发展的历史角度可以看得很清楚。金融创新是市场经济与金融业务发展到一定程度的必然结果。金融创新作为一种能对金融体制、货币政策机制等方面产生重大影响的重要经济现象，是在多种因素的诱发下出现的。

第二节　金融创新的背景与动因

一、金融创新的背景

(一) 欧洲货币市场的兴起

第二次世界大战后，科学技术的发展促进了生产力的发展，使生产的社会化扩展至国际化的程度。生产国际化及由此带来的市场国际化，对资本也提出了国际化的要求。以下具体因素促进了欧洲货币市场的迅速发展。首先，由于冷战时期东西方关系恶化，苏联和一些东欧国家就将它们持有的美元余额存入欧洲国家银行，以防美国冻结或没收。其次，1957 年英镑发生危机，为了保卫英镑，英国政府加强了外汇管制，禁止英国商业银行用英镑对非英镑区居民之间的贸易进行融资，因此，英国商业银行纷纷转向美元。1958 年底，西欧一些国家恢复了货币对外自由可兑换性，于是美元在欧洲地区可以自由买卖。最后，从 1958 年起，美国的国际收支逆差逐渐扩大，许多国家就获得的剩余美元投入欧洲货币市场。

在这种情况下，美国政府为限制资本外流，采取了一系列的措施。对购买外国证券的美国居民课征利息平衡税、实行对外贷款限制等。此外，美国联邦储备体系还颁布了 Q 条例 (regulation Q) 和 M 条例 (regulation M)，前者对国内银行的定期存款利率规定了最高限额，后者规定美国银行对外国银行的负债须缴存累进存款准备金。上述种种措施使美国银行在国内的业务受阻，只得向国外寻求发展，形成美国资金大量外流，促进了欧洲货币市场业务的兴盛。

(二) 国际货币体系的转变

1944 年，美国、英国等 44 个国家确立了第二次世界大战后的国际货币体系——布雷顿森林体系，这个体系实际上是以黄金为基础，以美元为最主要的国际储备货币，实行黄金—美元本位制。这种货币制度实行两个挂钩，一是美元直接与黄金挂钩，确定了 1 盎司黄金兑换 35 美元的官价，各国政府或中央银行可以随时用美元向美国政府按官价兑换黄金；二是其他国家货币直接与美元挂钩，以美元的含金量作为各国规定货币平价的标准。

从 1950 年起，美国国际收支出现逆差，美元大量外流。到 1960 年，美国对外短期债务已经超过其黄金储备额，美元信用发生动摇。20 世纪 60 年代中期以后，美元危机多次爆发，国际货币体系进入了动荡阶段。1971 年 12 月 18 日，"十国集团"达成史密森协定，调整货币汇价和扩大波动幅度，美元对黄金比价贬值 7.89%，其他国家货币对美元升值 2.76%～7.66% 不等，汇率波动的幅度从黄金平价上下的 1% 扩大到 2.25%。这种权宜之计并没有解决国际货币关系的根本问题。1973 年 2 月，美元再度贬值，各国主要货币开始浮动，随后逐渐发展成为当今的浮动汇率制。浮动汇率制的诞生，标志着布雷顿森林体系的终结。浮动汇率制下，不稳定的汇价可能影响国际贸易的增长，容易引发竞争性货币贬值，浮动汇率还可能助长金融投机活动，而且比固定汇率更容易导致和传播通货膨胀。国际货币体系的转变给各国和世界经济带来较大的风险，也使金融机构经营面临的市场风险加大，是促进金融创新的一个不容忽视的环境因素。

（三）石油危机与石油美元回流

西方石油公司长期以来垄断了世界原油生产，操纵着石油价格，石油生产国却是增产不增收。为了改变这种不合理的局面，摆脱西方石油公司的垄断和控制，增加石油收入，一些石油生产国组织起来，建立了石油输出国组织（OPEC）。1973 年 10 月中东战争爆发后，石油输出国组织国家以石油为武器，与西方发达国家进行抗衡，它们不仅加快石油国产化进程，而且大幅提高油价。石油价格由每桶 3.01 美元提高到每桶 5.11 美元，1974 年又提高到 11.65 美元。随着石油价格的大幅度提高，石油输出国的贸易收支出现巨额顺差，1974 年达到 683 亿美元。

石油危机造成了全球性国际收支的严重失衡，从 1973～1983 年，工业国家累计有 224 亿美元的经常项目的逆差，受石油提价影响最严重的是非产油发展中国家，1973～1983 年累计经常项目的逆差达到 5682 亿美元。为了平衡国际收支，这些国家纷纷进入欧洲货币市场和国际资本市场寻求国际资金。另外，OPEC 国家为了寻求有利的投资场所，将巨额石油美元投向欧美金融市场，这样石油美元从石油输出国返回到石油进口国，形成了"石油美元回流"。石油美元回流在一定程度上促进了国际金融市场的发展，从 1974～1981 年，流入发达国家金融市场和欧洲货币市场的石油美元累计高达 4020 亿美元，其中投在美、英、日、德等国证券市场的石油美元约为 2420 亿美元，流入欧洲货币市场的石油美元约为 1330 亿美元。大量石油美元的涌入，使国际金融市场可供借贷的资金迅速增加，从而扩大了国际信贷的规模，加快了资金在国际上的流动。但是，涌入国际金融市场的资金大部分是短期金融资产，流动性大，在浮动汇率的条件下，石油美元在国际上大量而迅速的流动，在一定程度上助长了投机活动，加剧了金融市场的动荡。由此导致利率和汇率剧烈而频繁的波动，融资双方都要求有新的金融交易工具来规避日益增大的市场风险。金融机构一方面要满足客户对这种新金融工具的需求，另一方面出于自身业务经营的需要，也必须通过金融创新来规避市场风险。

（四）国际债务危机

20 世纪 70 年代，大量石油美元流入欧洲货币市场，使国际资金增长迅速，充足的资金急需寻找出路。许多发展中国家为了加速发展民族经济，需要大量资金，因而对国际金融市场上的资金需求旺盛。但某些发展中国家不顾其偿债能力，盲目对外大量举债，又缺乏对债务结构和规模的宏观管理与控制，必然就会产生严重的债务问题。1983年底，发展中国家的债务总额约在 8000 亿美元，其中长期债务约在 6000 亿～6500 亿美元，短期债务约为 1250 亿～1500 亿美元。非产油发展中国家的债务占整个发展中国家债务总额的 85%。此外，也有一些外部因素加剧了发展中国家的债务问题，首先是油价上涨，两次油价上涨使非产油发展中国家的进口费用激增，扩大了国际收支经常项目的巨额逆差；其次是利率提高，发展中国家的债务大多数采用可变利率，1972～1978年，欧洲美元利率平均为 8.3%，1981 年猛增为 17.2%。据统计，利率每上升 1%，债务国的利息支出就至少增加 30 亿美元，因此，利率大幅提高使发展中国家的债务状况进一步恶化。此外，20 世纪 80 年代初，西方工业国家的经济衰退，导致世界经济低速增长，国际贸易中保护主义盛行，造成发展中国家出口增长缓慢，出口收入下降，偿债能力减弱。这些因素终于导致了 20 世纪 80 年代初期发展中国家债务危机的爆发，首先是墨西哥，其次是巴西、阿根廷等国。这场债务危机无论对发达国家还是发展中国家都产生了极大影响，同时也加剧了国际金融的不稳定性。

债务危机爆发至今已近 30 年，它对国际金融业产生了深远影响。国际商业银行不再以 20 世纪 70 年代那样的规模和融资方式放贷，债权人和债务人采取风险分担的配套方法来改革旧的融资方式，导致了大批新的融资工具和融资方式的诞生。在处理和缓解债务危机的过程中，已经创造了许多解决债务问题的方法，如债务股权转移、购回旧债务发行有抵押条件的新债、债务转换成债券等。从 20 世纪 80 年代的这场债务危机的影响来看，虽然它造成了国际金融业的动荡不安，但在某种意义上却促进了金融工具和融资方式的进一步创新。

二、金融创新的动因

（一）金融管制的放松

在 20 世纪 30 年代西方国家发生经济大危机之后，为了维护金融体系的稳定，各国通过了一系列管制性金融法令。1933 年 1 月，美国国会成立调查小组，对当时与信用危机有关的金融过程进行为期 1 年零 5 个月的调查，提出了一系列健全金融管制的方案。美国国会相继通过了《格拉斯·斯蒂格尔法》（《1933 年银行法》）、《1934 年证券交易法》、《联邦住房放款银行法》、《国民住房放款法》等，其中就包括成立联邦存款保险公司，建立银行业务与证券业务的防火墙等措施。对美国金融管制影响巨大的除了这四大法案之外，1933 年确立的《联邦储备制度 Q 条例》（以下简称《Q 条例》）是一个不能不提及的重大事件。《Q 条例》禁止对活期存款支付利息，并且对定期和储蓄存款的利率加以限制。在《1935 年银行法》将《Q 条例》扩大到所有存款金融机构之后，1966 年通过的"利率管制法案"进一步将存款利率上限的范围扩大到全部储蓄机构。其他西方国家也同样加强了对金融业的管制，主要体现在以下几个方面。设置存款利用率最高限；分离普通银行业务和证券业务；限制银行业垄断经营；加强中央银行和其他金融监管当局的管理权限；设立存款保险公司等。

西方各国政府严格的金融管制措施对稳定金融体系起到了较大的作用，但同时也给金融机构特别是存款金融机构带来了较大的压力，造成了严重的"脱媒"现象。在生存遭到威胁的处境下，存款性金融机构最先开始了金融创新活动，想尽一切办法绕过政府管制，谋求生存和发展的空间。政府严格管制的一个逆效应就是，促进了金融机构通过金融创新来逃避金融管制，寻求管制以外的获利机会。但是，这种市场主导型的金融创新一般是在钻政策、法令的空子，有时是在打擦边球，有时甚至有违规、违法之嫌。如果金融监管当局针对金融创新的内容实行新的管制，则微观金融主体的金融创新空间依然是极小的。因此金融创新是需要一定程度宽松的制度环境的，至少金融监管当局应当采取一种默许的态度，否则，金融创新就会失去实践上的意义，当然，金融创新对政府放松金融管制也是有一定推动作用的。在 20 世纪 80 年代，各国金融监管当局适应微观金融主体的金融创新要求，逐步放宽金融管制，才使金融创新掀起一股浪潮，成为推动金融业快速发展的内在动力。

（二）通货膨胀的压力

从 20 世纪 60 年代开始，由于国际经济和金融秩序的动荡，以及国内经济问题的加剧，西方发达国家的通货膨胀率日益提高，到 20 世纪 70 年代末、80 年代初，英、美等国的通货膨胀率均在两位数以上，例如，美国 1979 年的消费物价指数上涨率是 11.3%，1980 年是 13.5%，1981 年为 10.3%；英国相应年份物价指数分别上涨 12.7%、18.0%和 11.9%。长期的高通货膨胀率导致金融市场利率随之上扬，并且波动剧烈。美国短期国库券利率在 20 世纪 60 年代中期一直低于 5%，以后节节上升，到 20 世纪 70 年代已是 4%～11.5%，20 世纪 80 年代则是 7%～15%。短期市场利率的上升给长期证券造成资本损失，使投资收益具有极大的不稳定性。利率风险的增加，降低了长期证券对投资者的吸引力，并使持有这类金融资产的金融机构陷入困境。由于市场利率超过了法令规定的存款利用率高限，一些金融机构为了保住存款而不得不按市场高利率支付利息。增加的利息支出，超过了在长期资产上按原订契约的利率所获得的收益，这些金融机构面临破产的危险。

在浮动汇率制下，国内的通货膨胀必然会反映到货币的对外价值上，通货膨胀率的大幅变化容易导致汇率的剧烈变动。1976 年 1 月达成的"牙买加协定"将浮动汇率合法化，各会员国可以自由选择汇率方面的制度安排，虽然也要求会员国对汇率政策进行监督，缩小波动幅度，不准会员国通过操纵汇率来赢得对其他会员国的不公平的竞争利益。但是从总体来讲，由于持续的通货膨胀、长期的经济衰退和国际贸易中的保护主义盛行，汇率的波动还是很频繁。另外，浮动汇率还加剧了世界性通货膨胀，因为浮动汇率整体上来讲是提高了各国物价水平，而且，由于国际货币基金组织对国际储备的控制减弱了，浮动汇率使一些国家可以无限地继续实行通货膨胀而不必考虑国际支付问题。所以，通货膨胀的压力，以及由此带来的利率和汇率的剧烈而频繁的波动，使金融机构、居民和企业面临较大的市场风险。金融机构既有的经营方式和金融工具已经难以满足日益增强的各类客户和金融机构自身规避或转移市场风险的需要，金融创新成为金融机构维持生存和开拓发展空间的必然选择。

（三）科学技术的进步

进入 20 世纪 70 年代，一场新技术革命的浪潮波及整个世界，人们称之为"第四次产业革命"。它以计算机、遗传工程、光导纤维、激光技术、海洋开发等为根本特征，是人类历史上规模最大、影响最深远的一次科学技术革命。20 世纪 90 年代以后，以网络为核心的信息技术飞速发展，信息产业成为最新兴的产业，互联网日益成为人们生活不可或缺的一部分。总之，以计算机为核心的自动化技术和以网络为核心的信息技术对社会经济生活产生了深刻的影响。这些技术也被广泛应用到金融机构的业务处理过程中，为金融创新提供了技术上的支持，成为技术型金融创新的原动力，促进了金融业的电子化发展。金融电子化给金融业运作带来的变革主要体现在两个方面：一是以自动化处理方式代替了人工纸处理方式，从而降低了信息管理的费用，如信息的收集、贮存、处理和传递这一系列过程；二是以自动渠道（如远程银行等）来改变客户享受金融业务和金融产品的方式。新科学技术革命带来的技术支持，为金融业务和金融工具创新创造了条件，将新技术实际运用在金融工具中，除了自动出纳机、智能卡、网络银行等纯粹依赖于技术的创新金融工具外，像自动转账服务、现金管理账户、可转让支付命令等金融工具的创新，也同样离不开新技术的支持。

第三节　金融创新的内容

关于金融创新的内容，目前国内外学者对其分类和表述很多，而且极不一致。较为常见的是将金融创新分为四类：金融业务创新、金融工具创新、金融机构创新和金融市场创新。

一、金融业务创新

金融业务创新主要体现在商业银行的金融业务创新上，包括商业银行的负债、资产及清算业务的创新。

（一）负债业务创新

1. 大额可转让定期存单

大额可转让定期存单（CDs）是 1961 年由美国花旗银行首先推出的一种定期存款创新，其面额在美国为 10 万美元以上，在日本为 5 亿日元以上。它与传统的定期存款有较大的区别：第一，传统的定期存款记名，不可转让，CDs 不记名，可流通转让；第二，传统的定期存款没有金额起点的限制，存款金额大小不限，CDs 有存款起点的限制，其票面金额为 10 万美元以上；第三，传统的定期存款可提前支取，但是提前支取会造成一定的利息损失，CDs 不能提前支取，但可以在二级市场上流通转让；第四，传统的定期存款通常以固定利率计息，CDs 可以采用固定利率计息，也可以采用浮动利率计息。

2. 可转让支付命令账户

可转让支付命令账户是 1972 年由美国的储蓄贷款协会推出的新型存款账户，这种账户的存款人可以开出可转让支付命令用于对第三者进行支付，实际上等于活期存款账户开出的支票，但存款人可以取得利息收入，因而又具有储蓄存款的性质。开立这种账户，商业银行既提供了支付上的便利，又使客户获得了利息，满足了客户对存款流动性和盈利性的要求，从而吸引客户，扩大存款。这种账户类似支票账户，但又有不同点。所谓的可转让支付命令实际上等同于支票，可用来对第三者付款，但从票面上看，它只是支付命令，没有"支票"字样；银行按账户上的平均余额计息。该账户实际上是一种不使用支票的支票账户，它以支付命令取代了支票。

3. 自动转账服务账户

1975 年，美国联邦储备系统的会员银行获准开办电话转账账户，即客户可以通过电话通知银行将其存在储蓄账户上的款项转移到活期存款账户上，并通过开立支票进行支付。1978 年，电话转账账户进一步发展成为自动转账账户，其原理是客户可以同时在银行开立两个账户，一个是无息的活期存款账户，另一个是有息的储蓄存款账户。活期存款账户的余额可以象征性的为 1 美元，客户的平均存款平时放在储蓄账户中计收利息，需要支付的时候则转到活期账户上开出支票对外偿付。自动转账服务账户的诞生主要是针对联邦法律"不允许对活期存款付息"的规定，它可以使客户兼得活期账户和储蓄账户的双重优点。

4. 货币市场存款账户

货币市场存款账户是由美国商业银行在 1972 年首创，是一种储蓄和投资相结合的账户，可以支付利息而没有利率上限，不属于转账账户。货币市场存款账户具有以下特点。①企业和个人均可开户，有存款限额规定，但起点不高，只需保留 2500 美元的最低存款余额；②支付利息并无利率上限的限制，按货币市场利率随时调整；③向第三者支付时，不论签发发票，还是电话通知，每月不超过 6 次；④凡超过 10 万美元的存款，可得到联邦存款保险公司的保险。

5. 货币市场互助基金

货币市场互助基金是证券公司和互助基金会在美国经常推销的一种新型的信托投资。该基金的投资对象为国库券、大额存单及其他高质短期的金融资产。货币市场互助基金专门吸收小额储户，每户最低投资额一般是 500～1000 美元，具有分散风险、资金转移方便的优点。如果存款清算账户与支票存款账户上的资金超过某一金额时，可自动将多余金额转移到该基金之中。

6. 清扫账户

清扫账户是美国商业银行为改善对客户的服务、增强吸收存款的能力而设立的一种新型存款账户。在此账户内，如果存款超过一定的余额，超过的部分即可转入货币市场基金，按市场利率付息。这样，一方面，存款人可以享受到较高的利息收入；另一方面，银行既可以避开利率上限的规定，又可以防止资金从银行流失。

7. 协定账户

协定账户是一种在活期存款账户、可转让支付命令账户、货币市场基金账户之间自动转账的账户。客户与银行达成一种协议，授权银行可以将款项存在活期存款账户、可转让支付命令账户、货币市场基金账户中的任一账户上。对活期存款账户和可转让支付命令账户规定一个最低金额，超过最低金额的款项由银行自动转到货币市场基金账户，以获取较高的投资收益；如果不足最低金额，则由银行自动将货币市场基金账户上的部分款项转到活期存款账户或可转让支付命令账户，补足金额，以满足支付需要。

8. 股金汇票账户

股金汇票账户由美国信用协会创办，规定其会员存款可为其协会的股金立账，在支付时可以开出股金汇票对第三者进行支付，存款也按余额计息，这样，股金就成了活期存款，股金汇票则成了支票。这种账户实际上是一种既可使用支票又有利息收入的活期存款。

(二) 资产业务创新

1. 银团贷款

银团贷款也称辛迪加贷款，是 20 世纪 60 年代末一种创新的贷款方式，在 20 世纪 70 年代迅速发展。银团贷款由牵头行牵头，若干家银行参与并按共同的条件向借款人提供贷款。借款人只需一次性向各家银行提供财务状况报告及各银团参与行所需的各种资料，与各家参与行谈妥借款条件，签署同一借款协议。银团贷款具有以下特点。①金额较大，少则千万美元多则上亿美元；②利率可以是固定利率，也可以是浮动利率；③期限长，最长可达 15 年；④风险分散，贷款银行可以避免对单个借款人承担过多的借款风险。

2. 可转让贷款合同

可转让贷款合同是为了转移信用风险和增强资产流动性而创新的贷款工具。最初贷款人的贷款承诺通过国际信贷二级市场转移给别人。具体做法是，原承诺贷款的商业银行发行与贷款总额相当且不低于规定额度的不同面值的可转让证券，证券上分别写明不同的偿还日期，并注明证券持有人享用获得原贷款协议规定的其他收益和利息。这项贷款业务实际上是通过发行证券向社会筹集资金用于贷款，而借款人通过这种方式所承担的利息较低。

3. 消费信用

消费信用是第二次世界大战之后发展起来的新的资产业务。从偿还期来看，消费信用可分为一次偿还的贷款和分期偿还的贷款，另外还有信用卡偿还。一次偿还的消费信用采取灵活透支形式，即由银行和客户约定一个透支额度，当客户开出的支票金额超过其账户金额时，透支约定立即生效；分期偿还的消费信用是近20年商业银行十分重视的零售性的消费者分期付款信贷。消费信贷通常是以非抵押为基础，但也有例外，如汽车等一些耐用消费品贷款，它以购买对象作抵押，银行按其金额的一定比例发放贷款；消费信用卡既是一种支付和结算工具，又是一种特殊的消费信贷。消费信用卡可每月将购买东西的贷款一次偿还，也可每月偿还购买东西的贷款的一部分，然后再延期偿还其差额，同时，也可采取周转信用的方式来获取贷款。

4. 住房贷款

住房贷款业务创新的内容很多，主要有三大类。

（1）标准固定利率贷款，这种贷款有两种形式，即信用贷款和抵押贷款。信用贷款的资金来源于商业银行和其他吸收存款的金融机构，根据住宅建筑工程进度提供分阶段的短期资金。抵押贷款是一种以房地产作为抵押的贷款形式，银行取得抵押品的留置权，借款人同意分期偿还借款本息。

（2）浮动利率抵押贷款，这是以短期存款利率为基准的浮动利率放款方式。当市场利率变动时，发放住房贷款的银行或其他金融机构就根据规定的次数和市场利率浮动的幅度调整贷款利率或增加付款的金额和次数。

（3）可调整的抵押贷款。这是许多国家1981年开始实行的将调整利率、放款金额和到期日相结合的一种新的住房贷款方式，它与浮动利率抵押贷款有类似之处。其不同之处在于，利率可以按某些公开指数调整，但不允许用贷款银行成本计算的指数，可调整的依据还有放款金额的大小及放款期限长短等。

5. 一揽子贷款证券化

一揽子贷款证券化是近20年来最大的金融业务创新之一，常用于抵押贷款。银行将一组贷款项目转让给某些专业金融机构，这些机构则通过发行长短期证券（大多数由政府背书）来获得作为贷款的资金。在这项贷款基础上发行的证券称为"转让所有权证券"，表示对抵押贷款的所有权。借款人将这笔抵押贷款的分期偿付金额提前偿还利息或按期支付利息给新证券的持有人。"转让所有权证券"将原来的缺乏流动性、非标准、非市场、只能为金融机构的部分资产记录的贷款变成了具有市场流动性的证券。

6. 组合性融资

组合性融资是一种灵活的融资方式，其种类较多，包括商业票据、银行承兑、短期现金预支、承诺贷款等。实际上，在贷款协议实施的过程中，借款人通常需要采取某几种融资方式来配合使用。商业银行和投资银行都可以开办该资产业务，以此来推动银行信贷市场和其他资产业务的发展。

7. 平行贷款

平行贷款是 20 世纪 60 年代初使用的一种新型贷款。其原理是不同国家两家公司经过协商以贷款形式向各自驻对方国家的子公司提供对等的本国货币，贷款期满，再由两个子公司分别向对方母公司归还所借货币。平行贷款最初由英国的银行和跨国公司所创，其目的是为了规避英格兰银行的资本管制，在客观上也起到了防范汇率风险的作用。目前跨国集团之间大多采用这种方式融资以防范风险。

8. 分享股权贷款

分享股权贷款是项目贷款的一种创新方式。贷款银行往往愿意接受低于市场利率，但以分享贷款项目股权作为补偿。分享股权贷款对于借款人而言，可以使其和贷款人共同分担项目各方面所涉及的风险。由于项目收益与产品定价有关，所以贷款协议内容中必须包括一些定价规定，以控制项目管理。贷款人有时会提出保险或其他补偿规定，以防范可能产生的政治风险。

（三）清算业务创新

1. 自动出纳机（ATM）

自动出纳机是计算机化的资金管理系统之一，是银行为客户提供的在银行营业处所之外办理存款、取款及资金划拨服务的工具。现代的自动出纳机不仅可以定期提款、不定额付款和接受存款，而且还可以鉴别钞票真伪等。自动出纳机的使用为银行节省了大量的工作人员，提高了银行的工作效率。

2. 自动电子支付系统

使用电子支付系统定期支付年金、工资、保险金是十分方便的。需要支付现金的企业将账务处理过程制成磁带，通过计算机输入到银行，即可以利用自动电子支付系统进行支付，收款人则可以利用这个自动支付系统将已收的资金调入自动出纳机系统，然后再取款。

3. 信用卡

信用卡是一种在消费信用的基础上产生的非现金结算的金融工具，它是由银行发行的、专供使用者支付费用购买商品的一种信用证书。自 20 世纪 60 年代以来，信用卡在西方国家普遍发行，现在已经成为提供消费信贷的一种重要形式。信用卡按期限由发行银行分别与持卡人和各家承接信用卡的商店进行结算。信用卡的广泛使用，不仅减少了现金流通，而且使商业部门扩大了营业额，也使银行增加了利息和佣金的收入。

4. 电子计算机转账系统

电子计算机转账系统通过计算机系统和网络把几乎所有的银行通过各个子系统联结起来进行清算。它同传统的邮政转账系统相比，具有以下优点。①由两个系统，即邮政和银行的营运变为单纯的银行营运；②速度和效率或百倍地提高；③安全性加强，它可以取消过去为保密所采用的密押，直接用计算机语言传递；④信息流动性增强，通过对转账结算进行电脑处理，同时也实现了各种资产负债资料及双方共需情报的传递。

5. 环球银行金融电讯协会（SWIFT）

环球银行金融电讯协会是一个专门为国际银行业服务的通信系统，它使用标准的数据安排形式传递各种信息。通过此系统的信息不仅有资金往来的划拨，而且还有信用证的传递和有价证券的交割等业务。20 世纪 60 年代后期，国际银行业务迅猛发展，一些欧洲银行发现传统的电讯通信速度较慢。为适应银行业务国际化的需要，1973 年 5 月，环球银行金融电讯协会在布鲁塞尔注册成立，1977 年 5 月正式启用。当时参加的会员仅限于欧洲和北美 240 多家大银行，现在已发展到 60 多个国家、1200 多家金融机构参加。该协会实行会员制，各会员银行缴纳入会费、通信装备设置和有关费用后，即可享有该协会提供的专门通信服务。该系统具有严格的工作制度，并就收发电讯制定了一套具有规范化的统一格式，使该电讯网络具有直接、快捷、保密和可靠的优点。

6. 纽约同业电子结算系统（CHIPS）

纽约同业电子结算系统是以纽约的票据交换所为中心，由 100 多家银行参加的计算机网络，主要为国内外银行办理有关欧洲美元的交换和清算。通过这个系统的终端装置，可以把票据交换所和这个系统的所有银行的账户联系起来，进行非现金交易。1981 年 8 月，纽约同业电子结算系统与纽约联邦储备银行达成协议，为其建立一个特别的当日结算账户。每个营业日终了，纽约的各家银行通过此账户，利用联邦储备银行的电子收付网络进行最后的结算。在通常情况下，营业时间为每天早上 7 点到下午 4 点。一旦发生特殊情况，纽约同业电子结算系统将向所有的成员行发出通知，指示他们推迟关机时间。为了保证资金的安全，纽约同业电子结算系统成员行都建立了信贷额度，在额度内进行正常的清算。如果超出此额度，成员行便可以拒绝进行收付，以维护成员行之间正常的清算往来。

7. 英国交换银行自动收付系统（CHAPS）

英国交换银行自动收付系统是 1984 年初在伦敦建立的使用电脑的收付系统。这个系统具有如下特征。①不设中央管理机构，各交换银行之间只有在必要时才进行合作；②各交换银行在规定营业时间内必须保持通道畅通，以便随时接受其他通道发来的付款传真；③付款传真一旦发出并经通道认收后，即使以后被证实这一付款指令是错误的，发报的交换银行也得在当日营业终了时保证向对方银行付款；④各交换银行必须按一致通过的协议办事。

二、金融工具创新

金融工具创新主要是指有价证券定价方法的创新及 20 世纪 80 年代以来出现的新的金融工具及融资方式。

（一）有价证券定价方法创新

传统的有价证券定价方法有两种，即固定利率定价法和浮动利率定价法。固定利率定价通常是一次性定价，在一段时期内一般不予改变，对可在市场上买卖的证券采取固定息票形式，即根据息票定期支付固定收益。浮动利率定价则是建立在市场利率指数的基础上的。对传统定价方法的创新就是围绕这两种基本定价方法进行的。

1. 固定利率定价法创新

固定利率定价法创新的金融工具主要有两类：一类是零息票债券（zero coupon

bonds)，这是先以不足值发行（即按照债券面值折价发行）、不要求定期支付利息、到期一次还本的长期债券；另一类是拆息票债券（stripped bonds），这是其息票与本金可分开进行交易的"可拆开"式债券，主要用于将固定利率债券转变为零息票债券或将各种债券的本金与息票拆开后重新组合。

2. 浮动利率定价法创新

在浮动利率票据基础上，以浮动利率定价法创新的金融工具主要有以下几种。

（1）利率上下限定价法。这是 20 世纪 80 年代欧洲债券市场开始浮动利率定价创新时最先采取的定价法，即发行债券时规定利率上下限，该定价法主要用于浮息证券。

（2）利率封顶和加环定价法的浮动利率票据。利率封顶浮动利率票据是指在发行时规定一个利率上限，利率下浮不受限制，但利率上浮到债权人与债务人事先确定的水平时，自动转换为固定利率债券，此后不再转换为浮动利率债券。加环浮动利率票据是指发行债券时既有利率上限也有利率下限规定，但比利率上下限定价的准固定利率票据具有更宽泛的上下限。

（3）转息浮动利率票据。这种票据的利率可由浮动利率转为固定利率。最初发行人按浮动利率票据发行，并与购买者商定一个固定利率。如果以后市场利率发生变动，低于商定利率时，根据投资人要求，可将浮动利率票据转换为商定的固定利率票据。

（4）错配浮动利率票据。错配的含义是息票期限与本票期限不同。息票期限短，本票期限长，资产期限利率弹性大，即期限的细微变化将引起利率的较大变化，错配定价方法利用这点使投资者获取较高的收益。

（5）逆向定价法。逆向定价法是息票收益率与市场收益逆向变动的一种票据定价法，这点与传统浮动利率票据恰好相反。这种定价法在票据发行时确定一个称为水准基点的高水平利率，再从水准基点减去当前市场利率，得出息票利率。这种票据被称为多头浮动利率票据，当投资者预期行市看涨时，选择这种票据会获取更大的收益。

（6）滚动定价法。这是滚动重定息票方式，是按比到期时转期更频繁的时间间隔来重新安排利率。例如，某种每 5～6 个月支付一次利息的债券，在 6 个月到期时，转期间隔可以在当前 6 个月利率的基础上把息票按月重新安排。

（7）上升和下降息票定价法。以上升息票定价的浮动利率票据包含根据已公布的时间表、随时间推移而上升的息票，由于是从低息票开始，这样债券是以它们存在期间的预期收益为基础折价发行的。上升息票债券与从事购置财产的筹资总是联系在一起的，上升息票反映了租金收入的预期增长。附有下降息票的浮动利率债券恰好相反，它对那些预期利率会随时间推移而下降、想增大其当前收入的投资者有吸引力。

（8）不加锁定价法。不加锁债券是 20 世纪 70 年代末的一个金融创新工具。它虽是浮动利率定价的债券之一，但当利率下降到低于某个特定基准点时，它会自动转换为固定利率形式债券。

（二）新的金融工具及融资方式

1. 欧洲票据信贷

欧洲票据信贷（Euro notes）是由借款人发行一系列短期票据而筹集中期资金的融资方式，欧洲票据主要以美元和欧洲货币单位（ECU）发行。1984 年底，欧洲票据信贷出现在欧洲货币市场，到 1985 年，其发行量已达 490 亿美元。欧洲票据信贷有三种主要方式：一是非承销欧洲商业票据（nonunderwring eurocommercial paper，NEP）；二是多成分票据贷款（mutiple component facilities，MCF）；三是承销欧洲票据贷款，包括票据发行融资（note issuance facilities，NIF）和展期包销融资（revolving underwriting facilities，RUF）。

2. 展期包销融资

展期包销融资（revolving underwriting facilities，RUF）是一种介乎传统的辛迪加贷款和发行国际债券之间的融资方式。通常借款人要求获得长期资金，而贷款人却只愿意提供短期可转让贷款，这种长短之间的矛盾，可以通过在短期资金基础上提供中长期贷款加以解决，这样就满足了借贷双方的不同愿望，协调了他们之间的利益矛盾。

3. 票据发行融资

票据发行融资（note issuance facilities，NIF）是银行保证借款人在若干年内通过连续发行一系列短期票据获得中长期资金的融资方式。与浮动利率债券不同，这些票据可以灵活撤回。通常，借款人邀请一组银行对票据发行投标，或由单一机构负责安排票据发行。承销银行通过按时收购未出售完的票据（这相当于对发行人放款），或通过提供备用贷款，为借款人提供资金担保，同时银行可以随时在二级市场上出售持有的短期票据以保持一定的流动性。

4. 可转让贷款债券

可转让贷款债券（transferable loan issuance，TLI）是由贷款银行发行，卖给其他银行或债券投资者，其发行总额、期限、货币、利率都与原贷款相同的金融工具。贷款银行事先与借款人商定，通过发行债券出售贷款，证券持有者可凭券向原借款人收取本息。

5. 累进偿付贷款

累进偿付贷款（gradate payment loan）初期债务还本付息额规定得较低，甚至可能是负数，以后逐渐增大。这种贷款方式与上升息票定价法有类似特点，但也有本质区别，前者是贷款，而后者是有价证券定价发行。累进偿付贷款适用于项目筹资，因为项目收益和其偿还能力是随着项目建成及其经济效益上升而增大的。

三、金融机构和金融市场的创新

（一）金融机构创新

金融机构创新主要体现在非银行金融机构发展和跨国银行发展等方面。这些机构除了在本书第三章第三节中介绍的保险公司、证券公司、信托公司、租赁公司、投资基金等几种类型外，还有养老基金、住房金融机构等其他许多类型。

1. 养老基金

养老基金是向社会退休人员、雇员、工会提供社会保险的基金组织。该基金的资金来源是参加基金的人员缴纳的款项。养老金有两种支付方式。①限定交款的支付方式，即参加养老金计划者在按计划交足养老金后，根据其所得收入决定支付养老金额。②限定福利交款的支付方式，即参加养老金计划者的养老金支付额是事先规定好的，表明这种养老金是一种既定的福利计划形式，如果完成计划交款额度，有足够的基金支付养老金，如果支付养老金的额度超过限定福利计划，则该计划设定的基金不足。养老基金分为私人养老基金和公共养老基金两种形式。私人养老基金是由银行的信托部门和人寿保险公司的养老基金经理人负责管理的一种基金，是由雇主为退休雇员提供的养老金，通常以基金负债形式存在。基金资产主要投资于股票和债券，且绝大部分为公司股票和债券。公共养老基金是一种社会保障制度，它范围广泛，几乎包括所有被私人部门雇佣的个人。基金来源于工人和雇主，工人的养老基金从工资中扣缴，雇主则缴工薪税。

2. 住房金融机构

在各国的金融体系中，住房金融机构是专业性较强的专门从事房屋融资的互助性非银行金融机构。其业务范围主要有①鼓励房屋所有者储蓄；②通过实行免征税鼓励使用住房贷款；③充当政府分配住房建设资金的机构；④参与和发展住房融资市场。住房金融机构的负债业务主要是通过吸收存款来获得资金。一般而言，这些金融机构只承担零售性质的储蓄业务，但是20世纪70年代以来，为了鼓励房屋所有者储蓄，住房金融机构的负债业务多样化了。住房金融机构的资产业务主要是长期抵押贷款，这种资产业务对本国房屋建筑业有着举足轻重的作用。20世纪70年代末放松金融管制以后，住房金融机构的资产业务也开始多样化了。它们一方面扩大建筑住房业务经营范围，另一方面经营大量个人购买房屋信贷和其他批发性金融业务。

3. 信用合作社

信用合作社作为一种非银行金融机构实质上与银行没有多大的区别。各个国家经济发展的不平衡决定了信用合作社具有不同的职能。一般而言，信用合作社可以分为两大类，第一类是作为农村金融机构直接服务于农业生产，第二类是作为本国中央银行直接实施货币政策的金融结构。两大类的区别是由各国政府对农业经济采取不同的扶持政策决定的。属于第一类信用合作社范畴的主要有日本和欧洲的一些国家，这些国家的信用合作社是以农业生产信用合作社、中小企业信用合作社、同业者信用合作社形式存在的。属于第二类信用合作社范畴的主要有德国、法国、荷兰、意大利、瑞典、加拿大、澳大利亚、美国等国家，这些国家之间因为金融体系的差异，信用合作社的组织结构也存在一定差异。

4. 邮政金融机构

邮政金融机构是充分利用邮政办事机构密度高、营业时间长和邮电部门广泛电讯网络的有利条件经营储蓄和汇兑业务的非银行金融机构。其特点是①负债来源于小额存款，开户较多，平均存款余额较小；②分支机构极多，因为邮政汇兑业务本来是作为邮电及电讯服务的一部分来经营的，几乎每个邮局都可以办理汇兑和储蓄业务；③电子通信设备先进齐备，因为邮电系统本身需要十分先进和齐备的电子计算机系统，邮政金融机构可充分利用这些设备；④形成了有效的国际清算系统，在邮电机构中，世界各国自古就存在国际合作传统，这实际上也是国际清算系统的一种，它为邮政金融机构汇路畅通提供了极大方便。

5. 互助基金

互助基金是通过向个人投资者发行股票来筹措资金，用于购买证券的非银行金融机构，其通过发行大量小额股份筹集资金，然后再购买大量证券。在资产转化过程中，互助基金可以从推销员手续费中提取费用。互助基金大都采取多元化证券组合以降低证券交易成本，减少投资风险。起初，互助基金仅投资于普通股票，后来则进一步专业化，专营某种债券或专门投资于一些专业公司使基金资产运用趋向专业化。

互助基金组织形式一般分为两类。一类是"无定额基金组织"，这种基金的股份可以在任何时间予以兑现，兑现时价格与该基金资产价值挂钩。该基金股票在本基金组织的可兑现性决定了入股资金具有较高的流动性和相对稳定的盈利性，因而其吸引力超过有定额基金组织；另一类是"有定额基金组织"，这种基金的资金来源是以第一次发行固定数额的不能兑现的股份为基础的。这些股份作为普通股在场外柜台交易，市场行情随着该基金所持有的股份价值波动。

6. 跨国银行

跨国银行产生于 19 世纪末，随着跨国公司国际金融联系的日益复杂化，银行依靠传统的国外代理关系从事国际业务已经不能满足生产和资本国际化迅速发展的要求，在这种背景下，跨国银行应运而生。跨国银行与一般银行相比具有以下三种特征。

（1）跨国银行具有集中和扩散的决策系统。由于跨国银行的业务具有服从全球经营目标和全球战略一致的特点，大部分跨国银行采取集中统一的决策体系，即由总行主要负责人做出大部分国际信贷和其他业务决策，由有关职能部门负责人提出建议后予以执行。扩散型决策，即在国际业务方面大部分决策权授予直接同客户和市场打交道的业务部门负责人。

（2）跨国银行形成了国际网络系统。第二次世界大战后，特别是 20 世纪 60 年代以来，现代跨国银行发展的结果是大都形成了三大网络，即国际金融中心、发达国家、发展中国家三大网络。

（3）跨国银行具有国际银行的联合组织形式。跨国银行多侧重于综合经营，在扩展业务时总是遇到东道主庇护本国银行而带来竞争和挑战，这样必然促使跨国银行之间联合起来共同对付竞争对手。

（二）金融市场创新

金融市场创新主要体现在金融期货、期权市场、互换市场、外汇市场等主要方面，前三种类型的市场已经在本书的第五章第五节做了介绍，这里重点介绍外汇市场创新的主要类型。

1. 可变式远期外汇交易

可变式远期外汇交易（the break forward）又称破约式远期外汇交易，由米兰蒙塔吉银行（midland montego）首创，其具体做法是，交易双方签订远期外汇买卖合同，但允许期权打破它；规定一个固定汇率，低于此汇率时，客户不承担损失；规定一个破约汇率（break rate），一般由银行规定（也可由客户指定破约汇率后，银行再计算出固定汇率），客户可以打破原定交易，自己利用市场有利形势进行买卖，其损失只限于固定汇率与破约汇率之间的差额；期权保险费包括在远期汇率之内，不用另付。

2. 分利式远期外汇交易

分利式远期外汇交易（the participating forward）的"分利"，即银行与客户分享客户所获利益，这种交易把期权和远期外汇买卖结合起来，但它比以上可变式远期外汇交易更加灵活，最早由所罗门（Solomon）银行推出。

3. 圆筒式期权交易

圆筒式期权交易（the cylinder）是在汇率有利时，客户放弃部分应得收益，换取少付部分费用，而仍得到避免汇率风险的外汇交易方式，由花旗银行首创。其具体做法如下：

（1）客户在买进一项期权的同时，卖出另一项同期限、同金额、但不同价格的期权，将买进期权应付的保险费与卖出期权应得的保险费相互抵消，实际只向银行支付少量保险费。

（2）客户根据自己预备放弃多少收益和承担风险程度来调整买进期权和卖出期权的价格，并分别将其作为上限和下限。

（3）买进期权仍受到协议价格保障，汇率低时，客户不承担损失。

4．定幅式远期外汇交易

定幅式远期外汇交易（the ranged forward）是在圆筒式期权基础上演变而来的，它旨在将汇率波动限定在一定幅度或范围内，从而使客户在汇率涨跌不定的情况下仍能获得相对稳定的收益。它的特点和具体做法为

（1）双方签订合同，规定汇率波动的上限和下限。在上下限范围内，如果汇率上升，客户可受益；如果汇率下跌，客户可得到保障，免受损失。

（2）客户选定合同期限和汇率上下限的一端，银行根据市场行情选定另一端，并把代客户支付的佣金差额也计入其中。

（3）合同到期时，如果汇率在波幅之内，客户就按市场汇率买卖；如果汇率已经超越波幅，客户则按合同规定的上限或下限买卖。

5．投标期间买汇期权

投标期间买汇期权（tender to contract option）是银行根据参加投标客户 r 特点而设计的一种外汇交易方式。在一般情形下，客户投标只有五分之一的中标可能，如果采用普通远期外汇买卖方式，无论中标与否，都将获得到期的损益。而单纯外汇期权交易方式，当中标机会不大时，付出费用太多，不合算。银行推出的投标期间买汇期权克服了单独使用远期外汇交易方式或外汇期权交易方式的缺陷，使客户在参与投标的同时能有效地避免汇率风险。

6．防止出口投标风险期权

防止出口投标风险期权（export tender risk avoidance option）是由汉布罗斯银行首创的，其特点和做法是①若客户中标，在市场汇率发生不利于客户的变动时，客户可以得到保护；②期权保险费事先必须交足，若未中标，银行退回一半保险费，但客户就放弃了因汇率变动有利而获利的机会。

7．投标中分享权益的期权

投标中分享权益的期权（share currency option under tender）是银行为了方便参加国际投标人分摊期权费用，这样投标人只需支付正常费用的一部分就能买到期权而获得保障，无后顾之忧地参加投标。无论哪个投标人中标，期权就自动属于中标人，以后中标人再按期权受益程度偿还未中标人所摊期权费用。假若未宣布中标结果或宣布结果时已超期权的有效期，那么投标人可按比例分享期权利益。

第四节　金融创新的效应

一、金融机构运作效率提高效应

金融机构的运作效率可以通过金融机构的活动能力及活动效用表现出来。前者反映了金融机构服务领域的拓宽、服务品种的增加及服务渗透力的增强等的金融"投入"；后者则反映消费者对金融机构提供服务的便利和满足程度的金融"产出"。如果金融创新使金融机构的"投入"有了明显的"产出"，就可以断定金融创新使金融机构的运作效率提高了。

首先，金融创新造成金融机构业务的多元化。传统的业务分工被打破，金融机构的服务功能不再局限于传统的信用中介和信用创造，除传统的存、贷、结算功能外，还向证券、租赁、房地产、信托等方面拓展，其业务领域大大拓宽。另外，金融工具的创新、金融业务的创新及金融交易方式的创新使金融机构的渗透力大大增强。一些金融机构过去无法介入的领域、无法提供的服务、无法动员的资源、无法转嫁的风险等问题，通过上述金融创新都可以得到解决。如金融市场的系统性风险、浮动利率，以及浮动利率下的跨国融资的汇率、利率风险及全球范围内的资金调拨与转移等，在金融创新前都是金融业面临的难题，通过金融创新，如期权期货交易、交换交易、全球清算系统等，这些金融机构过去无法解决的问题均可迎刃而解。

其次，金融创新使消费者（金融创新的需求者）对金融机构提供服务的便利和满足程度提高。这是因为，第一，当代金融创新具有密集性和广泛性的特点，金融创新使新的金融工具、服务品种、金融交易不断涌现，使金融机构提供的金融商品与服务不断增加，并且突破时间和空间的限制；第二，金融业务的创新使金融机构业务多元化，从而可以满足不同类型消费者的不同层次的消费需求；第三，金融创新使金融机构间的竞争加剧，金融机构服务的成本下降，与此同时，促进了金融机构经营管理观念的改革与创新。例如，金融机构推出的以满足客户需求为中心的全方位满意管理，可以普遍提高金融机构的服务质量，同时也从总体上提高消费者对金融机构服务的满意程度。

二、推动金融改革的效应

在当代金融创新过程中，金融创新与金融改革二者相互促进。一方面，金融创新是金融改革的结果，正是由于金融改革使金融体系发生了深刻变化，才出现了金融机构的多元化、金融业务的全能化及金融工具的多样化等方面的金融创新；另一方面，金融创新又促进了金融改革，金融业务和金融工具的创新使传统的金融制度成为金融业进一步发展的障碍，促进金融制度进行相应的改革和调整，并鼓励和刺激新一轮的金融创新。

在金融创新步伐不断加快的同时，金融市场的风险性也日益显露出来。只有对现存有关金融法规加以补充和修改，改善内部控制制度，提高市场透明度，才有可能成功地控制金融市场的系统风险。这对金融体制的改革提出了更高的要求，迫使各国进一步深化金融体制改革以适应金融创新的发展，即为金融创新对金融体制改革的倒逼效应。为了配合金融创新的迅猛发展，各国纷纷进行金融制度改革，构建完善的金融法规和各种运作机制，改革金融监管体制。

三、金融深化效应

金融深化一般可用货币化比率（M₂/GDP）、金融相关比率（金融资产与国内生产总值之比）、金融资产的多样化、金融机构种类和数量的增加及金融资产发展的规范化来衡量。金融创新通过 M_2 的扩张提高了货币化比率，并且随着新的金融工具和金融市场的出现，货币市场和资本市场的金融资产都会增加。这样，金融创新的结果是增加了金融资产总额，从而提高了金融相关率。金融制度的创新为新的金融资产和金融机构的出现提供了发展空间，金融市场的创新成为新的金融资产和金融机构运作的场所，而金融工具与金融机构的创新直接丰富了金融资产和金融机构的种类。

金融工具、金融市场与金融机构的创新是互动的，同时配之与其相适应的金融制度并提供相应的金融技术支持，这就构成了一个较为完整的金融创新系统。这个创新系统的直接结果是提高了金融资产与金融机构的多样化。金融资产发展的规范化可以定性地评价金融深化的质量。一方面，金融创新增加了市场的投机行为，加重了经济中的泡沫并冲击着金融体系的稳定性，对金融资产发展的规范化造成了负面影响；另一方面，金融创新也会优化金融资产结构，提高金融资产定价的有效性，对金融资产发展的规范化产生正面影响。当然，也可把金融创新冲击金融稳定性看做是对金融发展不规范的矫正。综合看来，金融创新促进了金融资产发展的规范化，因此，可以说金融创新具有金融深化效应。

四、货币政策效果削弱效应

金融创新对货币政策效果的削弱表现在三个方面。

第一，金融创新削弱了中央银行控制货币供给的能力。金融创新带来的银行业务的交叉使经营活期存款的金融机构越来越多，商业银行业务趋于多元化、同质化，中央银行的地位不断下降，中央银行传统的业务——控制商业银行派生存款乘数的作用难以奏效。同时，随着融资证券化，银行表外业务的进一步发展，中央银行的存款准备金覆盖率有不断缩小的趋势。中央银行控制货币供应能力的其他手段，如利率手段、再贴现政策、法定存款准备金措施等一般性工具的作用也被大大削弱，货币当局运用这些工具时显得力不从心。例如，法定存款准备金是无息的，这必然刺激商业银行通过金融创新手段去回避法定存款准备金的限制。融资渠道的多元化，使再贷款和再贴现的作用也在下降。此外，随着电子科学技术在金融领域的广泛应用，庞大的资产交易可以通过电子系统在世界各地迅速传递，中央银行很难进行传统意义上的监督。

第二，金融创新使货币政策的传导机制发生变化。在以往的货币政策传导机制理论中，商业银行充当着至关重要的导体角色，中央银行的意图主要是通过商业银行传递到经济社会中去的。法定存款准备金政策、再贴现政策和公开市场业务这"三大法宝"也主要作用于商业银行。金融创新降低了商业银行在金融业中的地位和作用，而非银行金融机构却异军突起，地位迅速上升。商业银行为了在激烈的竞争中求得生存和发展，被迫"非中介化"，从传统的存贷款业务为主转向多种业务并重，尤其加大了证券业务、表外业务及服务性业务的比重。商业银行的地位和业务活动的变化，削弱了其作为货币政策导体的重要性及功能，特别是随着中央银行以公开市场业务为主进行货币政策操作后，非银行金融机构在货币政策传导过程中的中介角色日益明显。

第三，金融创新增大了货币政策传导时滞的不确定性。货币政策传导时滞是指从采取货币政策行动到取得最终效果所需的时间过程。由于货币政策制定后，中间要经过金融机构这个导体做出反应才能最终影响经济变量，其间有一个多环节的传导过程，每个环节又要受到许多不确定因素的影响，所以，传递时滞本身就有不确定性。金融创新的不断涌现和迅速扩散，改变了金融机构和社会公众的行为，使货币需求和资产结构处于复杂多变的状态，从而加重了传递时滞的不确定性，使货币政策的传导在时间上难以把握，传导过程的易变性很高，这给货币政策效果的判定带来了较大困难。

五、风险积累和传染效应

金融创新的风险积累和传染效应主要是由金融创新工具的特点和金融创新所带来的交易方式的改变所决定的。首先，金融创新工具"以小博大"的杠杆性可能给交易者带来高收入，也可能带来巨额损失。在东南亚金融危机中，韩国金融机构和大企业就是高杠杆借贷的牺牲品。其次，金融创新工具具有虚拟性，由此产生的后果是，金融创新市场的规模大大超过原生市场的规模，甚至远远地脱离原生市场。

此外，由于金融创新所带来的交易方式的改变，会使金融机构面临一些经营风险。一是利率风险的增加。在金融自由化与创新过程中，金融机构的负债结构发生变化，"固定利率负债"比例不断下降，"变动利率负债"比例不断上升，从而使金融机构的利率敏感性提高。二是负债的增加。金融创新使金融机构所经营的业务范围扩大，许多新兴的表外业务不断出现。表外业务虽然使银行等金融机构减轻了资本需求量的压力，但却增加了它们的负债，使银行面临流动性风险。三是清偿力风险的提高。直接投资的兴起和"脱媒"危机的发生，使银行等一些金融机构的资金成本上升，同时竞争又引起银行等金融机构的边际利润率下降，这些都对它们的清偿力构成威胁。四是投机所造成的风险增加。当代金融创新为投机活动创造出了大批先进手段，这些投机手段的使用，加剧了金融风险的积累。

金融创新一方面在金融机构之间创造出了远比过去复杂的债权债务链条，直接加强了金融机构之间、金融市场之间、金融机构和金融市场之间的密切联系；另一方面间接推动了以金融业务国际化、金融市场国际化、资本流动国际化为主要特征的金融国际化趋势。加之在场外交易市场中因信息不对称引起的公众对其他金融机构信用的心理预期作用，将致使局部性的金融风险更易转化为全局性的金融风险，从而削弱了金融体系抵御局部风险的能力，整个金融体系的稳定性也随之降低，这就是金融创新的传染效应。

第五节　金融风险

金融自由化和金融创新活动给金融领域乃至整个经济体系和整个社会带来的最严重的问题就是金融风险的生长和蔓延。金融业在庆幸自由化和创新为其带来的巨大发展成果时，也为日益增长的金融风险和已爆发的金融危机痛心和担忧。防范和化解金融风险，已经成为当代各国政府高度重视的头号经济问题。面对日益严重的金融风险和频频发生的金融危机，各国政府和国际金融组织都开始高度重视金融安全问题。保护公众利益，保证金融体系的安全、稳定运行，被普遍提升到战略发展高度，其具体措施便是，以政府名义，在金融当局主持下，建立起全面广泛的金融监督管理制度。

一、金融风险的定义

金融风险，是指在金融活动中，由于各种随机因素的存在，使金融机构、投资者等参加金融活动的各个经济主体的实际收益与预期收益发生背离的不确定性或资产遭受损失的可能性。由于实际收益是由客观因素决定的，而预期收益则是一种主观期望，决定于人脑思维对信息的接受和处理能力，所以，金融活动者的实际收益与预期收益背离的可能性（即风险）有两种情况，一是带来额外损失，二是带来额外收益。人们通常所讲的风险实际上专指第一种情况。既然风险是一种主客观背离的可能性，那么，导致这种可能性发生的原因也无非有两个方面，一是客观经济和金融环境中的不确定性，二是金融活动者的主观预期受到有限信息和有限理性的约束。

由于金融活动的核心领域是银行和金融市场，所有的金融活动几乎都是围绕着银行的业务经营和金融市场的交易活动来展开的，所以，通常说的金融风险实际上主要指的是银行业的风险和金融市场的风险。当然，对金融风险问题的具体研究往往都是针对某一个层面来说的。在微观层面上所说的金融风险，通常是指个别投资者或金融机构在投资或经营过程中发生资产或收益损失的可能性；在宏观层面上所说的金融风险，则是指银行业、金融市场或者说整个金融业存在或面临的风险，这种风险危及整个金融体系乃至国民经济的安全运行。

二、金融风险的主要特征

与发生在一般经济活动中的风险相比，金融风险有其自身的特点，主要表现在如下几个方面。

（一）扩散性

人们常讲，金融是现代经济的核心，银行是国民经济的神经中枢等，这本是对金融业和银行作用的充分肯定，但是，从风险的角度看，金融业和银行的这种地位，恰恰决定了金融风险不同于其他经济风险的一个最首要和最显著的特征，即风险的扩散性或扩张性。发生于个别银行或金融机构的风险会迅速扩散到其他银行和金融机构，甚至波及整个金融体系；发生在金融领域的风险，会迅速蔓延到国民经济的各个部门、行业、企业、单位和个人，乃至殃及整个社会。银行等金融机构是凭借社会公众对它们的高度信任而经营货币资金业务的，通过银行信贷、证券经纪、结算、保险、信托、租赁等各种业务活动，国民经济中各种经济主体的生产、经营、消费等活动都被系在一根由货币资金运动来牵动的链条上，一旦发生局部的金融风险（如个别银行倒闭）就会立刻引起社会公众对金融机构的信任危机，诱发挤提风潮，使货币资金链出现断裂并产生相继破坏的"多米诺骨牌效应"。

（二）破坏性

金融风险一旦发生，不仅金融机构会蒙受经济损失，甚至破产倒闭，而且还会使客户和股东受到损失。由于金融机构与社会再生产过程是紧密联系在一起的，银行和金融市场组织连接着无数企业、家庭和个人，他们的投资、收益和风险与银行及金融市场业务活动息息相关。因此，金融风险的破坏性不仅仅表现在其给参加金融活动的主体所带来的经济损失，更重要的是它破坏了经济活动中业已形成的信用关系和资金配置秩序，当社会再生产各方面赖以正常运行的资金供给渠道受到破坏时，再生产活动就受到了重创。

（三）隐蔽性

银行等金融机构的活动是以信用为基础的，在信用的保护或掩盖下，它们可以进行大大超过其即期偿付能力的负债活动和资产经营。金融风险实际上往往在暴露之前就早已存在，只不过还没有突破社会公众的信任底线，收贷还存、借新还旧、以贷还息等信用循环过程仍能继续进行。这种在信用掩盖下的金融风险，在信用关系尚未受到冲击和破坏时，是不为人们所注意的，一旦由于某种特殊诱因或突发事件冲击和破坏了这种正常信用关系，使信用循环过程中断，金融风险便立刻暴露出来。

（四）突发性

突发性是与隐蔽性特征相联系的。实际上，以高负债经营为特点的金融机构在任何时候都是存在风险的，就银行而言，只要发生大规模的客户挤提，其即期偿付能力肯定是远远不能抵御的。因此，金融风险的集中暴露往往都是某种偶发事件所导致的，而这种偶发事件是许许多多不确定因素随机组合的结果，人们可以通过各种各样的方法和措施去减少和防范金融风险的发生，但他们并不能知道金融风险到底会不会发生和什么时候在什么地方发生。突发性或偶然性的特点说明，金融风险是不可能被完全消除的，只要金融行业的高负债、高收益、高风险的经营特点不变，金融风险就随时可能发生。

（五）可控性

虽然说金融风险常常是由偶发事件引起的，人们不可能完全消除它，但是，偶然性是寓于必然性之中的，人们可以从历史上众多的金融风险事件中寻求其发生的一般原因和规律，通过概率统计及现代化的技术手段来识别和预测风险，也可以通过建立严格的风险防范和管理制度最大限度地降低风险发生的概率并减少风险造成的损失。从一般经验看，在微观层面上，金融机构只要能自觉增加自有资本，减少风险资产，完善内控机制，就能大大降低风险发生的概率，也能增强抵御风险的能力；在宏观层面上，只要能加强监管当局的监管职能，并建立起有效的金融同业自律体系和存款保险制度等防范风险的机制，就可以起到遏制金融风险发生和阻止金融风险蔓延的作用。

三、金融风险的种类

从银行经营者和金融市场参与者的角度看，金融风险主要有如下几种。

（一）信用风险

信用风险又称违约风险，是指在信用活动中，由于一方在合同期满后不能及时或根本无法履行合同而给另一方造成损失的可能性。通常主要指债务人不能履约而使债权人的本金和利息遭受损失的可能性，在特殊情况下，也包括债务人提前还款而给债权人带来的再投资的风险。就通常情况而言，信用风险是由债务人的意愿和能力这两大因素导致的。由意愿所致的信用风险是指债务人在财务状况正常和具备还款能力的情况下，缺乏履约诚意和应有的商业道德，有意隐瞒真实资信状况，以骗取债权人授信，使其蒙受损失；由能力所致的信用风险则是指债务人由于不可抗拒的财务状况恶化，如经营失败或市场环境剧变而导致的现金流收入阻断，无力偿还到期债务而给债权人造成损失。

（二）流动性风险

流动性风险是指金融机构由于资金头寸安排不当，无力满足债权人提存和清算支付的要求，使金融机构信誉下降，甚至发生挤兑危机的可能性。存款性金融机构的经营是建立在高负债基础上的，其经营的安全性主要取决于存款人对它们的信任。一旦出现不利于金融机构的信息或环境而使存款人的预期心理普遍发生波动，就可能形成金融机构的流动性危机。金融机构在预防流动性风险时，通常是处在矛盾之中的，因为流动性压力的减轻，需要更多地安排无收益的现金资产或低收益的短期流动性资产，这与金融机构追求利润最大化的目标是相冲突的。

（三）利率风险

利率风险又称市场风险，是指在市场利率变化的情况下，由于金融机构的资产项目和负债项目利率没有随市场利率变化而调整或调整不当，而使其净利息收入减少或利息支出扩大而形成损失的可能性。在市场利率经常波动的情况下，金融机构只有准确掌握市场信息，科学判断市场利率变动的趋势和规律，正确安排利率敏感性资产和利率敏感性负债的结构，才能够有效防范利率风险。

（四）汇率风险

汇率风险是指因外汇市场汇率波动而给外汇投资者带来潜在损失或使其外汇投资的预期收益率下降的可能性。在汇率经常波动的情况下，在不同时点上买进或卖出特定的外币资产，就要承担汇率风险，其风险的大小取决于汇率波动幅度和外币投资者持有的将承受汇率风险的外币资产差额部分（又称为汇率风险敞口）。汇率风险还表现在，由于汇率波动而使经营外汇的金融机构由外币表现的资产、负债和权益，在折算成本和货币表示时发生改变，从而使经营绩效出现恶化的可能性。

（五）购买力风险

购买力风险又称通货膨胀风险，是指金融活动中的收入和本金因通货膨胀的存在而出现实际购买力相对于名义货币数量下降的可能性。当实际的通货膨胀率高于贷款人预期的通货膨胀率时，最终收回的货款本金和利息的购买力就将低于贷款人贷出资金时所预期的购买力，这便是由通货膨胀的不确定性所导致的贷款人的损失。

（六）操作风险

操作风险又称经营风险，是指金融机构在经营活动中，由于决策失误、资产负债结构比例安排失当、过度使用金融衍生工具、内部管理失控等各种原因导致损失的可能性。

（七）政策性风险和国家风险

政策性风险是指由于国家宏观经济政策不合时宜或政府部门对金融机构的不适当干预，而造成金融业经营发展的政策环境恶化、收益下降或发生损失的可能性；国家风险是指拥有国外债权的金融机构，由于债务方所在国的政治、经济、社会环境等发生变化而导致债务人不能按合同偿还债务本息的可能性。

自 20 世纪 90 年代以来，金融风险问题成为世界各国普遍关注的热门话题，世界各国相继爆发金融危机。1992 年英国英镑和意大利里拉受到国际外汇市场上投资炒家的攻击，被迫退出欧洲汇率机制。1994 年 12 月 20 日，墨西哥政府在外国投资者普遍信心动摇、撤走资本的压力下，被迫宣布新比索对美元贬值 15.3%，这一措施立刻在外国投资者中引起恐慌，资本外流势头更猛，墨西哥政府在两天之内就失掉了 40 亿～50 亿美元的外汇储备。1994 年 12 月 22 日，外汇储备几近枯竭，墨西哥政府又被迫宣布新比索自由浮动，几天之内新比索下跌了 40%。1995 年 2 月，英国老字号投资银行巴林银行，因其在新加坡的交易主管尼克·利森投机于日本股票期权市场失败而出现巨额亏空，公司进入清算状态，最后被一家荷兰银行收购重组。这是一场发生于国际大银行、源于金融衍生品投机和金融机构内部失控的特大金融风险。1997 年 7 月 2 日，泰国中央银行宣布泰铢实行浮动汇率制，以取代泰铢对一篮子货币的固定汇率制，当天泰铢应声下跌 20%。泰铢大幅贬值立刻引起金融恐慌，掀起了一股挤提银行存款、抢购黄金的风潮，由此点燃了金融危机的导火索。危机迅速向菲律宾、印度尼西亚、缅甸、马来西亚等国蔓延，很快演变为东南亚金融危机，后来又进一步波及韩国、日本、中国台湾和中国香港等国家和地区，危机的性质也逐渐开始由外汇市场货币危机演变为股票市场、期货市场、房地产市场等同受冲击的亚洲金融风暴。这场风暴不仅使亚洲各国经济遭受空前打击，也给世界各国经济带来不同程度的影响。实际上，在亚洲金融风暴肆虐之际，金融危机也在拉美各国拉响警报，危机已呈全球化蔓延趋势。

第六节　金融监管

一、金融监管的目的

从宏观上控制金融风险的最有效办法就是，以政府名义，在金融当局主持下建立起全面广泛的金融监督管理制度。金融风险对其直接承担者（金融机构或金融市场参与者）来讲，一些因素（如流动性安排、内部管理等）是可以通过自身经营管理的改善而消除的；而更多的另一些因素（如利率、汇率、通货膨胀、宏观经济政策、信用违约等）则来自于外部，是风险承担者自身所不能清除或不能全部清除的。由这些因素导致的风险为系统性风险或整体性风险，它必须由来自宏观的力量进行控制。而且，通常情况下，个别金融机构的风险都不是孤立发生和存在的，风险的相互传递最终会使局部性风险演变为系统性风险，甚至酿成严重的金融危机。因此，无论哪种类型的金融风险，都会产生宏观控制和管理的要求。由一个国家（或地区）的中央银行或其他金融当局依据国家法律的授权对金融业实施监督和管理，被简称为金融监管，它开始于 20 世纪 30 年代后的经济和金融大危机之后，其核心目的在于保护公众利益，保证金融业的安全、稳定和效率。

二、金融监管的内容

金融监管的主要内容包括以下几点。

（一）市场准入和退出管理

市场准入管理包括两方面内容，一是对新设金融机构从业资格的规定和审批，如最低注册资本要求、金融服务基础设施、管理者的任职资格等；二是对申请者进入市场程度的规定和审批，即规定业务范围。市场退出管理是通过制定破产标准，让经营失败的金融机构依法得到清理，退出市场竞争，以保证金融业的正常市场秩序和效率。

（二）价格限制

为了防止金融机构之间出现恶性的价格竞争，许多国家都曾规定过最高存款利率、最低贷款利率和最低手续费率。

（三）资产流动性管理

为防止金融机构资金周转失灵而出现支付危机，各国金融当局都对金融机构的流动性资产占总资产的比例，或者流动性资产与流动性负债的匹配比例作出规定。

（四）资本充足度管理

自有资本是金融机构信誉的基础，是抵御经营中潜在风险的重要保障，因此，金融当局要求金融机构必须保持充足的资本比率。为了统一各国商业银行资本充足度的衡量要求，国际清算银行于1988年7月在瑞士巴塞尔召开由美、英、法等12国中央银行行长参加的会议，通过了《巴塞尔委员会关于统一国际银行资本衡量和资本标准的协议》，即《巴塞尔协议》[①]。《巴塞尔协议》主要有以下四个方面的内容，①资本的组成；②资产风险加权制；③最低资本充足率；④过渡期的实施安排。根据该协议，国际银行的资本构成分为"核心资本"和"附属资本"两个部分，国际银行的资本充足率应达到8％，核心资本充足率应达到4％。所谓"核心资本"包括银行的实收资本、公开储备、股票溢价，附属资本包括资产重估储备、普通准备金或呆账准备金以及次级长期债务等。除此之外，银行还对资产设立了风险加权制。1996年初，为适应控制和管理市场风险的要求，巴塞尔委员会对1988年的《巴塞尔资本协议》做了修订，正式发布了《体现市场风险的资本协议修正案》，修订后的协议于1997年底开始在成员国实施。协议将市场风险分为四类，利率风险、股票交易头寸风险、外汇风险和商品风险，并将其纳入资本充足监管的范围。1999年6月，巴塞尔委员会又提出了新的《巴塞尔协议草案》，该草案以资本充足率、监管部门监督检查和市场纪律为三大要素。经过几次修改，于2004年6月在十国集团的中央银行行长和银行监管当局负责人会议上公布了《资本计量和资本标准的国际协议：修订框架》，即《新巴塞尔协议》。《新巴塞尔协议》于2006年年底开始实施。《新巴塞尔协议》的监管思想包括三大核心内容为，最低资本要求、外部监管和市场纪律。

（五）行为方式管理

为约束金融机构在追求利润最大化过程中的信用过度扩张行为，许多国家的金融当局对金融机构的业务活动都作出了限制性规定。例如，规定银行对某一行业或单一客户的贷款规模，限制银行向关联企业、银行董事、经理和职员等提供的各种"内部贷款"，要求银行对有问题贷款提取准备金，对银行涉足证券投资、外汇交易的种类和数额作出

---

① 这是第三个巴塞尔协议，前两个巴塞尔协议分别是①国际清算银行理事会所属8国的中央银行行长于1961年3月6日在瑞士巴塞尔召开会议，缔结了《稳定黄金市价协议》，协议规定，各国中央银行应在外汇市场上相互支持，以维持彼此汇率的稳定；若一国的货币发生困难，应与能提供协助的国家协商，采取必要的支持措施或从该国取得黄金、外汇贷款，用以干预市场，维持布雷顿森林体系下的固定汇率制。②欧洲经济共同体国家于1972年3月在巴塞尔召开财政部部长会议，并签订《巴塞尔协议》。针对尼克松政府宣布"新经济政策"，停止美元兑换黄金后出现的各国货币对美元汇率的波幅由过去的平价上下限各1％，扩大为上下限各2.25％的情况。《巴塞尔协议》规定，应维持西欧各国货币对美元的固定比价和波动幅度，但共同体内部各国相互间汇率的波幅，从《史密森协议》规定的上下限各2.25％缩小为上下限各1.25％。

限制性规定等。

（六）保护性管理

金融监管除了对监管对象的市场准入、业务范围、行为方式等作出种种限制，以预防发生金融风险以外，还包括在监管对象即将或已经发生风险的情况下，采取保护性管理措施。保护性管理主要包括中央银行最后贷款人制度和存款保险制度。前者是指在商业银行面对存款人和其他债权人集中的支付要求，而其自身的短期筹资能力有限，清偿力发生较大困难时，中央银行负责向商业银行提供紧急资金援助，帮助其渡过危机。后者是指建立存款保险公司或存款保险基金，凡参加存款保险体系的投保商业银行，在资金周转出现严重困难时可得到保险基金的资金援助，在银行发生倒闭时，可由保险公司安排或直接接管，以保证存款人的利益受到最大限度的保护。由于存款保险制度关系到大中小银行的利益关系调整，各国在实行这一制度时常常都具有各自的特点，有些国家和地区实行局部的强制性存款保险制度，有些国家和地区则始终没有法定的存款保险制度，而由银行业自发组织存款保险基金。

金融监管是与金融风险同生共长的。20 世纪 80 年代以后迅速加快的金融创新、金融自由化、金融全球化和金融现代化，使各国的金融业进入了一个空前发展、繁荣和变革的时期，与此相伴随的则是金融风险的不断积累和金融危机的频频爆发，"金融脆弱"已不再是一个理论上争论的命题，而是一个被大量事实充分证明了的结论，并因此成为各国金融当局强化金融监管、提高监管水平的政策依据。从金融监管的发展过程和趋势看，一方面，随着金融创新与金融自由化、国际化、现代化水平的不断提高，原有的金融监管内容和方式等不断被修改或放弃，被新的内容和方式所取代，金融监管水平在不断地提高；另一方面，随着金融全球一体化进程的加快以及资金的跨国流动和跨国金融机构规模的不断扩大，各国在金融监管的目标、内容、方式等各主要方面，通过相互交流和合作，正逐渐趋于一致，国际组织在金融监管中的作用越来越受到各国的重视。1997 年 9 月，由国际清算银行巴塞尔银行监管委员会正式公布的《有效银行监管核心原则》，对银行业的全方位风险监管提出了可供各国金融当局遵循的国际标准或原则，这些标准或原则已经和正在日益受到各国的重视、并且由此引发许多国家金融监管体制和模式的重大变化。

➤ 本章重要概念

金融创新 financial innovation
大额可转让定期存单 certificates of deposits
可转让支付命令账户 negotiable order of withdrawal account，NOW
货币市场存款账户 money market deposit account，MMDA
银团贷款 syndicate loan　　　　　　　　欧洲票据信贷 Euro notes
可转让贷款债券 transferable loan issuance　　金融期货 financial futures
金融期权 financial option
可变式远期外汇交易 the break forward
分利式远期外汇交易 the participating forward　圆筒式期权交易 the cylinder
定幅式远期外汇交易 the ranged forward　　金融风险 financial risk

信用风险 credit risk　　　　　　　流动性风险 liquidity risk

利率风险 interest rate risk　　　　汇率风险 foreign exchange risk

购买力风险 purchasing power risk　操作风险 operational risk

金融监管 financial regulation; financial supervision

资本充足度 capital adequacy ratio

巴塞尔协议 basle accord

金融脆弱性 financial fragility

有效银行监管 effective banking supervision

➤复习思考题

1. 什么是金融创新？

2. 简述金融创新理论。

3. 金融创新的动因和背景是什么？

4. 金融创新的内容有哪些？

5. 金融创新的效应体现在哪里？

6. 什么是金融风险？其主要特征有哪些？

7. 简述金融风险的主要种类？

8. 什么是金融监管？实施金融监管的主要目的是什么？

9. 金融监管的主要内容有哪些？

参 考 文 献

爱德华·肖. 1988. 经济发展中的金融深化. 邵伏军等译. 上海：上海三联书店

白钦先，郭翠荣. 2001. 各国金融体制比较. 北京：中国金融出版社

北京大学中国经济研究中心宏观组. 2000. 1998~2000 中国通货紧缩研究. 北京：北京大学出版社

彼得·S. 罗斯. 1999. 商业银行管理（第三版）. 唐旭、王丹译. 北京：经济科学出版社

查里斯·R. 吉斯特. 1998. 金融体系中的投资银行. 郭浩译. 北京：经济科学出版社

陈岱孙，厉德文. 1997. 近现代货币与金融理论研究. 北京：商务印书馆

陈雨露. 2000. 现代金融理论. 北京：中国金融出版社.

戴国强. 2007. 商业银行经营学（第三版）. 北京：高等教育出版社

戴金平. 2000. 国际金融前沿发展——理论与实证方法. 天津：天津人民出版社

丁邦开，周仲飞. 2004. 金融监管学原理. 北京：北京大学出版社

弗雷德里克·S. 米什金. 2009. 货币金融学（第8版）. 钱炜青，高峰译. 北京：清华大学出版社

格拉迪·DB等. 1991. 商业银行经营管理. 北京：中国金融出版社

何光辉. 2003. 存款保险制度研究. 北京：中国金融出版社

胡海鸥. 2004. 货币理论与货币政策. 上海：上海人民出版社

胡庆康. 1996. 现代货币银行学教程. 上海：复旦大学出版社

黄达. 2003. 金融学. 北京：中国人民大学出版社

黄奇辅，李兹森伯格. 2003. 金融经济学基础. 宋逢明译. 北京：清华大学出版社

蒋殿春. 2001. 现代金融理论. 上海：上海人民出版社

凯恩斯. 1963. 就业利息和货币通论. 徐毓枬译. 北京：商务印书馆

库珀SK，弗雷TR. 1987. 金融市场. 朱田顺译. 北京：中国金融出版社

雷蒙德·W. 戈德史密斯. 1994. 金融结构与金融发展. 周朔等译. 上海：上海人民出版社

李翀. 2005. 当代西方金融理论. 北京：经济日报出版社

李崇淮，黄宪，江春. 1998. 西方货币银行学（增订本）. 北京：中国金融出版社

李量著. 2001. 现代金融结构导论. 北京：经济科学出版社

李向科，戚发全. 2004. 金融数学. 北京：中国人民大学出版社

李扬，王国刚，何德旭. 2003. 中国金融理论前沿Ⅲ. 北京：社会科学文献出版社

刘絜敖. 1983. 国外货币金融学说. 北京：中国展望出版社

龙玮娟，郑道平. 1997. 货币银行学原理（第二次修订本）. 北京：中国金融出版社

罗纳德·I. 麦金农. 1988. 经济发展中的货币与资本. 卢骢译. 上海：上海三联书店

洛伦兹·格利茨. 1998. 金融工程学（修订版）. 唐旭等译. 北京：经济科学出版社

齐寅峰. 2002. 公司财务学（第三版）. 北京：经济科学出版社

钱荣堃，陈平，马君潞. 2002. 国际金融. 天津：南开大学出版社

钱小安. 2002. 货币政策规则. 北京：商务印书馆

饶余庆. 1983. 现代货币银行学. 北京：中国社会科学出版社

任淮秀. 2000. 投资银行业务与经营. 北京：中国人民大学出版社

沈艺峰. 1999. 资本结构理论史. 北京：经济科学出版社

施兵超. 2003. 利率理论与利率政策. 北京：中国金融出版社

唐旭. 1999. 金融理论前沿课题. 北京：中国金融出版社

童适平. 2003. 中央银行学教程. 上海：复旦大学出版社

王广谦. 1999. 中央银行学. 北京：高等教育出版社

王广谦. 2003. 金融中介学. 北京：高等教育出版社

王淑敏，申瑞涛，杨小勇. 2003. 金融深化创新论. 北京：中国金融出版社

王一鸣. 2000. 数理金融经济学. 北京：北京大学出版社

吴晓求. 2001. 证券投资学. 北京：中国人民大学出版社

伍海华. 2002. 西方货币金融理论. 北京：中国金融出版社

徐进前. 2003. 金融创新. 北京：中国金融出版社

杨家才. 2001. 存款保险制度及中国模式. 北京：中国金融出版社

姚遂，李健. 1999. 货币银行学. 北京：中国金融出版社

易纲，海闻. 1999. 货币银行学. 上海：上海人民出版社

张尚学. 2007. 货币银行学（第二版）. 天津：南开大学出版社

张旭. 2004. 金融深化、经济转轨与银行稳定研究. 北京：经济科学出版社

张亦春. 1999. 金融市场学. 北京：高等教育出版社

章和杰. 2004. 现代货币银行学. 北京：中国社会科学出版社

兹维·博迪，罗伯特·C. 莫顿. 2000. 金融数学. 欧阳颖译. 北京：中国人民大学出版社

Allen P H. 1997. Reengineering the Bank. New York：MacGraw-Hill

Annorjee A V . 1992. A simple model of herd behavior. Quarterly Journal of Economics，107（3）

Balasko Y. 1988. Foundations of Theory of Genera Equilibria . Orlando：Academic Press

Barberis N, Shleifer A, Vishny R. 1998. A model of investor sentiment. Journal of Financial Economics，49（3）

De M D，Webb D. 1990. Risk，adverse selection and capital market failure. Economic Journal，100（399）

Diamond D W，Dybvig P. 1983. Bank runs，liquidity and deposit insurance. Journal of Political Economy ，91（3）

Diamond D W. 1984. Financial intermediation and delegated monitoring. Review of Economic Studies，51（166）

Jaffee D，Russell T. 1976. Imperfect information，uncertainty，and credit rationing. Quarterly Journal of Economics，90（4）

Jensen M，Meckling W H. 1976. Theory of the firm：managerial behavior，agency cost and ownership structure. Journal of Financial Economic，3（4）

Myers S C，Majluf N S. 1984. Corporate finance and investment decisions when firms have information the investors do not have. Journal of Financial Economics，13（2）

Myers S C. 1977. Determinants of corporate borrowing. Journal of financial Economics，5（2）

Ritter L S，Silber W L. 1994. Principles of Money，Banking and Financial Markets. New York：Basic Books，Inc.

Rose P. 1996. Commercial Bank Management. New York：MacGraw-Hill

Stiglitz J E，Weiss A. 1981. Credit rationing in markets with imperfect information. American Economic Review，71（3）

Werner I. 1990. Structure of financial markets and indeter-minacy cf equilibria. Journal of Math. Economics，19